[MIRROR]
理想国译丛
029

想象另一种可能

理
想
国
imaginist

理想国译丛序

"如果没有翻译,"批评家乔治·斯坦纳(George Steiner)曾写道,"我们无异于住在彼此沉默、言语不通的省份。"而作家安东尼·伯吉斯(Anthony Burgess)回应说:"翻译不仅仅是言词之事,它让整个文化变得可以理解。"

这两句话或许比任何复杂的阐述都更清晰地定义了理想国译丛的初衷。

自从严复与林琴南缔造中国近代翻译传统以来,译介就被两种趋势支配。

它是开放的,中国必须向外部学习,它又有某种封闭性,被一种强烈的功利主义所影响。严复期望赫伯特·斯宾塞、孟德斯鸠的思想能帮助中国获得富强之道,林琴南则希望茶花女的故事能改变国人的情感世界。他人的思想与故事,必须以我们期待的视角来呈现。

在很大程度上,这套译丛仍延续着这个传统。此刻的中国与一个世纪前不同,但她仍面临诸多崭新的挑战,我们迫切需要他人的经验来帮助我们应对难题,保持思想的开放性是面对复杂与高速变化的时代的唯一方案。但更重要的是,我们希望保持一种非功利的兴趣:对世界的丰富性、复杂性本身充满兴趣,真诚地渴望理解他人的经验。

理想国译丛主编

梁文道　刘瑜　熊培云　许知远

[美] 巴巴拉·W. 塔奇曼 著　　张岱云 等译

八月炮火

BARBARA W. TUCHMAN

THE GUNS OF AUGUST

上海三联书店

THE GUNS OF AUGUST, Barbara W. Tuchman
Copyright © 1962 by Barbara W. Tuchman
Copyright renewed in 1990 by Dr. Lester Tuchman
Preface copyright © 1988 by Barbara W. Tuchman
Foreword copyright © 1994 by Robert K. Massie
Published in agreement with Russell & Volkening, Inc,
a subsidiary of Lippincott Massie McQuilkin,
through The Grayhawk Agency
Maps copyright © 2014 by Mapping Specialists LLC
All rights reserved.

特别声明：
本书出版前，出版方曾多方努力联系译者家人未果；烦请译者家人得知后与出版方联系，我们将郑重致谢，并立即支付相应译稿稿酬。同时希望有译者家人联系方式的朋友能拨冗相告，非常感谢！
联系电话：010-84255528 转 8021
电子邮箱：jiezy@imaginist.com.cn

著作权合同登记图字：09-2017-1011　　地图审图号：GS（2018）1821号

图书在版编目（CIP）数据

八月炮火 /（美）巴巴拉·塔奇曼(Barbara W. Tuchman) 著；张岱云等译. —上海：上海三联书店，2018.8（2024.6 重印）
（理想国译丛）
ISBN 978-7-5426-6376-4

Ⅰ.①八… Ⅱ.①巴… ②张… Ⅲ.①第一次世界大战–战争史
Ⅳ.① K143

中国版本图书馆 CIP 数据核字 (2018) 第 141624 号

八月炮火

【美】巴巴拉·塔奇曼 著　张岱云 等译

责任编辑/ 殷亚平
特约编辑/ 黄　燕　王家胜
封面设计/ 陆智昌
内文制作/ 陈基胜
监　　制/ 姚　军
责任校对/ 张大伟

出版发行/ 上海三联书店
　　　　　（200041）中国上海市静安区威海路755号30楼
邮　　箱/ sdxsanlian@sina.com
联系电话/ 编辑部：021-22895517
　　　　　发行部：021-22895559
印　　刷/ 山东临沂新华印刷物流集团有限责任公司

版　　次/ 2018 年 8 月第 1 版
印　　次/ 2024 年 6 月第 8 次印刷
开　　本/ 965mm×635mm　1/16
字　　数/ 484 千字
插　　页/ 24
印　　张/ 37.5
书　　号/ ISBN 978-7-5426-6376-4/K·479
定　　价/ 108.00元（精装）

如发现印装质量问题，影响阅读，请与印刷厂联系：0539-2925659

"凡与战争有关的一切事物,莫不源出于人心。"

——德·萨克斯元帅《兵法随想录》(序言),1732年

"一个个可怕的假设,全都凑到一起来了。"

——温斯顿·丘吉尔《世界危机》,第一卷第十一章

导读
"我是个作家，只是以历史为题材而已"

罗伯特·马西（Robert K. Massie）

  1962年1月的最后一个星期，约翰·格伦（John Glenn）在三次延期后终于乘着火箭一举冲上外层空间，成为美国环绕地球轨道的第一人；纽约扬基队老练的一垒手比尔·"穆斯"·斯考伦（Bill "Moose" Skowren）因前一年表现杰出（创下打数561、全垒打28支以及打点89分的佳绩），风光获得3000美元加薪，年薪涨到35000美元；《弗兰妮与祖伊》（*Franny & Zooey*）一书雄踞畅销小说类排行榜的榜首，第二名是《杀死一只知更鸟》（*To Kill a Mockingbird*）；非虚构类的畅销冠军是路易斯·奈泽（Louis Nizer）的《我的法庭生涯》（*My Life in Court*）；就在同一个星期，一个生于我们这个世纪的美国人撰写的最好的历史作品也在此时印行上市。

  《八月炮火》推出后立即洛阳纸贵，空前成功，书评争相推介，口碑迅速传开，吸引了成千上万的读者一睹为快。肯尼迪（Kennedy）总统特别订了一本送给当时的英国首相麦克米伦（Macmillan），他的阅读心得是：当代政治家必须尽可能避免陷入1914年8月大战的陷阱。普利策奖捐款人已立下规章禁止颁发历史类奖项给主题与美国无关的著作，但是委员会还是找到名目，颁给作者塔奇曼"非虚构类奖"。《八月炮火》让作者一举成名，她的作品深入人心且文笔流畅优雅，但是大部分的读者只需要知道这本新书的作者是"巴巴拉·塔奇曼"这块金字招牌。

这部本质上描述第一次世界大战头一个月战况的军事历史研究作品，究竟好在什么地方，竟能享有如此盛誉？本书有四个突出的特点：细节丰富，描述生动，读者有如亲临事件现场见证历史；以散文叙事风格写作，文字剔透、清晰、慧黠、练达且诙谐；冷静地跳过道德判断——塔奇曼从不说教或使用苛责的语调，她为文保持开放怀疑态度却不带愤世嫉俗的嘲讽，读者在读到人类所犯错误而感到荒唐悲哀的同时，也不致因人类的卑劣行为而太过激愤。这三个特点在塔奇曼的所有著作中处处可见，但是，值得注意的是，《八月炮火》一书让读者一旦捧读后便几乎再难释手的第四个特点，在于塔奇曼说服读者先吊吊自己的胃口，不先设想有什么大事即将发生。她先以叙述包括3个集团军、16个军、37个师的70万德国大军浩浩荡荡越过比利时直捣巴黎的场景拉开全书序幕。成千上万的人车马炮如潮水般一波波涌现在法国北部尘土飞扬的路上，挟着毫无妥协、锐不可当的气势，德军朝着占领巴黎城，依德皇诸将领们计划的在六周内结束西线战事的目标勇猛迈进。看到德国大军挺进这部分地区时，读者可能已经知道这批人马最后并没有如愿攻进巴黎；克卢克将军率部闪开以避战，且在马恩河一役后，双方的百万大军跌跌撞撞退入战壕，开始打起四年杀戮惨烈的持久战。但是，塔奇曼就有本事让读者忘了他们已知道的史实。读者浸淫在书中枪声如雷四起、刺刀攻闪交错的氛围中，俨然成为置身战场的参与者，也跟着关心起兵困马乏的德军会不会再回击？被逼入绝境的英法两国能否撑得住？巴黎会不会失陷？塔奇曼书中描述1914年8月战事的手法悬疑性十足，让读者一如亲历其中的人对后来战情发展无比好奇，是她引人入胜之处。

《八月炮火》问世之初，媒体如此形容巴巴拉·塔奇曼：一个

50岁的家庭主妇、三个女孩的母亲,以及纽约一个著名医生的太太。但事实更为复杂有趣。她出身于纽约城两个书香门第的犹太商人世家,外祖父亨利·摩根索(Henry Morgenthau Sr.)在一次大战时出使土耳其,舅舅小摩根索(Henry Morgenthau Jr.)出任富兰克林·罗斯福(Franklin Roosevelt)总统的财政部长逾12年,塔奇曼的父亲沃特海姆(Maurice Wertheim)创建了一个投资银行集团。她童年的住所是位于上东区的一栋五层楼棕石洋房,家里为她聘请的一个法文女家教就在这栋房子内每天给她朗诵法语作品,从拉辛(Racine)到高乃依(Corneille)的剧本,她无一不读。在康涅狄格州,她的家族还有一栋附设谷仓和马厩的乡间大屋。在用晚餐时,她的父亲常常禁止家人提到富兰克林·罗斯福总统的名字。有一天,正值青春期的女儿言谈误涉禁区,父亲不悦命她离席,巴巴拉坐在椅上腰杆挺得笔直说:"我已经够大了,不要随意叫我离开餐桌!"父亲不可置信地瞪着她,但巴巴拉则兀自留在原位不动。

自哈佛大学女子学院毕业时,刚巧外祖父代表美国率团赴伦敦参加世界货币经济会议,她放弃毕业典礼陪伴外祖父前往。后来她被聘为太平洋关系学会的研究助理,在东京住了一年,接着成为《国家》杂志(*The Nation*)的新进记者。该报一度濒临破产,多亏她父亲花钱买下。二十四岁时,她便被派往西班牙采访内战新闻。

1940年希特勒挥军攻进巴黎那天,她下嫁纽约城的莱斯特·塔奇曼(Lester Tuchman)医生。临将远赴欧陆战场的塔奇曼医生相信在当时那样的世道下,实在不适合生养小孩,巴巴拉则回道:"如果我们只是坐等情况改善,可能要永远等下去。但假使我们真想要一个小孩,不要管希特勒,现在就应该生!"九个月后他们的长女出世。在1940年代、1950年代期间,塔奇曼忙着养育女儿的同时,也巧心挪出时间撰写她的第一本书《圣经与利剑》(*Bible and Sword*),这本关于以色列建国的著作在1954年付梓发行。接着《齐默尔曼电报》(*The Zimmermann Telegram*)也在1958年出炉。后者主要描写德国外相在1917年以收回得克萨斯州、新墨西哥州、亚利桑那州和加州等土地为诱饵，企图说动墨西哥对美宣战，全文风格高雅、幽默，趣味横生，确是引领风潮的高品位之作。

《八月炮火》以及《骄傲之塔》(The Proud Tower)、《史迪威与美国在中国的经验，1911—1945》(Stilwell and the American Experience in China, 1911-45)、《远方之镜》(A Distant Mirror)、《愚政进行曲》(The March of Folly)、《第一声礼炮》(The First Salute)等著作相继问世，塔奇曼声誉日隆，几乎被当成国宝。大家心里都纳闷她怎么那么厉害？塔奇曼在无数的演讲和文章〔后来结集编印成名为《历史的技艺》(Practicing History)一书〕中透露，写史第一个不可或缺的要素是必须"深爱你所要撰写的主题"。她忆起她在哈佛的一个教授对13世纪英国颁订的《大宪章》(Magna Carta)痴迷不已，一讨论到它时，教授的蓝眼珠就闪闪发亮，连坐在椅子边的她也感染了他那股热力。塔奇曼提到多年后她遇到一个学生在撰写论文时被迫选择一个他完全不感兴趣的题目，只因他的系所认定这是一个缺乏研究的题目，她为他感到不平："如果连你自己都不感兴趣，又如何能吸引其他人呢？"她写的都是她觉得很有意思的人或事，一开始是有些好玩的东西吸引住她的目光，接着她探究这个题材是冷僻还是为人熟知，如果她发现自己在这上面的好奇心一天天增长，便继续走下去，每个题材最后总是能带出新的事实、新的观点、新的生命和新的意义。她从这个特别的8月发现，"1914年有种不寻常的气氛，能让感受到这段史实可能对人类带来的意义的人心悸颤"。她的作品散发着一股魅力，读者一旦被她笔下的热情和技巧吸住，最后绝难逃出她文字的魔掌。

她通常是先着手作研究，亦即搜集史实。她毕生博览群籍，但一旦开始她就把自己丢进那个时空和历史事件当中，埋首投身其中各种人物的生活。举凡信件、电报、日记、回忆录、内阁档案文件、战争令、密码甚至情书,她无一不读。她以图书馆为家,经常流连于纽约公共图书馆、美国国会图书馆、美国国家档案馆、大英图书馆、英国档案馆、法国国家图书馆、耶鲁大学的斯特林图书馆(Sterling Library)、哈佛大学的怀德纳图书馆(Widener Library)。(她自述当学生的时候,怀德纳图书馆的书架简直是她的"阿基米德浴缸"、"摩西面前的燃烧的荆棘"、"发现自己的青霉菌的培养皿"……沉溺在成堆的典籍中,她乐而忘我,像一头放养在遍地苜蓿田野的乳牛,即便被整晚关在里面也毫不介意。)

动手写《八月炮火》之前,她找了一个夏天,开着租来的雷诺小车跑遍比利时和法国古战场。"我看到了被昔日装甲部队铁蹄蹂躏的田野,如今谷穗成熟累累,我在列日(Liège)丈量默兹河(Meuse)宽度,遥想当年法军是以何种心情站在孚日(Vosges)高地往下眺望他们的阿尔萨斯(Alsace)失土。"无论在图书馆、书桌前,或踏足古战场,她一心追求的是活生生的具体史实,希望笔下呈现的人或事的特质能深印在读者心中。

以下是几个例子:

——德皇:"全欧洲最口无遮拦的人"。

——斐迪南大公(Archduke Franz Ferdinand):"他高大肥硕,身着紧身胸衣,头盔上绿色羽翎招展,是未来悲剧的根源"。

——施利芬(von Schlieffen):德国战争计划的军师。"普鲁士军官有两类——颈粗如牛和腰细若蜂,而他属于后者"。

——霞飞(Joffre):法国元帅。"身躯魁伟,大腹便便,穿着宽肥的军服;面容丰腴,点缀着已近霜白的浓浓髭须和天生匹配的两道粗眉;肤色白嫩,两眼碧蓝安详,目光诚挚恬静;霞飞的模样活像个圣诞老人,叫人一见便有慈祥朴直之感——这两个品质在他的性格中是不易察觉的。"

——苏霍姆利诺夫(Sukhomlinov):俄国陆军大臣。"因其轻浮佻伋而显得狡黠机灵,也就失去了他的混沌纯朴的本色。他身材不高，细皮白肉，生就一张猫儿脸，蓄着一把整齐雪白的胡须，全身媚态十足，近乎奸诈"，"迷上了一个外省省长的23岁夫人。他千方百计栽赃诬陷，策划离婚，甩掉那个丈夫，娶了这个绝色尤物做他的第四任夫人"。

巴巴拉·塔奇曼研究的更大的目的是要挖掘历史真相，她也尽其所能去探讨当时的人对那些事件的真实感受。她鲜少采用历史的体系和分类。我在这里套用《泰晤士报文学评论副刊》（The Times Literary Supplement）一个书评家的话："一个史家如果将体系列为第一优先，他就很难挣脱只筛选最合于自己架构的史实的窠臼。"塔奇曼建议以事实作前导，她说："发现历史真相在起始阶段已经足够。""不要太急着去发掘历史发生的原因，我相信这部分留到你不仅搜集了全部的史料，且把它们依序编成系列，正确地说是落笔写成文句、段落和章节之后，再来单独处理会比较安全。在将搜集到的人物性格、日期、枪弹口径、演讲稿等材料转化成文字的过程中，事件发生的原因最终自然会浮出水面。"

知道何时住手当然也是历史研究的一个问题，她的忠告是："你必须在完成之前停下，否则你将永远不会罢手，也不可能完成。"她解释说："历史研究是没完没了的诱惑，但是写作却是一件苦差事。走到一个阶段，终究要开始进行挑选、精炼并结合史实所谓剪刀糨糊的工作，并且梳理出一套模式，进而建立叙事形式，简言之，就是开始撰写。""撰写是一个劳心费时且痛苦不堪的过程，有时会令人不禁气馁。过程中可能需要重整、修改、增订、删减或重写。但是也会给你带来激动、狂喜的快感，好像站上奥林波斯山峰的那一刹那。"令人讶异的是，塔奇曼自己是经过多年磨炼才发展出她著名的叙事风格。她在哈佛的毕业论文只得到"了无特色"的评价。她的第一本书《圣经与利剑》遭到退稿30次后才有出版公司愿意帮她出书。她一路走来努力不懈，最后终于得出一套放诸四海皆准的公式："下苦功，多听多想，持续不断地实践。"

导读 "我是个作家，只是以历史为题材而已" vii

塔奇曼特别看重我们大家都可以自由掌控运用的伟大的工具力量，亦即英文这种语言。的确，这个信念使她经常在历史研究题材以及应以何种工具适切表达之间徘徊挣扎。"重要的是，我是个作家，只是以历史为题材而已。"她说道，"我对写作艺术的兴趣与对历史的兴趣不相上下……文字发出的声息以及文字声息与其代表的意义之间的互动深深令我着迷。"觉得自己想出了绝妙好辞或琢磨出佳句时，她忍不住立即想与别人分享，于是拿起电话一字一句念给她的编辑听。她觉得精准、典雅的文字是赋予历史美妙声音的乐器。读者打开书后会一页页翻下去，是她写作的最大目标。

在一个大众文化普及化以及庸俗化的时代，她无疑是个精英主义者。对她来说，高质量有两个基本标准：下的功夫要深，以及目的要纯正。其间的差别不仅只是艺术技巧而已，也在于意念。"你要做到别人都说好；要不然就只有流于半吊子。"

塔奇曼与学术界和评论家维持戒慎恐惧的关系。她没有博士学位，"我想这反而救了我！"她相信传统学术生涯的要求会让想象力失去空间，窒息写作热情并扼杀文体风格。她说："学院派的史学家始终有被迫的读者，先是论文指导教授，再者是教室里的听众，让读者看得下去并非他们的主要关注点。"有人建议她或许可以去教书，"我为什么该去教书？"她如此强烈地回应，"我是一个作家，不想误人子弟！我即使想教，也做不来。"对她来说，作家就应该驻足图书馆或在田野实地调查，或埋首案前写作。她强调，希罗多德、吉本、修昔底德、麦考莱和帕克曼不也都没有博士学位？

有些评论家，尤其是学院派评论家，将塔奇曼的作品列为通俗历史而嗤之以鼻，隐含只因作品太过畅销，一定达不到他们自己所设标准的意味。这种贬抑的评论刺伤了她。大部分作家对负面评价采取默不作声政策，因为若作出回应只会激怒对方，给自己带来更多伤害。然而，塔奇曼却正面回击。她写信给《纽约时报》说：我注意到那些迫不及待指出作者漏东漏西的评论家，自己反而没有全部看完他所评论的作品。而且"非虚构类的作者都了解那些评论家非得要挑出一些毛病才能凸显他们的博学多闻，我们也等着看他们到底能从鸡蛋里挑出什么骨头"。塔奇曼最后多能打败那些评论家，至少他们不敢再与她正面冲突。这些年来她陆续应邀到很多名校演讲、获颁荣誉学位，并两次赢得普利策奖，她也当选为美国艺术与文学学院成立80年来的首位女性院长。

尽管她具有好战的职业性格，但她作品中却有一种罕见的容忍。她用极为人性的笔法描述笔下虚荣、自大、贪婪、愚蠢和懦弱的人物，也尽量假设他们并非生来如此。举一个最好的例子：在分析脾气火爆的前驻法英国远征军指挥官约翰·弗伦奇（John French）爵士不愿派军队上战场的原因时，她写道：这是基钦纳强调保持实力，嘱咐不要冒"死亡和损耗"风险的指示所致？还是因为他顿然察觉到英国远征军没有训练有素的预备役部队为继？还是因为登上大陆以后，强敌当前，近在咫尺，势在必战，因而感到责任重大？还是因为豪言壮语后面的那种胆识，已失其元气于无形？还是因为抱有作战异国，为人作嫁，责任有限的想法？凡此等等，不是身历其境、身当其职的人是不能判断的。

塔奇曼写历史目的是要呈现人类的挣扎、成功、挫折和失败的全貌，但她并不作道德判断。尽管如此，《八月炮火》一书仍含有历史的教训。愚不可及的帝王、政客和将领错误地踏进一场没有人希望发生的战争，这场大决战如同一出典型的希腊悲剧般，一步步冷酷地迈向毁灭却无可挽回。塔奇曼在书中写道：1914年的8月，有一种东西在逼近，不可逃避，无所不包，笼罩着每一个人。完美的计划和易犯错的人之间的可怕矛盾直让人战栗，仿佛嗅到了"冥冥之中自有天意"的味道。塔奇曼希望读她书的人能从中记取警示，避免重蹈覆辙且日有所进。正是作者的这份诚心和书中隐含的教训，使上至总统首相、下至上百万的普通读者都对这本书爱不释手。

家庭和工作占据了塔奇曼的生活，她最大的乐趣就是坐在桌前写作，工作时她绝不容许自己分心。成名之后，有一次女儿阿尔玛（Alma）对她说，简·方达（Jane Fonda）和巴巴拉·史翠珊（Barbra Streisand）想请她写电影剧本。她摇手表示不要，阿尔玛不死心地问："但是，妈，难道你不想见见简·方达本人吗？"塔奇曼仍回说："不想，我正在工作，没有时间！"她的第一份原稿是先手写在黄色拍纸簿上，"满是修改涂抹的痕迹"，然后再照手稿打字，每一行间固定空三行，方便日后重整文句时剪贴之用。她通常一口气工作四五个钟头，中间不打岔。她的另一个女儿杰西卡（Jessica）回忆说："《八月炮火》完稿的那个夏天，有一天我母亲进度落后急着想要赶上，为了远离电话的干扰，她在一间老旧的挤奶棚内架了一张牌桌和椅子——那里即便夏天也寒气逼人，而隔壁就连着马厩。她早上 7 点半就起床工作，我的任务是在 12 点半时为她送午餐，午餐托盘上通常就是一个三明治、一瓶 V-8 牌瓶装果汁和一份水果。我每天悄然无声地走近，踏着马厩外的一地松针，发现她总是同一个坐姿，那么的全神贯注。5 点或稍晚她才收工。"

塔奇曼那年夏天为了一段文字，反复推敲了八个小时。后来那段文字成为她所有著作中最出名的经典佳句，这就是《八月炮火》的开场白："1910 年 5 月的一个上午……多么宏伟的一个场面！……"还没有与这本书相会的幸运儿现在可以开始翻开下页展读了。

自 序

本书的缘起可溯至我早先写的两部主题皆为一次世界大战的著作。第一部是《圣经与利剑》，内容描述英军在中东与土耳其打得如火如荼之际，在1917年开进耶路撒冷前夕，英国发表《贝尔福宣言》（Balfour Declaration）的来龙去脉。耶路撒冷是犹太—基督教，也刚巧是伊斯兰教（虽然当时这一点没有今天那么受到重视）的发源地和宗教中心，夺取圣城因而被视为一个划时代的举动，需伴以重要的宣示动作，并赋予其合适的道德正当性。一份承认巴勒斯坦是原住民族祖国的官方声明，正合乎这个需求。这并非一个亲犹太主义思维下的产物，而是基于两个其他因素：《圣经》，尤其是《旧约》对英国文化的影响，以及《曼彻斯特卫报》所说的"苏伊士运河两岸军事形势的迫切逻辑"。简言之，就是"圣经与利剑"。

在《八月炮火》前的第二本书是《齐默尔曼电报》，这本书写的是当时德国外交大臣阿瑟·齐默尔曼（Arthur Zimmermann）企图说服墨西哥和日本加入德国同盟，在美洲向美国宣战的计划，并以收复墨西哥原有的得克萨斯、新墨西哥和亚利桑那等土地作为报酬。齐默尔曼这个聪明的构想旨在把美军困在自己的本土战场，使其无暇顾及欧洲战事。然而，结果却适得其反。记载计划详情的无线电文在传给墨西哥总统途中，被英军拦截解码，立即转交给美国政府，华盛顿随后公布电报内容。齐默尔曼的计划在美国国内引起公愤，反而推动了美国加入欧洲战场。

在与历史打交道这么多年后，我一直认为时钟在1914那年卡住不动了，也就是说，就在那一年，19世纪才真正结束，开始迈入我们的年代——丘吉尔所宣称的"可怕的20世纪"。在寻找写书题材的过程中，我感觉1914年绝对是个好题目。但是，我并不知道应该从什么地方入手或采用什么架构。当我还在跌跌跄跄寻找正确的切入点的当口，一个小小的奇迹出现了。我的经纪人打电话给我说，有一个编辑想请我写一本关于1914年的书，问我要不要与他谈谈。我当场愣住了，但还没有到说不出话来的地步。我当然一口应允。尽管我很高兴这个编辑慧眼独具找到我这个正确人选，但想到原来其他人也有类似我的构想，不免令我有些怅然不安。

他是麦克米伦（Macmillan）公司的出版商，名叫塞西尔·斯科特（Cecil Scott），很不幸他今天已不在人世。我们后来见面时，他告诉我他想要的是一本探讨英国远征军在蒙斯（Mons）一役中发生的真实故事。这是英国远征军1914年在海外首次遭遇的战事。英军在这场战役中有点奇迹般地挺了过来，并对德军产生牵制作用，但英军获得神助的传说也闹得满天飞。与斯科特见完面之后的那个星期，我正好要去滑雪，于是雪橇装备之外，我还带了一箱子的书去了佛蒙特。

滑完雪回到家时，我已有一个以德国战舰"格本"（Goeben）号海上逃亡为主题的写作计划。"格本"号不仅逃过英军巡洋舰在地中海的追捕，并且在安然驶抵君士坦丁堡后，将土耳其连同雄霸中东的整个奥斯曼帝国卷入大战。这个事件决定了那个地区的历史进程，影响直至今日。选择"格本"号下手对我来说似乎再自然也不过了，因为它已成为我们家人，包括当时只有两岁的我亲眼见证的一部家族史。事件发生时，我们也正搭船横渡地中海前往君士坦丁堡探望时任美国驻土耳其大使的外祖父。当时我们如何从邮轮看到急于追捕敌船的英国巡洋舰上开炮射击,"格本"号如何加速逃走,以及一抵达君士坦丁堡,我们如何成为第一批向土耳其首都的官员和外交官报告这场海上追逐战的人士等等,都是我们家族圈事后常津津乐道的故事。我母亲事后描述她当时如何在来不及上岸与她父亲打招呼之前,就被德国大使详细盘问,形成我对德国人办事风格的第一印象,这几乎可以说是第一手资料。

事发将近30年后,我从佛蒙特滑雪回来告诉斯科特先生这就是我要写的故事,但他说那不是他要的,他还是锁定蒙斯战役:英国远征军如何击退德军,是否英军真的看到幻象或有一个天使飞在战场上空?蒙斯一役固然后来对西线战事十分重要,但天使传说的根据是什么呢?坦白说,我还是对"格本"号比较感兴趣,但是一个出版商准备要出一本有关1914年的书,比我俩观点互有出入来得重要。

整个战争对我来说是太大块的文章,远非我能力所及。但斯科特先生不断地说我写这本书没有问题。后来我缩小范围拟订了一个集中探讨战争第一个月的写作计划,这一个月份涵盖了所有大战的根源,包括"格本"号和蒙斯战役。如此一来双方皆大欢喜,而此书也开始看起来有些眉目了。

深陷在以罗马数字编号的各军种以及左、右翼等复杂用语的泥淖,我很快发现自己所学的不足,觉得在动手写这类著作之前,应该先去参谋指挥学院念个十年。尤其是在尝试说明处在防守地位的法军最初如何收复阿尔萨斯时,我因无法真正理解而备感吃力,但后来我还是成功地迂回交织讲出一套故事。这是撰写历史过程中学到的技巧——即当你无法知道全貌时,只好以稍为模糊的手法来描述事实,吉本也曾使用漂亮相称的词句如法炮制,但认真分析起来却没有多少意义,而你可能因惊叹它们结构的完美而没有注意到。我没有吉本的功力,但是我学到深入尚未开发的领域探险的价值,我并没有走回对素材来源以及所有人物、情况已有充分掌握的研究老路线。后者做起来当然容易多了，可是毕竟少了那种发现新大陆的惊奇感，这也就是我喜欢在写书时另辟新题材的原因。尽管评论家可能对此无法赞同，我却乐此不疲。《八月炮火》发行之初，书评界几乎没有人认识我，自然也没有什么名气让他们任意糟蹋，结果我的作品反而得到热烈回响。克利夫顿·法迪曼（Clifton Fadiman）在"每月一书俱乐部"的会刊中写道："大话不能随便说，但是我认为《八月炮火》还是有相当机会可以成为一部历史经典。它的优点几乎是修昔底德派标榜的知性、简洁、轻巧不沉重。一如修昔底德史书的题材，处理一次大战爆发前后这段时间历史这样的题材，其层次远超过单以文字叙事的有限境界。这本字字珠玑的著作记录了塑成今天我们这个时代的重要历史时刻，它提供了一个长远的观点来为我们所处令人忧心的时代加以定位。假设今天世界上大部分的男男女女、大人小孩很快就要被烧化成原子，那么从长远视角来看，这可以被看作是由1914年8月打响的炮火开启的。这个说法也许有过分简化之嫌，但它贴切地说明作者默默提出的理论。她深信这个可怕8月的僵局，决定了其后战争的进程和达成和平的条件，并推动后来两次大战间情势的演变，以及第二次世界大战的发生。"

接着法迪曼特别挑出我书中几个比较突出的角色，包括德皇、比利时国王阿尔贝（Albert）、霞飞、福煦（Foch）将军，对他们描述了一番。他说，优秀史家的另一个高明之处是能预测人类的行为和事件的演变。这些人物在我笔下表现出来的性格正是我原先想要传达给读者的，我感觉自己在这方面算是成功的。法迪曼能体会我下的苦功令我感动万分，更甭提他把我和修昔底德相提并论了。听到他的赞美，我发现自己竟然热泪盈眶，这是我过去不曾有过的反应，毕竟能获此完美的知音，一生也许只有一次。

有关是否要推出本书的周年版一事，我想重要的是要看它是否仍保有原先的意义和价值。我的答案是肯定的，书中的每一个段落章节，我都不想更动。

开篇对英王爱德华七世（Edward VII）丧礼场景的描述可能是书中最为人熟知的情节，而后记中的最后一段替本书或应该说本书的主题，阐明了大战对我们历史的意义。虽然这么讲可能不够谦虚，但是这段文字足以媲美我所知道的任何一本第一次世界大战概要。

除了法迪曼的赞赏，有"出版界《圣经》"之称的《出版人周刊》（Publishers Weekly）也作出大胆惊人的预测，宣称《八月炮火》将稳居整个冬季非虚构类畅销排行榜的冠军宝座。《出版人周刊》夸张得有点冲过头，竟然下了这么奇怪的评语："这本书将会让庞大的美国读者群对那属于历史忽略的一章的激情时刻产生一种狂热……"我不会选择"激情时刻"或"狂热"这种字眼来形容第一次世界大战，而我也认为没有理由把第一次世界大战称为"历史忽略的一章"，因为你可以在纽约公共图书馆书架上找到一长串与这个战争有关的书名。尽管如此，对于该刊由衷的欢迎，我还是觉得很高兴。在写作过程中我曾有过沮丧到写不下去的时候，我对斯科特抱怨说："有谁会看这本书啊？"他回答说："至少有两个人，你跟我。"这样的回答实在说不上鼓励，唯其如此，《出版人周刊》的评语更加让我讶异，后来结果证明该刊的预测完全正确。《八月炮火》上市以来气势如虹，有如一匹脱缰的野马，我把版税收入和国外版权指定给我的三个女儿，她们已陆续收到不少支票。虽然她们三人平分下来可能金额不多，但是知道在出版 26 年后，本书还能吸引新的读者的感觉真的很好。

现在新版本发行上市，我很高兴这本书能被介绍给新的一代读者，希望这本书在走到其生命中年期时不会失去它原有的魅力，或者应该说是趣味吧！

巴巴拉·W. 塔奇曼

作者的话

本书之成，主要得感谢麦克米伦公司的塞西尔·斯科特先生。其忠告，其勉励，其有关知识，对本书克底于成，始终是不可或缺的因素和坚实可靠的支持。我还有幸取得丹宁·米勒（Denning Miller）先生的协作，他以推究入微的高见，为我澄清了写作上、阐述上的许多问题，使本书得以改进良多。他的惠助，我将永志不忘。

我要感激纽约公共图书馆提供的非富资源；同时希望我出生的城市有朝一日能设法使图书馆给学者的方便，堪与它无比丰富的资料媲美。我也感谢纽约社会图书馆，殷勤备至，始终如一，为我看书大开方便之门，为我写作提供安静的环境；感谢斯坦福的胡佛图书馆的阿格尼丝·F. 彼得森（Agnes F. Peterson）夫人，惠借有关布里埃一地失守的《调查录》，并应询查明了许多疑点；感谢伦敦帝国战争博物馆的 R. E. B. 库姆（R. E. B. Coombe）小姐，承她提供许多图片说明；感谢巴黎当代国际文献图书馆的工作人员，承他们供给原始资料；还感谢美国军械协会的亨利·萨克斯（Henry Sachs）先生，给我以技术指导并弥补了我德语的不足。

必须向读者说明，奥匈、塞尔维亚、俄奥以及塞奥战线，本书均略而未谈，这并非完全出于主观武断。巴尔干半岛问题了无穷尽，它自然而然地有别于这次大战的其他问题。此外，奥地利战线的行动在战争的第一个月中纯属准备性工作，其发展以及对整个战事的影响直到对俄的伦贝格（Lemberg）战役和对塞的德里纳（Drina）战役才达到高潮。而这两役发生在9月8日至17日之间，超出了本书覆盖的时间范围。不把它们列入其中，我看倒也完整统一，包括进来反而会冗长生厌。

在终日埋首战争回忆录一段时间后，我曾想摒弃不用罗马数字番号，但结果是习惯势力强大，胜过善良的意图。这种数字，像同陆军结下了不解之缘，分割不得，我只好徒唤奈何。* 然而，可以奉献读者一个有用的判别左右的法则：江河以面对下游的方向为准；军队，即使中途改换方向乃至向后撤退，仍视为面向其出发的方向，也就是其左其右始终不变。

本书的叙事所本和引文出处，都列于书末注释。我竭力避免牵强附会以及历史著作中像"拿破仑眺望着法国海岸线消失天际之时，他必然想起很久以前……"的那种"他必然如何如何"的文风。书中有关气候状况、思想感情，以及公众舆情、个人见解，都有所本，凡属必要之处，注释中均有依据可循。

---

*　译文中一概未用罗马数字番号。——译注

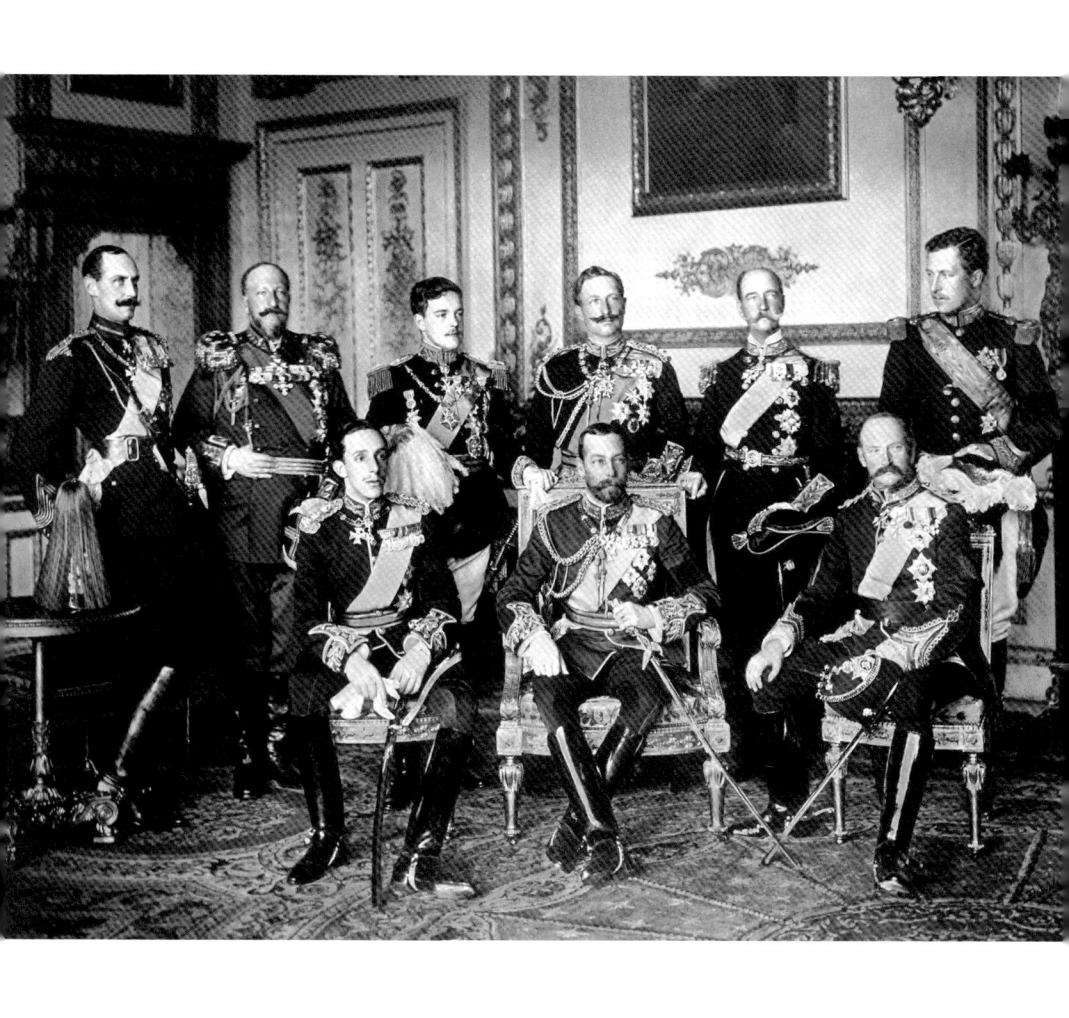

参加英王爱德华七世葬礼的九位国王。
前排左起：西班牙国王阿方索十三世，英王乔治五世，丹麦国王弗雷德里克八世；后排左起：挪威国王哈康七世，保加利亚国王费迪南德，葡萄牙国王曼努埃尔二世，德皇威廉二世，希腊国王乔治，比利时国王阿尔贝。

英王爱德华七世的葬礼队伍，队首居中者为新登基的英王乔治五世（骑深色马），在他身后，左侧是先皇的弟弟康诺特公爵（骑深色马），右侧是德皇威廉二世（骑浅色马）。

英王爱德华七世的葬礼队列。

俄皇尼古拉二世（左）与表兄英王乔治五世（右）身穿德国军装，两人相貌相似，常被认错。

1914年6月28日，奥匈帝国皇位继承人斐迪南大公与夫人到达波斯尼亚首府萨拉热窝，于此照片拍摄后三小时遇刺身亡，是为"萨拉热窝事件"。一个月后的7月28日，奥匈帝国向塞尔维亚宣战，成为第一次世界大战的导火索。

加夫里洛·普林西普（Gavrilo Princip），刺杀斐迪南大公夫妇的塞尔维亚青年。

1914年8月1日，一名德国军官在柏林街头宣读战争动员令。

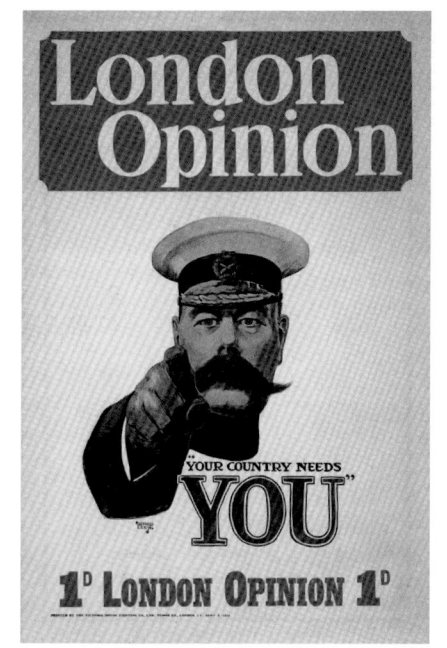

英国战争动员令

"祖国需要你"——英国著名的征兵宣传画,英国陆军元帅基钦纳手指读者的威严形象深入人心。

法国民众在街头争睹张贴的动员令。

响应动员令的法国民众在巴黎火车东站聚集。

德皇威廉二世（独坐于桌前）与他的将领们。
坐者左起：巴伐利亚王储鲁普雷希特、符腾堡公爵阿尔布雷希特、克卢克、埃米希、黑泽勒、兴登堡与蒂尔皮茨；站者左起：比洛、马肯森、毛奇、德国王储威廉、弗朗索瓦、鲁登道夫、法尔肯海因、艾内姆、贝泽勒、贝特曼－霍尔韦格和黑林根。

德皇威廉二世

阿尔弗雷德·冯·施利芬伯爵，1891年至1906年期间担任德军总参谋长，制定了德国的作战策略。

小毛奇将军，施利芬的继任者，任德军总参谋长至一战初期。

冯·克卢克将军，德军第一集团军司令

冯·弗朗索瓦将军,德军第一军军长

马克斯·霍夫曼上校,德军第八集团军作战处副处长

巴伐利亚王储鲁普雷希特（前左）与德皇（前右）。

冯·兴登堡（左）和鲁登道夫将军，分别为德国第八集团军司令和参谋长。

德国海军战列巡洋舰"格本"号

德军地中海舰队司令、海军上将威廉·苏雄

奥地利斯科达兵工厂制造的12英寸口径攻城加农炮，可发射装有延发引信的穿甲炮弹，使炮弹在打进目标内部后爆炸。

克虏伯兵工厂制造的16.5英寸口径攻城加农炮，同样可发射穿甲弹。

比利时国王阿尔贝

为报复民众的抵抗,德军将比利时卢万(鲁汶)城摧毁为一片废墟。

逃往布鲁塞尔的比利时难民(下图同)

左起：霞飞（法军总司令）、普恩加莱（法国总统）、乔治五世（英国国王）、福煦（法军将领，霞飞的继任者）和黑格（英国远征军第一军军长）。

霞飞（中）与第二集团军司令德卡斯泰尔诺（左）和独臂老将波将军。

亨利·威尔逊爵士（左）与福煦将军（中）、法国陆军少校于盖。

俄国陆军大臣苏霍姆利诺夫将军（前）与参谋部军官。

上左：霞飞，法军总司令。上右：勒内·维维亚尼，法国总理。
下左：加利埃尼将军，巴黎军事长官兼巴黎部队司令。下右：朗勒扎克将军，法国第五集团军司令。

上左：亨利·威尔逊爵士。上右：约翰·弗伦奇爵士，英国远征军指挥官。
下左：莱宁坎普将军，俄军第一集团军司令。下右：萨姆索诺夫将军，俄军第二集团军司令。

隆森堡垒（比利时列日十二座堡垒之一）为德军摧毁。

1916年在比利时的蒙斯附近，盟军士兵正将伤员送入满是被俘德军的战壕。

目 录

导 读 i
自 序 xi
作者的话 xvii

引子 葬礼 001

第一部分 计划

第1章 "让右翼末梢袖拂海峡" 021
第2章 色当的阴影 034
第3章 "只需英国大兵一人……" 054
第4章 俄国压路机 068

第二部分 爆发

第5章 8月1日：柏林 087
第6章 8月1日：巴黎和伦敦 100
第7章 布鲁塞尔：德国的最后通牒 116
第8章 "叶落之前凯旋" 132

第三部分　激战

第 9 章　"当时在逃的敌舰'格本'号"..................159
第 10 章　列日和阿尔萨斯..................186
第 11 章　英国远征军开往大陆..................221
第 12 章　桑布尔河和默兹河..................235
第 13 章　在洛林、阿登、沙勒鲁瓦、蒙斯等地的溃退..................264
第 14 章　"哥萨克来啦！"..................298
第 15 章　坦嫩贝格战役..................326
第 16 章　火烧卢万..................346
第 17 章　大海、封锁、强大的中立国..................364
第 18 章　撤退..................383
第 19 章　巴黎是前线..................417
第 20 章　冯·克卢克的转向..................442
第 21 章　"先生们，让我们在马恩河战斗吧"..................462

后　记..................486
资料来源..................493
注　释..................507
译名对照表..................559
译者说明..................573

引子
葬 礼

1910年5月的一个上午，英国国王爱德华七世出殡，骑着马在队伍中前进的有九位帝王，多么宏伟的一个场面！穿着丧服，肃穆伫候的人群，都不禁惊叹不已。这些君主，服色斑斓，嫣红姹紫，宝蓝翠绿，三骑一排联辔出了重重宫门，在阳光照耀下，羽翎头盔，金丝衣镶，绯色绶带，嵌着珠宝的勋章闪闪发光。他们后面是五位王储，四十多位皇室贵胄，七位皇后——未亡人四，执政者三——以及为数不多的来自非帝制国家的特派大使。他们总共代表70个国家。王公贵族，达官显贵，在类似场合云集一起，这是盛况空前的一次，也是最后的一次。灵柩离开王宫时，议会塔尖沉闷的钟声报时九下，但在历史的时钟上则是日薄西山的时刻。旧世界的太阳正在西坠，虽日华灿灿，但已奄奄一息，行将一去不复返了。

前排居中一骑，是新登基的英王乔治五世，他左侧是康诺特公爵（Duke of Connaught），故王唯一的在世兄弟，右面的一位人物，是《泰晤士报》认为"属于所有前来吊唁的外国人士中的翘楚"，是一位"甚至在关系最紧张的时期，也从没有失掉他在我们中间的声望"的人物，他就是德国皇帝威廉二世（William Ⅱ）。这位皇帝，骑着青灰马，穿着嫣红的英国陆军元帅服，手执元帅杖，在他举世闻名的翘胡子的脸上，显现着一种"严肃甚至严酷"的神色。他百感丛生，心绪激动，思潮澎湃，波痕浪迹，在他的信中斑斑可见。在母后故居温莎堡的寓所度过一夜之后，他写信回去说："这个地方，称它为家，这个皇室，以它为族，我引以为荣。"他悲喜交集：和英国亲戚在一起的这些黯然神伤的丧礼时日，使他不禁情意缠绵、怀旧思故；冠盖云集，唯他独尊，他又不禁倨傲自得，他舅父从欧洲舞台上消失殒没了，他更是感到个中的不尽滋味。他是前来埋葬他的心头祸患爱德华的；威廉认为爱德华是策划包围德国的元凶；爱德华，他的这位舅父，是他既不能吓倒，也无法讨好的；他这位舅父的肥硕身躯，在德国和太阳之间投下了阴影。"他是个魔王，你们想象不到他是怎样的一个魔王！"

对爱德华的这个论断，是德皇1907年在柏林招待300名宾客的午宴上宣布的，是爱德华怀着昭然若揭的包围德国的恶毒阴谋的一次大陆之行惹起的。爱德华在巴黎花了一周时间，从事煽动挑拨，并且莫名其妙地访问了（同他侄女结婚不久的）西班牙国王；最后还访问了意大利国王，显然是想诱使他脱离跟德、奥的三国同盟。而这位德皇是全欧洲最口无遮拦的人，他登基以来的二十年间，每过一些时候总要发表一通议论，叫那些外交家们极度神经衰弱；这次，他越说越激动，收尾时又疯狂地发表了这样一通议论。

所幸，主张包围他的这个人现在溘然长逝了，而接位的乔治（George），按德皇在葬礼前几天对西奥多·罗斯福（Theodore Roosevelt）的说法，则是"一个听话的小伙子"（四十五岁，比德皇小六岁）。"他是个道道地地的英国人，他恨所有的外国人，不过这在我倒并不介意，只要他对德国人不比对其他外国人更恨些就行。"威廉正踌躇满志地同乔治并骑而行，经过他任名誉上校团长的第一皇家龙骑兵团的时候向团旗行着军礼。有一次，他曾分送穿着龙骑兵军服的本人照片，在他的签名上面写了一句诡秘莫测的话：

引子　葬礼

"吾守吾时。"（I bide my time.）今天，他的时机到来了；他成了欧洲的至尊。

策马跟在他后面的是寡后亚历山德拉（Queen Alexandra）的两个兄弟——丹麦国王弗雷德里克（King Frederic of Denmark）和希腊国王乔治（King George of the Hellenes），她的侄儿挪威国王哈康（King Haakon of Norway），以及三位后来逊位的国王：西班牙的阿方索（Alfonso of Spain），葡萄牙的曼努埃尔（Manuel of Portugal）和缠着穆斯林丝头巾的保加利亚国王费迪南德（King Ferdinand of Bulgaria）。费迪南德此人，自称沙皇，并且在箱子里藏着从戏装商人那里弄来的拜占庭大帝的全副王权标帜，以备有朝一日把拜占庭的版图重集在他御杖之下的时候穿戴。这就使得和他同为九五之尊的其他君主不免耿耿于怀。

给那些为《泰晤士报》称作"御辔执鞭，英姿飒爽的王孙公子"弄得眼花缭乱的观众，很少有人注意第九位国王，而他却是他们中间后来立下丰功伟绩，不失为顶天立地大丈夫的唯一王孙。虽然他极其魁伟轩昂，并且善于骑术，但是这位并不喜爱这种皇家礼仪浮华排场的比利时国王阿尔贝（Albert），在这行列里，总是显得局促不安又心不在焉。这时候，他才三十五岁，登基仅一年。日后，他的容貌成了英雄主义和悲剧的象征而闻名于世，可仍然还是那副茫然若失的样子，似若另有所思。

阿尔贝右侧一骑，是老奥皇弗朗茨·约瑟夫（Franz Josef）的继承人——奥地利大公弗朗茨·斐迪南（Franz Ferdinand）。他高大肥硕，身着紧身胸衣，头盔上绿色羽翎招展，是未来悲剧的根源。阿尔贝左侧是永远登不上王位的另一个王裔——优素福（Yussuf）王子，土耳其苏丹的继承人。继帝王之后是皇室贵胄：日本天皇的兄弟伏见（Fushimi）亲王；俄国沙皇的兄弟米哈伊尔（Michael）大公；意大利国王的兄弟，穿着天蓝衣裳、戴着翠绿羽翎头盔的奥斯塔（Aosta）公爵；瑞典国王的兄弟卡尔（Carl）亲王；荷兰女皇的丈夫亨利（Henry）亲王；再就是塞尔维亚、罗马尼亚和黑山的王储们。最后一名是达尼洛（Danilo）亲王，"一个和蔼可亲、俊秀非凡、举止悦人的翩翩公子"，他并非徒有"风流寡妇情侣"之名，而是确实如是。他上一夜到达时伴同他一齐来的竟是一个"姿色倾城、艳丽妩媚的妙龄淑女"，他向人介绍说是他夫人的一个侍女，到伦敦来采购一些东西的。英国官吏无不为之目瞪口呆。

再后面是一队德国的次等皇族：梅克伦堡—什未林（Mecklenburg-Schwerin）、梅克伦堡—施特雷利茨（Mecklenburg-Strelitz）、石勒苏益格—荷尔斯泰因（Schleswig-Holstein）、瓦尔代克—皮尔蒙特（Waldeck-Pyrmont）、萨克森—科堡—哥达（Saxe-Coburg Gotha）的大公们，萨克森（Saxony）、黑森（Hesse）、符腾堡（Württemberg）、巴登（Baden）和巴伐利亚（Bavaria）的大公们。最后这位大公——鲁普雷希特（Rupprecht）王储，不久就将率领一支德军转战沙场。此外有暹罗的一个亲王，波斯的一个亲王，前法国奥尔良皇族的五个亲王，戴着金流苏土耳其帽的埃及总督的兄弟，穿着浅蓝绣花长袍、其古老王朝只剩两年寿命的中国载涛亲王，还有代表德国海军的海军总司令、德皇兄弟、普鲁士的亨利亲王。在这绚丽壮观的行列中有三个穿着便装的人士：瑞士的加斯东—卡兰（Gaston-Carlin）先生，法国外交部长毕盛（Pichon）先生，以及美国的特使、前任总统西奥多·罗斯福。

爱德华，这个各国首脑盛况空前地为之云集的人物，素有"欧洲之伯"的尊称。从欧洲统治家族这方面来说，这个头衔可说是名副其实的。他不仅是德皇威廉的舅父，而且由于其妻的姊妹俄国玛丽皇太后的关系，还是沙皇尼古拉二世的姨父。他的侄女亚历山德拉是沙皇的皇后；他女儿莫德是挪威的王后；另一个侄女埃纳是西班牙的王后；第三个侄女玛丽，也即将成为罗马尼亚的王后。他妻后的王族，除据有丹麦王位外，还为俄国生养了沙皇，为希腊和挪威提供了国王。其他的亲戚，维多利亚女王子女九人各支的后裔，则充斥欧洲宫廷。

他驾崩后，前来哀悼吊唁者势如潮涌，非始料所及。这不仅出于家族之情，也不在于他的突然逝世，噩耗顿传——公众知道他只病了一天，第二天就与世长辞了。事实上，这反映了他的善于结交。他纵横捭阖，对国家起了不可估量的作用。他在位短短九年期间，英国的"光荣孤立"，在压力之下业已放弃，让位于同两个宿敌法国和俄国以及一个正在崛起的新强国日本达成的一系列"谅解"和友好关系；虽然英国不喜欢对事情过于肯定，同它们并不是真正的结盟，但结果是均势为之改变，波及整个世界，且影响了各国之间的关系。爱德华既不创立也不左右英国的政策，但政策之得以改变，他个人的外交手腕却起了推波助澜的作用。

他童年被带往法国访问时，曾对拿破仑三世说："您有一个美丽的国家，我愿做您的儿子。"他的偏爱法国事物，同他母后的偏爱德国事物显然是志趣殊异，但也可能是对她的分庭抗礼。他的这种偏爱，历久不变，在他母后崩殂后且付诸行动。德国1900年的海军计划，对英国包藏挑衅之心，英国日益惴惴不安，于是决心弥合跟法国的旧隙，爱德华的魅力为此铺平了道路。1903年，他不顾进行正式国事访问将会遭到冷遇的忠告，径往巴黎。到达时，群众面带愠色，默不作声，有人还奚落性地叫喊了几声"布尔人万岁！"和"法绍达*万岁！"但这位国王毫不介意。忧心忡忡的副官嘟囔着说："法国人不喜欢我们。"他回答说："凭什么他们该喜欢我们？"他继续从马车上向群众点头微笑。

他抛头露面四天。在万森检阅了军队，在隆尚观看了赛马，参加了歌剧院的特别演出盛会，出席了爱丽舍宫的国宴和外交部的午餐会。他在剧院幕间休息时间同观众打成一片，并在休息室里向一

---

* 法绍达（Fashoda），苏丹地名，位于白尼罗河左岸，现名科多克（Kodok），1898年英、法两国为争夺非洲殖民地在此发生冲突。——译注

位著名的女演员用法语表示祝贺,使冷漠的气氛化为笑脸相迎。他所到之处都发表演说,讲得谦和有礼,机智圆通。他谈论着对法国人,对他们的"光荣传统",对他们的"美丽城市"的情谊和仰慕。他表白说"很多愉快的记忆加深了"他对这些方面的眷恋之情,而他对这次访问的"由衷喜悦",他对旧隙的"欣然冰释,不复介怀",对法英的彼此繁荣、唇齿相依的深信不疑,以及对两国的友好在他的心目中"常居首要地位"的信心,也无不增强了他的这种眷恋之情。他离开巴黎时,群众山呼"吾王万岁!"。一个比利时外交官报告说:"这个国家所出现的这种180度的态度转变是少见的。他赢得了所有法国人的心。"德国大使认为英王的访问是件"不可思议的事情",认为英法的言归于好是出于一种"对德国的普遍反感"。不出一年,经过排难解纷的大臣、部长们的艰苦努力,重新和好终于变成了《英法协约》,并于1904年4月签字生效。

倘不是德国领导人怀疑英国动机不正,先于1899年,继之又于1901年断然拒绝了英国殖民大臣约瑟夫·张伯伦(Joseph Chamberlain)的建议,德国本也可以跟英国缔结一份协约的。至于他们怀疑英国什么,这不论是幕后操纵德国对外事务的影子人物荷尔斯泰因(Holstein),或是风度翩翩、博学宏通的首相比洛(Bülow)亲王,或是德皇本人,都头绪不清;但是,他们都肯定其中必有奸诈。德皇又总是希望在既能到手而看来又似无心于此的情况下同英国达成协议。一次,在参加维多利亚女王葬礼时,在英国环境和家族情谊的感召之下,他曾情不自禁地向爱德华倾吐了他的这种心愿。"没有我们的首肯,在欧洲一只耗子也不能乱动一下",他就是这样设想英德同盟的。可是,英国人一表示有意的时候,他和大臣们又立即改变主意,怀疑其中有什么阴谋诡计。他们担心在会议桌上为人所乘,宁愿干脆避而远之,而凭借日益强大的海军来吓唬英国人就范。

俾斯麦(Bismarck)曾告诫德国要以陆上力量为满足,但是他的那些继承人，不论就他们个人或是就整体而言，都不能与俾斯麦相提并论。俾斯麦所追求的目标，看得清楚，且志在必得；而他们则海阔天空到处伸手，究竟想要什么又无定见。荷尔斯泰因是个马基雅维里*式的人物，没有一定的政策，赖以行事的唯一原则是怀疑一切。比洛则根本没有什么原则；他非常油滑，他的同僚蒂尔皮茨（Tirpitz）海军上将曾为他哀叹，说泥鳅比起他来还不过是条水蛭。而锋芒毕露、反复无常、一贯见异思迁的德皇，则是一时一个目标，玩弄外交手腕，犹如搞永恒运动的练习。

他们谁都不信英国会和法国和解，所有有关的警告，荷尔斯泰因全都置之不理，斥之为"幼稚"，甚至对于他派驻伦敦的使节埃克哈德斯泰因（Eckhardstein）男爵明确不过的警告也是如此。1902年，在莫尔伯勒大厦的一次宴会上，埃克哈德斯泰因曾注意到法国大使保罗·康邦（Paul Cambon）和约瑟夫·张伯伦消失在弹子房里，他们在里面兴致勃勃地交谈了28分钟之久。他所能偶尔听到的只是"埃及"和"摩洛哥"这几个词（这位男爵的回忆录中没有说明弹子房的门是开着的，还是他从钥匙孔里窃听到的）。后来，他奉召去英王书斋，爱德华敬他一支1888年的厄普曼雪茄，告诉他英国即将同法国达成一项解决所有殖民地争端的协约。

协约成了事实，威廉怒不可遏。这里面，使他更为撕心裂肺的是爱德华在巴黎的胜利的旧痛。这位向以出行频繁著称的"旅游皇帝"，对仪式隆重地进入外国首都，常甘之如饴，可是他最向往的巴黎却可望而不可即。他走遍各地，甚至去过耶路撒冷，在那里，为了让他骑马入城，曾不得不砍削雅法城门；然而巴黎，这个无美不备，无不令人神往，柏林无一可与之同日而语的中心，他却始终不得其门而入。他想享受巴黎人的欢呼，他想获得法国荣誉勋章，

---

* 马基雅维里（Machiavelli，1469—1527），意大利政治思想家兼历史学家；马基雅维里式是指为达到目的而不择手段。——译注

他曾两次让法国知道他的这个心愿，但邀请久盼不至。他可以到阿尔萨斯发表演说，颂扬1870年的胜利；他可以率领游行队伍穿过洛林（Lorraine）的梅斯（Metz）；可是这位德皇活了八十二岁，至死也没有看到巴黎，这也许是帝王命运中最为辛酸的一个史话。

对于立国较久的国家怀有嫉妒，这种心情咬啮着他。他向西奥多·罗斯福埋怨英国的达官显贵，说他们访问欧陆时从不光临柏林，而老是前往巴黎。他感到不为人所赏识。"我在位多少年以来，"他对意大利国王说，"我的同仁们，欧洲的那些君主，总是把我的话当作耳边风。要不了多久，有我伟大的海军做后盾，我的话就会有人洗耳恭听了。"这样的情绪，遍及他的整个国家。他们同他们的皇上一样，全都迫切需要得到认可。他们血气方刚，野心勃勃，他们意识到自己实力的强大，他们是尼采和特赖奇克*之道哺育起来的。因而，他们认为理应称王称霸，他们感到为人所负，世界没有承认他们为盟主。军国主义的发言人弗里德里希·冯·伯恩哈迪（Friedrich von Bernhardi）写道："我们必须在整个地球上为德国的民族性和德国的精神赢得崇敬，这是我们应得的……可是迄今未给我们。"而要达到这个目的，他直言不讳，只容许采用一种办法；从德皇以降的一些小伯恩哈迪们，于是力图使用威胁和显示力量的办法来取得他们梦寐以求的尊敬。他们挥着"包着铁甲的拳头"，要求获得"日光下的地盘"，他们歌颂"铁与血"和"闪闪发光的甲胄"，宣扬刀剑的功德。罗斯福先生当时关于跟邻国和谐相处的格言已被条顿化为"提高嗓门，挥舞大枪"。当德国人挥舞大枪，当德皇盼咐军队为义和团之乱开往中国像阿提拉率领的匈人（Huns of Attila）那样行事（把匈人作为德国人的榜

---

* 特赖奇克（Heinrich Gotthard von Treitschke，1834—1896），德国历史学家和政论家，普鲁士学派著名成员之一，曾任柏林大学等校教授，著有《19世纪德国史》等。1886年起成为普鲁士史官。反对社会主义，鼓吹种族主义、沙文主义，力主对外扩张。——译注

样是他自己选择的），当泛德意志同盟和海军联盟纷纷建立，集会要求别国承认它们扩张的"合理诉求"时，别的国家便以结盟相报了；而当这些国家结成同盟的时候，德国便嚎叫"这是包围"！"全德国被包围啦"这句副歌给咬牙切齿地唱了整整十年。

爱德华的出国访问照常行事，去罗马，去维也纳，去里斯本，去马德里，且不仅限于拜访王室。他每年都去马林巴德（Marienbad）温泉疗养，并在那里与"法国之虎"*交谈，互抒己见。此人与他同庚，在他在位期间任总理四年。爱德华生平有两个癖好，一尚衣着得体，一爱与异端为伍。但他不计较前一个癖好而敬仰克列孟梭（Clemenceau）先生。这位"老虎"跟拿破仑所见略同，认为普鲁士是"炮弹里孵出来的"，并且看到这个炮弹正迎面飞来。"德国贪求权力……已把消灭法国作为定策"是他的主导思想，在这种思想的笼罩下，他运筹帷幄，纵横捭阖。他对爱德华说，有朝一日法国需要帮助的时候，靠英国的海上力量是不够的，他提请爱德华注意，拿破仑是在滑铁卢被打败的，而不是在特拉法尔加角（Trafalgar）受挫的。

1908年，爱德华乘御用游艇去雷维尔†作国事访问，会见沙皇，英国臣民不以为然。英国的帝国派认为俄国是克里米亚战争中的宿敌，新近又是虎视印度的觊觎者；而在自由党和工党看来，俄国是鞭笞苛刑、屠杀犹太人和1905年大批残杀革命党人之乡。至于沙皇，按拉姆齐·麦克唐纳（Ramsay MacDonald）先生的说法，则是个"杀人犯"。这种厌恶是相互的。俄国人痛恶英国同日本结盟，憎恨它是使俄国对君士坦丁堡和海峡地区历史性的觊觎不能得逞的列强。尼古拉二世一次曾把他最乐道的两个偏见并为简单的一句话："英国人是

---

* 指外号"老虎"的法国总理克列孟梭。——译注
† 雷维尔（Reval），现名塔林，爱沙尼亚共和国首都。——译注

犹太人。"

　　但是，旧的敌对情绪毕竟没有新的压力那么强烈。同时法国人也殷切希望他们的两个盟国能言归于好，就在法国的敦促下，双方于1907年缔结了《英俄协定》。爱德华认为，为了去除可能还萦回脑际的疑念，进行王室的个人友好接触事属必要，于是登舟前往雷维尔。他同俄国外交大臣伊兹沃利斯基（Isvolsky）进行了长谈，同皇后在《风流寡妇》（Merry Widow）的舞曲旋律中跳起了华尔兹舞，收效之大，居然使她嫣然一笑。自这位郁郁寡欢的妇人戴上罗曼诺夫王朝的王冠以来，完成这一成就的，他还是第一人。这个成就，看起来仿佛微不足道，其实不然。沙皇治理俄国，虽很难说是名实相符，但他毕竟一面统治国家，俨然是一个专制君主，一面却受制于他那才识浅薄但意志坚强的老婆。她美丽，她歇斯底里，她病态性地多疑，她憎恶每个人，只有直系亲属和一群癫狂怪诞的江湖骗子除外，这些骗子抚慰着她绝望的心灵。而这位沙皇既天禀不厚，又没有受过很好的教育，在德皇看来，他"只配住在乡下草房子里种种萝卜"。

　　德皇认为这位沙皇属于他的影响范围，企图施用妙计，诱使他脱离与法国的同盟。这个同盟原是威廉自己的不智造成的。威廉把俾斯麦的准则"与俄国为友"以及贯彻这个准则的《再保险条约》（Reinsurance Treaty），连同俾斯麦一并抛到九霄云外，铸成了他在位期间第一个也是最糟糕的大错。昔日的那个魁伟而严峻的沙皇亚历山大三世（Alexander Ⅲ），立即改弦易辙，于1892年同共和政体的法国结成了同盟，甚至不惜对《马赛曲》肃立致敬。而且，他很瞧不起威廉，认为他是个"没有教养的家伙"，同他谈话时也总是把脸别向一旁。自尼古拉登基以来，威廉一直想设法弥补他所铸成的大错，他给这位年轻的沙皇（用英文）写了许多封长信，有忠告，有闲谈，有政治性的长篇大论，称他为"最亲爱的尼基"，自己则署名"你亲爱的朋友威利"。他对沙皇说，一个玷污着几位君主鲜血的、漠视宗教的共和国不适合做他的伙伴。"尼基，请您相信我，上帝的诅咒已叫那个民族万世遭劫。"威利还对他说，尼基您的真正的利害关系在于缔结三皇同盟，即俄、奥、德三国皇帝的同盟。老沙皇冷淡轻蔑的态度他记忆犹新，然而，他又不禁居高临下地关怀老沙皇的儿子。他会拍拍尼古拉的肩膀对他说："我对您的忠告是多发表演说，多举行阅兵，多多演说，多多阅兵。"他表示愿意派遣德国军队去保护他，防范乱臣贼子。可是他的这个建议却激怒了沙皇皇后。她憎恨威廉，每互访一次，她就多恨他三分。

在这样的情况下，德皇没有得逞，没有能使俄国断绝同法国的关系。他于是拟了一个巧妙的条约，约定俄德双方在一方受到攻击时有义务相互支持。这项条约在沙皇签字以后要通知法国，并邀请法国参加。德皇是在俄国同日本作战惨败（他曾竭力怂恿俄国与日本开战），继而革命兴起，沙皇政权处于最低潮之时，邀请尼古拉在芬兰湾的比约克岛（Björkö），在没有大臣随从之下进行秘密会谈的。德皇非常清楚，俄国不可能接受他的条约而不背盟失信于法国；但是，他认为，只消双方君主签字，问题就能迎刃而解。尼古拉签了字。

威廉欣喜若狂。他弥补了致命的失误，使德国的后门安全牢靠了，包围圈打破了。他写信给比洛说，"我热泪盈眶"，他深信他的祖父（威廉一世，临终时犹嘀咕着两线作战问题）正从天国注视着他。他认为他的这份条约是德国外交上的一个杰作。要不是存在权限问题的缺陷，这倒确实是或者本可以成为一个杰作的。沙皇将条约带回俄国，大臣们一看之下惊恐万状，向他剖析指出，在一场可能爆发的战事中承诺参加德方，那他就抛弃了与法国的同盟，这个细节，"无疑是在威廉皇帝口若悬河、巧舌如簧的情形下，逃过了陛下的注意"。于是这份《比约克条约》只不过昙花一现，就寿终正寝了。

现在是爱德华到雷维尔来同沙皇亲切交谈了。关于他们会晤的情况，德国大使报称爱德华真正有心和平。德皇阅后，不禁怒气冲冲地在页边挥笔批道:"这是谎言,他要的是战争。但是我得发动战争,好让他不致沾有臭名。"

这一年终了时,德皇发表了他生平最具有爆炸性、最为失检的谈话。他接见了《每日电讯报》记者,谈了他当时对于谁将同谁打仗的见解。这一次可不仅使得他的一些邻国神经紧张,也弄得他自己的国人坐立不安。公众的非难直言不讳,以致德皇卧床不起,一病三个星期,而且在以后一段时间里也比较寡言慎行了。

此后没有爆发什么新的惊人事件。那十年中的最后两年是最太平的两年。欧洲享受着午后的悠闲,富足安乐。1910年是平静的,繁荣的。摩洛哥的第二轮危机和巴尔干战争还没有到来。诺曼·安吉尔[*]的一本新著《大幻想》(*The Great Illusion*)刚刚出版,它力图证明战争已经变得徒劳。他以令人信服的例证和颠扑不破的立论,说明在当时各国财政经济相互依存的情况下,胜者和败者都将同样遭殃,所以,战争已无利可图;因此,没有一个国家会愚蠢到发动一场战争。这本书经译成十一国文字,成了崇拜的偶像。在曼彻斯特、格拉斯哥以及其他工业城市的一些大学,忠实信徒组织了四十多个研究小组,致力于宣传该书的教义。安吉尔的一位最热忱的门徒是伊舍(Esher)子爵,一个对军事政策颇具影响的人物,英王的朋友和顾问,陆军委员会主席——这个委员会受命对布尔战争中作战受挫后的英国陆军进行改造。这位勋爵在剑桥大学和巴黎大学讲授《大幻想》,他在那里阐明"新的经济因素一清二楚地证明侵略战争是荒唐愚蠢的"。他说,一场20世纪的战争,其规模之大当使"商业遭劫,财政崩溃,人民遭殃"。这些不可避免的后果,将"包含着克制力量",使战争毫无可能。他在总参谋长约翰·弗伦奇爵士

---

[*] 诺曼·安吉尔(Norman Angell, 1872—1967),英国人,经济学家、和平主义者、新闻工作者和作家。曾任伦敦《每日邮报》巴黎版总编辑(1905—1912)、《外交事务》编辑(1928—1931)、工党议员(1929—1931),1933年获得诺贝尔和平奖。——译注

任主席的三军俱乐部里，向听讲的军官们说，由于各国利害关系相互交织，战争"已成为日益困难和不可能的了"。

至于德国，伊舍勋爵很有把握地说，"是和大不列颠同样接受诺曼·安吉尔的学说的"。他曾奉赠给德皇和王储几本《大幻想》，或者是他设法给他们的，但不论怎样，他们对学说的接受程度如何，则无报道。也没有证据可资说明他也曾赠送冯·伯恩哈迪将军一本。这位将军在1910年正埋首写作《德国与下一次战争》（*Germany and the Next War*），该书于第二年出版，和安吉尔的书具有同样巨大的影响，不过是出自相反的观点。"发动战争的权利"、"发动战争的义务"和"或为世界强权，或是没落"，这三章的标题概括了全书的论点。

伯恩哈迪，1870年是个年方二十一岁的骑兵军官，是德军进入巴黎时第一个乘骑突入凯旋门的德国人。自此以后，军旗和荣誉，已不再像他在另一章"德国的历史使命"中所运用的有关战争的理论、哲学和科学那样使他感兴趣了。他曾任总参谋部军事史部门的负责人，是这个苦思苦干的组织中的智囊之一，是一部关于骑兵的经典著作的作者。尔后，他集毕生精力从事研究克劳塞维茨（Clausewitz）、特赖奇克和达尔文，并将研究所得倾注到后来使他的名字等同战神的这本书里。

他说，战争"是生物的需要"，战争是"自然界一切法则所依存的自然法则亦即生存竞争法则"在人类社会的体现。他说，各个国家，不是发展就是衰退，"不可能有静止状态"。德国必须选择，"或为世界强权，或是没落"。在各国之中，德国"在社会政治方面，居所有文明进步国家之冠"；但是，它却"被挤压在狭窄的、非自然的境域之内"。没有日益强大的政治权力，没有一个扩大的势力范围，没有新的领土，它就不可能达到它的"伟大的道义目的"。这种权力的增强"是同我们的重要性相称的"，"是我们有权要求的"，是一种"政治需要"和"国家的首要任务"。他宣称，"凡我们现在所希望达到的,均必须力争",他自己把"力争"二字写成斜体字。由此,他驰笔归结:"征服遂成为一条必要的法则(a law of necessity)。"

既证明了"必要"(这是德国军事思想家爱用的词儿),伯恩哈迪便进而谈论手段问题。发动战争的义务一经确认下来,使战争胜利这第二项义务便随之而来了。而要取得胜利,一个国家必须在它自己选择的"最有利时刻"发动战争;它有"公认的权利……掌握发挥这种主动性的可贵特权"。进攻战于是成了另一个"必要",再一个结论也就免不了是:"采取攻势和打出第一枪,这是我们义不容辞的责任……"德皇对于附在侵略者身上的"臭名"还有所顾忌,伯恩哈迪则毫无此感,并且在这一枪将打向何处的问题上,也毫不闪烁其词。他写道,以为德、法总可以通过谈判解决它们的问题的想法,是"不可思议的"。"法国必须化为齑粉,使它再也不能越我雷池一步";"必须予以毁灭性的打击,使之永不复为列强"。

爱德华国王未能看到伯恩哈迪的这本书就逝世了。1910年1月,在前往马林巴德温泉和比亚里茨(Biarritz)以前,他向德皇致以一年一度的生日祝贺,并送了他一根手杖作为贺仪。几个月后他逝世了。

伊兹沃利斯基得此噩耗,便说:"我们失去了我们外交政策的支柱。"这可说得过分了些。对于形成新的联盟格局,爱德华不过是一个工具,而不是一个建筑师。在法国,据《费加罗报》的报道,英王逝世引起了"深切的哀痛"和"真心的惶恐不安"。该报说,巴黎失去了一位"伟大的朋友",像伦敦一样感到深切悲痛。和平大街的灯柱和店家的橱窗,同伦敦皮卡迪利大街一样披着黑纱;马车夫在鞭子上都系着黑绉纱蝴蝶结;甚至在外省城镇,也像悼念法国的伟大公民逝世一样,可以看到挂着黑纱的英国故王相片。在东京,不忘英日同盟之功,家家户户挂着两国国旗,在旗杆上缠着黑纱。在德国,不论感情如何,是按常规办事的。陆、海军全体军官奉命服丧八天，在领海内的舰队鸣炮致哀并下半旗，帝国国会全体肃立谛听议长宣读唁电，德皇亲自去英国大使馆吊唁，拜会了大使，历时一小时又半。

在伦敦，王室在英王逝世后的整个一周里都忙着在维多利亚车站迎接前来的王公贵族。德皇是乘坐"霍亨索伦"号（Hohenzollern）游艇，在四艘英国驱逐舰护送下前来的。他将船停泊在泰晤士河口，到伦敦的最后一段路程改乘了火车，同一般的王公贵族一样来到维多利亚车站。月台上铺着紫红地毯，在停放他乘坐的马车的地方还放着紫红地毯覆盖的踏脚。钟报正午，火车入站，德皇为人熟悉的身躯走下车来，受到他表弟英王乔治的欢迎，他吻了乔治的双颊。午饭后，他们一齐来到停放爱德华遗体供人瞻仰的威斯敏斯特大厅。上一夜的雷暴雨和整个早晨的倾盆大雨，没有阻碍得了爱德华的子民们成群结队肃穆耐心地等待着穿过大厅。这一天是5月19日，星期四，队伍绵延，长达五英里。这一天，地球合该通过哈雷彗星的尾部。彗星的出现，总叫人想起历来是灾难的预兆——它不是曾预兆过诺曼人的征服吗——并使报界感慨系之，文艺栏的编辑们刊印了《尤利乌斯·恺撒》中的诗句：

乞丐死了的时候，天上不会有彗星出现；
君主们的凋殒才会上感天象。

宽敞的大厅里，停放着灵床，一片庄严肃穆。灵床周围摆着王冠、王徽和御杖。灵床四角由四个军官守护着，他们来自帝国不同的部队，按传统致哀仪态站在那里，低着头，戴着白手套，两手相交按在剑柄上。德皇以同是帝王的切身兴趣注意着帝王殡殓的全部礼仪。他印象深刻，多少年后，对这"令人叹为观止的中世纪情景"的场面，犹能一一道其细节。他看到狭长的哥特式的窗户透进来的一道道阳光使王冠上的珠宝光芒四射；他观察着灵床四角警卫的换岗仪式，四个新警卫举着剑正步走来，到达岗位的时候将剑头掉转向下，换岗下来的警卫则缓慢而又悄悄地从隐在暗处看不见的出口处消失了。他将紫白两色的花圈放在灵柩上，随即同英王乔治跪下默默祈祷。他站起身来，紧紧抓住这位表弟的手，有力而深表同情地握着。这个姿态，得到广泛的报道，博得了很好的评价。

他在公开场合，举止得体，无懈可击；但在私下，见到玩弄新阴谋有机可乘时就按捺不住了。那天晚上，当英王在白金汉宫设宴招待前来吊唁的70位王公贵族和特使时，他在宴会上老是缠着法国的毕盛先生谈个不休，并向他提出一旦德国在一场冲突中处于同英国对立的地位，法国就该支持德国。鉴于当时的场合和地点，这位皇上新发作的这次心血来潮，引起了和以往同样无谓的纷扰。前此，英国那位被同样纠缠过的外交大臣爱德华·格雷（Edward Grey）爵士曾一度深有感触地说过："别的君主们要安静得多。"德皇后来矢口否认，说他根本没有讲过这类话。他声称只谈了摩洛哥问题和"其他一些政治问题"。毕盛先生也小心策略地说德皇当时的言语是"友善的、温和的"。

第二天上午，在置身送葬行列不能开口的当儿，威廉的举止堪为楷模。他紧勒缰绳，走在乔治国王一肩之后。他在这次葬礼的专访记者柯南·道尔眼中，显得"如此崇高，要是英国今天再不把他搂回自己的怀抱，就不免有损于它固有的仁慈之心"。送葬队伍到了威斯敏斯特大厅，他第一个跳下马来，在亚历山德拉王后的马车走近的时刻，"他奔向车门，敏捷非常，赶在王室侍从前面到了"，不过看到王后正准备从另一边下车。威廉又矫捷如燕，转奔过去，仍然赶在侍从前面第一个到达车门，伸手把这位寡后搀扶下来。他吻着她，充满着外甥痛伤舅父的悲痛激情。幸好乔治国王这时赶来为他母后解围，亲自护送了她。她之嫌恶德皇，既出于对他本人的憎恨，也为了石勒苏益格－荷尔斯泰因的缘故。尽管德国夺取丹麦那些公国的时候，德皇年仅八岁，但她从没有饶恕过他和他的国家。

当她的儿子1890年访问柏林被授予普鲁士某团名誉上校团长的时候，她写信给他说："这样吾儿乔治就成了一个活生生的穿着令人作呕的蓝军服，戴着尖顶头盔的德国兵了！！！唉！我从没有想到我活着的时候竟看到这个！但是，不要介意……这是你的不幸，而不是你的过错。"

鼓声低沉，笛声泣诉，灵柩裹着王旗，由二十名身穿蓝衫、头戴草帽的水兵抬出大厅。阳光下突然闪烁着一片剑光，骑兵在立正致敬。四声刺耳的哨音信号一发，水兵将灵柩抬上紫、红、白间饰的炮车。两面是密层层黑压压的人群，鸦雀无声；阻拦人群的掷弹兵禁卫团警戒线，纹丝未动。送葬的行列就在这两堵红墙似的警戒线之间徐徐前移。伦敦从没有这样倾城倾巷，从没有这样万籁俱寂。灵车由皇家马拉炮兵曳着，伴随灵车和在车后走着的是已故陛下的六十三名侍从副官，不是陆军上校就是海军上校，并且全部都是贵族，其中有五位公爵、四位侯爵和十三位伯爵。英国的三位陆军元帅——基钦纳（Kitchener）勋爵、罗伯茨（Roberts）勋爵和伊夫林·伍德（Evelyn Wood）爵士并骑前行。他们后面是六位海军元帅，再后是独自一人行走着的约翰·费希尔（John Fisher）爵士——前任第一海务大臣，爱德华的挚友，此人不仅脾气急躁，性情怪僻，而且有着一副非英国人所有的那种官气十足而古怪的面孔。来自各方面的著名部队的特遣队，云集一起，有科尔德斯特里姆禁卫团、戈登高地人团、王室骑兵团和一般骑兵团、禁卫骑兵团、枪骑兵和皇家燧发枪团，有爱德华曾任名誉官长的德国、俄国、奥国显赫的轻骑兵和龙骑兵及其他国家的骑兵部队，还有德国海军的将军们——这个军事场面，在一些不以为然的观众看来，对于一个有"和平缔造者"之称的人的葬礼来说，未免过于庞大了。

故王的坐骑，由两个马夫牵着，鞍在人不在，马镫上马靴倒置；故王的鬃毛猎犬恺撒踯躅在后面，更增添了睹物思人的伤感。后面走来的是英国的盛大队伍：穿着中世纪纹章战袍的传令官们，银杖侍从、白官仗侍从队、王室侍从武官、苏格兰弓箭卫队、假发黑袍的法官们、深红法衣的高等法院的首席法官、紫色长袍的主教们、黑丝绒礼帽和伊丽莎白式饰边衣领的王室卫队，以及一队随行的号手。接着就是帝王的队伍。他们后面是一辆玻璃车厢的马车，载着新寡的王后和她的姊妹俄国皇太后，再后是十二辆马车，载着各国的王后、贵妇以及东方各国的王公显贵。

沿着白厅、林荫大街、皮卡迪利大街和海德公园一直到帕丁顿火车站——遗体要从那里用火车送往温莎安葬——长长的出殡队伍缓缓而行。皇家禁卫骑兵的乐队奏着《扫罗王》清唱剧中的送葬曲。人们在哀乐声中缓慢前进，感到曲终永诀的肃穆。葬礼之后，伊舍勋爵在日记中写道："如此烟消云散，前所未有，所有指示我们生活航向的老航标似乎都被席卷而去了。"

第一部分

计划

第 1 章

"让右翼末梢袖拂海峡"

    1891 年至 1906 年期间的德国总参谋长阿尔弗雷德·冯·施利芬伯爵,跟所有的德国军官一样,是深受克劳塞维茨"法国的心窝在巴黎和布鲁塞尔之间"这一训示熏陶的。但这句名言令人扫兴。它指引的那条路,由于比利时的中立,是条涉足不得的禁途。何况比利时的中立,又是德国同另外四个欧洲大国所永远保证的。既深信战争必不可免,又认为德国必须在最有利的情形下开战,施利芬于是决心不容这个比利时的难题成为德国的路障。普鲁士军官有两类——颈粗如牛和腰细若蜂,而他属于后者。戴着单片眼镜,老态龙钟,冷漠难近。他专心致志于职务,唯工作之需要是想,甚至在东普鲁士一次通宵野外参谋见习结束后,旭日东升,朝阳下普雷格尔河波光闪耀,景色绚丽,一个副官指给他看的时候,他注目一瞥便回答说:"一个不足道的障碍。"比利时的中立,他认定,也是这么一回事。

    一个中立的、独立的比利时,是英国的杰作,或者可说是它那个雄才大略的外交大臣帕默斯顿(Palmerston)勋爵一手创建的。比利时的海岸是英国的边境;在比利时平原上,威灵顿*曾挫败自有

---

*　威灵顿(Arthur Wellesley Wellington, 1769—1852),英国统帅和政治家。在 1815 年滑铁卢会战中曾同普鲁士的布吕歇尔一起击败拿破仑。——译注

无敌舰队以来英国遇到的最大威胁。嗣后,英国便决心把这块敞开无阻、容易跨越的弹丸之地变成一个中立地带,并且根据维也纳会议解决拿破仑战后问题的决定,征得其他列强的同意,将比利时划归了尼德兰王国。比利时人满腔愤怒,反对跟一个新教统治的国家合并,他们群情激昂,充满着炽烈的19世纪的民族主义狂热,在1830年初起而反抗,并就此引起一场国际争夺。荷兰人力争保持他们的属地;法国人急于重新吞并他们一度统治过的地方,也插手进来;至于俄、普、奥这些一心想把欧洲始终置于维也纳会议钳制下的专制君主制国家,则是磨刀霍霍,准备哪里有反抗迹象初露就杀向哪里。

帕默斯顿勋爵运筹帷幄,智胜了各国。他懂得,一块属地总是这个、那个邻国垂涎的目标;他懂得,只有成为一个坚决维护其完整的独立国家,才能生存,才能成为一个安全地区。经过九年刚柔相济和矢志不渝的努力,以及必要时的不惜动用海军,他终于摆布了逐鹿比利时的各国,并促成一份国际条约,保证比利时成为一个"独立和永远中立的国家"。这项条约由英、法、俄、普、奥五国于1839年签字生效。

1892年,法俄结成军事同盟。此后的局面显然将是上述五国中的四个自然而然地以二对二的形式参加施利芬为之策划的战争。欧洲成了好似撤棒游戏中叠得盘根错节的木棒,抽动一根就不能不牵动其余。根据德奥同盟的条款,在奥俄的任何冲突中,德国负有支持奥国的义务;按照法俄同盟的条款,任何一方卷入对德"防御战争"时,双方均有义务对德采取行动。这些规定将不可避免地使德国在它从事的任何战争中不得不同法俄两面作战。

英国将扮演什么角色,并无定准。它可能保持中立;如果师出有名,它也可能参与对德作战。比利时有可能成为事因,已不是什么秘密。1870年普法战争时,德国还是个崛起中的国家,所以俾斯麦一得到英国的示意,便欣然重申比利时的不可侵犯。格莱斯顿

（Gladstone）曾从交战国双方争取到一项条约，规定倘若交战国任何一方破坏比利时的中立，英国就将与另一方合作，及至协同保卫比利时，不过，将不参与全面作战。这条格莱斯顿公式最后拖的这句尾巴虽不无不切实际之处，但德国没有理由可以认为制定这个公式的动机，在1914年不如在1870年那么起作用。然而施利芬却作出决定，一旦发生战争，将借道比利时进攻法国。

他的理由是"军事需要"。他写道，在两面作战的战争中，"整个德国必须扑在一个敌人身上，扑在最强大、最有力、最危险的那个敌人身上，而这个敌人只能是法国"。施利芬在1906年他退休之年完成的那份计划中，分配八分之七的兵力以六周时间击溃法国，而以八分之一兵力守卫东部国境抗击俄国，直至大部分军队可以调过来迎击这个居于第二位的敌人。他之选择法国作为打击的第一个敌人，是由于俄国有广无穷尽的纵深，只要不断后撤，让德国人像拿破仑那样陷入一个漫无止境的战役，就可使德国的速战速决之计不能得逞。何况法国近在咫尺，动员起来又较为迅速。德国和法国都只需两周时间就可动员完毕，在第十五天就可发动大规模的攻势。而俄国，按德国的算术，它四面八方相距甚远，军队众多，铁道窳陋，得要六周时间才能发动大规模的攻势，但到那时法国大概已被打败了。

让东普鲁士这个容克（Junker）地主邦国和霍亨索伦家族的老家只用九个师来守卫，是个难于承受的风险。但是，腓特烈大帝曾说过："宁失一省之地，而不分散赖以取胜之兵。"所以，没有什么能像这位伟大的、已经物故的将军的箴言能如此宽慰军心。只有在西线投入最大的兵力，才能使法国迅速完蛋。按施利芬的意见，只有采用包抄战略，利用比利时作为过道，德国才能攻略法国。他的论证，从纯军事观点来看是无可非议的。

当时德国准备用以进攻法国的军队达150万之众，六倍于1870年，在行动上需要纵深。1870年以后法国沿阿尔萨斯和洛林边境构筑的要塞，使德国无法越过共同边境作正面进攻。只要法军通向后方的道路畅通无阻，长期围攻就提供不了将敌人迅速网入歼灭战的战机。只有采用包抄战略，才能从背面袭取法军，一举歼灭。可是法国防线不论哪端都是中立国家的地界，一是比利时地界，一是瑞士地界。既要绕到法军背后，又要不出法国国境，这对为数巨大的德军就没有足够的空间。德国人在1870年确曾绕到法军背后而又未越出法境一步，但当时双方军队都为数很少，而今则是调动一支成百万的军队包抄另一支成百万的军队的战争。地盘、公路和铁路都必不可少，而平坦的佛兰德（Flanders）平原则无一不备。比利时既有施利芬克敌制胜方案（侧翼包抄运动）所需的空间，也有规避他视为自取灭亡方案（正面进攻）的途径。

德国军事思想的先知克劳塞维茨曾规定，以"决战"迅速取胜是进攻战的要旨。占领敌人领土和掌握敌人资源均属次要，尽快早日决战定局事属至要。时间重于一切，拖延战争的任何情事，均遭克劳塞维茨的谴责。"逐步削弱"敌人和消耗战，他都畏如地狱。这是他在滑铁卢之战那个十年里的论述，其著作自此被奉为兵法上的"圣经"。

为了取得决定性的胜利，施利芬决定采用得自汉尼拔坎尼之战的战略。这位使他入迷的将军早已是一抔黄土。自汉尼拔在坎尼对罗马人采取著名的两面包抄战略以来，已时过两千年。野战炮、机关枪已替代了弓箭和投石器，但施利芬写道："可是战略原则不变。敌人的正面不是目标所在。至要的是粉碎敌人的侧翼……以攻其后方完成消灭敌人。"在施利芬的思想指导下，包抄成了德国总参谋部崇拜的神术，正面进攻沦为可鄙的邪道。

施利芬侵犯比利时的第一个计划制订于1899年。该计划要求横切默兹河以东的比利时一角。这个面积以后逐年扩大，及至1905年，已扩展成很大一片右翼包抄区域，德军将经此穿越比利时，从列日奔向布鲁塞尔，然后挥戈南下，利用佛兰德旷野直捣法国。一切决定于同法国的速战速决，虽经佛兰德作长途绕道，但毕竟较包围共同边界对面的要塞为快。

施利芬没有足够兵力可资用以对法国采取坎尼式的两面包抄。为此，他改用右翼重兵包抄的方式，从默兹河两岸铺天盖地越过整个比利时，像一把可怕的大草耙那样横耙全境，而后沿整个比法交界线进入法国，再循瓦兹（Oise）河谷直下巴黎。德国大军将插入首都与调回应战的法军之间。这些法军离开它们的防御工事，就会在决定性的歼灭战中被吃掉。特意在左翼阿尔萨斯—洛林一线部署较弱兵力，在施利芬计划中是个要着，这会诱使该地区的法军进入梅斯和孚日山脉之间的"口袋"。法国人一心想收复失地，预料他们会在这里发动进攻；要是他们果真进攻，德国人认为，对于他们的计划的大功告成，是再好不过的，因为可由左翼把他们捆在口袋里，而由右翼从他们背后取得决定性胜利。施利芬的思想深处，总是隐隐约约地希望在战役展开以后，也可以由左翼发动反攻，实现一个地道的两面包抄——他梦寐以求的"庞大的坎尼之战"。但他为右翼保留最大实力的决心是不可动摇的，因而他在计划中没有迁就这跃跃欲试的野心。可是左翼这方面的引诱却依然吸引着他的那些继任者。

就这样，德国人来到了比利时。决战决定了采用包抄战略，包抄决定了使用比利时国土。德国总参谋部声称这是军事需要；德皇和首相也或多或少地安然接受了下来。至于它是否可取，就其对世界舆论，特别是对中立舆论可能产生的影响而论又是否得计，都被视为不相干的问题。判断的唯一标准在于看上去是否为德军的克敌制胜所需。德国人从1870年普法战争中取得经验，认为德国之伟大，武力和战争是其唯一源泉。他们从陆军元帅戈尔茨（von der Goltz）的著作《武装的国家》（*The Nation in Arms*）一书中得到的教诲是："我们是以刀剑的锐利，而不是以思想的锐利赢得我们的地位的。"破坏比利时中立的决定遂不难随之产生了。

希腊人认为性格决定命运。破坏比利时中立的这个决定，孕育着自我毁灭的种子；而作出这一决定，则是百年来的德国哲学造成的。这个决定，言出施利芬之口，但事出费希特（Fichte）之手，他认为德国人是苍天选来在宇宙史上居于最高地位的骄子；也是事出黑格尔之手，他认为他们是领导世界走向德国文明势必普及的光辉前程的使者；也是事出尼采之手，他告诉他们超人不受制于常人；也是事出特赖奇克之手，他将扩大权力作为国家最高道义责任；还事出整个德国人民之手，他们把自己的世俗君主称为"至尊"。促成施利芬计划的不是克劳塞维茨，不是坎尼之战，而是日积月累起来的唯我主义的整体，它哺育了德国人民，创建了一个民族国家，一个由"自诩是绝对意志的极端幻觉"喂养成长的民族国家。

决战这个目标，是1866年和1870年战胜奥、法的产物。这些已成史迹的战役，像已逝的将军一样，死死地缠住军人的头脑。德国人，也同其他民族一样，准备作一决雌雄的一战。他们仿效汉尼拔那样将一切赌注都押在决战上。可是，甚至汉尼拔的幽灵可能也会提醒施利芬，迦太基虽赢得了坎尼之战，但是罗马却赢得了整个战争。

陆军元帅老毛奇在1890年曾预见下次战争有可能得打七年乃至三十年之久，因为现代国家资源巨大，绝不会由于仅仅一次军事失利而认输罢休。他的同名侄儿，接替施利芬任总参谋长的小毛奇也曾有见于此。小毛奇在1906年，在他对克劳塞维茨离经叛道的那个片刻，曾向德皇陈言："这将是一场全国性的战争。这场战争不是跟一个国家通过一场决战可以解决的，必须同它进行长期艰苦地搏斗，而这个国家在其举国力量崩溃之前是征服不了的。这场战争且将是纵然胜利也将耗尽我国人民全部精力的一场战争。"然而，要将自己预言的哲理贯彻下去，那是违背人类本性的，而且有违总参谋部的本性。长期战争，在概念上，既难以名状又漫无边际，既不像正统的、可预卜的、简单的一战定局的那种结束战争的办法，也不像短期战争，它是无法预为科学计划的。小毛奇发表他的预见时已身为总参谋长，可是无论是他或是他的参谋部，还是其他国家的参谋部，都从没有作过任何努力来计划一次长期战争。除了一个已经物故、一个意志不坚的这两位毛奇以外，别的国家的某些战略家也曾预感到长期战争的可能。但是他们跟银行家、实业家们如出一辙，全都偏于相信一场欧洲大战会由于经济生活的失调而不可能支持三四个月以上。1914年各种因素中的那个不变因素，同任何时代一样，是所有人都不倾向于为更其棘手的可能预为绸缪，都不倾向于按他们疑为真实的情况行事。

施利芬既抱定"决战"战略，遂将德国的命运拴在这个战略上面。他预料德国一经陈兵比境暴露了战略意图，法国就会立即入侵比利时，因此他策划德国应抢先下手。他的立论是："比利时的中立必将为这方或那方所破坏，谁先到那里，占领布鲁塞尔和征收十亿法郎左右的军费，谁就居于上风"。

赔款是克劳塞维茨订下的第二个目标。这可使一个国家不用自己解囊而由敌人承担战费进行战争。他的第三个目标是争取公众舆论，通过"取得巨大胜利和占领敌人首都"以竟其成。争取到公众舆论就会有助于结束抵抗。他懂得物质上的胜利将会如何赢得公众舆论，但他却忘了道义上的失败将会怎样失去公众舆论，而这也可能成为从事战争的一种风险。

这种风险法国人可从没有忽视。正鉴于此，他们作出了同施利芬的预料相反的结论。比利时也是他们进攻的过道，纵不是路经佛兰德平原也是借道阿登（Ardennes）山区的通途；可是他们的作战计划禁止他们的军队在德国侵犯比利时之先使用比境。问题的逻辑在他们是清楚的：比利时不论朝哪一方向都是敞开的通途；是德国利用它还是法国利用它，取决于两者之中谁更需要战争。一位法国将军说得好："谁更决心要战争，谁就势必要破坏比利时的中立。"

施利芬及其参谋部认为比利时不会作战，不会以它的六个师为法军增添力量。1904年，比洛首相同施利芬讨论问题时曾提醒他注意俾斯麦的警告：为反德力量添上又一个与我为敌的对手，那是违反"简单的普通常识的"。施利芬习惯性地把单片眼镜在眼圈上转动了几下说："当然，从那时以来，我们并没有变得更蠢些。"接着他又说，不过比利时是不会用武力相抗的，它只会抗议了事。

德国人之深信这一点，是由于他们过分地看重了利奥波德二世（Leopold Ⅱ）——施利芬在世时的比利时国王——臭名昭著的贪得无厌。他身材高大，长着一把黑黑的铁锹似的大胡子，满身一股由情妇、金钱、在刚果的暴戾恣睢以及其他种种可耻行为交织成的歪风邪气，在奥皇弗朗茨·约瑟夫看来，是个"彻头彻尾的坏蛋"。奥皇说，可以这样形容的人不多，比王就是其中之一。因为利奥波德的贪婪成性是他的种种罪恶之尤，而德皇又认为贪婪会使人利令智昏，所以他设想了一条妙计——给他一份法国领土，诱他结盟。德皇每当对一个方案入迷的时候，总想把它立即付诸实施，要是行不通，则又往往愕然失色，懊伤不已。1904年，他请利奥波德前来柏林，他以"世界上最温存的方式"同他谈论他尊贵的祖先勃艮第公爵，并表示愿意为他在阿图瓦（Artois）和法国的佛兰德与阿登山区这些土地上重建老勃艮第原有的公爵领地。利奥波德听了不禁"张大着嘴"，两眼直瞪。他企图一笑了之，提醒德皇说，15世纪以来已情况大变，他的大臣和国会无论怎样也不会考虑这种建议的。

这下可说错了，德皇大发了有数的一次雷霆，痛斥比王尊重国会和大臣胜过尊重上帝的意志（威廉往往把自己与上帝混为一谈）。"我告诉他，"威廉后来对比洛首相说，"我不是好欺的，谁要是在欧战里不站在我一边，谁就是反对我。"他声称他是拿破仑和腓特烈大帝学校里的丘八，他们都是抢在敌人前面发动战争的，"所以，如果比利时不站到我这边来，我只好唯战略考虑是从了"。

这个说出了口的意图，这个第一次明确表示要撕毁中立协定的威胁，把利奥波德国王吓得目瞪口呆。他乘车去火车站时遮阳帽竟前后错戴,他直瞪着他的随行副官,"好像受了一场什么惊吓似的"。

德皇的计谋虽告失败,但他仍然认为利奥波德会接受一笔交易,以比利时的中立来换取200万英镑。战后,一个德国军官把这个数目告诉了一个法国情报官,后者对出手如此大方大为吃惊,不过德国军官提醒他说:"这笔钱原本是要法国人付的。"施利芬的后继人,甚至在利奥波德于1909年被和他品质截然不同的侄儿阿尔贝接替之后,依然预料比利时的抵抗将只是一种形式而已。一个德国外交人员在1911年就曾认为比利时的抵抗也许会以"将它的军队在德军借道之处沿途列队"的方式出现。

施利芬指派34个师借道比利时。比利时的6个师要是决意抵抗,就在进军途中把它们干掉,不过在德国人看来它们是不会抵抗的。德国人也确实急切希望比军不抵抗,因为抵抗意味着破坏铁路、桥梁,意味着最终打乱德国参谋部所热衷的时间表。反之,倘若比利时能默然置之,不仅会使德国避免将几个师的兵力拴在围攻比利时的要塞上,而且会消除公众对德国行径不满的舆论。为了劝说比利时不作无谓的抵抗,施利芬部署在入侵之前,让比利时面对一份最后通牒,责令它交出"所有要塞、铁路和部队",否则就要它眼看着自己的设防城市遭到炮击。重炮已准备就绪,必要时就将炮击的威胁变为现实。施利芬在1912年写道,这些大炮日后在这场战役中不论怎样都是需要的,"例如,里尔(Lille)这个工业大城市就是可供炮击的一个极好目标"。

施利芬为了完成对法国的包围,要他的右翼向西延伸远及里尔。"你向法国进军时,"他说,"让右翼末梢袖拂海峡。"而且,由于估计到英国的参战,他想广张罗网,好将英国远征军和法军一网打尽。他对英国海上封锁的潜在力量要比对英国陆军更为重视。所以,他决心迅速战胜法、英地面部队,赶在英国敌对行动还未产生经济方面的后果之前就使战争早日定局。为此,一切力量都必须投入右翼,壮大右翼。他一定得使右翼人众势大，因为每一英里的士兵密度决定着所能控制的领土幅度。

仅仅使用现役部队，他不可能有足够兵力既防御俄国人突破东部国境，又达到他迅速取胜所必需的超过法军的优势。但他的解决办法很简单，也许还是个创新。他决定在前线使用后备军。按照当时的军事学说，只有最年轻而刚经过营房和练兵场艰苦生活与严格训练的人才适合作战；后备役军人，已结束他们的义务兵役回到了平民生活，被认为是软弱的，战场上用不上的。除了那些二十六岁以下的将编入现役部队以外，所有后备役军人将被组成他们自己的师旅，用以作为占领军和承担其他的后方任务。施利芬改变了这一切。他将二十个左右的后备师（这个数目随着每年计划的改变而有不同）加入到五十或五十多个现役师进军的行列。数字上有了这一增加，他萦绕于怀的包抄战略便成为可能了。

他于1906年退休。以后在其有生之年，他依然致力于坎尼之战的著述，改进他的计划，编写指导他的后来人的备忘录。他死于1913年，终年八十岁，临终时犹喃喃地念叨着："必有一战，务使右翼强大。"

他的继承人，忧郁怏悒的毛奇将军，多少是个悲观主义者，他没有施利芬集中全力于一役的果断精神。如果说施利芬的座右铭是"要胆大，要胆大"，那他的则是"可别过于胆大"。他既担心他的左翼力量软弱不能抗击法国人，又唯恐剩下来防守东普鲁士的兵力单薄，不能抵御俄国人。他甚至跟他的参谋人员辩论了同法国打一场防御战是否可取的问题，只是由于这种主张排除了"在敌人国土上打敌人"的一切可能才作罢论。在入侵比利时问题上，参谋部的意见是一致的，认为是"完全合理的，完全必要的"，因为这场战事将是"保卫德国和为了德国生存"的一战。施利芬计划于是保存下来了。毛奇在1913年曾说："我们必须撇开关于侵略者责任问题的一切庸人之见。……只要胜利就师出有名。"这也正是他聊以自

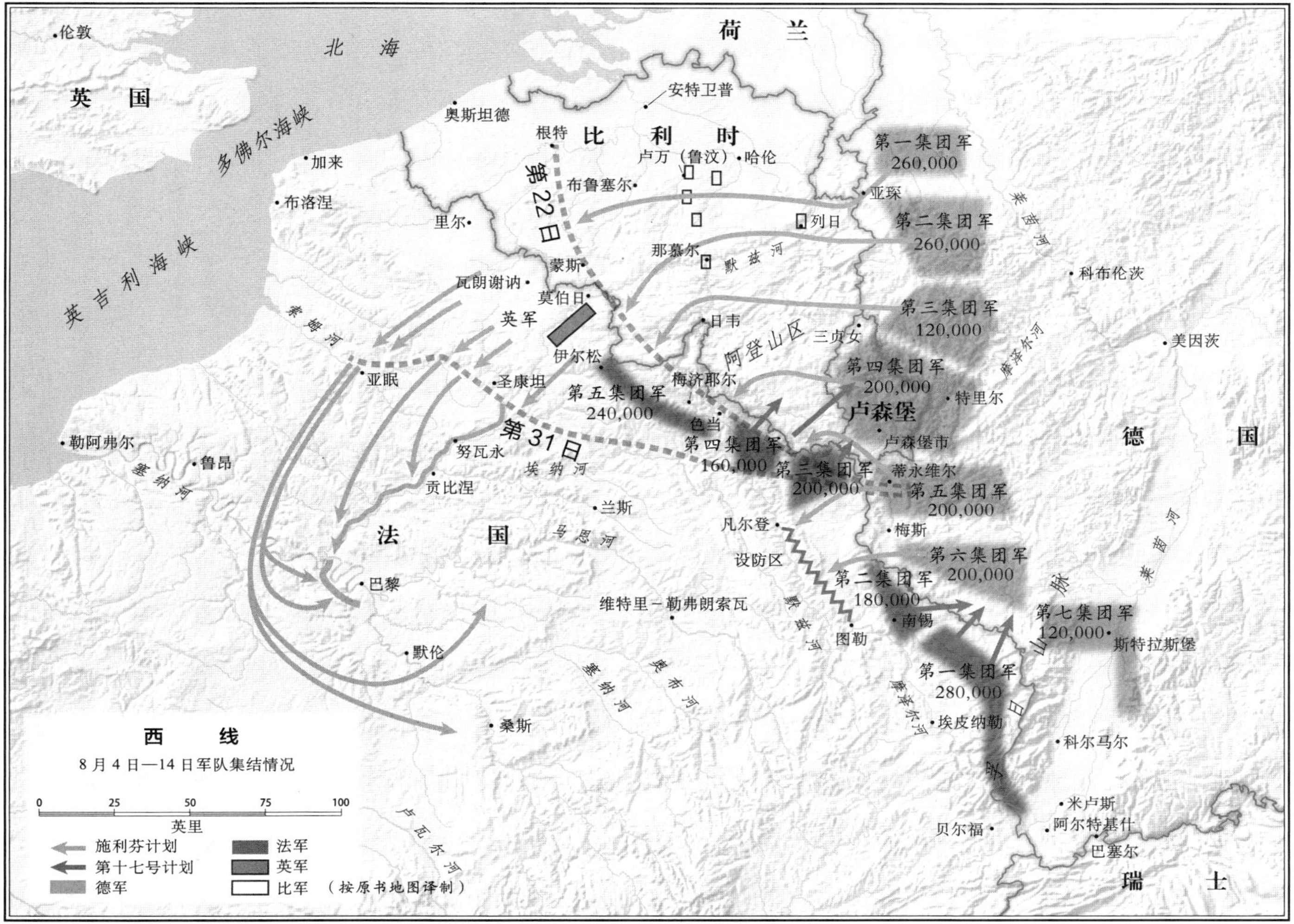
西 线
8月4日—14日军队集结情况
0 25 50 75 100
英里
施利芬计划
第十七号计划
德军
法军
英军
比军
（按原书地图译制）
伦敦
英 国
北 海
多佛尔海峡
英吉利海峡
荷 兰
比 利 时
法 国
德 国
瑞 士
安特卫普
奥斯坦德
根特
卢万（鲁汶）
哈伦
布鲁塞尔
加来
布洛涅
里尔
列日
那慕尔
默兹河
蒙斯
瓦朗谢讷
莫伯日
英军
索姆河
亚眠
伊尔松
圣康坦
日韦
阿登山区
三贞女
梅济耶尔
色当
卢森堡
卢森堡市
特里尔
勒阿弗尔
鲁昂
塞纳河
努瓦永
埃纳河
贡比涅
兰斯
马恩河
巴黎
默伦
桑斯
塞纳河
奥布河
卢瓦尔河
维特里－勒弗朗索瓦
凡尔登
设防区
默兹河
图勒
南锡
梅斯
蒂永维尔
摩泽尔河
埃皮纳勒
贝尔福
科尔马尔
米卢斯
阿尔特基什
巴塞尔
斯特拉斯堡
孚日山脉
莱茵河
科布伦茨
美因茨
亚琛
第22日
第31日
第一集团军 260,000
第二集团军 260,000
第三集团军 120,000
第四集团军 200,000
第五集团军 200,000
第六集团军 200,000
第七集团军 120,000
第五集团军 240,000
第四集团军 160,000
第三集团军 200,000
第二集团军 180,000
第一集团军 280,000

慰的想法。但是为了万无一失起见，他每年都要向施利芬的临终嘱咐开刀，从右翼借兵增强左翼。

毛奇计划在左翼安排8个军，约32万人，守卫梅斯以南阿尔萨斯和洛林地区的阵地；中路安排11个军，约40万人，借道卢森堡和阿登山区入侵法国；右翼安排16个军，约70万人，借道比利时进攻，先粉碎扼守默兹河通道的著名的列日和那慕尔（Namur）要塞，然后飞渡默兹河进入旷野地区，直抵河另一边的直线公路。进军的日程已预作安排。预料比利时人不会抵抗，如果抵抗，德军突击猛攻的威力可望慑服他们很快投降。日程表要求动员第12日前打开列日通道，第19日拿下布鲁塞尔，第22日进入法境，第31日到达蒂永维尔（Thionville）至圣康坦（St. Quentin）一线，第39日攻克巴黎，取得决定性胜利。

这一战争计划，其严格，其完整，犹如战舰的一纸蓝图。克劳塞维茨曾告诫说，军事计划倘不留有余地以防不测，将会导致灾难。因而德国人谨慎备至，对可能发生的意外事项，均一一作了准备。他们的参谋人员，在野外演习中，在军校课桌上，受过对特定情况作出正确决策的训练，料定他们对任何不测均可应付裕如。对各种难以捉摸而又充满危机的复杂情况，都已一一采取了万全措施；可是全则全矣，唯独缺一，即缺少灵活性。

尽最大力量打击法国的计划确定下来了，这时候毛奇对俄国的担心也已逐渐减少，因为他的总参谋部在仔细计算俄国铁路里程之后，得出一个信条，认为俄国不会在1916年以前备战"就绪"。德国间谍关于俄国人有"1916年将有大事肇始"之说的情报，使德国人在思想深处肯定了这个信条。

1914年，两件大事使德国人的作战意愿到了摩拳擦掌一触即发的程度。一是4月份英国开始了跟俄国人的海军谈判，一是6月份德国完成了基尔运河（Kiel Canal）的加宽工程，它新造的无畏级战舰就此可以从北海通过该运河直接开往波罗的海。毛奇在5月间访问奥国总参谋长弗朗茨·康拉德·冯·赫岑多夫（Franz Conrad von Hötzendorf）期间，得悉英俄谈判消息后曾对他说："任何延迟都会造成我们胜利机会的减少。"两星期后的6月1日，他对埃克哈德斯泰因男爵说："我们已准备就绪，在我们是越快越好。"

第2章
色当的阴影

1913年的一天，里尔市军事长官勒巴（Lebas）将军来到陆军部求见法国副总参谋长德卡斯泰尔诺（de Castelnau）将军，对总参谋部所作的不拟在里尔设防固守的决定提出异议。里尔距比利时边界10英里，离海峡40英里，如果入侵军队取道佛兰德来犯，它便紧挨在进军路线的一侧。德卡斯泰尔诺将军在听了勒巴将军请求设防的理由后，摊开地图，用尺量了从德国边界穿越比利时国境直抵里尔的距离。他提请这位来访者注意，要发动一场强有力攻势的话，标准的兵员密度是每米五至六人。他指出，如果德国人把战线向西一直拉到里尔，他们的力量就会分散到每米只有两人。

"我们会把他们拦腰切断！"他说道。然后又解释说，德国的现役军队，可用于西线的兵力是25个军，约100万人。"这儿，你自己来算一下吧。"他一面说，一面把尺递给勒巴。"如果他们真到得了里尔，"他语含讥讽而洋洋自得地重复了一遍，"对我方更有利。"

法国的战略并不曾把德军实行右翼包抄的威胁置之度外。相反，法国总参谋部认为，德国人在他们的右翼投入的兵力越大，他们在左翼和中路的兵力就要相应地减弱，法军就可以计划在这一带突破。法国的战略是背靠比利时边界面对莱茵河。只要德国人远道迂回包抄法军翼侧，法国就计划发动钳形攻势，在德军设防的梅斯地区的两侧突破德军中路和左翼，并乘胜切断德军右翼和它的基地的联系，使其无法出击。这是一个大胆的计划，其源盖出于一个意愿——这一意愿是因法国从色当（Sedan）之败的奇耻大辱中恢复元气而产生出来的。

1871年，法国在凡尔赛唯德国之命是从订立了城下之盟，备受国土肢解、赔偿军费以及敌军占领的苦楚。在被迫接受的条款中，甚至还规定了德军要举行胜利阅兵仪式，在香榭丽舍大街雄视阔步，耀武扬威。仪式进行之际，大街上观者绝迹，阒无声息，黑纱低垂。在波尔多（Bordeaux），当法国国民议会批准和约之际，阿尔萨斯和洛林两省的议员们泪流满面，步出大厅，留下了他们强有力的声明："我们宣告，阿尔萨斯人和洛林人，千秋万代都要保留作为法兰西民族一分子的权利。我们为我们自己发誓，为我们的选民发誓，为我们的儿女发誓，也为我们的子子孙孙发誓，要采取一切手段在篡夺者面前永远坚持这一权利。"

并吞这块领土，是出于老毛奇和他的总参谋部的要求，而为俾斯麦所反对，他说，这会成为新德意志帝国的致命隐患。老毛奇和总参谋部坚决主张，并且也使皇帝陛下相信，这两个边境省份，连同梅斯、斯特拉斯堡（Strasbourg），以及孚日山脉的崇山峻岭，都必须从法国一刀砍掉，使法国在地理上永远只能处于守势。他们还进而要法国偿付一笔五十亿法郎的不堪负荷的赔款，其用心是要在一代人的年头里捆住法国的手脚，同时还要在法国驻扎一支占领军，直至赔款偿清为止。法国人作出惊人的努力，在三年内筹足款子付清了赔款，于是便开始恢复元气。

色当之败萦绕脑际，在法国人的意识中，它是一个历久恒在的黑影。"你们不要放在嘴边，而要铭记心间。"这是甘必大（Gambetta）的一句忠告。四十多年来，防止"往事重演"是法国政策中独一无二的最根本的因素。1870年以后的初期阶段，战败者的本能和孱弱的军力迫使它执行筑垒防御的战略。法兰西倚为屏障的是一个壕堑纵横、深沟壁垒的防御系统。从贝尔福到埃皮纳勒（Belfort-Epinal）和从图勒到凡尔登（Toul-Verdun）的两条防线卫护着东部边界，还有一条从莫伯日经瓦朗谢讷到里尔（Maubeuge-Valenciennes-Lille）的防线保卫着比利时边界的西半段；这两条防线之间的缺口便是故意留给入侵部队的通道。

维克托·雨果写出了他最为慷慨激昂的心声，主张借助这一道屏障："法兰西将万众一心：重建力量，养精蓄锐，毋忘国耻，唤起青年一代组成一支全民的军队，发愤图强，永不懈怠，研究敌国的方略和技术，以便重整旗鼓，再成为伟大的法兰西，即1792年的法兰西，亦即胸怀理想、利剑在握的法兰西。到那时，它定会所向无敌，定会光复阿尔萨斯和洛林。"

经历了繁荣的再现和帝国的扩张，经历了年复一年的内部纷争——保皇派、布朗热*派、教权派、工人罢工，以及空前激烈、创巨痛深的德雷福斯（Dreyfus）案件——民族仇恨依然在心头燃烧，特别是在军队里面。不论是保守派还是共和派，不论是耶稣会会士还是共济会成员，把他们团结起来的，便是那阿尔萨斯的奥秘。人人都凝视着孚日山脉的那一片苍翠。一位步兵上尉在1912年便已直认不讳，他常把他的一连人分成三两人的秘密巡逻队，带领他们穿过幽深的松林，潜上山顶，凝神遥望科尔马尔（Colmar）。"经过这种私下的出巡，归来之后，我们的队伍便与以前完全两样，全连都心潮激荡，哽咽无语。"

---

* 布朗热（Georges Ernest Boulanger, 1837—1891），法国政治冒险家。1856年参加镇压阿尔及利亚起义。1886—1887年任陆军部长。曾周旋于激进派、保皇党和极端的民族主义者之间，提出修改宪法、解散议会和对德复仇等煽惑性纲领，旨在争取实力，发动政变，推翻共和，建立波拿巴式的军事独裁。一度取得大量民众的支持，造成共和制度的严重危机。1889年，阴谋被揭穿后，逃亡比利时，后自杀。他所鼓吹的沙文主义运动，通称布朗热主义。——译注

第 2 章　色当的阴影

阿尔萨斯原先既非德国属地，亦非法国所有，德法两家你争我夺，反复易手，直到路易十四当朝，才由1648年签订的《威斯特伐利亚条约》(Treaty of Westphalia)确定归属法国。1870年德国并吞阿尔萨斯以及洛林的一部分后，俾斯麦便建议尽可能给当地居民以最大限度的自治权，并对他们的地方主义进行鼓励。他说，他们多想到自己是阿尔萨斯人，就会少想到自己是法国人。他的后继诸公却见不及此，未把这批新添的黎民的愿望放在心上，不去争取他们，而把这两个省份当作"帝国领土"(Reichsland)来治理。派去的德国官员，其施政方针几乎跟对待非洲的殖民地无异，他们唯一的政绩是激起了这两处人民的愤怒，离心离德，直到1911年才恩赐给他们一纸宪法，但已为时过晚。德国的统治在1913年的扎本(Zabern)事件中原形毕露。事件的起因是市民和驻军之间的口角，一个德国军官用军刀刺伤一个跛脚的鞋匠。这场风波的结果是：彻底暴露了德国对这块帝国领土的政策，世界舆论掀起一阵反德浪潮，同时军国主义也在柏林高奏凯歌，扎本的军官成了誉满京华的英雄，受到王储的嘉奖祝贺。

对德国来说，1870年的胜利还不能算是最后的解决。德国人认为，当他们在凡尔赛宫镜厅里宣告德意志帝国成立之际，德国主宰欧洲的日子已开始出现，可是，这一日子却始终未到。法兰西并未成为齑粉，法兰西帝国实际上还在北非和印度支那开疆拓土；世界上崇尚艺术和美感的人们，追求奢华时尚的人们，仍然拜倒在巴黎脚下。德国人对这个已经被他们征服了的国家依然是妒意难消，隐痛在胸。"法兰西的富贵豪华有如仙境"，是德国人的一句俗话。同时他们又认为法兰西的文化已经腐朽，民主政治已经使它软弱无力。"一个在四十三年中任命过四十二任陆军部长的国家，是不可能有效地作战的。"德国的史学泰斗汉斯·德尔布吕克(Hans Delbrück)教授曾如此声言。德国人深信，他们自己的心灵、实力、能量、勤劳，以及民族品德，都是出类拔萃的，所以他们感到欧洲的盟主非我莫属，色当大业必须事竟其成。

　　生存在德国人这项未竟大业的阴影下的法兰西，随着精神和实力的恢复，对于年复一年的保持防备警戒，对于领袖们年复一年关于自救图存的告诫，也就滋长了厌倦情绪。随着新旧世纪的交替，法兰西精神便针对三十年来的困处守势，以及这种守势所隐含的自卑，起而造反了。法国自知体质不及德国。它人口较少，出生率较低。它需要有一种德国所缺少的武器，使自己有信心发奋图存。"胸怀理想，利剑在握"，满足了这一需要。用柏格森（Henri Bergson）的话来说，这便叫做"生命的冲动"（élan vital），也就是无攻不克、无坚不摧的意志。法兰西笃信这种意志法力无边，从而也就深信不疑，人的精神毕竟无须对天意所归的进化势力俯首帖耳，虽然叔本华和黑格尔都曾声称进化的势力是不可抗拒的。法兰西的精神可以成为制胜因素。它的必胜的意志，它的冲动，足以使法兰西挫败强敌。它特异的禀赋在于它的精神——崇尚荣耀的精神，1792年的精神，无与伦比的《马赛曲》的精神，马格里特（Margueritte）将军在色当战役中率领的骑兵部队英勇冲锋的精神，这种精神，甚至连当时亲临观战的威廉一世也不禁为之高呼："啊，多勇敢的人们！"

　　相信法兰西的热血沸腾，相信高卢人的同仇敌忾，这就在1870年以后的一代人的时间里复活了法兰西对它自己的信心。就是这股激情，使它的军旗高高飘扬，它的军号激越嘹亮，它的战士斗志高昂；如果"往事重演"的日子一旦来临，这股激情便会指引法兰西走向胜利。

　　柏格森的"生命的冲动"经转译成军事术语，便成了进攻的理论。随着防御战略让位给攻势战略，对于比利时边界的注意也就相应地日趋淡薄，取代它的则是重心步步东移，一直移到法国人可以发动进攻，实行突破，直趋莱茵河的地点为止。对德国人说来，取道佛兰德的迂回路线可以通向巴黎；对法国人说来，这条路线却哪儿也到达不了，他们只能选一条最短的路线前往柏林。法国总参谋部的

第 2 章 色当的阴影

思路越是向进攻战靠拢，它集中在出击点的兵力就越大，留下来防守比利时边界一线的兵力就越少。

进攻派的学说源出法国高等军事学院。这一学府乃是法国军界的英彦骏骥荟萃之所，校长费迪南·福煦（Ferdinand Foch）将军是法国军事理论的一代宗师。他的头脑仿佛是一颗心脏，有着两幅瓣膜：其一专供把精神注入战略之用；另一则司常人识见的流通出入。一方面，福煦传布一种关于意志的奥秘的说教，这可见于他的两句名言：一是"克敌制胜的意志是胜利的首要条件"，或者说得言简意赅一点，"胜利即意志"；一是"一场胜仗就是一次绝不服输的战斗"。

在实际运用中，这就成了他日后那道蜚声一时的马恩河（Marne）的进攻令，而当时的形势要求则是撤退。当年在他身旁的军官们都还记得，他一面勃然作色，攘臂奋拳，咆哮如雷地吼叫："进攻！进攻！"一面像通了电似的一会儿东、一会儿西地冲来冲去。后来有人问他，为什么在按照陈规说来已吃败仗的时候还要在马恩河战线上向前进攻？"为什么？我不清楚。为的是我部下的士兵，为了我有一个意志。再加上——还有一个上帝。"

尽管福煦对于克劳塞维茨的学说造诣很深，但他却不像克劳塞维茨的德国后辈那样崇信一份事先制订的万无一失的作战时间表。他倒是谆谆教导人家，必须不断根据情况随机应变，当机立断。他常说："操典条令在操练时确是再好不过的，但在危急关头就没有多大用处……你们必须学会思索。"思索的意思是要让主观能动性有纵横驰骋的天地，要让那些不可捉摸的因素去制服物质的因素，要让意志有用武之地，去制服环境条件。

但是福煦也提出警告，认为那种光凭士气便能克敌制胜的想法乃是一种"幼稚的见解"。在他的讲演里，以及在他的战前的《战争原理》和《作战指导》这两本著作中，他都会从玄学的凌空翱翔中急转直下，降落到战术的地面上来，细叙前卫部队的布置，安全措施或警戒部署之必要，火力诸要素，服从与纪律之必需，等等。

他所传授的军事学中有关现实情况的那一半,可以用战争期间传诵一时的他的一句名言予以概括:"问题的实质何在?"

尽管福煦讲起战术问题来也是娓娓动听,但是最使门墙桃李醉心倾慕的却是他所启示的意志的奥秘。早在1908年福煦还在担任教授的时期,克列孟梭就有意让他出任法国高等军事学院校长,曾经派了一个私人代表前去听课,此人听后大感不解,汇报说:"这位军官讲授的抽象空论,真是叫人如堕五里雾中,简直要把学生变成白痴。"克列孟梭听了这样的报告还是起用了福煦,不过,在某种意义上说,这个报告倒也是言之不妄。福煦所宣讲的原理,不是由于它过于玄妙深奥,而是由于它过于引人入胜,便使法兰西入其彀中。身任第三处即作战处处长的格朗迈松(Grandmaison)上校,"一位心肠火热、才华出众的军官",则尤其如痴似狂地信奉他的那些原理。1911年,他在高等军事学院所作的两次讲演起了使其奥秘具体化的作用。

然而,格朗迈松上校所掌握的只是福煦的军事原理的顶巅而不是基础。他所大谈特谈的是冲动,而对安全却只字未提;他所阐述的军事哲学,好似电流,触动了听众的心弦,使之激动,使之倾倒。他在眼花缭乱的听众面前祭起了"胸怀理想,利剑在握"的法宝,向他们指明法兰西的制胜之道。它的精义在于"殊死进攻"(offensive à outrance)。唯有这样的攻势才能成为克劳塞维茨所说的决战,把决战"进行到底便是战争的根本任务",这样的决战"一经交火,就不容三心二意,而必须全力以赴,死拼到底,把人的耐力发挥到极限"。夺取主动乃是必要条件。对敌人的意向武断地作出判断,并据此预作战略安排,实属冒失。要取得行动自由,全靠强使敌人接受我方意图。"一切指挥上的决断都必须来自夺取主动和掌握主动的意志。"防御战略已被忘怀,已被放弃,已被扔到九霄云外;唯一可能容它立足之处,是有时"要在某些地点节省兵力以供增强进攻力量之用"。

第2章 色当的阴影

这套理论在总参谋部产生的作用果然非同凡响，不出两年，便体现在用作指导实战的新颁《野战条例》之内，体现在1913年5月通过的名为"第十七号计划"的新的作战计划之内。格朗迈松讲演后没有几个月，共和国总统法利埃（Fallières）先生便宣布："唯有进攻才与法国将士的气质相称。……我们的决心已定，要一往直前，迎战敌军，毫不犹豫。"

法国政府在1913年10月颁布的新《野战条例》，是法国陆军训练和指挥的圭臬。这部条例一开头便是豪言壮语，气概不凡："法国陆军，现已恢复其传统，自今而后，除进攻外，不知其他律令。"然后开列八条军令，刀光剑影，杀气腾腾："决战"，"锐意进攻，毫不犹豫"，"勇猛凶狠，坚忍不拔"，"摧垮敌方斗志"，"无情追击，不顾疲劳"。条例把防御战踩在脚下，不屑一顾，其热切的心情实不亚于正教会之要把异端邪说一举除尽。它宣布："唯有进攻战才能达到积极的战果。"条例的执笔人还给第七条军令用上了斜体字以便醒目，条文说："军心士气重于一切，一切战争都是军心士气的较量。一旦失去征服敌人的希望，失败便不可免。胜利并不归于蒙受伤亡最少的一方，而是归于意志最坚强、士气最旺盛的一方。"

全部八条军令，没有一处述及物资、火力，也没有一处述及福煦所说的安全。整个条例的要旨可一言以蔽之，那就是法国军官们所津津乐道的一词——勇敢，或者说得不那么文雅——有种。青年人出发攀登山顶，都是高擎一面大旗，上写："更上一层！"1914年的法国军队则是在"勇敢"的大旗下开赴战场。

这数年间，尽管法国的军事哲学已经改弦易辙，法国的地理却依然如故。国境线上的地理态势仍旧维持着1870年德国一手安排的原状。威廉一世向对他提出抗议的欧仁妮（Eugénie）皇后[*]解释说，德国的领土要求，"只不过是把法国军队今后可以用来进

---

[*] 法皇拿破仑三世之后。——译注

攻我们的出发点向后推移而已，别无其他目的"。不过这样也就同时把德国可以用来进攻法国的出发点向前推进了。尽管进入本世纪以来，法国的历史和法国的发展都使它全神贯注于打进攻战，其地理形势却仍然需要采取防御战略。

1911年，也就是格朗迈松上校发表讲演的那一年，有人在最高军事委员会上作过一次最后的努力，要使法国遵循一条防御的战略。力主此议者是身居要职、内定要出任总司令的米歇尔（Michel）将军。他是最高军事委员会的副主席，如果发生战争，也就是总司令的当然人选，因而在那时，他是陆军中地位最高的一人。他在一篇把施利芬意图反映得一清二楚的报告中，提出他对德军可能采取的进攻路线的估计，并且提出他的反击方案。由于德法共同边界的地形陡峭，加之法国在边界沿线布有防御工事，他坚决认为，德国人如在洛林作战，无法取得速战速决的胜利。取道卢森堡和默兹河以东贴近卢森堡的一小块比利时领土，也不能给他们所偏爱的包抄战略提供充分空间。他说，唯有借助"比利时全境"，德国人才能搞成那么一场"即刻的、无情的、决定性的"进攻战，德国人必须赶在法国的盟军开始行动之前就发动那样一场攻势。他指出，德国人对比利时的大港口安特卫普早已垂涎欲滴，这就使他们取道佛兰德的进攻又多了一条理由。他建议要在凡尔登—那慕尔—安特卫普一线布列百万法军迎击德国人，法军的左翼——跟施利芬的右翼一样——必须把衣袖拂及海峡。

米歇尔将军的计划不仅属于防御性质，而且取决于一项他的袍泽强烈谴责的建议之能否实现。米歇尔将军为了对应他所估计的德国人将要通过比利时入侵法国的兵力，要给每个现役团配备一个后备团，从而把法国第一线的有生力量增加一倍。如果他要建议把名噪一时的女艺人米斯坦格特推举为法兰西科学院的院士，也不见得会比这个配备后备团的建议惹起更大的风波和受到更多的唾骂。

"后备役不顶用！"这是法国军官们的传统见解。凡是根据义务兵役制受毕军训而年在二十三岁到三十四岁之间的男子，都被列为后备役。动员令颁布后，最年轻的几届便被编入正规陆军部队，使之达到战时编制的实力；其余人员一律根据他们所在地区的情况组成后备团、后备旅乃至后备师。这些后备部队都被视为只宜担负后方勤务，或者充任要塞守备，而没有资格配属作战部队，因为他们缺少训练有素的军官和士官。正规军蔑视后备部队是右翼政党所同声附和的，而对于"全民皆兵"原则的憎恶又助长了这种看法。把后备部队和现役师混合编组，那就不啻是给陆军的战斗锐气泼冷水。他们相信，保卫国土只能依仗现役陆军。

另一方面，对于那位昂首马背的布朗热将军仍然心有余悸的左翼各党，头脑里都把陆军和政变牵连在一起，并且认为唯有"全民皆兵"的原则才是共和国的安全保障。他们都主张，短短数月的训练就足够使任何一个公民成为合格的战士，他们也都死命地反对把服役期延长到三年。延长服役期是军方要求在1913年实行的改革，这不仅是为了要和德国陆军的延长服役期相颉颃，也是为了随时有更多的服役受训兵员，可以减少对于后备部队的倚重。经过一场大动肝火的辩论——这给国家造成了巨大的裂痕——三年兵役法于1913年8月生效。

关于进攻战的新理论使后备兵员受到的鄙夷有增无已。这种进攻战的思想，被认为是只能正规地灌输给现役部队。打好以白刃战为象征的使敌人无法抵御的猛烈的短促突击，基本的素质乃是冲动，而冲动是不能求之于已经过上平民生活而有家室之累的那些男子的。后备兵员和现役部队混在一起只会搞成"士气低落的队伍"，不可能有征服敌人的意志。

听说在莱茵河彼岸有人也有同感。"有家室的男子不上前线"，众口一词都把这句话说成是德皇陛下的上谕。德国人不会把后备部队和现役部队混在一起，这是法国总参谋部的一个信条，这一信条又导致他们相信，德国人在前线要同时顾两头，即既要在右翼派出一支大军取道比利时向默兹河以西大举进攻,又要在他们的中路和左翼保持充分兵力,以阻止法军向莱茵河突破,它的兵力是不足的。

米歇尔将军呈交这份计划之后,陆军部长梅西米(Messimy)把它当作"有如痴人说梦"。身为最高军事委员会的主席,他不但准备扼杀它,并且马上找最高军事委员会的其他大员商议,罢免米歇尔是否适宜。

梅西米是个生气勃勃、精力过人而近乎粗野的汉子。他长得脖粗脑圆,一双农民的眼睛虽戴着眼镜而依然炯炯有神,说话声如洪钟,原先也是一名职业军官。1899年他是轻骑兵里的一名三十岁的上尉,为了陆军拒绝重新审判德雷福斯一案,愤而辞职以示抗议。在那个群情激昂的年代,军官团作为一个整体,坚决主张德雷福斯既已被定罪,再承认他有无罪的可能,就会使陆军的崇高威望和一贯正确的名声毁于一旦。梅西米既不能把他对陆军的一片赤胆忠心凌驾于公正原则之上,便决心改行从政,并且公开宣布,他的目的是要"使陆军和国民消除嫌隙,言归于好"。他扶摇直上,怀着一腔要补偏救弊、除旧布新的热忱进入陆军部。他发觉有一些将军,"别说率领不了他们的部队,就连跟也跟不上"。于是效法西奥多·罗斯福的故伎,下令所有将军都得骑马指挥军事演习。此举招来了各方非议,说这样老将势必被迫引退。梅西米答道,这正是他的目的。他被任命为陆军部长是在1911年6月30日,在此以前的四个月中,这个部长职位已经四易其人。他上任第二天便碰到阿加迪尔港(Agadir)跳出一艘德国"豹"号炮舰的事件,酿成了第二次摩洛哥危机。值此动员令随时都会颁发的关头,梅西米发现即将肩负总司令重任的米歇尔将军竟然是个"踟蹰不前,优柔寡断,不堪胜任那顷刻间就要加委给他的重任之辈"。梅西米认为,这么一个人处在这样的位置上,乃是"国家的危险"。米歇尔的这份"痴人说梦"的计划,正好提供了一个除掉他的口实。

可是,米歇尔却不肯马上就走,他要先向最高军事委员会提出

第 2 章　色当的阴影

他的计划。最高军事委员会的委员有着法兰西的第一流将领：加利埃尼（Gallieni），是位在殖民地功勋卓著的将军；波（Pau），是个亲身经历1870年之战的独臂老将；霞飞，是个沉默寡言的工程兵宿将；迪巴伊（Dubail），豪侠的典型，歪戴的陆军平顶帽遮没一只眼睛，不减第二帝国时代的"俊俏"模样。这几位将军，1914年时都统率重兵，效命疆场，其中两位还成为法兰西的元帅。他们谁都没有支持米歇尔的计划。有一位出席会议的陆军部军官说道："讨论这份计划是毫无意义的。米歇尔将军神志不清。"

且不说这一裁决是否代表全体与会者的看法——米歇尔后来声称，本来是有人跟他看法相同的，迪巴伊将军就是一个——梅西米却是毫不掩饰他的敌意，并且一手左右了整个会议。命运的捉弄安排了性格倔强的是梅西米而不是米歇尔。正确的东西被否决掉，这对那些处于决策地位的人来说是不能原谅的，米歇尔为了他的洞察力付出了十足的代价。他被解除职务以后，被任命为巴黎军事长官，在行将到来的大考验的关键时刻，他又被证实了果真是"踟蹰不前，优柔寡断"。

梅西米狂热地扼杀了米歇尔主张打防御战的"异端邪说"之后，便运用他陆军部长的职权为打赢进攻战尽力装备陆军。但是这一回却轮到他碰壁了，他未能使他最殷切盼望的事情——改革法国军装——得到实现。英国人在布尔战争（Boer War）过后便已采用黄卡其军服，德国人正在打算把普鲁士蓝改成土灰色。但是1912年的法国兵却仍然是1830年的穿戴——蓝色军上装、红军帽、红军裤，1830年的步枪火力只有200步射程，军队都在近距离交战，根本用不着隐蔽。梅西米曾在1912年前往巴尔干前线观战，看到保加利亚人因为他们的军装颜色暗淡而获益匪浅，所以他回国后便决心要使法国兵不再穿戴得那么显眼。他提出一个方案，要把军服改成蓝灰色或青灰色，但立即惹起了一阵来势汹汹的抗议。事关陆军荣誉，他们在换下红军裤这件事上寸步不让，就跟要他们采用重炮一样。

陆军的威望看来又一次岌岌可危了。陆军的捍卫者们宣布，给法国兵穿上不光彩的泥巴一样颜色的军装，那就实现了德雷福斯分子和共济会分子梦寐以求的愿望。《巴黎回声报》写文章说，取消掉"一切鲜明的色彩，一切使士兵仪容生气勃勃的条件，是违背法国人的审美和军队职能的"。梅西米指出，这两者未必具有同等意义，但是他的反对派表明绝不动摇。一位前任陆军部长艾蒂安（Etienne）先生在议会听证会上便以法兰西的名义说话。

"取消红裤子？"他大声疾呼，"绝对不行。红裤子便是法兰西！"

梅西米后来写道："那么盲目、那么愚蠢地死抱住一种颜色，又是所有颜色中最显眼的一种，这自当招来惨痛的后果。"

此时，阿加迪尔危机尚未过去，他需要物色一位可以接替米歇尔出任未来总司令的人选。他打算使这一职位具有更大的权力，把它跟总参谋长的职务合并起来，同时还撤销陆军部的参谋长编制，当时任此职务的是迪巴伊将军。这样，米歇尔的继任者将是个大权集于一身的人物。

梅西米首先选中的是戴一副夹鼻眼镜、老成持重、勋业彪炳的老将加利埃尼，可是他辞谢了这一重任，因为他参与罢免了米歇尔，再要由他取而代之，不免有所顾虑。况且，到他六十四岁退休的年龄，也只有两年好干了。此外他还认为，任命一个"殖民地"将军将会招来法国本土陆军的反感——"有个徽章问题"，他拍拍他的军徽说道。接下来第二个人选是波将军，但他提出一个条件：凡是担任较高级指挥职务的将军都要由他本人遴选提名。由于他的观点反动是人所共知的，这样一来，刚刚平静下来的右派军队和共和主义的国民之间的长期不和就有重被挑起的危险。政府敬佩他的开诚布公，但是碍难接受他的条件。梅西米再向加利埃尼就教，后者推荐了他从前在马达加斯加岛的一个部下，说此人"处事冷静，有条不紊，头脑清晰，准确不误"。因此，这一重任便托付给约瑟夫-雅克-塞泽尔·霞飞将军（General Joseph-Jacques-Césaire Joffre）了，

第2章　色当的阴影

这时他五十九岁，曾经做过工程兵总司令，此时的职务是后方勤务总司令。

身躯魁伟，大腹便便，穿着宽肥的军服；面容丰腴，点缀着已近霜白的浓浓髭须和天生匹配的两道粗眉；肤色白嫩，两眼碧蓝安详，目光诚挚恬静；霞飞的模样活像个圣诞老人，叫人一见便有慈祥朴直之感——这两个品质在他的性格中是不易察觉的。他并非出身于缙绅之家，也不是圣西尔军校的毕业生（而是不那么贵族化，然而却更富有科学精神的综合工科学校的毕业生），并且也不曾受过更高一级的高等军事学院的训练。他的身份是工程兵军官，军界中的这一行不过是搞搞防御工事和修筑铁路之类毫无浪漫色彩的事情，他所从属的兵种不是产生将帅之才的地方。他的父亲是法国比利牛斯山区（Pyrénées）的一个薄有资财的酒桶制造商，共有子女十一人，以他居长。他以往的军事生涯的特色便是他在每一岗位上都是不声不响地恪尽职守，干练有为；他在中国台湾和印度支那当连长，在苏丹和廷巴克图（Timbuktu）当少校，在陆军部的铁道处当参谋，在炮兵学校当教官，1900年到1905年间在加利埃尼的部下担任马达加斯加岛上的构筑防御工事的军官，1905年当师长，1908年当军长，以及在1910年以来当后方勤务总司令和最高军事委员会委员时，都是如此。

在他的交往中，没有听说过有什么教权主义分子、君权主义分子，或者别的令人不能放心的人物；德雷福斯事件期间他不在国内；他有一个优秀的共和派分子的好名声，就跟他的精心修剪的指甲一样，没有什么可以挑剔的；他为人稳重沉着，丝毫不动感情。他的性格的突出之处是习惯成自然的木讷少言，换在他人身上，这样的性格不免会显得妄自菲薄，然而它却像是霞飞庞大安详的躯体上散发出来的灵气一样，令人一见便会信心倍增。他还得再过五年才到退休年龄。

霞飞自知有一条短处：他未受过参谋业务这门深奥学问的训

练。7月里的一个大热天,圣多米尼克街的陆军部里,各处房门洞开,官员们瞥见门外波将军拉住霞飞军服上的一粒纽子。"听我的话,亲爱的朋友,"他说,"我们会把德卡斯泰尔诺给你。他对参谋工作无所不知,万事不用你操心。"

德卡斯泰尔诺是从圣西尔军校到高等军事学院的正途出身,他跟达达尼昂*一样,也是加斯科涅(Gascony)人,据说那一带地方是火热心肠又兼冰冷头脑的智勇双全的人物辈出之处。他的家族与一位侯爵有瓜葛,他自己则跟耶稣会教士相往来,并且笃信天主教教义,身体力行,以至于在战争期间为他赢来了穿马靴的托钵僧的雅号,这一切都使他受累不浅。他在总参谋部里却是一个老手。霞飞倒本想选任福煦的,但是他知道梅西米对福煦抱有原因不明的偏见。因此他便一本故习,倾听了波将军的进言而不吭一声,并当即采纳了。

霞飞提出要德卡斯泰尔诺出任他的副手。"哎呀!"梅西米抱怨说,"你会掀起左翼各党的一场风暴,还要给你自己结下一批政敌。"总统同意了,总理也同意了。总理对此是"面有难色"的,不过还是同意了,两起任命便同时通过。一位袍泽,为了个人目的而钩心斗角,向霞飞提出警告,说德卡斯泰尔诺会撵他下台。"把我撵走!德卡斯泰尔诺绝不会。"霞飞如此作答,心中毫不介意,"我要用他六个月;然后派他去当军长。"后来的事实证明,他认为德卡斯泰尔诺确是一个不可多得的将才,因而战争爆发后他就任他为集团军司令,而不是一个军长。

霞飞有着无比的自信心,第二年的一件事情表明了这一点,他的副官亚历山大少校问他,据他看来战争的爆发是否近在咫尺。

"我认为这毫无疑问,"霞飞回答说,"我一向是这样看的。战争是要来的。我要指挥作战,我要取得胜利。不论干什么,我都克

---

* 达达尼昂(Charles de Baatz, seigneur d'Artagnan, 约1611—1673),路易十四的火枪手队的军官,因大仲马所写的小说《三个火枪手》以他为主角而出名。——译注

竟其成，就像我在苏丹那样。这一次也会如此。"

"要是那样，你就会有一支元帅杖了。"副官说，同时，对此前景有些肃然起敬。

"对！"霞飞承认前景确是如此，措辞简洁，语气沉着。

总参谋部托庇于这位巍然屹立、不怕风吹浪打的人物，从1911年以后便全力修订《野战条例》，用新条例的精神重新训练部队，并制订新的作战计划，以取代现已陈旧过时的第十六号计划。参谋人员奉为导师的福煦已离开高等军事学院，晋级升迁，在野战部队任职，现在坐镇南锡（Nancy）。如他所说，南锡，这段1870年的国境线，"宛如划在我国胸膛上的一道刀疤"。他统率第二十军守卫着这一带国界，不久，他就使该军名声大著。不过，他也给总参谋部留下一批"门徒"——法国陆军是如此称呼派系的，这批人便构成了霞飞的左右亲信；他还留下一份战略方案，这份方案也成了第十七号计划的轮廓。计划于1913年4月制订完成，未经讨论，也未经征求意见，最高军事委员会便于5月份把它和新的《野战条例》一并通过。接下来的八个月便是用来在这个计划的基础上改编陆军，用来准备与动员、运输、补给，以及部署集结地区与时间表有关的全部指示和命令。到1914年2月，这计划便已安排就绪，可以按不同情况分别下达给组成法国全部陆军的五个集团军的司令，每个集团军的司令拿到的只是和他本人有关的部分。

计划的主旨，如福煦所说，在于"我们必须通过美因茨（Mainz）到达柏林"，也就是说，必须经由南锡东北130英里的美因茨渡过莱茵河。这一目标只不过是个设想。第十七号计划跟施利芬计划不同，它没有一个见之于文字的总目标，也没有一个作战时间表。它不是一个作战计划，而是一个兵力部署计划，指示每一个集团军根据具体情况可以采取哪几条进攻路线，但是并没有提出确定的目标。因为它实质上是一个对德国的进攻作出反应，实行迅速回击的计划。德国的进攻路线法国人是无法事先确知的，所以它不得不如霞飞所说的那样，是个"后发制人，相机行事"的应变计划。它的意图是坚定不移的：进攻。除此以外，一切安排都是机动灵活的。

有一份简单的、只有五句话的总指示，列为机密文件，这是负责执行这个计划的各位将军所仅能共同见到的，并且是不得相互议论的文件。事实上，指示本身也没有多少可供议论之处。它跟《野战条例》一样，开头是一句铿锵有力、鼓舞人心的话："在任何情况下，总司令都要求我全军将士奋勇前进，齐心协力，对德军发动攻击。"总指示的其余部分，仅说明法国的行动由两方面的重大攻势组成，即由对梅斯至蒂永维尔一线德军筑垒地区的左侧和右侧的攻势组成。右翼，即梅斯以南地带的攻势，要直接向东进击，越过旧日的洛林边界，同时在阿尔萨斯发动辅攻，以便使法军右翼立足莱茵河畔。梅斯左面的攻势，也就是其北面的攻势，或向北进攻，或在敌人侵犯中立国领土的情况下，向东北方进攻，穿越卢森堡和比利时的阿登山区，但这一行动"只能由总司令发出命令"方可实施。其总的意图，虽然未见载明，但显然是要向莱茵河挺进，同时把进犯的德军右翼从后方予以切断，使之孤立。

为此目的，第十七号计划把法国的五个集团军部署在从阿尔萨斯旧省的贝尔福直到伊尔松（Hirson）一带的国境线上，法比边界的三分之一是在这道防线内。其余三分之二，从伊尔松到海边一段，则不予设防。米歇尔将军原来的计划是要在这一地带捍卫法兰西。这份计划，霞飞是在接米歇尔任之后在办公室的保险箱里发现的。它把法军的重心集结在整个防线的外左翼，而霞飞在这里却没有布下一兵一卒。这纯粹是一份防御计划，它根本不想夺取主动，霞飞细心研究之后，认定这份计划"愚不可及"。

法国总参谋部虽然收到所属第二处——又称军事情报处——搜集的许多情况，表明德国人要用强大的兵力实行右翼包抄，但是该部仍然深信，否定如此用兵的论据要比证实如此用兵的证据有力得多。他们对于德军行将横扫佛兰德的情报未予置信,虽然早在1904年就有过一个德国总参谋部的军官将施利芬计划的初期样本泄露给他们。说起这番经过,还很有点戏剧味道。此人和一个法国情报军官先后在布鲁塞尔、巴黎和尼斯秘密会面三次,他出现的时候头部完全用绷带包扎起来,只露出一撮灰色的髭须和一双犀利的眼睛。他索取了一笔相当大的代价才交出的这份文件表明,德国人计划取道列日、那慕尔和沙勒鲁瓦(Charleroi)一线穿过比利时的国土,经由瓦兹河流域的吉斯(Guise)、努瓦永(Noyon)和贡比涅(Compiegne)一线侵入法国。这条路线果真便是1914年作战时的入侵路线,文件完全真实可靠。当时的法国总参谋长庞德扎克(Pendezac)将军认为这份情报"完全符合主张必须采取大规模包抄战的德国战略的当前趋势",但是他的许多袍泽都持怀疑态度。他们不相信德国能动员足够的兵力来策动这样一场大规模的行动,他们疑心这份情报是一个疑兵之计,为的是把法军从他们要真正进攻的地区调开。种种无法确定的因素使法国的计划工作受到阻碍,其中最大的一个便是比利时。法国人的头脑是讲究逻辑的,在他们看来,如果德国人侵犯比利时,向安特卫普发动进攻,那就显然要把英国卷进来反对他们。德国人有可能会自找麻烦吗?或者,他们宁愿让比利时不受侵犯,而重新采用老毛奇的计划,在动作迟缓的俄国人完成他们的动员之前首先进攻俄国,这是不是"完全不可能"呢?

对于德国战略,有着若干种假设,为了要使第十七号计划与其中一种假设相吻合,霞飞和德卡斯泰尔诺都认为,最为接近真实的一种假设便是敌军向洛林高原大举进犯。他们预计敌人会侵犯比利时的默兹河以东一角。他们估计敌人在无须动员后备役兵员的情况下可以投入西线的兵力为26个军。以这一点兵力而要把战线延伸到默兹河的彼岸去,德卡斯泰尔诺断定是"不可能的"。"我也是同样看法",霞飞表示赞同。

大名鼎鼎的社会党领袖让·饶勒斯（Jean Jaurès）却另有见解。他领导了反对三年兵役法的斗争，他在演讲中和在他的《新军队》（L'Armée nouvelle）一书中都坚信未来的战争将是一场动员每一个公民参加的投入大批部队的战争，他坚信德国人正在准备的便是这样一场战争。他还认为，二十五岁到三十三岁的后备役人员在体力上正处于顶峰状态，他们比起没有家庭负担的年纪小些的人更肯打仗，他还说法兰西若不把全体后备役人员送上前线，就会遭受"灭顶之灾"。

在赞同第十七号计划的那帮人之外，仍然有一些军事评论家为防御战略进行了强有力的辩护。格鲁阿尔（Grouard）上校在他1913年出版的《可能的战争》（La Guerre éventuelle）一书中写道："我们首先要集中注意的是德国发动借道比利时的攻势。我方的战役发动之后，必然的后果将会如何？就我们的预见所及而言，可以毫不迟疑地说，如果我们在开始时即取攻势则我们必败无疑。"但是如果法国做好准备，对德军的右翼迅予回击，"我方当可稳操胜券"。

第二处在1913年搜集到的大量情报，充分证实了德方将使用后备役兵员充当作战部队，这就使法国总参谋部对于这一重大因素不能再予忽视。毛奇为1913年的德国大演习写的一篇述评落入了法国人手中，这份文件表明后备役兵员将被如此使用。比利时驻柏林武官梅洛特（Melotte）少校注意到德国人在1913年异乎寻常地征召了大量后备役兵员，并据此断言他们将为每个现役军征编一个后备军，少校为此写了报告。但是制定第十七号计划的那些人还是不肯听信。虽有证据表明他们仍以采取守势为宜，但是，他们对此一概置之不顾，因为他们的全副心思和全部希望，如同他们的训练和战略一样，都是定在打进攻战上。他们深信，德国人动用后备部队只是为了守卫交通线和"战场中处于守势的几条战线"，以及充当守军和占领军。他们断然决定不防守法比边界，他们坚决认为，如果德国人把他们的右翼延伸到佛兰德，他们中路的兵力就会异常单薄，用德卡斯泰尔诺的话说，法国人就可以"把他们拦腰切断"。德军如果在右翼投入大量兵力，法国对德军的中路和左翼就会具有优势兵力，并会因此得益。德卡斯泰尔诺的名言，"对我方更有利！"就是这个意思。

那天，当勒巴将军离开圣多米尼克街时，他对陪同他前去的里尔市的议会代表说："我的袖子上是两颗星，而他有三颗。我怎能和他辩呢？"

第3章

"只需英国大兵一人……"

英国和法国的联合军事计划是1905年诞生的,那一年俄国在遥远的战场上败于日本人之手,它在军事上的积弱无能已公诸天下,欧洲因之失去平衡。所有各国政府都在同一瞬间突然意识到,不论哪一国政府,如果有心要趁此时机开启战端,法国势必要在一无盟国的情况下单独作战。德国政府立即抓住这一时机检验一番。1905年俄国兵败盛京(今沈阳)之后只过了三个星期,德皇即于3月31日御驾亲临丹吉尔(Tangier),举世为之轰动,此行不啻是给法国下了一纸战书。在法国人看来,这等于说德国在窥测时机,以便"旧事重演",而且它是会找到时机的,即使现在尚非其时,为时当也不远。"我跟大家一样,是那天上午9时来到巴黎的。"夏尔·贝玑(Charles Péguy)如此写道。他是诗人、编辑、神秘论者和反社会党的社会主义者和反天主教会的天主教徒,他的话在很大程度上表达了法兰西的心声。"我跟大家一样,在11时30分知道了就在那两小时中间,我个人的一生,我国的历史,世界的历史,都已开始了一个新时期。"

就他自己的生平而言,贝玑的这些话确是言之不虚。1914年8月,他以四十又一之年志愿从军,并于9月7日在马恩河战役阵亡。

英国也同样对丹吉尔的挑战作出反应。它的军事体制当时正由伊舍勋爵主持的委员会进行全面刷新。这个委员会除他本人外,还有那位生性暴躁的海军部第一海务大臣约翰·费希尔爵士,他已经接二连三地大发雷霆,对海军进行整顿;此外还有一位陆军军官乔治·克拉克（George Clarke）爵士,因对帝国战略见解新颖而著名。"伊舍三巨头"建立了一个帝国国防委员会,其职责是主管有关军事政策,伊舍担任常务委员,克拉克任秘书,并给陆军新设了一个总参谋部。正当德皇提心吊胆地骑着一匹白色悍马在丹吉尔的大街上走过的时候,英国总参谋部正在地图上研究一场假想性的模拟战争,它设想德军借道比利时在马恩河以西和以北进行大幅度的翼侧行动。这一图上战术作业,向作战处长格里尔森（Grierson）将军和他的副手罗伯逊（Robertson）将军表明,如果英军不能"迅速到达战场并具有充分实力"的话,就难有堵截德国人的机会。

那时候,英国人所考虑的是独自在比利时作战。保守党首相贝尔福当即吩咐给他提交一份报告,说明德国一旦入侵比利时,英方至少要多少时间才能动员起四个师的兵力并在比利时登陆。但就在此次摩洛哥危机声中,格里尔森和罗伯逊这两位将军还在大陆上沿法比边界观察地形之时,贝尔福的政府便告倒台了。

各方面人士神经都极度紧张,担心德国会利用俄国正经历着一场大难的时机,而在当年夏天挑起战端。这时英法两国还未订出一份共同作战计划。英国的局面因为大选而动荡不定,各部大臣都分散在全国各地奔走竞选,法国人只得进行非正式的接触。他们驻伦敦的武官于盖（Huguet）少校接触了一位积极主动而求成心切的中间人雷平顿（Repington）上校。上校是《泰晤士报》的军事记者,他经伊舍和克拉克首肯之后,便开始谈判。雷平顿上校在递给法国政府的一份备忘录中问道:"我们是否可以认为这是一条原则:除非在德国首先侵犯了比利时领土而迫不得已时,法国将不会侵犯比利时领土?"

"当然是这样。"法国人答复说。

"法国方面是否知道,"上校问道,"任何侵犯比利时中立的行动都要自动地招致我方参战以捍卫我们的条约义务?"上校此问,既意在警告,又是为了预先表明态度。有史以来还不曾有过一届英国政府自行承担责任要对某一事件"自动地"采取行动,但是这位上校却置一切约束于不顾,任性驰骋,远远越出了雷池。

"法国一向是这样看的,"对方深感愕然地答复说,"但是从未得到一个正式的保证。"

上校在作了一些诱导性的提问之后,便证实法国并不认为英国在比利时独力作战是上策,他还相信统一指挥——法国负陆上指挥之责,英国负海上指挥之责——乃属"绝对必要"。

与此同时,自由党人当选执政。他们历来反对战争,反对在国外冒险,他们也有信心可以用他们的一片善心去维护和平。新政府的外交大臣爱德华·格雷爵士,上任一月便遭丧偶之痛。新任陆军大臣是个律师,名叫理查德·霍尔丹(Richard Haldane),此人狂热崇拜德国哲学,防务委员会里的一些军人问他打算建设一支什么样的军队时,他答称:"一支黑格尔式的军队"。"交谈就此中止",他在记录中这样写道。

法国人小心谨慎地与格雷接触。格雷表示凡是他的前任已经向法国作出的保证,他都无意"收回"。他就职后的第一个星期就碰上一次重大危机,于是问霍尔丹是否有过什么安排,要求英国人在遇到紧急情况时跟法国人并肩作战。霍尔丹查阅了档案,没有找到这样的文件。但是通过他的这番查询,发现要把四个师送到大陆得要两个月时间。

格雷提出,两国总参谋部之间现在是否可以举行会谈,作为"军事上未雨绸缪之计",而同时又无须使英国承担责任。霍尔丹请示了首相亨利·坎贝尔-班纳曼(Henry Campbell-Bannerman)爵士。首相虽然是个自由党人,但就本人爱好而言,对于法国的事物却是无不衷心喜爱,他有时还会搭乘渡轮往返海峡作一日之游,为的是在加来(Calais)吃一顿午饭。他同意两国总参谋部举行会谈,但是对以"联合准备工作"作为会谈重点则不免有所顾虑。他觉得那样一来就"非常接近于一项需要尊重的谅解"——而事实也确是如此——使协约国之间不即不离的美好现状有遭受破坏之虞。为了避免造成这种不愉快的后果,霍尔丹作了布置,由格里尔森将军和于盖少校会同签署一封信,言明双方的会谈不代表英国作出任何承诺。他安排妥帖这么一个格局之后便授权开始会谈。他和格雷以及首相本人,都未将此事告知内阁其他大臣,而让它作为一桩"部内事务"交由军方掌握其今后的发展。

从此总参谋部就接管了这项工作。英国军官参观了那一年夏天的法国军事演习,约翰·弗伦奇爵士也是其中一员,他是一位骑兵将军,曾在布尔战争中一鸣惊人。格里尔森和罗伯逊在于盖少校陪同下,重访了法比边界。他们征求了法国总参谋部的意见,选定了几处登陆基地,并在沿沙勒鲁瓦到那慕尔一带的正面以及进入阿登山区的地方选定了几处中间整备区域,因为他们估计德军会通过比利时入侵法国。

然而,"伊舍三巨头"根本不赞同把英国陆军只作为法军的一支偏师使用,所以,在摩洛哥危机的紧张局面趋于缓和之后,1905年开始的联合计划的制订工作也就没有进展。格里尔森将军的职务已由他人接替。以伊舍勋爵为代表的居于主导地位的意见,主张在比利时采取独立行动,不受法军总部的节制,认为掌握安特卫普及其附近一带海岸乃是英国的直接利益所在。而约翰·费希尔爵士则强烈主张英国必须以海军作战为主。他信不过法国的军事能力,算准了德国人将在陆战中打败他们,所以认为把英国陆军送过海峡去一同吃败仗是无谓之举。他所赞成的唯一的陆上行动是在德国的背后来一次大胆的强攻,他还选定了一个精确的地点——东普鲁士沿波罗的海海岸的一段"沙土坚实的十英里长滩"。这地方离柏林不过 90 英里，是从海路抵达德国首都的最近地点，由海军送去登陆的英军部队可以夺取这块地方并建立一个作战基地，"使百万德军无暇他顾"。此外，陆军的作战必须"绝对限于……对沿海一带的突然袭击，收复黑尔戈兰岛（Heligoland），并驻守安特卫普"。费希尔认为，陆军在法国作战的计划是"自取灭亡的愚蠢行动"，陆军部的不知战争为何物是出奇的，陆军应当作为"海军的配属部队"来支配。1910 年初，费希尔于六十九岁时被授予爵位，同时被解除了海军部的职务，但是他对国家的作用却远未告终。

1905—1906 年的紧急状态过去后，和法国的联合军事计划在此后数年间进展甚微。但在这段间歇期中，有两位人士缔结了跨越海峡的友谊，这一友谊后来成了缔造友谊之桥的第一条铁索。

当时的英国参谋学院院长是亨利·威尔逊（Henry Wilson）准将，他是个身材瘦长、热情奔放的英国血统的爱尔兰人。他的一副尊容，据他自己认为，堪与马面媲美。他敏捷而缺乏耐心，所以经常处于思潮澎湃、谈吐幽默、热情奔放、想象丰富的状态中，特别是精力尤其旺盛。他早年在陆军部供职时，惯常在早餐前去海德公园跑步锻炼身体，随身带去晨报，只要减速到慢步的时候，便边走边看。把他带大的几个保姆都是法国人，所以他能说一口流利的法语；对于德语，则不那么感兴趣。1909 年 1 月，施利芬在《德国评论》上发表了一篇没有署名的文章，对他的继任者毛奇给他的计划所作的某些改动表示异议。他为包抄法国和英国陆军所准备的"庞大的坎尼之战"，在文章中虽未露细节，但基本轮廓已暴露无遗；与此同时，文章的作者是谁也不言而喻。参谋学院的一名学员将这篇文章送给院长过目，威尔逊在归还的时候只是漫不经心地说了一句"很有意思"。

1909 年 12 月，威尔逊将军心血来潮，要去拜访他的法国同仁——法国高等军事学院校长福煦将军。他旁听了四节讲授课和一节讨论课，福煦将军优礼相待，请他吃了茶点。主人虽然因为每有贵宾来访就得中断工作而感到不胜其烦，不过还是认为对这位英国同行应该待之以礼。威尔逊将军对此间所见所闻兴致勃勃，坐下来一谈便是三小时。当福煦终于能够把客人送到门口，以为这下子总算可以最后道别的时候，谁知威尔逊意兴仍浓，当下宣布他第二天还要再来叙谈，并要再看看这里的课程。福煦不能不由衷地钦佩英国客人的这种勇气，并为他的关切感到高兴。两人再度晤谈时便肝胆相见了。不出一月，威尔逊又重临巴黎再次聚首商谈。福煦还接受了他的邀请，来春去伦敦访问，威尔逊也同意夏天再来，观摩法国的参谋野战实习。

福煦来到伦敦，威尔逊介绍他与霍尔丹和陆军部的其他人员相见。威尔逊一头撞进一位袍泽的房间，张口就说："我请来了一位法国将军，就在外面，是福煦将军。你听着，大战到来的时候，这家伙就会是盟国联军的司令。"此时此地的威尔逊，不仅已经接受了统一指挥的原则，并且定下了司令的人选，不过他的预言要见诸事实还得再经过四年苦战，经过战局濒临败北的危境之后。

由于1909年以后的频繁往还，两位院校首长结成莫逆之交，威尔逊甚至成了福煦将军家庭的座上客，还被邀请参加他爱女的婚礼。福煦跟他的朋友"亨利"一碰面就是几小时，据一位目击者说，所谈的都是"耸人听闻"的闲话。他们经常换戴军帽，一高一矮，并肩散步，有时热烈争论，有时谐谑谈笑。在威尔逊印象之中，最为深刻难忘的是高等军事学院的学习方式，既紧张活跃，又大胆果敢。教官不断地要求当学员的军官"快，快！"或者"干，干！"。这种紧张快速的方法一经英国参谋学院采用，便立即被命名为威尔逊氏的"'干'的行动"（ *allez* operation）。

威尔逊在1910年1月第二次访法期间，曾向福煦提出一个问题，这个问题所得的回答只是一句话，但它充分表达了法国人对于跟英国结盟的看法。

"英国至少要派出多少兵力才能对你们有所帮助？"威尔逊问道。

福煦的答复好像是利剑射出的一道寒光——"只需英国大兵一人——不过我们一定要看到他战死沙场"。

威尔逊也一心要使英国作出承诺。他深信对德战争迫在眉睫，不可避免，他也竭力把自己心头的迫切之感灌注给他的袍泽和学员，而他自己，对于这件大事则是全神贯注。1910 年 8 月，他的机会来了。他被任命为作战处处长，格里尔森将军先前就是以这个身份同法国方面开始两国总参谋部的会谈的。于盖少校立即前来拜见新任处长，当他叹息英法军事合作这一重大问题自 1906 年以来毫无进展时，威尔逊回答说："重大问题！而且是个生死存亡的问题！再也没有别的问题比得上它了。"

联合计划的工作当即有了起色。除了法兰西和比利时，威尔逊什么都不想去看，哪里都不想去。1909 年首次访法期间，他就曾坐火车、骑自行车，走访了从瓦朗谢讷到贝尔福之间的法比边界和法德边界。他那时就觉察到，福煦"对于德国通过比利时进军的重视跟我的看法一模一样，从凡尔登到那慕尔之间是重要的一线"，换句话说，也就是默兹河以东的一线。此后四年间，他每年都要去三四次，每次都要骑自行车或驾驶汽车遍游 1870 年的战场旧地，以及预计会成为未来战场的洛林和阿登山区。每次来访，他都要和福煦会商，在福煦调离以后，便和霞飞、德卡斯泰尔诺、迪巴伊，以及法国总参谋部的其他人员会商。

陆军部的威尔逊办公室里，有一整面墙的大幅比利时地图，图上每一条他认为德军有可能通过的道路都用浓墨涂得黑黑的。威尔逊到陆军部履新之后就觉察到，经过素有"将军中的叔本华"之称的霍尔丹的一番整顿，正规陆军在新体制下业已进行了周详严密的训练、准备和组织工作，一旦有事，立即可以成为一支远征劲旅，并且已经做好一切安排，动员令下之日，即可达到战时定员。但是有关横渡海峡的运输问题、宿营问题、给养问题、到达法国后的集结地区问题，以及和法国军队共同建立防线问题的计划，却还一个

第3章 "只需英国大兵一人……"

都没有。

威尔逊觉得总参谋部在这些问题上显得颟顸因循，他也因此陷于周期性发作的愤懑之中，他在日记中写道："……令人很不满意……没有铁路方面的安排……没有马匹供应方面的安排……情况糟不可言！……没有安排通往港口的火车，没有安排港口工作人员，没有安排海军……压根儿未作医疗救护方面的安排……马匹的困难尚未解决……万事未备，真是糟不可言！……这样毫无准备真是丢脸……马匹问题处于叫人丢脸的状态！"然而，到了1911年3月，他便在这样毫无安排——以及毫无马匹——的情况下拿出了一份动员时间表，规定好"全部六个步兵师在动员的第四天上船，骑兵在第七天上船，炮兵在第九天上船"。

时间表来得正是时候。1911年7月1日，德国"豹"号炮舰驶抵阿加迪尔。全欧洲各国的首相府或总理署，窃窃私议的都是一个词："战争"。威尔逊急忙赶往巴黎，也就在这个月里，法国最高军事委员会撤掉了米歇尔将军的职务，从此将防御战略抛到九霄云外。威尔逊和迪巴伊将军共同起草了一份备忘录，写明英国一旦出兵介入，出动的兵力将为六个正规师和一个骑兵师。威尔逊和迪巴伊于7月20日签署的文件，明确规定从动员第四天至第十二天，总数为15万人和6.7万匹马的兵力将在勒阿弗尔（Havre）、布洛涅（Boulogne）以及溯河而上在鲁昂（Rouen）登陆，改乘火车开赴莫伯日地区的指定地点集结，而在第十三日即可投入战斗。

迪巴伊—威尔逊协议，就其实效而言，已将英国陆军在战争到来和英国参战之时配属于法国陆军，那时英国军队部署的地区将是法军防线的延伸地区，担负警戒法军翼侧的任务，防范敌方的包抄。这就等于说——于盖少校也是如此欣然记载的——法国人已经说服威尔逊和英国总参谋部不要去另搞一个"次要战场"，而应在"主要战场，也就是在法国战场"上共同作战。事实上，对于这个决定，英国海军所要负的责任并不比法国人小，因为它对能否在多佛尔—

加来（Dover-Calais）一线以北的港口登陆不肯担保，因此排除了在距离比利时更近的或在比利时境内的港口登陆的可能性。

威尔逊返抵伦敦时，据他在日记里所写，面临的突出问题乃是德国是否会向"法国和我国"开战。所以，当格雷和霍尔丹两人在午餐桌上征询他的意见时，他便提出了一个加强语气的三点计划："第一，我们必须和法国联合；第二，我们必须和法国人在同一天动员；第三，我们必须把六个师全部派去。"

这两位文官对局势的理解使他"深感失望"，不过他立即得到一个天赐良机，给政府上了一堂有关战争真情实况的讲解课。首相阿斯奎斯（Asquith，他自1908年起接替坎贝尔－班纳曼担任首相）于8月23日召开了一次帝国国防委员会的秘密特别会议，确定战争爆发时的英国战略问题。会议开了一整天，上午由威尔逊将军阐述陆军的意见，下午则由费希尔的后任、海军上将阿瑟·威尔逊（Arthur Wilson）爵士提出海军的意见。出席会议的除阿斯奎斯、格雷和霍尔丹外，还有三位内阁成员：财政大臣劳合·乔治（Lloyd George）、海军大臣麦克纳（Mckenna），还有一位是内政大臣。这位大臣年纪不大，才三十七岁，却是个不可等闲视之的人物，他在危机期间便已越俎代庖，曾就海军和军事战略问题接连不断地向首相提出许多意见。他的陈言全是真知灼见，对未来的战争进程所作预断准确无误，令人惊服，对需要采取怎样的措施，毫不含糊。这位内政大臣便是温斯顿·丘吉尔（Winston Churchill）。

威尔逊在这批被他称为"无知的人们"面前，在他的一位袍泽和日后的首长，"对所谈问题一窍不通"的约翰·弗伦奇爵士的帮助下，将他那幅比利时大地图在墙上钉好，然后作了两小时的讲解。他对德国将如何利用俄国的动员迟缓而将它的主力派去对付法国人，而在兵力上取得对法军的优势问题，作了详细的说明。他这一讲驱散了许多幻想。他正确地陈述了德国将实行右翼包抄的进攻计划，但是由于他深受法国理论的熏陶，把德军直下默兹河以西的兵力估计为不会超过四个师。他声言，如果在战争爆发时将英军六个师全部派到法军战线左翼，则顶住德军的攻势便大有希望。

等到下午由海军上将发言时，那几位听得出神的文官们不禁大吃一惊。他们发现海军的计划和陆军的计划竟无共同之处。他所建议的远征军登陆地点不在法国，而在普鲁士北方海边的一段"沙土坚实的十英里长滩"上，在那里登陆的英军将会把"比它自身大几十倍的德军调离其正面作战的前线"。他的论据受到两位陆军将军的猛烈攻击。费希尔勋爵未在场，这就给阿斯奎斯以勇气来拒绝它，陆军成了这次交锋的胜利者。从此以后，费希尔的厌恶之情每隔一段时间便要咆哮发作一次。"英国海军，所向无敌……乃是牵制德军不使其攻进巴黎的唯一依靠。"他在数月后给友人的信中说，"咱们的士兵对于战争有着莫名其妙的想法，真是荒诞不经，不过，幸好他们都是无权之辈。我们将要夺取的是安特卫普，而不是在孚日山脉边境上去做傻事。"在夺取安特卫普的想法中，有着某种不可避免的逻辑性，直至1914年战争到来之前的最后一分钟，甚至在那以后，这种逻辑性还在不断地给英国的军事计划拖后腿。

1911年的8月会议，跟数周前清除米歇尔将军的那次法国最高军事委员会一样，既对英国的战略具有决定性的作用，同时也产生了一个具有决定性意义的副产品。发布命令，对制定海军政策的人选进行调整，报国心切的内政大臣欣然奉调担任海军大臣，到1914年，他将被证明是担负这一重任的不可缺少的人才。

帝国国防委员会的秘密会议引起的反响，激怒了那些被关在门外的内阁大臣和党内主张恪守和平的那一派。亨利·威尔逊听说他本人已被看作这次会上的大坏蛋，听说人家"都要我的脑袋"。以此为开端的内阁分裂行将在关键性的最后时日里演变成为异常危急的局面。政府始终保持着一种言不由衷的态度，声言有关军事问题的"谈话"，用霍尔丹的话来说，"不过是我们与法国亲密友谊的一种自然而非正式的结果"。说是自然的结果，也许是对的；说是非正式的，却不见得。伊舍勋爵对首相说过的话并非空谈，他说两国总参谋部共同作出的计划"不论内阁欢喜与否，显然已使我们承担了参战责任"。

阿斯奎斯是怎样答复的，或者对于如此重大的问题，他的内心深处究竟有何看法，现在都无记录可查，何况内心深处的事情，即使在最有利的条件下也是难以探索的。

下一年，1912年，英国跟法国缔结了一项海军协定，这是一个负有重大使命的代表团——但不是前往法国而是前往柏林——所取得的结果。为了尽力劝阻德国人不要通过新的海军法案去扩充舰队，霍尔丹衔命前去和德皇、贝特曼－霍尔韦格（Bethmann-Hollweg）、蒂尔皮茨海军上将以及其他领导人会谈。这是英德双方谋求在一个共同的基础上达成谅解所作的最后一次努力。但这次努力同样失败了。德国人对于要他们的舰队继续屈居英国之后提出了一个交换条件，要求英国答应在德法一旦开战时保持中立。英国人拒不答应这一要求。霍尔丹此行归来，便已深信德国野心勃勃，觊觎欧洲霸主地位，迟早非要抵抗不可："我对德国总参谋部作了一番研究，我认为，一旦德国的主战派掌权，这场大战就不仅仅是要打倒法国和俄国而已，而且是要主宰世界。"这一结论既然出自霍尔丹之口，对于自由党的思想和计划的影响也就非同小可。它的第一个结果是和法国订立海军协定，规定在出现战争威胁时由英国人保护海峡和法国海岸的安全，防范敌舰攻击，使法国舰队得以不受牵制而专注于地中海方面。法国舰队所作的安排是出于协定的规定，否则它绝不会如此安排的，因而这一协定也就给英国定下了一个明确的义务。

协定的内容没有让内阁全体知道，尽管如此，不安之感却已不胫而走，普遍认为事情搞过了头。反战派不以"不承担责任"的说法为满足，坚决要求把它见之于书面。爱德华·格雷爵士采取了给法国大使康邦先生去一封信的形式以满足它的要求。此信由内阁起草并予通过，算得上是一篇故弄玄虚的杰作。信中说：两国的军事谈判容许双方可以在今后任何时间自行决定"是否用武力相互支援";海军协定"并非以约定战时进行合作为基础";在遇到战争威胁时,双方将对两国总参谋部的计划"给予考虑","然后作出决定,应该赋予该计划以怎样的效力"。

这份古怪的文件使大家都感满意:法国人满意,因为整个英国内阁政府现在算是正式承认联合计划的存在了;反战派满意,因为文件上说了,英国并未"做出承诺";格雷感到满意,那是因为他的一番苦心推敲出来的一套说法,既保全了计划,又使反对者无话可说。他说,如果当初听从了某些方面对他的敦劝,用明白宣布跟法国结盟来代替这套说法,那就会使"内阁解散"。

阿加迪尔事件之后,每年夏天要闹一场危机,山雨欲来风满楼,形势日趋紧迫,两国总参谋部的协同工作也更形紧张。亨利·威尔逊爵士的出国旅行愈益频繁。他已经看出,新任法国总参谋长霞飞将军是一位"品质超群、器宇轩昂、冷静沉着的军人,有着坚强的性格和坚定的意志",而德卡斯泰尔诺则是"非常聪明,富有才智"。他继续对比利时边界进行实地观察,骑了车子往返于那一带的大小道路,经常来到梅斯附近的马斯拉图尔(Mars-la-Tour),凭吊他具有特别爱好的1870年的战场。他每次看见那座纪念当年鏖战的"法兰西"雕像,心头便是一阵痛楚。据他自己的记载,有一次去看望雕像的时候,"我把随身带着的一小张地图摊在她的脚下,地图上标明了英国军队在她土地上的集结地区"。

1912年,他对德国新建的铁路作了一番研究,所有这些线路都汇集到亚琛(Aachen)和比利时的边界。那一年2月,英法联合计划的进展程度已经可以使霞飞告诉最高军事委员会,他有把握指望英国人派来六个步兵师和一个骑兵师,外加两个骑兵旅,总数达14500人。这位法国将军把这支英国部队称为"W"部队,以示对威尔逊的崇敬。该部队将在布洛涅、勒阿弗尔和鲁昂登陆,在伊尔松—莫伯日地区集结,动员第十五天即可投入战斗。后来,威尔逊又和霞飞、德卡斯泰尔诺以及俄国的尼古拉大公一起观看了1912年的法军秋季演习，然后前往俄国，同俄国总参谋部会谈。1913年，他每隔一月总要去巴黎同法国总参谋部首脑人士会商，并参加防守边界的福煦的第二十军的演习。

正当威尔逊在步步加紧和日益完善他跟法国人的安排时，英国的新任帝国总参谋长约翰·弗伦奇爵士，却是时至1912年还在想重弹在比利时独立作战的旧调。只是事经驻布鲁塞尔的英国武官谨慎小心地作了几次探询，方才不了了之。他们发现，比利时人态度坚如铁石，恪守中立地位。英国武官问起，在德国侵犯在先的前提下，是否可以作出联合安排，让英军在比登陆。他得到的回答是，英国还是必须等到向它提出军事援助的要求时方可安排登陆。英国公使本人也作了探询，而告诉他的结果是，如果英国部队在德国入侵之前或未经比利时提出正式要求即行登陆，比利时人便要开火。

比利时的守身如玉，证实了英国人所不厌其烦向法国人反复申说的一点——一切都取决于德国人首先破坏比利时的中立。伊舍勋爵在1911年就已郑重告诫于盖少校："不论你们有怎样的口实，都绝对不要让法国的将军们首先越过比利时的边界！"如果法国首先越过边界，英国就绝不和它站在一边；如果德国人首先越过边界，那就要挑起英国去与他们为敌。法国驻伦敦大使康邦先生从另一方面表达了这一条件；他发回了许多函电，一个中心主题便是唯有德国侵犯了比利时，法国才有把握得到英国的支持。

到了1914年春天，法英两国总参谋部的联合计划大功告成，每一个营最后的宿营地，甚至每一个营要上哪儿去喝咖啡都已计划停当。需要调拨的法国火车车厢的数目，口译人员的指派，密码的准备，军马饲料的征集，这些事项或者已经安排妥当，或者可望于7月底前完成。威尔逊和他的参谋人员不断和法国人互通消息一事，是必须严格保密的。一切有关两国总参谋部称之为"W 计划"的工作，即关于远征军行动计划的工作，都是在极端保密的情况下完成的，接触这一机密的仅限于六名军官，甚至连打字、归档以及一般文书工作都由他们承担。就在军事人员预先部署战线时，英国的政治领袖们却还在用"不做承诺"的毯子蒙住自己的脑袋，坚决采取眼不见为净的态度。

第4章
俄国压路机

俄国巨人像具有魔力似的迷惑着欧洲。在军事计划的棋盘上面，俄国以其地大人多而被视为庞然大物。尽管它在对日一战中丢脸出丑，但是只要想起俄国"压路机"，法国和英国就感到心宽胆壮；而德国人因害怕在他们背后的斯拉夫人而提心吊胆，寝食难安。

虽然俄国陆军积弊甚多，声名狼藉；虽然把拿破仑赶出莫斯科的是俄国的严冬而不是俄国的陆军；虽然在克里米亚之战中，俄国陆军曾在自家土地上吃了法、英两国的败仗；虽然土耳其在1877年的普列文防御战（Siege of Plevna）中已经挫败俄军，只是后来因为众寡悬殊而告失利；虽然日本已在满洲打败了俄军；但是俄军不可战胜的神话仍然流传一时。哥萨克骑兵冲锋，杀声震天，凶悍残忍，在欧洲已深入人心，所以报刊的艺术家们在1914年8月能够置身俄国战线千里之外而以令人毛骨悚然的精工细笔刻画出这样的画面。人们对俄国军队已形成一个概念，那就是哥萨克加上不虞耗尽的数以百万计的身强力壮、驯服听命、视死如归的庄稼汉（mujiks）。俄国陆军为数之大，令人咋舌：平时兵力为142.3万人；一经动员征召，便可再增加311.5万人；此外还有一支200万人的地方军和可以征召入伍的后备力量；因此可供使用的兵员总额达650万人。

在人们的脑海中，俄国军队是个庞然大物，开始时不免臃肿迟钝，但是一旦充分动员起来投入行动，它一浪接一浪永无穷尽的人海波涛，不论伤亡多大，都会不屈不挠，前仆后继，滚滚向前。自从对日作战以来，军队里便开始进行整顿，肃清其颟顸无能、营私舞弊的现象，并且据信业已取得成效。法国政界，"对俄国日益强大的实力，惊人的资源、潜力和财富，具有非同寻常的印象"。爱德华·格雷爵士于1914年4月前往巴黎和俄国人谈判海军协定时，便注意到这一点并抱有同感。他对普恩加莱（Poincaré）总统说："俄国的资源非常富足，就是我们不去支援俄国，时间一长，德国人也要山穷水尽的。"

在法国人看来，第十七号计划能否胜利，向莱茵河进军能否所向披靡，将是他们民族存亡所系的大事，也是欧洲史上的关键时刻之一。为了保证他们能突破德军中路，他们的既定目标是要俄国人牵制住一部分同他们对垒的德军。问题在于要使俄国人在德、法两国各自在西线发动攻势的同时，在德军后方发动攻势，也就是说，尽可能在接近动员第十五天行动。法国人跟别人一样深知要俄国在十五天之内完成动员和集结部队，事实上是不可能的，但是，他们要求它于动员第十五天以手头已有的力量开始作战。他们决定无论如何都要叫德国人从一开头就得两面作战，以削弱他们所面临的德军优势兵力。

1911年，当时身任陆军部参谋长的迪巴伊将军奉派前往俄国，去给俄国的总参谋部灌输必须夺取主动的作战思想。在一场欧洲大战中，一半的俄国军队得集中用于对付奥地利，而用于对德作战的部队，在动员第十五天也只有半数可以准备就绪，尽管如此，圣彼得堡在精神上却是雄心勃勃、跃跃欲试。俄国人正因他们的军队蒙垢而急于重振军威，同时对计划的全部细节又抱着一种船到桥头自会直的态度，所以便同意跟法国人同时发动攻势，这自然是大胆有余而细心不足。迪巴伊得到了俄国人的承诺，一俟俄国的前线部队进入阵地，不等全军集结完毕，就在动员第十六天发动进攻，越过东普鲁士的边界。"我们应该对准德国的心脏打击，"沙皇在双方签字的协议上声言，"我们两国的共同目标必须是柏林。"

要求俄国尽早发动攻势的协议经过两国总参谋部之间一年一度的会谈而愈形牢固加强，这种总参谋部之间的会谈正是法俄同盟的一个特色。1912年，俄国总参谋长日林斯基（Jilinsky）来到巴黎；1913年，霞飞将军前往俄国。到这时，俄国人已经完全受制于冲动的魔力。自从兵败满洲以来，他们确也需要一雪出师败绩的耻辱，因军力孱弱而自惭形秽的心情当然也需要谋求振作之道。格朗迈松上校的演讲集译成了俄文，备受欢迎。俄国总参谋部因为领受了光华熠熠的"殊死进攻"的理论而神采飞扬，所以其诺言也就一再加码。1912年，日林斯基将军承诺将用于德国前线的80万人在动员第十五天全部送达，而不顾俄国的铁路与此项任务显然不相适应。1913年，他又把进攻的日子提前两天，不顾俄国兵工厂的炮弹生产能力不到估计需求量的三分之二，而步枪子弹生产能力还不到一半。

盟国并不因俄国军事上的弱点而牵肠挂肚，虽然英国派到日本军中的军事观察员伊恩·汉密尔顿（Ian Hamilton）早在满洲时就曾对这些弱点写过不留情面的报告。这些弱点表现为：情报工作很差，部队不知隐蔽，不知保密，也不讲求行动的敏捷，缺少斗志和主动性，缺少良好的将才。每周为《泰晤士报》撰文评论日俄战局的雷平顿上校，由于他在评论中所形成的看法，把他的专栏文章汇编成书献给了日本天皇。尽管如此，英法两国的总参谋部却仍然认为，它们需要关心的只是促使俄罗斯巨人行动起来，而无须考虑他如何发挥作用。但这谈何容易。在动员期间平均每一个俄国兵的输送里程是700英里，为德国兵的4倍，而当时俄国每平方公里的铁路只及德国的十分之一。作为防范入侵的国防措施，俄国的铁路轨

第4章 俄国压路机

距有心造得比德国为宽，法国人提供巨额贷款资助增建的铁路又未告成，所以要俄国人达到同样的动员速度显然是不可能的。但是，即使俄国人答应派往德国前线的80万人在动员第十五天只有半数能进入阵地向东普鲁士猛扑过去，不论其军事组织如何之糟，预计都会对战局造成极大的影响。

派出大军在敌国境内打一场现代战争，乃是一种充满危险而又万分复杂的行动，需要作一番呕心沥血的精心组织，在铁路轨距宽窄互异的不利条件下，尤其如此。但在俄国陆军的特点中，井井有条、一丝不苟，并不显著。

由于耆龄老将过多，军官团形成了头重脚轻的局面，他们最锻炼脑力的工作是斗纸牌。不顾体力条件而让他们忝居现役军职，为的是要保全他们在宫廷里的恩宠和权势。军官的任命和擢升，主要依仗有社会地位或是有钱的靠山。他们当中固然不乏英勇干练的军人，但是那个制度却不利于把最优秀的人才推上最高层。他们对于户外运动的"怠惰和不感兴趣"使得一位英国武官为之愕然。他访问过阿富汗边境附近的一处俄国边防军的驻地，使他大惑不解的是那里居然连"一个网球场也没有"。经过日俄战争以后的大清洗，大批将校不是呈请辞职便是被迫离职，清洗的目的是为了拂除凝聚在上层的陈年积垢。一年之间，因为不称职而退役的将官达341人，这个数目接近法国陆军的将官总额，而作同样处理的上校也有400人。尽管在俸金和晋升方面有所改进，但1913年军官缺员仍达3000名之多。日俄战争以后，虽然在清除陆军中的积弊方面做了不少工作，无奈俄国的政体还是那个政体。

"这是个愚不可及的政体，"其最精明能干的捍卫者，1903年至1906年间出任首相的维特（Witte）伯爵便是这样称呼它的，"它是集怯懦、盲目、狡诈、愚蠢于一体的大杂烩。"这个政体的统治者是个高高在上的君主，他在施政用人上只存一个念头，即把他的父皇传给他的专制皇权妥加维护，勿使缺损。此人一无才智，精力也不充沛，又未受过负此重任的训练，他依靠的是一批朝贵幸臣，他心血来潮，执拗成性，还有那轻率浮躁的专制君主的奇思异想。他的父皇亚历山大三世别出心裁地故意让这个儿子在三十岁以前得不到一点亲政治民的教育，不幸的是老皇未能算准他自身的阳寿，死的那年尼古拉才二十六岁。新沙皇如今四十六岁了，这段时间里他什么东西也没有学到手，他给人的那种冷静沉着的印象，究其实不过是麻木不仁的表现——头脑过于浅薄，思维毫无深度。报告俄国舰队在对马（Tsushima）海峡全军覆没的急电送到他的手中，他看过后便往口袋里一塞，继续打他的网球。1913年11月，首相科科夫佐夫（Kokovtsov）访问柏林归来，前来觐见报告德国的备战情况，尼古拉跟往常一样全神贯注，目不转睛，"直视我的两眼"。首相报告完毕，相对无语好久，"他才如梦方醒，神情严肃地说了句，'愿神的旨意能完成！'"。科科夫佐夫终于晓得，其实他是听得不耐烦了。

这个政体赖以支撑的底部乃是一支遍布国内的秘密警察，京城的各部局，外省的大小衙门，他们都如水银泻地无孔不入，弄得连维特伯爵也不得不把他自己写回忆录所需的笔记和记录逐年寄存在法国一家银行的保管库里，以策万全。还有一位首相斯托雷平（Stolypin）在1911年遇刺身死，后来查出，凶犯竟是秘密警察，他们故意下此毒手，制造事端，好嫁祸于革命派。

在沙皇与秘密警察之间，充当这个政权的支柱的是一大批文官（Tchinovniki），他们是一个出身于贵族世家的官僚与官员的阶级，实际上行使政府职权的便是这批人。他们无须向宪政机构负责，只有沙皇的独断独行可以撤换他们，宫廷里钩心斗角成风，皇后又猜忌多疑，沙皇听从谗言，也就动辄罢官削职。大局如此，英彦俊硕都难以久安于位，有一个托词"体弱多病"而辞官不就的人引起了他的同僚喟然兴叹，"在这年头，人人都体弱多病"。

民怨接近沸点，终尼古拉二世一朝的俄罗斯，国无宁日：灾祸频仍，屠戮不绝，出师屡败，民不聊生而相继举义，终致酿成1905年的革命。维特伯爵当时曾向沙皇进谏，若不俯顺民心，畀予宪法，就须厉行军事专政，以恢复秩序。沙皇迫不得已而忍气吞声，采纳了前者，这纯粹是因为担任圣彼得堡军区司令的先皇的堂兄弟尼古拉大公拒不承担军事专政的责任的缘故。大公这一次坐失机宜，从此便永远得不到那些极端保守的皇权主义分子的宽宥，同样得不到那些波罗的海地区的具有德国血统和倾心德国的王公大人，那些黑色百人团——"右翼无政府主义分子"——以及作为专制政权顽固堡垒中坚的其他反动集团的宽宥。他们觉得，曾经一度结成三皇同盟的三个帝制国家之间的共同利益，比起西欧的民主国家来，德国更其是俄国的当然盟国。许多德国人也是这样想的，就是德皇本人有时也是这样想的。俄国的反动派别把国内的自由派看成他们的头号敌人，他们宁要德皇而不要杜马，这种态度跟日后的法国右派如出一辙，他们宁要希特勒而不要莱昂·布卢姆（Léon Blum）。只是由于战前二十年间德国自身咄咄逼人的气焰愈演愈烈，这才促使沙皇俄国一反初衷去跟共和政体的法兰西结盟。到了最后关头，德国的威胁甚至还把它跟英国结成一伙，但就是这个英国，使俄国对君士坦丁堡可望而不可即已达一个世纪之久。当今沙皇的一位皇叔——弗拉基米尔·亚历山德罗维奇（Vladimir Alexandrovich）大公曾于1898年说过这样的话："我希望活到能听见英国临终时的咽气声。我每天向上帝热切祷告祈求的就是这个！"

　　弗拉基米尔一流人物主宰了这个完全保留着尼禄*遗风的宫廷，朝廷命妇都从一个无知的拉斯普京†主持的午后降神会（séances）的刺激中恣意作乐。但是俄罗斯也自有其一批杜马中的民主派和

---

* 尼禄（Nero，37—68），古罗马帝王，该王朝以暴虐、挥霍、放荡出名。——译注
† 拉斯普京（Rasputin，1872—1916），活跃于俄皇尼古拉二世宫廷中，曾自诩为"预言家"和"神医"而进入宫廷，并对国家大事起很大影响。拉斯普京于1916年12月为保皇党集团所杀。——译注

自由派；自有其虚无主义者巴枯宁（Bakunin）；自有其皈依无政府主义的克鲁泡特金（Kropotkin）王子；自有其"知识阶层"（intelligentsia），关于这个阶层，沙皇曾经说过，"我最讨厌这个词！我但愿下一道诏令，让科学院把这个词从俄语词典里删掉"；俄罗斯也自有其一批列文*，为自己的灵魂，为社会主义，并且也为俄罗斯的土地，内心备受煎熬，此恨绵绵无尽期；自有其一批绝望的万尼亚舅舅†；自有其独特气质，促使一位英国外交官得出结论，认为"在俄罗斯，人人都有点儿疯疯癫癫"的，就是这气质，一种叫做"斯拉夫魅力"（le charme slav）的气质，半是无所用心，半是无所事事，一种19世纪末的颓废气氛（fin de siècle），这种气氛有如一片薄雾笼罩着涅瓦河畔的那座城市，世人只知它是圣彼得堡，而不知它是"樱桃园"‡。

就备战的情况而言，只消举出一个人来便可以代表这个政权的全貌了，此人乃是陆军大臣苏霍姆利诺夫将军。他是一个年逾六旬的矮胖子，诡计多端，游手好闲，寻欢作乐，他的同僚、外交大臣萨佐诺夫（Sazonov）对他有个评语："要他干工作固然很不容易，可是要他说句老实话那就简直难如上青天。"1877年对土耳其的一仗中，苏霍姆利诺夫是一员骁勇的年轻骑兵军官，荣获圣乔治十字勋章，所以他深信不疑，那次战役中学到的军事知识都是永恒真理。

---

* 列文（Levin），俄国列夫·托尔斯泰所写长篇小说《安娜·卡列尼娜》的主人公之一。他是贵族地主，想在宗法制社会基础上改善地主和农民的关系，结果幻想破灭。——译注

† 万尼亚舅舅（Uncle Vanya），系俄国契诃夫所写剧本《万尼亚舅舅》的主人公之一。他没有理想，没有远大的目的，却把理想寄托在别人身上。为了那个人，他忘我地劳动，浪费了自己的青春，结果发觉那人原来是个庸俗、渺小、毫无远大理想的人。他绝望，想服毒自杀，最后还是听从命运的安排，安下心来仍旧为偶像劳动，把自己的幸福寄托在死后的天堂。——译注

‡ 《樱桃园》（Cherry Orchard），契诃夫所写的剧本名。通过没落地主朗涅夫斯卡娅把樱桃园拍卖给商人陆伯兴以及他的女儿安妮亚开始独立生活等情节，展示了俄国1905年革命前夕社会情况和思想意识的变化。作者在剧本中嘲笑没落贵族寄生生活的空虚，并对未来寄予希望。——译注

第 4 章　俄国压路机

他曾以陆军大臣的身份出席一次参谋学院教官的集会，会上居然有人对诸如火力要素对马刀、长矛、刺刀冲锋的不利影响之类的"新花样"有兴趣，他对此斥责了一通。他毫不在意地说道，他听不得"现代战争"这个词儿。"过去的战争是这样，现在的战争也还是这样……这种种玩意儿都不过是邪门歪道的新花样。拿我本人来说，二十五年来我就没有看过一本军事手册。"1913 年，他把参谋学院的五名教官撤职，为的是他们都坚持宣扬什么"射击的组织与实施"的异端邪说。

苏霍姆利诺夫的智慧，因其轻浮佻佚而显得狡黠机灵，也就失去了他的混沌纯朴的本色。他身材不高，细皮白肉，生就一张猫儿脸，蓄着一把整齐雪白的胡须，全身媚态十足，近乎奸诈，他既要存心巴结沙皇那样的人物，这些人也就无不入其彀中。在旁人眼中，例如在法国大使帕莱奥洛格（Paléologue）眼中，他的形象"使人一见便会产生不可信任的感觉"。内阁大臣的任免，全凭沙皇的一时兴致，苏霍姆利诺夫之所以能得宠而不衰，靠的是一套谄媚迎合和曲意承欢的功夫，说点儿凑趣讨好的故事，来几下滑稽逗趣的动作，小心不去议论正经大事或不快意的话题，再加上小心侍候那位当时的"御友"拉斯普京。因此缘故，事实表明，什么营私舞弊和尸位素餐的罪名，什么闹得满城风雨的离婚丑闻，甚至连轰动一时的间谍丑闻，也都对他的地位毫无影响，他仍好官我自为之。

1906 年，苏霍姆利诺夫迷上了一个外省省长的二十三岁夫人。他千方百计栽赃诬陷，策划离婚，甩掉那个丈夫，娶了这个绝色尤物做他的第四任夫人。他生来是个懒坯，从此以后便越来越把公事推给下属去办，用那位法国大使的话来说，"把他自己的全部精力专门用来跟一位比他年轻三十二岁的夫人尽享鱼水之欢"。苏霍姆利诺夫夫人喜欢向巴黎定购时装，出入豪华的酒楼饭馆，举行盛大的筵宴舞会。为了满足她挥霍浪费之需，苏霍姆利诺夫及早施展了虚报开支之术而财运亨通。他按每天 24 俄里骑马视察的费用向公家报销旅费,实际上他的出巡都是乘坐火车。他的贪污所得,数字已属不小,加上他对股票市场的行情又能得到幕后消息而增辟了一个财源,六年之间他在银行里存入了702737卢布,而他这六年的俸金一共是270000卢布。他的生财之道还包括他的左右亲信给他的孝敬,只要他签发几张军事通行证,送几张参观演习的请柬,或者其他形式的材料,那些人便会借给他款予以报答他的盛情。其中有一个奥地利人,名叫阿尔特席勒(Altschiller),苏霍姆利诺夫夫人离婚所需的证据便是此人供给的,他以挚友的身份出入陆军大臣的府邸和办公室,在这两处地方,文件都是四下乱摊的。1914年1月,此人离境之后,真相暴露,他原来是奥地利派来俄国的间谍头子。还有一个更为声名狼藉的米亚索耶捷夫(Myasoedev)上校,盛传他是苏霍姆利诺夫夫人的情夫,此人不过是边境上一个铁路警务处长,居然拥有五枚德国勋章,并蒙德皇邀往离边界不远的罗明滕森林(Rominten)皇帝行猎别馆赴宴。毫不足奇,米亚索耶捷夫有从事间谍活动的嫌疑。他在1912年被捕受审,但是由于苏霍姆利诺夫亲自干预而宣布无罪并得官复原职,直至战争开始后一年。1915年,由于他的庇护人终于因俄国的屡战屡败而被罢官,他又再次被捕定罪,以间谍罪被处绞刑。

苏霍姆利诺夫在1914年以后的运道颇不平常。他先前之所以能够与米亚索耶捷夫上校同时幸免被起诉判刑,纯系沙皇和皇后的庇护;最后,到了1917年8月,沙皇业已逊位,临时政府沦于土崩瓦解的境地,他也堕入法网。在当时千疮百孔、一片混乱的局面下,他的案子名义上虽是叛国罪,而审讯的内容却大都是旧政权的种种罪恶。检察官概述案由,把这种种罪恶归纳成为一条:俄国老百姓被迫作战,既无枪炮又无弹药,对政府完全丧失信心,这种绝望心情散布蔓延,无异瘟疫,"后果极为严重"。经过一个月轰动一时的听证,他贪赃舞弊、荒淫纵欲的具体情节都真相大白,苏霍姆利诺夫的叛国罪是洗刷掉了,但是他"滥用职权,玩忽职守"罪无可逭。

第 4 章 俄国压路机

他被判处终身苦役，只过了几个月就被布尔什维克党人释放，随即前往柏林定居，直至 1926 年病故。1924 年他在柏林出版了一本回忆录并题字献给德国的废帝。他在序言里声称，俄国和德国这两大君主政体由于在战争中互为仇敌而同归于尽，只有两国言归于好才能使两国的君主复位亲政。这个见解使那个流亡在外的霍亨索伦皇室的废帝感触至深，他便写了一个题献，把他自己的回忆录回敬给苏霍姆利诺夫，显然是由于受到劝阻，这个题献在公开出版的本子上并未刊用。

从 1908 年到 1914 年担任俄国陆军大臣的便是这么一个人物。他代表了反动派别的意见，并得到反动派别的拥护，对德备战工作该是陆军部的主要任务，但在他主持下并不是那么一心一意搞的。日俄战争的奇耻大辱之后开始的陆军改革运动，已经取得进展，他却立即把它草草收场。总参谋部本来已被授予独立建制，以开展现代军事科学研究，可是 1908 年以后又重新隶属于陆军大臣的管辖，而且只有大臣一人能觐见沙皇。总参谋部被削去了自主的权力，从此便得不到一个能有作为的领导人，甚至也没有一个第二流角色能有始有终地领导下去。1914 年以前的六年间，一共换了六个总参谋长，影响所及，作战计划也就休想是系统周密的了。

苏霍姆利诺夫虽说把工作全部推诿给属下去办，却容不得别人有什么主张。死抱住那一套陈腐过时的理论，忘不掉年代久远的战功荣誉，他一口咬定俄国过去的失败，只是由于司令官的错误，而不是由于训练、准备和供应各方面的不足。他顽固不化，坚信刺刀胜过子弹，所以根本不肯花费气力去兴建工厂，增产炮弹、步枪和子弹。没有一个国家在军需品上是准备充分的，这是各国军事批评家们毫无例外地事后得出的结论。如英国的缺少炮弹后来竟成了一桩有损国家声誉的丑闻；法国从重炮直到军靴的不足，在战争开始前就已是丑闻。但是，在俄国，苏霍姆利诺夫甚至连政府专供生产军火的拨款也没有用完。俄国在开战时每门大炮只摊到 850 发炮弹，对比起来，西方国家每门大炮则有2000到3000发炮弹的储备，而苏霍姆利诺夫本人也曾在1912年同意过一个折中办法，给每门大炮储备1500发炮弹。俄国的一个步兵师有7个野战炮连，德国的步兵师却有14个。整个俄国陆军有60个重炮连，而德国陆军则有381个。战争主要取决于双方火力的较量，而苏霍姆利诺夫对于这类告诫则一概嗤之以鼻。

他厌恶"射击的组织与实施"，但他更为反感的，就是那位比他年轻八岁，又是代表军队中革新倾向的尼古拉大公了。大公身长1米98，体态挺秀，相貌英俊，山羊胡子，穿的一双靴子高及马的下腹，算得上是风度翩翩，仪表堂堂。对日战争以后，他被任命为国防委员会主席，负责改组陆军。该委员会的宗旨和布尔战争之后的伊舍委员会一样，不过跟它的英国样板有不同之处，它问世不久便落入了官老爷们的手中，沦于死气沉沉的境地。反动派别对这位大公又恨又怕，恨的是他插手了那篇宪政宣言，怕的是他深得人心，所以到1908年便把国防委员会撤销了事。他是一个职业军官，在日俄战争中曾任骑兵总监，全军现职军官，他几乎无不熟识，因为他身为圣彼得堡军区司令，他们奉命履新时都例须向他报到，他便成了军中最受钦佩的人。他之受钦佩，主要倒不是出于他的特殊勋绩，而是由于他的身材、仪表和风度，是这些唤起了士兵的信仰和敬畏，是这些在他袍泽中赢得了倾心敬慕，但也引起了嫉妒憎恨。

他对待部下，不假辞色，甚至粗暴，不论军官小兵，他都是这样，宫廷圈子外面的人都把他看作皇族宗室里唯一的"男子汉"。从未见过他的农家出身的士兵，都津津乐道关于他的传闻轶事，把他说得神乎其神，成了一个专与"德国帮"和朝廷里的坏人坏事作斗争的神圣俄罗斯的捍卫者。这种舆情，此响彼应，但丝毫无补于他在宫廷内的人缘，尤其是在皇后面前，她本来就因为他鄙视拉斯普京而恨透了"那个尼古拉"。"我对他绝不信任，"她写给沙皇的信中说，

"我看穿了他根本不是聪明人,他连侍奉上帝的人都要反对,可见他做的事情得不到上天的保佑,他出的主意也好不了。"她还无休无止地数说他搞阴谋诡计,要迫使沙皇逊位,并且凭借他在军队方面的深得人心,由他自己登上皇位。

沙皇对他心怀疑惧,使他在对日作战期间未能成为总司令,因此也成全了他事后没有遭受谴责。今后再有战争,势必非要让他出马不可,战前制订的计划中就已内定由他出任对德作战的前线司令,沙皇本人预期将亲自担任总司令,而由一位总参谋长指挥作战。大公曾经数次前往法国参观演习,并且深受福煦的影响,他也跟福煦一样怀有必胜信念;他还受到盛宴款待,究其原因,除了人所共知的他的仇德情绪之外,同样也是由于他的雍容豪迈的风度,使人一见就有此人是俄国威力的象征之感。法国人都津津乐道大公的随从科茨布(Kotzebue)伯爵的一番议论,这位伯爵说过,他的首长认为,只有把德国彻底粉碎,并把它重新分割为一个个小邦国,让它们各有一个小朝廷去快快活活过日子,才能使全世界有希望在和平中生活。大公的夫人阿纳斯塔西娅(Anastasia),和嫁给大公的弟弟彼得的她的妹妹米莉姹(Militza),对法国的热忱也是毫不逊色。她们两位同是黑山国王尼基塔(Nikita)的公主,她们对法国的爱慕是和她们天生的对奥地利的仇恨成正比例的。1914年7月下旬,在一次皇室的野餐会上,帕莱奥洛格称之为"黑山的夜莺"的这两位大公夫人,过来与帕莱奥洛格聚在一起,絮叨起这场危机。"战争要打起来了……奥地利要输个精光……你们将收复阿尔萨斯—洛林……我们两国的军队要在柏林会师。"姊妹俩一个给大使看了一只镶宝石的小匣,里面盛的是洛林的泥土,另一个告诉大使她在自己的花园里种上了洛林的大蓟花。

俄国总参谋部未雨绸缪,制订了两份作战计划,待最后视德国如何行动而择定使用。如果德国以主力攻打法国,俄国就要用主力攻打奥地利。在这种情况下,用四个集团军投入奥地利战场,用两个集团军投入德国战场。

对德作战计划规定了以俄国的第一集团军和第二集团军向东普鲁士发动钳形攻势，第一集团军向北路进军，第二集团军向南路进军，从南面绕过马祖里湖泊地带（Masurian Lakes）的天然障碍。第一集团军的集结地区在维尔纽斯（Vilna），所以又名维尔纽斯军，它有一条直达的铁路线可通，可以首先出发。它将比第二集团军即华沙军先两天向德军前进，"其任务为尽可能把最大量的德军兵力吸引过来"。与此同时，第二集团军将从南面绕过湖泊地带的障碍，插入德军背后，切断其向维斯瓦河（Vistula River）的退路。钳形运动的成功取决于时间配合的准确，不使德军与任何一翼单独交锋。务必使敌军"不论何时何地，一经遭遇，就要受到有力的、坚决的打击"。一俟德军被围歼之后，第二步就是向距离维斯瓦河150英里的柏林进军。

德国的作战计划并不打算把东普鲁士拱手让人。在这片国土上，农庄富庶，牧场广阔，荷尔斯泰因种的牛群随处放牧，猪群和鸡群在石头围墙的场院里东奔西突，著名的特拉克嫩（Trakehnen）种马为德国陆军繁育着源源不断的战马。那儿的大庄园都归容克贵族所有，一个容克老爷雇用的一个英国女管家曾经大惊失色地目睹他们骑在马背上胡乱射杀狐狸，而不是正正经经地打猎。再朝东去，接近俄国，那儿便是"水波不兴、林木茂密"之乡，湖泊四布，水边菰蒲丛生，森林遍野，松树白桦相间，一处处沼泽，一道道溪流。这里最知名的胜地便是贴近俄国边界的罗明滕森林，它是霍亨索伦皇室的禁苑，方圆9万英亩。德皇每年都来行猎，他下身穿一条长到膝盖的灯笼裤，头戴一顶有羽饰的帽子，捕猎野猪和鹿，有时也会有一只俄国麋鹿天真烂漫地踱过国界送上门来做皇帝陛下的枪靶子。虽然他的百姓都不是条顿族，而是斯拉夫族，但这个地区自从条顿骑士团于1225年盘踞以来，七百年间除了波兰人的几度统治

东 线

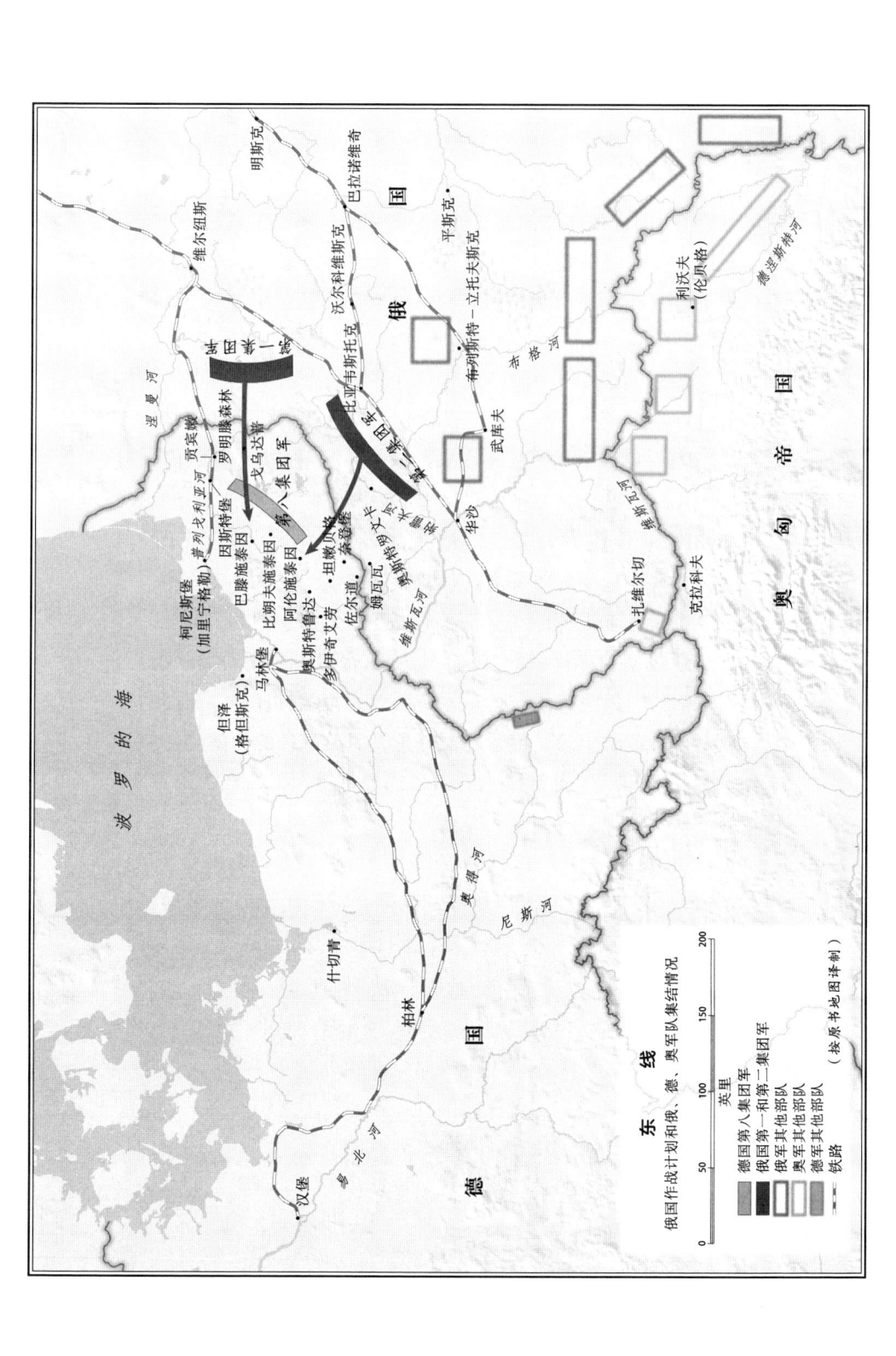

俄国作战计划和俄、德、奥军队集结情况

- 德国第八集团军
- 俄国第一和第二集团军
- 俄军其他部队
- 奥军其他部队
- 德军其他部队
- 铁路

（按原书地图译制）

0 50 100 150 200 英里

以外，一直是德国人管辖的。尽管条顿骑士团于1410年在一处名叫坦嫩贝格*的村子与波兰人、立陶宛人大战一场吃了败仗，但他们依然在这一带安居乐业，并且演变——也许是衰落——成为容克地主贵族。1701年，霍亨索伦皇室的第一位君主便是在这一区域的首府柯尼斯堡（Königsberg）加冕登上普鲁士王位的。

在东普鲁士，波罗的海的水波拍打着它的岸边，普鲁士的历代君主加冕登基之地的"国王城"便在它的境内，德国人岂肯轻易将它放弃。沿安格拉普河（Angerapp River），一直穿过因斯特堡峡口（Insterburg Gap），都已精心修筑了防御工事；在东部沼泽地区，道路都建成高出地面的堤道，因此可以将敌人约束在高于平地的狭窄堤上。此外，整个东普鲁士铁路网纵横交错，守军便于运动，可以从一条战线迅速转移到另一条战线，迎击敌军的任何一翼。

当初通过施利芬计划的时候，对于东普鲁士还无须如此担心，因为当时估计，俄国势须在远东保持巨大兵力以防日本。德国的外交虽说有过失败的记录，但还是被寄予克服英日条约的障碍，使日本保持中立，叫俄国无法摆脱后顾之忧的希望，因为在德国看来，英日结盟是反常的。

德国总参谋部里的俄国事务专家是马克斯·霍夫曼（Max Hoffmann）中校，他的工作是研究俄国在对德作战时会采用怎样的作战计划。霍夫曼年方四十开外，身材魁梧粗壮，脑袋又大又圆，普鲁士式短头发，短得快要露出头皮，使他显得像是秃头。他神态随和，但绝非苟且。他戴一副黑边眼镜，两道乌黑的眉毛捻得左右卷翘。对于小巧的双手和裤子上无瑕可击的熨烫折痕，他都同样地细心护持而引以自豪。他虽好逸恶劳，但却善于随机应变；他虽拙于骑术，击剑更其糟糕，外加贪吃爱喝，但却多谋善断。他禀性和顺，遇事都能天从人愿，却敏锐精明，谁都不放在眼里。战前他在

---

* 坦嫩贝格（Tannenberg），一译坦能堡；现属波兰，名"斯泰巴尔克"（Stebark）。——译注

第 4 章　俄国压路机

团部执行带兵任务期间，常去军官俱乐部通宵饮酒、大吃香肠，直至清晨 7 时带队出操，收操后回到俱乐部还得再来点香肠之类的小吃，喝上两夸脱无果味的摩泽尔白酒，然后才吃早饭。

1898 年霍夫曼从参谋学院毕业后，曾奉派到俄国担任译员六个月，接着在施利芬任内的总参谋部的俄国科干了五年，然后在日俄战争中出任德国的军事观察员。一位日本将军不准他登上一座小山就近观战，这时，军人的礼貌便被德国人的天性冲垮了，而这种天性的流露往往使他们难以和别人亲近。"你这个黄皮家伙；要是不让我上那山头去，你就不是个文明人！"霍夫曼冲着那位将军咆哮，当时在场的还有其他外国武官，以及至少一名记者。这位将军所属的种族，其妄自尊大比起德国人来毫不逊色，他也大声回敬："这儿的军事情报是我们日本人用自己的鲜血换来的，我们不打算跟别人分享！"出现了这么一个场面，那就什么礼节都谈不上了。

霍夫曼回到毛奇掌管的总参谋部后，重理旧业，研究俄国的作战计划。俄国总参谋部的一个上校曾于 1902 年以高价卖出了一份本国的作战计划，那是个早先的文本，据霍夫曼所写的并非全都认真可信的回忆录所说，从那以后，价格扶摇直上，不是德国的军事情报机关分摊到的微薄的经费所能问津的了。东普鲁士的地形既然如此，俄国攻势的大致模样也就不问可知：它势必沿着马祖里湖泊地带两侧发动钳形攻势。霍夫曼研究了俄国陆军，研究了制约着它动员和运输的各种因素，德国人也就得以判断俄国发动攻势的时间。这样，德国军队在兵力上虽处于劣势，但就此可以在下列两种办法中择其一，以对付一支分成两路向它进逼的优势兵力：它可以后撤，也可以首先攻其一路，两路中哪一路提供了最有利的机会就先攻哪一路。施利芬定下了一条严格的军令，"投入全部兵力，对首先进入我军射程的一路俄军"予以痛歼。

第二部分

爆发

"巴尔干地区的蠢事儿",会点燃下次的战火,俾斯麦早已言之在先。1914年6月28日,奥地利的王储弗朗茨·斐迪南大公被塞尔维亚的民族主义分子刺杀,正符合了他所预言的条件。奥匈帝国出于老迈帝国的轻率好斗,决定抓住这个机会吞并塞尔维亚,就跟它在1909年吞并波斯尼亚和黑塞哥维那一样。但1909年的俄国,经过对日战争元气已经大伤,面对德国发出的最后通牒,加上德皇身穿"闪闪发光的甲胄"——如他自己所说——支持他的盟邦奥地利,也就只好忍气吞声地默许了。为了一雪前耻,为了保持其作为斯拉夫大国的体面,俄国现在打算自己穿上闪闪发光的甲胄了。7月5日,德国向奥地利保证,如果奥地利因对塞尔维亚采取惩罚行动而使它卷入跟俄国冲突的话,它可以指望得到德国的"忠实支持"。这是一个释放了事态发展的洪流的信号。奥地利于7月23日向塞尔维亚发出最后通牒,7月26日拒绝了塞尔维亚的复文(尽管当时紧张不安的德皇也承认这篇复文"把发动战争的每一条理由都消除"),7月28日对塞尔维亚宣战,7月29日炮轰了贝尔格莱德。那一天,俄国在它与奥地利接壤的边界一线实行动员,7月30日,奥、俄两国都颁布了总动员令。7月31日,德国向俄国发出最后通牒,限令它十二小时内撤销动员并"向我们明白宣布业已照办"。

边界上战云压境。各国政府惊恐不已,挣扎着力求避免战争。但一切都是枉然。国境线上的情报人员把每一支骑兵巡逻小队都当作抢在动员令前布防的队伍进行上报。各国总参谋部都为它们无情的时间表所驱使,拍着桌子要求及早发出开拔的命令,生怕对手取得一小时的先机。各国首脑面对承担国家命运的责任,都试图退缩规避,但是军事行动的时间表还是把他们推向前去。

第 5 章

8月1日：柏林

8月1日星期六正午，德国给俄国的最后通牒限期截止，俄国没有答复。不出一小时，一份电报发给了驻圣彼得堡的德国大使，令他于当天下午5时宣战。5时整，德皇颁发了总动员令，但一些先遣部队在前一天根据"面临战争危险"公告已提前动员。5时30分，首相贝特曼－霍尔韦格，手里拿着一份文件，整个心思沉浸在这份文件上，在矮小的外交大臣雅戈（Jagow）陪同下，急急忙忙地走下外交部的台阶，招呼了一辆普通出租汽车，向皇宫疾驶而去。不多久，忧郁怏悒的总参谋长毛奇将军，口袋里带着德皇签署的动员令，在返回总参谋部途中，座车突然被拦住，乘着另一辆车子带着皇宫紧急命令的信使赶上了他。他又回到皇宫，聆听德皇作最后一分钟铤而走险的建议。这个建议弄得毛奇潸然泪下，这个建议也几乎改变了20世纪的历史进程。

尽管参谋部保证在俄国完成全面动员之前，尚有六周时间的回旋余地，可是德皇不可避免地要冒可能丢失东普鲁士的风险的时刻现已到来。他曾向一位奥地利军官承认："我憎恨斯拉夫人，我知道这样做是一种罪恶，我们不应憎恨任何人。但我免不了还是要恨他们。"不管怎样，圣彼得堡的罢工、骚动，暴徒捣毁窗户以及"警察和革命党人之间的激烈巷战"等等令人想起1905年情景的消息，都使他感到慰藉。他那驻俄七年之久的年老大使普塔莱斯（Pourtalès）伯爵断定，并一再向政府保证：俄国畏惧革命，不会打仗。武官埃格林上尉也一再重复要到1916年才会备战就绪之说的信条，及至俄国已经开始动员，他还报称俄国计划的"不是采取顽强攻势，而是像1812年[*]那样逐步退却"。在德国外交官爱犯错误的问题上，这些判断开创了纪录。这些判断鼓舞了德皇，所以时至7月31日，根据使节们提供的迹象，他还写了一份"指导"参谋部的手谕，犹得意洋洋地嘲笑笼罩着俄国宫廷和军队的情绪，有如"患病的雄猫"。

8月1日，柏林街头人群扰攘，皇宫前哄聚了成千上万的人。他们焦虑不安，情绪紧张，心境沉重。柏林多数工人承认，社会主义在他们思想上，还比不上他们对那些斯拉夫游牧民族的出于本能的恐惧和仇恨那样深刻。前一天晚上德皇在阳台上宣布进入"面临战争危险"状态的演说中已晓谕他们"我们已被迫拿起武器"，不过他们仍抱着最后一线希望，等待俄国答复。最后通牒的截止时间过去了。人群中一位新闻记者感到气氛紧张，"谣传四起。人们奔走相告，说俄国已要求延长时间。证券交易所则惊恐万状，人心惶惶。整个下午是在差不多令人无法忍受的忧虑焦急中度过的"。贝特曼—霍尔韦格发表的一项声明结尾说："如果铁骰子滚动了，愿上帝保佑我们。"5时整，一名警察出现在皇宫门口，向人群宣读了动员令，人们便开始恭敬地唱起了国歌："让我们大家感谢上帝吧！"站满着军官的车辆沿着椴树下街飞驰而去，他们挥舞着手帕，高呼着"动员起来！"。人们顿时从马克思变成了马尔斯[†]，他们欢欣若狂，并且一哄而散，冲向那些有俄国间谍嫌疑的人去泄愤去了。之后的几天中，有数名嫌疑分子痛遭拳打脚踢，死于非命。

---

[*] 指1812年拿破仑率军50万攻入俄境的战争。——译注

[†] 马尔斯（Mars），即战神。——译注

动员的电钮一经按动，征召、装备和运送 200 万人员的庞大机器便整个自动地运转起来了。后备役军人到指定的兵站集中，领取制服、装备和武器，先编成连，再编成营，然后加上骑兵、自行车兵、炮兵、医疗队、炊事车、修理车以及邮车，按预定的铁路时刻表，被送到邻近国境的集结地点。在那里，他们再编成师，再由师编成军，由军而集团军，待命出征。单是调运一个军——德军共有 40 个军——军官就需要火车车厢 170 节，步兵 965 节，骑兵 2960 节，炮兵和给养车 1915 节，总共需要 6010 节，分别组成 140 列列车，同时还需要同等数量的列车运送军需品。从命令下达那一时刻起，一切都在按预定时间表规定的时间运行，时间表订得非常精细，甚至对于多少对火车轮子将在什么时候通过什么桥梁，都作了具体规定。

副总参谋长瓦德西（Waldersee）将军对他这宏伟不凡的组织系统满怀信心，很有把握，甚至在危机开始时也没有返回柏林，只是写了一封信给雅戈说："我将留此准备猛攻，我们的总参谋部一切都已准备就绪，现时我们在那里将无所事事。"这是从老毛奇或"大"毛奇继承下来的光荣传统。1870 年动员那天，老毛奇还躺在沙发上阅读《奥德利夫人的秘密》（Lady Audley's Secret）呢。

但老毛奇的这种令人景仰的镇定自若，今天并不见之于皇宫。两面作战已不再是幽灵般使人忧惧，而已成为现实。面对这种情况，德皇也同样接近陷入他认为俄国人已接近陷入的那种"病猫"情绪。他比起地道的普鲁士人，更见识广博也更胆怯。他从不曾真心想打大仗，他要的是更大的权力、更高的声望，尤其是要德国在国际事务中具有更多的权威，而且只想用恐吓别国而不是攻略别国的手段以遂其图。他想不战斗而获得斗士的奖赏。所以每当到了战争一触即发的时刻，就像阿耳赫西拉斯（Algeciras）和阿加迪尔事件爆发时那样，他就畏缩不前了。

当危机终于到达沸点时刻，他在电文上的批语愈来愈激动："哈！恬不知耻的欺骗！""胡说！""他撒谎！""格雷先生是条骗人的狗！""废话！""这个无赖不是疯子就是白痴！"俄国动员了，他突然间冲口发表了预感大难临头的激动的长篇大论，他不是针对那些斯拉夫叛徒，而是遗恨于他念念不忘的那个人物——他的狡黠的舅父。他说："全世界将卷入极为可怕的战争漩涡，这些战争的最终目的是想毁灭德国。英国、法国和俄国狼狈为奸，图谋消灭我们……这就是爱德华七世慢条斯理、踏踏实实一手造成的局面的真相……包围德国终于成为事实。我们已把脑袋伸进绞索……爱德华已死，但比我这个活人还强！"

一想到死去的爱德华的影子，任何可以摆脱要与俄、法两国，以及与在法国背后至今尚未公开露面然而已隐约可见的英国交战的出路，德皇总是欢迎的。

就在最后时刻，一条计策献上来了。贝特曼的一个同僚，前来恳请他尽可能设法使德国不致陷于两线作战境地，并向他提出一个办法。几年来，对于是否可按照自治方式将阿尔萨斯作为德意志帝国的一个联邦国的问题，一直在进行讨论。这个办法如果提出来并为阿尔萨斯人民所接受，就可使法国收复失地的任何理由站不住脚。近在7月16日，法国社会党大会还公开宣布赞成这一办法。但德国军方始终坚持这些省份必须驻防，其政治权利必须服从"军事需要"，所以，直到1911年，既未准予制定宪法，自治更无从谈起。贝特曼的同僚现在敦请他立即公开正式建议召开会议讨论阿尔萨斯自治问题。这种会议可以让它一无结果地拖延下去，但在道义上它的影响将可迫使法国不得进攻阿尔萨斯，至少使它在考虑这一建议期间有所克制。德国就此可以在西线保持平静无事，并使英国置身局外，从而赢得时间将兵力调过去对付俄国。

提这一建议的人，至今姓名不详，也许是个伪托，但这无关紧要。这种机会本来是存在的，首相本人也是可以设想到的。但要抓住这个时机得要有胆略，而贝特曼，尽管器宇轩昂、目光深沉、髭须整洁，但如西奥多·罗斯福对塔夫脱（Taft）的看法那样，"是个软弱的好人"。德国政府非但不向法国投之以饵，诱它中立，反而在向俄国递交最后通牒的同时也向它递交了最后通牒。他们要求法国在十八小时内答复它在俄德战争中是否保持中立，并说如果法国保持中立的话，德国"要求将图勒和凡尔登两地要塞交由我方占领作为保持中立的保证，待战争结束后归还"。——换句话说，就是要法国把大门的钥匙交出来。

德国驻巴黎大使冯·舍恩（von Schoen）男爵感到难以递交这份"蛮横"的要求。在他看来，此时此刻的法国如果保持中立，对德国具有莫大好处，本国政府大可以为此主动付出酬谢而不应采取惩罚手段。他递交了要法国声明中立的要求，而没有提出对要塞的要挟。但法国人截获并破译了给他的指示，对实情还是清楚的。所以当舍恩于8月1日上午11时要求法国答复时，他得到的回答是法国"将按自身利益行事"。

在柏林，5时刚过，外交部的电话铃响了，副外交大臣齐默尔曼（Zimmermann）接了电话，随即转身对坐在他办公桌旁的《柏林日报》编辑说："毛奇想知道可否开始行动。"可在这时，刚译好的一份伦敦来电，一下子打乱了计划部署。它带来了希望，如能立即停止对法国的行动，德国就可以安全地一面作战。贝特曼和雅戈就是带着这份电报乘上出租汽车奔向皇宫的。

这份电报是由驻伦敦大使利希诺夫斯基（Lichnowsky）亲王发来的，汇报英国的一份提议。据利希诺夫斯基的理解，这个提议是说"如果我们不进攻法国，英国将保持中立，并保证法国也保持中立"。

这位大使，在德国属于讲英语，模仿英国人的举止、消遣方式、服饰，千方百计要成为英国式绅士的那类人物。与他同侪的贵族，如普莱斯亲王（Prince of Pless）、布吕歇尔（Blücher）亲王和明斯特尔（Münster）亲王，都娶了英国夫人。1911年，一位英国将军在柏林为他举行的宴会上发现在座的四十位德国人，包括贝特曼—

霍尔韦格和海军上将蒂尔皮茨在内，都讲一口流利的英语，感到惊讶。利希诺夫斯基还跟他的那类人物不同，他不仅在举止上，而且在内心世界也是一个诚挚的亲英派。他是决心到伦敦来使自己、使祖国都博得英国人的欢心的。英国社会是个恣情乡间欢度周末的社会。对这位大使来说，最大的悲剧莫过于生我育我之邦和我所钟爱之邦发生战争，所以他抓住一切时机避免两国兵戎相见。

因此，那天上午外交大臣爱德华·格雷爵士在内阁会议休息时间打电话给他的时候，他出于自己的迫切愿望，将格雷的话理解为英国的提议，即如果德国答应不进攻法国的话，英国愿在俄德战争中保持中立并使法国也保持中立。

事实上，格雷根本没有那么说。他说话一向简略而含糊，他所表示的不过是：如果德国答应对法国和俄国保持中立，就是说对两国都不发动战争，静待各方为解决塞尔维亚事件努力的结果，英国将答应使法国保持中立。格雷在比洛称之为慢性病的"波斯尼亚问题"时期做了八年外交大臣之后，已把他那种极尽迂回模糊的说话方式锤炼得炉火纯青；据他的一位同僚说，他那种回避直截了当的说话方式，几乎已成为一种方法。那天被即将来临的悲剧弄得晕头转向的利希诺夫斯基，在电话中也就不难误解他的话了。

德皇紧紧抓住利希诺夫斯基的这个通向一面作战的通行证。现在是分秒必争的时候。已经大军辐辏，在无情地开赴法国边境。卢森堡的中立是由德国在内的五大国保证的，而第一个敌对行动就是夺取它的一个铁路枢纽站，并将按照预定时间表于一小时内开始行动。这必须停止，必须立即停止。但如何着手？毛奇又在哪里？毛奇已离开皇宫。于是派了一名副官，乘着汽车一路上响着刺耳的报警器，将他半途找回来。毛奇被找回来了。

德皇恢复了常态，这个尘世的至尊、军阀又心花怒放，有了一个新的设想，又筹划，又拟议，又安排。他给毛奇念了电报，并且得意洋洋地说："现在我们可以只同俄国作战了。我们干脆全军挥

第5章　8月1日：柏林

戈东进！"

毛奇想到他神奇的动员机器将要倒车逆转，不禁愕然失色，他断然抗旨。毛奇这十年来，先是施利芬的助手，随后又是施利芬的继承人，他的工作一直就是计划这一天的到来，为这一天，已把德国的全部力量集中起来了，在这一天，要开始向最终主宰欧洲进军。这是个压得他喘不过气来，几乎难以肩负的重任。

他身材高大，魁伟，秃顶，现年六十六岁。他常常愁眉苦脸，使得德皇总是称他为"忧郁的恺撒"（der traurige Julius，也可称为"忧郁的古斯"，实际上他的名字是赫尔穆特，Helmuth）。他健康状况不佳，每年都得去卡尔斯巴德（Carlsbad）治疗，以及他伟大的伯父的影子，也许是他忧郁的原因。从坐落在国王广场上的总参谋部红砖大楼——他工作和生活的地方——的窗外望去，他每天可以看到1870年的英雄，与俾斯麦同是德意志帝国奠基人的与他同名的老毛奇的跃马塑像。而他这个侄儿，则是个不高明的骑手，在参谋人员乘骑进行战术作业时，常从马背上摔下来。更糟的是，他是个主张信仰疗法的基督教科学派信徒，此外，对于人智主义和其他一些迷信也感有兴趣。身为一个普鲁士军人，有了这些不相称的弱点，也就被认为是"软弱的人"，更有甚者，他绘画，拉大提琴，口袋里常带着歌德的《浮士德》，而且还在着手翻译梅特林克[*]的《卑丽亚与梅丽桑德》。

他善于反省，又是个生性多疑的人。1906年就任时，他曾禀告德皇："一旦发生战争，我不知道将如何是好。我对自己很不满意。"不过不论在个性上或在政治上，他都不是个懦夫。

1911年，他深恶德国在阿加迪尔危机时的退缩，写信给康拉

---

[*] 梅特林克（Maurice Maeterlinck，1862—1949），比利时象征主义代表作家，1911年诺贝尔奖得主。写过诗，主要成就在戏剧方面。前期作品如《玛兰公主》、《盲人》、《卑丽亚与梅丽桑德》，充满宿命论思想。后期作品如《青鸟》等，虽出现乐观的因素，但带有浓厚的神秘色彩。——译注

德·冯·赫岑多夫说，如果事态恶化的话，他就辞职，建议解散军队，"并把我们置身于日本保护之下；这样我们就可以太平无事地去挣钱，索性做无能之辈"。他曾毫不犹豫地犯颜极谏，1900年他曾"相当蛮横地"对德皇说，他的远征北京之举是个"疯狂的冒险"。当被提名为总参谋长时，他问德皇是否奢望"一张彩票中两次头奖"——这种想法肯定影响了德皇的选择。他拒不任职，除非德皇丢弃凡进行军事演习都想得胜使演习成为儿戏的恶习。出乎意外，德皇竟顺从了。

现在在这8月1日深夜，毛奇不愿再让德皇干预重大军务和任何既定安排。把部署到西线的百万大军，在开拨的关键时刻一百八十度地转过头来调运到东线，需要更大的、远非毛奇力所能及的铁的毅力。他脑海中浮起一个幻影——整个部署垮了，一片混乱：这里是军需给养，那里是士兵，中间是丢失的弹药，连队没有军官，师部没有参谋，那些都作了精确安排的每隔十分钟将通过某条指定轨道的11000列火车，则是紊乱不堪；有史以来计划得最完善的军事行动就此荒谬地毁于一旦。

"皇帝陛下，"毛奇这时进谏说，"这不可能办到。成百万大军的调动部署是不可能临时急就的。如果陛下坚持要把全军带往东线，那这支军队将不再是一支枕戈待旦的军队，而将是一群带枪而没有给养供应的乌合之众。单单安排他们的那些给养，就花了整整一年艰巨复杂的劳动才完成的。"毛奇的最后一句话则更为僵硬："凡事一经决定，就不能变动。"这句话是德国每次犯大错误的根源。正是由于这句话，发动了对比利时的入侵，发动了对美国的潜艇战，这句话在军事计划支配政策的时代，是必不可免的。

其实是可以变动的。德国总参谋部虽自1905年以来就在从事拟订首先攻打法国的计划，但在它的档案里却另有一份所有列车东进攻打俄国的计划。这份计划在1913年以前还年年修订。

"不要再筑要塞了，要多铺设铁路。"老毛奇下令说。他把战略部署放在铁路分布图上,并为后人留下了铁道是战争胜负关键的教条。德国的铁路系统是军方控制的,每条线路都派有一名参谋;不经总参谋部许可,不得铺设或改变任何线路。每年的战事动员演习,使铁路官员经常受到训练,并考验了他们根据线路被切断、桥梁被毁坏的电报随机应变,更动运输线路的能力。据说军事学院培养出来的脑子最灵的人,都被送到铁路部门工作,最后在疯人院归天。

毛奇"这不可能办到"的话,在战后见载于他的回忆录之后,铁道部门负责人冯·施塔布(von Staab)将军认为这是对他主管的路局的谴责,非常气愤,特为此写了一本书,证明这是可以办得到的。他以大量篇幅的图表和图解,说明他如果在8月1日得到通知,可以在七个集团军中留下三个集团军守卫西线,把余下的四个集团军于8月15日前调运到东线。马蒂亚斯·埃茨贝格尔(Matthias Erzberger),这位德意志帝国议会议员和天主教中央党领袖,提出了另一个证明。他说,在事发后半年里,毛奇本人曾向他承认,一开始就袭击法国是个错误,"应该先将我军大部分兵力派到东线粉碎那部俄国压路机,而把西线的军事行动限于击退向我国境进犯的敌人"。

8月1日夜,毛奇缺乏必要的勇气,死死抱住既定计划不放。"你的伯父肯定会给我一个不同的回答。"德皇无可奈何地对他说。这一谴责"深深地刺伤了我",毛奇后来这样写道:"我从没有自命可同这位老元帅相提并论。"但他当时还是继续抗命。"我坚决认为德法两国既然都已动员,要维持两国之间的和平是不可能的。但我这异议没有收到效果。大家愈来愈激动,只有我孑然一人坚持己见。"

最后,毛奇终于说服了德皇,动员计划不能变动,由贝特曼和雅戈参加的小组起草了一份给英国的电报,表示了歉意,说德军开向法国边境的行动已"无法改变",但提出一个保证,在8月3日下午7时前将不越过边境线。这对德国是毫无损失的,因为时间表上并未安排在这时间以前越境。雅戈还赶紧给驻巴黎大使发了一份电报——巴黎已在4时颁发了动员令——指示他助一臂之力，请他"务必暂时稳住法国不动"。德皇还加发了一封给英王乔治的私人电报，对他说，因"技术原因"，要撤回动员令已为时过晚，但"如法国向我表示保持中立，我自当勒马不进攻法国，而将军队用于别处，但英国必须以海陆军为它担保。深望法国不必紧张"。

现在离第十六师向卢森堡挺进的规定时间7时只有几分钟了。贝特曼很激动，坚持在等候英国答复时，不管怎样都不得进入卢森堡。德皇没有征询毛奇意见，也立即命令副官用电话和电报通知设在特里尔（Trier）的第十六师司令部取消这一行动。毛奇又一次看到计划破产。借道比利时进攻法国,卢森堡的铁路事关至要。"那时，"他在回忆录中写道，"我想我将五内俱裂。"

德皇对他的请求无动于衷，寸步不让，反而在给英王乔治的电报末尾加了一句"正在用电报电话命令我国境线上的部队停止行动，不使越境进入法国"。这里,对事实真相玩了一个微小但重要的手法，这是因为德皇不能向英王承认他所企图的和正在阻止的是侵犯一个中立国的行为。而且那也会流露他侵犯比利时的企图，而这会成为英国参战的原因，何况英国当时尚未打定主意。

"完啦！"毛奇在该是他的事业登峰造极的这一天，不禁自我哀叹，并在回到总参谋部后，"凄惨失望之泪夺眶而出"。当他的副官将取消卢森堡行动的命令拿来要他签署的时候，"我把钢笔扔到桌上，拒绝签字"。这是动员令后的第一道命令，他知道一旦签署了这道会使精心准备的一切工作化为乌有的命令，将被认作"犹豫不决和优柔寡断"的证据。"这份电报你爱怎么办就怎么办罢，"他对副官说，"我是不会签字的。"

晚上11时了，他还在苦苦思索，这时皇宫又来召见。德皇在宫中的卧室接见了他。皇帝在睡衣外面罩了一件军大衣，是特地为这次接见穿的。原来是利希诺夫斯基的电报来了。他和格雷进一步

第5章 8月1日：柏林

交谈之后，发现自己错了，现在伤心地来电说，"英国的积极建议已基本无望"。

"现在你可以为所欲为啦。"德皇说完就去睡了。毛奇，这位现时势必要指挥一场决定德国命运的战争的总司令，从此就永远心绪不宁。"这是我对战争的第一个感受，"他事后写道，"我一直没有从这次事件的震动中恢复过来。我的机体一定有所失灵，从此以后与过去就判若两人。"

他还可以加上这么一句——整个世界也是如此。德皇给特里尔的电话命令还未及时到达。7时正，部队按预定时间在这次战争中首次越过国境，这个荣誉属于一个叫费尔德曼（Feldmann）的中尉所率领的六十九团的一个步兵连。在卢森堡境内不远，离比利时的巴斯托涅（Bastogne）仅约12英里的阿登山脉的山坡上，有一个德国人称为乌尔弗林根（Ulflingen）的小镇。它周围的山坡草地，是奶牛牧场；斜坡上的鹅卵石小街，即使在8月的收获季节，也不容许有一小捆干草失落在地，否则就有违这个大公国严格的市政清洁条例。小镇下面是个车站和一个与德国、比利时电报线路衔接的电报局。这就是德国的目标，费尔德曼中尉的那个连驾着摩托车按时占领了这个地方。

德国人对付不圆通的人有着毫不留情的才能，他们选中了一个当地名称和正式名称都叫做"三贞女"（Trois Vierges）的地方入侵卢森堡。"三贞女"实际上代表着忠信、希望和仁爱，但是历史以其切合实际的联系，为这时机作了安排，使这"三贞女"在人们心目中代表了卢森堡、比利时和法国。

7时30分，第二批士兵乘着摩托车来了——他们也许是接到德皇的通知而来的——他们命令第一批人撤走，他们说："犯了一个错误。"在这期间，卢森堡的国务大臣艾申（Eyschen）已将消息电告伦敦、巴黎和布鲁塞尔，并向柏林提出了抗议。"三贞女"已经表明了她们的立场。午夜以前，毛奇纠正了撤出的命令，及至第二天即8月2日终了时，按照德国动员第一天的预定计划，占领了这个大公国的全境。

倘若德国人在1914年出击东线，而对法国采取守势，那会是什么样的结局？从那时起，史学年刊上对这一问题总是纠缠不休。冯·斯塔布将军表示，掉转头来攻打俄国在技术上是可能的。至于在"那一天"已经到来的时刻，德国人能否在精神上克制自己而不进攻法国，则是另一回事了。

7时整，就在德国人进入卢森堡的同时，在圣彼得堡，普塔莱斯大使水汪汪的蓝眼睛眼眶发红，花白的山羊胡子颤动着，两手哆哆嗦嗦地向俄国外交大臣萨佐诺夫递交了德国的宣战书。

"全世界将咒骂你们！"萨佐诺夫大声嚷着。

"我们是为了维护我们的荣誉。"德国大使回答说。

"这与你们的荣誉无关。上天自有公道。"

"是呀！"普塔莱斯喃喃自语，"上天自有公道，上天自有公道。"他蹒跚走向窗口，倚着窗，不禁潸然泪下。"好啦，我的使命到此结束了。"说到这里，他就再也说不下去了。萨佐诺夫拍着他的肩膀，相互拥抱。普塔莱斯踉跄地走向门边，颤抖着的手好容易才把门拉开，出去的时候，低声地道着："再见，再见。"

这一幕动人的场面是萨佐诺夫的记录留给我们的，但有着法国大使帕莱奥洛格的艺术加工之处，那很可能是萨佐诺夫告诉他的。因为普塔莱斯的报告只是说，他曾三次要求对最后通牒作出答复，在三次遭到萨佐诺夫否定的回答之后，"我就按指示递交了照会"。

为何一定得要递交宣战书呢？海军大臣蒂尔皮茨海军上将在前夜起草宣战书的时候就曾忧心忡忡地问起这个问题。他想知道，如果德国不打算入侵俄国，是不是有必要宣战和担当战争发动者的恶名？他说，这些话他是"从直觉而不是从理智出发的"。这个问题是极其中肯的，因为德国的目的就是想把发动战争的罪责加在俄国人身上，好使德国人民相信他们确实是在为自卫而战，而且这样做更可以使意大利同其在三国同盟中应承担的义务紧密地联系起来。

意大利只是在防卫战争中才有参与其盟国作战的义务，并且早已动摇，存有离心，一般都认为它一有空子可钻，就会溜之大吉。贝特曼颇为这个问题所苦。他警告说，如果奥地利在塞尔维亚问题上拒不让步，"那就难以把引起欧洲大战的罪责加在俄国人身上"，而且会"使我们在本国人心目中处于无法立足的境地"。可是，没有人听从他的警告。动员令下达那天，按德国外事工作规定，需要正式宣战。据蒂尔皮茨说，外交部的法学家们坚称：这样做在法律上是正确的。"在德国之外，"他黯然神伤地说，"绝不会有人欣赏这种想法。"

然而在法国，对这种想法的欣赏却比他所知道的要强烈得多。

第6章
8月1日：巴黎和伦敦

主宰法国政策的首要目标是：打仗要有英国作盟邦。要保证做到这一点，就要使它的英国朋友能够克服他们内阁和国内的不肯打仗和因循苟安的习性，法国务必要把谁是被进攻者、谁是进攻者弄得一清二楚，叫人没有任何怀疑。侵略的实际行动，侵略所招致的义愤，都必须让德国去做，去承担。法国政府期望德国会履行它的职责，而又唯恐法国的巡逻队或边境部队会过分情急而踩过界线，于是采取了一个大胆而异乎寻常的步骤。7月30日，法国政府下令在瑞士和卢森堡之间沿德国边境的所有部队后撤十公里。

勒内·维维亚尼（René Viviani）总理是一位口若悬河的社会党雄辩家。他过去关心的主要是福利和劳工，而这次后撤便是他的主张。他是法国政界一位少见的人物，一位从未做过总理的总理，此刻还兼代外交部长的职务。他上任只不过六个星期，在下令前一天，7月29日，他和普恩加莱总统刚从俄国进行国事访问归来。奥地利是等到他们两人行舟海上后才发出给塞尔维亚的最后通牒的。他们得到这个消息，便立即取消了预定对哥本哈根的访问，匆匆回国。

第 6 章　8 月 1 日：巴黎和伦敦

在巴黎，他们获悉德国边防部队已在离边境几百米处布防，但对俄国和奥地利的动员还一无所闻。通过谈判谋求解决办法仍属大有希望。维维亚尼"则是惊魂未定，生怕一簇树丛、两队巡逻兵的相遇、一个威胁姿态……一个不友好的眼神、一句粗话、一声枪响，都可能爆发成为战争"。由于还有不动干戈而和平解决危机的一线希望，同时也为了万一战争爆发可以完全免沾侵略之嫌，法国内阁同意后撤十公里。命令用电报发给了各军司令，告诉他们此举的用意是为了"保证取得英国邻邦的合作"。电告英国和实行撤退，是在同时进行的。就在敌军入侵的大门口实行撤兵，这是故意在军事上走的一着险棋，目的是为了取得政治效果。维维亚尼声称，如此冒险是"史无前例的"，也许他还应该加上一句，像西拉诺*说的那样："啊，这是何等气概！"

法军总司令是一位深受进攻理论熏陶的将军，他除了进攻不知其他。现在要他撤退，诚是痛心之举。这件事何尝不可以使霞飞将军从此一蹶不振，就像毛奇在战争中的第一个遭遇就使他一蹶不振那样，然而霞飞将军却不曾因此心灰意懒。

从总统和总理返抵国门时起，霞飞将军便催政府下令动员，要不然至少也得采取一些准备措施：召回休假军人——许多人被准假回去收割庄稼——以及在边境一带部署掩护部队。他把纷至沓来的有关德国已经采取动员前措施的情报一件件地全都转报给政府。他在这届新内阁面前，俨然是个权威人物。这次组阁是五年内的第十次，上届内阁的寿命只有三天。眼下的内阁之所以令人瞩目，主要是它把法国大多数的强有力的人物都摒于内阁之外，白里安（Briand）、克列孟梭、卡约（Caillaux）这三位前任总理现在都是反对派。维维亚尼，用他自己的话说，这时处于"惶恐不安，紧

---

* 西拉诺（Cyrano de Bergerac），同名戏剧的主角，该剧是一出歌颂英雄的喜剧，系法国剧作家罗斯唐（Edmond Rostand，1868—1918）所作。——译注

张异常"的状态。据再次出长陆军部的梅西米说，这种状态"在整个8月份一直如此"。那位海军部长戈捷（Gauthier）博士是位医学博士，他是因为前任部长被一场政治丑闻撑下台去才给推上这个海军职位的。他被接踵而来的事件压得透不过气来，连下令舰队驶进海峡都"忘了"，因此也就不得不当下让位由教育部长来接替。

然而，总统身上倒是具备着智谋、经验和坚强的意志，虽然根据宪法他未必具有权力。普恩加莱是一位律师、经济学家，又是法兰西学院的院士，担任过财政部长，1912年曾出任总理兼外交部长，1913年1月被选为总统。性格产生权力，危急关头尤其如此，所以这个没有经过风雨的内阁便甘心情愿地仰赖这位在宪法上无足轻重的人物的才干和坚强意志了。普恩加莱生于洛林，他还记得他在十岁那年，戴着尖顶头盔的长长的德军行列经过他的故乡巴勒迪克（Bar-le-Duc）市镇的情景。德国人说他最为好战，这是因为他在阿加迪尔事件期间担任总理时态度强硬，也因为他在1913年以总统身份施加影响，不顾社会党的猛烈反对通过了三年兵役法。这种情况，再加上他举止淡漠，不知哗众取宠，不会见风使舵，使他在国内也难以博取人心。选举的进程对政府不利，三年兵役法几乎遭到否决，劳工事件此起彼伏，农民的不满情绪比比皆是，7月的天气酷热多雨，风暴屡作，夏雷震耳，令人心悸。卡约夫人因枪杀《费加罗报》的主编在因谋杀罪受审*。每天的审讯，对财界、新闻界、法庭和政府种种不体面的弊端都有新的披露。

法国人一日清晨醒来，不期而然地发现有关卡约夫人的审讯报道退到了第二版，而突如其来的则是法国正面临战争的噩耗。于是乎在那政治上易动感情又好吵吵嚷嚷的国家里，顿时便为一种感情

---

* 《费加罗报》的主编加斯东·卡尔梅特（Gaston Calmette）在报上发动了一场对当时任财长的卡约的人身攻击，1914年3月16日被卡约夫人枪杀；17日卡约辞职。——译注

所主宰了。访俄归来的普恩加莱和维维亚尼驱车进入巴黎时，一片经久不息的呼喊声，反复地呼喊着"法兰西万岁！"。

霞飞告诉政府，若不授命他集结五个军的陆军和骑兵的掩护部队运往边境，德国人便会"不费一弹进入法国"。他之同意把已驻守在边界的部队后撤十公里，倒不是出于他对文官政府的顺从——霞飞与恺撒一样，都是天生不甘心顺从的人——而是由于他另有打算，想在掩护部队问题上全力相争。此时，外交上的讨价还价还在电报往来，和平解决危机还有一线希望，所以政府只同意给霞飞一个"打了折扣"的方案，也就是说，不征召后备役兵员。

第二天，7月31日凌晨4时30分，梅西米的一位阿姆斯特丹的银行界朋友打电话告诉他德国发布了"面临战争危险"公告的消息。一小时后，来自柏林的报告正式证实了这一消息。梅西米气冲冲地告诉内阁，这是"变相的动员令"。他那位在阿姆斯特丹的朋友说，仗是必打无疑的了，"整个德国，上自皇帝下到每个百姓"，全已做好准备。接踵而来的是驻伦敦的法国大使保罗·康邦的来电，报称英国的态度"半冷不热"。康邦担任此职十六年来，每天为之操心的目的便是要保证到时候英国会积极支持，然而，此时此刻他却不得不来电说明英国政府似乎尚有所待，还在看看会有什么新的发展。此次争端到目前为止"尚未为英国关注"。

霞飞一到，带来一份关于德军行动的新备忘录，坚持要实行动员。他奉准可以发出全面的"布防命令"，但也仅此而已，因为这时候已得到沙皇向德皇发出最后呼吁的消息。内阁继续开会，按照"绿台毯程序"（green baize routine）的规定，每位部长必须依次发言。梅西米焦急异常，已经不耐烦了。

当晚7时，冯·舍恩男爵来到外交部，这是他七天里的第十一次来访。他提出德国想知道法国意欲采取何种方针的要求，并声言次日1时再来听取答复。内阁会议仍然在对财政措施、议会复会、宣布戒严等等问题争论不休，而整个巴黎都已在惴惴不安地伫候消息。一个狂热的青年忍受不了这样的煎熬，失去了控制，朝一家咖啡馆的玻璃窗开枪，射杀了让·饶勒斯。由于饶勒斯在国际社会主义的领袖地位以及在反对三年兵役法的斗争中的领导作用，在那些过分爱国的人们心目中，他成了和平主义的象征。

9时，一个脸色吓得发白的副官闯进内阁，报告了这个消息。让·饶勒斯遇刺殒命！这是一桩可能酿成内乱的事故，内阁为之大惊失色。大战已经迫在眉睫，此刻又将出现内乱的景象：街垒，骚动，甚至暴动。部长们重新展开唇枪舌剑，是否要请出"另册"。所谓"另册"，乃是一份名册，上面开列的全是政府掌握的煽动分子、无政府主义分子、和平主义分子，以及间谍嫌疑分子，这些人都得在动员那天逮捕。巴黎警察厅长和前总理克列孟梭都建议内务部长马尔维（Malvy）先生把这份"另册"付诸实施。维维亚尼和另外几位同僚希望维持国家的团结，反对付诸行动。他们态度坚决，寸步不让。最终只逮捕了若干有间谍嫌疑的外国人，而没有一个法国人被捕。为了防范骚动，那天晚上军队作了严密戒备，但第二天早晨却只见一片深切的忧伤和深沉的寂静。"另册"上开列的2501人中，最后有80%都志愿参军服役去了。

那天深夜2时，普恩加莱被按捺不住的俄国大使从床上唤醒，来者便是先前做过外交大臣的过度活跃的伊兹沃利斯基。他"非常伤心，非常焦虑"，要求知道"法国作何打算"。

伊兹沃利斯基对普恩加莱的态度毫不担心，他本人和俄国的其他政治家们所害怕而日夜不安的是：俄法军事同盟，以其条款从未向法国议会透露过，到时候议会可能不予批准。条文中言明："德国或在德国支持下的奥地利进攻俄国时，法国将竭尽全力进攻德国。"不论德国或奥地利，一经动员，"法国和俄国，无须事先有任何协议，应立即同时动员它们的全部军队，并将各自的军队调往尽可能靠近边界之处……两国军队应火速开始全力作战，迫使德国在东线和西线同时应战"。

第6章 8月1日：巴黎和伦敦

这些条款看来是一清二楚、毫不含糊的，然而，正如伊兹沃利斯基1912年所焦急不安地询问普恩加莱那样，法国议会会承认此项义务吗？在俄国，沙皇拥有绝对权力，所以法国"对我们完全可以放心"，但是，"在法国，没有议会的支持，政府便无能为力。议会对于1892年文本*又毫不知情……我们凭什么可以相信你们的议会会跟着政府走呢？"

就在先前的那次谈话中，普恩加莱回答说，"如果德国进攻的话"，议会"无疑"是会听从政府的。

现在普恩加莱又在这深更半夜当面向伊兹沃利斯基保证：几小时内就会召集内阁会议，给他一个答复。在同一时刻，身着外交礼服的俄国武官也出现在梅西米的卧室里，提出了同样的问题。梅西米打电话给总理维维亚尼。维维亚尼虽然夜间政务繁忙，已精疲力尽，却尚未就寝。"天哪！"他一听之下，大为发作，"这些俄国佬不但是些酒鬼，而且是严重失眠的人。"他激动地劝告对方："镇定，镇定，再镇定！"

俄国人逼着他们表态，霞飞逼着他们动员，然而为了向英国表明法国只是出于自卫才采取行动，而又不能有所动作，法国政府感到要保持镇定真是谈何容易。翌日，8月1日早晨8时，霞飞来到圣多米尼克大街陆军部向梅西米乞援，"一反其镇定的常态，言辞哀婉动人"，恳求梅西米迫使政府应允动员。他指出最迟不得晚于4时，这样命令就可以送往邮政总局，及时用电报发往全国各地而于午夜开始动员。上午9时，他和梅西米一起来到内阁，提出他自己的最后通牒：要是再耽误总动员，那么每耽搁二十四小时就等于失去15到20公里的国土，他作为总司令，将拒绝承担这个责任。他走了，把问题留给了内阁。普恩加莱主张行动起来；维维亚尼代表着反战的传统，仍然希望时间会提供一个解决办法。11时，他到外

---

* 指俄法两国秘密军事同盟的文本。——译注

交部去会见冯·舍恩，后者迫不及待地已经提早两小时到达外交部，听取法国对德国前一天所提法国在俄德战争中是否保持中立问题的答复。"我的问题未免过于天真，"这位怏怏不乐的大使说，"因为我们知道你们已有一个同盟条约。"

"不消说，"维维亚尼应声说道，便搬出了他和普恩加莱事先商量好的答复，"法国将按它的利益行事。"冯·舍恩刚走，伊兹沃利斯基就奔了进来，带来了德国给俄国最后通牒的消息。维维亚尼回到内阁，内阁终于同意动员。命令签署好后交给梅西米，但是维维亚尼仍然希望在剩下的几小时内能出现扭转局势的变化，执意要梅西米将命令放在口袋里等到3时30分再掏出来。同时，他又重申了撤兵十公里的命令。当晚，梅西米亲自打电话给各军司令，"奉共和国总统令，各部队、巡逻队、侦察队、各种分遣小队，都不得向东越过规定的国界。违者一律军法论处。"此外，出于关怀，还特地给福煦将军率领的第二十军下了一道禁令，因据可靠报告，有人看见该军的一个胸甲骑兵中队曾跟德国一个枪骑兵中队处于"剑拔弩张"状态。

3时30分，霞飞部下的埃伯内（Ebener）将军由两名军官陪同按约来到陆军部领取动员令。梅西米默不作声，把动员令递给了他们。"我们四个人都意识到，这张小小的纸片将产生何等巨大、何等不可估量的后果，因而我们的心弦都绷得紧紧的。"梅西米和三位军官一一握手，他们举手敬礼，走出陆军部，将命令送往邮局。

4时，第一张布告出现在巴黎的墙头（在协和广场和皇家路的转角，至今还被保存在玻璃框里）。在阿默农维尔，在布洛涅公园这个上流社会的宴游之所，茶舞突然停止，经理走上前，招呼乐队停止演奏，并向大家宣布："动员令已经颁布，午夜开始动员。奏《马赛曲》。"市内街上，车辆已经绝迹，都被陆军部征用去了。一队队的后备役军人，带着包裹和送别的花束前往东站，市民们沿途挥手欢呼。一群人在协和广场停了下来，把他们的花束放在披着黑纱的斯特拉斯堡雕像脚下。人群一片啜泣，高呼"阿尔萨斯万岁！"，并且拉下了从1870年以来一直披在它身上的丧装。在所有的饭店，乐队都高奏着法国、俄国、英国国歌。"想不到演奏这些曲子的全是匈牙利人"，有人发过这样的议论。演奏这些国歌，仿佛是在表示一种希望，但这弄得人群中的英国人很不自在，最不自在的莫过于肤色红润、身躯肥硕的英国大使弗朗西斯·伯蒂（Francis Bertie）爵士了。他身穿灰色礼服，头戴灰色高顶礼帽，撑着一把绿色遮阳伞，走进法国外交部。弗朗西斯爵士感到"恶心而且可耻"。他命令使馆把大门关上，据他在日记中写道："虽然今天是'英国万岁'，也许明天便是'英国背信弃义'。"

在伦敦，在一间充塞着沉闷空气的房间里，身材矮小、留有白胡子的康邦先生正在跟爱德华·格雷爵士相对而谈。格雷告诉他，必须等待局势出现某种"新的发展"，因为俄、奥、德三国的争执所涉及的问题与英国"无关"。康邦在他无懈可击的口才和彬彬有礼的庄重仪态中也微露了一点怒火。英国是否"要等到法国的领土受到侵犯之后才出面干预"？他问道，并且示意对方，要是那样，它的援助就不免"失之过晚"。

格雷尽管守口如瓶，鼻如鹰爪，内心里却同样忧心如焚。他热切相信，出于英国的自身利益，也需要援助法国；事实上，他已拿定主意，如果英国不予援助，他便辞职；他相信未来的事态发展会迫使英国表态。但是，目前他既无法以官方地位对康邦作何表示，而又没有那么高明的本事非正式地表明自己的看法。他的态度，在英国公众看来是令人宽慰的，他们在他身上看到的是一个坚强有力、沉默寡言的形象；而在他的外国同僚看来则是"冷酷无情"。他力所能及的只是直言道出人人心中的一句话："比利时的中立也许会成为一个因素。"格雷——并且不仅是他——所要等待的局势发展正是这个因素。

英国的困境源出一种人物性格的分裂对立,这在内阁之中和政党之间都是显而易见的。布尔战争遗留下来的裂痕造成了内阁中的派别——以阿斯奎斯、格雷、霍尔丹和丘吉尔为代表的自由党的帝国派,和除此以外的人所代表的"小英格兰派"。格莱斯顿的后辈,跟他们已故的领袖一样,对于在国外的纠葛都疑虑重重,他们认为,给被压迫民族提供援助乃是外交事务中唯一的正业,要不然,外交事务就会被视为对于改革、对于自由贸易、对于国内管理,以及对于上院否决权的恼人的干扰。他们倾向于把法国视为颓废、轻佻的蚱蜢,并乐于把德国看作勤劳而值得尊敬的蚂蚁,可惜德皇和泛日耳曼军国主义者趾高气扬,咆哮如雷,不免给这种看法浇了冷水。他们本来是绝不会站在法国一边支援一场战争的,不过比利时这个"小小的"国家如果发出正义的呼声,要求英国给它保护,可能使情况有所变化。

另一方面,内阁里的格雷派则是和保守党同持一个基本前提:英国的国家利益和维护法国的生存是紧紧连在一起的。格雷有一句语似平淡但内容精彩的话最好不过地说明了这个道理:"德国主宰欧洲大陆,是我们和别的国家都不愿意看到的,因为我们势必会被孤立起来。"这个史诗般的句子包含了英国的全部政策,据此也就可以看出,假如英国果真受到挑战,它就非打不可,以防出现那个"不愿意看到"的结局。但是,如果格雷口吐真言,则又势必引起内阁和全国的分裂,从而在战争开始之前就使任何从事战争的努力都要遭到致命打击。

在欧洲唯独英国不实行义务兵役制。战时,它得依靠自愿应募。如果在战争问题上有人退出政府,那就意味着退出政府的那批人将领导成立一个反战组织,募兵工作就会因此产生不堪设想的后果。如果法国的首要目标是要与英国结盟开战,那么英国参战的首要条件就是要有一个联合一致的政府。

这便是问题的试金石。内阁会议上,反对干预的那一派力量雄

第 6 章　8 月 1 日：巴黎和伦敦

厚。他们的领袖莫利勋爵是格莱斯顿的老朋友和传记作家，他相信可以指望有"八九个人可能赞同我们"，反对丘吉尔以"超凡的精力"和格雷以"狂热的直率态度"所公然为之奋斗的解决办法。从内阁的讨论来看，莫利觉得有一点是很清楚的：比利时的中立"比起我们在德法争斗中的中立来是处于第二位的"。在格雷眼中，同样清楚的是，只有比利时的中立遭到破坏才会使主和派相信德国的威胁，相信需要进行战争以保卫国家的利益。

8 月 1 日，内阁里和议会里的裂痕已现，并且在扩大中。那天，十八个内阁阁员中，有十二个人声明他们反对英国保证在战争中给予法国支持。下午，在下议院会客厅里，自由党议员决策委员会以十九票对四票（虽然有许多人弃权）通过一项动议："不论比利时或其他地方发生什么事情"，英国都应保持中立。那个星期的《笨拙》（Punch）周刊发表了《表达一个普通的英国爱国者意见的诗》：

> 凭什么我要奉行你们的打仗路线，
> 就为了一桩与我无关的事件？……
>
> 到时候我将被征召作战，
> 全欧洲烽火遍地，
> 卷进了一场别人的战争，
> 为的是要履行两家协约的规定。

普通爱国者在当时的爱尔兰危机中，已经泄尽他们那份正常的激情和愤怒。"克拉兵变"（Curragh Mutiny）便是英国的卡约夫人事件。《爱尔兰自治法案》的影响所及，北爱尔兰要以武装叛乱相威胁，反对爱尔兰自治，而驻扎在克拉军营的英军则拒绝向北爱尔兰亲英分子开火。克拉的驻军司令高夫（Gough）将军和他部下的军官全体辞职，总参谋长约翰·弗伦奇爵士随后辞职，继霍尔丹之后任陆军大臣的约翰·西利（John Seely）上校也接着辞职。陆军情绪激愤，全国鼎沸，国家陷于分裂状态，国王和各党领袖举行了御前会议，但也无济于事。劳合·乔治不祥地谈到这是"斯图亚特王朝以来我们国家发生的最严重的事件"，"内战"和"叛乱"这些字眼也被用上了，还有一家德国军火公司满怀希望地把4万支步枪和100万发子弹运进北爱尔兰。在此期间，陆军大臣的职务继任无人，而由首相阿斯奎斯兼代，他既无时间，更无兴致过问及此。

可是，阿斯奎斯却有一位特别活跃的海军大臣。温斯顿·丘吉尔闻到远方战争的火药味，就像《旧约·约伯记》里的那匹战马，不因刀剑退回，而是"一听角声就不耐站立，角每发声，它说，呵哈"。在英国大臣中，只有他对于国家应该如何行事成竹在胸，并能毫不犹豫地采取行动。7月26日，也就是奥地利拒不接受塞尔维亚复照内容的那天，同时也是英国政府下定决心前的十天，他发布了一道具有决定性意义的命令。

7月26日，英国舰队正在完成一场动员和作战演习。这次演习，参加的舰艇一律按战时定员配足，但与当前的危机无关。各中队定于翌晨7时解散，有些将去公海进行各种训练项目，有些将返回港口基地，把部分人员遣回训练学校，有些将进坞修理。7月26日，星期天，据海军大臣日后的回忆，是"风和日丽的一天"。他获悉来自奥地利的消息后，便拿定主意，决心"使海军的形势不落后于外交的形势，所以大舰队必须在德国人能够知道我们是否参战前，因而如有可能的话，也必须在我们自己作出决定之前，保持在它的战位上"。他与海军部第一海务大臣、巴登堡的路易斯亲王磋商后，便命令舰队不得解散。

接着，他把采取的措施告诉了格雷。经格雷同意后，他向报界发布了海军部的命令，希望这个消息会对柏林和维也纳产生"一种清醒剂的作用"。

单把舰队集结起来是不够的，还必须使之处于"战位"，这两

第6章 8月1日：巴黎和伦敦

个字丘吉尔都是用大写字母写的。舰队的首要职责，根据海军上将马汉（Mahan，他是海战理论方面的克劳塞维茨）的规定，是保持"舰队的存在"。在战时，英国作为一个岛国所仰仗的舰队，必须确立和保持对海上贸易航线的控制权；必须保护不列颠诸岛不受侵略；必须保护海峡和法国海岸，以履行英法协约；必须集中足够的实力，在德国舰队讨战时能每战必胜；而尤为重要的，则是必须防范自身不致受到其潜在威胁力量尚未为人所知的新式武器——鱼雷——的袭击。海军部缠绕于怀的，是生怕突然遭到一场不宣而战的鱼雷攻击。

7月28日，丘吉尔下令舰队开赴远在北海浓雾弥漫的奥克尼群岛（Orkney）尖端的斯卡帕湾（Scapa Flow）的作战基地。29日，舰队驶出波特兰（Portland）港，夜幕降临时，长达18英里的战舰行列便已向北驶过多佛尔海峡。此行与其说是为了寻求战功的光荣，还不如说是为了寻求审慎的安全。海军大臣写道："无论如何，突如其来的鱼雷袭击已成为一场噩梦，一去不复返了。"

舰队的临战准备布置完毕，丘吉尔便将他的旺盛的精力和巨变临头的直觉转到为整个国家做好战前准备。7月29日，他说服阿斯奎斯授予拍发报警电报的权限，这是预先安排好由陆军部和海军部发出宣布进入预警阶段的信号。英国没有德国的面临战争危险的公告或法国的戒严令可以作为实施戒严的根据，因此这一预警阶段的设定便被说成是"天才的发明……在时间已经成为决定一切的因素时……可以让陆军大臣无须通过内阁而径自采取一定的措施"。

生龙活虎的丘吉尔深感时机紧迫，他认为自由党会分裂，于是便去找他昔日曾经投身过的保守党接触。联合政府根本不合首相的胃口，首相一心只想维持政府的团结一致。谁都不会认为七十六岁高龄的莫利勋爵能在战时政府留任。政府不可或缺的关键人物，不是莫利，而是精力更为充沛的财政大臣劳合·乔治，这是因为他在任职期间所展露的才能，以及他对选民具有影响的缘故。劳合·乔治精明干练，雄心勃勃，又有威尔士人令人着迷的口才，他倾向主和派，但是也可以跨向任何一边。他的盛誉新近遭到几次挫折。他看出一个人已成为和他争夺党魁的新对手，那就是莫利勋爵所说的"海军部的那个杰出的雇佣兵队长"；他的一些同僚认为，"打和平牌"来对付丘吉尔也许会在政治上得到好处。劳合·乔治完全是个难以捉摸的危险人物。

阿斯奎斯无意领导一个分裂的国家投入战争，他以煎熬难忍的耐心继续等待，以便让事态的发展使主和派认识错误。他在7月31日的日记中，以丝毫不动感情的笔调写道，当前的问题是"我们要投身其中还是袖手旁观。当然，人人都渴望袖手旁观"。在7月31日内阁会议上，格雷的态度倒并不这么消极，而近乎开门见山。他说，德国的政策"是跟拿破仑一样凶恶的欧洲侵略者的政策"（拿破仑的名字在英国只有一个意思），他告诉内阁作出决定的时刻已经到来，是支持协约国，还是保持中立，不容再事拖延了。他说，倘内阁选择中立，他绝不是执行这种政策的人。弦外之音是以去就相争，其影响几乎跟明言直说一样。

一个在场的人写道，"内阁好像发出了一声浩叹"，好长一阵子，举座"鸦雀无声"。大臣们面面相觑，顿感他们这个政府的继续存在现在已成问题。他们没有作出任何决定就休会了。

那个星期五，正值8月份银行假日周末的前夕，证券交易所在金融恐慌风潮中于午前10时宣告停市；奥地利对塞尔维亚宣战的消息首先在纽约掀起了这场风潮，全欧洲的交易所也都相继关闭。伦敦城人心惶惶，预示着末日将临，外汇暴跌。劳合·乔治说，银行家和商人一想到战争就"大惊失色"，战争将"使以伦敦为中心的整个信贷体系陷于崩溃"。英格兰银行总裁于星期六晋见劳合·乔治，告诉他整个伦敦城"全都反对我国插手"战争。

就在这个星期五，保守党的领袖人物全都从他们的乡间别墅被召回到伦敦会商这一危机。亨利·威尔逊，一会儿冲到这个人面前，

第 6 章　8 月 1 日：巴黎和伦敦

一会儿冲到那个人面前，又是申述理由，又是劝告，又是大发议论，说明如果犹豫不决的自由党在这当口退缩不前将会使英国蒙受怎样的耻辱。威尔逊此刻正是英法军事会谈的心脏、灵魂、精神、脊梁和支柱。两国总参谋部给他们的联合计划商定了一个委婉的用词，称之为"会谈"。霍尔丹首先确定了"不承担义务"的措辞。这一措辞，曾引起坎贝尔–班纳曼的忧虑不安，曾为伊舍勋爵所摒弃，但为格雷在 1912 年致康邦的信中所采用，如今仍然代表着官方立场，虽然它并不具有什么意义。

它确实没有什么意义。克劳塞维茨说得好，如果战争是国家政策的延续，那么，军事计划也同样如此。英法联合计划是花了九年时间才把全部细节拟订完毕的，它不是逢场作戏，不是幻想的驰骋，也不是为避免军事人员惹是生非的纸上游戏。这些军事计划如不是政策的继续，那就什么都不是。它和法俄之间的安排或德奥之间的安排丝毫没有两样，所不同的只是它在最后还有明知不符事实而仍按习惯采用的法律上的假设，说什么英国无须因此"承担义务"，采取行动。不喜欢这个政策的政府大臣和议员，只是闭上双眼，自行催眠，而对这样的假设深信不疑。

康邦先生在与格雷进行了痛苦的会见之后，再去拜访反对党领袖时，连外交辞令也弃置不顾了。"我们所有的计划都是双方共同拟定的。我们两国的总参谋部都曾进行过磋商。你们已经看到了我们的全部计划和准备工作。请看我们的舰队！由于我们和你们所作的安排，我们的整个舰队都在地中海，因而我们的海岸对敌人敞开着。你们把我们搞得门户洞开！"他告诉他们，如果英国袖手旁观，法国是永远不会原谅它的，他最后满含悲愤，厉声责问："那么荣誉呢？英国知道什么是荣誉吗？"

在不同人的眼中，荣誉有着不同的外衣。格雷知道，必须使荣誉穿上一件比利时的外衣，才能说服主和派考虑它。就在同一天下午，他给法德两国政府分别去电，要求它们正式保证："在比利时的中立地位未受到其他国家破坏时",它们准备尊重比利时的中立。法国在7月31日深夜接到电报一小时内,就回电表示同意;德国则未作答。

第二天,8月1日,内阁讨论了这个问题。劳合·乔治用手指在地图上划了一条他认为德国人会经过比利时的进军路线,这条路线正好穿过靠近法比边境的一个小角落,是直达巴黎的最短直线路径;他说,这不过是对中立的"小小的破坏"。丘吉尔要求授权他进行舰队动员,就是说,征召海军的后备力量,内阁在经过一番"激烈交锋"后拒绝了。格雷要求授权他履行对法国海军承诺的义务,莫利勋爵、约翰·伯恩斯(John Burns)、约翰·西蒙(John Simon)爵士和刘易斯·哈考特(Lewis Harcourt)便要求辞职。内阁外边,谣传四起,都在议论德皇与俄国沙皇之间最后一分钟的较量和德国的最后通牒。格雷走出房间去和利希诺夫斯基通电话——他的话被后者误解了——言者无心,听者有意,最后还引起了毛奇将军一场虚惊。他还会见了康邦,告诉他"此时此刻法国必须独自作出决定,不要指望我们眼下所无法提供的援助"。格雷回内阁会议室去了,康邦则是脸色发白,浑身哆嗦,瘫倒在他的老朋友常务次官阿瑟·尼科尔森(Arthur Nicolson)爵士办公室的椅子上。"他们要抛下我们不管了。"他说。一位《泰晤士报》编辑问他作何打算,他回答说:"我要等着瞧,'荣誉'这个词是不是会从英语词典里删去。"

内阁里谁也不想破釜沉舟,虽然有辞职的传闻,却还没有人正式提出。阿斯奎斯继续稳坐不动,绝少开口,等待局势的发展,好让这种电报往来频繁、如痴似狂的日子快告结束。那天夜间,毛奇拒绝东进,费尔德曼中尉的连队占领了卢森堡名叫"三贞女"的地方,梅西米在电话中重申了后撤十公里的命令;海军大臣在海军部殷勤款待反对党的朋友们,其中两位是未来的比弗布鲁克(Beaverbrook)和伯肯黑德(Birkenhead)勋爵。他们吃罢了晚饭便打桥牌,消磨焦急等待的时光。就在打牌的当儿,一员信使送来一只红色公文递送箱——恰巧还是最大号的。丘吉尔从衣袋里取出一把钥匙,打开箱子,里面只是一纸公文,上面只是一行字:"德国已向俄国宣战。"他告诉了在座的人,便换下晚餐礼服,"径自走出去,就像是去处理习以为常的事务一样"。

丘吉尔穿过皇家骑兵卫队阅兵场,来到唐宁街,从花园门进去,上楼见到格雷、现已出任大法官的霍尔丹以及印度事务大臣克鲁(Crewe)勋爵都在首相这儿。他告诉他们,"不管内阁如何决定,必须立即进行舰队动员"。阿斯奎斯一言不发,但是丘吉尔认为他似乎"十分满意"。格雷陪同丘吉尔出来时对他说:"我刚才做了一件非常重要的事。我对康邦讲了,我们绝不允许德国舰队进入海峡。"或者这是丘吉尔在与格雷交谈中感到难于捉摸他说话的要领的情况下,对他的话的理解。这话意味着现在舰队已承担了保卫海峡的义务。到底格雷是怎么说的,他是已经作了保证,还是如学者们后来所肯定的那样准备翌日作出保证,其实都无关系,不论何者属实,都不过是对丘吉尔已作的决定加以肯定而已。丘吉尔回到海军部后,便"立即发出了动员令"。

丘吉尔的命令,以及格雷要信守同法国的海军协议的保证,都是与内阁的多数意见背道而驰的。第二天,内阁势须批准这些行动,否则就得解散,格雷则预计到那时比利时会出现某种"发展"。他跟法国人一样,认为这个"发展"会由德国作出。

第7章

布鲁塞尔：德国的最后通牒

德国驻布鲁塞尔公使赫尔·冯·贝洛－扎莱斯克（Herr von Below-Saleske）的保险箱里锁着一封由特别信使于7月29日从柏林送来的密封信件，随附的命令责成："未奉此处电令，不得拆阅。"8月2日，星期天，电令到达，指示他立即拆封，将封内照会于当晚8时递交比利时政府，并注意务使对方"感到有关此事的全部指示均系今天首次向你下达"。他务必要求比利时人在十二小时内作出答复，然后"尽速"电告柏林，同时立即用汽车将答复送达正在亚琛联盟旅馆内的冯·埃米希（von Emmich）将军。亚琛，亦名艾克斯拉沙佩勒（Aix-la-Chapelle），是德国离比利时东大门列日最近的一个城市。

赫尔·冯·贝洛是个独身汉，身材高大挺拔，蓄着黑黑的八字胡子，一只碧玉烟嘴时刻不离手，1914年初开始担任驻比利时公使之职。他的办公桌上有只银烟缸，烟缸上有个子弹洞眼。每逢来访德国使馆的客人问及这个洞眼的来历时，他总是放声大笑，告诉客人说："我是一只不祥之鸟。我被派驻土耳其，土耳其闹了场革命；我到中国，又碰上义和团。这个洞眼就是他们的一颗子弹从窗外飞来打穿的。"然后就是落落大方、姿态雅致地把香烟慢悠悠地送到

第 7 章 布鲁塞尔：德国的最后通牒

唇边，再补上一句："不过现在，我是悠哉游哉了。布鲁塞尔真是一派升平啊。"

自从那封密封信到达以后，他就不再悠哉游哉了。8月1日中午，比利时外交部次官巴松皮埃尔（de Bassompierre）男爵来访，告诉他晚报准备刊登法国给格雷的复信，在这封复信里法国保证尊重比利时中立。巴松皮埃尔婉转表示，鉴于德国尚未作出类似答复，赫尔·冯·贝洛或许愿意发表一项声明。但是他未经柏林授权这样做，所以也就只能借助外交手腕来回避。他仰靠椅背，两眼盯住天花板，透过缭绕的烟雾，把巴松皮埃尔刚刚对他说的话留声机似的逐字重复了一遍。然后一面站起来，一面宽慰他的客人说："比利时对于德国没有什么可以害怕的。"就此结束了这次会见。

第二天上午，当达维尼翁（Davignon）先生——这位比利时外交大臣是在清晨6时被德国入侵卢森堡的消息从睡梦中惊醒的——召他进行解释的时候，赫尔·冯·贝洛又对他照样宽慰了一通。返回使馆之后，为了安抚哗然的新闻界，他使用了一个后来被广泛引用的绝妙譬喻。他说："你邻居的屋顶可能失火，但你自己的房子将安全无恙。"

不少比利时人，不论是官方人士或是其他方面的人士，都倾向于相信他的话。有些是出于亲德情绪，有些是出于一厢情愿的想法，有些则是因为对比利时中立的国际保证的真诚可靠，天真地笃信不疑。比利时的独立经有关国家保证已经有七十五年之久，他们由此享受了有史以来持续最长的一段和平时期。自从恺撒攻打比尔盖人[*]以来，比利时这块土地就一向是穷兵黩武者的必经之地。勃艮第勇士查尔斯[†]和法兰西的路易十一这两个不共戴天的宿敌曾在这里一决

---

[*] 比尔盖人（Belgae），罗马帝国时期凯尔特民族的一部分，聚居在莱茵河下游西南部。——译注

[†] 勃艮第勇士查尔斯（Charles the Bold of Burgundy，1433—1477），勃艮第大公，曾想联合勃艮第、卢森堡、荷兰，自立为王，后遭法兰西皇帝路易十一挫败。——译注

雌雄；西班牙的铁蹄曾在这里蹂躏过低地三国；英国名将莫尔伯勒*曾在这里同法国进行了马尔普拉凯（Malplaquet）的"浴血战"；拿破仑曾在这里的滑铁卢迎战威灵顿；这里的人民曾多次揭竿而起，反抗一个又一个统治者——勃艮第人、法兰西人、西班牙人、哈布斯堡王朝以及荷兰人——直至1830年最后推翻奥兰治王朝（House of Orange），拥戴维多利亚女王的母舅，即萨克森—科堡公国的利奥波德大公为王，建立了自己的国家。从此，比利时逐步走向繁荣昌盛，并致力于解决佛兰芒人（Flemings）同瓦隆人（Walloons），天主教徒同新教徒的兄弟阋墙，解决关于社会主义的争论以及法语和佛兰芒语并用的争论。他们强烈希望邻国能让这种安乐境况长此下去，不受干扰。

如今，国王、首相和总参谋长虽然都已不再有此奢望，但是中立的义务和对于中立的信念却使他们裹足不前，未能制订计划，抵御外敌进犯。直到最后时刻，他们依然难以相信，保证他们中立的国家之一竟会果真入侵。得知德国7月31日发布"面临战争危险"公告之后，他们立即下令于午夜开始动员军队。当天夜间和第二天，警察挨家挨户拉响门铃，传达命令，男人们或从床上爬起，或是离开工作岗位，打好背包，告别亲人，走向营地。比利时一向恪守中立，直到此时此刻并没有确定任何作战方案，所以动员并无某一具体敌国为其目标，也不是向某一具体方向挥戈，所谓动员，只是征召入伍而已，并无任何部署可言。比利时和它的保证国一样，负有维护中立的义务，因此未见公开入侵行动之前，不能采取公开行动。

8月1日晚，德国对格雷的要求默不作答已满二十四小时，阿尔贝国王决定以个人名义向德皇作最后一次呼吁。他和他的妻

---

* 莫尔伯勒（Marlborough，1650—1722），英国17世纪末、18世纪初的著名政治家和军人，原名约翰·丘吉尔，因为1702年对法作战有功，获授莫尔伯勒公爵衔，后曾于1709年于马尔普拉凯再次大败法军。——译注

子——一位巴伐利亚公爵的女儿，德国血统的伊丽莎白王后——共同商讨拟就了文稿，并由她逐句译成德文。她与国王字斟句酌，推敲了每个词的含义。他们在信中承认，一些"政治上的障碍"可能有碍发表一项公开声明，但是希望"亲缘和友谊的纽带"会使德皇向阿尔贝国王作出个人的私下保证，尊重比利时的中立。但是亲缘关系也没能打动德皇，使他作出回答。这里所说的亲缘关系，源出阿尔贝国王的母亲——霍亨索伦-锡格马林根（Hohenzollern-Sigmaringen）的玛丽公主；这个家族是普鲁士皇室的一支信仰天主教的远族。

相反，送来的却是在贝洛的保险箱里等了四天的那道最后通牒；送来的时间是8月2日晚上7时。外交部的一名侍役推开次官的房门，探进头来，以激动的声调轻轻地报告说："德国公使刚刚来了，去见达维尼翁先生了！"十五分钟后，贝洛驱车驶返法律大街，只见他双手拎着帽子，满额汗珠，一口接一口地抽烟，那急促的动作活像一只机械玩具。一等他那"趾高气扬的身影"离开了外交部，两位次官便立即奔到大臣的房间。他们发现，往日总是镇定乐观的达维尼翁先生此时看上去面无人色。"坏消息，坏消息！"他一面说，一面把刚刚收到的德国照会递给他们。政务秘书德盖菲耶（de Gaiffier）男爵一面念着，一面慢慢翻译；巴松皮埃尔坐在大臣办公桌旁，一面记录，一面推敲着每一个模棱含混的用词，确定其正确的译法。而达维尼翁先生和常任次官范德埃尔斯特（van der Elst）男爵则坐在火炉两边的座椅上谛听着。以往不论遇到什么问题，达维尼翁先生最后一句口头禅总是："我相信，最后总会万事如意。"范德埃尔斯特因为对德国人怀有一片尊崇之情，所以过去一直宽慰政府，说德国军备不断增长旨在东进，唯此而已，对比利时绝非不祥之兆。

翻译工作刚刚完成，身任首相兼陆军大臣的德布罗克维尔（de Broqueville）男爵走了进来。他身材高大，肤色黧黑，修饰考究，是位绅士气派十足的大人先生,两撇坚挺有力的黑八字胡子,加上一双炯炯有神的黑眼睛,更为他的神态增添了几分坚毅。在向他宣读那份最后通牒的时候,室内每个人对每个字都聚精会神地听着,一如这份通牒作者拟稿时的全神贯注。德国人拟就这份最后通牒,确实颇费一番心力,可能当时就已意料到,它必是本世纪的关键性文件之一。

这份最后通牒,在7月26日——也就是在奥地利向塞尔维亚宣战前两天,奥地利和俄国开始动员前四天,德奥两国拒绝爱德华·格雷爵士提出的关于召开五强会议的建议的同一天——已由毛奇将军亲笔拟就了底稿。毛奇将底稿送交外交部后,经由副外交大臣齐默尔曼和政务秘书施图姆(Stumm)修改,复经外交部大臣雅戈和首相贝特曼-霍尔韦格润色订正,最后才将定稿密封,于29日送达布鲁塞尔。德国人为此不遗余力,说明了他们对于这份文件的重视。

照会一开始说,德国收到"可靠情报",法军拟将沿着日韦(Givet)至那慕尔一线推进,所以"法国拟欲通过比利时国境进犯德国的意图已不容置疑"。(因为比利时人并未发现法军向那慕尔移动的任何迹象,事实上也根本没有这种移动,所以这一指控未能对比利时发生作用。)照会继而又称,不能指望比利时军队可以阻止法军推进,因此根据"自卫之需",有必要"先发制人,以阻止这种敌对性的进攻"。如果比利时人把德国进入比利时国土的行为视为"针对它本身的一种敌对行动",德国将"深感遗憾"。不过,如果比利时能够保持"善意的中立",则德国将保证"一俟缔结和约当即撤出其领土",保证赔偿德军所造成的一切损失,并"在和约缔结时,保证其主权和独立"。在原稿中,这一句还接着说:"并保证以最大的善意支持比利时可能向法国提出的任何赔偿要求。"不过在最后一刻,贝洛按指示删去了这个贿赂。

照会最后说,如果比利时反对德国通过其领土,则将被视作敌国，今后与它的关系则将听由"枪炮决定"。照会要求比利时十二小时之内必须作出"明确无误的答复"。

据巴松皮埃尔后来的回忆，照会念完之后，接着是"一阵长达数分钟之久的忧郁的沉默"，室内每个人都在思考国家面临的抉择。比利时疆域狭小，独立不久，唯其如此，确保独立的决心益发坚决。至于决定捍卫独立的后果如何，室内每个人都是无须明言的。他们的国家将受攻击，他们的家园将遭毁灭，他们的人民将遭遇十倍于他们的一支武装力量的报复，不论战争结局如何，直接处于德国人进军途中的他们，对于自己的这种后果是不存怀疑的。反之，如果他们屈服于德国的要求，那将等于听任德国占领比利时，而一个战胜了的德国，只有很低的可能性会把撤退放在心上的。不仅如此，他们还将使比利时成为进攻法国的帮凶，成为自身中立的破坏者。不论选择哪条道路，他们都要被德国占领；但如屈服，还得丧尽荣誉。

"如果我们必然要被化为齑粉，"巴松皮埃尔这样记述着他们当时的情绪，"就让我们光荣地化为齑粉吧。"在1914年，说到"光荣"的时候是没有什么可羞惭难堪的，"荣誉"是为人们所笃信的一个熟悉的概念。

范德埃尔斯特打破了室内的沉寂，向首相问道："那么，阁下，我们准备好了吗？"

"我们准备好了，"德布罗克维尔答道，"是的，"他重复了一遍，好像尽力要使自己相信似的，"不过有一件事除外，那就是我们还没有得到重型炮。"政府还只是在上一年才由墨守中立的国会勉强准予增加军事拨款，重型炮是向德国克虏伯（Krupp）公司订购的，交货也就无怪乎要受拖延。

十二小时限期中的一小时已经过去。在其他同僚开始召集全体大臣准备于9时召开国务会议时，巴松皮埃尔和德盖菲耶便着手草拟复照。应该如何答复，他们已无须商讨。首相德布罗克维尔将此事交由他们办理之后，便去王宫禀告国王。

国王阿尔贝感到作为一个统治者的责任重大，因此对于外界的压力也就感觉非常敏锐。他并非生下来就注定日后南面为王的。他是国王利奥波德的弟弟的次子，是在王宫偏僻的一角，在一个极平庸的瑞士教师的教诲下长大的。科堡家族的生活并非愉快。利奥波德的亲生子夭亡之后，1891 年，他的侄子博杜安（Baudouin），也就是阿尔贝的哥哥，又去世，因此阿尔贝在十六岁时便成了王位继承人。老国王痛丧嫡嗣之后，又失去了他以父情相爱的博杜安，悲切之余，对于阿尔贝最初并未寄予厚望，只管他叫作"封了口的信封"。

　　可在这"信封"之内，却蕴藏着惊人的体力和智力，可以与他同时代的西奥多·罗斯福和温斯顿·丘吉尔这两位伟人相媲美。而在其他方面，又与他们迥然不同。他沉默寡言，而他们则是性格外向；不过，他虽与罗斯福气质互异，却也有许多相同的爱好：他喜欢户外活动、体育锻炼、骑马爬山，爱好自然科学，关心保护自然环境，并酷爱书本。同罗斯福一样，他每天必读两本书，内容包罗万象——文学、军事科学、殖民主义、医学、犹太教义、航空学，等等。他有一辆汽车、一架飞机，专由自己驾驶。他最最热衷的是登山运动，曾经隐姓化名觅遍欧洲诸峰。身为确定的嗣位人后，他曾旅游非洲，实地研究殖民问题；作为国王，他又曾亲临现场，研究军队，考察博里纳日（Borinage）的煤矿和瓦隆人的"红色乡村"。他的一位大臣曾说："国王每次开口，都好像要有所建树。"

　　1900 年，他和维特尔斯巴赫（Wittelsbach）的伊丽莎白结婚。新娘的父亲是位公爵，在慕尼黑一家医院做眼科医生。这对夫妇显然相亲相爱，他们生了三个孩子，家庭生活堪称楷模，与旧王朝那种有失体统的生活方式适成对照，这使阿尔贝即位之初便大得人心。1909 年，他继承国王利奥波德二世登基为王，国人普遍感到如释重负，为之庆幸。新国王和新王后一如既往，不讲虚饰豪华。合意的人，他们盛情款待；中意的地方，他们就前往舒展猎奇探险之心。危险、礼仪、非议等等，他们始终漠视不计。他们这个帝王之家的生活与其说有布尔乔亚的气派，不如说是波希米亚的气质。

阿尔贝在军事学校做士官生时曾与后来任总参谋长的埃米尔·加莱（Emile Galet）同学。加莱是鞋匠的儿子，是全村人共同捐款送去上学的。他后来当过军事学院教官，不过当他再也不能同意比利时参谋部无视情况不同生搬硬套法国人那套殊死进攻理论的时候，便辞职引退。加莱还曾脱离天主教会成为一名严格的福音派信徒。他悲观厌世，苛严刻板，忠贞耿直，对于自己的职业以及其他一切事物都一概严肃认真——据说他每天必读《圣经》，一向不苟言笑。国王听过他讲课，在演习中和他会过面，并对他的教诲印象深刻。他教导说：不顾客观情况为进攻而进攻是危险的；"只有在具有重大胜利的前景时"，军队才应求战；而且，"进攻必须具备优势手段"。虽然他还只是一名上尉，虽然他是个平民的儿子，虽然他是在一个天主教国家而皈依基督教的信徒，但是却被国王选任为私人军事顾问，这是个特地为他设立的职务。

根据比利时宪法，阿尔贝国王只有在战争爆发后才能成为总司令，因此在战争爆发之前，他和加莱不能将自己的忧虑和战略主张强加于总参谋部。而总参谋部则是死死抱住1870年的先例不放，认为尽管当时法军若是进入比境就会有足够的回旋余地可以撤退，可是那时不论是普鲁士军队或是法国军队，都未有一兵一卒踏上过比利时领土。然而，阿尔贝国王和加莱认为，自那时以来，军队数量已有巨大增长，因此情况已愈发明显：如果这两个国家再度大举进军，必将涌向旧日征途，必将再度兵戎相见于旧日疆场。

利奥波德二世1904年与德皇会晤时，德皇曾向他最清楚不过地表明这一点，当时他曾为之吃惊不已。但他回国之后，这种震惊之感却逐渐消逝。因为，对于威廉这样一个变幻无常的人，谁能信以为真？国王曾把此次会见情况告诉范德埃尔斯特，范德埃尔斯特也与国王有同感。1910年德皇回访布鲁塞尔时，其表现确实使人疑虑顿释。他对范德埃尔斯特说，比利时根本没有什么可害怕德国的，"你们将不会有任何理由对德国不满……我完全理解你们国家的处境……我绝不会使它为难。"

总的说来，比利时人相信了他。他们对于自己的中立保证是认真从事的。比利时忽略了自己的军队、边防、工事，凡属意味着对那项保护性条约缺乏信心的事情，他们一概置之不办。社会主义才是风靡一时的论题。公众对于国外发生的情况无动于衷，国会则被经济问题所缠，结果是军队状况任其恶化，而与土耳其人的情况毫无二致。部队纪律松弛，懒散拖沓，军容不整，士气低沉，军礼不行，步调不一。

军官队伍的状况也好不了多少。在人们思想上，军队是多余的，甚至还有点荒唐可笑，既吸引不了才智之士，也吸引不了有才干、有抱负的青年。而那些确以行伍为业并由军事学校科班出身的人，则深受法国鼓吹冲动和殊死进攻那套学说的感染。他们得出的一条惊人的公式是："要使我们不受忽视，关键在于我们必须进攻。"

不论这种精神多么威武雄壮，这一公式则是与比利时的实际状况格格不入的。一个受中立义务约束而只能制订防御计划的参谋部竟然尊崇这种进攻理论，诚然是件咄咄怪事。中立禁止他们与任何其他国家协同制订计划，并规定他们必须把踏上其国土的第一步视作敌对行动，而不论这一行动是来自英国人、法国人，还是德国人。因而在这种情况下，也就难于制订出一项协同作战计划。

比利时军队包括六个步兵师和一个骑兵师，而他们所要应付的却是拟将越过比利时的 34 个德国师，同时装备不足，缺乏训练，军费微薄，所能提供的弹药有限，每人每周只能进行两次实弹射击，每次又只有一发子弹，因而射击技术低劣。1913 年才实行义务兵役制，而其结果只是使部队更加不得人心。那年，国境之外已是战车隆隆，征兆不祥，国会才勉强将每年服役人数从 13000 人增至 33000 人，而且，批准安特卫普防御工事现代化的拨款时，是以此项开支必须通过缩短义务兵役期所节省的开支覆盖为条件的。以前根本没有总参谋部，直到 1913 年，由于新国王的坚持才设立。

总参谋部由于成员意见分歧很大，成效有限。一派主张制订进攻计划，遇到战争威胁时将部队集结于边界前沿。另一派主张防御，将部队集结在内地纵深。而主要由阿尔贝国王和加莱上尉组成的第三派，则主张御敌于尽可能接近受威胁的边界，而又不危及通向安特卫普筑垒基地的交通线。

欧洲上空，乌云密布，比利时的参谋们却争论不休，莫衷一是，未能完成集结计划。由于他们不得指明谁是敌人，不同意见也就取得了妥协。一项折中计划总算获得通过，不过也仅仅是个大纲而已，铁路时刻表、补给兵站、部队宿营等等都没有作出安排。

1913 年 11 月，阿尔贝国王同他伯父九年前一样，应邀访问柏林。德皇盛宴招待，宴席上摆满紫罗兰，宾客五十五人，其中有陆军大臣法尔肯海因（Falkenhayn）将军，帝国海军大臣蒂尔皮茨海军上将，总参谋长毛奇将军，以及首相贝特曼-霍尔韦格。比利时大使拜恩斯（Beyens）男爵也出席，他注意到，国王在席间自始至终神态严峻异常。席散后，拜恩斯又在旁注意着他与毛奇交谈，只见国王一面听，一面脸色越来越阴沉，越来越忧郁。国王临走时对拜恩斯说：
"明天 9 时来见我，我必须和你谈谈。"

次日上午，国王和拜恩斯穿过勃兰登堡门，经过一排排在柔和的晨雾披裹中闪闪耀目、英姿勃勃的霍亨索伦家族历代君王的白色大理石雕像，步行来到蒂尔加滕（Tiergarten）。在这里，他们可以静静交谈，"不受打扰"。阿尔贝说，他第一次受到震动是在他来访不久举行的那次宫廷舞会上，当时德皇指着一位将军对他说，这个人就是受命"率师向巴黎进军"的人——那就是冯·克卢克（von Kluck）。后来，也就是在上一天晚宴之前，德皇又把他带到一边个别交谈，对法国歇斯底里、滔滔不绝地发作了一通。德皇说，法国从没有停止过对他的挑衅，法国既然采取这种态度，与法国开战也就势不可免，而且已是迫在眉睫。法国报界对德国恶言中伤，"三年兵役法"是蓄谋的敌对行动，法国渴望复仇之心难以遏止，现已举国蠢动。阿尔贝试图劝他息怒，于是说道，他比较了解法国，他每年都访问法国，因而可以向德皇保证，他们不是好事侵略的人，他们真诚渴望和平。然而只是徒劳，德皇依然坚持战争不可避免。

晚宴之后，毛奇又捡起这个话题。对法国的战争即将爆发，"这一次，我们一定要彻底结束战争。战争到来的那一天，不可抗拒的激昂情绪定将弥漫整个德国"。德国的军队是不可战胜的；愤怒的条顿人是不可阻挡的；他们足迹所到之处，留下的将是一片废墟；他们必胜无疑。

谈话的内容使阿尔贝惴惴不安，而他们如此意外地吐露秘密，其动机何在，同样使他忧心忡忡，他不能不得出结论，他们意在恫吓比利时就范。德国人显然决心已定，他感到应该向法国发出警告。他指示拜恩斯如实一一转告法国驻柏林大使朱尔·康邦（Jules Cambon），并敦促大使以最有力的措辞向普恩加莱总统汇报。

他们后来知道，就在同一次宴会上，毛奇将军也对比利时武官梅洛特少校发泄了一通，语气更为激烈。梅洛特也听到他说，对法战争是"不可避免的"，并且"要比你们想象的早得多"。毛奇对于外国使馆官员向来交谈不多，可是这次却是"开怀畅谈"。他说，德国不希望战争，但是总参谋部已经"万事皆备"。他说："法国必须停止对我们的挑衅和攻讦，否则我们就不得不以兵戎相见，而且越早越好，我们早已不耐烦长此保持戒备。"毛奇列举了一些法国挑衅的事例，除了"大事"之外，他还谈了德国飞行员在巴黎所受的冷遇，谈了德国驻法武官温特费尔德（Winterfeld）少校受到巴黎社交界的抵制；温特费尔德的母亲——阿尔文斯勒本（d'Alvensleben）伯爵夫人，对此曾颇有怨言。至于英国，他说，要知道，德国的海军可不是为了躲在海港里而建立的。它会出击，

第7章 布鲁塞尔：德国的最后通牒

也有可能吃败仗，德国会损失舰只，但是英国将失去海上霸权，海上霸权将落到美国手中，美国将成为一场欧洲战争的唯一受益者。英国懂得这一点，将军如此说道，并且话锋一转得出结论：英国因此可能保持中立。

他的话还远没有完。他问梅洛特，如果一支外国大军入侵比利时国土，比利时将何以自处？梅洛特回答说，它将捍卫其中立。毛奇力图弄清比利时是将如德国人所想那样仅是抗议一下了事还是将奋起抗击，于是逼他说得明确一些。梅洛特答道："不论哪个大国进犯我们的边界，我们都将全力抗击。"毛奇以平淡的口吻指出，光有良好的愿望不行，"你们还必须有一支能够履行中立责任的军队"。

回到布鲁塞尔后，阿尔贝国王立即索取了一份有关动员计划进展情况的报告。他发现毫无进展可言。根据在柏林听到的情况，他征得德布罗克维尔的同意，准备以德国进犯这一假设为基础，制订一项作战方案。他任命他本人和加莱提名的一个叫作里克尔（Ryckel）的能干的上校执行此项任务，预定4月份完成。但到4月份，仍未完成。在此期间，德布罗克维尔已任命另一军官——塞利耶·德莫朗维尔（de Selliers de Moranville）将军为总参谋长，位居里克尔之上。到了7月份，还在审议四份不同的集结方案。

挫折并未改变国王的决心。紧接柏林归来之后，由加莱上尉草拟的一份备忘录就具体体现了他的方针政策。"我们决心向蓄意侵犯我们领土的任何大国宣战；决心竭尽全部力量和全部军事资源，在任何需要的地方，甚至越过疆界，进行战争；并且决心一直打下去，即使在进犯之敌败退之后，仍将继续打下去，直至实现全面和平。"

8月2日上午9时，阿尔贝国王于王宫主持国务会议，他在开幕词中说道："不论后果如何，我们的回答必须是'不'。我们的责任是捍卫我们的领土完整。对此，我们必须坚定不移。"不过，他也坚决要求每一位与会者都不应抱有任何幻想：后果必将是严重的、可怕的；敌人必将是残酷无情的。首相德布罗克维尔也警告一些动摇不定的人切莫相信德国保证在战后恢复比利时主权的诺言。"德国一旦战胜，"他说，"比利时不论持何种态度，都将被并入德意志帝国。"

一位年事已高、不平则鸣的大臣，最近还曾把德皇内弟石勒苏益格—荷尔斯泰因公爵奉为上宾招待，此时对那位公爵的虚情假意怒不可遏，整个会议期间，他咕哝着骂个不停，犹如会议合唱声。在总参谋长塞利耶将军起身说明所采用的防御战略时，他的副参谋长里克尔上校低声喝道："我们一定要狠揍他们的要害。"用他们一位同僚的话来说，他和总参谋长的关系是"绝无温良恭俭让可言"。当他发言时，他建议先发制人，在侵略者越过比利时边界之前就在他们自己的国土上打击他们。听者俱感诧异愕然。

午夜休会后，一个由首相、外交大臣和司法大臣组成的委员会重返外交部草拟复照。正当工作进行之际，一辆汽车驶进了黑暗的庭院，停在此时唯一灯火通明的一排窗口下面。听说是德国公使来访，几位大臣惊异不已。此时已是深夜1时30分，他来有何贵干？

赫尔·冯·贝洛夙夜奔波，说明他的政府越来越感不安，急欲知道他们那道最后通牒效果如何；那道通牒，白纸黑字，已是无可挽回，它对比利时民族自尊心的影响也已无可挽回。几年来，德国人一直彼此相互告慰：比利时不会反抗。但是现在事到临头，他们开始深为焦虑不安，虽然这种不安为时已晚。比利时气壮山河、响彻云霄的一个"不"字，定将有如雷鸣，震荡全球，对其他中立国家的影响势将不利于德国。但是德国最担忧的倒不在于中立国家的态度，而是比利时的武装抵抗将会耽误它的时间表。如果比利时军队决心抵抗，而不是"拱手让路"，德国就必须从进军巴黎所需要的兵士中留下若干师来。比军破坏铁路和桥梁，就可以切断德军的进军路线和给养供应，从而造成极大的麻烦。

第 7 章　布鲁塞尔：德国的最后通牒

德国政府苦思再三之后，不得不遣赫尔·冯·贝洛深夜造访，进一步指控法国罪行，企图借此影响比利时对最后通牒的答复。贝洛对接见他的范德埃尔斯特说，法国飞机投了炸弹，法国巡逻队越过了边界。

"这些事情发生在什么地方？"范德埃尔斯特问道。

回答是："在德国。"

"既然如此，我看不出这些消息与我们有什么关系。"

德国公使赶忙解释说，法国对国际法缺乏尊重，因此可以逆料它会破坏比利时的中立。这种别出心裁的逻辑推理并未奏效。范德埃尔斯特出门送客，请走了客人。

半夜 2 时 30 分，国务会议在王宫复会，通过大臣们提交的对德复照。复照申言，比利时政府倘若接受德国建议，它"将牺牲其民族尊严，背叛其对欧洲的义务"。政府宣布，它"坚决以其权力范围以内的一切手段抵抗对其权利的每一进犯"。

在未加任何改动通过复照以后，会议对国王坚持的主张进行了辩论。国王坚持认为，在德军实际进入比利时之前，不应向保证其中立的国家发出求援呼吁。尽管争执激烈，他的主张还是通过了。凌晨 4 时，会议结束。最后离开的一位大臣转过身来，只见国王手持复照副本，背对房间，凝望窗外，曙光已经开始照亮天空。

在柏林，8 月 2 日深夜也在进行着一个会议。在首相官邸，贝特曼-霍尔韦格、冯·毛奇将军和蒂尔皮茨海军上将，像上一夜讨论对俄宣战问题一样，在商讨对法国的宣战书。蒂尔皮茨"一遍又一遍"地埋怨说，他不懂为什么非得搞这些宣战书不可；他说，这些东西总带有"侵略味道"，"没有这些玩意儿"，军队照样可以进攻。可是贝特曼-霍尔韦格指出，对法宣战是必要的，因为德军要借道比利时。蒂尔皮茨则是重复着利希诺夫斯基大使发自伦敦的警告：进犯比利时势必要把英国卷进来；他建议暂缓入侵比利时。毛奇感到这对他的时间表又增加了一个威胁，为此很是担忧，于是立即宣称这是"不可能的"，运输时间表"绝不容许受到阻挠"。

他说他本人也不认为一纸宣战书具有什么价值。当天日间法国的敌对行动已使战争成为事实。他指的是所谓法国轰炸纽伦堡地区的报道，德国报纸当日散发号外，大肆宣传，弄得柏林居民惶惶不安，老是抬头张望天空。其实根本没有轰炸。可是现在，根据德国人的逻辑，鉴于这种意想中的轰炸，宣战已被认为势所必须。

蒂尔皮茨仍旧不以为然。他说，全世界都不会有任何怀疑，法国人"按理说至少是个侵略者"；但是，德国政治家们却过于粗心大意，没有阐明这一点，以致本来是件"纯属应急措施"的入侵比利时行动，竟会毫无道理地给蒙上"野蛮的暴力行动的不祥色彩"。

在布鲁塞尔，国务会议于8月3日清晨4时散会之后，达维尼翁回到外交部，指示政务秘书德盖菲耶男爵向德国公使递交复照。上午7时正，正是十二小时期限的最后一刻，德盖菲耶按响了德国使馆的门铃，将复照递交给了赫尔·冯·贝洛。回家途中，他听到报童的叫卖声，晨报宣布了最后通牒的全文和比利时的答复。他听到人们阅读这些新闻，听到激动地聚集在一起的人群发出刺耳的惊叹声。比利时无所畏惧的一声"不！"振奋了人心。许多人认为，这一来，德国可要绕过他们的国土而不致冒天下之大不韪了。"德国人是危险的，但还不是疯子"，人们如此相互告慰。

甚至在王宫，在内阁各部，也仍然抱着一线希望；很难想象德国人竟会明知错误，还要自绝于人，蓄意发动战争。但到8月3日晚，当收到德皇对阿尔贝国王两天前发出的个人呼吁姗姗来迟的答复时，最后一线希望也随之消失。德皇的复电不过是再次试图劝诱比利时不战而降。德皇复电说道，"正由于怀着对比利时的最友好的愿望"，他才提出了他的严肃的要求。"正如所提条件已经阐明的那样，能否维持我们以前和目前的关系，依然取决于陛下。"

"他把我当作什么啦？"阿尔贝国王大声叫道。自从危机开始以来,这是他第一次失却控制,流露出他的愤慨。就任最高统帅之后,他立即下令炸毁列日附近默兹河上的桥梁,以及与卢森堡交界处的铁路隧道和桥梁。他依然未向英、法两国发出呼吁,要求军事援助和结盟。比利时的中立是欧洲列强一项差不多可说是成功的集体行动。在公开入侵行动实际发生之前,阿尔贝国王还不能使自己为比利时的中立签署死亡证书。

第8章

"叶落之前凯旋"

8月2日，星期天，这天下午，在德国的最后通牒在布鲁塞尔递交之前几小时，格雷要求英国内阁授权履行英国海军保卫海峡一侧法国海岸的诺言。但是英国政府最为头痛的时刻，莫过于要它作出斩钉截铁的具体决定。整个下午，内阁局促不安，举棋不定，不愿毅然承担义务。

在法国，尽管有些人衷心盼望能够避免这场战争，但是战争既已临头，他们也就把它作为民族劫数接受下来。过去曾有种种说法，认为无政府主义的影响已经败坏了法国人民的爱国精神；并且预料，一旦发生战争，这种影响将会带来亡国之祸。而今，据一位外国观察家几乎近于肃敬的报道，法国人民"民族忠义"勃发，而又"全无骚动不安情事"。在比利时，则出现了一位历史上罕见的英雄，这位心地纯正的国王使比利时声誉大振，使其在这或降或战必择其一的关头，不出三小时就作出了决定，尽管明知其后果可能就是灭亡。

英国没有阿尔贝，也没有阿尔萨斯，虽然武器齐备，但却斗志阙如。过去十年间，它已为如今临头的这场战争作了研究和准备；1905年以来，它还搞了一套名为"兵书"的体系，一扫英国人历来苟且从事的旧习。战争时要发的命令全已准备就绪,只待签署;信封已经写好;通告和声明或已印就或已排版;国王每次离开伦敦,凡需他立即签署的文件,均随带在身。办法可谓条理分明,但英国人的思想却苟且如故。

德国舰队如在海峡出现,对于英国的直接挑衅将不亚于当年的西班牙无敌舰队;因此,星期天这天的内阁会议终于勉强同意了格雷的要求。格雷当天下午向康邦递交了一份书面保证,声称:"如果德国舰队进入海峡或是通过北海对法国海岸或海上运输采取敌对行动,英国舰队将全力给予保护。"不过格雷又加上一句,该项保证"并不约束我们必须与德国作战,除非德国舰队采取上述行动"。他还一言道出了内阁的内心恐惧,他说,因为英国不能确保本国海岸,"所以不可能安全地派遣武装部队出国"。

康邦先生问,这是否意味着英国将永远不采取这一行动。格雷答道,他是"仅就当前情况"而言的。康邦建议派遣两个师,以收"道义上的效果"。格雷说,派遣这样小的一支部队或者甚至派遣四个师,"都会给他们带来最大的危险,而效果又将是微乎其微"。他继而还说,在次日通知议会之前,英国海军承担的义务千万不得公开。

康邦既感失望而犹抱着希望,以"绝密"电报向本国政府报告了这一保证,电报于当晚8时30分到达巴黎。虽然这只能算半个承诺,远非法国所望,但他依然相信这会导致全面参战,因为,如他后来所说,无论哪个国家,都不会"半半拉拉"地打仗。

但是,这项海军方面的保证,是强内阁之所难作出的。这使阿斯奎斯一向竭力防止其分裂的内阁终于分崩瓦解。莫利勋爵和约翰·伯恩斯两位大臣辞职;权势显赫的劳合·乔治依然"态度不明"。莫利认为,内阁的瓦解,"那天下午已完全在预料之中"。阿斯奎斯不得不承认,"我们处在决裂的边缘"。

惯于未雨绸缪的丘吉尔,自行担当起密使角色,准备将他以前所属的保守党引入一个联合政府。内阁一散会,他就赶忙去见前首相——保守党的贝尔福，这位贝尔福和该党其他领袖一样，认为英国应该将导致三国协约的政策贯彻始终，纵然结果辛酸，也是理所当然。丘吉尔对他说，如果宣战，他预计自由党内阁的一半成员将会辞职。贝尔福回答说，他的党准备参加一个联合政府，不过，即使到了那个地步，他预料退出政府的那些自由党人领导的反战运动仍会造成国家的分裂。

这时候，英国对于德国给比利时的最后通牒尚无所闻。丘吉尔和贝尔福，霍尔丹和格雷，这些人思想深处所考虑的是，如果法国覆灭，则有德国称霸欧洲之虞。但是，必须援助法国这一政策是关起门来搞的，从未公之于众，没有充分得到举国上下的认可。自由党政府的大多数成员都不接受这一政策。在这个问题上，不论是政府内部还是全国人民，都不可能意见一致地去参加战争。这次危机，大多数英国人都认为只不过是德法之间历史纠纷的又一插曲，与英国毫不相干，纵然不是大多数人，至少也有很多人如此认为。要使这个危机在公众心目中成为切肤之痛，只有待到比利时遭到入侵之时。因为中立的比利时是英国政策的产儿，在那里，入侵之寇的每一步都将是对英国设计和签字的条约的践踏。于是格雷决定于次日上午要求内阁将这种入侵视作正式的宣战理由。

那天晚上，他和霍尔丹共进晚餐的时候，外交部一名信差送来一个公文递送箱，里面有一份电报。据霍尔丹说，电报的内容是嘱请注意"德国即将入侵比利时"。那是份什么性质的电报，是谁发来的，都不得而知，不过格雷肯定其言可信。他将电报递给霍尔丹，问他有何想法。霍尔丹回答："立即动员。"

他们立即离开餐桌，驱车唐宁街。他们到达之时，首相正在接待客人，于是他们将他请到一个幽静的房间，给他看了电报，要求他批准动员。阿斯奎斯首肯同意。霍尔丹自荐暂时重返陆军部任职，以资应急，因为首相第二天势必繁忙，无暇顾及陆军大臣职务。阿斯奎斯也表示同意，而且求之不得，因为早就有人敦促他委派陆军

第 8 章 "叶落之前凯旋"

元帅、喀土穆勋爵基钦纳补缺,而他每想到这个独断独行的人,心头就感不安。

第二天星期一是公假日,天气晴朗,是个和丽的夏日。上半天,大批度假人群并没有去海滨,而是被危机所吸引,蜂拥到首都伦敦。中午时分,白厅门前人群拥塞,车辆难以通行;熙攘之声,内阁会议室内清晰可闻。室内几乎连续不断地在开会,大臣们正在力图拿定主意,决定是否要为比利时问题开战。

陆军部那边,霍尔丹已经发出动员的电令,召集后备役士兵和本土军。11时,内阁得到消息,比利时已经决定将其六个师投入战斗,抗击德意志帝国。半小时后,他们又收到保守党领袖们在获悉德国向比利时发出最后通牒之前所拟就的一份声明。声明指出,对法国和俄国的援助如果犹豫不决,就会"使联合王国的信誉和安全化为泡影"。俄国成为盟国,对大多数自由党大臣来说已是难于接受。约翰·西蒙爵士和比彻姆(Beauchamp)勋爵两位大臣因此辞职,不过比利时的事态则决定了中枢人物劳合·乔治的留守。

8月3日下午3时,格雷预定要就这次危机向议会宣布政府的首次正式公开声明。整个英国,乃至整个欧洲,都在引领以待。格雷的使命是要使国家投入战争,而且要朝野一致,举国团结。他必须得到向以和平主义为其传统的本党的支持。他必须向世界上历史最久而又最讲实际的议会说明,为什么英国并非由于承担义务而要援助法国。他必须说明比利时是缘由而又不隐瞒法国才是根本缘由;他必须唤起英国的荣誉感,同时又要直言不讳地指出英国的利益才是决定性因素;他必须面对的乃是一个就外交问题进行辩论的传统已发扬了三百年之久的场所,而他既无伯克(Burke)的才气又无皮特(Pitt)的威力,既无坎宁(Canning)的练达又无帕默斯顿自信的勇气,既无格莱斯顿的辩才又无迪斯累里(Disraeli)的机敏,可却必须证明在他掌管下的英国外交政策是正确的,这场战争是无法避免的。他必须使同代人心悦诚服，必须无愧于前人，同时又必须为后人所理解。

他没有时间准备讲稿。临到最后一小时，正当构思几个要点的时候，有人通报德国大使来访。利希诺夫斯基焦虑不安地走了进来，打听内阁决定如何，格雷将对议会说些什么。是宣战吗？格雷回答说：不是宣战，而是"说明条件"。利希诺夫斯基问道："比利时的中立是否条件之一？"他"恳请"格雷不要将此提作条件。他对德国总参谋部的计划毫不知情，但他并不认为计划之中要"严重"侵犯比利时的中立，虽然德国军队有可能越过比利时领土的一个小角。利希诺夫斯基这时用了人在无可奈何时常说的一句话，他说："既已如此，那也无可挽回了。"

他们是站在门口谈的，各自心急如焚，格雷急于离开，争取最后几分钟的清静，准备一下他的演说，利希诺夫斯基则是竭力想要推迟公布这一挑战的时间。他们终于分手，从此再也没有作过官方会晤。

下院开会时，议员无一缺席。自从1893年格莱斯顿提出《爱尔兰自治法案》以来，这还是第一次。为了容纳全体议员，过道上安排了加座。外交使团席上除德、奥大使缺席留有两个空位外，座无虚席。上院客人挤满了旁听席，长期主张义务兵役制而不见采用的陆军元帅罗伯茨勋爵也在其中。会场一片紧张的沉寂，没有人走动，没有人传递纸条，也没有人在座位上俯身探头窃窃私语。可是就在此刻，突然咔嗒声响，议院牧师从议长身边后退的时候在通道上加座的椅子上绊了一脚。全场的目光全都集中在内阁大臣席上，阿斯奎斯温文尔雅的脸上毫无表情，劳合·乔治蓬头散发、面无血色，像是突然老了几年。他们两人之间，坐着一身浅色夏季西装的格雷。

显得"苍白憔悴、心力衰竭"的格雷，此时站立起来。他虽任下院议员已经二十九年，跻身大臣席上也已八载之久，可大体说来，他指导外交政策的方针，议员所知不多，而国人则是知之更少。这

第 8 章 "叶落之前凯旋"

位外交大臣，不论向他提出什么问题，都很难使他落入圈套，作出明确或肯定的回答。若是换了一个冒冒失失的政治家，这种闪烁其词的作风是会引起责难的，可是对他，却无人疑忌相视。他毫无世界主义倾向，而是坚守英国本色；他乡土气息如此之浓，一言一行又如此谨慎，因而无人认为他会惹是生非，卷入其他国家的纷争之中。他对外交业务并不爱好，对于自己的职务也无乐趣可言，只是无可奈何地把它作为应尽之责而已。逢到周末，他从不跑到彼岸大陆度假，而是隐身本国乡村。他的法语仅及学童水平，除此之外，他不会任何外语。他五十二岁，是个鳏夫，无子无女，不好交际，人常有之的情欲爱好，在他也像对他所任公职一样，感到索然无味。他的性情，厚墙四堵，如果还有什么爱好能够突破这堵围墙使他动心，那就是鳟鱼戏游的溪流，还有百鸟的啾鸣。

格雷讲得从容不迫，但却富有感情，他要求下院能从"英国的利益、英国的荣誉和英国的责任"出发来看待这次危机。他叙述了与法国军事"会谈"的经过，说明没有任何"秘密协定"束缚议院或限制英国决定其行动方针的自由。他说，法国卷入战争是出于它对俄国所负"荣誉上的义务"，但是"我们不是法俄联盟的成员；我们甚至对于这一联盟的条款也不清楚"。为了说明英国并未承担义务，他似乎有些过于推托其词。一个保守党人，德比（Derby）勋爵，不禁愤愤然对他邻座低声说道："天哪，他们要抛弃比利时啦！"

格雷接着透露了与法国的海军安排。他告诉下院，根据与英国的协议，法国舰队都集结在地中海，以致法国北海岸和西海岸"毫无防御"。他说他"感到"："如果德国舰队开进海峡，轰击法国未加防御的海岸地区，我们不能视若无睹，袖手旁观，无动于衷，不采取任何行动！"反对党议席上爆发出一阵喝彩声，而自由党议员则是听着，"垂头丧气，不吱一声，默然认可"。

为了说明他何以会使英国早就承担了保卫法国西北部海岸的义务，格雷谈起了"英国的利益"和英国在地中海的贸易通道。这是个复杂的论题，好比一团乱麻，于是他匆匆略过，转到比利时中立的问题，"一个更为严重，并且每时每刻愈趋严重而必须考虑的问题"。

为了充分阐明这一问题的重要性，格雷颇为明智，他不是凭借自己的辩才，而是借助格莱斯顿1870年的如同棒喝之言："我们能够袖手旁观，熟视这史上最严重的罪行玷污历史的篇章，从而成为这一罪行的帮凶吗？"他还援引格莱斯顿的另一句话说明了这一问题的关键所在——英国必须"反对任何大国的无度扩张"。

他接着用自己的话说："我要求下院能从英国利益出发，考虑这个存亡攸关的问题。如果法国战败投降……如果比利时落入同一统治势力之下，继而荷兰，继而丹麦……如果在这样一场危机之中，我们逃避根据比利时条约所应承担的事关荣誉和利益的义务……我完全不相信，在战争结束时，即使我们持旁观态度，能够把战争中所已经发生的情况改变过来，防止我们对面的整个西欧陷于一个独大的大国统治之下……我相信，我们也将在全世界面前丧失尊敬，丧失我们的名誉和声望，我们将无法逃脱最严重和最严酷的经济后果。"

他把"问题和抉择"摊在下院面前。下院"沉痛而专心地"听了一小时又一刻钟，最后爆发出一片掌声，表示响应。一个人能够驾驭整个国家的时刻是令人难忘的，事实证明，格雷的演说就是处在这样一种时刻，以后被人们奉为重大事件。但是依然有人发表了不同意见，下院不同于大陆国家的国会，不会全体心悦诚服，完全一致。拉姆齐·麦克唐纳代表工党议员发言说，英国应保持中立；基尔·哈迪（Keir Hardie）扬言他将唤起工人阶级反对战争；后来一群没有诚服的自由党议员在下院会客厅里通过了一项决议，声称格雷没有道出参战的理由。但是阿斯奎斯深信，总的说来"我们那些极端的和平爱好者已经哑口无言，虽然他们不久之后还会说话的"。上午辞职的两位大臣晚上被劝了回来。普遍的看法是，格雷获得了举国支持。

第 8 章　"叶落之前凯旋"

"现在怎么办？"丘吉尔在和格雷一道离开下院时问他。"现在嘛，"格雷说道，"我们要在二十四小时内向他们发出最后通牒，要他们停止对比利时的侵犯。"几小时之后，他又对康邦说："如果他们拒绝，那就是战争。"虽然他差不多又等了二十四小时才发出最后通牒，但利希诺夫斯基担心的事情已成事实：比利时果真成了条件。

德国人之所以冒此风险，是因为他们以为这将是一场速决战，尽管那些文官领袖们到最后一刻还在唉声叹气，担心英国会采取什么行动，而德军总参谋部则已考虑了英国的参战问题，并且对此毫不介意。他们认为，这对一场他们相信四个月就会结束的战争不会有什么影响，或是根本没有影响。

克劳塞维茨，一位已经过世的普鲁士人，还有诺曼·安吉尔，这位虽然在世却为人所误解的教授，已不约而同地用速决战观念束缚了欧洲人的思想。速决取胜，这是德国的传统观念；一场持久战在经济上不可能也不胜负荷，这是人人皆有的传统观念。"你们在叶落之前就会凯旋回家。"德皇在 8 月的第一个星期对出征将士这么说。德国宫廷社交活动的一个记事人员 8 月 9 日有这么一段记载：那天下午，奥佩尔斯多夫（Oppersdorf）伯爵走进来说，战争不会打上十周之久；而霍赫贝格（Hochberg）伯爵认为只需八周，尔后还说："你我将在英国聚首。"

一名即将开赴西线的德国军官说，他预期可于色当日（9 月 2 日）*在巴黎和平咖啡馆享用早餐。俄国军官也预期在大约相同的时间进入柏林；一般都认为六周时间足矣。一名御前近卫军军官征求沙皇御医的意见时，就曾问他是把大礼服随身带上以便开进柏林时穿着，还是留待下一班信使带往前线？一名曾任驻布鲁塞尔武官并被认为

---

* 色当日是纪念普法战争中法皇拿破仑三世率师在色当投降的日子（时在 1870 年 9 月 2 日）。——译注

是一名知情人士的英国军官，在重返他的团队时，有人问他对战争可能打多久的看法。这位军官回答说，他可不知道，但他知道存在着"财政上的原因，大国因此不可能把战争拖长下去"。这是从首相那儿听来的，"首相对我说，霍尔丹勋爵是这么对他说的"。

在圣彼得堡，问题不是俄军能否取胜，而是需要打两个月还是打三个月；态度悲观认为需要打六个月的人就被视为失败主义者。"瓦西里·费多罗维奇（Vasilii Fedorovitch，弗雷德里克的儿子威廉，亦即德皇）盘算错了；他是坚持不了的。"俄国司法大臣就是这么一本正经地预料的。这倒也不是什么谬误之见。德国没有作需要长期打下去的打算，所以在进入战争时，制造火药的硝酸盐储存仅敷六个月之用。只是后来发明了从空气中提取氮气的方法，才得以继续维持下去。法国人则是孤注一掷，把全部希望寄托在速战速决上，竟然出此险着，不派军队驻守难以守卫的洛林铁矿区，听任德军占领。他们的理论是：胜利之时，这个地方也就会自然收复。结果他们在战争期间失去了80%的铁矿，险些因此战败。英国人则以含糊其词的作风，笼统地认为胜利只不过是几个月的事情，至于何时何地以及如何取胜，则没有言明。

不知是出于本能还是归功于才智，三个有头脑的人曾预见到黑暗的阴影将漫长数年而不是数月。这三个人都是军人。毛奇是其一，他曾预言这将是一场"漫长的疲劳战"。霞飞是其二，1912年，他在回答部长们的问题时曾指出，法国初战告捷之时，将是德国举国抗战开始之日，反之亦然。且不论出现哪种情况，其他国家都将被卷入，结果会是一场"漫无限期"的战争。然而，不论霞飞还是毛奇，虽然他们自1911年和1906年以来就各是本国的军事首脑，但在他们的计划中都没有为他们预见到的一场消耗战留有余地。

第三位——也是唯一按其预见行事的人——是基钦纳勋爵，但他没有参与制订最初的计划。8月4日，他正准备乘上一艘轮船前往埃及的时候，仓促奉召就任了陆军大臣。由于内心深处受到奥妙

第 8 章 "叶落之前凯旋"

的灵感的启示,他在赴任时就预言战争将延续三年。他对一个不敢苟同轻信的同僚说,时间甚至可能更长些,不过,"暂且说它三年是不会错的,像德国这样一个国家,既已逼得人家和它交手,那只有把它彻底打垮,它才会甘心认输。而这是需要很长时间的,但究竟要多久,只有鬼知道。"

基钦纳自从就任之日起,就坚决主张筹建一支数百万人的大军,准备打上几年。但除他之外,没有任何人订过三至六个月以上的计划。至于德国人,短期战争已成定见,既然有了这种想法,也就必然认为,在一场短期战争中,英国的参战将无关大局。

"怎么就没人事先告诉我英国将会出兵反对我们!"战争发生后,德皇一天在最高统帅部午餐桌上曾如此慨叹。此时有人诚惶诚恐地小声说:"梅特涅(Metternich)事先说过。"他在这里指的是德国前驻伦敦大使。这位大使 1912 年被解职,正是因为他老是喋喋不休地预言德国海军的不断增长必然会导致与英国发生战争,并且至迟不会晚于 1915 年。1912 年,霍尔丹也曾向德皇陈言,英国绝不会容许德国占有法国的海峡沿岸港口,并且也曾提醒他对比利时的条约义务。1912 年,普鲁士亨利亲王也曾直截了当地问过他表兄英王乔治:"一旦德奥同俄法作战,英国会不会援助后两个国家?"乔治回答说:"在一定情况下,毫无疑问会援助。"

可是德皇不顾这些警告,明知事必如此,却仍拒不置信。根据他身边一个随员看到的情况,7 月 5 日,他在同意奥地利可以相机行事之后回到他的游艇时,依然"深信"英国将保持中立。而他在波恩学生时代的两个同会兄弟贝特曼和雅戈,则颇像虔诚的天主教徒手捻念珠、口中念念有词那般,不时以英国定会保持中立相慰藉。这两个戴着黑白缎带相互以"你"(du)相称*的兄弟会成员,主要

---

* 德语中第二人称有"Sie"和"du"两种,前者表示客气或尊敬,后者表示亲昵或蔑视,此处表示亲昵。——译注

是靠与德皇的个人友谊，才得以踏上仕途的。

毛奇和总参谋部都不需要格雷或其他什么人向他们说明英国要采取什么行动，他们早就料到它的参战是必然无疑的。"英国人来得越多越好。"这是毛奇对海军上将蒂尔皮茨说的。他的意思是说，在欧洲大陆登陆的英国人越多，在一场决定性的败绩之中落网的也就越多。毛奇天性悲观，使他不作一厢情愿的非非之想。1913年，他草就的一份备忘录，对形势阐述之精确，远非英国人所及。他写道，如果德军没有比利时的同意而竟借道比利时，"那么，英国将会而且必然会参加我们敌人的行列"，英国既然在1870年就公开表示了这个意图，当今就更会如此了。他认为没有哪个英国人会相信德国人所作的诺言，即在打败法国之后便撤出比利时；他深信，在德法战争中，不论德军是否借道比利时，英国都会参战，"因为它害怕德国称霸，而且，为了切实贯彻保持均势的政策，它将竭其所能制止德国势力的增长"。

"战前那几年里，我们就毫不怀疑英国远征军是会迅速开到法国沿岸的。"这是总参谋部最高将领之一冯·库尔（von Kuhl）将军的证词。参谋部估计，英国远征军将于（战争爆发后）第十天动员，第十一天在港口集结准备，第十二天开始起航，第十四天向法国运送完毕。这个估计后来证明几乎丝毫不差。

德国海军参谋部也没有抱任何幻想。"一旦开战，英国可能为敌"，海军司令部早在7月11日就如此电告了当时在太平洋"沙恩霍斯特"号（Scharnhorst）战舰上的舰队司令冯·施佩（von Spee）。

格雷在下院演说结束后两小时，1870年以来莱茵河两岸人人忧于内心，1905年以来大多数人料于眼前的事终于发生。德国向法国宣战了。德国王储说，这在德国人，是对日益紧张的局势的"军事解决办法"，是四面被围这一梦魇的终结。一家德国报纸那天在以

第 8 章 "叶落之前凯旋" 143

《枪炮的福祉》(The Blessing of Arms)为大字标题的特刊中欣然写着:"行动起来,才是乐趣所在。"它还说,德国人"欣喜若狂……这个时刻我们盼望已久……目的未达,疆土未扩展到必须扩及之处,强要我们拿起的刀剑绝不入鞘"。但也并不是每一个人都欣喜若狂。左派议员被召到国会时,发现彼此都很"沮丧",都很"紧张"。一个议员在表示愿意投票赞成全部军事拨款时曾嘀咕说:"我们不能听任他们把帝国毁掉。"另一个则嘟哝不已:"真是无能的外交,真是无能的外交。"

法国是在 6 时 15 分得到开战信号的。那时总理维维亚尼的电话铃响了起来,他听到美国大使迈伦·赫里克(Myron Herrick)抽噎着对他说,他刚刚接受委托,要他代管德国大使馆,并在旗杆上升起美国国旗。他说他已接受代管使馆的委托,但没有同意升旗。

维维亚尼很清楚这是怎么回事,所以等待着德国大使立即来访,不一会,通报他来了。冯·舍恩——他的妻子是比利时人——进门时显然心绪不宁。他一开始就抱怨说,在他到这里来的路上,一位太太把头伸进他汽车的窗口侮辱了"我和我的皇帝"。维维亚尼这几天痛苦已极,神经已紧如弓弦,不禁问道,大使此来是不是就为了抱怨这事。舍恩方说他还另有任务,于是打开手中文件,宣读了内容;他深为文件内容感到羞愧不安,因为按照普恩加莱的说法,他是个"重视荣誉的人"。文件说,鉴于法国"有组织的敌对"行动和对纽伦堡及卡尔斯鲁厄(Karlsruhe)的空袭,鉴于法国飞行员飞越比利时国境从而侵犯了比利时的中立,"德意志帝国认为自己已处于与法国交战状态"。

维维亚尼正式否认了这些指控。法国政府十分清楚这些事情并未发生,因此德方文件列数这些罪责与其说是说给法国政府听的,不如说是说给德国国内公众听的,为的是要他们相信自己是法国侵略的受害者。维维亚尼把冯·舍恩送到门口,然后不愿分手似的,又陪他走出大楼,步下台阶,直到等在那里的车子门口。这两位"世代宿敌"的代表伫立了片刻,怏怏相对无言,尔后躬身告别,冯·舍恩乘车消失在暮霭之中。

当晚在白厅,爱德华·格雷和一位朋友站在窗口,正值窗下路灯华光初放,他一声感怀,后来成了那个年代的写照:"整个欧洲的灯光正在熄灭;此生不会看到它们重放光明了。"

8月4日清晨6时,赫尔·冯·贝洛最后一次拜访了布鲁塞尔的外交部,递交了一份照会。照会说,鉴于他的政府的"善意的建议"遭到拒绝,为了自身安全,德国将不得不采取措施,并"于必要时以兵戎相见"。这个"必要时"是有意为比利时改变主意留下的余地。

那天下午,应邀前往代管德国使馆的美国大使布兰德·惠特洛克(Brand Whitlock)到达时,看到冯·贝洛和他的一等秘书冯·施图姆根本没有收拾行装,而是倒在两张椅子上,"差不多垮了似的"。贝洛一手吸烟,一手抹着额头,除此之外,不见他有其他动作。两个年老的官员拿着蜡烛、封蜡和纸条,慢条斯理、郑重其事地在房子里转来转去,给存放档案的几张橡木橱贴封条。"唉,可怜的笨蛋!"冯·施图姆喋喋不休地说着,一半也是自言自语,"他们干吗不避开压路机呢?我们并不想伤害他们,但是如果他们挡路,那就得给碾成齑粉。咳,可怜的笨蛋!"

只是后来,德国那一方才有人反躬自问,这一天到底是谁做了笨蛋。奥地利外交大臣切尔宁(Czernin)伯爵后来终于发觉这一天正是"我们招致最大灾难的一天";甚至德国王储在此后很久沮丧地承认这一天是"我们德国人在全世界人心目中输掉第一个大回合的一天"。

那天上午8时刚过两分,第一阵土灰色的浪涛在离列日30英里的盖默尼希(Gemmenich)冲过了比利时边境。比利时宪兵从哨所里开了火。这支由德国主力部队派出来攻打列日的先遣部队,是由冯·埃米希将军率领的,计六个步兵旅和三个骑兵师,各步兵旅都配备了大炮和其他武器。该部日暮前就到达了默兹河畔的维塞

（Visé），这座城市成了后来一系列废墟中首当其冲的一个。

直到入侵那一时刻，许多人依然认为德军从其自身利益出发，也会绕过比利时边界线。他们为何一定要增加两个敌人，把他们拉入战场与自己作对呢？没有人把德国人当作蠢人，所以出现在法国人头脑中的答案，也就理所当然是：德国给比利时的最后通牒不过是个花招而已。通牒的用意并不真想随即入侵，只不过企图"诱使我们首先进入比利时罢了"——梅西米在一道命令中就是这么说的。他在这道命令中禁止法国部队，甚至"一个巡逻兵，一个骑兵"越过边界线。

不知是否出于这个原因，格雷直到德国入侵时还没有发出英国的最后通牒。阿尔贝国王也没有向保证比利时中立的国家发出呼吁，要求军事援助。他也担心德国的最后通牒是个"大骗局"。如果他过早地招来法国人和英国人，那他们的出现就会把比利时身不由己地拖入战争；同时，在他内心深处还有一个隐忧，担心这些邻居们一旦在比利时国土上立足下来，说不定就会不急于离开。只是在德军纵队向列日进军的脚步声打消了他的一切疑虑，使他不再有任何选择余地以后，他才于8月4日中午呼吁各保证国采取"协同一致"的军事行动。

在柏林，毛奇依然希望比利时人在为了面子起见开了几枪之后，或许仍会接受劝告，"达成谅解"。唯其如此，德国最后一份照会只是说"以兵戎相见"，暂时还避不宣战。当比利时大使拜恩斯在遭到入侵那天上午前来索取护照时，雅戈赶忙迎上前去问道："你有什么话要对我说吗？"似乎在等待着某种建议。他再次申明德国愿意尊重比利时的独立，并说，如果比利时能不毁坏铁路、桥梁和隧道，在列日不事防御抵抗而是让德军自由通过，德国愿意赔偿一切损失。拜恩斯转身要走的时候，他又跟在后面怀着希望地对他说："或许我们仍有一些话可以谈谈。"

在布鲁塞尔，德国入侵开始后一小时，阿尔贝国王身穿军服，未作任何佩戴，骑马走向国会。一辆敞篷马车上坐着王后和她的三个孩子，后面跟着两辆马车，国王独自一人在马背上殿后，这个小小的行列沿着皇家大道碎步小跑而来。一路上家家户户挂着国旗，拿着鲜花；街头巷尾满是兴奋激昂的人群；素不相识的人们相互握手，欢笑与呼号交杂一片，每个人的感情，正如有人后来回忆所说，"都被他和他同胞之间的共同的爱和共同的恨的纽带联结在一起"。一阵又一阵的欢呼声朝着国王而来，仿佛人们怀着共同的感情，试图向他表明，他是他们国家的象征，是他们坚持独立的意志的象征。甚至不知怎么竟忘了不该出场，也和其他国家的外交官们一起在国会窗口观看着这个小小行列的奥地利大使，也在揩拭眼泪了。

在大厅里，在议员、来宾以及王后和朝臣就座之后，国王一个人走了进来，将帽子和手套庄重地放在讲台上，便开始演说，只是声音稍有颤抖。他回顾到创建独立的比利时的1830年国会会议时问道："先生们，你们是否矢志维护我们先辈留下的这份神圣礼物，使其不受侵犯？"议员们难以抑制自己，起立高呼："是的，是的，是的！"

美国大使在他的日记里记述了这个场面。他描写了他如何注视这位国王的十二岁的嗣位人在当时的情形：他身着一套水手服，两眼凝视着父王，全神贯注地听着他的演说；描写了他又如何好奇地想着："这个男孩的脑子里现在在想什么呢？"惠特洛克先生似乎侥天之幸，对未来稍有微感，不禁暗自问道："年长日久之后，他还会想起这个场面吗？又是怎样想起，何时想起，在什么情况下想起呢？"但这个身着水手服的男孩，在他登基做了利奥波德三世之后，在1940年却向德国的又一次侵略屈膝投降了。

演说结束后，街头巷尾激情高涨，如痴似狂。一向为人瞧不起的军队现在成了英雄。人们高呼："打倒德国佬！处死杀人犯！比利时独立万岁！"国王离去之后，群众又欢呼求见陆军大臣。在政府中，陆军大臣不论由谁担任，由于职务关系，平时总是最最不得人心的一个人。德布罗克维尔先生虽然是个温文尔雅、老于世故的人，但是当他出现在阳台上的时候，也为那天布鲁塞尔每个人同仇敌忾的激昂情绪所感动，不禁流下了眼泪。

同一天在巴黎，穿着红裤子和宽下摆、纽扣在两边的深蓝色上装的法国士兵，迈着整齐的步伐穿过街道，引吭高歌着：

> 这是阿尔萨斯，这是洛林，
> 这是我们的阿尔萨斯，
> 啊，啊，啊，啊！

唱到最后一个"啊"字，歌声化成一片胜利的欢呼。失去了一只手臂，因而赢得更多欢呼声的独臂波将军，佩戴着1870年沙场老将的青黑绶带，骑马走在前列。胸甲骑兵团的士兵，身披闪光耀眼的护胸铁甲，头盔上垂下长长的黑色马尾，他们并不感到这有什么不合时代。跟在他们后面的，是装着飞机的大木条箱和平板拖车，车上放着细长的75毫米口径的野战炮，这种大炮是法国的骄傲。人马辎重整天川流不息，穿过北站和东站的拱形大门。

车辆绝迹的林荫大道上，走过一队又一队的志愿兵，扛着旗帜和横幅，横幅上写着表示决心的口号："卢森堡人绝不做德国人！""罗马尼亚忠于自己的拉丁族母亲！""意大利的自由是法国人的鲜血换来的！""西班牙和法国亲如姊妹！""英国人愿为法兰西而战！""希腊人热爱法兰西！""巴黎的斯堪的纳维亚人！""斯拉夫民族和法兰西站在一起！""拉丁美洲人誓死捍卫拉丁美洲文化的母亲！"一条横幅上写着"阿尔萨斯人打回老家去"的口号，受到人群表示敬意的欢呼喝彩。

在参众两院的联席会议上，维维亚尼的面色死一般苍白，看上去已是心力交瘁。但他演说时，仍能胜其力之所不能，热情洋溢，辩才雄健；这篇演说和这天每个人的一样，被誉为他一生事业中最伟大的一次演说。他的公事包里带着法俄条约的文本，但并没有人对这份条约提出质询。当他说到意大利已"以其拉丁民族的理智所独具的洞察力"宣布中立时，响起了如痴似狂的欢呼声。三国同盟中的这第三个成员，在考验来临的时刻，果如所料，拔脚走开了。其理由是：奥地利进攻塞尔维亚，是一种侵略行为，从而解除了它对条约所负的义务。意大利的中立使法国无须在南部边界布防，也就等于腾出了四个师即八万人的兵力。

普恩加莱总统因公未能亲莅议会，在维维亚尼演说完毕之后，由人代读了他的演说词。宣读时，全体听众均离座肃立。他说，法国在全人类面前代表着自由、正义和理智，表示同情和善意的函电，已从"文明"世界（"文明"两字，他是有所指而特作此称的）的各个角落纷至沓来。他特意改动了法国传统的三个座右铭。* 就在宣读总统演说词的时候，霞飞将军"镇定自若、信心十足"地来到总统那里，向他辞行，奔赴前线。

当帝国国会议员们聚集一堂，准备去聆听德皇圣谕的时候，柏林正大雨滂沱。他们先到国会大厦来和首相见面。此时大厦窗下的人行道上，马蹄声嗒嗒不绝，清晰可闻，一队队骑兵正轻捷地驰过水光闪耀的街道。大厦里面有个房间，饰有一幅大型绘画，画的是德皇威廉一世趾高气扬地骑马践踏一面法国国旗的不胜得意的场面：德皇和俾斯麦及陆军元帅毛奇一起在色当战场上昂首跃马，前面一名德国士兵在皇帝的马蹄下铺着一面法国国旗。各党派的领袖就在这个房间里同贝特曼会晤。贝特曼表示他很关心团结，他规劝议员们在作出决定时要做到"一致"。"我们一定会一致的，阁下。"

---

* 法国传统的三个座右铭，即自由、平等、博爱。——译注

第8章 "叶落之前凯旋"

自由党一个发言人恭顺地回答说。这个无所不知的埃茨贝格尔，不仅是军事委员会的发言人，还是首相的心腹亲信，人家都说他的耳朵能够通天。他这时候正奔走在他的同僚议员之间，要他们放心："下星期一这个时候"，塞尔维亚人肯定已被打败，现在一切都很顺利。

议员们在大教堂做过礼拜之后便集体列队进入皇宫。入口处戒备森严，绳栅隔道，这些人民代表经过四道检查证件之后，才终于在白厅坐下。德皇在几位将军陪同之下静悄悄地走了进来，登上御座。穿着龙骑兵制服的贝特曼从御用公文包里取出演说词呈给德皇，德皇离座起立，开始宣读。他头戴盔帽，一手按住剑柄，站在首相旁边显得身材矮小。他宣称"我们拔剑出鞘，问心无愧，双手清白"，但对比利时问题却只字不提。他说，战争是由塞尔维亚在俄国支持之下挑起的。他历数了俄国的罪行，激起一片"可耻！"的嘘叫声。预先准备好的演说念完后，他提高嗓门宣布："从今日起，我不承认党派，只承认德国人！"然后要求各党派领袖，如果同意他的意见，就上前握他的手。在"狂热的激动"中，所有领袖都从命不误，与此同时，在场的其他人员爆发出一阵欣喜若狂的欢呼声。

3时整，国会议员又在国会大厦续会，先是聆听首相讲话，接着履行余下的职责，首先是投票通过战争拨款，然后是通过国会的休会。社会民主党同意使投票结果一致，并且紧张地商讨了是否要和其他议员一起向德皇"致敬"，他们为此花了身负国会议员职责的最后几个小时，最后决定改为向"德皇、人民和祖国"致敬，从而圆满解决了这个问题。

当贝特曼起立讲话时，每个人都忧虑地期待着，看他怎样谈比利时问题。一年以前，外交大臣雅戈在国会指导委员会的一次秘密会议上，曾保证德国绝不侵犯比利时；当时的陆军大臣冯·黑林根（von Heeringen）将军也曾保证，如果发生战争，只要德国的敌人对比利时的中立尊重一天，德国最高统帅部也将尊重一天。8月4日这天，议员们并不知道他们的军队已经在早晨入侵比利时。他们只知道那份最后通牒，至于比利时的答复，则一无所知。政府从没有公开这个答复，它要造成这样一种印象：比利时已经默许，它的武力抵抗因而是非法的。

"我们的军队，"贝特曼通知屏气凝神的听众说，"已经占领卢森堡，并且或许"——这个"或许"已是事后八小时了——"已经在比利时境内。"（一阵巨大的骚动）确实，法国曾向比利时保证尊重它的中立，但是"我们知道，法国是时刻准备入侵比利时的"，所以"我们不能等待"。他又少不了地说道，这是出于军事上的需要，而"需要是不懂得法律的"。

这时候他总算把他的听众，不论是瞧不起他的右派还是不信任他的左派，都俘虏过来了。但他下一句话却引起了一阵喧哗。他说："我们对比利时的侵犯是违背国际法的，但是我们现在正在犯的——我公开这么说——过错，在我们的军事目标一经达成之后，我们是会弥补的。"蒂尔皮茨海军上将认为这是有史以来一个德国政治家最严重的失言；自由党的一位领袖康拉德·豪斯曼（Conrad Haussmann），则认为这是通篇演说中最精彩的部分。入侵行为既已有人公开承认是自己的过错，他和他的左派同僚议员也就觉得自己身上的罪愆被洗刷干净了，于是不禁对首相致敬，高呼"非常正确！"。这一天贝特曼虽然已有不少令人难忘的至理名言，可他还要补充一句，好使他青史留名；他最后一句惊人妙语说道：不论是谁，若是也像德国人这样受到如此严重的威胁，他所考虑的也只能是如何"杀出一条血路"。

一笔50亿马克的战争拨款获得一致通过，尔后是表决通过国会休会四个月，或者说，在普遍所预料的战争所需时间一直休会。贝特曼在宣布结束议程时满怀信心地说道："不论我们的命运会是怎样，1914年8月4日将永远成为德意志最伟大的日子之一！"他的话博得了英勇斗士们的喝彩致敬。

同一天晚上7时，英国终于作出了多少人在焦虑久候的明确答

第8章 "叶落之前凯旋"

复。英国政府在上午终于鼓足勇气，决定发出最后通牒。不过这份通牒是分两步走的。第一步，格雷要求德国保证"不执行"它对比利时的最后通牒，并要求对此"立即回答"，但他并未附加时间限制，也没有提到如果得不到回答将如何制裁，所以这份照会从技术上说并不是一份最后通牒。他一直等到获悉德军已经入侵比利时之后才发出第二份照会，宣布英国感到有义务"维护比利时的中立和坚持遵守德国与我们同样是缔约国的条约"。照会要求午夜之前必须作出"满意的答复"，不然英国大使就将索取护照。

为什么上一夜在国会明确表示同意格雷演说之后，没有立即发出最后通牒，这只能以政府的犹豫不决加以解释。除了德国人俯首听命，从他们那天上午蓄意而无可挽回地越过的那条边界撤退回来之外，不知英国政府在指望什么样的"满意答复"，为什么英国竟又抱着不切实际的空想期待出现什么奇迹而且一直要等到午夜？这些问题都是难以解释的。在地中海，那晚午夜之前失去的几小时可关系重大。

在柏林，英国大使爱德华·戈申（Edward Goschen）爵士在和首相进行具有历史意义的会见时，向首相递交了最后通牒。他发现贝特曼"非常激动"。据贝特曼本人说："促使英国参战的并不是比利时问题，可却伪善地在这个问题上大做文章，诚使我热血沸腾。"贝特曼盛怒之下，大发了一通议论。他说，英国竟对一个"联姻的国家"宣战，这种作为简直"不可思议"，这"等于在一个人为了自己的生命而与两个来犯的人搏斗时，从他背后猛击一下"。他说，英国要对"这一致命的严重步骤"可能产生的所有可怕事件负责，而"这一切都仅仅是为了一个词——'中立'——仅仅是为了一纸文件……"

戈申当时几乎没有注意到，这句话后来竟响彻全球。不过他后来还是把这句话写进了他的一份汇报之中。他当时的答对是：如果鉴于战略原因，借道比利时事关德国生死存亡，那么履行庄严盟约说来也事关英国的生死存亡。"首相阁下是如此激动,得悉我们的行动之后是如此怒形于色,而且又是如此不可理喻",他只好避而不再作进一步争论。

当他离开的时候,有两个人乘着一辆《柏林日报》的送报车正穿过街道,散发传单,宣布——做得未免过早,因为最后通牒的限期要到午夜截止——英国已经宣战。继意大利变节之后,这个最新的"背叛"行为,这个最新的背信弃义行为,这个又给德国增添一个新的敌人的行为,使得德国人怒不可遏,许多人立即成了一群狂吼的暴徒,在随后的一小时中将英国使馆的窗户用石头全部砸碎。一夜之间,英国成了最最可恨的敌人,"种族背叛"成了大家最喜欢用的泄恨口号。德皇不胜悲伤:"想不到乔治和尼基竟会背叛我!我外祖母如果健在是绝不会容许的!"在他有关此次战争的所有肤浅之见中,可说以此为最。

德国人对于这一背信行为怎么也想不通。已经软弱到这种地步——要求参政的妇女竟敢诘问首相,并且公然抗拒警察——的英国人,竟想要打仗,简直是难以置信的。英国的势力虽然广泛而强大,但已日薄西山,德国人对它就像西哥特人对后期的罗马人一样,既轻蔑,同时又带有一种后来者的自卑感。英国人以为他们能"像对待葡萄牙人那样来对待我们",蒂尔皮茨海军上将愤愤不平地说。

英国的背叛加深了德国人缺少朋友之感。他们自知是个不为人爱的国家。尼斯于1860年被法国并吞,何以尼斯人竟能安之若素,不出几年就能忘记他们原是意大利人,而50万阿尔萨斯人,却为何宁愿背井离乡也不愿生活在德国统治之下?"我们的国家在哪儿都不受人爱戴,而且经常遭人怨恨。"王储在旅途之中对此深有感触。

当人群在威廉大街大喊大叫复仇的时候,垂头丧气的左派议员则聚集在咖啡馆里同声哀叹。"全世界都起而反对我们,"一个说,"日耳曼主义在世界上有三个敌人——拉丁人,斯拉夫人和盎格鲁—撒克逊人——而现在他们已联合起来反对我们。"

"我们的外交已使我们只剩下奥地利这一个朋友,我们必须支持她。"另一个说。

"至少还有一件好事,那就是不会打得很久,"第三个这么安慰着他们,"四个月内我们就会有和平。经济上、财政上我们都不能支撑更久。"

"大家指望着土耳其人和日本人。"又一位提醒说。

事实上,前一天晚上,当咖啡馆里的顾客听到远处街上阵阵欢呼的时候,一个谣言就已传遍各个咖啡馆。有人在日记里记述了当时的情况:"欢呼声越来越近。人们听着听着,就都跳了起来。欢呼声越来越大,回荡在波茨坦广场上空,势如狂风骤雨。顾客们放下饭菜,奔出饭馆。我随着人流向前。发生什么事啦?'日本对俄国宣战啦!'他们狂叫着。好哇!好哇!欢呼声响彻云霄。人们相互拥抱着。'日本万岁!好哇!好哇!'一片欢乐情景。这时候,有人叫道:'到日本大使馆去!'于是人群一哄而去,每个人都被席卷到这人流之中,使馆给围得水泄不通。'日本万岁!日本万岁!'人们激动地呼喊着,直到日本大使最后不得不出来。他惶然不知所以,支支吾吾对这突如其来的并且看来也是受之不当的敬意表示了感谢。"虽然第二天真相已白,这个谣言全属子虚,但是这种敬意不当到何种程度,那是两个星期之后才见分晓的。

当利希诺夫斯基大使及其使馆人员终于离开伦敦的时候,一个前往维多利亚车站送行的朋友看到这一行人"忧伤和愤懑的情状",深有感触。他们责怪国内的官员把他们拖进一场除奥地利外别无其他盟国的战争。

"在四面受敌的情况下,我们得胜的机会能有几何?有谁是对德国友好的呢?"一个军官凄然问道。

"据说暹罗是友好的。"一个同僚回答了他。

英国刚刚发出最后通牒,内阁又发生了新的争执:是否派远征军到法国去呢？既已宣布参战，他们便争论起应该走多远的问题了。根据与法国的联合作战计划，一支由六个师组成的远征军应于动员第四天到动员第十二天之间到达法国，并应于动员第十五天之前在法国战线左翼末端做好作战准备。但是这份时间表已被打乱，因为英国动员的第一天（8月5日），根据原计划应仅迟于法国两天，可是现在已迟了三天，而且跟着还会进一步有所拖延。

阿斯奎斯先生的内阁唯恐遭到入侵，吓得不知所措。1909年，帝国国防委员会在对这个问题专门进行研究后曾宣称，只要国内驻军保持足够的实力，使德国入侵的兵力必须多到无法逃过英国海军，大规模入侵就"行不通"。尽管委员会断言英伦三岛的防务足可由海军充分保证，而英国领导人在8月4日依然不能鼓起勇气将常备军派出英伦三岛。有人主张派出的部队要少于六个师，有人主张不是尽快派出而是迟一些派出，有人甚至主张根本不派。海军上将杰利科（Jellicoe）接到通知，"目前"暂不需要他按原计划派舰护送远征军渡过海峡。陆军部里没有一个电钮能自动将英国远征军投入行动，因为英国政府还不能下定决心去按这个电钮。陆军部本身也已四个月没有部长，苦于群龙无首，无所适从。而阿斯奎斯虽然已经邀请基钦纳到伦敦来，但却还不敢毅然请他就任。性情暴躁的亨利·威尔逊，"对于这种状况深为反感"，他毫无忌讳的日记在战后问世的时候还使人感到同样痛苦难堪。可怜的康邦也是这样，他带着一份地图来见格雷，向他指出英国的六个师对于法军左翼是多么事关重大。格雷答应提请内阁注意。

威尔逊将军对于这种拖延大为震怒，认为原因在于格雷的"罪恶的"游移不决，他气愤地向反对党内的朋友出示了一份动员令，这份动员令不是下令"动员和出发"，而仅仅是下令"动员"。他说，仅此一项就要使时间表顺延四天。贝尔福应承敦促政府。他在给霍尔丹的一封信中向政府提出，协约的整个宗旨以及根据协约所作军事安排的整个宗旨就在于保全法国，因为一旦法国被击溃，"整个

第 8 章　"叶落之前凯旋"　　　　　　　　　　　　　　　155

欧洲前途就可能朝着我们视为灾难性的方向发展"。他进言道，既然方针已定，该做的事情就是"迅速进行打击，并且要用你们的全部力量进行打击"。当霍尔丹前来向他说明内阁游移不决的原委时，贝尔福不禁感到他们"有些思路不清，意志不决"。

8 月 4 日下午，大约在贝特曼向德国国会、维维亚尼向法国众议院发表讲话的同时，阿斯奎斯向下院宣读了一份"由陛下钦签的上谕"。议长先生离座起立，议员脱帽恭听"动员公告"。接着，阿斯奎斯照着他拿在手里微微抖动着的一份打字副本，宣读了刚向德国发出的最后通牒。当他念到需在"午夜之前得到满意答复"这几个字时，台下响起了一阵庄重的欢呼。

剩下的事情就是等待午夜了（英国时间 11 点整）。9 时，政府从一份截获到的柏林发出的明码电报中获悉，德国政府认为自英国大使索取护照之时起，它已与英国处于交战状态。内阁于是赶忙开会，讨论是否把那个时间算作宣战时间，抑或等到最后通牒规定的时限。他们决定等待。内阁会议室里灯光惨淡，他们围坐在绿色会议桌旁，一片沉寂，各人沉浸在自己的思虑之中。在命运所系的以往时刻曾围坐在这张桌旁的那些人的幽灵，此时在他们面前宛然若现。每双眼睛都凝视着时钟，最后通牒规定时限在它的嘀嗒声中慢慢消逝。大本钟响起了 11 时的第一下沉重的报时声，劳合·乔治有着一副对传奇剧颇为敏感的凯尔特人的耳朵，此时"铛—铛—"（boom）的钟声在他听来宛若在说："完蛋！完蛋！完蛋！"（doom）

二十分钟之后开战电令被发出："战争，德国，行动。"至于何时何地行动，仍然未定，留待第二天召开的战时委员会解决。英国政府并不好战，但在各位阁员就寝时，英国已是一个参战国了。

第二天，随着列日受到袭击，大战的第一个战役打响了。那天毛奇在给康拉德·冯·赫岑多夫的信中写道：欧洲在进入"一场将要决定今后百年历史进程的战斗"。

第三部分

激战

第9章
"当时在逃的敌舰'格本'号"

早在陆战开始之前，8月4日临近拂晓时分，德国海军部给地中海德军舰队司令威廉·苏雄（Wilhelm Souchon）海军上将的一份无线电报的电波掠空而过。电文说："8月3日已与土耳其结盟。立即向君士坦丁堡进发。"尽管电报预期的事情后来表明还言之过早，而且这份电报几乎随即被撤销了，苏雄海军上将仍然决定按照指示前进。归他统率的有两艘高速新战舰，一艘是战列巡洋舰"格本"号，另一艘是轻型巡洋舰"布雷斯劳"号（Breslau）。这两艘巡洋舰的司令在此后七天中完成的航程，在全世界人心头留下的阴影，是这场大战中任何一次大胆行径所不及的。

到萨拉热窝事件发生时，土耳其有着许多敌人，而无一个盟友，因为谁都认为不值得和它结盟。一百年来，被称为欧洲"病夫"的奥斯曼帝国，一直被窥视左右的欧洲列强看作已奄奄一息，它们只等它死后下手。可是年复一年，这个令人难以置信的病夫却不甘死亡，衰弱的双手依然牢牢抓住巨大家当的钥匙不放。实际上，自从1908年青年土耳其党的革命推翻老苏丹"该死的阿卜杜勒"，建立了以他的比较通情达理的弟弟为首而由"统一与进步委员会"

（Committee of Union and Progress）主持的政府以来，在最近六年中，土耳其确实已经开始重获新生。

这个"委员会"，或者说青年土耳其党人，在他们的"小拿破仑"恩维尔贝伊（Enver Bey）领导下，决心重建祖国，锤炼出必要的力量，扣紧日趋松弛的权力纽带，驱走待机而动的鹰隼，恢复奥斯曼极盛时期的泛伊斯兰统治。这一进程很不合俄、法、英三国的脾胃，它们在这个地区都有争雄的野心。德国是登上这个帝国舞台的后来者，带着它自己的从柏林通至巴格达的梦想，决定充当青年土耳其党人的保护者。1913年德国派去一个军事代表团，前往整编土耳其军队，激起了俄国人的强烈不满，最后只得由列强共同努力提出了保全脸面的办法，才使之没有先萨拉热窝事件一年酿成俾斯麦警告的"巴尔干地区的蠢事儿"。

此后，土耳其人不得不选边站队的日子悄然迫近，好似幽灵，使他们感到不寒而栗。他们既怕俄国，又恨英国，也不信任德国，弄得无所适从。年轻英俊的"革命英雄"恩维尔，双颊红润，黑胡子留得就像德皇那样朝上尖尖地翘着，是仅有的一心一意热烈主张和德国结盟的人。他和稍后的某些思想家一样，相信德国是未来的浪涛。而塔拉特贝伊（Talaat Bey）就不那么深信无疑。此人是"委员会"的政治领袖、实际的掌权者。他是个黎凡特冒险家，长得强壮结实，一磅鱼子酱用两杯白兰地和两瓶香槟酒一灌，就能一口气吞下去。他认为土耳其从德国人那里可以捞到的好处，要比协约国的出手为高。对于土耳其在一场列强大战中保持中立而幸存下去的机会，他毫无信心。如果协约国得胜，奥斯曼的一家一当就会在它们的压力下化为乌有；如果同盟国得胜，土耳其就将成为德国的仆从。至于土耳其政府中别的一些派系，只要办得到的话，则宁愿和协约国结成同盟，心存笼络俄国之望。俄国是土耳其的世仇，觊觎君士坦丁堡已达千年之久，还把这座位于黑海口的城市干脆称为"沙皇格勒"。那条叫作达达尼尔（Dardanelles）的狭小的著名出海通道，

第9章　"当时在逃的敌舰'格本'号"

长仅50英里，最宽处不过3英里，是俄国唯一的终年可用以通向世界各地的出口。

　　土耳其有一个无价之宝——它的地理位置，正好处在各条权力之路的会合处。正因为这个缘故，一百年来英国充当了土耳其的传统保护人，但如今英国已经不再把土耳其当作一回事了。英国为了让一个软弱无能，因而也乖乖听话的专制君主横踞在它通往印度的道路上，才支持苏丹抵抗一切外来者；经过一个世纪以后，英国终于开始感到厌倦，不想再和被温斯顿·丘吉尔客气地称为"声名狼藉、衰老垂危、不名一文的土耳其"束缚在一起了。很久以来，对土耳其人苛政、腐败和残暴的恶名，欧洲人一直感到臭气冲鼻。格莱斯顿曾呼吁把土耳其人这个"人类社会中仅有的不合人道的大败类"逐出欧洲。1906年起执政的英国自由党人则是这一著名呼吁的继承人，他们的政策是根据土耳其人半为病夫半为恶棍这一形象制定的。克里米亚战争后，索尔兹伯里（Salisbury）勋爵拿赛马作譬喻说，"我们押错了马"，这话竟成了谶语。英国左右土耳其政府的权势，刚好在它可能成为无价之宝的时候，竟然任其消失了。

　　1909年，温斯顿·丘吉尔曾访问君士坦丁堡，跟恩维尔和青年土耳其党的大臣们建立了在他看来的"友好关系"。土耳其要和英国缔结永久同盟的请求，也是通过丘吉尔于1911年作为中介拒绝的，他以英帝国对东方国家常用的口吻建议说，虽然英国不能同意结盟，土耳其还是不要"回到旧政权那种暴虐手法，或者尝试扰乱英国目前的现状"来疏远同英国的友谊为好。他以海军大臣的地位，从世界全局出发，提醒土耳其说，只要英国仍然是"欧洲唯一保持制海权的国家"，那么英国的友谊还会有很大用处。可是，土耳其的友谊，甚至它的中立，对英国也许同样有用这一点，不论是丘吉尔还是别的大臣，都从来没有认真考虑过。

　　1914年7月，德国人鉴于两线作战的局面已是山雨欲来风满楼，一下子急如星火起来，想争取这个可以封锁黑海出口的盟国，以切断俄国和其盟友的联系以及从盟友得到补给的线路。土耳其早先的结盟建议，过去一直挂在那里，这下子突然显得非常可取了。德皇惊恐之余坚称："现在该做的事是要让巴尔干各国的枪炮全都做好准备对准斯拉夫人。"土耳其人一开始在条款上讨价还价，并且装出倒向协约国的模样，德皇更加惊慌，指示大使在答复土耳其的建议时"要毫不含糊、直截了当地顺从……在任何情况下，我们无论如何不能打发他们走"。

7月28日奥地利对塞尔维亚宣战那天，土耳其正式要求德国缔结秘密攻守同盟，于任何一方和俄国交战时生效。就在当天，柏林收到这项建议，当即接受，并用电报发回一份由首相签署的草约。但是在最后关头，土耳其人还是无法下定决心，把自己的命运和德国人的拴在一起。要是他们拿得准德国人会胜利……

就在他们犹豫不决的时候，英国没收了他们两艘根据合同正在英国船坞里建造的军舰，这就起了促使他们作出决定的作用。这两艘都是第一流的主力舰，和英国最好的军舰不相上下，其中一艘配备有13.5英寸口径的大炮。7月28日，那位生气勃勃的海军大臣，用他自己的话说，是"征用了"土耳其的军舰。其中的"苏丹奥斯曼一世"号已于5月间完工，第一期款子也已付清。可是当土耳其人想把船接回国去的时候，英国人多方奸诈地暗示说，希腊人图谋用潜水艇攻击它，并以此劝说他们把船留在英国，等另一艘姊妹舰"列沙吉耶"号（Reshadieh）造好后一同回国。7月初，"列沙吉耶"号完工后，英国又制造借口不让离开。航速和火力的试验无缘无故推迟了。率领500名土耳其水兵在泰恩河（Tyne）一艘运输舰上待命的土耳其指挥官，一听说丘吉尔的命令，就威胁着要登上他那两艘军舰并升起土耳其国旗。海军部的发言人颇感兴味地下令，"必要时以武力"制止这种企图。

这两艘军舰花了土耳其3000万美元，这在当时是一笔巨款。这笔钱是土耳其在巴尔干战争的败北唤醒了国内公众，深知必须使

第9章 "当时在逃的敌舰'格本'号"

自己的武装部队重整旗鼓之后,由民众捐款筹措起来的。安纳托利亚的农民人人都捐了几文。没收这两艘军舰的消息,虽然公众尚未得悉,却引起政府"精神上极度的痛苦"——这是海军大臣杰马勒帕夏(Djemal Pasha)的说法,一点也不过分。

英国不屑花费任何力气来安抚土耳其人。格雷在正式通知土耳其有关泰恩河上这桩地道的海盗行径时,还蛮有把握地认为,土耳其人会理解英国出于"自己在这场危机中的需要"而没收这两艘军舰的原委的。至于土耳其的财政和其他损失——英王陛下政府"真诚感到遗憾"的事情——格雷干巴巴地说,将会受到"适当考虑"。"赔偿"两字他根本不提。在"病夫"和"错马"两种想法结合一起所产生的影响下,英国终于认为整个奥斯曼帝国还不如两艘额外的军舰来得重要。格雷表示遗憾的电报是在8月3日发出的。同一天,土耳其和德国签署了盟约。

然而土耳其并不践约向俄国宣战,也没封锁黑海,也没公开采取任何违反严格中立的行动。在按照自己的条件同一个大国结盟以后,土耳其的种种表现说明它并不急于帮助新盟友。土耳其举棋不定的大臣们宁愿再观望一下,等看清战争的最初几仗趋向如何再说。德国远处天涯,而俄国人和英国人却是近在咫尺且经常存在的威胁。如今,英国参战已成定局,这就需要认真重加考虑了。德国政府就怕事态这样发展下去,于是下令给大使旺根海姆(Wangenhaim)男爵,"如果可能",争取使土耳其"就在今天"对俄宣战,因为"防止奥斯曼帝国在英国行动影响下脱离我们,事属至关重要"。可是,奥斯曼帝国并未照办。除恩维尔外,人人都想推迟公开对抗俄国的行动,等到战争进程出现了某些端倪,可以看出可能的结局时再说。

地中海上,各种灰蒙蒙的形影,都在为即将来临的战斗进行活动。无线电收发报员在紧张地倾听着耳机里的声音,记录下遥远的海军部发来的作战命令。英法舰队的当务之急是保卫法国殖民军从北非到法国的通道。该军不是正常编制的两个师而有三个师之多，连同辅助部队共有8万余人。整个军能否在战线的指定地点出现，对于法国的作战计划可能起到决定性作用；而作战双方都认为，法国在跟德国最初冲突中的命运如何又将决定着整个战局。

法英两国的海军部都把眼睛盯在"格本"号和"布雷斯劳"号上，认为这两艘德舰是对法国运兵船的主要威胁。法国人拥有地中海上最大的舰队，可以用来保护运输船只的计有16艘战列舰，6艘巡洋舰和24艘驱逐舰。以马耳他为基地的英国地中海舰队，虽然没有无畏级舰只，而为首的三艘战列巡洋舰——"不屈"号、"无敌"号和"不倦"号（Inflexible, Indomitable, and Indefatigable）却都是18000吨，备有8门12英寸口径大炮，时速二十七八海里。这三艘军舰都可以追击和消灭无畏级战舰以外的一切船只。此外，英国舰队还有4艘14000吨的装甲巡洋舰、4艘5000吨以下的轻型巡洋舰和14艘驱逐舰。意大利舰队是中立的。以亚得里亚海顶端的普拉（Pola）为基地的奥地利舰队，有着八艘现役主力舰，其中包括配备12英寸口径大炮的新造无畏舰两艘，还有相当数量的其他船只。但却是一只纸老虎，全无作战准备，后来表明也无活动能力。

德国舰队的规模虽居世界第二位，但在地中海上只有两艘战舰。一艘是23000吨的战列巡洋舰"格本"号，和无畏舰一般大，记录的试航速度为27.8海里，和英国的"不屈"号级相同，火力也相仿。另一艘是4500吨的"布雷斯劳"号，和英国的轻型巡洋舰不相上下。"格本"号由于速度比任何法国战舰或巡洋舰都快，按照英国海军大臣的可怕预测，"可以毫不费力地躲过法国的战列舰队，撇开或越过其巡洋舰而袭击其运输舰，把这些满载士兵的船只一一击沉"。如果战争爆发前英国海军的军事思想有什么特点的话，那就是倾向于过高估计德国海军在不利情况下甘冒风险的勇气和决心，既高于英国人自己的可能表现，也高于德国人面临考验时的实际表现。

随时准备攻击法国运输舰，确实是"格本"号及其僚舰自从

第9章 "当时在逃的敌舰'格本'号"

1912年下水以来一直被派在地中海上游弋的一个理由。但到最后时刻，德国人发现还有更重要的任务有待它们去完成。8月3日，当德国人看到有必要对不愿宣战的土耳其人施加一切可能的压力时，蒂尔皮茨海军上将便令苏雄海军上将驶向君士坦丁堡。

苏雄是个肤色黝黑、身体结实、年已五十的机灵水兵。1913年，他在"格本"号上升起他的司令旗。此后他一直在自己的新防区内的各个内陆海和海峡上航行，往来游遍各海岸和岬角，绕行各岛，参观港口，使自己熟悉战争一旦爆发他可能要应付的那些人物和地方。他到过君士坦丁堡，会见了土耳其人；也曾和意大利人、希腊人、奥地利人、法国人……总之除了英国人以外，和所有国家互相致敬。他向德皇禀报说，英国人绝不让他们的船只和德国人的船只同时泊在同一港口。英国人一向习惯于在德舰走后立即出现，以便消除德国人可能留下的影响，或者照德皇的文雅说法，以便"向汤里吐唾沫"。

苏雄在海法（Haifa）听到萨拉热窝的消息后立即感到这是战争的一个预兆，同时也为自己的锅炉着急。一段时间来，这些锅炉一直漏气。"格本"号原定于10月份由"毛奇"号前来接替，自己开回基尔修理的。这时苏雄决定准备应付最坏的局面，立即出发去普拉，并事先打电报给海军部，要求运送给他一批新的锅炉管子和熟练的修理工到普拉等他。整个7月份，工作如火如荼地进行着。船员中挥得动榔头的人个个都被征集来帮忙。在18天内，找出了4000根坏管子，并作了更换。可是修理工作还没结束，苏雄就接到报警电报，他随即离开了普拉，以免被困在亚得里亚海。

8月1日，他开到意大利这个靴形半岛鞋跟部的布林迪西（Brindisi），那儿的意大利人借口海上浪大、补给船无法行驶，不给他供应用煤。显然，意料中的意大利对三国同盟的背叛即将成为事实，使苏雄无法加煤。他召集手下的军官，商量行动方针。他们想突破协约国的警戒线开往大西洋，并在一路上尽力给法国运输船以打击，但是否有此可能全在于他们的速度如何，而速度则又取决于锅炉。

"有多少锅炉漏气？"苏雄问随从参谋。

"过去四个小时内有两只漏气。"

"该死！"海军上将大发雷霆，在这样的时刻，命运竟使他这条了不起的军舰瘸了腿。他决定驶往墨西拿（Messina），好和德国商船会合，向它们征煤。德国为防备战事发生，早已将全世界的海洋划分成一系列的区域，每个区域由一位德国军需官主管，这位官员有权命令本区所有的船只开赴德国军舰可能要和它们会合的任何地方，有权征用德国银行和商行的资财以应军舰之需。

"格本"号在沿着意大利这块靴形地带绕行的时候，船上的无线电报机一整天都在给德国商船发命令，召集它们到墨西拿去。在塔兰托（Taranto），"格本"号和"布雷斯劳"号会合了。

8月2日，英国领事发出电报说："紧急。德舰'格本'号抵塔兰托。"这一发现敌踪的呼号，在海军部里激起了英国海军的强烈作战欲望：找出敌人的位置等于一场战斗完成了一半。但英国尚未宣战，猎杀还不能开始。一直跃跃欲试的丘吉尔，在7月31日就已指示地中海舰队司令海军上将伯克利·米尔恩（Berkeley Milne）爵士，他的第一个任务将是"把枪炮对准个别德国快速舰只，特别是'格本'号，并在可能的情况下迫使它应战"，以协助保护法国运兵船只。他还提醒米尔恩说："你所辖各舰速度足可以使你从容选择战机。"但是，出于某种矛盾心理，他同时告诉米尔恩，"开始时要尽量保存你的实力"，并且"避免在现阶段卷入对优势兵力作战"。后一条命令在此后几天的事态发展中，将像浮标上抑郁的钟声那样回响着。

丘吉尔心目中的"优势兵力"，按他事后的解释，指的是奥地利舰队。奥国舰队的战舰和英国"不屈"号级的对比关系犹如法国战舰和"格本"号的关系；也就是说，它们的装甲和火力配备都更好，

第9章 "当时在逃的敌舰'格本'号"

但速度较慢。后来丘吉尔还解释说,他的命令本意并不是指"任何时候不管情况如何必要,都禁止英国军舰和优势兵力交战"。如果说这道命令原意并不是禁令,那么其本意势必是让司令官根据自己的判断来理解了,这种做法往往把事情引向战争的"熔点"——司令官的气质。

一旦真枪实弹的时刻,也就是一个司令官的全部职业训练所指向的那一时刻来临的时候,一旦他部下士兵的生死、一场战斗的结局,乃至一次战役的命运,都可能取决于他在特定时刻所作的决定的时候,一个司令官的内心深处究竟会出现什么情况?这样的时刻会使有些司令官大胆勇敢,有些变得犹豫不决,有些审慎而明智,而另一些则会陷入瘫痪。

米尔恩海军上将则是变得谨慎小心。这位五十九岁的单身汉,在社交场中仍属一表人才,原先是爱德华七世的侍从官,至今还是宫廷里的亲信。他是海军元帅的儿子,祖父和教父也都是海军高级将领。他还是个钓鱼能手,潜行捕鹿的好手,而且枪法高明。这位阿奇博尔德·伯克利·米尔恩爵士,在1911年成了地中海司令的当然人选。这个职务即使不再是英国海军中的主要职务,也还是最出风头的。他是由新任海军大臣丘吉尔先生任命担当此职的。但这一任命却立即被海军上将费希尔勋爵私下斥为"出卖海军的行为"。费希尔勋爵是前海军大臣,无畏舰队的创建人,同代人中最易冲动、讲话最不简洁的英国人。他一心向往的计划就是当他预言的战争在1914年10月爆发时,要确保海军炮术专家杰利科海军上将当上总司令。

丘吉尔一任命米尔恩为地中海司令,费希尔就认为这会使米尔恩有望得到他想留给杰利科的职务,因而勃然大怒。他痛骂丘吉尔"屈从宫廷权势";他暴跳如雷,像火山爆发那样大发怨言,骂米尔恩是个"毫无半点用处的司令","根本不适合当海上的高级司令,更不适合你实际让他当上的最高司令"。他一会儿说他是个"搞阴谋的小人",一会儿说他是"最低级的一类毒蛇",乃至称他是

"花一个小钱买旧《泰晤士报》看的B.'米恩'爵士[*]"。费希尔的书信——每一封都少不了"阅后付丙"(编按：意即焚毁)的告诫，幸而收信人都没理会——所讲的一切都显得大过实际情况十倍，因此，如果要作符合实际情况的理解，那就得按比例加以缩小。米尔恩上将既不是"最低级的一类毒蛇"，也不是纳尔逊(Nelson)一样的人物，而是海军中一个普普通通的、毫不出众的点缀品。当费希尔发觉事实上并没有人考虑让米尔恩当总司令以后，他冒火的两眼才转到别的事情上，而让B."米恩"爵士太太平平地去领略地中海的风光了。

1914年6月，米尔恩也访问了君士坦丁堡，和苏丹及其大臣们一同进餐，还在自己的旗舰上款待他们；但对土耳其在地中海战略中的可能地位，他并不比别的英国人更为关心。

他收到丘吉尔的第一次警告以后，于8月1日，就已在马耳他集结了自己一队的三艘战列巡洋舰以及由海军中将欧内斯特·特鲁布里奇(Ernest Troubridge)爵士指挥的另一队装甲巡洋舰、轻型巡洋舰和驱逐舰。8月2日一早，他接到丘吉尔的第二道命令："务必用两艘战列巡洋舰紧紧跟踪'格本'号"；还说亚得里亚海"必须受到监视"，这大概是为了防范奥地利舰队的出现。派出两艘战列巡洋舰尾随"格本"号这道明确的命令，显然是因预见到战斗将临而发的，但是米尔恩并没有遵办。相反，他派了"无敌"号和"不倦"号随同特鲁布里奇的一队前去监视亚得里亚海。得悉那天早晨发现"格本"号在塔兰托海面向西南方向行驶后，他派出轻型巡洋舰"查塔姆"号(Chatham)去搜索墨西拿海峡。据他推断，"格本"号可能到了那儿，事实上也确实在那里。"查塔姆"号于下午5时离开马耳他，次日早晨7时穿过墨西拿海峡，但发回的报告说，"格

---

[*] 费希尔故意把米尔恩(Milne)读作"米恩"(Mean，意即"平庸的、下作的、小气的")，以示鄙视。B为米尔恩的名字伯克利的缩写。——译注

本"号不在那里。这次搜索晚了六个小时，苏雄海军上将早就离开了。

苏雄将军是在前一天下午到达墨西拿的，正好碰上意大利宣布中立。意大利人再次拒绝供煤给他，尽管如此，他还是装了2000吨，是由一家德国轮船公司供应的。他征用了德国东非轮船公司的一艘商船"将军"号，在把乘客卸下，付给他们每人一张最远可到那不勒斯的火车票款后，用它作了供应船。苏雄直至此时还未接到海军部的任何命令，他决定占据一个战位，万一敌对行动开始，可以在优势兵力阻挡他之前，第一时间领略一下战斗的滋味。8月3日午夜1时，他在一片漆黑中离开墨西拿，朝西驶往阿尔及利亚的海岸，打算炮轰波尼（Bône）和菲利普维尔（Philippeville）这两个法国人登轮的港口。

就在同一个小时，丘吉尔给米尔恩发来了第三道命令："亚得里亚海口应继续监视，但你的目标是'格本'号，不论它驶往何处，尾随不放。宣战看来大有可能，而且迫在眉睫，做好准备，一旦宣战，随即投入战斗。"米尔恩海军上将收到这道命令时根本不知道"格本"号在哪里，因为"查塔姆"号丢失了目标。但他相信，它正在西去攻击法国运输舰；根据他收到的情报，一艘德国运煤船正在马略卡岛（Majorca）待命，他断定，"格本"号接着会驶往直布罗陀和公海。于是，他把"无敌"号和"不倦"号撤出对亚得里亚海的监视，派它们西去搜索"格本"号。8月3日一整天，从墨西拿西行的"格本"号一直在被它的猎者以相距一天的航程尾随着。

这时，法国舰队正从土伦（Toulon）跨海驶向北非。这支舰队本该早一天出发，无奈8月2日在巴黎发生了海军部长戈捷博士不幸垮台的事件，因为发现他竟忘记把鱼雷艇派进海峡。在紧接着的吵闹中，发给地中海的命令被拖了下来。陆军部长梅西米一心要让殖民军尽快到达。处境狼狈的戈捷博士企图掩盖他在海峡的疏忽，便一下子跳到了好战的极端，建议在宣战前攻击"格本"号和"布雷斯劳"号。"他的神经处于紧张状态"，普恩加莱总统这样认为。

接着海军部长提出要和陆军部长决斗，但经过同僚们的竭力劝解，两个对手终于冷静下来，戈捷含泪拥抱了梅西米，并经人说服以健康为由辞职了。

究竟英国人要扮演什么角色，至今还没有表态，弄得法国人毫无把握，使事情更加复杂化。下午4时，内阁总算拼凑了一份多少还算有条理的电报，发给法国总司令布韦·德拉佩雷尔（Boué de Lapeyrère）海军上将，通知他，曾在布林迪西发现过"格本"号和"布雷斯劳"号两舰，要他一收到敌对行动开始的信号就"拦住它们"，还要他不要使用护航队，而采取火力控制两艘敌舰的办法来保护运输舰。

德拉佩雷尔海军上将是个强有力的人物；使法国海军摆脱陈旧过时的状态，主要是他的功劳。这时他当机立断，决定无论怎样也得组织护航队，因为照他看来，英国扮演什么角色尚属"可疑"，因此他别无其他选择。他立即生火，次日凌晨4时就出发了，这时苏雄离开墨西拿也才几小时。此后二十四小时中，法国海军的三支舰队朝南开往奥兰（Oran）、阿尔及尔和菲利普维尔，而"格本"号和"布雷斯劳"号也正在朝西驶向同一目的地。

8月3日下午6时，苏雄海军上将从自己的无线电中得到对法宣战的消息。他和法国人一样快速前进，但他的速度更快。8月4日半夜2时，他接到蒂尔皮茨海军上将要他"立即向君士坦丁堡进发"的命令，这时他正在接近目的地，也愈来愈接近交火的高潮时刻。他不愿就此掉头，而"不品味一下我们人人热切想望的那个交火时刻"——这是他后来写下的话。他按原来航线继续前进，直到阿尔及利亚的海岸在晨曦中出现。他升起了俄国旗号，一进入射程就开了火，"散播死亡和恐怖"。后来出版这次航程纪事的一个船员情绪激动地写道："我们的诈术取得了辉煌的成功。"按照德国总参谋部发布的《作战守则》，"为蒙骗计，穿着敌军军装，使用敌国或中立国旗帜或徽志，现宣布均可容许"。对于这类情事，

地中海之战

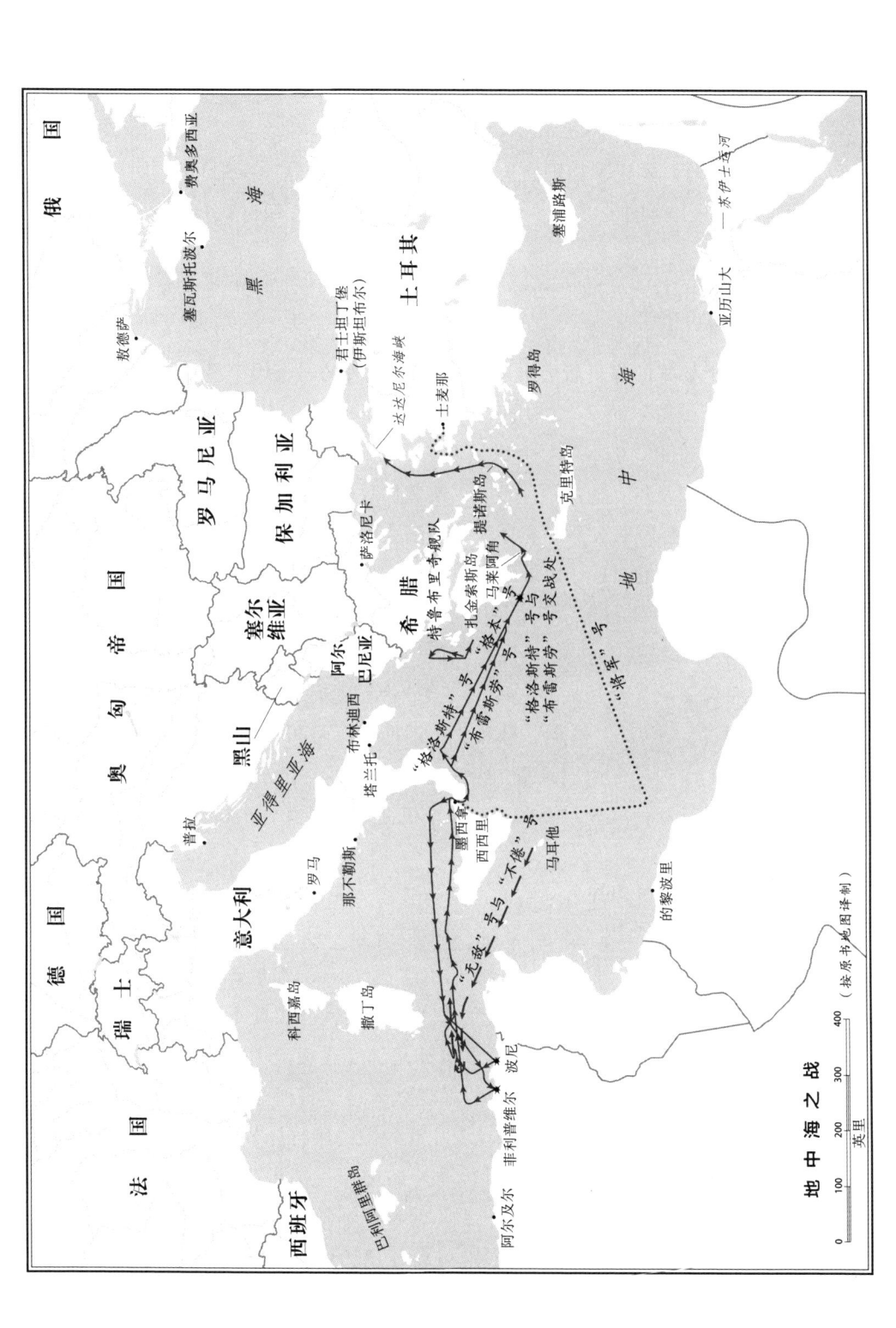

《作战守则》体现了德国官方的想法，他们认为这本手册可以抹掉海牙公约上德国的签字；该约第二十三条禁止使用敌国旗号进行伪装。

在炮击菲利普维尔以及"布雷斯劳"号炮击波尼以后，德国的苏雄海军上将沿着来的路线折回墨西拿。他计划先在那儿装好从德国商船上要来的煤，然后出发去1200英里外的君士坦丁堡。

德拉佩雷尔海军上将几乎在炮击发生的时刻就从无线电里得到消息。他猜测"格本"号会继续西驶，也许还会在逃往大西洋的路上炮击阿尔及尔。他加快速度，以期截住敌舰，"如果它出现的话"。他没有派遣船只去侦察"格本"号，因为据他推测，如果敌舰出现，少不了有仗给它打的；如果不出现，那么眼前就无须再去操心它了。德拉佩雷尔海军上将，和协约国方面的任何人一样，是单纯从海军战略角度来考虑"格本"号的。对于它可能去执行一项政治使命，从而深刻影响并延长战争进程这一点，不仅是他，就是别人也都从未想到过。此后，"格本"号和"布雷斯劳"号再也没有在法国人的航线上出现过，德拉佩雷尔海军上将也就再没有去搜索它们。就这样在8月4日早晨，丢失了第一个机会。可是又一个机会随即送上来了。

那天早晨9时半，通宵在向西行驶的"无敌"号和"不倦"号在波尼海面遭遇了"格本"号和"布雷斯劳"号，这两艘德舰正在朝东回墨西拿去。要是前一天晚上格雷在议会发言以后立即向德国提出最后通牒的话，那么英国和德国这时候就已经处于交战状态，巡洋舰的大炮也就不会沉默。事实却是，就在相隔7000多米，完全在射程之内的情况下，双方的军舰默默地交臂而过，既未宣战，也只得满足于瞄准一下大炮和免去相互致敬的例行礼节。

苏雄海军上将决心在敌对行动开始前尽可能远离英国人，因此，竭锅炉之所能拼命加速。"无敌"号和"不倦"号掉转船头追赶，决心把德舰保持在射程内，以待宣战。两舰的无线电，就像猎人发

第9章 "当时在逃的敌舰'格本'号"

现猎物后吹起的号角那样,向米尔恩海军上将报告了船位。米尔恩立即转告海军部:"'无敌'和'不倦'在东经7.56°、北纬37.44°处跟踪上'格本'和'布雷斯劳'。"

海军部因不能行动而极为沮丧。就在与特拉法尔加角同一片水域的海面上,英国军舰置敌舰于射程之内,却不能开火。丘吉尔发出电报,"好极,不要让它逃跑,战争在即"。还赶发了一份"最急件"备忘录给首相和格雷,建议说,如果"格本"号攻击法国运输舰,应授权米尔恩的舰队"立即与之交战"。不幸,米尔恩海军上将在报告船位时没有说明"格本"号和"布雷斯劳"号驶向何方,以致丘吉尔设想它们正在西去,打算再次在法国人身上打坏主意。

照阿斯奎斯的说法,"温斯顿已经披挂好准备上阵,渴望一场海战来击沉'格本'号"。阿斯奎斯是乐意让他满足愿望的,可是不幸他向内阁报告了这件事,而内阁又拒绝在最后通牒时限届满之前下令采取战争行动。这样,第二次机会又丢失了。不过,这次机会说什么也会丢掉的,因为丘吉尔的命令是以"格本"号攻击法国运输舰为前提的,而"格本"号早已放弃了这个目标。

于是在夏季宁静的海面上展开了一场你死我活的追逐,苏雄海军上将力图把他的追踪者远远摆在后面,而英国人则竭力要在午夜之前把他保持在射程之内。苏雄竭尽军舰之所能,把时速提高到24海里。通常在高温和煤灰飞扬的情况下一班至多工作两小时的司炉,不得不以高速连续铲煤;管子开裂了,他们还受着蒸汽的炙烫。从早到晚保持这样的速度,四个人死去了。然而,可以觉察出猎物和追猎者之间的距离在慢慢地拉大。"无敌"号和"不倦"号的锅炉也有毛病,炉前人员又不够,愈来愈难以支持。到了下午,约翰·凯利(John Kelly)海军上校指挥的轻型巡洋舰"都柏林"号参加了这两舰的静悄悄的长途追逐。随着时间慢慢过去,距离愈拉愈大;到5时,"无敌"号和"不倦"号落到射程以外。只有"都柏林"号还跟着,把"格本"号保持在视线以内。7时起了一场浓雾。9时,"格本"号和"布雷斯劳"号就消失在西西里海面上一片愈来愈浓的烟雾朦胧中。

那天,丘吉尔和他的幕僚在海军部整整一天"受着坦塔罗斯*那样的折磨"。下午5时,第一海务大臣、巴滕贝格的路易斯亲王(Prince Louis of Battenberg)说在天亮前还来得及击沉"格本"号。丘吉尔在内阁的决定牵制下,无法下达这道命令。就在英国人等待午夜信号的时候,"格本"号到了墨西拿,煤也到手了。

拂晓时候,英国人虽已处于交战状态,可以放手开火了,可是已经找不到"格本"号的影踪。根据"都柏林"号在失去联系前的最后一份报告,他们断定它在墨西拿,但在这时候,又插进来一个新障碍。海军部发来了一道命令,通知米尔恩说意大利已宣布中立,并指示他"严格尊重中立,船只不得进入意大利海岸六英里以内"。这道禁令意在避免由于一些"无关紧要的小事"而和意大利发生麻烦。这也许小心过分了。

米尔恩海军上将被这六英里的限度所阻,进不了墨西拿海峡,只好在两个出口处布置警戒。他相信"格本"号会再次西去,于是亲自坐镇在旗舰"不屈"号上,和"不倦"号一起警戒着通向西地中海的出口,而在通向东地中海的出口处†,只派了由"都柏林"号舰长的兄弟霍华德·凯利(Howard Kelly)海军上校指挥的轻巡洋舰"格洛斯特"号(Gloucester)去那里巡逻。同时,也由于想把兵力集结在西面,米尔恩海军上将下令"无敌"号就近在比塞大(Bizerte)而不到东面的马耳他去加煤。因此,如果"格本"号东去,那么三艘"不屈"号级的军舰就没有一艘位于可以截击它的地点。

8月5日和6日连续两天,米尔恩在西西里以西的海面上巡逻,

---

* 坦塔罗斯(Tantalus),希腊神话中主神宙斯之子,因泄露天机被罚永世站在上有果树的水中,水深及下巴,口渴想喝水时水即减退,腹饥想吃果子时树枝即升高。——译注

† 墨西拿海峡是南北向的,北面的出口通西地中海,南面的出口通东地中海。为了讲清楚地形,这两个出口分别称为西、东出口。

一心认为"格本"号企图西逃。同样,海军部也想不出,"格本"号除了从直布罗陀突破或者躲在普拉外,还有别的什么路线好走,因此对米尔恩的安排也没表示异议。

在这两天里,直到8月6日黄昏,苏雄海军上将一直顶着重重困难在墨西拿加煤。意大利人始终坚持执行中立法,要求他在到达后二十四小时内离开。而煤又只能直接从德国商船上装,只好劈开商船的甲板,拆掉栏杆,才能搬运过来,费的时间是平常的三倍。海军上将一面和港口当局争论中立法的条文,一面强令每个船员参加铲煤。尽管用了额外配给的啤酒、军乐队的演奏和军官们的爱国演讲来打气,水兵们在8月的高温下由于劳累过度而一个接一个地昏了过去,最后船上到处躺着浑身污黑、浸透汗水的人,就像无数具尸体。到8月6日中午,装好的1500吨煤,还不够用来开到达达尼尔海峡,可是能继续干下去的人一个也不剩了。苏雄海军上将"心情沉重",下令停装,并令全体人员休息,准备5时启碇。

在墨西拿,他收到两份电报,加剧了他的危急感,迫使他面临一项紧急的决定。一份电报说,"由于政治原因,目前不宜进入君士坦丁堡"。蒂尔皮茨向君士坦丁堡进发的命令一下子就被撤销了。这次变更是因土耳其人意见不一而造成的。恩维尔曾通知德国大使,准许"格本"号和"布雷斯劳"号通过警卫达达尼尔海峡的布雷区;而首相和其他大臣却因两舰的通过显然违反土耳其仍然公开保持的中立,坚持必须撤回许可。

蒂尔皮茨的第二份电报通知苏雄说,奥地利在地中海无法给德国提供海军支持,让苏雄自行决定在这种情况下的去路。

苏雄深知,他的锅炉不能为他提供必要的速度以突破敌人的重重屏障而冲向直布罗陀。可是,要自己蜷缩在普拉,依靠奥地利人,这事他也不干。他决定无视命令,前往君士坦丁堡。他的目的,用他自己的话来说,是很明确的:"迫使土耳其人,即使违反他们的意愿也要迫使土耳其把战火扩大到黑海,对抗他们的宿敌俄国。"

他下令生火待发，5点钟启碇。船上所有的人以及岸上的人，都知道"格本"号和"布雷斯劳"号正准备在极不利的情况下去经受一场严峻考验。一整天，兴奋的西西里人挤在码头上，向"那些马上要去送死的人"兜售明信片之类的最蹩脚的纪念品，还叫卖着大标题为《在死亡的魔爪之中》、《不是耻辱就是败北》、《此行不是驶向死亡，就是驶向光荣》的号外。

苏雄海军上将预料到要受追击，故意决定趁天还亮的时候离开，好让人看到他在朝北行驶，仿佛是在去亚得里亚海。夜晚来临时，他打算改变航向，朝东南方向开去，在夜色掩护下溜走。由于煤不够整个航程用，万事都决定于他能否不被发觉而和奉命在希腊东南角上的马莱阿角（Cape Malea）接应他的一艘运煤船会合。

"格本"号和"布雷斯劳"号一开出墨西拿海峡的东口，就立即被正在口外巡逻的"格洛斯特"号发现而跟上。"格洛斯特"号虽然和"布雷斯劳"号势均力敌，可是"格本"号的重炮在16000米远处就能揍得它无法在海上存身；因此，它只好监视住敌人以待增援，别无其他作为。凯利海军上校一面打电报给率领着所有三艘战列巡洋舰还在西西里西面巡逻的米尔恩海军上将，报告船位和航线，一面在"格本"号外侧尾随。夜幕降临，快到8点时，他把航线转到"格本"号的内侧，因为月亮升起在他的右面，这样可以把"格本"号置于月光之下。这一移动使它进入了射程，但并没惹得"格本"号开火。在晶莹的夜色中，两舰隐隐约约的船体向北行驶，后面另一个黑影紧随。由于在墨西拿加的煤质量低劣，烟囱里冒出来的黑烟污染了月光皎洁的天际，老远的地方也可以根据黑烟看到两条军舰的所在。

米尔恩海军上将得悉"格本"号已从东口离开墨西拿，就留在原地未动。据他推想，如果"格本"号按目前的航线继续前进，它会受到正在监视亚得里亚海的特鲁布里奇舰队的截击。但他又倾向于认为，它的航线是个假象，它终究会转向西行，那时他自己的战列巡洋舰舰队就可以截击。他觉得不存在别的可能，因而只派一艘轻型巡洋舰——"都柏林"号——东去和特鲁布里奇的舰队会合。

这时，摆脱不了"格洛斯特"号的苏雄，要想靠他手头现有的煤开赴爱琴海，就无法再按假装的航向继续前进。不管有没有人尾随，他必须改变航向东去。到晚上10时，他掉了头，同时干扰"格洛斯特"号的波长，以免自己的转向被报告出去。但他干扰未成。凯利海军上校通知转向的无线电讯在午夜光景传到米尔恩和特鲁布里奇那儿，米尔恩就此出发去马耳他，打算在那儿加煤并"继续追逐"。既然敌人冲着特鲁布里奇开来，这下该由他来拦截了。

特鲁布里奇奉命"防止奥地利人出来、德国人进去"，早就停在亚得里亚海的口子上。从"格本"号的航向看来，它显然是在驶离亚得里亚海，但他认为，如果他立即南下，有可能截住它。然而，他能指望在真正有胜利希望的条件下和它交战吗？他的舰队是由"防卫"号、"黑王子"号、"武士"号和"爱丁堡公爵"号四艘装甲巡洋舰组成的，各舰都是14000吨，配备的都是9.2英寸口径的大炮，射程要比"格本"号的11英寸口径大炮近得多。海军部那道最初的命令，显然是作为他的上司米尔恩海军上将的指示转发下来的，命令制止"对优势兵力"作战。此后又未接到米尔恩的任何命令，特鲁布里奇于是决定一试，希望能在凌晨6时前东方曙光初露，使能见度有利于他而足以弥补射程不足的时候去拦截敌人。一过午夜不久，他全速南下。但是四小时后，他改变了主意。

特鲁布里奇在日俄战争期间担任过驻日海军武官，因此懂得不能小看长射程炮火的效能。他既系出名门，曾祖父曾经和纳尔逊一起在尼罗河上作过战，又享有"青年时代一度是海军中最最优秀的军官"的盛名，他"对航海技术的信仰就像克伦威尔手下的士兵对《圣经》的信仰一样"。丘吉尔很器重他，于1912年任命他进入新成立的海军作战参谋部工作。但是，在面临危急的殊死一战的时刻，航海技术和参谋工作方面的卓越才干并不一定有助于一个指挥官。

到凌晨4时，特鲁布里奇还没找到"格本"号，他断定自己不再有任何希望可以在有利条件下和它交战了。他相信，在大白天"格本"号即使被截住，也能躲出他的大炮射程，并把他的四艘巡洋舰一一击沉。他显然明白，一旦和它进行这场射击和厮杀的技艺较量，他的四艘巡洋舰和八艘驱逐舰中任何一艘用炮火或者鱼雷去击中它的机会是极少的。他断定，它就是海军部告诉他不要与之交火的"优势兵力"。于是他停止追逐，并把这情况用无线电报通知了米尔恩，然后在扎金索斯岛（Zante）外游弋到上午10时，仍然盼望着米尔恩的战列巡洋舰会有一艘出现。最后他驶进扎金索斯港，准备重新监视亚得里亚海上的奥地利人。就这样，第三次机会丢失了，而"格本"号载着命运的重负，沿着自己的航线驶去。

米尔恩仍然相信"格本"号存有掉头朝西的意图，于是在早晨5时30分发信号给"格洛斯特"号，要它"逐步落向后面，免遭俘获"。他也好，海军部也好，都还不认为"格本"号是艘正在逃窜中的船只，不是在寻求战机，而是在避免战斗，是在使出浑身解数全速驶向它遥远的目的地。可以说，英国人由于菲利普维尔遭受袭击留下的印象，以及多年来对德国海军愈来愈大的恐惧，把"格本"号看作一艘横行海上袭击商船的海盗船，随时会掉头扑将过来。他们盼望无论如何总得把它围困起来，可是他们在追赶它的时候却缺乏紧急迫切之情，因为他们始终在等它掉转头来，根本没有看出它是在竭力想脱身东逃，具体地说，也就是逃往达达尼尔海峡。这与其说是海军的过错，毋宁说是政治上的失算。很久以后，丘吉尔悔恨交加地承认："我想不起英国政府在作重大决策时，还有哪次比土耳其人的消息还要闭塞。"这一情况的根子在于自由党人对土耳其根深蒂固的厌憎。

时至8月7日天全亮时，只有"格洛斯特"号不理米尔恩的信号，还在跟踪"格本"号。这时"格本"号已再次和"布雷斯劳"号会合，在向希腊海岸驶去。苏雄海军上将不便在敌人视线下和他的运煤船

第 9 章　"当时在逃的敌舰'格本'号"

碰头，拼命要甩掉他的尾巴。他下令"布雷斯劳"号落向后去，在"格洛斯特"号前面来回穿梭，装成布雷的样子，同时采用其他扰乱视听的战术，想把"格洛斯特"号引开。

还在指望援兵的凯利海军上校，急于拖住"格本"号，已不顾一切。当"布雷斯劳"号落到后面来恫吓他时，他不考虑它是不是一支"优势兵力"，决心对它进行攻击，以迫使"格本"号掉回头来保护它。他不顾鱼雷的威胁开了火。"布雷斯劳"号回击。"格本"号不出所料果然掉过头来助战。谁也没有击中谁。一艘从威尼斯驶往君士坦丁堡的意大利小客轮刚好路过，目击了这场战斗。凯利海军上校撤出和"布雷斯劳"号的战斗，退下阵来。苏雄海军上将经不起把珍贵的煤用在追逐上，重新上路。凯利海军上校再次开始跟踪。

他不让"格本"号溜出视野，又追了三个小时，直到米尔恩发来信号，严令禁止他追过希腊岛顶端的马塔潘角（Cape Matapan）。下午 4 时 30 分，当"格本"号绕过马塔潘角驶进爱琴海时，"格洛斯特"号终于放弃追逐。苏雄海军上将摆脱了监视，隐没在希腊的小岛之间，去和运煤船会合了。

大约八个小时以后，午夜刚过，米尔恩海军上将装好煤，进行了检修，率领"不屈"、"无敌"、"不倦"和轻型巡洋舰"韦茅斯"号（Weymouth）离开马耳他向东行驶。也许因为他觉得目前这一阶段加速只是浪费煤而已，他以 12 海里的速度前进，从容不迫地追赶着。到第二天，8 月 8 日下午 2 时，他约莫在马耳他和希腊之间的半路上，从海军部传来消息说奥地利已经对英宣战，这使他立即停了下来。很遗憾，这个消息是误传，一个文书错发了这个事前约定表示与奥地利作战的代号电报。可是这已足以使米尔恩放弃追逐，于是他占定一个位置，以便奥地利舰队一旦出现时，不致和马耳他隔绝。就在那儿，他命令特鲁布里奇的舰队和"格洛斯特"号前来和他会师。又一个机会丢失了。

这些军舰在那里集结，停留了差不多二十四小时之久，直到次日中午，米尔恩听到尴尬不堪的海军部说奥地利根本没有宣战，于是再次重新开始追捕。到这时，离8月7日下午看到"格本"号驶进爱琴海的最后踪迹，已经过去四十多个小时。按照米尔恩海军上将后来的叙述，他在考虑朝哪个方向去找它的时候，认为"格本"号可能采取的航线有四条。他仍然认为它可能企图西去逃往大西洋，也可能南去攻打苏伊士运河，也可能找个希腊港口避一避，甚至也可能去攻打萨洛尼卡（Salonika）——后两种假想，从希腊还是个中立国这点来看，不啻海外奇谈。出于某种原因，他不信苏雄海军上将有破坏土耳其中立的意图；达达尼尔海峡这个目的地，在他脑子里跟在国内的海军部一样，连想也没有想过。他所设想的战略是，把它"朝北"困在爱琴海这只瓮中。

"朝北"确实是苏雄的去向，可是土耳其人已经在海峡入口布了雷，不经他们准许，他的军舰不能进入。在装好煤并和君士坦丁堡联系上之前，它们是无法前进的。他的运煤船"博加迪尔"号（Bogadir）正按照命令伪装成希腊船在马莱阿角等着。由于担心会被发现，他命令它向爱琴海上更靠里面的一个岛屿提诺斯岛（Denusa）驶去。因为没觉察到英国人已经中止追逐，8月8日一整天他的军舰潜伏不动，直到9日早晨才偷偷溜向荒无人烟的提诺斯岛海岸。在那儿，"格本"号和"布雷斯劳"号整天加煤，同时锅炉里烧足蒸汽，以便一接到通知半小时内就能出发。他还在一处山顶上设了一个瞭望哨，监视英国人；其实英国人当时远在500英里外监视着奥地利人。

苏雄海军上将不敢和君士坦丁堡通电报，因为可以传那么远距离的强力信号有可能同时把自己的位置泄露给敌人。他命令从墨西拿沿着一条更加偏南的航线跟着他来的"将军"号，驶往士麦那（Smyrna），并从那里打电报给驻君士坦丁堡的德国海军武官："由于无法规避的军事需要，必须攻击黑海的敌人。尽一切努力替我安

第 9 章　"当时在逃的敌舰'格本'号"

排，立即让我穿过海峡，如果可能则取得土耳其政府的准许，必要时可不经其正式同意。"

9日一整天苏雄等着回音。他的无线电收发报员曾经意外地收到一份含义不清的电文，但无法破译出来。夜幕来临，仍无答复。这时米尔恩已经得知有关奥地利的消息系出误传，他的舰队再次向爱琴海进发。苏雄决定，如果没有回音，必要时强行闯入达达尼尔海峡。8月10日凌晨3时，他收听到英国舰队进入爱琴海时拍发的无线电信号。他不能再事等待。就在这时，耳机里传来另外一阵断断续续的嗡嗡声。这是"将军"号，它终于发来了暧昧难解的讯息："进去！勒令要塞投降，逮捕引水员。"

弄不清这是要他炫示一下实力，以保全土耳其人的脸面，还是真的要他强行进入，苏雄就这么在拂晓时离开了提诺斯岛。一整天他以18海里的时速北上，而米尔恩海军上将则整天在爱琴海出口处来回巡行，不让它出来。当天下午4时，苏雄已经看到了特内多斯（Tenedos）和特洛伊平原；5时，他在查纳克（Chanak）大要塞的炮口下到达了这个历史上有名的坚不可摧的通道入口处。全体船员进入战位，每个人的心都悬着，根根神经绷得紧紧的，就在这样的情况下，它慢悠悠地驶近前去。"派个引水员来"的信号旗飘拂着升上了桅杆顶。

那天上午，曾经目击"格洛斯特"号与"格本"号、"布雷斯劳"号两舰战斗的那艘意大利小客轮到达君士坦丁堡。乘客中有美国大使亨利·摩根索先生的女儿、女婿和他们的三个孩子。他们带来了一个令人激动的故事：远处几艘兵舰，炮声隆隆，白烟滚滚，龙蜿蛇行，各施方略。他们听意大利船长说，其中两艘就是鼎鼎有名的才从墨西拿逃出来的"格本"号和"布雷斯劳"号。几小时后，摩根索先生因事碰到旺根海姆大使，提到他女儿讲的故事，旺根海姆听了之后表现出"一种焦虑不安的关注心情"。他吃好午饭，马上由奥地利大使陪同来到了美国大使馆。两位大使面对那位美国太太"郑重其事地在椅子上坐定下来","对她进行了非常仔细但却十分客气的盘问……他们连一个细节也没让她漏掉；他们想要知道打了多少发炮弹，德国船是朝哪个方向开走的，客轮上所有的人讲了些什么，等等，等等……他们离开使馆的时候，可说是心花怒放、得意洋洋"。

这下，他们得知"格本"号和"布雷斯劳"号已经躲过英国舰队脱身了。剩下来要做的就是取得土耳其人的同意，让它们穿过达达尼尔海峡。身为国防大臣，控制着布雷区的恩维尔帕夏真是求之不得，但是他得玩一套复杂的把戏，才好对付那些神经更加紧张的同僚。那天下午，当他正跟德国军事代表团的一个团员在一起的时候，通报说又有一个团员冯·克雷斯（von Kress）中校紧急求见。克雷斯说，查纳克要塞司令报称"格本"号和"布雷斯劳"号要求准许进入海峡，并请立即指示。恩维尔回答说，不跟首相商量他无法决定。克雷斯坚持说，要塞需要立即答复。恩维尔一言不发，坐了好几分钟，然后突然说："让要塞准许它们进来吧。"

一直不自觉地屏住呼吸的克雷斯和另外那位军官，这下才发觉自己松了口气。

接着，克雷斯问："假如英国军舰跟着它们进来，要不要对英国人开火？"恩维尔又一次拒绝答复，借口必须和内阁商量。可是克雷斯坚决主张要塞不能没有明确的指示。

"要不要对英国人开火？"随后冷场了很久。最后恩维尔回答说："要。"

在150英里外的海峡入口处，一艘土耳其驱逐舰离岸开出来，驶近"格本"号，甲板上所有的眼睛都极其担心地盯着它。一面信号旗飘扬了一会儿，经认出是"跟着我"的意思。8月10日晚上9时，"格本"号和"布雷斯劳"号驶进达达尼尔海峡，照事后很久丘吉尔凄然承认的说法，它所带来的"屠杀、痛苦和毁灭，其程度之烈，就一只船来说，是空前的"。

第 9 章 "当时在逃的敌舰'格本'号"

这一新闻立即经电报传遍全球，当晚就传到马耳他。仍然在爱琴海各岛之间搜索的米尔恩海军上将到第二天中午也得悉了。他的上司对"格本"号的任务了解得太少了，竟命令他布置一条封锁线来堵住达达尼尔海峡，"以防德国军舰出来"。

阿斯奎斯首相对这个消息的评论是：它是"令人关切的"。可是他在日记里却写道："它并没有什么大不了"，"因为我们将坚持""格本"号的船员应由土耳其人接替，而他们是没有能力驾驶这条船的。在阿斯奎斯看来，必须做的事情就是"坚持"而已。

协约国的大使们立即怒气冲冲地一再坚持这个主张。土耳其人仍然抱住中立不放，把它作为讨价还价的筹码，于是决定要求德国人解除"格本"号和"布雷斯劳"号的武装。这虽"只是暂时做个样子"，可是遭到应邀前来听取这一建议的旺根海姆的断然拒绝。经过进一步激烈讨论之后，有一个大臣忽然提出："难道德国人不可以把这两条船卖给我们吗？难道我们不可以把它们的到来看作根据合同前来交货吗？"

这诚是个高见，皆大欢喜，既打开了进退维谷的局面，又给了英国人没收两艘土耳其军舰以理想的报应。在德国的同意下，这笔买卖向外交使团宣布了。此后不久，"格本"号和"布雷斯劳"号经重新命名为"雅武斯"号（Jawus）和"米迪利"号（Midilli），升起了土耳其旗号，船员戴上土耳其帽，在土耳其人一片狂热声中，接受了苏丹的检阅。这两艘德国军舰真像是鬼使神差特意送来代替他们那两艘被抢走的军舰似的，既使老百姓欣喜若狂，又给德国人抹上一层深得人心的光辉。

德国一直催逼宣战，土耳其人则是一直拖延，不但如此，他们还为自己的中立开始向协约国索取越来越高的代价。俄国因为"格本"号来到黑海大门口，给吓坏了，愿意照付。就像处在绝境中的无赖汉发誓抛弃终身恶习那样，俄国甚至愿意不再染指君士坦丁堡。8 月 13 日，外交大臣萨佐诺夫向法国建议，可向土耳其提出，如它保持中立，愿对它的领土完整给予庄严的保证，并且给它"巨大的财政好处，由德国人负担"。他甚至愿意加上这样一个保证："即使我们胜利了"，俄国人也将履行诺言。

法国人同意，并且，用普恩加莱总统的话说，"竭尽全力"一方面使土耳其保持镇静和中立，一方面劝说英国参加对土耳其领土的联合保证。但是英国人绝不能屈尊去对一度受他们保护的国家的中立进行讨价还价或支付任何代价。丘吉尔在他"非常好斗"和"强烈反土"的情绪下，向内阁建议派一小队鱼雷艇穿过达达尼尔海峡去击沉"格本"号和"布雷斯劳"号。这也许是对动摇不定的土耳其人能施加影响的唯一姿态，也许是能防止最终发生的一切的唯一姿态。早在达达尼尔海峡遭到侵犯那天，法国一个最为敏锐、最有勇气的有识之士就曾提出过这样的建议。"我们应该跟着它们进去，"加利埃尼将军说，"否则土耳其会加入敌对阵营。"在英国内阁中，丘吉尔的想法被基钦纳勋爵否定了。他说英国人对土耳其采取攻势，就会疏远全体伊斯兰教徒，那是英国受不了的。应该让土耳其"先出手打第一拳"。

土耳其政府内部各派系争吵不已，摇摆不定，差不多有三个月之久，在这期间，协约国时而威胁，时而磋商，德国人在君士坦丁堡的军事影响则与日俱增。到10月底，德国人打定主意不能再让他们无限期地拖延下去。为了从南面封锁俄国，土耳其的实际参战已属绝对必要。

10月28日，原"格本"号和"布雷斯劳"号在苏雄海军上将指挥下，带着几艘土耳其的鱼雷艇，驶进黑海，炮轰了敖德萨（Odessa）、塞瓦斯托波尔（Sevastopol）和费奥多西亚（Feodosia），造成一些老百姓丧生，击沉了一艘俄国炮艇。

土耳其政府中的大多数人，被德国海军上将在自家门口干下的既成事实吓呆了，而想推卸责任，但被有力地阻止了。起作用的因素是，"格本"号就停在金角湾（Golden Horn）里，由它自己的军官指挥,配备着它自己的船员,而他们又是无视管束的。塔拉特贝伊指出,政府、王宫、首都、他们这些人本身、他们的家庭、他们的权力,以及哈里发,都处在德国炮口之下。赶走德国的军事代表团和海军代表团,他们又办不到,而这一点却是协约国一直要求土耳其作为它保持中立的证明。既然战端已经以土耳其人的名义挑起,俄国便于11月4日向土耳其宣战,英国和法国接着在11月5日也宣战了。

这下子战争的血刃便伸展到另半个世界的头上。土耳其的邻国保加利亚、罗马尼亚、意大利和希腊,最终也都卷了进去。此后,通向地中海的出口被堵死,俄国只好依靠一年中有半年冰封的阿尔汉格尔斯克(Archangel)和远离前线8000英里的符拉迪沃斯托克(海参崴,Vladivostok)了。黑海被封闭以后,俄国的出口降低了98%,进口降低了95%。俄国被隔绝以及隔绝造成的种种后果,加利波利(Gallipoli)的一场徒然的血腥悲剧*,协约国不得不分兵于美索不达米亚、苏伊士和巴勒斯坦等战役,奥斯曼帝国的最后瓦解,中东往后的历史,都是"格本"号这次航程造成的结果。

别的余波即使不那么重要,也同样辛酸。特鲁布里奇海军上将遭到同僚们的指摘后,要求成立调查法庭;1914年11月,调查法庭下令把他交军事法庭审判,罪名是"他放过当时在逃的敌舰'格本'号而不加追击"。在他是否有理由把"格本"号看作"优势兵力"这个根本问题上,海军为了自身的缘故,宣判他无罪。虽然他在大战中还继续服役,但由于海军的反感,从此不再让他担任海上指挥。为了把地中海交由法国人控制,米尔恩海军上将于8月18日被召回国退休。8月30日,海军部宣布,在对付"格本"号和"布雷斯劳"号的问题上,他的指挥和部署,业经"仔细审查",结果是"各位大臣对于他所采取的步骤的任何方面,都表示赞同"。各位大臣先前看不到君士坦丁堡的重要性,现在也不找替罪羊。

---

* 指1916年英国为强渡达达尼尔海峡远征加利波利,结果伤亡惨重,战果全无。——译注

第10章

列日和阿尔萨斯

德法两国,当它们的大军尚在集结之际,各自的先遣部队便已经像走马灯似的在向前推进,准备发动进攻。德军来自东方,法军则从西方来。对峙的两方都在从地处走马灯外缘的各自阵地的右翼一端率先行动。两军相距300英里。不管法军采取什么行动,德军将袭击列日,并摧毁其周围十二座护城堡垒,为其右路大军打通横贯比利时的道路。法军亦将不顾敌方作何行动,准备一举突入上阿尔萨斯,这样用兵是感情因素大于战略因素,用心在于趁爱国热情高涨之际开战,以鼓动当地居民揭竿而起反抗德国。在战略上,它的目的是把法军推进到莱茵河右岸固守。

列日就像是一座城堡的吊闸,守卫着从德国进入比利时的大门。它雄踞在默兹河左岸高达150米的陡坡上。这一带的河道,宽近200米,是它的天然城壕,方圆30英里,都有堡垒卫护。它是一座有口皆碑的、全欧洲最固若金汤的城池。十年前,旅顺港是在抵挡了九个月的围城后才投降的。全世界的舆论都寄希望于列日,即使它不能无限期地坚守不屈,也肯定能和旅顺港的纪录并驾齐驱。

全部兵力超过150万人的德国七个集团军,在沿着比法两国边境集结。按番号顺序,从部署在与列日对峙的德军阵线的右翼顶端的第一集团军,直至部署在阿尔萨斯的左翼末端的第七集团军。第六、七两集团军组成德军左翼,计16个师;第四、五两集团军组成中路,计20个师;而第一、二、三集团军组成右翼,计34个师,按计划将穿越比利时的便是右翼。另有一支由三个骑兵师组成的独立军配属于右翼。右翼的三个集团军分别由冯·克卢克将军、冯·比洛将军和冯·豪森(von Hausen)将军指挥。三位将军都是六十八岁,前面两位是1870年的沙场老将,骑兵军的军长是冯·马维茨(von Marwitz)将军。

由于冯·克卢克的第一集团军进军路线最长,全线推进的速度必须根据它的进展予以调节。第一集团军在亚琛以北集结,准备取道列日市默兹河上五座桥梁渡河,因此攻占列日便是决定一切的首要目标。列日周围堡垒的炮群控制着介于荷兰边境和树木茏葱、丘陵起伏的阿登山区之间的孔道。列日的几座桥梁是渡过默兹河的仅有的几条通道。列日又是把比利时、德国与法国北部连接起来的四条铁路线的枢纽,因此它是向前方的德国部队运输给养的必经之地。所以,在占领列日并将其周围的堡垒打哑以前,德军右翼部队将无法前进。

为了打通经过列日的这条道路,特别从第二集团军抽调了六个旅编成一支"默兹河部队",由冯·埃米希将军指挥,如果比利时人不坚决抵抗,这支部队可望在主力集结之际便可完成这一任务。德皇战前多次失言事件之一,便是在观看演习时对一个英国军官伸出巴掌凌空一翻,说:"我将这样通过比利时!"德国人认为,比利时人所谓不惜一战的说法,不过是——用一个普鲁士政治家对他国内政敌的用语说——"绵羊的梦呓"。列日拿下了,第一、第二两集团军在列日两旁大路上开到了与该城齐平的地点,这时候大进军便可开始了。

亨利·布里阿尔蒙(Henri Brialmont)是他那时代里举世无双的防御工程大师,19世纪80年代,他在利奥波德二世的坚决敦促下，构筑了列日和那慕尔两地的堡垒群。堡垒群分别环列在两城四周高地上，意图是扼守默兹河的通道，抵御不论来自何方的入侵。列日的堡垒群构筑在河的两岸，距列日一般是四至五英里，堡垒之间各相距约两三英里。东岸的六座全部面对德国，西岸的六座环列在列日的周围和背后。这些堡垒好像是在地底下构筑的中世纪城堡，地面上只露出一块三角形的顶部，顶上伸出一些拱形罩盖，隐蔽着所有的炮塔。其他一切设施全部在地下，有倾斜的隧道通往地下室，并沟通炮塔与弹药库和火力控制室的联系。六座大堡垒和分布其间的六座小堡垒共拥有大炮400门，其中最大的是口径8英寸（210毫米）的榴弹炮。三角形顶部边角处有小型炮塔，塔中的速射炮和机关枪控制着堡垒前方的斜坡。每座堡垒四周都围有一道9米深的壕堑，并各有一座像它的大炮一样能降落至地面以下的钢制瞭望塔，塔上装有一台探照灯。每座大型堡垒由两连炮兵和一连步兵共计400名士兵驻守。修筑这些堡垒群的原来意图是作为捍卫边疆的前哨，而不是作为抵挡敌军围攻背城借一的阵地，因此必须倚仗野战军守住各堡垒之间的空地。

比利时人过分信赖布里阿尔蒙精心设计的这些防御工事，因而忽略了使堡垒现代化的工作。守军人数不足，而且都是来自预备役中年纪最大的一届，每连仅有军官一名。比利时人唯恐德国人找到借口，指责比利时违犯中立，因此迟至8月2日才下令挖掘战壕和架设有刺铁丝网的路障，以保卫堡垒之间的空隙地带，并清除有碍大炮火力的树木和房屋。德军发动攻击时，这些措施才刚开始。

就德国人而言，他们相信比利时人将屈服于最后通牒，或最多只是进行象征性的抵抗，因此没有把他们已准备好的秘密武器运到前线。这种巨型攻城加农炮，其体积与破坏力之大一直被认为是无法移动的。一种攻城加农炮是由奥地利斯科达兵工厂制造的12英寸（305毫米）的迫击炮；另一种是由在埃森（Essen）的克虏伯兵工厂制造的16.5英寸（420毫米）的庞然大物，连同炮架在内长

第10章 列日和阿尔萨斯

逾7米，重98吨，其炮弹重1800磅，长约0.9米，射程达9英里，需要炮手达200名之多。在以前，已知的各种大炮中以英国13.5英寸口径的海军炮和海岸炮兵的11英寸固定榴弹炮为最大。当年围攻旅顺达六月之久才拿下该地的日军，曾不得不将自己海岸上的这种大炮全部拆下来供攻城之用，不过，也是轰了三个月方才迫使俄国要塞投降的。

德国人的时间表却容不得花这样长的时间去收拾比利时的堡垒。毛奇对康拉德·冯·赫岑多夫说过，他预期到动员第39天西线便已决定胜负，因此答应从动员第40天开始派遣德国部队到东线支援奥地利。尽管德国人估计比利时人不敢应战，但是德国人的缜密周全要求做到对于一切可能发生的情况都要有所准备。问题就在于要设计一种用于攻克堡垒的能在陆上运输的最重型大炮。它要么是一种迫击炮，要么是一种短炮管的榴弹炮，能以高仰角发射，使炮弹落在堡垒的顶部，同时又可以无须长炮管的来复线而能相当准确地击中特定目标。

1909年，克虏伯工厂在绝密的情况下试制成功420毫米口径的大炮。这种短炮管的庞然大物，虽然能够成功地发射炮弹，但也确实过于笨重，难以搬动。搬运时必须把它拆成两段，各由一辆火车头拖运，还必须敷设支轨，才能把它运到炮座。由于发射时下冲的后坐力巨大，底座必须挖至几米的深度，注满水泥，把炮架固定在水泥座体中；如要拆运，还须用炸药炸毁水泥。炮位装置过程需要六小时。在以后四年中，克虏伯继续研制一种可以分成几部分因而适宜于公路运输的大炮。1914年2月，样炮试制成功，并在库默斯道夫（Kummersdorf）试验场试射，应邀专程莅临现场观看的德皇感到非常满意。不过，在公路上用蒸汽机、汽油马达甚至用马队牵引的进一步试验，都证明仍需继续改进。预定在1914年10月1日改进完毕。

奥地利斯科达厂在1910年制成的305毫米大炮具有优越的机动性。它可以拆为三部分：即炮身、炮架和可以搬动的底座。用马达牵引，每天可行15至20英里。这种大炮不用软胎，而是在轮子上装上当时被人们敬畏地称之为"铁脚"的履带。到达炮位后，首先安置好可搬动的钢铸底座，用螺栓把炮架紧固在底座上，然后架上炮身。整个操作过程需时40分钟。拆卸过程能以同样速度完成，这样就能保证不致被敌人缴获。它能向左右作60度旋转，射程7英里。和420毫米口径的大炮一样，它能发射装有延发引信的穿甲炮弹，让炮弹在穿入目标内部后爆炸。

8月战争爆发时，德国有几门奥地利的305毫米大炮，是康拉德·冯·赫岑多夫在德国人自己的同类型火炮能够使用前借给他们的。这时候，克虏伯已生产了五门420毫米口径铁路大炮和两门公路大炮。但这些大炮在运输方面仍需改进。8月2日发出紧急命令，要求把这些大炮准备就绪。入侵比利时开始后，克虏伯拼命加紧生产，夜以继日，装配炮身、炮架、马达、设备，配备应急的马队、机修工、卡车司机以及在出发前必须进行一次最后训练的炮兵人员等。

毛奇仍然希望不必动用这些大炮而能顺利通过。可是，如果比利时人执迷不悟，真的不惜一战，德国人指望一举攻克这些堡垒。有关这次进攻的一切细节都经周密考虑，由总参谋部的一名军官——他是施利芬的最忠诚的门徒——负责研究行动计划。

对工作不嫌其多和花岗石一般的性格，帮助这位埃里克·鲁登道夫（Erich Ludendorff）上尉克服了姓氏不属名门望族的缺陷，在1895年，也就是他三十岁那年，成为总参谋部的一员，赢得了人所渴望的带红色条纹的军服。粗壮的身躯，淡黄色小胡子下面有着一张叫人看上去很不舒服的唇角下垂的嘴巴，圆圆的双下巴，加上颈背上隆起的那块埃默森称之为兽印记的横肉，这一切都突出地表明鲁登道夫属于与施利芬那种贵族风度完全相反的体形。尽管如此，鲁登道夫却刻意仿效施利芬的那种不苟言笑、隐而不露的性格。这样一个存心要落落寡合、拒人于千里之外的人物，尽管不出两年他对德国人民和他们的命运所行使的权力如此之大是腓特烈大帝以

第10章 列日和阿尔萨斯

来没有人能及得上的，但直到此时此刻，他还是一个不为人知、未受赞赏的人物。通常，大人物都有亲友家属撰写对他的回忆，积累些有关他的故事和言论，可是他却没有；甚至在他享有盛名之后，也都不曾留下什么传闻轶事，他是个没有影子的人。

鲁登道夫把施利芬看作"古往今来最伟大的军人之一"。1904年至1913年，他任职总参谋部动员科并最后主管该科，不遗余力地要使他的恩师的计划能保证成功。关于这个计划的正确性，他说，总参谋部全体成员都深信不疑，因为"没有人相信比利时的中立"。一旦战争爆发，鲁登道夫期望出任作战处长。但在1913年，他与当时的陆军大臣冯·黑林根将军意见相左，因此被撵出总参谋部，外调担任团长。1914年4月，他被提升为将军，并有命令给他，要他在动员的时候出任第二集团军副参谋长[*]。8月2日，他作为副参谋长被派到担任进攻列日的埃米希的默兹河部队，任务是负责突击部队与军部的联络。

8月3日，阿尔贝国王出任比利时军队的总司令，他已不存任何幻想。他和加莱根据德军可能发动入侵的设想而制订的计划受到了阻挠。他们本来打算把比利时部队的六个师全部布防在默兹河一线，利用这道天然屏障加强列日和那慕尔两地的筑垒阵地。可是总参谋部和新上任的参谋长塞利耶·德莫朗维尔将军不愿让年轻的国王和官卑职小的加莱上尉在战略上发号施令，总参谋部本身又因进攻与防御两派意见之争而莫衷一是，没有作出安排把部队调至默兹河沿岸。在战前，为了严守中立的原则，六个师分别部署在各个方面以应付一切来犯之敌：第一师在面对英国的根特（Ghent）；第二师在安特卫普；第三师在面对德国的列日；第四、第五两师在面临法国的那慕尔、沙勒鲁瓦和蒙斯；第六师和骑兵师在中央，即布鲁

---

[*] 这个职称与所指的职务是相称的，采用这个职称而不用德语原文 Quartiermeister（军需官），是因为后者对英语读者来说会引起混淆。

塞尔。塞利耶将军的计划是，一旦判明敌人来自何方，部队即在国家中心地带集中，迎击入侵者，而听任安特卫普、列日和那慕尔的城防守军各自为战。一般来说，推行既定计划的力量总是大于改变这些计划的力量。德皇无法改变毛奇的计划，基钦纳也改变不了亨利·威尔逊的计划；同样，朗勒扎克（Lanrezac）也改变不了霞飞将军的计划。到8月3日，阿尔贝国王正式就任总司令，因而权力已在塞利耶将军之上，但再要把全军部署在默兹河一线已为时过晚。此时采取的战略是把比利时部队集结在热特河（Gette）畔的卢万（Louvain，又译为鲁汶）前方，亦即布鲁塞尔东约40英里处，决定在这里打一场防御战。在这种情况下，国王最多只能坚决要求留驻列日的第三师以及留驻那慕尔的第四师增援边防守军而不开往国家的中心地带去和野战集团军会师。

国王于1914年1月亲自提名六十三岁的高等军事学院校长勒芒（Leman）将军担任第三师师长兼列日军事长官，并使这一任命获得通过。勒芒和霞飞一样，原来也是一位工兵军官，除了在工兵部队任职的六年外，三十年来一直都在高等军事学院工作。阿尔贝曾在该校求学，亲聆过他的教诲。勒芒有七个月的时间在未取得总参谋部支持的情况下整顿了列日堡垒群的防务。危机到来之际，他的两位上司之间爆发了一场各自发布命令的冲突。8月1日，塞利耶将军发出命令，要调走第三师的一个旅，也就是说要调走该师三分之一的兵力。根据勒芒的要求，国王撤销了这道命令。8月3日，塞利耶将军转过来也撤销了国王关于破坏列日上游几座桥梁的命令，理由是这些桥梁是比利时部队行动所需。这一次又是因为勒芒的要求，国王支持这位将军抵制了总参谋部。国王并给勒芒写了一封私人信件，要他"坚守托付给你的阵地，死战到底"。

然而，保卫祖国的意志超越了保卫祖国的手段。以机枪为例，它是防御的主要武器，但按人数比例计算，比军拥有的机枪只及德军一半。至于保卫堡垒之间的阵地所需的重型野炮，比军一门也没有。原来打算在 1926 年以前把野战集团军的名额增加至 15 万人，外加后备兵员 7 万，并把堡垒部队增加至 13 万，但这一扩军计划，几乎没有付诸实施。1914 年 8 月，野战集团军凑集了 11.7 万人，没有受过训练的后备兵员也凑在内，剩下来的后备兵员全都被用来守卫堡垒了。民防人员也被强行编入现役，这些民防人员原来是头戴高顶军帽、身穿鲜绿制服、绅士气派十足的宪兵队。现在，民防的职务有许多改由童子军来执行了。现役部队对挖掘战壕没有实际经验，同时也缺乏必需的工具。运输设备不足，帐篷与野战炊事房尚付阙如，炊具必须到乡村和农庄里去征集，电话设备少得可怜。大军出发，一片嘈杂喧闹，犹如乌合之众。

这支大军也是乘激情之浪、驾幻想之雾进军的。一夜之间，丘八都成为英雄，老百姓纷纷飨之以食物、热吻和啤酒。不久，他们就解散队列，漫步街头，炫耀他们的军服，或向友好致意。有些士兵的双亲随军出发，想看看战争究竟是什么样的玩意儿。被征用的上等小轿车作为运输工具，满载面包和肉块在路上飞驰。汽车过处，行人报以一片欢呼之声。像佛兰德的牛奶车一样用狗拉的机枪，也受到人们的欢呼。

8 月 4 日清晨，晴空万里，静谧宁安。布鲁塞尔以东 70 英里的地方，第一批入侵者冯·马维茨的骑兵部队越过边境进入比利时。蹄声嗒嗒，沉着坚定，他们手持 12 英尺长的钢头旗杆矛，或在身上挂着军刀、手枪和来复枪。公路两旁的田野里正在收割的庄稼汉抬头张望，在家里的村民从窗子后窥视。他们压低嗓门说："枪骑兵！"（Uhlans）这个奇怪的名字源于剽悍的鞑靼骑手，念起来不禁使人想起发生在古代欧洲的蛮族入侵。德国人自命肩负一项具有历史意义的使命，即为其邻邦传播德国文化。然而，他们在执行这项使命的时候，往往热衷使用恐吓手段，正如德皇在使用"匈人"*

---

* "匈人"（Huns），公元 4 世纪至 6 世纪生活在中亚、东欧地区的民族，德皇威廉二世曾以其作为德国军人的榜样。——译注

这个词时一样。

作为入侵的前卫，骑兵的任务是侦察比军和法军的阵地，密切注视英军的登陆行动，并掩护德国部队的展开以防敌人进行相似的侦察。在第一天，那些打头阵的骑兵中队在汽车运来的步兵的支援下，打算在默兹河上各桥梁被毁之前攻占所有的渡河通道，同时夺取一些农庄和村落，以保证粮食与饲料的来源。瓦萨格（Warsage）是位于边境上比利时一侧的小城市。那天，当骑兵部队在比利时的鹅卵石公路上策马前进的时候，七十二岁的市长弗莱歇先生（M. Flechet）披上他的公职绶带，站立在村前的广场上。骑兵中队长在市长跟前勒住坐骑，面带笑容，有礼地递上一份铅印的宣言书，声称德国因为"迫不得已"而进入比利时，兹表示"遗憾"。尽管希望避免战斗，宣言还是说"我们必须有一条畅通无阻的道路。任何破坏桥梁、隧道和铁路的行动将被视作敌对行为"。从荷兰到卢森堡之间的比利时边境沿线各个乡村的广场上，枪骑兵都散发了这份宣言，并扯下村公所的比利时国旗，升起德意志帝国的黑鹰旗。他们满怀信心地向前进军，因为他们的司令曾向他们保证，比利时不会进行抵抗。

在他们后头，通向列日的各条公路上挤满一队队埃米希麾下的突击部队的步兵。在一片单调的土灰色之中，只有漆在钢盔前面的各团的红色番号鲜艳夺目。再后头就是用马挽的野战炮。皮靴以及马具上的新皮革嘎嘎作响。一批批骑自行车的士兵抢在前头夺取十字路口和田庄，并架设电话线。一辆辆载着戴上单片眼镜的参谋部官员的小轿车穿越人群，不断地揿着喇叭。勤务兵坐在前头，握枪在手，车尾捆扎着一些皮箱。每一个团配备有野战炊事车，据说是模仿德皇在一次俄军演习时看见过的一辆战地厨房车制成的。行军时炊事兵站在车上，在熊熊的炉火上不断搅拌炖锅。入侵者的配备如此尽善尽美，进军步伐又如此整齐划一，人们还以为他们是在阅兵行进。

第10章 列日和阿尔萨斯

每个士兵负重65磅：来复枪和弹药、背包、水壶、备用皮靴、挖壕沟工具、小刀以及用皮带束在外套上的各式各样的器具和个人装备。口袋里放着他本人的"应急口粮"——两罐肉、两罐蔬菜、两包硬饼干、一包咖啡粉和一瓶威士忌。这瓶酒只有在得到上级批准后才能开封，而且每天检查一次，看这瓶酒的所有者是否老实。另一个口袋里装有针线、绷带和橡皮膏；还有一个口袋装有火柴、巧克力和烟草。军官们的颈脖上都挂着望远镜和标明该团行军路线的皮面地图。这些地图保证了德国军官不致像有些英国军官那样抱怨战斗总是发生在两幅地图交接的地方而使他们处于困境。德军行军时纵情高唱。他们高唱《德国至上》《莱茵河的守卫》和《国王胜利万岁》。他们在停止前进时，在宿营或狂饮时也是歌声不绝。在经历过此后三十天激烈战斗而痛苦和恐惧的人们当中，许多人将记得这些无休止的、一再重复的男声歌唱，是这次入侵中给人们带来的最可怕的折磨。

冯·埃米希指挥的各旅德军从东、南、北三个方面向列日进逼，它们到达默兹河时发觉该市上下游的桥梁已被破坏。它们试图架设浮桥渡河时，比利时步兵便开火，德国人想不到竟真的打起来了，在真枪实弹中他们开始伤的伤，死的死。德军数达六万，比军只有两万五千。黄昏降临时，德军在列日北面的维塞渡河成功。从南方发动攻击的各旅被阻，中路突破默兹河向内弯曲处的各旅，已进抵筑垒地带，还没有到达河畔。

这一天，当德军的皮靴、车轮和马蹄蹂躏比利时农村，践踏已成熟的庄稼时，狙击越来越剧烈，德国士兵的苦恼也随之加深，因为原来告诉他们的是比利时人不过是"巧克力士兵"而已。德军遇到抵抗后，既弄得措手不及又感到气恼万分。第一次战斗的洗礼使他们处于歇斯底里状态，以至于一听到有人发出"狙击手！"的叫声就紧张万分。他们马上疑神疑鬼，以为每一栋房屋和每一道树篱后面都有愤怒的老百姓在向他们射击。他们马上呼喊"有人开枪！"，这句话成了以后德军从维塞打到巴黎城门,一路上对各地老百姓恣意进行报复的信号。从战争的第一天起,记忆中1870年的可怕的"自由射手"的形象,经过他们的渲染夸张,开始具体化了。

著名的地下报纸《自由比利时人》(Le Libre Belge)随后唤起的边境城镇居民的反抗精神,在战争打响的第一天早上尚未萌芽。他们的政府深知敌人的本性,业已把布告散发各地广为张贴,命令居民将武器上缴各城镇当局,并提出警告,一旦为德国人发现持有武器就有可能被处以死刑。布告告诫群众,切勿攻击或侮辱敌人,并应待在屋内,关上窗子,以免提供"任何引起流血、掠夺或屠杀无辜居民的镇压措施的口实"。受到如此严厉的告诫,在入侵者面前惶恐莫名的老百姓当然不敢妄图以打兔子的猎枪来阻挡全副武装的大军。

不过,在入侵的第一天,德国人不仅枪杀平民,甚至枪杀比利时教士,这是蓄意制造的事端。8月6日,德国前首相的兄弟,担任参与进攻列日之役的某骑兵师师长卡尔·乌尔里希·冯·比洛(Karl Ulrich von Bülow)少将[*]告诉一名袍泽说,他不赞成"前一天对一些比利时教士的处决"。所谓比利时教士参与密谋煽起游击战——这是在战事发生后二十四小时之内无视文官政府的告诫组织起来的——之说,完全是个借口,是说给德国人听的。这一批处决又是做给比利时人看的,就是要开杀戒,震慑人心,他们根据的便是卡利古拉[†]皇帝提出的理论:"Oderint dum metuant"("不怕他们恨我,只要他们怕我")。

也是在头一天,德国人枪决了六名在瓦萨格抓的人质,并焚毁了巴蒂斯(Battice)这个村子,以示儆戒。"村子被付之一炬,只

---

[*] 并非指挥第二集团军的卡尔·冯·比洛上将。
[†] 卡利古拉(Caligula),罗马帝国皇帝(公元37—41年在位),嗜杀成性,曾处死许多无罪的人。公元41年,被近卫军将领保民官卡西乌斯·凯列亚杀死。——译注

剩下一片断垣残壁，"几天以后行军路过该村的一名德国军官这样写道，"通过没有框架的窗户可以看到室内烧剩的铁床架和家具的残骸。马路上到处是家用器皿的碎片。除了在废墟中觅食的猫犬之外，大火过后没有留下任何生命的痕迹。市集广场上有一座教堂，屋顶和塔尖都已不知去向。"他听说在另外一处曾有三个德国轻骑兵遭到射击，于是"整个村子成了一片火海，牲口棚里的牛群厉声嘶叫，被烧得半死的小鸡狂奔乱窜，一堵墙前躺着两具身穿农民长罩衫的尸体"。

"我们在比利时的进军肯定是残酷的，"8月5日毛奇在致康拉德的信中这样写道，"但对我们来说，这是一场求生存的搏斗，任何妨碍我们前进的人必须承担一切由此产生的后果。"他没有考虑到德国对此必须承担的后果。但是德国要在比利时遭受当头一棒的过程已经开始。

8月5日，埃米希的各旅兵力开始攻击列日东端的四座堡垒。德军先以野战炮进行连续轰击，接着是步兵冲击。落在堡垒上的轻磅炮弹起不了什么作用，而比利时人对德军倾泻的炮弹却消灭了他们位于前列的士兵。一连一连的德军继续投入战斗，冲向各堡垒之间比军壕沟尚未竣工的那些空隙地带。在一些地点，德军突破比军阵地后强行爬上比军大炮无法俯射的斜坡，但被堡垒的机枪火力扫倒，尸体山积，高近一米。在巴尔雄堡垒（Fort Barchon），比军看到德军阵线开始动摇，便趁机出击，以刺刀击退了敌人。德军一再强攻，不惜伤亡，因为他们知道，有大量后备人员足以补充损失。"他们并不试图展开队形，"一名比利时军官写道，"而是一排排地并且几乎是肩并肩地冲过来，直到中弹倒地。倒下去的伤亡人员堆叠成一堵可怕的街垒，快要遮住我们的枪口，为我们带来麻烦。街垒越来越高，我们实在不知道究竟是隔着它射击好，还是走出去用双手开拓出一些通道……可是你相信吗？——这堵用尸体和伤员砌成的名副其实的墙垛却帮助了那些令人惊叹的德国人，使他们得以越爬越近，终于爬上碉堡前的斜坡。但是他们最多只能走到一半，因为我们的机枪和步枪的火力把他们击退了。当然，我们也有损失，但和敌人蒙受的大量伤亡比起来是微不足道的。"

列日之战爆发后第二天，交战国不计伤亡的情况就开始了。这种情况在以后时日里越来越严重，直至把士兵的生命视若草芥。索姆河（Somme）一战，双方伤亡多达数十万，而凡尔登一役伤亡竟在百万人以上。德军遭受第一次挫折后恼羞成怒，不顾一切地投入大量兵力以对付堡垒，需要多少就投入多少，以便按期攻克目标。

8月5日夜间，埃米希指挥的各旅德军分别在他们进军的各条公路上再度集结，准备在午夜时分发动一次新的攻势。随军出发的鲁登道夫将军发觉他所在的部队，即位于德军中路的第十四旅的士兵情绪沮丧，"紧张不安"。前头便是堡垒的炮群，令人望而生畏。不少军官表示怀疑，步兵冲击是否敌得过这些大炮的火力。谣传那天更早一些时候所派出的一支执行侦察任务的自行车连队已被"全歼"。一支在黑夜中迷途的纵队碰上了另一支纵队，两队人马纠缠在一起，不得不在一片混乱之中停止前进。鲁登道夫策马前去查明引起麻烦的原因，他发觉第十四旅旅长冯·武索（von Wussow）将军的勤务兵牵着将军的坐骑，马鞍空着，原来冯·武索已被机枪击毙于前面路上。鲁登道夫当机立断，接管了该旅的指挥，并命令发动攻击，以期突破弗勒龙（Fleron）与埃弗涅（d'Evegenée）两堡垒之间的空隙地带。在前进时，有的士兵中弹倒地，这是鲁登道夫有生以来第一次听到"击中人体的子弹发出的那种奇特的砰砰声"。

由于战火中的机缘凑巧，不到两英里以外的弗勒龙堡垒突然停止炮击。在发生逐屋战斗的那个村子里，鲁登道夫调来一门野战榴弹炮，"向房屋"频频炮击，不久就打开一条通道。到了6日下午2时，第十四旅已经突破堡垒圈，进抵默兹河右岸一些制高点。从那里，他们可以遥望对岸的列日及其城堡。城堡是座威严但已废弃不用的堡垒。在这里，他们与冯·埃米希将军会师，并等候其他各旅部队

列日进攻战

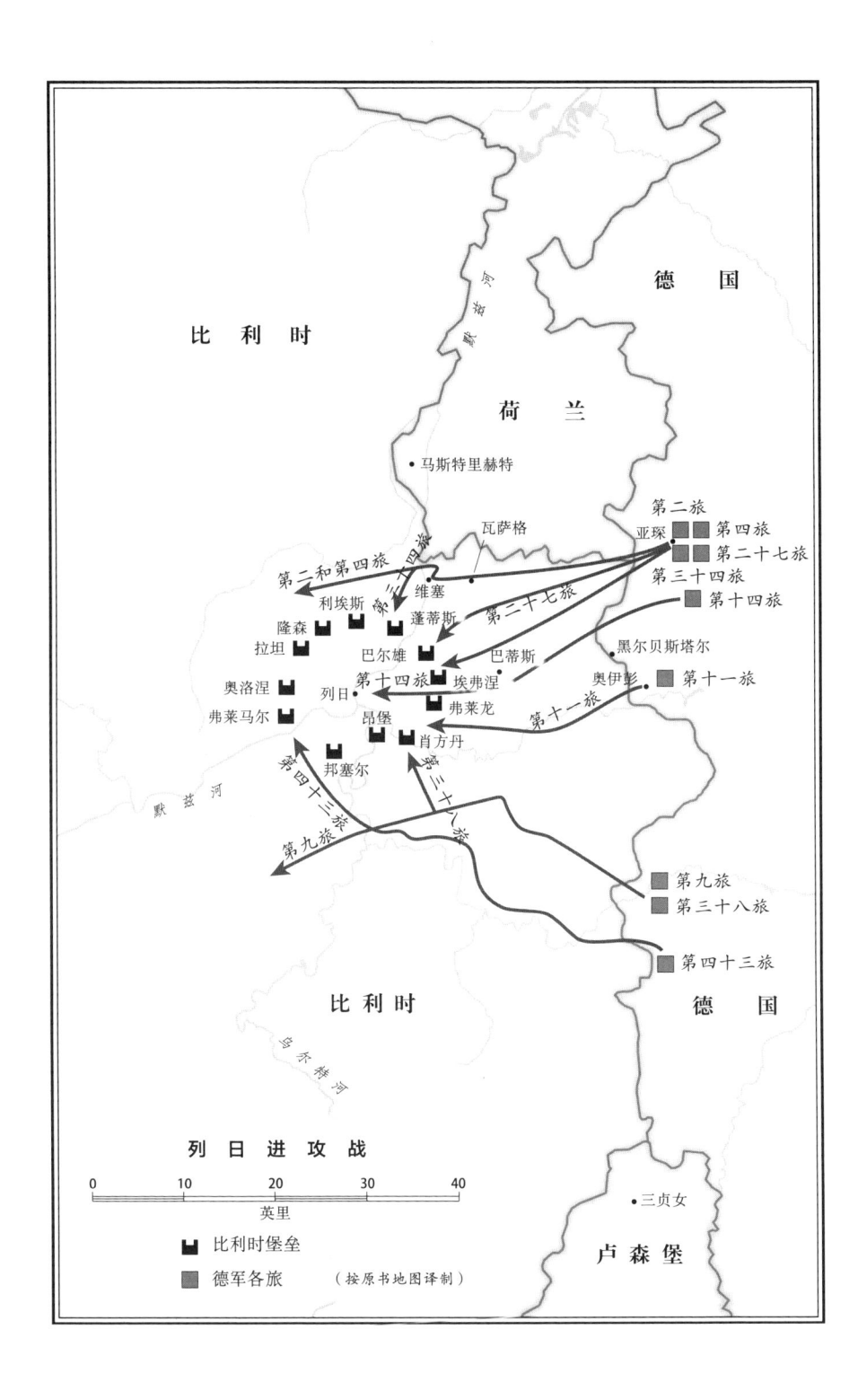

■	比利时堡垒
■	德军各旅

(按原书地图译制)

0　10　20　30　40
英里

的到来。他们在那儿等候多时，眺望通向南北的几条公路，不见友军影踪，越来越感到心焦。第十四旅发觉自己是突入堡垒圈内的一支孤军。它的野战炮都对准城堡，开始射击，既作为发向其他各旅的信号，也用以"恫吓要塞司令和当地居民"。

德国人因为不得不花费大量时间和人力去和比利时人作战而感到恼火，他们认为，如果比利时人具有一般常识，就早该让他们通过。所以，德国人在整个8月份始终摆脱不了"威吓"比利时人使他们放弃愚蠢而无益的抵抗的想法。前一天，德军派出前驻布鲁塞尔武官打着一面休战旗帜去跟他原来相识的勒芒将军接触，试图说服他放下武器，如果不成的话，就威胁他投降。使者告诉勒芒，如果他不让德军通过，齐柏林飞艇（Zeppelins）便将毁掉列日。会谈没有取得预期的效果。8月6日，齐柏林 L-Z 飞艇按时从科隆起飞，对这个城市进行了轰炸，一共投下了13颗炸弹，炸死9名市民，给20世纪的这一做法开了头。

轰炸过后，鲁登道夫派出另一名使者，打着另一面休战旗帜来劝降。同样，这个使者也未能说服勒芒。接着，德国人还耍了个阴谋诡计。为了绑架或杀害这个比军司令，德军派出由6名军官和30名士兵组成的一支分遣队，穿上没有标志的像英军穿的那种制服，乘坐几辆汽车，开到勒芒在圣福瓦路（Rue Sainte-Foi）的司令部，要求会见将军。将军的副官马尔尚（Marchand）上校走到门口，大声叫喊："他们不是英国人！是德国佬！"他当即中弹倒地。上校的袍泽们立即为他报了仇。根据1914年那种生动而如实的报道，这些袍泽"为这种公然破坏战争文明准则的卑怯行径气得发狂，没有饶恕敌人，把他们全都杀了"。在一片混乱之中，勒芒将军逃到城西的隆森堡垒（Fort Loncin），在那里继续指挥防守。

勒芒认识到，既然德军一个旅已经插入堡垒之间的空隙地带，他已没有希望坚守列日市。如果从南北两方面攻来的各旅德军也取得突破，列日势将陷入包围，第三师将被孤立，不能动弹，最终难

第10章 列日和阿尔萨斯

逃陷于绝境而被歼灭的厄运。勒芒的情报处已经辨认出进攻的部队隶属于四个不同的军，据此看来，埃米希的总兵力相当于八个师，而勒芒仅有一个师。事实上，埃米希的部队并非按军编制组成，而是一些互不关联的独立旅，当时的实力，加上临时凑合的援军，共约五个师。孤立无援的第三师，力不足以保存自己或守住列日。勒芒将军知道国王坚定不移的宗旨在于保存野战集团军的建制和实力并使之与安特卫普保持联系，而不管其他地区发生什么情况。因此，他于8月6日晨命令第三师撤出列日，与其余部队在卢万前沿会合。这个行动意味着列日市，尽管不包括它的堡垒群，势将陷落。但即使是为了列日，也不能牺牲一个师，因为比利时的独立比列日更重要。除非国王仍然统率一支部队继续留守在他自己国土上的某个角落，否则他就不仅要任凭敌人的摆布，而且要任凭盟友的摆布。

8月6日，比军在前一天击退德军的消息传来，布鲁塞尔一片欢腾，如醉似痴。报纸号外欢呼"比利时人的伟大胜利！"。心头充满喜悦的人们涌进咖啡馆，互相祝贺，声称要报仇雪恨，整夜狂欢。次日早晨，他们争相传诵比利时的公报。公报说，12.5万德军"完全不起任何作用，发动攻击的三个军被切成数块，已成强弩之末"。盟邦各报也感染了这种欢乐情绪，此唱彼和，纷纷报道"德军全线溃退"，若干团已放下武器，大批被俘，伤亡两万，守军在各处战果辉煌，"入寇已被有效遏制"，他们的进军已是"寸步不前"。对于比利时第三师的撤退只是一笔带过，在如此大好形势之下为何撤出列日，则未见有任何解释。

设在卢万老市政厅的比军司令部里，信心之高，就好像比利时拥有34个师、德军只有6个师而不是恰恰相反似的。总参谋部里的急进派"正忙于提出各种异想天开的计划，要立即发动一次攻势"。

国王立即否决了这个攻势。他从敌军攻击列日使用的实力，以及新近收到的一些有关入寇德军现经查明的五个军的报告中，已看出施利芬包抄战略的轮廓。如果法英援军能及时到达，他仍然有机会在安特卫普和那慕尔之间的热特河畔挡住德军。他已两次向普恩加莱总统发出紧急呼吁。即使在目前这个阶段，他和比利时的每个人一样，仍然期望他的盟友会出兵比利时和他会师。"法国人在哪儿？英国人在哪儿？"人们到处都在相互打听。在一个村子里，一个比利时妇女向一个身穿外国军服的士兵献了一束以英国国旗包扎的鲜花。她以为那个人穿着的便是英国的卡其军装。这个士兵感到有点困窘，当即声明他是德国兵。

在法国，普恩加莱和那个出于一时冲动，曾冲口建议派五个军去援助比利时人的梅西米都无能为力，因为霞飞一声不吭，顽固地拒绝改变他的部署计划，即使动用一个旅也不同意。由索尔代（Sordet）将军指挥的三个法国骑兵师将于8月6日进入比利时，侦察默兹河东岸的德军兵力，但霞飞声称，只有在英国部队不来的情况下他才愿意考虑延伸他的左翼。8月5日深夜，伦敦传来消息，说作战委员会在举行了一整天会议后决定派遣远征军，由四个师加上骑兵组成，而不是原定的六个师。尽管这个决定使人失望，但霞飞还是不愿抽调任何兵力去左翼补充英国兵力的不足。他要把一切能抓到手的力量都抓在手里，以便法军在中路发动攻势，实行突破。他派往比利时的，除骑兵外，只有一名参谋布雷卡尔（Brécard）上校。他随身带了致阿尔贝国王的一封信，信中建议比军推迟决战，并退至那慕尔与法军会合，一俟法军集结完毕，即发动联合攻势。霞飞说，法军将派四个师去那慕尔，但要在8月15日才能到达。

按照霞飞的想法，为了一条共同战线，比军应把纯属比利时一国的利益搁置一边，而作为法军的一翼采取符合法国战略的行动。至于阿尔贝国王，由于清楚地意识到德军右翼的威胁，则认为如果他让比军在那慕尔一线进行抵抗，比军就有可能被前来的德军切断它与安特卫普基地之间的联系而陷于孤立，最终被迫退出比利时而进入法境。阿尔贝国王一心一意要让比军留在比利时领土上，而将共同战略置于次要地位。因此，他决心要守住比军退往安特卫普的通道。从纯军事观点出发，应在那慕尔一线组织抵抗；但从历史和民族的观点出发，则应退往安特卫普，即使存在着部队被围困在那儿，以后无法对整个战争施加直接影响的风险，也应如此。

如果万不得已，比军应退往的是安特卫普，而非那慕尔，国王是这样告诉布雷卡尔上校的。布雷卡尔深感失望，他通知霞飞，不能指望比利时人和法国人一起发动联合攻势。

8月7日，对第十七号计划向不知情，而此刻又碍于计划规定的要求而未能驰援比利时的法国政府，将法国荣誉军团的一级勋章授予列日市，并将军功勋章授予阿尔贝国王。这种姿态，在当时的情况下已不适当，但它在一定程度上表达了世人对比利时奋起抗击入侵之敌的敬佩。法国国民议会议长宣称，比利时不仅是在"保卫欧洲的独立；它是为荣誉而战的战士"。伦敦《泰晤士报》宣称，它打破了德军不可战胜的神话，因而"流芳百世"。

正当称颂之词纷至沓来的时刻，列日市人民在地下室度过了第一个夜晚，这也是20世纪的欧洲人将要在地下室里度过无数个漫长黑夜的第一夜。经历了齐柏林飞艇空袭恐怖的一天之后，列日城彻夜受到炮轰，炮弹爆炸声不绝，鲁登道夫的野战炮企图一举慑服该城，使之屈膝投降。这个方法，正如1918年德国大贝尔塔大炮（Big Berthas）对巴黎进行长距离炮击或第二次世界大战期间德国空军和V-2飞弹轰炸伦敦那样，毫无效果。

在稠密的炮火初步削弱守军抵抗力之后，埃米希和鲁登道夫不待其他各旅到来，便决定进入列日。由于比军第三师业已撤退，第十四旅没有遇到抵抗就越过了两座尚未被破坏的桥梁。鲁登道夫以为奉命夺取城堡的前卫部队已完成任务，于是带领一名副官乘坐一辆参谋部的汽车驶上那条陡峭迂回的公路。汽车到达城堡的场院后，他发觉前卫部队尚未来到，城堡尚未为德军占领。不管怎样，他毫不犹豫地"猛敲大门"。大门开启后，他从留驻城堡里的比利时士兵手中把城堡接收过来。鲁登道夫那年四十九岁，比起1793年的拿破仑年长一倍，列日成为他的土伦。

与此同时，在市区里，埃米希将军找不到勒芒，便把市长逮捕了，并且通知他说，除非各堡垒的守军放下武器，否则德军将炮轰列日，并付之一炬；同时表示将给他一张通行证，让他去找勒芒将军或国王，劝他们投降。他拒不从命，于是成了一名阶下囚。黄昏时分，另外三个旅德军突破堡垒圈，与第十四旅在市内会师。

那天傍晚6时，一名摩托运输兵的军官驾车飞驰，闯过亚琛的街道，把惊人的消息送到第二集团军司令部：埃米希将军已进入列日，正与该市市长进行谈判。在一片欢呼和"万岁"声中，司令部收听到埃米希发给他妻子的电报说："好哇！已进入列日！"晚上8时，一名联络官带来了埃米希的口信，他说尽管没有俘获勒芒，主教和市长已成阶下囚，城堡已投降，比军已撤出列日市，但关于各个堡垒的情况，他没有得到任何消息。

在柏林——部队集结时期结束以前，是德军统帅部的所在地——德皇欣喜若狂。起初，当比军显得大有不惜一战的气概时，德皇曾痛责过毛奇："瞧你怎么搞的，无缘无故把英国人惹来打我！"可是，列日陷落的消息传来后，他把毛奇称为他的"最亲爱的恺撒大将"，而且，毛奇还写道，"他把我狂吻了一阵"。可是，英国人还是使德皇提心吊胆。8月10日，美国大使杰勒德（Gerard）先生前来转达威尔逊总统愿意进行调解的建议时，发现德皇"神情沮丧"。他坐在御苑里一顶阳伞下，绿色的铁桌上凌乱地放着一些报纸和电报，两条德国种小猎狗睡在他脚旁。皇帝哀叹道："英国人使整个局势改变了——一个固执的民族——他们要把战争打下去。战争不会很快结束的。"

占领列日后的第二天，鲁登道夫离开该市报告战况。市郊各堡垒尚在比军手中，一个也未攻克的严酷事实，到此时方才为人所知。鲁登道夫坚决要求马上把攻城大炮调来投入战斗；看来比利时人还无意投降。按预定计划,克卢克的第一集团军原定于10日首先出发,向前推进,现在不得不延迟至13日。

与此同时,那些形状骇人、颜色乌黑、笨头笨脑的巨型攻城迫击炮仍在埃森不能动弹。在它们四周,还正在忙于调集摩托运输车辆和受过训练的炮兵。到8月9日,两门公路型攻城迫击炮已准备完毕,当天晚上装上货车,用铁路尽可能运送到接近目的地的地点,以减少它们的轮胎磨损。火车于10日离开埃森,黄昏时到达比利时;可是,在晚上11时到达列日以东20英里的黑尔贝斯塔尔(Herbesthal)后便停了下来,因为铁路隧道被比利时人炸毁,道路被阻。费尽了气力还是无法打通,结果只好把巨炮从火车上卸下,取道公路,继续前进。虽然只要再走11英里便可把堡垒地带置于射程之内,可是一再发生的故障使它无法前进。马达失灵,马具折断,道路阻塞,于是不得不硬把路过的部队拉来拖曳这两尊巨炮。跟这两个不声不响的怪物进行的进展迟缓的搏斗持续了整整一天。

当攻城炮尚在途中,德国政府作了最后一次努力,试图说服比利时人,在他们国土上让出一条通道,以便过境。8月9日,杰勒德先生受托向他在布鲁塞尔的同僚转送一份递交给比利时政府的备忘录。"既然比利时部队不顾力量悬殊,对优势兵力进行了英勇抗击,从而保持了它的荣誉",备忘录写道,德国政府"恳求"比利时国王陛下和他的政府别让比利时"继续忍受战争的恐怖"。如果德国部队能获得一条自由通过比利时的走廊,德国准备与比利时缔结任何有关协定,并"庄严保证"它绝无意侵占比利时领土,一俟战争形势发展许可,德国部队将撤出该国领土。美国驻布鲁塞尔和海牙的两位公使都婉拒转达这个建议,最终通过荷兰政府的协助,该份备忘录在8月12日送达阿尔贝国王手中。国王表示拒绝。

鉴于他的国家面临如此严重威胁,他的临危不惧,即使在他的盟国眼中,也是难以完全相信的。没有人想到比利时竟会表现得如此英勇不屈。战后,比王在答谢一位法国政治家对他的行动的赞扬时说："是的，我们那时走投无路，不得不如此。"1914年，法国人是有他们自己的顾虑的。8月8日，法国政府派遣外交部副部长贝特洛（Berthelot）先生就有关比利时国王即将与德国人安排停火的传闻会见国王。贝特洛的差使是不愉快的。他必须向国王解释清楚，法国将不遗余力协助比利时，但只能以不打乱法国自己的行动计划为限。阿尔贝再一次力图向法国人表明德军强大的右翼有可能通过佛兰德进逼，并再次提出警告，比军可能被迫撤至安特卫普。一俟"盟军足够接近"的时候，他巧妙地补充说，比军将重启攻势。

对外部世界来说，攻击列日的德国部队似乎"已遭到痛击"，高踞权威顶峰的《泰晤士报》军事记者就是那么宣称的。征诸当时情况，此说与事实相去不远。自吹自擂的德军曾认为它能轻而易举地击败"在做梦的绵羊"，而事实上却未能一举攻下比利时人的堡垒群。德军在8月9日以后就停止前进，等候增援——不过它等待的不是援军而是攻城炮。

在法国，霞飞将军和他的幕僚仍旧跟往常一样坚决不考虑佛兰德，而把思想狂热地集中在莱茵河。法国五个集团军的实力和德国部署在西线的70个师相仿。它们的部署按番号顺序，由第一集团军居右依次到第五集团军居左，并以凡尔登到图勒的防线为界分别集结成两支大军，在人数上和德军以梅斯至蒂永维尔一线为分界线的两个集团的比例相埒。在阿尔萨斯和洛林，第一、第二集团军面对德国的第七、第六集团军，组成法军右翼，其任务为发动强力攻势，把与之对峙的德军赶回莱茵河一线，同时在德军左翼与中路之间打入一枚坚实的楔子。

驻守在右翼末端的是一支特种攻击部队，其任务与埃米希部队在列日的任务相似，要首先突入阿尔萨斯。它由第七军和第八骑兵师组成，不受第一集团军的节制，其任务是解放米卢斯（Mulhouse）和科尔马尔，并据守德国、阿尔萨斯、瑞士交界处的莱茵河沿岸。

第 10 章　列日和阿尔萨斯

与这支部队为邻的是由一表人才的迪巴伊将军指挥的第一集团军。据说这位将军心目中不存在什么做不到的事情，他有着与无限精力相结合的百折不挠的意志。出于某种难以捉摸的军中政治原因，他和据守在他左侧的德卡斯泰尔诺将军的关系并不太好。这时德卡斯泰尔诺已离开总参谋部，任第二集团军司令，率军据守南锡周围至关重要的防线。

第三、第四和第五集团军集结在凡尔登的另一面，准备按照第十七号计划的部署，发动突破德军中路的大攻势。他们的兵力从凡尔登展开至伊尔松。据守开口的第五集团军面向东北方，准备发动通过阿登山区的攻势，而不是向北迎击南下的德军右翼。在第五集团军左方的阵地，以莫伯日要塞为中心，指望由英军驻守。该要塞一度曾坚实牢固，以后却未被好好照管；而即将到达的英军，现在获悉其人数将低于原定计划。霞飞和他的总参谋部正全神贯注于其他战场，因此对这里的缺陷和兵力不足情况并不过分担心。但第五集团军司令朗勒扎克将军却为之深感不安。

在德军右翼的攻击面前，朗勒扎克势将首当其冲，因此对他眼前所处地位的危险最为敏感。他的前任，即第五集团军的前司令加利埃尼，曾多次巡视过这里的地形，并曾向总参谋部建议把莫伯日要塞现代化起来，但未被采纳，对此他早已闷闷不乐。加利埃尼在1914年2月到达服役年限时，霞飞任命"真正的雄狮"朗勒扎克接任他的职务。他在智力方面的天赋得到霞飞的青睐，因而在1911年他便是霞飞属意的副总参谋长的三个候选人之一。朗勒扎克具有"敏锐的智力"，因而被认为是总参谋部的一员将星。正因为如此，他好挖苦人的脾气以及在讲演中为追求清晰、鲜明和逻辑性而容易出现暴躁态度和出言不逊的情形也就得到了原谅。年纪六十又二，他和霞飞、德卡斯泰尔诺和波将军一样，完全符合那种大胡子和大腹便便的法国将领的模样。

1914年5月，五个集团军的将领分别收到第十七号计划中与自己有关的部分。朗勒扎克随即指出了如果德军在默兹河西岸大举南下，他暴露的翼侧将面临险境。他的反对意见被置之不顾。总参谋部的基本看法是，德军右翼越强，"对我方就越是有利"。动员前夕，朗勒扎克致函霞飞将军，表达了他的反对意见。第十七号计划在大战结束后引起了大量的批评和争论，有关文件多如山积，这封信给拿了出来，成了主要文件。朗勒扎克的一个袍泽指出，他这封信的笔调之大胆，不像是在对一份权威性的计划提出异议，而像是一个教授在评论其学生的论文。信中指出，为第五集团军计划的攻势，其前提依据是德国人将通过色当前来。而事实上，更可能的是他们将取道更北一些的那慕尔、迪南（Dinant）和日韦。"很显然，"这位教授解释道，"一旦第五集团军投入指向讷沙托（Neufchâteau，在阿登山区）的攻势后，它将无法回避德军在更北一些地方发动的攻击。"

实际上，这是个关键问题。然而，朗勒扎克却好像要为自己留有余地，而在信中加了一句"这不过是作为一个建议而提出的"，以免自己的论点显得过于锋芒毕露。信在8月1日即动员日送到霞飞手中。霞飞认为这封信"完全不合时宜"；由于"整天忙于处理要公"，他没有作复。与此同时，他对第三集团军司令吕夫（Ruffey）将军前来表示的他对德军可能"长驱直入穿过比利时"的忧虑，也置若罔闻。霞飞只以其特有的简洁的语言回答了一声："你错了。"在他心目中，总司令只要发布命令，不必进行解释；将军只要执行命令，不必思考。将军在收到命令后应该心无旁骛地执行，要知道这是他的职责所在。

8月3日，即德国宣战之日，将军们应霞飞之召前来参加会议，他们希望最终将能聆听霞飞对第十七号计划以及他们受命要付诸实施的战略作一通盘的说明。他们的希望落空了。霞飞沉默不语，只是慈祥地静待别人发言。最后，迪巴伊打破沉默，他说计划中他的部队要执行的进攻任务需要增援，但增援至今尚无着落。霞飞以一

第 10 章 列日和阿尔萨斯

句他所常用的含义隐晦的字句作答:"那可能是你的计划,而不是我的。"没有人听懂这句话,迪巴伊也以为自己的话被误解了,因此再说了一遍。霞飞"露出他那惯常的天使般的笑容",逐字重复了一遍:"那可能是你的计划,而不是我的。"事实是,对霞飞来说,在大军鏖战的一片混沌之中,起作用的不是什么计划,而是用以执行这个计划的干劲和激情。他深信,胜利并非来自最理想的计划,而是来自最坚强的意志和最坚定的信心;这两个条件,他毫不怀疑,他都具备无缺。

8月4日,他设立了名为法军总司令部的总参谋部,地点在马恩河畔的维特里—勒弗朗索瓦(Vitry-le-François),约处巴黎和南锡的正中。在那里,他和五个集团军的司令部的距离大致相等,即相距80到90英里。毛奇任总司令的时间不长,也从未亲临前线和视察过各个野战集团军的司令部。霞飞则不同,他和他的司令官之间经常见面,保持接触。他总是安详地坐在汽车的后座上,由专任的私人司机、汽车大奖赛三界冠军乔治·布约(Georges Bouillot)驾驶,以每小时70英里的速度行驶。人们认为,如果是德国将领,他们拿到一份完善的计划后,在执行时是不需要上级经常指点的。而法国将领,如福煦所说那样,则是要思考的。但霞飞总是怀疑他的下级神经不健全或有其他缺陷,因而热衷于把他们置于严密的监督之下。1913年的演习结束后,他命令五名将军退出现役。这个轰动一时的事件使法国每一支驻军都不寒而栗。这个行动是史无前例的。8月份,在真刀真枪的可怕的考验下,霞飞一看到那些将军表现出他认为是无能或"冲动"不足的迹象,便会像扬谷那样把他们抛弃掉。

在马恩河畔的维特里(Vitry),斗志昂扬。8月的骄阳照耀着静静的、两旁绿树成荫的马恩河。阳光中的河水碧波粼粼,金光闪闪。在总司令部接管的校园里,一条不可逾越的鸿沟把两个部门分隔开来:一个是第三处(作战),它占用了教室;另一个是第二处(情报),

它占用了体育馆，馆内原有设备靠墙堆放，吊环则系在天花板上。第二处整天搜集情报，审讯战俘，破译文件，拼集成深有见地的推测并制成报告分送各兄弟单位。这些报告都一贯指出，德军在默兹河西岸活动频繁。从早到晚，第三处忙于审阅、传阅报告，提出批评，展开争论。如果这些报告的内容所得结论是要修改法国的攻势计划的话，那么第三处就干脆不予置信。

每天上午8时，霞飞主持部门首脑工作会议。他以主宰者的身份出现，正襟危坐，威严庄重。局外人看见他默不作声，而且桌上空无一物，不免会以为他不过是个傀儡，实权操在他的亲信手中。事实绝非如此。他桌上不放纸张文件，墙上不挂地图。他从不动笔，绝少开口，一切计划都是别人制订的。福煦说："他权衡得失，然后决定取舍。"站在他面前而不打哆嗦的人是少见的。和他一起进餐的人如果迟到五分钟，就要碰上犹如雷霆万钧的两道紧蹙的眉头，并受到冷落，直至用餐完毕。霞飞用膳时一言不发，像美食家那样全神贯注于菜肴。他一直抱怨，说他的幕僚把他蒙在鼓中。有位军官提起最新出版的《画报》（l'Illustration）上登载的一篇文章，霞飞因为还没有看到就怒冲冲地说道："你瞧，他们隐瞒一切，不让我知道。"他惯常边揉额角，边喃喃自语："可怜的霞飞啊！"他的幕僚渐渐懂得，这个动作就是表示他要拒绝别人向他提出的请求。如果别人直截了当地要求他改变主意，他就生气。和塔列朗（Talleyrand）一样，他不赞成过分的热情。他缺乏朗勒扎克那种追根求源的智力，也缺少福煦那种创新求是的智力；由于气质使然，他倾向于依仗他亲手选拔的幕僚。他始终是主宰一切的首脑，几乎是个暴君。他珍惜自己的权威，哪怕是小小的有损于他的权威的事情，都会惹他发火。那时，普恩加莱已经指定，一旦遇到意外情况，加利埃尼将为霞飞的接班人。当有人建议，应把加利埃尼安顿在总司令部时，霞飞无论如何都不同意，因为他担心跟他的老上司在一起会有失体面。"他很难安置，"霞飞私下告诉梅西米，"我一直在

第 10 章 列日和阿尔萨斯

他指挥下工作，他总是惹我生气。"考虑到日后在马恩河战役前夕左右法国命运的重要关头，霞飞和加利埃尼之间的私人关系所起的作用，这个表白多少有点耐人寻味。由于霞飞拒绝让他在总司令部占一席之地，加利埃尼便一直待在巴黎，无所事事。

法国的三色旗将在阿尔萨斯重新飘扬的那个盼望已久的时刻终于来到。担任掩护的部队，隐蔽在孚日山脉茂密的松树丛中，因为一切都已准备就绪而焦急。人们都还记得这里起伏的山峦以及群山中的湖泊和瀑布，松树丛中芳香的蕨类植物散发出阵阵潮湿的沁人心脾的气息。山巅上放牧牛群的草地与片片森林互相交错，远处是阿尔萨斯的圆形山峰——孚日山脉的最高峰，它那暗淡的紫色的轮廓隐没在云雾之中。冒险攀登顶峰的巡逻队可以俯视失地，红瓦村舍与灰色的教堂尖顶尽收眼底。一衣带水的摩泽尔河（Moselle）在闪闪发光，近水源处，侵蚀尚少的河床相当狭窄，人们可以涉水而过。长着马铃薯白花的方块田与长着红花菜豆以及一行行灰、青、紫三色甘蓝的狭长菜畦相间。田野里，矮胖的金字塔似的干草堆星罗棋布，像是画家的丹青点化。大地正处在它最丰腴的时刻。阳光普照，江山如此多娇，前所未有，确实值得人们为之战斗。难怪《画报》在战时出版的第一期中把法兰西表现为一个英俊的法国兵，他把象征着阿尔萨斯的年轻貌美的姑娘抱了起来，狂热地搂在怀中。

陆军部已印好一份告市民书，准备在收复的各市镇张贴。空中侦察表明，该地区的防务薄弱。在第七军司令博诺（Bonneau）将军眼中似乎是太薄弱了，他担心他正在"落入圈套"。8月6日傍晚，他派了一名副官去向迪巴伊将军报告说，他认为米卢斯行动"既脆弱又危险"，并对他的右翼和后方感到忧虑。在8月3日的将军会议上，迪巴伊将军表达了同样的关心，并曾就此问题与总司令部磋商，总司令部认为各种疑虑都反映了进攻精神的衰退。一个司令官在作战行动开始时表现出来的疑虑，不论它是多么的健全合理，往往会成为进行退却的一条理由。在法国军事学说中，争取主动要比对敌军实力进行慎重估计更为重要。成功取决于司令的战斗素质，在霞飞和他的幕僚眼中，如果在行动伊始就允许部属小心翼翼或举棋不定，其后果必然是灾难性的。总司令部坚持尽早在阿尔萨斯发动攻势。迪巴伊接受命令，给博诺将军挂了电话，问他是否"已准备好了"，对方作了肯定回答，他便下令翌晨开始攻击。

8月7日凌晨5时，亦即鲁登道夫带领他的一旅德军开进列日前几小时，博诺的第七军从孚日山峰上倾泻而下，越过边界时举枪致敬，突然猛袭阿尔特基什（Altkirch），进行传统的白刃战。这个城镇位于通向米卢斯的大道上，居民约4000人。该军奋战6小时，以伤亡100人的代价，攻占了阿尔特基什。在这次大战中，这虽非最后一次白刃战，但如此出色的白刃战以后就不多见了。不久以后，泥泞的壕沟成了这次大战的象征。这次拼刺刀完全符合1913年操典所规定的最优良的风格和精神，看来它体现了视死如归的勇敢精神，达到了光荣的顶峰。

据法方公报报道，"这是个难以描述的激动人心的时刻"。狂欢的人们把边界上的一些界柱拔出，扛在肩上，穿过市镇，欢庆胜利。然而，博诺将军还是放心不下，他没有乘胜追击直取米卢斯。对这种迟疑不决停滞不前的情况，总司令部失去了耐心，它在次日早晨发出一道紧急命令，饬令攻占米卢斯，并在当天破坏莱茵河上的全部桥梁。8月8日，第七军在德军最后一批撤出米卢斯前往保卫更北面的边境后约一小时，兵不血刃地进驻了该地。

街道上法军骑兵疾驰而过。他们头戴黑色马鬃羽饰，护胸铁甲闪闪发光。这支从天而降的骑兵几乎把老百姓吓呆了。他们起先呆若木鸡，站立在路边，低声啜泣，然后才逐渐破涕为笑。法军在大广场上举行了历时两小时的盛大阅兵典礼。军乐队高奏《马赛曲》和《桑布尔河和默兹河进行曲》。大炮上挂满红、白、蓝三色的花朵，墙上张贴了霞飞将军发布的公告，把他的士兵吹嘘为"完成复仇雪耻大业的先驱……他们的旗帜上闪耀着'权利和自由'的富有魅力的字眼"。人们争先恐后把巧克力、糕点和装满烟丝的烟斗塞给士兵。家家户户窗口都有人朝外挥动旗帜和手帕，甚至屋顶上也站满了人。

但并不是所有的人都表示欢迎。居民中有许多德国人，他们自1870年以来就在这里定居。一名军官策骑通过人群时看见其中有人"咬着烟斗，面色阴沉，好像在点我们的人数"——他们的确在点人数，天黑以后，他们便赶紧出去汇报法军师旅的实力。

正当法军忙于占领该市时，从斯特拉斯堡仓促调来的德军增援部队已在该市四周展开。博诺将军一开始就缺乏取胜决心，为了避免陷入包围，他竭尽所能进行了相应部署。8月9日晨战斗打响后，他在塞尔奈（Cernay）的左翼整日顽强奋战，而他的右翼却固守在一段未受威胁的战线上，没有及时抽调过来。最后，总司令部终于认识到有必要派出援军，而这正是迪巴伊一开始所坚决要求的。一个后备师奉命开赴前线，但在这个阶段，如果要巩固前方阵地则需要两个师的兵力。战斗持续了二十四小时，双方互有进退，到8月10日晨7时，法军受挫后退，为了免遭包围，最后撤出了阵地。

对法国部队来说，在各种公报和公告相继使用了如此振奋人心的措辞之后，在复仇雪耻的宿愿被压抑了四十四年之后，米卢斯的丧失，无疑是丢脸的；而对该地居民来说，则更是残酷不过的，他们现在只能听凭德国人恣意报复了。对法军表示过热忱欢迎的法国人现在受到同市镇的德裔居民的密告，遭到不幸的下场。第七军现在退至距贝尔福不到十英里的地方。在总司令部里，参谋官员对战地将领怀有的自然而永恒的敌意爆发了。霞飞原来就认为博诺缺乏勇气，现在更深信不疑。他开始清洗，一个个不得力的将领相继被革，这就是后来人所共知的霞飞的治军方式。博诺将军成为第一个被调充闲职的人（limogés），那时被解除指挥权的将领都被调至利摩日（Limoges）担任后方职务。以"有失职守"为理由，霞飞在三天之内又免去第八骑兵师师长和另一个师长的职务。

霞飞热衷于执行原来的计划：解放阿尔萨斯并将德军牵制在那条战线上。他不顾来自比利时的报告，动用了一个正规师和三个后备师，将它们并入第七军，专门组成一个阿尔萨斯集团军，以便在他的右翼末端重新采取行动。原已退休的波将军应召重新服役，受命指挥这支部队。在该部队集结的四天时间里，其他地区的压力亦逐渐增强。8月14日，即波将军按计划向前推进的那天，人们看见30只白鹳飞越贝尔福上空向南方飞去，比它们通常离开阿尔萨斯的时间提前两个月。

法国人民对所发生的事情简直一无所知。总司令部的新闻简报极尽遮掩蒙蔽之能事。霞飞行事有一条固定不变的原则：不该让非军事人员知道任何事情。新闻记者均不得访问前线，将领姓名、伤亡人员的名字以及部队番号一律不得见报。为了不让敌人搜集到任何可资利用的情报，总司令部采用了一条日本人信守的原则——"不声不响，隐姓埋名"，进行战争。法国被划分为后方地区和军事地区两大部分。在军事地区，霞飞是个专制的独裁者，非经他本人批准，任何非军事人员，即使是总统，都不得进入军事地区。那些受到轻视的下院议员就更不用说了。在向阿尔萨斯人民发布的公告上，署名的是他，而不是总统。

部长们都有怨言，说他们对德国军队的行动要比对法国军队的行动知道得更多一些。霞飞认为他不受陆军部长的约束，因此他直接向普恩加莱汇报，而普恩加莱也抱怨他从来听不到战事失利的报告。有一次安排了总统亲自视察第三集团军，而霞飞则为此向第三集团军司令发出"严格的命令"，饬令"不得与总统讨论任何有关战略或外交政策的问题，且必须书面报告这次谈话的情况"。他手下的将领都受到告诫，不得向政府任何成员解释军事行动。"在我发出的报告里，"霞飞告诉他们，"我从不透露当前军事行动的目的，也不谈我的意图。"

不多久，在公众压力日益增长的情况下，霞飞的这种方式终于

第 10 章 列日和阿尔萨斯

失灵。在 8 月份一条条国境线被突破，一个个国家遭到入侵，战争还处于运动战阶段，大军转战东西，从塞尔维亚到比利时的战事震撼了整个世界的这些日子里，来自前线的确切消息却少得可怜。发生在这个月份的史实，哪怕有成千个热心的编年史作者，也难以作出翔实的记载。8 月 9 日，加利埃尼将军身穿便服，在巴黎一家小咖啡馆用餐。他听到邻座一位《时报》(Le Temps) 的编辑向一个友人说："我告诉你，加利埃尼将军率领三万大军刚刚开进科尔马尔。"加利埃尼把身子向前一靠，对他的朋友轻声地说："历史就是这样写成的。"

正当列日的德军耐心等待攻城炮的时候，正当全世界对固守堡垒的比军能坚持抵抗表示惊奇和伦敦《每日邮报》(Daily Mail) 引述舆论一致的看法，认为这些堡垒"绝不会陷落"的时候，正当部队在继续集结的时候，有人则在以极度焦急的心情等待着德国攻势的明朗化。加利埃尼将军便是其中之一。使他苦恼的是："德军战线后面的情况怎样？""列日后面正在进行什么样的大规模集结？我们必须始终估计到，德国人必定会排山倒海而来。"

为了弄清这个问题，索尔代将军所部的一支骑兵奉派进行侦察。可是，急如星火的骑士们策马驰骋，一下子跑得太远，也跑得太快。他们在 8 月 6 日越境进入比利时，沿默兹河疾驰，侦察德军集结的实力和方向。这支骑兵部队在三天之内走了 110 英里，平均每天差不多前进 40 英里。他们经过讷沙托，进抵离列日 9 英里处。每到一地，这些骑兵既不下马，又不卸鞍，以致马匹经过一路来的急行军后都已精疲力尽。休息了一日，他们继续在阿登山区和默兹河以西地区进行侦察，远达沙勒鲁瓦。但不论在什么地方，他们都是来得过早，无法看到大批德军渡过默兹河的迹象，活跃的德军骑兵到处掩蔽在德境后面集结的部队。法国人发现，他们未能得遂所愿，亲历一场惊心动魄的骑兵冲锋，而这正是传统的开战方式。尽管德国骑兵在更北一些的地方朝卢万和布鲁塞尔方向发动攻势时使用了冲锋的突击战术；但在这里，他们却回避直接交锋，而是以若干自行车营和摩托化步兵在法军面前组成一道不可逾越的屏障，步兵的机枪使法军无法逼近。

真叫人泄气。尽管美国内战中已经有过这样的经验：南部邦联的摩根（Morgan）将军让他的骑兵部队使用步枪作战，在指挥时他高喊着："小伙子们，那些带马刀的笨蛋又来了，给他们点厉害尝尝！"可是到现在双方的骑兵们仍然深信马刀出鞘见分晓的方式。日俄战争期间，一位英国观察员，即后来的伊恩·汉密尔顿爵士将军曾报道说，骑兵要是碰上架设在战壕里的机枪，他们能做的唯一的一件事就是为步兵烧饭。这种言论使陆军部的人怀疑他在东方度过了几个月，是否变得神志不清了。同一次战争中的一位德国观察员，即后来的马克斯·霍夫曼将军对于架设在战壕里的机枪的防御威力问题，在他的报告中得出同样的结论，毛奇看了不禁慨然浩叹："从来不曾有过如此疯狂的作战方法！"

1914年，德国人避免骑兵作战而使用机枪，取得了有效的掩护作用。索尔代的报告说，没有发现大部队的德军向法军左翼移动，这正好符合总司令部原先的想法。然而，对阿尔贝国王和朗勒扎克将军来说，德军右翼包抄行动的轮廓已越来越明显。他们两人都处在这个行动的必经之路上，因此更加倾向于这样估计问题。另外一个是富尼耶（Fournier）将军，他是法国莫伯日要塞司令。他向总司令部反映，德国骑兵已于8月7日进入默兹河畔的于伊（Huy），他所收到的报告都表明，这支骑兵正在掩护着五六个军的德军向前推进。鉴于列日与那慕尔之间唯一的桥梁就在于伊，这支敌军显然是想要渡过默兹河。莫伯日的这位要塞司令告诫说，他的要塞没有能力抗击如此庞大的敌军。在总司令部看来，关于五个或六个军的报告似乎是失败主义者的杯弓蛇影之谈。对霞飞而言，在8月份，肃清那些优柔寡断的懦夫成为他取胜的当务之急，于是他立即解除了富尼耶将军的指挥权。后来，经过调查又取消了这道命令。与此同时，也弄清了情况，要使莫伯日具有有效的防御能力，最少需要两个星期的时间。

朗勒扎克将军也收到了关于于伊的报告，忧虑有增无已。8月8日，他派参谋长埃利·杜瓦塞尔（Hély d'Oissel）将军前往总司令部，促使总司令部确实感到德军右翼部队包抄行动的威胁。但总司令部的答复是，朗勒扎克将军的顾虑是"不成熟的"，因为这样的行动与"敌人手头可资动用的手段全不相称"。从比利时方面不断传来进一步的证据，但对每一份这样的报告，信奉第十七号计划的"门徒"总是能找到一个解释，不是说在于伊出现的部队是在执行"某种特殊任务"，就是说情报来源"不可靠"，并认为进攻列日不过是为了占领该地的桥头堡"而已"。8月10日，总司令部认为"它的印象已得到证实，即德军不会在比利时采取重大行动"。

法军总参谋部决心发动自己的攻势，因此要求比军在第五集团军和英军前往会师之前能支持下去。霞飞派了又一个使者阿德尔贝（Adelbert）上校带去普恩加莱致阿尔贝国王的一封私人信件，希望双方部队能采取"一致行动"。这位军官8月11日到达布鲁塞尔，他和以前几位使者一样，得到同样的答复：倘德军如国王所预见的那样，采取横越比利时的行动，国王将不会允许他的部队陷于被切断后路而无法退往安特卫普的险境。阿德尔贝上校是个冲动论的狂热信徒，他感到无法把国王的悲观情绪带回总司令部。幸而第二天就发生了战斗，比军取得惊人的胜利，他也再没有必要执行这个不愉快的任务了。

德国枪骑兵朝卢万方向突破，但在哈伦（Haelen）被德维特（de Witte）将军麾下的比利时骑兵的密集火力阻于桥堍。德维特命令他的士兵翻身下马，拿起步枪，在步兵的支持下投入战斗，重演了摩根将军在田纳西取得的胜利。从早晨8时直到傍晚6时，沉着的排枪射击一次又一次地击退了手执旗杆矛和马刀的德军的进攻。冯·马维茨的最优秀的枪骑兵中队遗尸遍野，最后剩下的一点人马向后撤退，比军得以逞雄于战场之上。这场辉煌的胜利被布鲁塞尔兴高采烈的记者们宣布为这次战争中具有决定性意义的战役。比利时参谋部的官员以及他们的法国朋友因此欣喜若狂；他们恍若已置身柏林。阿德尔贝上校报告总司令部，认为"德国骑兵的退却是决定性的，德国打算发动借道比利时中部的攻势已被推迟，甚至已被放弃"。

列日堡垒群在敌前仍然屹立不动，看来为这种乐观情绪提供了根据。每日早晨，比利时各报都以大字标题报捷：《堡垒群固若金汤！》。8月12日，即哈伦之役的同一天，德军盼望前来结束这种自夸言论的攻城巨炮终于运到阵地。

列日与外界的联系已被切断。这几门黑色的庞然大物运抵郊区，把堡垒群置于射程之内时，只有当地的居民看见这些怪物。有一个目击者说，它们看起来像"吃得太饱的鼻涕虫"。矮胖的炮管，再加上像巨瘤般的制退机筒，便显得加倍的肥大，张开着洞穴似的炮口，对着天空。8月12日傍晚，其中一门炮架设完毕，炮口对准蓬蒂斯堡垒（Fort Pontisse）。炮手们以垫料护卫他们的眼睛、耳朵和嘴。他们俯伏在地上，在离炮位近300米远的地方准备发射这门电控大炮。6时30分，第一发炮弹的巨响震撼列日。炮弹的弧形弹道高达4000英尺，60秒钟后命中目标。炮弹爆炸时尘土、碎片和硝烟形成巨大的圆锥形，升入1000英尺的高空。与此同时，斯科达305毫米大炮也运抵前线，开始轰击其他堡垒。炮兵观察员从教堂尖顶或气球上进行校正，使炮弹"逐步接近"目标。比利时守军听到炮弹降落时发出的呼啸声，并且感到爆炸声越来越近，像在自己头上爆炸似的。弹着点在不断地得到校正，他们的恐惧也一阵高过一阵，炮弹终于在他们头顶上爆炸了，震耳欲聋，钢弹头击穿工事。弹雨阵阵，把人炸得段段块块，强烈炸药的浓烟使人窒息，天花板坍塌，坑道阻塞，地下室内到处是火焰和瓦斯，喊声一片。人变得

"歇斯底里起来,在担心下一发炮弹击中的高度紧张状态中,甚至发疯了"。

在这些大炮开始轰击之前,只有一座堡垒在敌军的冲击下失守。炮击持续了二十四小时,蓬蒂斯堡垒中了45发炮弹,坍毁不堪,于8月13日为德军步兵攻陷。同一天,另有两座堡垒也告陷落。至14日,城东和城北两面的堡垒全部失守。堡垒的大炮全部被毁,城北的道路被打通了。冯·克卢克的第一集团军开始向前推进。

攻城迫击炮接着前移,把炮口对准城西的堡垒。一门420毫米的大炮被拖过市区去攻打隆森堡垒。列日的下院议员塞勒斯坦·当布隆(Célestin Demblon)先生这时恰巧在圣皮埃尔广场,看到广场拐角处出现"一门大炮,大得简直叫人不能相信自己的眼睛……这个怪物分成两部分,三十六匹马拖着,人行道都给震动了。群众看见这件非凡的怪家伙,个个目瞪口呆,异常惊愕。巨炮慢吞吞地穿过圣朗贝尔广场,转入剧院广场,然后沿着苏弗尼埃尔大街和阿夫鲁瓦大街去了,在它慢吞吞地吃力地行进时,吸引了一批批好奇的人。当年罗马人看见汉尼拔的大象部队也不至于惊奇到这个地步。跟着巨炮的士兵,脚步挺直,气氛肃穆,像在举行庄重的宗教仪式。这炮真是炮中的邪魔啊!……到达阿夫鲁瓦公园之后,德国炮兵小心翼翼地把炮架起来,并审慎地作了瞄准,接着传来可怕的爆炸声。人群前倒后仰,地动山摇,宛如发生了地震,附近的玻璃窗全部震碎……"

到8月16日,十二个堡垒中已有十一个失守;只有隆森堡垒尚未陷落,在炮击暂停的间歇,德方派出使者,手持停火旗帜,要求勒芒将军放下武器。他拒绝了。16日,一枚炮弹命中隆森,在弹药库内爆炸,从内部把整个堡垒炸毁。德军进入时,在一堆破碎的装甲炮塔和冒烟的水泥工事中,发现勒芒将军压在一大块砖石下面,看来已经气绝身死。一名满脸污垢的副官守卫在侧,他说:"请对将军尊重一点,他已经死了。"其实勒芒还活着,只是失去了知觉。

他被救活之后送到冯·埃米希将军面前，他交出指挥刀说："我是在昏迷中被俘的。请你务必在战报中说明这一点。"

"你的指挥刀并没有玷污军人的荣誉，"埃米希答道，同时把指挥刀还给将军，"留着吧。"

后来，在德国过着战俘生活的勒芒将军写信给阿尔贝国王："当时我是乐于献出自己的生命，无奈死神不要我。"他的两个对手，冯·埃米希和鲁登道夫颈上则都挂上了蓝、白、金三色的功勋十字章——德国的最高军事勋章。

隆森堡垒陷落的次日，第二、第三集团军便立即向前推进，这就把德军右翼的全部兵力投入行动，开始其横越比利时的进军。按照时间表，这次进军应在8月15日开始；因此，列日之役把德军的攻势拖迟了两天，而不是当时世人以为的两个星期。事实上，比利时给予协约国的既不是两天也不是两个星期，而是一个战斗的理由和榜样。

第 11 章

英国远征军开往大陆

由于英国人发生了一场争执和意见分歧，英军没有及时前来掩护朗勒扎克将军暴露的左翼，彼处战线原定是由英方防守的。8月5日，英方宣战后的第一天，因亨利·威尔逊详细制订的总参谋部计划，必须首先得到不列颠帝国国防委员会的批准，而不是像大陆国家的作战计划那样能自动生效，该委员会于这天下午4时召集了一次作战会议，与会者照常是那几位文职和军方领袖，另外还有一位既是文官又是军人的显赫人物第一次参加这次会议。

陆军元帅基钦纳勋爵就任了陆军大臣。他本人对于这一任命不感愉快，同僚们对于由他出长陆军部所感到的不愉快也不相上下。政府也为自效忠于查理二世的蒙克（Monk）将军以来，基钦纳作为第一个现役军人进入内阁而忐忑不安。使将军们担心的是，他有可能利用他的地位或者为政府所利用，来干扰派遣赴法远征军的决定。他们的担心确非杞人忧天。基钦纳不久就对英法计划指定英军所必须执行的战略、方针和任务等等表现了极端的轻视。

由于他处于双重地位，他的具体的职权范围是不完全清楚的。英国参战之初，人们模模糊糊地认为最高权力在首相手中，至于首相应听从什么人的建议或者以谁的建议为准，则缺乏明确的安排。

在军内，战地军官轻视参谋人员，认为他们"既无头脑，又要故作姿态"。而这两种人又都同样厌恶那些被称为"大礼服"的文官大臣的干扰。文官反过来也把军人称为"笨蛋"。出席8月5日举行的作战委员会的文官是阿斯奎斯、格雷、丘吉尔与霍尔丹，陆军方面是十一名将级军官：内定出任远征军总司令的陆军元帅约翰·弗伦奇爵士，远征军的两位军长，即道格拉斯·黑格（Douglas Haig）爵士和詹姆斯·格里尔森爵士，远征军参谋长阿奇博尔德·默里（Archibald Murray）爵士，他们都是中将；其次还有副参谋长亨利·威尔逊少将，他的个性易树政敌，在克拉危机中表现得非常充分，以致栽了跟斗，失去了一个更高的职位。在文武官员之间，基钦纳勋爵究竟代表何方，谁都不十分清楚。他对远征军的目的非常怀疑，对其总司令很不赏识。如果说基钦纳在表达自己的思想感情时不如海军上将费希尔那样来得暴烈，至少他对总参谋部的计划把英国军队"钉在"法国战略的尾巴上的做法，则已开始流露出同样的蔑视。

基钦纳没有亲自参与制订大陆作战计划，因而能够正确地评估远征军的作用，他根本不相信在70个德国师与70个法国师之间迫在眉睫的冲突中，远征军的6个师能对战局产生多大影响。基钦纳在出任喀土穆战役的指挥官时，克罗默（Cromer）勋爵曾说过，"他是我一生中碰到的最有能力的人"。他虽然是个职业军人，近几年来处理的事务却都在宏观层面。他所关注的只以印度、埃及、帝国等大事为限。人们从未见他与士兵交谈过，或注意过他们。与克劳塞维茨一样，他把战争看作政策的延续，并在这个意义上看待战争。他与亨利·威尔逊以及总参谋部不同，不埋首于制订登陆日期、铁路时刻表、马匹及营房等计划表。他站在一个比较超脱的地位观察战争，因此能够从各个强国之间的关系出发纵观战争的全貌。同时他能够看到，为扩充国家军事实力，应付即将开始的长期抗衡，该作出多么巨大的努力。

第11章 英国远征军开往大陆

他宣称:"我们必须准备好把数以百万计的军人投入战场并维持数年。"他的听众大吃一惊,觉得难以置信,基钦纳却是铁石心肠。为了参与并赢得一场欧战,英国必须拥有一支与大陆国家旗鼓相当的70个师的兵力。他估计过,这样一支军队要到战争的第三个年头才能配备足额,这就意味着人们可以从中得出一种令人震惊的推论,即这场战争就将持续这么长的时间。他还认为,现有的正规军及其职业军官,特别是士官,是培训他心目中那支大军的一批可贵的必不可少的核心力量。如果把这支常规部队投入到他认为处于不利形势下的眼前的战役中,或把它部署在从长远角度考虑是不能起决定性作用的地方,他都认为是犯罪的愚蠢行为。在他看来,一旦这支部队完蛋,就没有经过严格训练的部队来代替它了。

英国不实行征兵制是英国与大陆国家的军队之间一切差别中最显著的一个方面。常规部队的建立旨在执行海外任务,而不是保卫本土的安全;保卫本土的职责由本土军承担。威灵顿公爵当年说过,派赴海外服役的新兵"必须是志愿兵",从此以后这就成了一条不可更易的金科玉律,英国也就全靠志愿部队进行战争,因此也就弄得其他国家无法肯定究竟英国已承担或愿意承担多大的义务。已过七十高龄的陆军元帅罗伯茨勋爵,多年来一直力主实行征兵制,他在内阁中唯一的支持者不用说就是温斯顿·丘吉尔。可是工人阶级强烈反对,同时也没有一届政府甘冒倒台的风险去支持征兵法案。英国的军事建制,其本土诸岛的正规军(Regular Army)为6个师和一个骑兵师,另有派驻海外的4个正规师(6万人)和14个本土师(Territorials)。后备役约30万人,分为两类:一类是特别后备役(Special Reserve),这一部分仅够勉强补充正规部队,使之达到作战实力,能在战场上支持得住最初几个星期的作战;另一类是为本土军提供补充的国民后备役(National Reserve)。按基钦纳的标准,本土军是一批未经训练、无用的"业余军人"。对于本土军的看法,他跟法国人对他们的后备军一样,是完全蔑视的,是不公正的,认为它们的作用等于零。

基钦纳二十岁时，曾在法国军队中充当志愿兵参与1870年的战争，讲一口流利的法语。无论他是否因此而对法国特别同情，他绝非法国军事战略的最狂热的支持者。在阿加迪尔危机期间，他曾告诉帝国国防委员会，他预期德国人将会"像鹧鸪一样"穿越法国；他拒绝邀请，不愿插手作出委员会认为适当的任何决定。据伊舍记载，他曾捎信给委员会，表示"如果委员们设想他将指挥在法国的部队，他就要他们自己先见鬼去吧"。

英国政府1914年让他主管陆军部，从而任命了唯一的一个准备坚持组织长期作战的人，倒不是出于他的见解，而是因为他有声望。他不擅长主管一个政府部门所需的官僚手腕，内阁会议的那套"议事程序"又不配他的胃口，他做惯了殖民地总督，一向只知道简简单单地叫人"照我说的办"。基钦纳尽他力之所能摆脱命运的安排。他的超人的洞察力，并不如他性格上的缺点那样为英国政府和将军们所了解，因此他们都巴不得让他回埃及去，无奈他们又少不了他。他被任命为陆军大臣，这不是因为考虑到他的高见为他人所望尘莫及，而是因为他的名声乃是"安定民心"之所需。

喀土穆战役以后，举国上下都对基钦纳怀有一种近乎宗教徒的虔诚。在他和公众之间存在着一种后来在法国人民和"霞飞老爹"之间或在德国人民和兴登堡（Hindenburg）之间发展起来的不可思议的内心的息息相通。"喀土穆的基钦纳"，两个词的第一个字母（K of K）成为具有魔力的徽号，他的一把宽阔而威武庄严的胡子也成了英国的民族象征，犹如红裤子是法国的象征一样。基钦纳身材高大，肩膀宽阔，浓浓的胡须，一副大权在握的神态，乍看起来俨然是狮心王理查（Richard the Lionhearted）出现在维多利亚时代的形象，所不同的只是在他严肃的、炯炯的目光背后，隐藏着一种令人莫测高深的神情。从8月7日起，一份著名的征兵招贴出现在街头，画中的那髭须、那眼睛以及那手指"祖国需要你"的形象,都深深射进每个英国公民的心灵。英国要是在没有基钦纳的情况下参战,就会像礼拜天没有教堂一样不可思议。

可是这时候,人人所想的都是把六个师派往法国这个眼前的问题,作战委员会也不把他的先见之明当作一回事。格雷在很久以后带着也许大可不必如此迷惑不解的语调写道,"从未透露过他是怎样或是根据什么推理过程而对战争的长期性作出这一预测的。"是不是因为基钦纳是对的而别人都错了,或者是因为老百姓难以相信军人也具有思维,还是因为基钦纳从来未能或从来不屑于阐明自己的理由,但不管怎样,正如格雷所说那样,他的同僚和同辈人无不认为"他不是凭推理,而是凭直觉中一闪而过的灵机"作出他的结论的。

不管经历了什么样的过程,基钦纳还预言了德国即将在默兹河西岸所采取的进攻模式。据一位总参谋部的官员说,人们后来同样认为,他之能一语中的,应归功于他的"某种料事如神的天才"而不是出于他"对时间和距离的了解"。实际上,基钦纳与阿尔贝国王一样,已看出对列日的袭击预示着施利芬右翼的包抄行动。他认为,德国侵犯比利时和把英国卷入对德作战,并非像劳合·乔治所说那样,是为了通过阿登山区而对比利时的中立进行"小小的侵犯"。基钦纳拒绝对战前的计划承担责任,可是,他现在也不能建议扣下这六个师。不过,他认为根本没有必要让这六个师去莫伯日那样远在前方的地点面临覆灭的风险,他预料它们在莫伯日将承受德国侵略军的全部压力。他建议把它们集结的地点改为亚眠(Amiens),也就是退后70英里。

计划的急剧改变激怒了众将军。在他们眼中,这显得是临阵畏怯,从而证实了他们原来的最坏估计。即将上阵挂帅的,身材矮胖、面色红润的约翰·弗伦奇爵士正处于骁勇好斗状态的高峰。他平时那种中了风似的呆滞神色,加上系得紧紧的用以代替衣领及领带的骑兵硬领巾,始终给人一种濒于窒息的印象。而事实上,他的确是经常感到窒息，如果不是肉体上，至少在情绪上是如此。1912年，他被任命为帝国总参谋长后，就立即通知亨利·威尔逊，说他打算使军队作好对德作战的准备，因为他认为这是"势所必然"，自此以后，在名义上他负责与法国共同制订联合作战计划，尽管事实上他对法国的作战计划就像他对德国的作战计划那样一无所知。跟霞飞一样，在被任命为总参谋长时，他既没有任何参谋阅历，又没有参谋学院的学历。

他的中选，跟基钦纳的出长陆军部一样，主要是由于他的军阶和声誉，而他的内在素质倒在其次。在几次给英国建树了军事声誉的殖民地战争中，约翰爵士表现得勇敢而机智，并像一位权威人士所称誉的那样"切实掌握中小局面的战术"。在布尔战争中，作为一名骑兵将领，他的功绩中最为脍炙人口的是他急驰穿过布尔人的防线，援救被围的金伯利城（Kimberley）这一传奇式的行动。这些功绩为他赢得乐于担当风险的勇敢的指挥官的声誉，并在大众中为他博得了几乎与罗伯茨和基钦纳相埒的美名。由于英国在与既未经训练又缺乏现代武器装备的对手的较量中未能取得怎样辉煌的成就，此时出了一位英雄，部队高兴，国家感激。弗伦奇的英勇善战，加上他在社交界的赫赫名声，使他扶摇直上。跟海军上将米尔恩一样，他也是爱德华七世治下的显贵人物。身为骑兵军官，他知道自己是陆军中的精英。他与伊舍勋爵之间的友谊更对他有益无害；同时，在政治上，他与自由党人结好，该党于1906年执政。1907年，他任本土防卫军总监（Inspector General）；1908年，他代表陆军，陪同国王爱德华到雷维尔对沙皇进行国事访问；1912年就任英帝国参谋长；1913年被提升为陆军元帅；到六十二岁时，他是级别仅次于基钦纳的现役军官。他比基钦纳小两岁，虽然外表显得比基钦纳老些。普遍认为，如果战争爆发，他将指挥远征军。

1914年3月克拉兵变发生后，军队首脑受到冲击之猛烈，犹如

第11章 英国远征军开往大陆

参孙倾覆神室*一般，弗伦奇引咎辞职，看上去像堂吉诃德一样突然中断了他的职业生涯。然而，政府对他的宠爱反而加深，因为在政府的心目中，这次兵变是反对党策划的。"弗伦奇是一个勇敢的人，我喜欢他。"格雷不胜惋惜地写道。四个月后，当危急关头到来时，他又再度受到重用。7月30日被指定在英国参战时出任总司令。

由于缺乏学习方面的训练，又因天性不喜读书，弗伦奇之所以成名，与其说是由于他智力过人，不如说是由于他急躁易怒，至少在他早期立下汗马功劳之后是如此。"我并不认为他特别聪明，"国王乔治五世向其叔父透露过，"而且他的脾气坏得惊人。"就像在海峡彼岸的法军司令一样，弗伦奇也不是一个凭理智行事的军人。但他们之间有着根本的不同：霞飞的突出品质是坚定不移，而弗伦奇则是极易受压力、人和他人成见影响。有人说过，他具有"爱尔兰人和骑兵普遍具有的那种反复无常的气质"。霞飞在各种处境下都很沉着；而约翰爵士却是顺利时盛气凌人，不顺利时垂头丧气。他容易感情冲动并易为流言蜚语所左右；在伊舍勋爵看来，他有"一颗爱作奇想的稚子之心"。有一次，他赠给他以前在布尔战争中的参谋长一只刻有"我们的友谊久经考验，同甘共苦永不变"字样的金瓶作为纪念。这位久经考验的朋友就是那位不像他那样易动感情的道格拉斯·黑格。也就是这位黑格，1914年8月在日记中写道："从内心来说，我认为在我国历史上这个生死存亡的时刻，让弗伦奇担任这个举足轻重的职务是不太适宜的。"黑格内心的这种看法跟他的某种意识不是没有联系的，那就是最合适的人选就是他本人。他这个人是指挥权不到手绝不肯罢休的。

基钦纳重新开启了关于英国远征军的目的地——因此也牵涉其

---

* 参孙倾覆神室（Samson's temple），系基督教《圣经》故事，见《旧约·士师记》第十六章。参孙，以身强力大著称，为了报非利士人剜他双眼的仇，抱住托房的那两根柱子，尽力屈身，房子倒塌，压住首领和房内的众人。这样，参孙死时所杀的人，比活着所杀的还多。——译注

目标——等问题的讨论。按照亨利·威尔逊的看法，委员会里"大多数人对问题一窍不通……他们犹如白痴一样讨论着战略问题"。这时，约翰·弗伦奇爵士突然"插进了一个荒谬的建议，要把部队开往安特卫普"，说什么英国的动员既然落后于预定的时间，那就得考虑与比军合作的可能。黑格也像威尔逊那样有记日记的习惯，他在日记中写道，他对他上司改变计划的"那种不顾后果的方式感到震惊"。新上任的英帝国总参谋长查尔斯·道格拉斯（Charles Douglas）爵士也同样压抑不住内心的激动，他说：鉴于在法国登陆的事情全都安排妥当，同时法国已拨出运输车辆准备往前方输送军队，因此，在这最后时刻，任何改变都将导致"严重的后果"。

最使总参谋部感到烦恼的莫如法英两国火车车厢容载人数不同这个不幸的问题。要把载运的部队从一种车厢转到另一种车厢，牵涉到一个极其复杂的数学上的排列问题。难怪负责运输的官员听到计划行将改变时会感到担忧。

幸而丘吉尔否决了把部队转向安特卫普的决定，使得负责运输的官员们得以放下心来。两个月之后，丘吉尔亲自到安特卫普去了一趟，计划派两旅海军陆战队和一师本土军去那里作一次大胆的、孤注一掷的登陆，为拯救这个重要的比利时港口作一番最后而又徒劳的努力。不过在8月5日，他说海军不可能保护运兵船队作横跨北海到比境内的斯海尔德河（Scheldt）这样长途的航行，但可绝对保证船队安全通过多佛尔海峡。由于海军已有充分时间作了横渡海峡的准备，他声称时机业已成熟，并主张立即将六个师全部派遣过去。霍尔丹支持，罗伯茨勋爵也支持。接着又产生了究应派几个师去的问题，争论着在本土军有更多时间进行训练或从印度调回接替部队之前，是否得留下一个或几个师。

基钦纳又提出了他那个在亚眠集结的想法，并得到他的朋友、未来的加利波利战役的指挥官伊恩·汉密尔顿爵士的支持。后者感到不管怎样，应让英国远征军尽快到达那里。格里尔森发言支持"在

第 11 章　英国远征军开往大陆

要害地点部署优势兵力"这一观点。走在激进派最前列的约翰·弗伦奇爵士提出了"我们应该立即渡过海峡，随后再决定目的地"的建议。最后，一致同意马上调集运输舰船把六个师全部运过去，目的地待法国参谋部的代表到达后再协商决定。在基钦纳的坚持下，已向法国参谋部提出紧急要求，请派一名代表前来就法国战略问题作进一步讨论。

由于一夜之间出现的入侵恐慌闹得人心惶惶，委员会在二十四小时内改变了自己的主意，把六个师减为四个师。由于讨论远征军人数的消息有所外传，自由党的喉舌、有影响的《威斯敏斯特报》谴责了这种削弱本土防务的"鲁莽"行为。对立阵营的诺思克利夫（Northcliffe）勋爵也来反对派遣一兵一卒。虽然海军部重申了帝国国防委员会 1909 年所作的不可能有严重入侵的结论，但仍不能消除人们头脑中敌人会在东海岸登陆的想法。亨利·威尔逊感到极端厌恶的是，这位目前对英国安危负有重任的基钦纳，竟把原来安排好直接从爱尔兰开往法国的一个师抽调回国，并且从别的师中又抽调了两旅兵力去守卫东海岸，从而"把我们的计划搞得一塌糊涂"。因为最后的决定是：立即派遣四个师和骑兵部队——8 月 9 日起开始上船——然后再派遣第四师而将第六师留在国内。休会时，基钦纳以为大家都已同意把亚眠作为集结地，但是别的将军却没有这样的想法。

法国总参谋部火速派来了陆军上校于盖。他一到达，威尔逊就将出发的时间告诉了他。虽然这不是一件需要对远征军的法国东道主保密的事情，但威尔逊却惹怒了基钦纳，他指责威尔逊泄密。威尔逊"顶了嘴"，他写道，他"不想受基钦纳的气"，"尤其在今天像他这样胡说八道的时候"。于是他们之间产生了，也可说加深了对远征军毫无益处的敌对情绪。在所有的英国军官中，威尔逊与法国人民的关系最为密切，约翰·弗伦奇爵士也最能听取他的意见。然而，基钦纳却认为他傲慢放肆，就此不理睬他。而威尔逊也宣称，他认为基钦纳是个"疯子"，并且认为他"对英国的危害不亚于毛奇"，他还把他的偏见灌输到那位生性好疑、易于激动的总司令的头脑中去。

8月6日到10日期间，正当列日的德军在等待攻城炮和法国得而复失米卢斯的时候，配备有军马3万匹、野战炮315门和机枪125挺的8万名英国远征军在南安普敦和朴次茅斯集结。军官们的指挥刀都是刚磨过的，闪闪发光，这是他们奉命一律在动员的第三天送修械所磨的。但这些军刀除在检阅时用以致敬外，别无其他用场。不过，据这支部队的军史纂修人所述，这支部队，除了这种偶见的骑士遗风的举止外，确是"历来踏上征途的英军中训练、组织和装配得最好的"。

8月9日，部队开始登舰，运输船每隔十分钟开出一艘。每艘船离开码头时，港内其他船只汽笛和喇叭齐鸣，甲板上人人欢呼致意。喧闹声震耳欲聋，在一位军官看来，远在列日城外的冯·克卢克将军也不可能听不到。不管怎样，海军深信他们已把海峡封锁起来，可以安全横渡海峡，而无遭受袭击之虞。运输船队在没有护航的情况下在夜间渡海。一个在凌晨4时30分醒来的士兵感到大吃一惊，他发现整个运输船队漂浮在平静如镜的海面上，发动机全都停了，附近看不见一艘驱逐舰；原来是在等候其他港口开出的船队前来在海峡中途会合。

第一批部队在鲁昂登岸，受到狂热的欢迎，一位在场的法国人说，仿佛他们是来为圣女贞德举行赎罪仪式似的。在布洛涅，另几批在高耸的拿破仑纪念碑脚下登陆，拿破仑当年便是计划从这座圆柱形纪念碑坐落所在誓师出发入侵英国的。其他运输船只进入勒阿弗尔时，当地的法国驻军爬上营房屋顶，为在强烈的阳光下走下舷梯的盟军狂热欢呼。当晚，远处传来隆隆的雷声，残阳如血，冉冉西下。

第二天，在布鲁塞尔，人们终于看见了英国同盟者，尽管仅仅是一瞥而已。美国公使馆秘书休·吉布森（Hugh Gibson）带着一

第 11 章　英国远征军开往大陆

项使命去找英国武官，他未经通报就步入武官的房间。吉布森发现一个脏乎乎、胡子满面、身穿野战军服的英国军官在伏案书写。武官连忙把他推出室外，后者则不客气地问其余的英国部队是否都藏在这座大楼内。事实上，英军登陆地点的机密保护得如此之好，德军在蒙斯第一次碰上他们前，完全不知道英国远征军已开抵何处和在何时到达。

与此同时，在英国，各指挥官之间的互不相容日益表面化。国王在巡视时向与宫廷关系密切的黑格询及他对约翰·弗伦奇爵士任总司令有何看法。黑格认为他有责任这样回答："我非常怀疑，他是否具有足够平和的性情和足够高深的军事学识，使他能够胜任指挥官的职责。"国王离去后，黑格在他的日记中写道，约翰爵士在布尔战争期间的军事思想"常常使我震惊"；接着他又写下了他对阿奇博尔德·默里爵士的"看法"：默里是个"老太婆"，为了避免跟约翰爵士发生争执，他总是"姑息迁就"，明知命令谬误，还是执行不违。黑格认为两人"全都不适宜于担任他们现在的职务"。他告诉另一位军官说，约翰爵士将不愿倾听默里的意见而"宁愿信任威尔逊，这反而更为坏事"。威尔逊不是一位军人，而是一个"政客"；对于"政客"一词，黑格解释说，与"不正当的交易和错误的生活准则同义"。

黑格这个人态度温和，举止文雅，看不出有什么缺点，凡是可能于他有帮助的地方，他都有朋友。行年五十又三，生平事业一向无往不利，如今他倾吐这一番衷曲，是要为更上一层楼创造条件。在苏丹战役中，身为一名军官，他就已惯于养尊处优，在跟随他一起穿越沙漠的私人包裹驮载队中就有"一只满驮着红葡萄酒的骆驼"。

8月11日，在启程赴法的前三天，约翰·弗伦奇爵士第一次获悉一些使他感兴趣的有关德国部队的实情。他和作战处副处长卡尔韦尔（Callwell）将军一起拜访了情报处。情报处长开始告诉他们一些有关德国运用后备兵役制的情况。卡尔韦尔写道："他不断搞出一批批新的后备师和额外后备师，就像一个魔术师从口袋里掏出一缸又一缸金鱼那样。而且，他似乎是故意为之，让人感到恼火。"这些情况，法国情报部门的第二处于1914年春获悉，为时太晚，已来不及说服总参谋部改变它对德军右翼的判断。要改变英国人的想法也为时过晚。一种新的想法，如要深入人心并从根本上改变既定的战略以及更动部署上无穷的具体细节，就得需要时间，而余下的时间却远远不够。

在下一天举行的委员会的最后一次会议上，基钦纳和将领们为了战略问题展开了一场激战。到会的除基钦纳外，还有约翰·弗伦奇、默里、威尔逊、于盖和另两名法国军官。基钦纳除非凭着心灵的耳朵，他当然听不到打通穿过列日的道路的420毫米大炮炮弹的爆炸声。虽然如此，他断言德国的"强大兵力"将从默兹河彼岸过来，他并挥动手臂，在墙头的大地图上比划了德军的包围阵势。他振振有词地说，倘若远征军集结在莫伯日，在做好战斗准备之前就有陷于重围被迫后撤之虞，这次作战是克里米亚战争以来第一次与一个欧洲国家的交锋，被迫后撤会给远征军的士气带来灾难性的后果。为了取得回旋余地，他坚持要以亚眠这个更后一些的地方作为基地。

他的六个对手，三名英国军官及三名法国军官，都同样毫不动摇地坚持原来的方案。约翰·弗伦奇爵士本人原来建议向安特卫普转移，而今在威尔逊的授意下，则坚决表示任何变化都将"打乱"法国的作战计划，仍旧主张向莫伯日进军。法国军官强调了填补其战线左翼末端空白地区的必要。威尔逊对于把部队集中在亚眠的这种"懦夫之见"则是五内俱焚。基钦纳说，法国的作战计划是危险的；他说，他们不应采取攻势，他"完全反对"这样做，而应等到德军发动进攻时予以反击。争吵持续三个小时，最后基钦纳被迫逐步作出让步，尽管他还没有被说服。作战计划早已存在，五年来，他一

第 11 章　英国远征军开往大陆

直知道这个计划，而且根本不赞成。如今，部队已经上船出海，他只能接受这个计划，因为已没有时间再拟定新计划了。

最后，基钦纳作了一个无可奈何的姿态——或者是一种旨在开脱自己责任的姿态——他带领约翰·弗伦奇爵士一起去向首相汇报争论情况。正如威尔逊在其日记中所吐露的那样，阿斯奎斯"对这事根本不懂"。他所作的决定，不出人们所料。他在听取基钦纳陈述他跟联合总参谋部的专家们一致意见相左的看法后，表示同意总参谋部的意见。远征军由六个师减为四个师，按原计划行动。这种按既定计划办事的势头又一次获得了胜利。

然而，与法德两国的陆军大臣不同，基钦纳仍保留有指挥本国军务的大权。他现在给约翰·弗伦奇爵士发出的有关远征军在法国行动的命令，反映了他意图限制远征军在战争初期所应承担的责任。丘吉尔预见到英国海军行将担负的重任，因而命令地中海舰队既要同"格本"号交战又要避开敌人的"优势火力"。跟丘吉尔一样，基钦纳现在预见到他必须建立起一支数百万人的大军，因而给远征军规定了不相协调的方针和任务。

他写道："你所统率的部队，其主要目的是支持和配合法国陆军……并协助法军阻止或击退德军入侵法国或比利时领土。"他带着某种乐观情绪继续写道："并最终恢复比利时的中立"——这个计划好比要为姑娘恢复童贞。鉴于"英军及其配属的增援部队的兵力非常有限"，必须"经常牢记"，"尽最大努力把死亡和损耗减到最低限度"乃属必要。基钦纳的命令反映了他不赞成法国的进攻战略。命令指出，在被要求参加任何"前方调动"时，如果在此调动中，法军并未投入大量兵力，或有使英军"过分暴露易受敌军攻击"之虞，约翰爵士应当首先请示本国政府，同时还必须"清楚地了解，你的指挥权是完全独立的，在任何情况下，在任何意义上，你都不受任何盟军将领的节制"。

这番话毫无模棱两可之处。基钦纳已经一笔勾销了统一指挥的原则。他的动机是把英军作为未来的核心力量来保存。而这样做的后果，对一个具有约翰爵士那样气质的指挥官来说，实际上是取消"支持与配合"法军的命令。这种思想，即使是在约翰爵士去职和基钦纳本人去世之后很长一段时间内，还不时露头，影响盟国在战事上作出努力。

8月14日，约翰·弗伦奇爵士、默里、威尔逊以及一位取了一个振奋人心的名字的陆军少校参谋赫里沃德·韦克（Hereward Wake）爵士，一起到达亚眠。英军在这儿下火车，然后继续前往勒卡托（Le Cateau）和莫伯日周围的集结地区。英军开始出发那天，克卢克的部队也开始从列日向南移动。英国远征军高高兴兴地朝着通往勒卡托和蒙斯的道路前进，沿途人群不断报以"英国人万岁！"的热烈欢呼声。这种欢乐气氛，使基钦纳勋爵向全军发布的使人扫兴的通告增添了说服力，通告指出他的军队可能会"遇到美酒和女色的诱惑"，全军必须"一律抵制"。英国军队越往北走，欢迎的热情越高涨。人们纷纷飨以热吻，赠以鲜花。摆设盛放食物和饮料的台子，招待英军，分文不收。有一处栏杆上挂了一块红台布，上面缝着一些白布条，权代英国国旗上的圣安德鲁十字的图案。士兵们把部队臂章、帽子和皮带抛给那些索取纪念物的笑容满面的姑娘及其他景慕他们的人。不久，英国部队便只好头戴农民的花呢帽子，用绳子束住裤子开向前方。一个骑兵军官后来写道，一路上"我们受到人们的盛宴款待和热烈欢呼，但不消多久，他们便要看见我们向后败退了"。如今回顾当时的情景，他记忆中的英国远征军进军蒙斯，真是"一路春风得意"。

第12章
桑布尔河和默兹河

西线战场上，调集军队和前哨战阶段在第十五日结束，进攻战阶段开始。法军右翼向德国占领的洛林地区发动进攻，他们抄袭一条古老的深沟壁垒的蹊径，这样的小道，在法国和比利时为数很多。世世代代以来，不论哪个兵家都率师踏常袭故走这样的小道，夷平那些反复遭到夷平的村庄。在东去南锡的道路上，法军走过一块纪念碑，上面铭刻着"362年，约维努斯（Jovinus）于此击败条顿游牧部落"。

正当波将军所部在法军右翼边缘，在阿尔萨斯再次发动攻势的时候，迪巴伊将军的第一集团军和德卡斯泰尔诺将军的第二集团军正在分别穿越洛林地区的两条天然通道。这是法军进攻的必经之路。这两条天然通道，一条通往迪巴伊部队出击的目标萨尔堡（Sarrebourg）；一条从环绕南锡的大库罗讷（Grand Couronné）山区迂回而下，经过萨兰堡（Château Salins）进入一个山谷，山谷尽头就是德卡斯泰尔诺部队出击的目标莫朗日（Morhange）天然要塞。德国人已估计到法国的进攻，早就在这一带设置了铁丝网，挖掘了战壕，建筑了炮台，严阵以待。他们在萨尔堡和莫朗日都筑有坚固的工事，要击退他们，只有进行锐不可当的冲锋或用重炮轰击。法国人向来依靠前者，蔑视后者。

1909年，总参谋部的一个炮兵军官，在征求他有关105毫米重型野炮的意见时，他回答说："感谢上帝，幸好我们一尊也没有！""法军的威力全靠加农炮的轻便。"1911年，作战委员会建议为法国陆军配备105毫米重炮，但炮兵部门人员却矢忠于驰名的法国75毫米大炮，而始终执拗反对。他们鄙视重型野炮的作用，认为只会影响法军进攻的机动性，是个累赘，只能像机枪一样作为防御武器。陆军部长梅西米和当时供职总参谋部的迪巴伊将军，力排众议，争得拨款，拟创建若干105毫米重炮炮兵连，但因政府屡经更迭和炮兵部队的鄙视，及至1914年，编入法国陆军的重炮兵部队寥若晨星。

德方洛林阵地的守军，是巴伐利亚王储鲁普雷希特的第六集团军，以及8月9日起归他指挥的冯·黑林根将军的第七集团军。鲁普雷希特的任务，是把尽量多的法军牵制在他的战线上，使他们去不了面对德军右翼的主力阵地。按照施利芬计划，他要完成这项任务，必须先行退却，将法军引入"口袋"，拉长法军的交通线，然后把法军咬住，而这时候，决战就在别处开打了。这项计划的精髓所在，就是让这个战区的敌人在他们迹象毕露意欲进犯的当口，遂其意图，任其前来，诱之取得战术上的胜利，使之遭受战略上的失败。

这一战略，与对东普鲁士的计划无异，有其心理方面的问题。军号响了，担任司令的那些袍泽在奋勇直前走向胜利，而这时候，鲁普雷希特却得服从往后退却的需要。这对一个向往荣誉、雄心勃勃的司令员，特别是对一个储贰身份的人来说，是个很不愉快的情景。

鲁普雷希特，不失军人严谨本色，挺直，英俊，目不斜视，有两撇得体的髭须。他毫无以前两位任性的巴伐利亚的路德维希国王的那种气息。那两个国王生性放荡，一个迷恋洛拉·蒙特兹*，一个

---

* 洛拉·蒙特兹（Lola Montez, 1818—1861），英国女演员。——译注

沉溺于里夏德·瓦格纳*，结果一个遭到废黜，一个被宣布为疯子。其实，鲁普雷希特出身的门第并不那么怪僻，这一房曾出过为疯子国王担任过摄政王之人。鲁普雷希特本人是英王查理一世的女儿亨丽埃塔（Henrietta）的直系后裔，所以也是英国斯图亚特王朝的合法继承人。为纪念查理国王，每年逢到他被处决的这一天，巴伐利亚王宫总披上白玫瑰素装。鲁普雷希特与协约国方面还有一层新的私人关系——他妻子的胞妹伊丽莎白嫁给了比利时国王阿尔贝。尽管如此，巴伐利亚的部队却是地道的德国军队。开战几天以后，迪巴伊将军就曾报告说，他们尽是"野蛮人"。这些人在撤出城镇之前，总是将宿营的住房洗劫一空，桌椅家具、床垫、装饰品、一切器皿，砸的砸，踏的踏，窗帘给撕了下来，橱柜里的东西给撒了一地。然而这一切，尚且只是悻然撤退的军队习以为常的行为。洛林更惨的遭遇还在后头哩。

在迪巴伊和德卡斯泰尔诺进攻的头四天，德军按照计划往后徐徐退却，仅与法军作后卫战。蓝衣红裤的法国军队从梧桐夹道的宽阔笔直的公路上源源而来。在沿路每一高坡上，他们可以看到一望无际、阡陌纵横的田野，这一片是翠绿的苜蓿，那一片是金黄的谷物，另一片是耕耘待种的褐色的田地，再就是星罗棋布、成排整齐的草堆。在这田野上空发出了刺耳的尖啸声，75毫米大炮响了，法军开进了他们曾经的国土。最初的几次战斗，尽管德军一使用重炮就把法军战线打得七零八落，可是法军却未遇到德军的坚决抵抗就胜利了。8月15日，迪巴伊遇到运回伤兵的车辆，那些伤兵面色苍白，血肉模糊，有的四肢被炸得残缺不全。他还看到上一天的战场，仍然尸横遍野未及收埋。17日，德卡斯泰尔诺的第二十军在福煦将军的指挥下，占领了萨兰堡，且已迫近莫朗日，莫朗日已在其射程之内了。18日，迪巴伊部队攻占了萨尔堡，军心大振，"殊死进攻"

---

* 里夏德·瓦格纳（Richard Wagner，1813—1883），德国著名作曲家。——译注

看来已奏肤功。士兵们欣喜若狂，甚至看到了攻至莱茵河的那一天。殊不知就在此时此刻，第十七号计划已开始破产，事实上，这个计划早已破产好多天了。

在比利时境北的战线上，朗勒扎克将军一再强烈要求总司令部，让他北上狙击正在南下的德军右翼，而不是开往东北攻入阿登山区打击德军中路。他看到自己正在为来自默兹河西岸的德军所包围，并猜想这支德军具有相当的实力，因此执意要求让他把部分军队调往默兹河左岸，进入默兹河与桑布尔河汇合的三角地带，以便堵截德军去路。在这里，他可以固守沿桑布尔河的防线。桑布尔河发源于法国北部，朝东北流入比利时，经过博里纳日山麓矿区而下，在那慕尔与默兹河汇合。沿河两岸，矿渣堆积如山，矗然林立，从沙勒鲁瓦起航的运煤船只络绎不绝。沙勒鲁瓦这座以王名命名的城市[*]，1914年以后将使法国人听来像色当一样地感到哀痛。

朗勒扎克的报告连珠炮似的发到总司令部，这些报告说，根据他自己侦察到的德国部队及其调动情况，德国大军在从列日两侧蜂拥而来，为数不下几十万，也许有70万，"甚至上200万人"。但法军总司令部坚决认为这些数字肯定错了。朗勒扎克力争说，倘他的第五集团军进入阿登山区，强大的德军会在这时兵分三路从那慕尔、迪南和日韦向其翼侧扑来。他那位素来意气消沉，而今更是日益忧心忡忡的参谋长埃利·杜瓦塞尔，前往总司令部为朗勒扎克申述情由，接待他的那位军官大发雷霆说："怎么，又来了！你们的朗勒扎克还在担心左翼被围吗？那不会的！"他还用总司令部的基调说："要是真的被围了，那就太好了！"

可是，尽管法军总司令部决心不许干扰它预定在8月15日发动的主力进攻，但它对德军右翼在策动包抄的越来越多的证据也不能完全无动于衷。8月12日，霞飞答应朗勒扎克把他左翼的军移到

---

[*] 沙勒鲁瓦，原文为Charleroi，意为查理王。——译注

第12章 桑布尔河和默兹河

迪南。"该是时候了。"朗勒扎克带着讥讽的口吻轻声低语,但他坚决认为这样做已无济于事,而必须把他的整个部队西调才行。霞飞拒不答应,执意第五集团军必须继续东进,在阿登山区执行其指定的任务。霞飞一向唯恐有损自己的权威,这时,便对朗勒扎克说:"阻挡包围战的事儿,责不在你。"朗勒扎克就像所有敏于思考的人看到盲人骑瞎马那样愤慨,何况他又是一个惯于被人奉为战略家的人,因此,他继续对总司令部进行要挟。霞飞对他的不断批评和无休止的争论越来越恼火。霞飞认为,将领的整个职责就是战斗似雄狮,服从如忠犬;但是,素有自己的见解,而今又感到局势危急的朗勒扎克,则认为这种观念是无法顺从的。事后他写道:"我内心的焦虑,与时俱增。"8月14日,亦即发动进攻的前夕,他亲自赶到维特里。

在办公室里,他见到霞飞和他的两位左右手——参谋长贝兰(Belin)和助理参谋长贝特洛。贝兰一度以富有生气著称,而今却因过度操劳显得心力交瘁。贝特洛敏捷、机智,像英军中他的对等人物亨利·威尔逊一样,是个根深蒂固的乐观派,要他感到会有什么麻烦事儿是生就的难事。他体重230磅,那是正值8月盛暑季节,他早就顾不得军人的尊严,穿着开领短上衣,拖着凉鞋上班了。而朗勒扎克黝黑的克里奥尔人(Creole)的面孔,则已忧愁得两颊深陷。他坚决认为,一旦他深入阿登山区,德国人将会出现在他左面,而阿登山区艰难险阻的不利地形既使他未必能速决速胜,又使他无法掉头后撤,到那时将束手听任敌人完成其包抄了。

霞飞用普恩加莱称之为"奶油般的语调"对朗勒扎克说,他的担心"为时过早"。霞飞还说:"我们认为德国人在那里并没有什么部署。"他说的"那里"指的是默兹河西侧。贝兰和贝特洛也都一再保证"那里并没有什么部署",并努力一面安慰他,一面鼓励他。他们力促他将被围的想法置之脑后,只想进攻的事儿。朗勒扎克离开总司令部时,如他所说:"我的灵魂死了!"

他回到设在阿登山区边缘的勒泰勒(Rethel)的第五集团军司

令部，看到案桌上放着一份总司令部情报处的一份报告，又顿增了末日来临之感。该情报估计，敌军在默兹河彼岸约有八个军和四到六个骑兵师的兵力——事实上这还是低估的数字。朗勒扎克立即派副官带了一封信去见霞飞，请他注意"来自你自己司令部"的情报，而且坚持第五集团军调赴桑布尔河和默兹河战区的事宜，应"立即着手研究和从事准备"。

与此同时，又有一个来访的人忧心忡忡地来到维特里，试图说服总司令部相信左翼处境危殆。当年霞飞不让加利埃尼在总部任职时，梅西米把他安置在陆军部负责处理各类报告。纵然那里面没有霞飞存心不送给政府的那些来自总司令部情报处的报告，但加利埃尼从搜集的情报中已足以判定，大批德军将如滔滔洪水向法兰西奔腾而下。而这正是饶勒斯在谈到有朝一日前线将调用全部后备力量时所曾预言的"可怕的没顶之灾"。加利埃尼对梅西米说，他必须去维特里敦促霞飞改弦易辙。但是梅西米就其资历而论，与霞飞相差将近二十年，并且一向敬畏霞飞。他说，还是加利埃尼自己去好，作为霞飞在他事业上的一位感恩戴德的人物，霞飞不会不理他的。这是对霞飞的估计不足，霞飞此人是爱不理谁就不理谁的。加利埃尼来到之后，霞飞只会见他几分钟就把他交给了贝兰和贝特洛。这两位又把他们向朗勒扎克的保证对他重复了一遍。总司令部已决心"不理会证据"，并且拒不认为德军在默兹河西岸的挺进是个严重威胁。加利埃尼回去后立刻向梅西米作了汇报。

然而，当天傍晚，法军总司令部在情况越来越确凿的压力下开始动摇了。霞飞在答复朗勒扎克最后一份急电时表示同意"研究"调遣第五集团军的建议，并准许作调动的"初步部署"，尽管他对朗勒扎克翼侧的威胁仍然坚持"远非迫在眉睫，远非肯定无疑"的看法。及至第二天8月15日晨，威胁已越来越逼近。此时一心一意要大举进攻的法军总司令部忐忑不安地注意起左翼来了。上午9时许，给朗勒扎克挂了电话，授权他作部队调动的准备，但在总司

第 12 章 桑布尔河和默兹河

令亲自下达命令之前，不得行动。整整这一天，总司令部收到了许多报告，都说一万名德国骑兵已在于伊渡过默兹河；接着又收到一份报告说，敌军正在进攻迪南，且已占领了右岸高冈上俯瞰城区的堡垒；其后又有报告前来说，敌军已强渡过河，但遭到从左岸猛冲而下的朗勒扎克第一军的回击，经过一场鏖战，敌军已被赶过桥退回对岸去了[在这次战斗的第一批伤员当中有一位二十四岁的中尉，此人就是夏尔·戴高乐（Charles de Gaulle）]。第一军正就是 8 月 12 日批准过河的那支部队。

对左翼的威胁，不能再低估缩小了。下午 7 时，霞飞亲自下达了调遣第五集团军进入桑布尔河和默兹河三角地带的命令。他先用电话通知朗勒扎克，一小时后送去了手谕。法军总司令部就此屈服了吗？并不尽然。因为这道命令——第十号特别指令——对计划的更动，给人的印象只是应付敌人包抄的威胁，而远没有到达放弃第十七号计划的地步。命令承认，敌军"似乎在日韦北面用其右翼准备大干一场"——好像朗勒扎克还要他告诉似的——并命令第五集团军的主力开往西北，"会同英、比部队作战，狙击北方来犯之敌"。但第五集团军的一个军则仍然要面向东北，支援第四集团军，因为攻入阿登山区的主要任务而今已交由第四集团军执行。这道命令的结果是把第五集团军的战线向西展开得更为宽广，但没有为此给它增加一兵一卒。

第十号命令指示新任先头突击部队的第四集团军司令德朗格勒·德卡里（de Langle de Cary）将军做好进攻准备，"总方向是讷沙托"，亦即攻入阿登山区腹地。为了加强部队的战斗力，霞飞在德卡斯泰尔诺、朗勒扎克和德朗格勒三个集团军之间进行了错综复杂的调动。结果，朗勒扎克统率训练的两个军从他手下调开了，而调来的则是原不属他指挥的别的部队。尽管新来的部队中有两个师是从北非调来，德舰"格本"号曾企图中途截击的精锐部队，但这种节外生枝的调动和临阵时的突然改变，陡然增加了朗勒扎克的苦恼和失望。

法军的其他部队向东冲杀去了，朗勒扎克感到这是要让他来防守法国这条毫无掩护的翼侧，以对付他所认为是想置法国于死地的那一击。他还感到给他的是最艰巨的任务——尽管总司令部拒不承认这点——而拥有的却是最微薄的兵力。他想到与英、比两军协同作战的前景，鉴于它们既是独立的部队，而两军司令的军阶都比他高，又素不相识，因此心境并不感到舒畅些。在赤日炎炎的8月里，他的部队必须行军80英里，这得要五天时间，而且即使能在德国人之前赶到桑布尔河战线，他也担心可能为时已晚。那时，德军来势之大，恐阻挡不了。

理应在他左侧的英国人究在何处？时至今日，谁也没有见过他们。纵然朗勒扎克能从总司令部探悉到英军的确实下落，可是他对总司令部已不再信任。他忧心忡忡地怀疑法国已成了英国人背信弃义、耍弄阴谋诡计的牺牲品。英国远征军要么是一句骗人的鬼话，要么还在作参战前最后一场板球赛。除非他部下有军官能亲眼看到远征军，否则他就不能相信有英国军队的存在。每天他派出侦察班，包括驻在第五集团军的英国联络员斯皮尔斯（Spears）中尉在内，去野外侦察，但从未发现有穿黄卡其军装的部队。斯皮尔斯执行的诚是一项奇怪的联络任务，连他本人在他一本闻名的著作中也未作解释。找不到英国人的行踪，又使朗勒扎克增加了岌岌可危之感。重重焦虑煎熬着他，他写道："我的苦恼，达到了五内俱焚的地步。"

在发布第十号命令的同时，霞飞要求梅西米从海岸防线调派三师本土军去充实海峡和莫伯日之间的空白地带。他宁愿挖尽老底来权宜应付德军右翼的进攻，而不愿他念念不忘的中路进攻减少一兵一卒。他还不愿承认他在给敌人牵着鼻子跑。不论普天下有多少个朗勒扎克和加利埃尼，以及多少件侦察来的情报，都丝毫不能动摇法军总司令部关于德军右翼的力量越大，法军从中路突破进而夺取主动权的前景越好这一坚定不移的主要信念。

第12章 桑布尔河和默兹河

德国人在比利时，犹如南美丛林中定期出现捕食其他动物的群蚁。群蚁所到之处都造成一条死亡线，德军则是夺路前进，直穿田野、公路、村庄和城镇，像群蚁那样，不为河川或其他障碍物所阻。冯·克卢克的部队从列日北面，冯·比洛的部队从列日南面，沿着默兹河流域向那慕尔蜂拥而来。"默兹河是一条宝贵的项链，"阿尔贝国王曾说道，"而那慕尔又是项链上的一颗明珠"。默兹河流经两边是高冈的一个宽阔的峡谷，河的两岸有着大块空地。这里是一处度假胜地，每年的8月，是传统的度假季节。家家户户在这里郊游野餐，孩子们在河边嬉水，男人们坐在河岸太阳伞下垂钓，母亲们坐在折椅上编织，白色扁舟扬帆轻飘而过，游览船艇往返于那慕尔和迪南之间。这时，冯·比洛的一部分部队正在列日和那慕尔之间的于伊渡河，沿着两岸向比利时著名的第二个要塞挺进。那慕尔四周的堡垒圈，造得与列日一样，它是进入法国前的最后一关。德国人完全相信他们的攻城大炮的铁拳威力。在进攻列日时，这些大炮打得很出色，发挥了威力，现在正由冯·比洛的辎重车拖来完成第二项任务，他们指望三天内就可拿下那慕尔。而冯·比洛左边的由冯·豪森将军统率的第三集团军，这时也正在向迪南挺进。这样，朗勒扎克部队在进入桑布尔河和默兹河三角地带时，这两支军队也将在那里会师。但是也就在施利芬的战略在战场上如期一一实现的时刻，孰料在后方他们的计划却出现了毛病。

8月16日，在军队集结时期结束之前一直待在柏林的德军统帅部，迁到莱茵河畔的科布伦茨（Coblenz）来了，这里距德军前线的中心约80英里。施利芬曾设想此时此地的总司令绝不应该做拿破仑，在高地上骑着白色骏马观察战斗，而应做一个"现代的亚历山大"，"在一所有很多宽畅的办公室的房屋里"指挥战争，"在这里，手边备有电报、电话和众多无线电通讯设备，同时还有一支随时待命出发的汽车和摩托车队。在这里，这位现代的总司令坐在大桌旁的一只舒适的靠背椅上从地图上综观着战场全局。在这里，他用电话颁发激励士气的训示,他批阅集团军司令和军长的报告以及来自侦察敌人动向的气球和飞艇的情报"。

现实可破坏了这幅美景。这个现代的亚历山大轮到毛奇担当。毛奇自己也承认,他始终没有从战争开始第一夜经受德皇折磨的痛苦中恢复过来。他理应用电话发给各司令"激励士气的训示",可他从没有接触过那些设备,即使接触了,也会打不通。德军在敌境作战遇到的最大困难莫过于通讯方面的阻碍。比利时人切断了电话、电报线路;埃菲尔铁塔无线电台强烈电波的干扰,搅得德方电讯必须重复三四遍始能把电文意思弄清楚。德军统帅部唯一的一座收报台因电路拥塞,电报得要八至十二小时才能通达。这是德国总参谋部所没有预料到的"摩擦"之一,军事演习时畅通的通讯误导了他们。

比利时人毫不客气的抵抗,俄国"压路机"突破东普鲁士的幻景,更使德军统帅心烦意乱。参谋部内部产生摩擦了。深受普鲁士军官高傲自恃风尚影响的,不是别人,正是他们自己和他们的同盟者。副参谋长冯·施泰因(von Stein)将军,是众所公认的一位足智多谋、心地善良、刻苦勤奋的人,不过德军统帅部的奥国联络官却说他粗鲁暴躁、不够圆通、好争不让,并且沾染了冷嘲热讽和盛气凌人的所谓"柏林卫士的风气"。作战处的鲍尔(Bauer)上校就痛恨他的首长塔彭(Tappen)上校对部下的那种"尖刻口吻"和"恶劣态度"。军官们也牢骚满腹,一则毛奇不许吃饭的时候喝香槟酒,再则德皇供给的伙食太差,饭后还得自己掏腰包买三明治充饥。

自法军在洛林发动进攻的那时起,毛奇执行施利芬完全依靠右翼这一计划的决心就开始动摇了。他和他的参谋人员指望法军会调集其左翼主力前来迎击德军右翼的威胁。朗勒扎克焦急不安地派了侦察班去寻找英国人的下落,德军统帅部也同样在焦急不安地寻找法军大部队在默兹河西侧活动的迹象,但到8月17日什么也没发现。战争中出现敌人不如所望、不按照对己方最有利的方式行事这种问题，是够恼人的，而今这个问题缠得德军统帅部忐忑不安。他们从法军在洛林地区活动频繁而在默兹河西却一无动静的情况断定，法军正在集结主力准备通过梅斯和孚日山脉之间的洛林地区大举进攻。他们考虑着有无重新调整整个战略的必要。如果那是法军主攻目标，那么德军能否在其右翼进行包抄打一场决战之前，把部队调往左翼，在洛林地区先打一场决战？能否真正打一场施利芬内心深处所向往的两面包抄的名副其实的坎尼战役？从8月14日到17日，德军统帅部紧张地讨论了这一诱人的前景，甚至还研究了将重心往左翼作某些初步转移的问题。只是到了17日那天，他们判定法军在洛林并不如所想象的那样在集结部队，遂又回到施利芬原来的计划。

可是，一种主义的神明一旦遭到怀疑，就无法返回对它的绝对信仰。从那时起，德军统帅部一见左翼有机可乘时，就为之心动。毛奇在思想上已不反对根据敌人动向改变作战计划。这样，施利芬执意倾注全力于一翼，不问敌人行动如何必须严格执行的孤心苦诣的计划被打破了。原来在纸面上显得那么天衣无缝的计划，现在在战争中，在情况变幻莫测的压力下，特别是在感情冲动的压力下破碎了。毛奇既然不让自己舒舒服服地躺在预先安排好的计划上，由此每当要他作出决定时，便苦于拿不定主意了。8月16日，鲁普雷希特王储又要求作出一项紧急决定。

鲁普雷希特要求允许反攻。鲁普雷希特的司令部设在圣阿沃尔德（Saint-Avold），这是一座冷落的默默无闻的小镇，坐落在肮脏不堪的萨尔矿区旁边的一个深山幽谷里，那里没有王孙公子的豪华生活可言，也没有他可住的别墅，甚至连一家大旅馆都没有。他向西望去，广阔的长空下是一片起伏的丘陵地带，一直延伸到摩泽尔河畔，没有什么大的障碍物，在天际闪闪发光的就是兵家必争之地——洛林的明珠：南锡。

鲁普雷希特据理力争，认为要在他的战线上完成尽可能多地牵制法军这一任务,最好的办法是进攻,然而这一理论是和"口袋"战略背道而驰的。从8月16日到18日,鲁普雷希特司令部和总司令部用电话激烈讨论了整整三天,好在这段电话线路是在德国境内。当前法军的进攻是不是它的主要攻势?法军在阿尔萨斯和默兹河西岸似乎没有"认真其事地"干些什么,这又说明了什么?如果法军不向前推进并陷入"口袋",那将怎么办?如果鲁普雷希特继续后撤,那他与他的右邻第五集团军之间会不会敞开一个缺口,法军会不会乘虚而入?这是否会招致右翼的失败?鲁普雷希特和参谋长克拉夫特·冯·德尔门辛根(Krafft von Dellmensingen)将军都坚决认为这是可能的。他们说,他们的军队等候进攻的命令已等得不耐烦了,已难以管束他们了,迫使"急于前进"的部队后撤也是可耻的;而且,开战伊始就放弃洛林国土,即使是权宜之计,也绝非明智,除非事出万不得已。

德军统帅部对此既是神魂颠倒,又是胆战心惊,一时拿不定主意。于是派了少校参谋措尔纳(Zollner)前往圣阿沃尔德第六集团军司令部作进一步面商。他说,统帅部对有计划后撤正在考虑作些变动,但是还不能完全弃口袋策略于不顾。他没有解决问题就回去了。他刚走,第六集团军司令部就收到一份飞机侦察情报,说当地法军正在往后向大库罗讷移动;第六集团军参谋处"当即解释"这是敌军毕竟不在向前进入口袋的佐证,并且认为尽速向敌进攻乃是上策。

情况异常紧急。以鲁普雷希特和冯·克拉夫特为一方跟冯·施泰因和塔彭上校为另一方之间的电话不绝。统帅部又派了一个信使多梅斯(Dommes)少校来到这里——这是8月17日——带来的消息表明,现在发动反攻看来是前所未有的大好时机。他说统帅部现在很有把握,法军正在往其西翼调动,而并不是"束缚"在洛林上。他还谈了攻城大炮在列日的威力,从这些威力看来,法国的堡垒阵线并不那么坚不可摧。他还说,统帅部相信英国人还没有在欧洲大陆登岸，如果此时此地在洛林迅速打一场决战，他们也许就永远不会前来了。多梅斯少校又说：当然，根据毛奇的指示，他不得不提请注意这场反攻战将冒种种危险，其中最主要的和压倒一切的危险，将是一场正面攻击——这在德国军事学中是最忌讳的——因为那里山峦起伏，加上法军堡垒林立，要进行包抄是不可能的。

鲁普雷希特反驳道，进攻的危险并不大，危险大的倒是继续后退。他说，他将出敌不意，把他们打得晕头转向；并说，他和参谋已考虑了种种风险，并能设法战而胜之。鲁普雷希特为他英勇的军队的进攻精神再一次大唱赞歌，而且越唱越响。他说这样的军队绝不应再叫它后撤，同时声称，他已决心进攻，除非统帅部给他明确的禁令。"要么让我进攻，"他声嘶力竭地说，"要么就下一道明确禁止进攻的命令吧！"

多梅斯为王储的"强硬口气"所窘，便匆匆回到统帅部作进一步的请示。而在鲁普雷希特的司令部里，则是"我们等着，担心会不会来一纸禁令"。18日，他们整整等了一个上午。到下午，仍然音讯杳然，冯·克拉夫特于是挂电话给冯·施泰因要求告诉他是否会下达命令。他们两人对一切有利的方面和疑虑不定之处又翻来覆去地争论起来了。最后，冯·克拉夫特按捺不住，要求冯·施泰因直截了当地答复究竟是"行"还是"不行"。"噢，不，我们不会束缚你们的手脚不准你们进攻的，"冯·施泰因用一种不像是一位现代亚历山大权威的口吻回答说，"你必须担当起责任，本着良知作出你的决定。"

"早就决定了，我们进攻！"

冯·施泰因回答时"呐"了一声，这是方言中一个说明无可奈何的表示，随着又说："那么，打吧，愿上帝保佑你！"

就这样，口袋战略被放弃了，命令下达给第六、第七两集团军掉转身来准备反攻。

就在这期间,德国人认为尚未登陆的英国军队正在向法军左翼末端的指定阵地移动。法国老百姓相继报以欣喜若狂的欢迎,这与其说是对他们世代宿仇的英国人发自内心的热爱,不如说是对一个同盟者在法国进行存亡攸关的战斗时刻挺身而出的近乎歇斯底里的感激。他们吻着英国兵,送他们食物,给他们戴上鲜花。在英国兵看来,宛如一个盛大的庆功会,而他们是受之有愧的英雄。

他们的总司令——嗜斗好争的约翰·弗伦奇爵士是8月14日登岸的,同来的有默里、威尔逊和当时派到英国司令部任联络官的于盖。他们在亚眠过宿,第二天来巴黎会见总统、总理和陆军部长。簇拥在北火车站前面广场上和街道两旁欢迎的两万群众欣喜若狂地高呼着:"弗伦奇将军万岁!""好!好!好啊!英吉利万岁!法兰西万岁!"通往英国大使馆的大道上人山人海,人们挥手欢呼,兴高采烈地欢迎他们。据说,这次欢迎群众之多甚于欢迎飞越海峡的布莱里奥[*]。

普恩加莱见到这位客人不禁一惊,他原来是一个"举止文质彬彬……外表很少军人气派"的人。他嘴唇上留着一撮长长的胡须,看上去倒像个埋头苦干的工程师,而不像一位享有盛名的冲锋陷阵的骑兵司令。他看来慢条斯理而不怎么冲动。他有一个法国籍的女婿,在诺曼底(Normandy)还有一所避暑别墅,但说不了几句过得去的法语。他从容不迫地向普恩加莱宣布,他的军队要十天时间,也就是要到8月24日才能作好作战准备,这可使普恩加莱吃惊不已,因为这时候朗勒扎克已经担心8月20日都可能为时过晚。"我们真是受骗上当了!"普恩加莱在日记中写道,"我们以为他们早已准备就绪,而现今他们却不能如期会合!"

确实,此公起了令人难以理解的变化。他之能够获得指挥权,

---

[*] 布莱里奥(Louis Blériot, 1872—1936),法国飞行家,1909年第一次驾飞机飞越英吉利海峡。——译注

除了资历深和有得力的朋友外,一向是由于他的军事热忱。可是从他踏上法兰西那时起,就开始表现出一种"等一等的态度",表现了出奇的对把英国远征军投入战斗的不情愿和斗志的消沉。这是基钦纳强调保持实力,嘱咐不要冒"死亡和损耗"风险的指示所致?还是因为他顿然察觉到英国远征军没有训练有素的预备役部队为继?还是因为登上大陆以后,强敌当前,近在咫尺,势在必战,因而感到责任重大?还是因为豪言壮语后面的那种胆识,已失其元气于无形?还是因为抱有作战异国,为人作嫁,责任有限的想法?凡此等等,不是身历其境、身当其职的人是不能判断的。

但可以肯定的是,约翰·弗伦奇爵士与盟友的会晤,从一开始就使他们感到不同程度的失望、惊愕和气愤。英国远征军开来法国的直接目的——防范法国为德国所灭——他似乎已置之度外,或者至少说,他对此反应似乎没有迫切之感。他仿佛认为,基钦纳一再强调要他独立指挥,意思是他可以"爱什么时候打就什么时候打,爱什么时候休整就什么时候休整",像普恩加莱所说那样,可以不顾这时候德军有无蹂躏法国的可能,叫人明日黄花话战机。洞察一切的克劳塞维茨曾经指出,在作战中切忌盟军独立指挥,如不可避免,则起码要求其司令官"绝不应是个最谨小慎微的人,而该是个最有胆识气魄的人"。在此后三周战争的关键时刻,克劳塞维茨的至理名言也就不言而喻了。

第二天,8月16日,约翰·弗伦奇爵士走访了维特里法军总司令部,霞飞发觉此人"固执己见"而且"急于维护他自己军队的利益"。而约翰·弗伦奇爵士,也许出于英国军官的过分讲究个人社会背景,对霞飞也没有好感。在英国人眼中,法军在民主化的斗争中产生了一种不幸的后果,大部分军官出身于非"绅士阶级"。"归根结蒂,他们是一批微贱的家伙,"几个月以后,约翰爵士在给基钦纳的信中写道,"人们要永远牢记大多数法军将领的阶级出身。"毫无疑问,法军的总司令是一个商人的儿子。

在这次会见中，霞飞很有礼貌但又很迫切地表示希望英国远征军能于8月21日在桑布尔河战线会同朗勒扎克出师作战。约翰·弗伦奇爵士一反他对普恩加莱的表示，说他将尽量如期赶上。他还要求霞飞调遣索尔代的骑兵队和两个后备师"直接由我指挥"，因为他将坚守法军战线末端无所掩护的阵地。这不用说，给霞飞一口拒绝了。约翰·弗伦奇爵士向基钦纳汇报了出访情况，他说贝特洛将军和法军参谋部给他留下了"深刻的印象"，他们"深谋远虑，从容不迫，充满信心"，而且"毫无忙乱"现象。他对霞飞没有发表任何意见，只说他看来似乎理解"等一等的态度"的好处，这可是一个不可思议、不言而喻的错误判断。

接着，他走访了朗勒扎克。第五集团军司令部当时的情绪非常紧张，这从于盖8月17日晨与久寻未获的英国军官同车到达时，埃利·杜瓦塞尔招呼他的第一句话中可窥见一斑。他说："你们终于来了。但来得可一点儿都不算早，我们如果被打败了，可要你们负责的。"

朗勒扎克将军来到台阶上迎接客人。尽管这些客人亲自光临，仍未能消除他的疑心，他认为他为光杆儿司令们所骗。在随后半小时的会谈中，也没有谈出什么可使他放心的东西。这两位将军，一个不会说英语，一个几乎不会说法语，可是接着就不带译员避入密室进行单独会谈。这种方式作用何在，实在令人费解，即使像斯皮尔斯中尉所说这是出于他们的保密狂，恐也难说明一二。不久，他们走出密室，来到作战室和他们的参谋在一起。参谋中有些人通谙两国语言。约翰·弗伦奇爵士戴上眼镜，靠近作战地图看着。他指着默兹河畔一个地方——于伊，这个地名确实是很难读的——想用法语问朗勒扎克是否认为德军会在那里渡河。于伊的桥梁是列日到那慕尔之间唯一的桥梁，约翰·弗伦奇爵士提这问题时，冯·比洛的军队正在越桥过河，所以说他的发问，纵然是多余的，却是正确的。他用法语先是结结巴巴地说不清"渡河"两字，而由亨利·威尔逊

第 12 章　桑布尔河和默兹河

接口用法语解决了,但到了要说"于伊"的时候,可又支支吾吾的了。

"他说什么？他说什么？"朗勒扎克急切地问道。

"……于伊，"约翰·弗伦奇爵士终于勉强说出来了，发音好像在招呼一条船过来似的（编按：英语中招船用语 ahoy，与于伊，à Huy，发音近似）。

有人向朗勒扎克作了解释，说英国总司令想知道他是否认为德国人会在于伊渡过默兹河。"告诉元帅，"朗勒扎克回答说，"我认为德国人是到默兹河钓鱼来的。"他的这种语气，用于回应在他的著名讲座中提出愚蠢问题的人本无不可，但绝不是通常对待一位友军陆军元帅所应有的。

"他说什么？他说什么？"约翰·弗伦奇爵士虽不明白他说的内容，但对语气则有所察觉，因此反问了两声。

"他说，德国人就要渡河了，先生。"威尔逊平心静气地回答说。

在这次交谈产生的对立情绪下，误解自然而生。在友军之间容易发生摩擦的宿营地和交通线的问题上，首先出现了这种情形；而在使用骑兵的问题上，误解又更为严重，两方的司令都想用对方的骑兵进行战略侦察。霞飞调给朗勒扎克的精疲力尽、鞋袜不全的索尔代军，又刚被拉往桑布尔河北部去和比利时人取得联系，以冀稳定他们不向安特卫普退却。朗勒扎克和英国人一样，迫切需要敌军及其行军路线的情报。他想使用英国骑兵师这支生力军，但遭到约翰·弗伦奇爵士的拒绝。约翰·弗伦奇爵士带来法国的部队只有四个师，而不是原定的六个师，因此他想把骑兵留作后备力量，暂不动用。朗勒扎克听约翰·弗伦奇爵士的口气是说，他想把骑兵在战场上用作骑马的步兵，这是一种不光彩的用兵之计，而这位援救金伯利城的英雄是会像一个使用假饵钓鱼的人乐于使用活饵一样采取这种用兵之计的。

最严重的争执是关于英国远征军何日能参战的问题。前一天约翰·弗伦奇爵士还曾对霞飞说，他可以在 21 日准备就绪，但如今不知是纯粹为了怄气，还是出于三心二意，他竟又出尔反尔回到他原来对普恩加莱的说法，不到24日准备不好。这对朗勒扎克是个致命的打击。难道这位英国将军以为敌人会等着他吗？他实在不能理解，不过没有说出口来。很明显，一开始他心中早就有底，英国人是靠不住的。会晤以"面红耳赤"而告终。此后，朗勒扎克向霞飞汇报说，英国人"最早要到24日"才会准备就绪，他们的骑兵将作为骑马的步兵使用，因此"休想派别的用场"，并且提出了"一旦退却"，很可能在途中和英国人发生混乱的问题。这话使总司令部大吃一惊，这位众所钦佩、敢作敢为的"真正雄狮"——朗勒扎克，竟然在考虑退兵了。

约翰·弗伦奇爵士回到临时驻扎在勒卡托的司令部时也吃了一惊，听说第二军军长、他的挚友格里尔森将军当天早上在距亚眠不远的火车上猝然逝世。弗伦奇点名提请基钦纳派某一位将军前来接替格里尔森——"此事务望如余所请"，他写道——结果被拒绝了。基钦纳派来了霍勒斯·史密斯-多林（Horace Smith-Dorrien）爵士将军。此人与弗伦奇从未融洽相处过，他们两个都是固执己见的人。像黑格一样，史密斯-多林不大尊重这位总司令，喜欢自作主张、自行其是。约翰·弗伦奇爵士对基钦纳的遴选表示不满，这使他对史密斯-多林更加憎恨，并在事过境迁之后在他《1914年》一书中发泄出来了。这是一本可悲的、歪曲事实真相的文献，一位著名的书评家曾说它是"历来最使人遗憾的著作之一"。

8月17日，正是约翰·弗伦奇爵士会见朗勒扎克的那天，也正是鲁普雷希特要求下令反攻的那天。也就在这天，德布罗克维尔首相来到卢万的比利时总司令部谒见阿尔贝国王商讨关于将政府从布鲁塞尔迁往安特卫普的问题。据报道，四五倍于比军且具有各个兵种的冯·克卢克的一些分遣队，正在进攻15英里外的热特河的比军防线；冯·比洛所部一支8000人的部队正在越过30英里外的于伊的桥梁，朝那慕尔挺进。列日一旦沦陷，那慕尔又将如何？德军的集结期已告结束，其主力部队正在进军，而比利时的那些中立保证国的军队还没有开到。"我们孤立了。"国王对德布罗克维尔说。他判定德军或许会窜犯比利时中部，进而占领布鲁塞尔，而"结局如何，尚难逆料"。他们确实指望法国骑兵会于是日来到那慕尔地区，霞飞在把骑兵的任务知照阿尔贝时也曾向他保证说，根据法国总司令部最可靠的判断，德军在默兹河西侧的部队只是一支"掩护部队"。他并且答应将很快加派若干师前来与比军协同对敌作战，但阿尔贝国王认为集结在热特河和于伊的德军并不是一支掩护部队，因此作出了将政府撤离首都的悲伤决定。8月18日，国王又下令将军队从热特河全面撤往安特卫普防御阵地，将总司令部从卢万向后迁到15英里外的梅赫伦（Malines）。

这道命令在比利时总参谋部激进派中产生了"难以置信的沮丧情绪"，而在普恩加莱总统的特使阿德尔贝上校心中更是如此。法国驻比利时公使后来懊恼地承认，这位特使精力充沛，才气横溢，冲锋陷阵有余，执行外交使命"不足"。

"难道你们在仅仅一支骑兵掩护部队的面前就要退却吗？"阿德尔贝勃然大怒地说。他惊诧不置，怒气冲冲，责骂比利时人"恰恰在法国骑兵部队到达桑布尔河和默兹河北部的时刻"，竟不向法国人打声招呼就"抛弃"他们走了。他说，这在军事上将造成严重的后果，在精神上将给德国人带来巨大的胜利；这将使布鲁塞尔失却掩护，拱手"让德国骑兵袭击"。这些是他对敌人力量的估计，实际上两天以后敌人以25万以上的兵力占领了布鲁塞尔。不论他的判断多么错误，他的出言多么粗鲁，从法国人的观点说来，阿德尔贝上校的苦恼是可以理解的。比利时人向安特卫普的后撤，意味着在法军大举进攻的前夜，他们把军队从协约国防线的翼侧上撤走并割断了和法军的联系。

8月18日这一天，国王一方面想拯救比军，使之免遭覆灭之灾，一方面又不愿在法国援军可能到达的时刻放弃有利阵地，因此举棋不定，苦恼万分，几经改变决定。但在这一天即将过去的时候，霞飞当天发布的第十三号命令给他解决了进退维谷的困境。命令明确了法军主力将致力于另一方向，而将默兹河西部交由比军防守，由法军第五集团军和英国部队给予力所能及的支援。国王遂此不再犹豫，他重申前令向安特卫普退却。当夜，比利时的五个师脱离了热特河阵地，向安特卫普撤退，8月20日抵达目的地。

霞飞的第十三号命令是大举进攻突破德军中路的"准备"信号，而一举突破德军中路则是法国人全部希望所系。此项命令是发给第三、第四和第五集团军的，同时知照了比、英两军。命令指示吕夫将军的第三集团军和德朗格勒·德卡里将军的第四集团军准备进攻阿登山区，同时饬令第五集团军根据对默兹河西侧德军力量的最后估计，从下述两个作战方案中进行抉择。第一个方案是由朗勒扎克"与比、英两军通力配合"，向桑布尔河北面进攻；第二个方案是，倘敌人"仅将其右翼的一部分力量"用于默兹河西侧，即由朗勒扎克回渡默兹河，支援向阿登山区进攻的主力部队，"由比、英两军负起对付桑布尔河和默兹河北部的德军的任务"。

这是一道行不通的命令。当时朗勒扎克统率的部队，不是一支统一的部队，而是一支左右展开长达30英里宽、拥有三个军和七个独立师的庞大的混合部队，并正在向桑布尔河挺进。而命令却要他面对两个方向，并且在第二个方案中还要他折返他仅三天前好容易才把部队调离的阵地。这道命令本可以使朗勒扎克陷入无能为力的境地而听由霞飞来抉择。但朗勒扎克却不然，那句倘敌人动用的仅是"其右翼的一部分力量"的话，使他决定不再相信总司令部了。他对第二个方案置之不理，继续向桑布尔河挺进。他向霞飞报告说，他将于8月20日进入阵地，反击企图在那慕尔和沙勒鲁瓦之间渡河的任何敌军，"把他们撑回去，叫他们葬身桑布尔河"。

朗勒扎克的部队向集结地迈步前进，高唱着法军心爱的《桑布

第 12 章 桑布尔河和默兹河

尔河和默兹河进行曲》，此乃纪念 1870 年之战的一支进行曲：

> 自由在呼唤，为了自由
> 桑布尔、默兹大军踏上征途！
> 寻求通往人类永生的光辉道路。
> 自由在呼唤，为了自由
> 桑布尔、默兹大军战死沙场！
> 写下他们永垂不朽的光辉篇章。

第十三号命令之所以发布，是出于法军总司令部执行第十七号计划的坚定不移的决心，把速战制胜的全部希望寄托在这一计划上。8 月间，战争刚爆发时期，速战速决的思潮仍然居于上风。法军总司令部坚信，无论德军右翼多么强大，法军如果发动进攻，破其中路，就可使之陷于孤立，一举歼灭之。当天夜晚，梅西米对桑布尔河下游国境线的防御薄弱感到"忧心"，于是打电话给霞飞；可是对方回答说，总司令已就寝。梅西米对他的敬畏胜过对防线的"忧心"，便同意不要去惊醒他。贝特洛将军安慰梅西米说："如果德国人胆敢轻举妄动从比利时北部策划包抄，那就太好了！他们在右翼的人马越多，我们从他们中路突破就越加容易。"

那天，德军右翼正通过比利时兜过来，冯·克卢克、冯·比洛和冯·豪森所部，正从外、中、内三路分别向布鲁塞尔、那慕尔和迪南挺进。由比利时第四师和卫戍部队守卫的那慕尔已陷于孤立，尽管列日已遭不幸，但人们仍普遍认为那慕尔是个坚不可摧的堡垒。那些曾留心列日战役的人，也认为那慕尔能坚守的时间，至少足以让朗勒扎克渡过桑布尔河前来与守军会师，把部队部署于那慕尔四周的堡垒圈。但是原任法国驻布鲁塞尔的陆军武官、现任驻那慕尔联络官迪律伊（Duruy）少校于 8 月 19 日曾消极悲观地向朗勒扎克报告说,他认为这个要塞不能坚守多久,因为那里的守军与其他部队的联系已被切断,弹药匮乏,士气低落。尽管他的判断在很多人中是有异议的,但他仍然坚持他那悲观的看法。

8月18日,冯·克卢克的先头部队到达热特河,发现比军的行动使他们的计划不能得逞。冯·克卢克的任务就是消灭这支比军。他本想插入这支比军和安特卫普之间,赶在它撤往安全基地之前将它围歼,可是为时太晚了。阿尔贝国王的后撤命令挽救了军队,保存了实力,并使这支部队日后在冯·克卢克转向南下进攻巴黎时成了他的后方的一个威胁。"他们老是有办法逃脱我们的手掌,所以他们的军队既没遭到决定性的打击,也没有被迫退出安特卫普。"这就是冯·克卢克送向统帅部的无可奈何的汇报。

冯·克卢克必须立刻转而向南推进,因为他不但后有比军,而且前有英国部队这个新的敌人。德国人推测,英国人合理的登陆地点该是靠近比利时前线的几个口岸,而且冯·克卢克的骑兵侦察队具有人类非凡的才能,可以看到人们主观愿望想看到而实际上并不存在的东西,该队报称英国人于8月13日分别在奥斯坦德(Ostend)、加来和敦刻尔克(Dunkirk)登岸。这样这些英国人几乎随时都会穿过冯·克卢克的战线。事实上,他们根本不是在这些地方,而是在还要往西南一些的布洛涅、鲁昂和勒阿弗尔等港口登陆。可是英国人在奥斯坦德登陆的报告却使德军统帅部忧心忡忡,担心冯·克卢克挥戈南下时,其右翼会受到他们的袭击,如果冯·克卢克将左翼调过来迎战,则他和冯·比洛两军之间又可能造成缺口。为了防范这种危险,统帅部于8月17日命令冯·克卢克听从冯·比洛指挥。克卢克为之怒不可遏。但奇怪的是,德军统帅部竟在同一天一面根据英国人在奥斯坦德登陆的报告采取了行动,一面却又通知鲁普雷希特说,英军还没有登陆,也许永远不会来了。这真是一件战地奇闻,我们只能猜测个中原因:也许是德军统帅部内负责左翼的参谋官员和负责右翼的参谋官员不属一个部门而又互不通气的缘故。

第一集团军和第二集团军的两位司令都是再过两年即达七旬高龄的人了。冯·克卢克其貌不扬，黑色皮肤，一副可怕相，看上去不像年近七十的人。冯·比洛就不同了，须发霜白，面孔虚肿，显得苍老得多。冯·克卢克在1870年的战争中负过伤，五十岁时荣获象征贵族的"冯"的名号，在发动战争以前就被遴选为向巴黎进军的主要角色。他的部队被视为右翼的主力，是锤子的头部，制约着全线的步伐，且备有最雄厚的打击力量，每英里战线的兵士密度为18000人（约为每米10人）。相比之下，冯·比洛每英里仅为13000人，而鲁普雷希特就更少了，为3300人。统帅部提心吊胆，唯恐出现缺口，因此认为冯·比洛地处右翼中坚的有利地位，最宜于担当协调三军并驾齐驱之责。冯·克卢克对这种安排极其不满，于是对冯·比洛的每日行军进程的命令百般刁难，再加上通讯遭到破坏，因而造成极大的混乱，使得统帅部十天以后不得不撤销这道命令——于是，一个缺口果真无可挽救地出现了。

比利时人比冯·比洛更使冯·克卢克恼火。比利时军队迫使德军每前进一步得作战一步，从而推迟了德军前进的时间表；同时，他们炸毁铁路、桥梁，切断德军军火、粮食、药品、邮件以及其他补给品的运输供应，迫使德军不得不经常抽调力量来维持后方运输的畅通。老百姓堵塞了公路，更糟的是他们切断电话和电报线，使德军不但各集团军与统帅部之间难以沟通，而且集团军与集团军之间、军与军之间的电讯联系都遭到破坏。这种被冯·克卢克称为"极端挑衅性的游击战争"，特别是自由射手对德国兵的狙击，触怒了他和他的那些袍泽司令。从他的部队进入比利时之时起，他就认为要对付老百姓的这种"叛逆性"的袭击，必须采取他所说的如"射杀个人、焚毁房屋"等方式的"严厉而无情的报复"。因此，第一集团军所到之处，焚毁的村庄、打死的人质，比比皆是。8月19日，德军渡过热特河，发现比利时军队已于夜间撤离之后，便对热特河和布鲁塞尔之间的一个小镇阿尔斯霍特（Aerschot）大肆泄愤，使该镇成为大屠杀的第一个受害者。在阿尔斯霍特，被枪决的平民有150人。此后，冯·比洛所部在阿登山区和塔明（Tamines）的屠杀，其杀人之多，愈演愈烈，而冯·豪森所部在迪南更是杀人如麻，多达664人。他们把居民集中在大广场上，通常将男女各分站一边，任凭个别军官的心血来潮，从中挑选逢十或逢双的人，或是将所有的人押到附近的田野或火车站后面的空地上枪决。如今在比利时，许多城镇的公墓里，墓碑林立，上面刻着姓名、1914年的日期和一致的铭文——"为德军枪杀"。公墓中还有很多更新更长的墓碑行列，碑上是同样的铭文，但日期则是1944年。

第三集团军司令冯·豪森将军如同冯·克卢克一样，认为比利时人在其进军的道路上给他们的"重重障碍"是"叛逆性"的行为，应该"毫不犹豫地给以极为严厉的"报复。这些报复手段包括"逮捕庄园主、市长、神父等显要人物作为人质，烧毁房屋和农庄以及枪杀现行敌对分子"。豪森的军队尽是萨克森人；"萨克森"这个名字在比利时人心目中已成为"野蛮人"的同义词。豪森本人对"比利时人的这些敌视行为"始终不能理解，每当发现"我们是多么遭人怨恨"的时候，总是惊讶不已。他曾在德格雷蒙（D'Eggremont）伯爵家里住过一夜。这个拥有40个房间，有许多温室和花园，还有能容纳50匹马的马房的豪华庄园的主人一家，对他的冷遇使他深为抱怨。这位年迈的伯爵，"手插在口袋里，捏紧着拳头"在那里徘徊；两个儿子则决计不到餐桌旁去，这位父亲就餐时也是姗姗来迟，缄口不言，甚至问他什么话都拒不作答。尽管豪森态度宽容，命令宪兵不要没收他在东方任外交职务期间收集的中国和日本武器，而此公态度仍然惹人讨厌。这是一个非常苦恼的经历。

然而，德军对比利时的报复行动，除个别情况外，并不是对比利时人的挑衅行为一时自发的反应，而是德国人事事未雨绸缪的一个预先谋划，他们企图以此尽快地吓倒比利时人，好节省时间、节省人力。速度是至要的。把每一支可动用的部队都开入法国同样是至要的；如果比利时抵抗，那就需要留下一部分兵力，就会影响这个目标的实现。通告已预先印好，只要德军一进城，就像发生了《圣经》中所说的那种瘟疫一样，全城的墙壁骤然变成一片白色，挨家挨户顷刻之间都被贴上了通告，警告老百姓不得采取任何"敌对"行动。老百姓凡向德军士兵开枪的，一律处以死刑，其他种种微不足道的行为也同样处以极刑："任何人走近飞机或气球场地200米以内，当场格杀勿论。"凡屋内发现有隐藏武器的，其屋主一概枪决。凡户内发现有比利时士兵躲藏的,其户主一概解送德国服"终身"劳役。凡村里对德军犯有"敌对"行动的，全村一概"烧毁"。倘"敌对"行动发生在"两村之间的道路上，此类办法同时适用于两村居民"。

通告最后总括说："对于一切敌对行动，均采用下列原则：严惩不贷，集体负责，大量扣押人质。"这种连带责任制，海牙公约早已明文列为非法，所以在1914年，对人类进步曾抱有信心的世界舆论大为震惊。

冯·克卢克抱怨说，不知怎的，方法用尽，而"去邪除恶，总迟迟不见成效"。比利时老百姓仍然视之为不共戴天之仇。"平民百姓的那些罪恶行径啮噬着我军的生机。"于是,德军的报复日益频繁，日趋残酷。大批协约国、美国以及中立国家的记者纷纷向全世界报道火烧农庄、硝烟弥漫的情景，难民成群、途为之塞的情况，市长、镇长作为人质被处决的惨状。这些记者由于霞飞和基钦纳的禁止不得去前线采访，因此从战争爆发的第一天起便蜂拥来到比利时。一批美国记者是笔下栩栩如生的写作大师，他们当中有报业辛迪加（Syndicate）的理查德·哈丁·戴维斯（Richard Harding Davis）、《柯里尔》（*Collier's*）杂志的威尔·欧文（Will Irwin）、《星期六晚邮报》（*Saturday Evening Post*）的欧文·科布（Irwin Cobb）、《芝加哥每日新闻》（*Chicago Daily News*）的哈里·汉森（Harry Hansen）、《芝加哥论坛报》（*Chicago Tribune*）的约翰·T. 麦卡琴（John T.

McCutcheon），等等。他们获有德军颁发的证件，一直在随军采访。他们写了种种惨象：劫后的房屋狼藉遍地，火后的农村空无一人，只是在毁坏的台阶上有一只不声不响的猫儿蜷伏在那里；街道上尽是破瓶子和碎玻璃；母牛带着干瘪的乳房在痛苦地哞哞叫着；难民队伍络绎不绝，背着包袱，赶着马车，推着小车，带着雨夜在路边过夜用的雨伞；田野里，成熟了的谷穗儿低垂着头无人收割，等等。他们还报道了反复被问及的一连串问题："你们看见法国人了吗？法国人在哪里？英国人在哪里？"路上躺着一个破旧的布娃娃，头已给炮车轮子压扁了，这在一个美国记者的心目中，似乎象征着比利时在这场战争中的厄运。

8月19日，正当25英里外的阿尔斯霍特炮火连天的时候，布鲁塞尔是一片叫人感到大难将临的沉寂。政府已于上一天撤走。街道上仍挂满国旗，阳光下国旗招展，红、黄辉映。首都在最后时刻似乎格外妖娆，但是越来越沉寂，已是一座愁城。就在日落西山前，第一批法军出现了，一队骑兵慢吞吞地沿着图瓦松多尔（Toison d'Or）大街踱蹀而来，士兵没精打采，马头低垂。几小时后，四辆汽车满载着身穿从未见过的那种卡其制服的军官疾驶而过。人们目不转睛地看着他们，有气无力地欢呼着："英国人！"比利时的盟军终于来到了，可是为时过晚，已挽救不了它的首都。19日这天，难民源源不断地从东面涌进城来。国旗纷纷下降，居民已受到警告，气氛中蕴藏着危在旦夕的恶兆。

8月20日，布鲁塞尔被占领了。一队队手持旗杆矛、戒备森严的德国枪骑兵骤然出现在街头。但他们只是可怖的军事示威游行的先遣部队而已，后面接踵而来的队伍，其兵力之强、威势之盛，几乎难以置信。队伍是1点钟开始通过的，首先是一队队身穿土灰色军服的步兵，修饰得很整洁，胡子刮得光光的，皮靴擦得亮亮的，刺刀在阳光下闪闪发光，队伍严肃紧凑，一有掉队，一出现空档，后面就迅捷赶上。接着骑兵来了，也是土灰色的军服，旗杆矛上飘着黑白色的三角旗，俨然是中世纪的骑士。密集而无数的马蹄，一片整齐划一的蹄声，征途上的任何东西都会被踩得稀烂似的。炮兵队的重炮轮子在圆石子路上滚滚向前，声如雷鸣。鼓声隆隆，士兵们拉开嘶哑的嗓门齐声高唱着用《上帝保佑国王》的曲子谱成的《祝你永戴胜利花冠》的凯歌。前进又前进，队复一队，越来越多。观看行军的人群，默默无言，对这支队伍的浩浩荡荡、绵延不绝、精良绝伦，不禁茫然咋舌。显示装备力量，使人肃然敬畏的目的达到了。设有补鞋作坊的卡车车队固然使人惊奇，而由四匹马拖曳的炊事车车队同样令人惊讶。补鞋作坊车上，鞋匠们站在工作台旁打掌子，修鞋子的士兵们站在踏脚板上等候。炊事车上，则是炉火熊熊，炊烟袅袅。

队伍靠着大道的一边行走着，好让参谋的汽车和通讯员的自行车沿途往返通行无阻。骑兵军官，有的叼着香烟，傲然目空一切，有的戴上单片眼镜，有的脖颈子上道道横肉，有的拿着英式马鞭，形态不一，但全都是一副神气活现的样子。征服者的行军走了一个小时又一个小时，走了整个下午、整个晚上，通宵达旦，直到第二天。就这样，冯·克卢克的32万大军整整三昼三夜川流不息地开进了布鲁塞尔。一个德国总督接管了这座城市，市政大厅上升起了德国国旗，时钟都改为德国标准时间。同时，规定首都十天内须偿付5000万比利时法郎（等于1000万美元）赔款，布拉邦特省偿付4.5亿比利时法郎（等于9000万美元）赔款。

在柏林，攻占布鲁塞尔的消息传来，钟声齐鸣，街头巷尾一片兴高采烈的欢呼声，人们欣喜若狂，互不相识的人也紧相拥抱，到处是"狂欢"景象。

也就在这一天，8月20日，法国的进攻计划并未却步。朗勒扎克业已到达桑布尔河，英军也已赶到同一条线上。约翰·弗伦奇爵士一再摇摆不定之后，此刻向霞飞保证说，他准定于次日投入战斗。

岂料，洛林传来了噩耗，鲁普雷希特已以雷霆万钧之势开始反攻。德卡斯泰尔诺的第二集团军，由于霞飞把他的几个军调往比利时前线而力量悬殊，正在退却之中。据报告，迪巴伊正遭到猛烈的攻击。在阿尔萨斯，在德军兵力大大减少的情况下，波将军已夺回米卢斯及其周围地区。而今，由于朗勒扎克所部已开往桑布尔河，调走了中路进攻的力量，波将军所部势需前去接替空下的阵地。但是霞飞出于急需，甚至不惜把阿尔萨斯作为第十七号计划祭坛上的最大的祭品，毅然作出了撤出波将军所部的决定。虽然像布里埃（Briey）铁矿一样，阿尔萨斯是可望随胜利而收复的，但是波将军在给刚解放的人民的最后一份公告中，字里行间流露了他内心的悲观失望。他写道："在北方，大战开始了。这一仗将决定法国的命运，同时也将决定阿尔萨斯的命运。为了这场具有决定意义的进攻，总司令在那里集中了全国的兵力。而我们深感遗憾的是，为确保阿尔萨斯的最后解放，我们不得不暂时撤离阿尔萨斯。这是出于委曲求全的需要，是阿尔萨斯部队及其司令所不得不服从的，是他们非到最后万不得已绝不会这样做的。"自此以后，留在法国人手中的只不过是环绕坦恩（Thann）周围的一块小小的楔形领土而已。11月，霞飞来到这里，对默默无语的群众只是说了声"给你们带来了法兰西的慰问"。在场的群众无不泪流满颊，泣不成声。阿尔萨斯其他地区的最后解放得等待足足四年之久。

在桑布尔河战线上，朗勒扎克定于第二天发动进攻。这里，依照斯皮尔斯中尉的话说："20日这天，对部队是个激动的日子。气氛紧张，有一发千钧之感，人人感到一场大战迫在眉睫。第五集团军的士气极为旺盛……他们都深信必胜无疑。"他们的司令却并不如此。霞飞最后时刻派往英军左翼的那三个本土师的司令达马德（d'Amade）将军，也坐立不安。贝特洛将军在答复他向总司令部提出的问题时说："有关德军在比利时的种种情报，都言过其实，没有什么理由可以大惊小怪。按我的命令部署，眼下足可应付。"

当天下午 3 时许，第四集团军德朗格勒·德卡里将军向总司令部报告了他的防线对面敌人的调动情况，他问霞飞要否立刻开始进攻。总司令部仍然坚信德军调往右翼越多，其中路就越弱。"我晓得你已按捺不住了，"霞飞回答道，"可是依我看，进攻的时刻还未到来……在我们转入进攻的时候，那地区（阿登山区）的敌军越是空虚，我们第四集团军在第三集团军支援下进攻的效果，可以预料，就会越好。因此，十分重要的是必须让敌人在我们的鼻子下涌往西北，而不要过早地进攻他们。"

当夜 9 时，霞飞判断时间来到了，于是下令第四集团军立刻开始进攻。这是一个多么激动的时刻！8 月 20 日，夜幕降临时，霞飞向梅西米报告说："现在有理由信心百倍地期待战局的发展。"

第13章

在洛林、阿登、沙勒鲁瓦、蒙斯等地的溃退

"一想起世上前所未闻的最大的一场大战，不出这星期就要打起来了，"亨利·威尔逊8月21日在日记中写道，"真叫人感到既光荣又可怕。"其实，他写这篇日记时战争已经开始。整个西线，自8月20日至24日就已炮火连天，打了四个战役，历史上统称之为边境战役（Battle of the Frontiers）。胜负初见于8月14日起就一直在打的右翼的洛林，并波及整个边境战线。就这样，洛林战役影响着阿登战役，阿登战役影响着桑布尔河—默兹河战役（习称"沙勒鲁瓦战役"），而沙勒鲁瓦战役又影响了蒙斯战役。

在洛林，到8月20日上午，迪巴伊将军的第一集团军和德卡斯泰尔诺将军的第二集团军在进攻萨尔堡和莫朗日两地德军严阵以待的防线时，已被打得焦头烂额，头破血流，吃了苦头。对配有重炮、铁丝网以及隐蔽在掩体中的机枪的防御阵地，"殊死进攻"的局限性立即暴露无遗。法军野战条例的突击战术，是依据步兵部队向前冲刺20秒钟，推进50米，而敌人来不及端枪、瞄准、射击这一估计制定的。正如后来一个法国士兵痛心疾首所说的那样，所有这些"在演习时那样苦苦操练的科目"在战场上都被证明是愚不可及的蠢事。敌军机枪只需8秒钟而不是20秒钟就可以射击。野战条例也还核定：用 75 毫米口径的大炮发射的榴霰弹会迫使敌人抬不起头来而只能"朝天开火"，从而"压制"防御一方。然而，正如伊恩·汉密尔顿据日俄战争经验提出的告诫那样，敌人在榴霰弹轰击下如有壕沟上的胸墙掩护，是可以继续从枪眼里向进攻者直接射击的。

这两位法国将军，尽管受挫，仍命令于 8 月 20 日前进。没有密集炮火的掩护，他们的部队就这么扑向德军巩固的防线。德军统帅部没有勇气拒绝鲁普雷希特的反攻要求，反攻也就在同一天上午开始了，炮火凌厉，打得法军队伍支离破碎。德卡斯泰尔诺属下福煦的第二十军组成了突击的先头部队，前进至莫朗日德军防线前受阻却步。鲁普雷希特所部巴伐利亚士兵，士气高昂，跃跃欲试，他何甘压抑。他们转而进入反攻，一举冲进法国国土。在法境，一有人叫喊"自由射手"，他们便狼奔豕突，大肆烧杀掳掠。梅斯和南锡之间的摩泽尔河峡谷中，有一老镇诺梅尼（Nomeny），在 8 月 20 日这一天，就有 50 名黎民丧命于枪口和刺刀之下。炮击之后剩余下来的一半房屋，经巴伐利亚第八团冯·汉纳佩尔（von Hannapel）上校一声令下，也被付之一炬。

全线陷于苦战的德卡斯泰尔诺所部，这时左翼正遭到梅斯的德国驻军分遣队的猛攻。左翼垮了，后备队业已全部投入作战，德卡斯泰尔诺意识到进攻的全部希望已成泡影，于是停止战斗。这时候不得不承认，采取守势——禁忌的字眼、禁忌的念头——是他唯一的选择。第十七号计划最激昂慷慨的批评家们，认为德卡斯泰尔诺理应认识到法军的职责是守卫国土而不是进攻。至于他当时是否出于这一认识则殊难肯定，但他终于命令全线撤退到大库罗讷防线，因为非如此不可。他右面的迪巴伊的第一集团军，尽管伤亡惨重，仍坚守阵地，并有所前进。但德卡斯泰尔诺的撤退使它的右翼失却掩护，有鉴于此，霞飞命令第一集团军跟友邻军一致行动，一并撤退。好容易打了七天才拿下的地方，如今被迫放弃，迪巴伊非常"反感"。他认为这场撤退，按"我军情况，绝不需要"。为此，他对德卡斯泰尔诺的厌恶有增无减。

虽然法国人当时还不理解，但事实上莫朗日这场大屠杀已扑灭了进攻主义灿烂的火焰。进攻主义在洛林战场已宣告寿终正寝。日暮时分，只见尸横遍野，一排排一行行，四肢伸开，脸面贴地，暴死的景状惨不忍睹，与狂飙施虐后的灾区何异。一个幸存者后来恍然大悟，这原是"上帝用以训示帝王们律法"的教训之一。防御战使战争初期的运动战变为以后四年的阵地战，并吞噬了欧洲一代人的生命，它的巨大威力在莫朗日战役中就已显示出来了。第十七号计划战略思想的奠定人，那位教导"保卫自己只有一途——一经准备就绪就发动进攻"的福煦，在莫朗日亲眼目睹并亲身体验了这个威力。在四年多残酷无情、毫无裨益的杀戮中，交战国都在这威力面前撞得头破血流。最后，还是这位福煦，领导有方，赢得了胜利。不过，当时汲取的教训，在下次大战中却又证明是错误的。

8月21日，德卡斯泰尔诺得到儿子战死沙场的消息。部下前来慰问，他沉默片刻之后对他们说道："先生们，我们要继续下去。"这句话后来在法国几乎成为一句口号。

次日，鲁普雷希特的重炮轰鸣，犹如万马奔腾，越来越近，日夜不停。炮击长达75小时，4000发炮弹倾泻到诺梅尼附近的圣热纳维埃夫（Ste. Geneviève）。德卡斯泰尔诺认为情况严重，可能得放弃南锡，撤到大库罗讷后面。福煦后来写道："我21日去南锡，他们想撤出那里。我说敌人到南锡还有五天路程，而且有第二十军在那儿，他们休想不遭抵抗就可通过第二十军！"课堂上的理论，现在变成了战场上的"进攻！"。福煦力争，他们后有坚固防线可恃，最好的防御是反攻；他的意见得胜。8月22日，福煦看到一个机会。在法国图勒防区和埃皮纳勒防区之间有个叫沙尔姆峡口（Trouée de Charmes）的天然峡谷，法军原希望把德军的进攻引向那里，而今侦察表明，鲁普雷希特正在向沙尔姆进攻，把他的翼侧暴露给了南锡守军。

第 13 章　在洛林、阿登、沙勒鲁瓦、蒙斯等地的溃退

鲁普雷希特的行动，是在和德军统帅部又一次重要的通话中决定的。德军左翼在萨尔堡和莫朗日击退法军，其后果有二：一是给鲁普雷希特带来了一、二级铁十字勋章，比较起来，这倒还不是一个有害的结果；一是德军统帅部在洛林决战的念头就此死灰复燃。也许正面攻击终究是强大的德军可以掌握运用自如的；也许埃皮纳勒、图勒同列日一样是可以攻克的，摩泽尔河跟默兹河一样也并不是个障碍；也许左翼的两个集团军终究可以突破法国的筑垒防线，可会同右翼来一个真正的坎尼之战——两面包抄。这正如塔彭上校所述，是德军统帅部憧憬的前景。它像妖妇的微笑，夺取了多年来对右翼的不二钟情。

毛奇和顾问们正屏息紧张讨论这一想法的时候，鲁普雷希特的参谋长克拉夫特·冯·德尔门辛根将军打来了电话，他想知道是继续进攻还是就此停止。原来总认为鲁普雷希特所部只要遏制住法军的初攻，稳定了阵地，就会停止下来，组织防御，腾出一切可以腾出的兵力增援右翼。不过，原先也曾慎重拟订了一个备用的名为三号的作战方案，规定可以越过摩泽尔河发动进攻，但必须有统帅部的明令方能行动。

"一定得让我们明确知道仗究竟将怎样打下去，"克拉夫特要求说，"我认为该实行三号方案了。"

"不，不！"作战处长塔彭上校回答说，"毛奇还没作出决定。你如果在电话里等五分钟，我也许能给你想要的那个命令。"不到五分钟，他回来作了一个出乎意料的答复："向埃皮纳勒方向追击。"

克拉夫特"愣住了"，"我感到这次战争中对战局最有影响的一项决定就在这几分钟里定下来了"。

"向埃皮纳勒方向追击"意味着取道沙尔姆峡口进攻，意味着要第六集团军和第七集团军正面攻击法国要塞阵地，而不再留作增援右翼之用。第二天，8 月 23 日，鲁普雷希特气势磅礴地发起进攻不误。福煦也同时反攻。以后几天里，德国第六、第七集团军陷入

了同贝尔福、埃皮纳勒和图勒等地大炮支持下的法国第一、第二集团军的鏖战中。就在他们苦战时，别的战役也打响了。

在洛林进攻的失利并没使霞飞气馁。相反，他看到鲁普雷希特的猛烈反攻已使德军这一左翼深陷鏖战难以脱身，因此此刻正是他放手进攻德国中路的大好时机。霞飞是在获悉德卡斯泰尔诺已撤出莫朗日的消息之后，于8月20日夜发出在阿登山区进攻的号令的。从这里进攻是第十七号计划的核心策略和基本策略。在第三集团军和第四集团军进入山区的同时，他又令第五集团军越过桑布尔河进攻敌人的"北方集团军"——这是法军总司令部称呼德军右翼的专用语。尽管刚从阿德尔贝上校和约翰·弗伦奇爵士那里分别了解到比军和英军对这场进攻不能如望前来支持，霞飞还是下达了这道命令。比利时军队，除驻扎在那慕尔的一个师外，其余均已失去联系。而英国军队，据其司令称，在三四日内不能准备就绪。除了这些情况变化以外，洛林战场业已暴露打法上危险的错误，而这些错误是霞飞早在8月16日就已觉察到的，那天他曾指示各集团军司令必须学会"等待炮兵的支援火力"和防止部队"匆匆地暴露在敌人火力前面"。

然而，法国信奉第十七号计划是取得决定性胜利的唯一法宝。第十七号计划要求进攻——立时立刻，不容稍候。当前唯一抉择该是立即改弦易辙，转入边境防御；可是就法国军事组织的训练、思想、精神而言，这是不可思议的。

此外，法军总司令部还深信法军中路人数会占优势，关于德军中路兵力势必薄弱的理论曾支配了法军参谋部的所有计划工作，参谋部摆脱不了这一理论的束缚。霞飞就是出于这种想法，发出了于8月21日在阿登山区和桑布尔河发起总攻的命令。

阿登山区的地形不宜于进攻——树林茂密，丘陵起伏，地形复杂。坡势从法国方面起全面逐渐升高，山与山之间，溪涧纵横，自成峡谷。恺撒用了十天时间才行军通过了这个山区，他把这里隐秘、幽暗的森林描绘为"恐怖之乡"，此处道路泥泞，泥炭地上冒起的雾霭终年不散。以后，很多地方开拓耕种了，公路、村庄以及两三个大城镇替代了恺撒的"恐怖之乡"；然而，大多数地方仍然林木茂密、道路稀少，容易伏击。法国的参谋们1914年以前曾多次察看过这里的地形，深知其中的艰难险阻，并多次提出警告。尽管如此，阿登山区还是被选作突破点，因为这里地处中段，德军部署的兵力据信将最为薄弱。这块地方，法国人思之再三终于认为可取的理由，正如霞飞所说，就在于它的艰难险阻使它对"我们这样重炮处下风而野战炮占优势的一方有利"。霞飞的回忆录，尽管经常用第一人称"我"字，而事实上是由一批军事人员协作编写的，所以它反映了1914年以前和1914年期间总参谋部的指导思想，是官方审慎的实际看法。

8月20日，法国总司令部认为所报战线对面敌军调动的情况，是德军开往默兹河，因此阿登山区的敌军在他们估计是相对"空虚"的。霞飞想使其进攻出敌不意，便禁止步兵侦察，唯恐他们和敌军发生接触而在主要的遭遇战前引起小规模战斗。奇袭的目的确实达到了，可是法军也同样尝到了它的滋味。

阿登山区南端和法国洛林北端接壤，布里埃铁矿区就在洛林北端地区。1870年，这个矿区曾被普鲁士军队占领，当时矿藏尚未发现，因而未包括在洛林被德国吞并的那部分地区里面。铁矿的中心是希耶（Chiers）河畔的隆维（Longwy），占领隆维的荣誉留给了担任德国第五集团军司令的王储。

王储三十二岁，是个生得一副狐狸面孔，没有胸脯，瘦得像柳条似的家伙，一点不像母后每隔一年所生的五个身体健壮的兄弟。这位威廉王储，给人的印象是弱不禁风，而且用一个美国观察家的话说，"智力平庸"，不像他父亲。可是装腔作势倒和他父亲一样，很喜欢作惊人之态，他有着太子们惯有的一种为人子之身不由自主

边 境 战 役

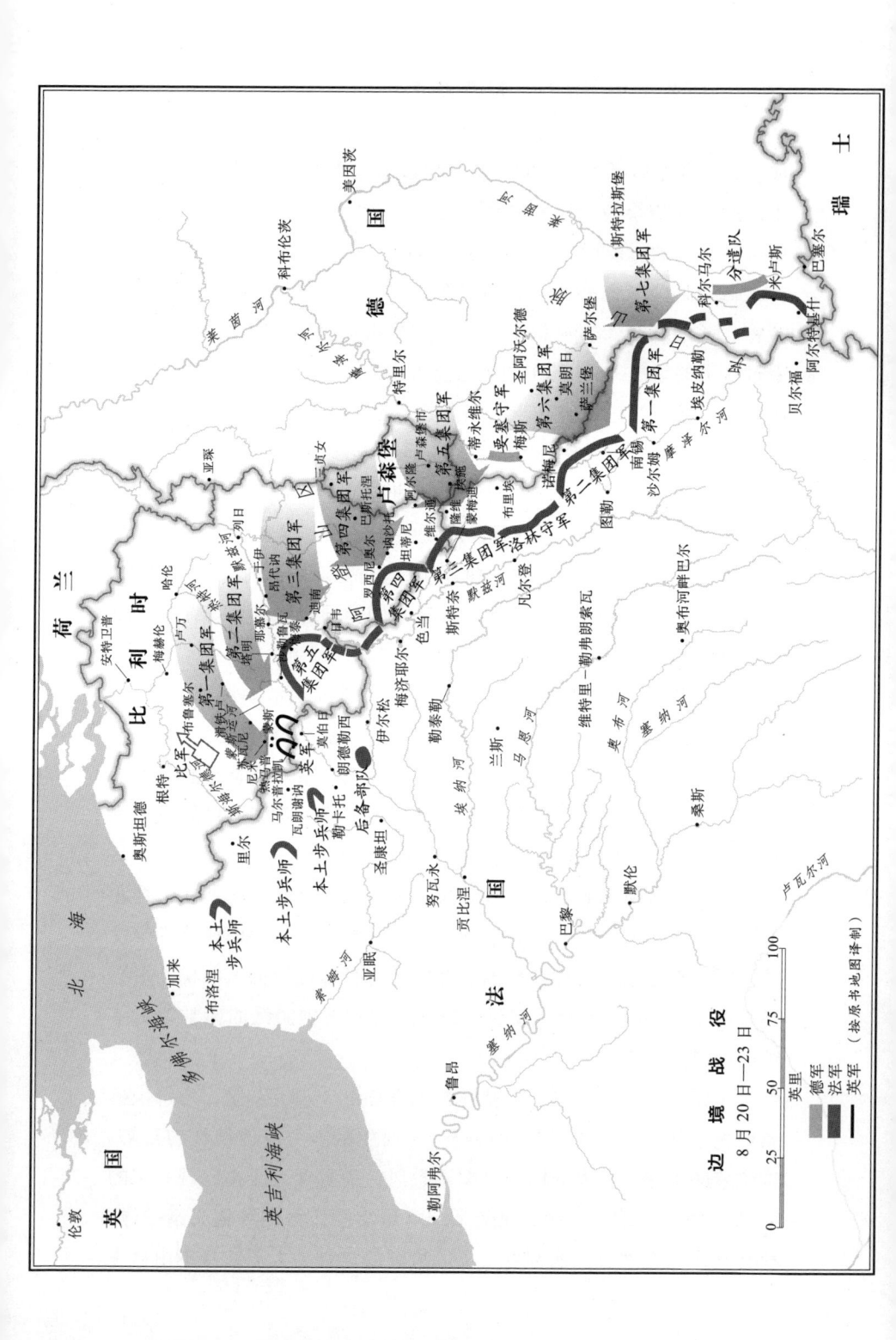

8月20日—23日

的对立情绪,其通常表现是政治上的钩心斗角与生活上的放荡不羁。他甘当最富有侵略性的军国主义主张的庇护人和支持者。柏林的商店所出售的他的题字相片,上面写着:"只有依靠剑,才能得到阳光底下的地盘,那该是我们的,但它不会自愿地给我们。"尽管想培养他成为司令官,但他的锻炼并不十分够格。他只担任过骷髅头轻骑兵(the Death's Head Hussars)的上校,在总参谋部工作过一年,而没有担任过师长或军长。然而王储却认为他过去几年在参谋部的工作以及在参谋野外见习的经验已"为我统率大部队打下了理论基础"。他的这种自信,施利芬可不以为然,他认为任命年轻而缺乏经验的指挥官是不幸的。施利芬唯恐这些指挥官"疯狂地猎取最高荣誉"时劲道十足,而对执行战略计划却不感兴趣。

王储率领的第五集团军和符腾堡公爵率领的第四集团军的任务是担任右翼的支点,在右翼以巨大包抄包围之势展开时,从中路缓慢地向前推进。第四集团军将通过阿登山区北部进攻讷沙托,第五集团军将通过山区南部进攻维尔通(Virton)以及法国的两个要塞隆维和蒙梅迪(Montmédy)。王储的司令部设在蒂永维尔(德国人称为迪登霍芬,Diedenhofen)。他在那儿吃的是大老粗士兵们的伙食——卷心菜汤、土豆和辣根煮牛肉。不过他贵为王子,有野鸭、色拉、水果、酒、咖啡和雪茄可以补充。王储和他的参谋们,既困陷在当地居民一张张"严肃、阴郁"的面孔之中,又羡慕友军在列日的荣誉和右翼的进展,于是求战心切,迫不及待。最后,于8月19日进军的命令终于来了。

与王储部队对峙的是吕夫将军统率的法国第三集团军。吕夫是唯一鼓吹使用重炮的人,由于为巨炮陈词如悬河泻水,以"加农诗人"闻名。吕夫不仅敢于怀疑75毫米大炮的万能作用,而且敢于建议使用飞机作为一种进攻武器和成立一支拥有3000架飞机的空军。这个主意并没有得到青睐。福煦将军于1910年叫嚷道:"这些尽是些玩意儿!"他还说,要是用于军队,"飞机是个废物"!可是第二年，加利埃尼将军在演习中使用飞机侦察，从而俘虏了最高军事委员会的一名上校及其部属。到1914年，法军使用了飞机，而吕夫将军仍被认为"太富于想象"。不仅如此，由于他讨厌参谋部军官对他指手画脚，在开入阿登山区前已在总司令部里结了一些冤家。吕夫的司令部设在凡尔登，任务是把敌人赶回梅斯至蒂永维尔一带，并把他们包围在那里，同时在前进过程中收复布里埃地区。在他包围住德军中路的右翼的时候，他的友邻部队德朗格勒·德卡里将军率领的第四集团军将包围中路的左翼敌军。这两支法国军队将从中路杀出，将德军右翼的这支臂膀从肩部砍掉。

德朗格勒将军是1870年的宿将，战争爆发前一个月虽然年纪已达法军服役年限的六十四岁，但还是被留了下来担任指挥。他短小精悍，机警灵活，精力充沛，貌似福煦，人也像福煦，在照片上看上去有着"摩厉以须，吾刃将斩"之势。现在，德朗格勒将军已枕戈待旦，确实是跃跃欲试，那些叫人不安的消息并没有使他气馁。他的骑兵在讷沙托附近战斗中已遭到猛烈反击，被迫后撤。一位参谋乘汽车出去侦察，带回了进一步的警告。这位参谋在阿尔隆曾同一位忧心忡忡的卢森堡政府官员谈了话，那位官员说，德军就在附近的森林中，"兵力很强"。参谋在归途中所坐汽车也遭到射击。可是他向第四集团军司令部所作的这些报告却被认为是"悲观的"。斗志可谓高昂，但是谨慎不足。要求迅速行动而不是踌躇不决的时刻已经到来。德朗格勒将军只是在战斗过后才想起，他曾表示不赞成霞飞"不许我先行试探"就发起进攻的那道命令。他只是在后来才写道："法国总司令部要突然袭击，可是，正是我们自己遭到了突然袭击。"

吕夫将军比德朗格勒将军更为不安。比利时农民送来关于德军驻扎在森林和玉米地的报告，他是比较认真看待的。可是他对与他对阵的敌军力量的估计，法国总司令部却未加注意，甚至如他后来所说，连看都没看。

第 13 章　在洛林、阿登、沙勒鲁瓦、蒙斯等地的溃退

8月21日晨，阿登山区从平地起到处浓雾弥漫。德国第四、第五集团军在19日、20日一直是一面挺进，一面在所到之处构筑阵地。他们在期待着法军的进攻，虽然他们不知道法军将在何时何地发动进攻。派往前面侦察地形的法国巡逻骑兵，在浓雾中"等于蒙住了眼睛"。敌对的两军，都在穿越树林，通过山间夹道向前推进，几步以外什么都看不清，要不是互相撞上了，还不知道前面是些什么。当第一批部队一接触开了火，指挥官们意识到战斗已在周围爆发之后，德军便立即掘壕固守。而法国军队，由于军官在战前唯恐把士兵"粘住"，轻视壕沟作战训练，又由于他们尽可能少带铲镐，这时候只好进行刺刀突击，结果纷纷被机枪一扫而倒。但在有些遭遇战中，法军75毫米的大炮重创德军，使它们同样遭到突然袭击。

第一天的遭遇战是分散的、序幕性的。22日，阿登山区南部就硝烟弥漫全面打开了。在维尔通和坦蒂尼（Tintigny），在罗西尼奥尔（Rossignol）和讷沙托，在各个战场上，炮声隆隆，炮火熊熊，双方士兵互相猛扑，负伤了，倒下来了，尸体枕藉。在罗西尼奥尔，法国第三殖民师的阿尔及利亚人被王储所部第六军包围，打了六小时，直到残存无几。师长拉费纳尔（Raffenel）将军、旅长龙多内（Rondoney）将军俱阵亡。1914年8月，将领们像普通士兵一样伤亡众多。

在维尔通，萨拉伊（Sarrail）将军统率的法国第六军用75毫米大炮袭击了德军一个军的翼侧。"过后的战场是一片难以置信的景象，"一个被吓得不知所措的法国军官说，"成千上万的死人还是站着，靠在像是由成批成批尸体垒成的60度斜坡的飞扶壁上。"从圣西尔陆军军官学校出来的军官们上阵时还戴着白羽毛装饰的圆筒军帽和白手套。戴白手套阵亡被认为是"漂亮的"。一位姓名不详的法国士官的日记写道："大炮每发射一次就要后坐一下。夜幕降临，它们看来就像是老年人在伸着舌头喷火。到处尸体枕藉，有法国兵，

也有德国兵，枪还在手里。雨下着，炮弹在呼啸、在爆炸，炮弹横飞，无时或息。大炮的火力是最可怕的。我整夜躺着，听着伤员——有些是德国兵——的呻吟。炮击连续不断，但只要一停，我们就听到森林里伤员的一片哀嚎，每天总有两三个人发疯。"

在坦蒂尼的一个德国军官也记了日记。"不能想象还有什么比这更可怕了，"他写道，"我们前进得太快——一个老百姓向我们射击——他马上给打死了——我们奉命进攻桦树林中敌人的翼侧——我们迷失了方向——士兵们完蛋了——敌人开火了——炮弹冰雹似的落在我们头上。"

王储这时候得到鲁普雷希特已在萨尔堡和莫朗日打了胜仗的消息。他不甘落后，督促所部创造堪与他们的战友们相匹敌的"勇于牺牲的奇迹"。他已将司令部搬到隆维对岸的卢森堡的埃施（Esch），他从四面墙上钉着的大地图上察看着战斗进程。战局未卜，真折磨人；同科布伦茨的电话通讯糟糕透顶；统帅部又"在后方过远"；仗打得惊心动魄，损失太大；隆维还未拿下，他说，不过"我们觉得已顶住了敌人的进攻"；据报告，法军并不是在有计划地撤退，而是在溃退。

情况确是如此。吕夫将军在临战之前的最后时刻，发现原来归属于他的约五万之众的三个后备师已不属于他了，他为之暴跳如雷。为了对付鲁普雷希特可能的进攻，霞飞抽走了这三个师，把它们和从其他方面凑拢来的四个后备师一起专门组成一个洛林军。这支部队是8月21日开始建立的，由莫努里（Maunoury）将军统率，驻扎在凡尔登和南锡之间，用以支持德卡斯泰尔诺集团军和掩护右翼冲过阿登山区。这是最后时刻重新作的部署之一。这说明法军还有可取之处，还有灵活性，不过在当时却产生了相反的后果。这一部署削弱了吕夫的兵力，使七个师在关键时刻动弹不得。吕夫后来一直说，这五万人，他已作了部署，维尔通一战，要是这些兵力在手边，他是可以打赢的。他当时的怒气冲冲说明了他有些不够老练。总司令部的一个参谋在作战时来到他的司令部，吕夫大发雷霆，他说："你们总司令部的人从来不看我们送去的报告。你们像敌人袋子里的牡蛎一样愚昧无知。……告诉总司令，他指挥作战，比起1870年来还要差——他根本什么都看不见——什么地方都不行。"这些话绝不是住在奥林匹斯山的众神所欢迎的，霞飞和随从们这些天神总是喜欢把责任归咎于指挥官和士兵的无能，吕夫就是被归咎者之一。

也就在8月22日这天，德朗格勒将军经受了一个指挥官最痛苦的时刻——等待前线的消息。他"如坐针毡"，硬是把自己约束在默兹河畔离色当20英里的斯特奈（Stenay）的司令部里，失利的报告一个紧跟一个而来。按他的性子真想奔赴战场，但他提醒自己，一个将军不应淹没在部队之中，而只能在远处指挥，这样一想他才克制下来。可是要在部下面前保持镇定自若和做到"一个首长在关键时候必不可少的自持"是同样困难的。

日暮时分，殖民军伤亡惨重的情况分明了。另一军，德朗格勒认为由于司令指挥不当，也正在撤退之中，且危及了友邻军。他因此不得不向霞飞报告："在坦蒂尼遭严重挫败，所有部队的战果都不令人满意。"并称，由于所部损失巨大且已被打乱，要在8月23日完成任务的命令已无法遵办。但霞飞就是不信，甚至在收到德朗格勒的报告之后，还泰然自若并怡然自得地向梅西米报告说，各路部队都部署在"敌人力量最薄弱的地区，以确保我方兵力优势"。总司令部的工作已经完成，现在得看"有兵力优势之利"的部队和司令们了，于是霞飞几次三番要德朗格勒放心，并一再坚称在他面前的敌军只不过三个军，因此他必须重新进攻。

事实上，法军在阿登山区并不占据优势，而是恰恰相反。王储的部队除了法军已查明的三个军外，还有与现役军等同兵力的两个后备军，而符腾堡公爵的部队也是如此。这两个集团军所集结的兵力和大炮要比法军第三、第四集团军多得多。

8月23日继续打了一天。但不待日落,法军射不中的、箭断矢折的局面已明,阿登山区的敌军毕竟不是"一攻即破的"。尽管德军在右翼集结了雄厚的兵力,但在中路并不薄弱,法军没有"把它们劈成两半"。鼓足法军引以自豪的勇气,挥舞着军刀,高喊着"前进!",军官们率领着各个连队攻向据壕坚守和使用着野战炮的敌人。融入苍茫暮色和迷雾中的土灰色击败了显眼的红色,扎实的、按部就班的训练战胜了勇气。法国在阿登山区的两支部队都在撤退,第三集团军在向凡尔登退却,第四集团军在撤往斯特奈和色当。布里埃的铁矿没有夺回来,它在以后四年里将给德军用来铸造军火弹药,服务于长期战争。德国没有这些矿石是无法长期打下去的。

霞飞到8月23日夜晚,还不了解阿登山区的败绩全况。他打电报给梅西米说:攻势"暂时受挫","我将尽一切努力再一次发动进攻"。

那天,王储军队从隆维经过,留下攻城部队攻打隆维要塞,其余所部按令继续前进,去凡尔登拦截法国第三集团军。这位王储,在不到一个月以前,其父王曾告诫他要事事服从总参谋长,要"按他的吩咐行事",今天在这胜利之日,他又接到"威廉爸爸"的电报,向他和向鲁普雷希特一样,奖授一枚一、二级铁十字勋章。他"深为感动",电报给所有的参谋人员传阅了。不久,王储自己也授发勋章,据战争后期一个崇拜者的描写,他身穿"炫目的紧身白外衣",在两列士兵中间走着,从副官捧着的篮筐里分发着铁十字勋章。当时一个奥地利盟友报道说,只有自杀才能避而不受二级铁十字勋章。此时,这位不久将被人赞扬为"隆维英雄"的人,已获得与鲁普雷希特同等荣誉。在这种阿谀奉承声中,如果施利芬的幽灵对这既没有包抄又没有歼灭敌人的"普通的正面进攻的胜利"发了些牢骚,或是对"疯狂地猎取勋章"的行径有所微词,那么没有人听到。

在这期间,在桑布尔河畔的朗勒扎克的第五集团军已奉命过河进攻,"以那慕尔要塞为砥柱",由其左翼绕过沙勒鲁瓦前进,而以敌人的"北方集团军"为目标。同时,第五集团军的一个军将驻守两河之间的夹角地带,保卫默兹河防线,防范德军从东面进攻。霞飞无权指挥英军,但在命令中要求约翰·弗伦奇爵士"配合这次行动","向苏瓦尼(Soignies)总方向"前进,也就是要他渡过蒙斯运河。蒙斯运河是桑布尔河的一条支流,连通斯海尔德河,使航运从那慕尔经桑布尔河而下,在沙勒鲁瓦转入运河,东与斯海尔德河相接,直通海峡。因此蒙斯运河是这一连续航道的组成部分,它横切着德军右翼的通道。

根据德军的时间表,冯·克卢克集团军应于8月23日到达这条天堑,比洛集团军应在途中攻陷那慕尔后先期到达,和克卢克部大致同时越过运河。

根据约翰·弗伦奇进军命令规定的英军时间表,英国远征军也应于23日,也就是和德军同一天到达运河。这两方面的部队当时都不知道这个巧合。英军的先头部队按时间表要早到一些,应在22日晚到达。在21日朗勒扎克奉命渡过桑布尔河这天,原来期待能前来"配合行动"的这支英国远征军落在法军后面整整一天的路程。由于英军出发迟缓,加上两军指挥官之间关系不睦造成了联络不好,这两支军队,尽管双方司令部相距只35英里,终未能如计划协同作战,而是各管各地打了两个战役——沙勒鲁瓦战役和蒙斯战役。

在朗勒扎克心里,进攻主义已告寿终正寝。当时他虽不能十分清楚地看到德国三路大军压境的全貌,但已能感到这些压力。豪森的第三集团军从东杀来,比洛的第二集团军从北杀来,克卢克的第一集团军正在奔向他左侧兵力不到其一半的英军。朗勒扎克不了解这些部队的番号和人数,但知道这些部队就在跟前。他也知道——或许是通过侦察推算出来的——奔向他来的敌军,兵力要比他所能对付的大得多。对敌军实力的估计不是绝对的,而是由零星的侦察材料和情报拼凑而成的一幅图景,并尽可能使之合乎预先的设想,或是合乎战略的要求。一个参谋机构从现有的材料中将得出什么样的结论，取决于其人员乐观或悲观的程度，取决于他们想相信些什么或怕相信些什么，有时还取决于个人的敏感性或直觉。

同样一份有关默兹河西岸德军实力的报告，在朗勒扎克和法军总司令部眼中，所表达的图景不同。总司令部认为阿登山区德军中路兵力薄弱，而朗勒扎克则认为一股巨浪在向第五集团军滚滚而来。总司令部估计默兹河西岸的德军兵力为十七八个师，同时估计迎击德军的兵力，有朗勒扎克的13个师，两个后备师组成的一支独立部队，英军5个师和比利时驻扎在那慕尔的一个师，总共21个师。总司令部因此认为人数上占到绰绰有余的优势。霞飞的计划，就是用这支大军将德军阻挡在桑布尔河彼岸，待第三集团军和第四集团军在阿登山区突破德军中路后，两路大军合兵一起向北挺进，将德军撵出比利时。

在职份上不是由亨利·威尔逊主管而实际上却由他主宰的英国参谋部，同意法军总司令部的这一估计。威尔逊在8月20日的日记中所写的默兹河西岸德军数目也是十七八个师，并且还下了个"越多越好，那就会削弱他们中路兵力"的结论。而返回到英国、远离了前线的基钦纳勋爵，则是惴惴不安，预感不妙。他曾告诫过约翰·弗伦奇爵士，要他提防德军席卷默兹河西岸和北岸。8月19日，他又电告爵士：德军席卷之势，"看来肯定会有发展"。他责成所有的报告都要让他知道；第二天，他重申了这个要求。的确，此时此刻在默兹河西岸的德军不是十七八个师，而是30个师：7个现役军、5个后备军、5个骑兵师和其他部队。冯·豪森集团军，当时还没有渡过默兹河，但已是右翼的一个组成部分，这样还得加上这4个军的8个师。就整个边境战役来说，德军在人数上的优势是1.5∶1，而右翼的优势则近乎2∶1。

这支兵力进攻的焦点是朗勒扎克集团军，朗勒扎克也知道这一点。他在和英军司令非常不愉快的会晤之后，就认为英国人既不会及时准备好,也不可靠。他也知道比利时的防线将在那慕尔崩溃。新近在部队对调中派给他去沙勒鲁瓦西面担任左翼的一个新编军,到 8 月 21 日还未进入阵地。所以他认为如果按照命令渡过桑布尔河发起进攻,向他的左翼潮涌而来的德军就会对他形成翼侧包围,德军也就会如入无人之境直捣巴黎。"在哪里遇到敌人就在哪里进攻",是他在圣西尔陆军军官学校和高等军事学院教授的指导原则,也是训练法国军队的一条原则。这条原则,在他现在看来,所见的只是一副骷髅罢了。

朗勒扎克踌躇了。他写信给霞飞说:他如在桑布尔河北岸发动进攻,由于英国人不可能准备就绪配合行动,第五集团军"会陷于孤军作战境地";如要双方协同作战,则第五集团军必须等到 23 日或 24 日。霞飞回答说:"由你全权决定发动进攻的时刻。"但敌人可不是这么随便答应的。

比洛集团军的主力在攻打那慕尔,而其分遣队于 8 月 21 日就冲到桑布尔河,并在那慕尔和沙勒鲁瓦之间两处地方进行了强渡。朗勒扎克曾叮嘱第五集团军各部须待"友邻军"到达才发动进攻,但在此期间必须打击德军渡河的任何企图。法国军事词汇中是没有"防御准备"这个词的,驻守该地区的第十军在南岸既没有挖掘战壕,也没架设铁丝网或构筑别的防御工事,只是等着用肉体去猛冲敌人。"军号嘹亮,战鼓隆隆,旗帜飘扬",至于大炮则一无准备,法军就这样冲向前去,袭击敌人,打得非常猛烈,但终于被赶了回来。夜幕降临,敌人仍占据着塔明和桑布尔河南岸的另一个村庄。

步枪声和炮弹爆炸声之外,还可以听到远处更深沉的响声,如巨鼓擂动。德军攻城大炮已开始轰击那慕尔要塞。420 毫米和 305 毫米的攻城炮,从列日拖来后在轰击那慕尔的射程内构筑了火炮阵地,这时正在向比利时这座第二要塞倾泻着两吨重的炮弹。曾率领志愿救护队去那慕尔的一名英国妇女写道,这种炮弹"带着经久不息的刺耳啸声",不论你站在哪里,总像是在向你飞来,不论它实际击中何处，总像是在你周围咫尺之内爆炸。破坏之神从天空雷鸣而降，扑向那慕尔四周堡垒。这座城市在两整天可怕的雷鸣声中坍缩了。结果是列日的惨剧重演：四处爆炸，钢筋水泥碎如泥灰，藏身地下室的人们给吓疯了。卫戍部队和第四师跟比军其他部队的联系已被切断，他们感到被抛弃了。朗勒扎克驻那慕尔的联络官迪律伊少校回到第五集团军司令部报告说，在他看来，法军如不拿出一些援助行动，这座要塞连一天也顶不住。他为守军请命："他们必须看到法军浩浩荡荡开来，旗帜飘扬，军乐响亮。必须有个军乐队。"法军三个营——约3000人的一个团——当夜出发，于次日上午参加了那慕尔的保卫战。守军仅3.7万人，而8月21日至24日几天里投入进攻的德军，为数在10.7万到15.3万人之间，大炮计400到500门。

8月21日夜，约翰·弗伦奇爵士向基钦纳报称，他不认为24日前会有大战。他在报告中写道："我想我对战局了如指掌，我认为战局对我方有利。"可是他对战局并不如他所想那样了如指掌。第二天，当英军朝"苏瓦尼总方向"在去蒙斯的路上前进时，骑兵巡逻队报告说，德军的一个军在从布鲁塞尔至蒙斯的公路上开来，也是在向苏瓦尼进军。从这支德军的位置判断，他们当晚可以到达这个村子。看来敌人是不会等到约翰·弗伦奇爵士所预定的24日这个日期的。一个英国飞行员又带来更为叫人惊恐的消息：德国另一个军正沿着一条公路开来，并已经逼近到可从西边对英军左翼进行翼侧包抄。包抄！顿然间，英国军队，至少是情报部门，清晰而可怕地看到这个迫在眉睫的威胁。基钦纳一贯说的"席卷"已不再是个概念，而是一队队活生生的人了。可是那些参谋长官们在威尔逊的影响下不以为然。由于威尔逊的关系，他们墨守法军战略，同法军总司令部一样不愿接受关于德军右翼的这种危言耸听的说法。"你们得到的并转给总司令的那个情报，看来有点夸大"，他们就这样作了决定并保持进军命令不变。

第 13 章 在洛林、阿登、沙勒鲁瓦、蒙斯等地的溃退

他们知道他们正踏在过去曾打过胜仗的土地上。他们在蒙斯南面十英里的地方走过了法比边界上的马尔普拉凯,在路旁看到一块标明莫尔伯勒在此打败路易十四的石碑,莫尔伯勒曾为此赢得了一首法国民歌对他永世不忘的传诵。滑铁卢也就在他们前面,在蒙斯和布鲁塞尔之间。如今他们在滑铁卢战役将近一百周年之际来到这个英国人曾高奏凯歌的战场,能不信心十足!

当先头部队在 22 日接近蒙斯的时候,在运河北面公路上侦察的一部分骑兵中队的人,看到一队四骑人马向他们驰来。这些人看上去很陌生。就在同时,这些陌生人也看见了英军,勒住了马,双方屏息相视片刻之后才意识到碰到了敌人。这些德国枪骑兵掉转马头与中队的其余人员汇合疾驰而去。英军急起直追,在苏瓦尼的大街上赶上了他们。在小规模的激战中,枪骑兵的"长旗杆矛碍手碍脚,很多人把它扔掉了"。英军杀死了三四名德军,从这个小战场胜利而归。骑兵中队长霍恩比(Hornby)上尉,作为第一个用新式骑兵刺刀杀死德军的英国军官,被授予杰出战功勋章。战争以正确的方式开始,战果非常鼓舞人心。

首次接触,既然如所预期是在去苏瓦尼的路上发生的,也就没有理由使参谋长官们改变他们对敌人实力和位置的估计。威尔逊认为,和英军对阵的德军兵力只有一个或两个军加上一个骑兵师,同英国远征军的两个军和一个骑兵师相比处于劣势,至多也不相上下。威尔逊性格刚强,情绪高昂,对这里地形和对法国人的熟悉了解又是众所公认的,这一切都比情报官的报告具有更大的说服力。尤其是作战处的军官们向来认为情报处总是从最坏处着想,对情报处的估计历来不以为然,因而这种情况尤为突出。英国对德国军事理论和德国军事实践研究得最细致入微的詹姆斯·格里尔森爵士的逝世,又使得威尔逊的那些理论——它们是全盘抄袭法军总司令部的——具有更大的影响力。参谋和军长们,对第二天的战斗都满怀信心,虽然约翰·弗伦奇爵士未必如此。

弗伦奇的情绪仍然阴沉忧郁，其犹豫不决与朗勒扎克几不分轩轾。21日，刚到达法国前来代替格里尔森的史密斯—多林将军来请示时，得到的吩咐是"在孔代运河（Condé Canal）防线作战"。史密斯—多林将军问，这是说进攻还是防守？吩咐是"听从命令"。弗伦奇焦虑的一个因素，是他不了解朗勒扎克在他右翼的作战计划，担心他们两军之间会形成缺口。22日上午，他乘汽车出发去和这位令人不愉快的邻居商量，但在途中得悉朗勒扎克已前往设在梅泰（Mettet）的军司令部，第十军正在梅泰激战。他没有会面朗勒扎克就这么回来了。在司令部里迎接他的是一条好消息。起初留在英国的第四师已经到达法国，现正在前来途中。德军在比利时向前推进以及比军的撤往安特卫普，促使基钦纳下决心把第四师派来。

冯·克卢克将军对苏瓦尼公路上的骑兵冲突比英军更为吃惊。直到此刻，他还不知道英军已在他面前，英法的保密措施何其得力！克卢克知道英军业已登陆，因为他从一份比利时报纸上看到有关消息，该报登有基钦纳宣布英国远征军已平安到达"法国国土"的官方公报。英国、全世界以及敌人知道英军登陆的第一个消息，就是8月20日发布的这项公报。不过，克卢克仍然认为英军是在奥斯坦德、敦刻尔克、加来登陆的。这主要是出于他的主观愿望，他打算在跟法军交锋之前将英国军队和比利时军队一并"击溃"。

现在，他从布鲁塞尔挥师南下，不得不担心比军会在他后方从安特卫普突然出击，不得不担心英军可能会对他的翼侧猛扑过来。他总认为英军神秘地部署在他右面的比利时境内的什么地方，因此他一直设法让部队朝西徐徐前进，好寻找英军进攻，然而比洛则是始终害怕产生缺口，不断令他靠拢。克卢克反对，比洛坚持。"不这样，第一集团军就会走得过远而不能支援第二集团军。"克卢克发现英军在苏瓦尼，正在他前面，又想往西转移，寻找敌人翼侧。可他再次为比洛所阻，他怒不可遏，向最高统帅部提出抗议。然而，统帅部对英军的行踪比协约国对德军右翼的了解更为模糊。"本部看来，

第 13 章　在洛林、阿登、沙勒鲁瓦、蒙斯等地的溃退　　283

并没有发生意义重大的登陆行动。"统帅部说，因此否定了他的意见。克卢克给夺去了包抄敌人的机会而被迫作正面攻击，只好怒气冲冲地向蒙斯前进。命令要求他在 8 月 23 日渡过运河，占领河南阵地，迫使敌军退往莫伯日，同时从西面切断其退路。

8 月 22 日那天，比洛跟左侧的豪森之间和跟右侧的克卢克一样，矛盾很大。克卢克倾向于赶在前面，而豪森则倾向于拖后。鉴于先头部队已渡过桑布尔河在同朗勒扎克的第十军作战，比洛计划由他的部队和豪森的部队联合大举进攻，打一场歼灭战，可是豪森在 22 日还未准备就绪。比洛苦苦埋怨友邻军的"不够合作"，而豪森则不堪忍受比洛再三要求帮助，同样怨气冲天。比洛决定不再等待，对桑布尔河一线投入三个军，发动了猛烈进攻。

这一天以及第二天，比洛和朗勒扎克两军在这场沙勒鲁瓦战役中鏖战不舍，第一天日暮时，豪森部队加入战斗。而这两天，也正是法国第三、第四集团军在阿登山区大雾弥漫的森林中与覆灭之灾进行搏斗的两天。朗勒扎克坐镇在梅泰指挥作战，但主要是痛苦地等待师长和军长们送来他们那里的战况报告。而这些师长和军长要了解他们部队里的情况，也是相当难的。这些部队，不是处于密集炮火之下，就是在村子里巷战肉搏，即使有一个军官精疲力尽、负伤淌血、跌跌撞撞地回来了，也已支持不住不能向上司报告了。活生生的人证比报告先到梅泰，一辆汽车载着一名受伤的军官开进广场。朗勒扎克和参谋们由于烦躁不安在屋子里待不下去，这时正在广场上焦急地来回踱着。这个伤员经认出来是第十军的一位师长博埃（Boë）将军。他脸色灰白，目光凄惨，其声微微，痛苦地、断断续续地向奔到汽车旁边来的埃利·杜瓦塞尔说道："告诉他……告诉将军……我们在尽力……坚持。"

在沙勒鲁瓦北面，在第十军左方的第三军报告损失"惨重"。沙勒鲁瓦这座乱七八糟地延伸在河流两岸的工业城镇，已在白天被德军突破，法军还在猛烈战斗，想击退他们。当德军在未得到教训以前按老规矩以密集队形进攻的时候，就成了75毫米大炮的极好目标。可是这些每分钟原可打15发的75毫米大炮，所供应的炮弹却只够它每分钟打2.25发。在沙勒鲁瓦，志愿应募入伍的两个阿尔及利亚师的步兵们（Turcos），像他们父辈当年在色当一样勇敢。一个营冲向德军一个炮兵阵地，用刺刀刺死了炮手，归来时全营1030人只有两名没有挂彩。法军到处遭到炮击，而敌人的炮兵阵地通常不是看不见就是打不着。他们在不同战区不同的情况下，有的人被打得怒火中烧，有的被打得意志消沉。他们对在头顶上空充当炮兵弹着观察员的德军隼式飞机，既火冒三丈而又无可奈何。这些飞机在他们阵地上空飞过之后必然跟来又一阵炮弹。

及至黄昏，朗勒扎克不得不报告：第十军"损失惨重"，"被迫退却"；第三军在"苦战"；军官"伤亡巨大"；左面的第十八军虽完整无损，可是左端的索尔代将军的骑兵军已"精疲力尽"，也已被迫退却，使第五集团军和英军之间造成了缺口。这个缺口确有十英里之宽，足可容敌人一个军。朗勒扎克焦急得只好传言给约翰·弗伦奇爵士，请他进攻比洛的右翼，借以减轻法军的压力。约翰爵士的回答是不能照办，不过答应将坚守蒙斯运河防线二十四小时。

夜间，朗勒扎克的处境更岌岌可危。豪森带来四个生力军和340门大炮攻打默兹河防线。他在夜间发动了进攻，占领了河对岸的桥头堡。弗朗谢·德斯佩雷（Franchet d'Esperey）的第一军进行了反攻。第一军的任务是守卫沿朗勒扎克阵地右面的一段默兹河，它是第五集团军唯一掘壕坚守的军。

豪森的意图是，根据德军最高统帅部的命令，挥戈西南，进攻日韦，希望由此直扑朗勒扎克军的后方，陷该军于他和比洛所部夹攻之中而歼灭之。而比洛——他在这战区虽已重创敌军而所部同样遭到重创——则决心发动一次大规模的、最终解决战斗的攻势。他命令豪森西指梅泰直接攻击第五集团军的主力，而不是进军西南，切断第五集团军退路。豪森照办了。这是一个错误。它使豪森在8

月23日整天缠于正面进攻弗朗谢·德斯佩雷一军防守严密的阵地，对付这位将才横溢的军长，听任朗勒扎克的退路敞开无阻，打一场歼灭战的机会就此错过在这条敞开的通道上了。

8月23日，晴朗酷热，夏日的天空终日密布着炮弹的团团黑色烟雾。法军立即把它比作法国家家户户火炉上的铸铁锅，给这些炮弹起了个"煲汤锅"（marmites）的绰号。倦乏不堪的法国兵所能记起的那天情景就是"炮弹如雨"。有些地方，法军还在进攻，想把德军赶回桑布尔河另一侧；有些地方，法军还在固守；有些地方，法军已在踉跄溃退。公路上都是一长列一长列的比利时难民，途为之塞。他们满身尘土，给婴儿和大包小裹压得弯腰曲背，推着手推车，毫无生气，疲惫不堪，漫无止境、漫无目标地流浪着，无家可归，无藏身之所，只求躲开北面可怕的隆隆炮声。

难民队伍走过离沙勒鲁瓦20英里的菲利普维尔，朗勒扎克的司令部那天正设在那里。朗勒扎克穿着红裤子的两腿叉开，双手反剪，站在广场上看着他们，忧郁凄恻，默默无言，黝黑的面孔在黑色紧身军装上衣上头显得近乎苍白，丰满的双颊业已下陷。他"为极度忧虑所困"。敌人从四面八方向他压来。总司令部除询问对形势的看法以外一无指示。他很敏锐地意识到索尔代骑兵军撤退造成的缺口的后果。正午时分消息来了，比利时的第四师正从那慕尔撤出。这个消息是预料得到的，但仍然是难以置信的。这座控制着桑布尔河和默兹河汇合处的城市及市区外围高地上的堡垒群，即将落入比洛手中。那天早晨，他曾给第四集团军的德朗格勒·德卡里将军去信，要求他调兵加强两军衔接的那部分地区。然而，德朗格勒杳无回音。

朗勒扎克的参谋力劝他同意弗朗谢·德斯佩雷的反攻要求。据德斯佩雷报告，一支追击第十军的德军已将其翼侧暴露给他，这是一个很吸引人的机会。也有一些热心为人说项的人则敦促他让第十八军从左端发起反攻，减轻英军的压力，英军这天正在蒙斯同冯·克卢克的整个集团军作战。朗勒扎克厌恶这种头脑发热的做法，拒不应声。他始终不置一词，不发一令，只是等着。后来他的批评者和支持者就沙勒鲁瓦战役进行了纠缠多年的争论，对朗勒扎克这天下午的灵魂深处发生了什么各有各的看法。在有些人看来，他不是临阵怯战就是惊恐瘫痪。有些人则认为他是在情况不明、形势危殆的局面下冷静衡量各种可能。既然总司令部对他不置可否，不作指示，朗勒扎克只有自行决定。

傍晚时，一桩具有决定性意义的事件发生了。豪森所部扩大了默兹河对岸迪南南面翁埃耶（Onhaye）的桥头堡。这是个大威胁，有从第五集团军后方进行袭击的危险。弗朗谢·德斯佩雷立即派出一个旅，由芒让（Mangin）将军率领去处理这个危局。也就在这时，朗勒扎克终于收到德朗格勒的消息。这是个不能再坏的消息。第四集团军在阿登山区不仅没有像总司令部先前在公报中所暗示的那样打了胜仗，而且正在被迫退却之中，这将使色当和朗勒扎克右翼之间的这段默兹河无人防守。豪森的萨克森部队在翁埃耶的出现顿时成了严重的威胁。朗勒扎克认为——他说，"我确实认为"——这是支先头部队，由于德朗格勒的撤退，它就可以恣意行动，如果不立即把它击退，它还会得到增援。这时候他当然不会知道——因为事情还没发生——芒让将军率领的那个旅会在一场漂亮的刺刀冲锋中把萨克森人赶出翁埃耶。

紧接着又传来消息，沙勒鲁瓦北面的第三军在遭受攻击之后未能守住阵地，正在退却。迪律伊少校又带来消息说德军已占领那慕尔北面的堡垒群，并且已经入城。朗勒扎克回到希迈（Chimay），在军部里，"收到证实第四集团军受挫的消息，该集团军自早晨起一直在退却，使第五集团军的右翼完全失去掩护"。

在朗勒扎克看来，他右翼的危险"似乎很严重"。他一直惴惴不安，担心在德朗格勒将军撤出的地方会发生另一场灾难，"四十四年前，我军曾在这里遭到德军的包围而被迫投降——那场可恨的灾难使我国遭到无可挽回的失败——多么不能忘怀的一页！"

要使法国不出现第二次色当战役，就必须使第五集团军免遭覆灭之灾。朗勒扎克此刻很清楚，法军从孚日山脉到桑布尔河在全线撤退。只要军队还在，就不会出现像色当战役那样不可挽回的失败，就可以继续打下去。假使第五集团军被歼灭，整个战线就会动摇，接着就是彻底失败。不论打得如何英勇，也不论如何迫切需要，反攻已不能挽救整个局势。

朗勒扎克最后开口了，下令全面撤退。他知道他会被作为"闯下大祸的人"撤职——他后来确实被撤掉了。据他自己说，他曾和一位军官讲过："我们打败了，但这个不幸是可以补救的。只要第五集团军存在，法国就不会灭亡。"这些话尽管有着事后着笔的回忆录的味道，但他很可能是这样说的。在生死存亡的时刻，特别是在法国，往往会激起豪言壮语。

朗勒扎克自行作出了决定，他认为霞飞是不会同意的，所以未征求总司令部的意见。"敌军威胁我默兹河右翼，"他报告说，"翁埃耶已被占领，日韦受到威胁，那慕尔已被攻下。"由于这种形势以及"第四集团军行动阻滞"，他已令第五集团军撤退。随着这份电报的发出，法国想在一场短期战争中打败这个宿敌的最后希望全都化为乌有。法军最后一次进攻已告失败。霞飞果真不同意这个决定——不过不是当晚。8月23日（星期日）夜晚，是一个浓雾迷漫而难熬的夜晚，此刻，法国的整个计划正在土崩瓦解，谁也不能肯定各战区的目前情况如何，色当战役的幽灵徘徊不去，除朗勒扎克以外人人忧心忡忡，总司令部对第五集团军的撤退，既没有提出异议，也没有撤销该令。霞飞默不作声，算是批准了这个决定；然而对此他是不会饶恕的。

关于沙勒鲁瓦战役，官方后来的说法竟然是，朗勒扎克将军"自认为他右翼受到威胁便命令撤退而没有反攻"。这是法军总司令部要为第十七号计划的失败找替罪羊而强加在这位第五集团军司令身上的不实之词。朗勒扎克作出决定的那个时刻，总司令部里谁也没有像战后通报所说的那样，向他提出过：他完全是"自认为"右翼受到威胁，而实际情况并非如此。

远在左翼，英军和冯·克卢克所部自清晨起就在18米宽的蒙斯运河展开了争夺战，打得难解难分。8月的朝阳冲破了清晨的迷雾细雨，预示着这天是个大热天。礼拜天的教堂同往常一样敲起了钟声，矿区的村民也同往常一样穿着礼拜天的黑色服装去做弥撒。运河两边是些铁路支线和工厂堆货场。煤泥以及工厂和炉子里的化学废渣、废水把运河污染成一股黑水，臭气四溢。菜地里、牧场和果园里的灰色煤渣堆，像是女巫戴的尖帽子似的，给原来的景色添上了一种古怪异常的样子。战争在这里看来没那么不协调。

英军在蒙斯两边都建立了阵地。史密斯－多林将军率领的第二军在蒙斯西面沿着蒙斯到孔代计15英里长的一段运河布下了防线，而且进驻了紧挨在蒙斯东面运河向北拐弯形成的一块大约两英里宽、一英里半长的突出地区；黑格将军的第一军守着第二军右翼从蒙斯到朗勒扎克左翼之间的一条斜形阵地；而未来的耶路撒冷征服者艾伦比（Allenby）将军指挥的骑兵师则留作后备部队。黑格对面是克卢克和比洛两集团军的衔接地区。由于克卢克部在尽可能向西推进，黑格一军在后来被称为蒙斯战役的8月23日的著名战斗中没有遭到攻击。

约翰·弗伦奇爵士将司令部设在蒙斯以南30英里的勒卡托。他在一条25英里长的战线上指挥着5个师，同朗勒扎克在50英里长的战线上指挥13个师的情况相比，他是完全没有必要离开前线那么远的。他之作出这种抉择可能是犹豫不决所致。弗伦奇既给空军和骑兵的侦察报告弄得惴惴不安，又苦于对友邻军捉摸不透，而对和友邻军共同守卫的这段于敌人有机可乘的弯弯曲曲的防线也很不自在，所以，他对进攻并不比朗勒扎克感到高兴。

第 13 章　在洛林、阿登、沙勒鲁瓦、蒙斯等地的溃退　　289

在战斗前夜，他将两个军和骑兵师的高级参谋召到勒卡托，对他们说，"由于法国第五集团军的撤退"，英军将不进攻了。其实这时候的第五集团军，除了第十军外都未撤退，而第十军又不和英军相邻，但约翰·弗伦奇爵士是必须归罪于人的。朗勒扎克前一天在这种同志式的精神的驱使下，也曾把自己的未能进攻归咎于英军的没有到场。那时朗勒扎克给各军的命令是固守桑布尔河防线而不是渡河进攻，如今约翰·弗伦奇爵士的命令同样是固守运河防线。尽管威尔逊仍然在按向北大举进攻把德军撵出比利时的路子着想，但指挥官们得到的是采取全属另一套行动的可能。有鉴于此，史密斯－多林将军便于凌晨 2 时 30 分下令做好炸毁运河桥梁的准备。这是个切合实际的预防措施，但这类措施是法军所不取的。正由于此，1914 年 8 月的法军伤亡率达到惊人的程度。战斗开始前五分钟，史密斯－多林进一步下令，指示"一旦必须撤退"，要按师部命令破坏一切桥梁。

清晨 6 时，约翰·弗伦奇爵士向各军长发布最后一道指令时，他——或许是他的参谋们——对于将与之交锋的敌方兵力的估计仍然同前不变，仍是一个或至多两个军加上骑兵。事实上，那时在英国远征军攻击距离内的克卢克集团军拥有四个军和三个骑兵师，计 16 万人和 600 门大炮。而英国远征军的兵力则仅为 7 万人，300 门大炮。至于克卢克的两个后备军，一个还差两天路程，尚未赶到，一个留在后方防范安特卫普的敌军。

上午 9 时，德军向英军阵地发射第一批炮弹，这次攻击首先是指向运河拐弯形成的那块突出地区，其北端的尼米桥（bridge at Nimy）是攻击的焦点。德军以密集队形冲将过来，给掘壕坚守有方、专门训练有素的英国步兵提供了"再好不过的目标"，他们打得又快又准，德军以为碰上了机枪。德军在一浪接一浪的冲杀遭到击退以后，调来更多兵力，并改用了疏开队形。英军在"顽强抵抗"的命令下，尽管伤亡逐渐增大，而在突出地区的火力仍然不衰。10 时

30分起,德军的炮队,起先是第三军的,接着是第四军的,相继投入战斗,战火便沿着运河的平直地段蔓延到西面。

及至下午3时,守卫突出地区的英军各团已饱受了六小时的炮击和步兵的进攻,鉴于人员越来越少,压力过大,便炸毁尼米桥,逐连逐连地撤到两三英里后面准备好的第二道防线。由于突出地区的放弃危及守卫运河河道平直地段的两支友邻部队,后者也当即奉令于傍晚5时开始撤退。地处运河弯道和平直河道交接点的热马普(Jemappes)及其西面两英里的马里埃特(Mariette),因缺少雷管无法炸毁桥梁,顿时陷入千钧一发。值此撤退之际,倘德军冲过运河,不仅会使有秩序的撤退变成一场溃退,甚至会就此突破整个防线。一个霍雷修斯[*]是绝不能守住桥梁的。然而英国陆军工兵的赖特(Wright)上尉则在马里埃特的桥下一只手转一只手地悬着身子荡过去,想给炸药接上引线。在热马普,一名下士和一名士兵在不停的炮火下,也为接上引线努力了一个半小时。他们两人事竟其成,并且荣膺了维多利亚勋章和杰出战功勋章;赖特上尉尽管不顾身负重伤,作了第二次努力,但终未能成功。他也得到维多利亚勋章,不过,三星期后即捐躯埃纳(Aisne)河畔。

傍晚时分,在零星炮火下脱离战斗的微妙过程告成。一团一团依次掩护友邻部队撤退,直到全部到达第二道防线的村子和宿营地为止。看来德国人在白天战斗中也同样伤亡重大,他们既没有认真地强攻未遭破坏的桥梁,也没有追击敌人的任何兴趣。相反,撤退的英军在暮色苍茫中可以听到他们"停止射击"的军号和尔后免不了的歌声。最后,运河对岸一片寂静。

英军是何等幸运,冯·克卢克竟没有利用他两倍多的兵力优势。由于比洛命令的掣肘,他不能寻找敌人翼侧兜而围之。他只有用他中路第三、第四两个军和英军迎面交锋作正面攻击,结果损失惨重。

---

[*] 霍雷修斯(Horatius),罗马传说中一位守桥抗敌的英雄。——译注

第三军的一个后备役上尉发觉他是全连中唯一幸存的军官，也是全营中唯一幸存的连长。"你是我唯一的支持人了，"少校嚎啕大哭着说，"这个营只剩下一个空架子，我那引以自豪的、美好的营啊……"这个团也"被击败了，打垮了，只剩下少数人"。这个团的上校，像战争中的任何人一样，只能根据自己队伍发生的情况来判断战斗的过程，他整夜焦虑不安，因为如他所说，"英国人要是对我们的情况稍有怀疑并发动反攻的话，那他们简直会把我们踏扁"。

冯·克卢克军的两翼，右面的第二军和左面的第九军都没有投入战斗。他们和第一集团军的其他部队一样，11天行军150英里，这时候长长的队伍正在沿着公路前进，距中路两个军的后方还有几小时的路程。各个军如果在8月23日都参加了进攻，历史也许会改观。冯·克卢克在下午意识到自己的错误，命令中路两个军牵制英军，等待翼侧的军调集上来进行包抄，打一场歼灭战。可就在这之前，英军已被迫果断地改变了计划。

亨利·威尔逊对第十七号计划仍然怀着中世纪骑士般的热情，一心想冲锋陷阵，而不了解在当前这种形势下执行这计划跟使用中世纪的长弓几无不同。威尔逊和霞飞不分轩轾。霞飞在接到德朗格勒关于阿登山区惨遭灾难的报告后六小时仍然坚持发动攻势，而威尔逊，甚至在运河战线已被迫放弃之后，仍然热衷于第二天发起进攻。他作了"仔细核计"，得出了"我们对面只有一个军和一个骑兵师（也可能两个军）"的结论。他要约翰·弗伦奇爵士和默里"相信"，情况就是这样，"结果我被允许草拟明天进攻的命令"。晚上8时，正当命令草拟完毕的时候，霞飞发来电报通知英军说，各方面汇集的证据表明英军现在面对的敌军为三个军和两个骑兵师，命令就此作废。霞飞的电报比威尔逊更具有说服力，从而一下子结束了任何进攻的念头。接着是更坏的消息接踵而来。

晚上11时，斯皮尔斯中尉慌忙乘车从第五集团军司令部赶来，带来了令人难受的消息：朗勒扎克将军已停止战斗，正在将第五集团军撤往设在英军后方的防线。斯皮尔斯对这种既不和英军商量，又不通知英军的做法，就像阿德尔贝上校听到国王阿尔贝将部队撤往安特卫普的决定时那样既忿懑又沮丧。十七年后，他写这件事时仍然耿耿于怀。

朗勒扎克的撤退使英国远征军失去掩护，顿时处境危殆。经过紧张讨论，决定一俟命令拟就并送达前线，就立即撤出部队。但由于史密斯-多林军部的地点选择得离奇，以致耽误了时间，造成了不必要的伤亡。史密斯-多林的司令部设在萨尔拉布律耶尔（Sars-la-Bruyère）的一幢普通的私人乡村住宅里，不过名字倒很有气派，叫做"岩石堡"。这个住宅坐落在偏僻的村道旁边，既不通电报也没有电话，白天已经难找，深更半夜就更困难了。即使是莫尔伯勒和威灵顿，他们选择司令部的地点，也比较注重便利，要设在大道旁边，纵然房子不太体面也无妨，他们的司令部，一个设在修道院，一个设在小旅馆里。给史密斯-多林的命令只得用汽车送去，直到凌晨3时才送到，而还未投入战斗的黑格第一军早一小时就接到电报命令，从容做好了撤退准备，天不亮就开拔了。

但在这时，德军已将两个翼侧军调集前来，重新开始进攻。整天挨到炮击的第二军只得在炮火下开始撤退。混乱之中，有一个营始终没接到命令，一直打到四面被围，死的死，伤的伤，被俘的被俘，只有两名军官和200名士兵逃了出来。

第一天的战斗就这样结束了，这是英国士兵自克里米亚战争以来首次和欧洲敌人作战，也是滑铁卢战役以来在欧洲大陆上的第一仗。但多么令人失望！冒着酷暑，仆仆风尘兼程前来的第一军，几乎一枪未发，现在就不得不掉过头来往回走了；尤其是对那个以与有名的劲敌较量为荣的第二军来说，失望更甚。他们既对敌人的人多势众和对第五集团军的撤退一无所知，因而对撤退的命令也就无法理解了。

这在亨利·威尔逊是个"极大的"失望，他把一切都归咎于基钦纳和内阁没有派六个师而只派了四个师来法国。他使出了不承认错误的惊人本领，他说：如果六个师都在那里，"这就不会是撤退而是前进，不会是败绩而是胜利"。他这种本领使他后来成为陆军元帅。

威尔逊的自信和兴致勃勃的劲头开始消失，而那个在最好的情况下也喜怒无常的约翰·弗伦奇爵士则是沉陷在沮丧之中。他到法国只一个多星期，可是紧张、焦虑、职责，加上朗勒扎克的不义行径，战幕初启时已使他心灰意懒，对指挥作战感到失望。第二天，他在给基钦纳的报告的结尾就提出了一个灰溜溜的建议，"我认为应立即将注意力转到勒阿弗尔的防御方面"，这说明他已开始从撤离法国来考虑问题了。勒阿弗尔位于塞纳河口，在英军原先登陆的基地布洛涅以南约100英里。

这就是蒙斯战役。英国的这首次出战，既是大战的序幕，在追溯的时候，也就变得意义重大，被推崇备至，它跟黑斯廷斯（Hastings）战役和阿让库尔（Agincourt）战役一样，在英国众神殿中也要同占一席。这场战役还被安上了蒙斯天使那样的传说。战士个个英勇，亡者都是英雄。凡经命名的每个团的事迹，都写到最后一分钟，写到最后一枪一弹，直写得蒙斯一战在这种英勇壮烈的烟雾中若隐若现地好似一场胜利。毫无疑问，英军在蒙斯一战中确实打得很勇敢，打得很出色，打得比法军某些部队要好，但是并不比很多其他部队更好；不比哈伦之战的比军，或沙勒鲁瓦之战的阿尔及利亚步兵，或翁埃耶之战中芒让将军的那个旅以及各个战场的敌军为好。这场战役，到开始撤退前历时九小时，投入作战的英军计两个师，35000人，总共伤亡1600人，把冯·克卢克集团军的前进拖住了一天。它是边境战役的一部分。而在整个边境战役中，法军有70个师，约125万人，在不同时间、不同地方打了四天。法军这四天的伤亡达14万多人，也就是当时在法国的英国远征军总数的两倍。

紧接在沙勒鲁瓦战役和蒙斯战役之后，比利时尽是残垣断壁，遍地瓦砾，满目战争疮痍，一片废墟。街头巷尾到处散落着士兵做垫褥用的满是污泥的干草、丢弃的背包和血迹斑斑的绷带。正如威尔·欧文[*]所写的那样，"到处臭气冲天。我从未听说在描写战争的任何书本中提到过这种情况，这是50万没有洗澡的士兵散发出的汗酸臭……在德国人经过的每一个城镇里，这种臭气多日不散"。混杂一起的，还有血腥气、药品气、马粪和尸体的臭气。人的尸体理应由他们所属的部队在午夜前掩埋掉，但往往是尸体太多，时间太少，至于掩埋死马就更没有时间了。那些死马久未掩埋，都已腐烂膨胀。军队开拨之后，可以见到比利时农民拿着铁铲、弯着腰在田野里清理尸体，这种景象宛如一幅米勒的杰作。

在尸体中间，零落可见弃掷下来的第十七号计划片纸只字，以及印有"……法军今后应以进攻为唯一法则……只有进攻才能产生积极结果……"字样的耀眼的法军野战条例残篇。

边境已被突破，各部队不是在退却就是在作死守的困兽之斗，对这场灾难应负最终责任的霞飞，在法国的所有希望彻底破灭的这个时刻，竟不可思议地依然泰然自若，毫不内疚。他立即把过失推卸到计划执行人身上，为计划制订者开脱责任。这样，他就可以保持对自己、对法国的信心白玉无瑕。这样，也就为他提供了置身今后灾难深重的日子里所必不可少的和唯一的条件。

24日上午，在像他所说"事实证据俱在，回避不了"的这个时候，他向梅西米作了汇报。他说，部队"已被迫不得不采取守势"，必须靠其筑垒的防线支持下去，一方面消耗敌军，一方面等候有利时机，重新展开攻势。他立即着手部署退守的防线，并着手变更部队部署，编成密集队形，在他所希望建立的索姆河防线上恢复攻势。帕莱奥洛格最近自圣彼得堡的来电使他深受鼓舞，德军为了对付俄

---

[*] 威尔·欧文（1873—1948），美国作家和新闻工作者。1914—1915年作为随军记者发表过一些作品，1916—1918年为《星期六晚邮报》记者。——译注

国的威胁随时都会被迫从西线撤军东去，对此，他抱了很大希望。他在自身遭到灾难之后，便引领等待俄国这部压路机的响声。可是传来的只是一份晦涩不明的电报，说对东普鲁士的"一些重大战略问题"正在解决之中，同时答应"进一步采取进攻性行动"。

查明战败原因是霞飞仅次于重组战线的当务之急。他毫不犹豫地认为原因在于"指挥官的严重缺陷"。有些指挥官确实为肩负的可怕责任压垮。炮兵部队的一名将军不得不上去替代沙勒鲁瓦北面第三军军长的职务，因为那位军长在战斗最关紧要的阶段竟然哪里也找不到他。第五军的一名师长在阿登战役中竟然自杀了。人，就像计划一样，在面对演习中所没有的危险、死亡和真枪实弹时，难免会出现问题。可是，霞飞这位不承认计划会有问题的人，是不允许任何人犯错误的。他查问那些表现得软弱无能的将领们的名字，无情地扩大了免职、降职的人员名单。

跟亨利·威尔逊一样，霞飞不承认理论上和战略上的错误，因此他只好说："尽管我认为已为我军准备了优势兵力"，但由于"缺乏进攻精神"以致进攻失败了。其实，他与其说"缺乏"，倒不如说"太过"。在洛林的莫朗日，在阿登山区的罗西尼奥尔，以及在桑布尔河畔的塔明等地，导致法国败北的不是胆量太小，而是胆量太大。法军总司令部在大溃败后的当天发出的《给各军的通知》中，曾把"缺乏"进攻精神改为"错误理解"进攻精神。通知上说：各军对野战条例"理解不透，应用不当"。步兵发动进攻的地点太远，又无大炮支持，因而受到机枪射击，遭到本可以避免的损失。今后，占领阵地之后，"必须立即从事防御的编成，务必挖掘堑壕"。步兵与炮兵之间缺乏配合协作是"主要错误"，纠正这一错误事属"绝对必要"。75毫米大炮务必以最大射程射击。"最后，我军一定得仿效敌人，使用飞机作为炮兵耳目"。可见不论法军还有其他什么缺点，不愿吸取经验教训则不在所谈缺点之列，至少在战术方面是如此。

至于寻找自身在战略方面的疏忽，法军总司令部则没那么敏锐，甚至在8月24日第二处揭露了一个惊人的情况，发现敌军现役军后面跟随着使用同样番号的后备军之后，还是如此。这是在前线使用后备部队的第一个证据，它说明了德军如何使右翼和中路同时都具有同样强大的兵力。但是，霞飞却没有因此怀疑第十七号计划的制订依据可能有问题。他仍然认为计划是正确的，其失败是执行不当所致。对于导致法国敞开大门遭受入侵的这场大灾难，议会在战后调查原委要他作证时，曾问及他对战前总参谋部关于德军右翼越强对法国越有利这个理论的看法。

"我仍然是这样看的，"霞飞回答说，"事实说明我们的边境战役计划正是为此制订的，如果这一仗打赢，我们的出路就打通了。……再说，如果第四集团军和第五集团军打得好，这一仗就胜利了。打得好，那就意味着整个德军先遣部队的歼灭。"

在1914年8月开始撤退那天的阴暗早晨，霞飞责怪的主要对象是第五集团军及其司令，而不是第四集团军。尽管英军也把怨恨一股脑儿地发泄在朗勒扎克身上，然而一位不愿透露姓名的英军发言人终究说，朗勒扎克8月23日命令撤退而不作反攻的决定，避免了"又一次的色当大败"。在朗勒扎克早前坚持将默兹河西岸的第五集团军转移到沙勒鲁瓦的问题上，这位发言人也说："毫无疑问，计划的这一改变挽救了英国远征军，也可能挽救了法国军队，使他们没有遭到覆灭之灾。"

8月24日，整个战局已经明朗，法军各路都在撤退，敌军则在以长驱直入之势向前推进。然而法军溃败到怎样的境地，公众直到8月25日德国宣布攻下那慕尔、俘虏5000人之后才知道。这个消息震动了全世界，使人难以置信。伦敦《泰晤士报》曾说那慕尔可以经得起六个月的围攻；可是如今四天就陷落了。在英国，据惊慌失措而又克制的说法，那慕尔的失陷"普遍认为是个明显的不利……迅速结束战争的可能已大为减少"。

结束的可能究竟减少到什么程度，又究竟多么遥远，当时还没

第 13 章　在洛林、阿登、沙勒鲁瓦、蒙斯等地的溃退

有人知道。也没有人能意识到，就相同作战时间的参战人数、伤亡人数以及伤亡率而言，这场大战中最大的一个战役已经打过了。也没有人能预见到这次战役的后果：德国最后占领整个比利时和法国北部之后，将如何拥有这两个国家的工业能力，列日的制造工业、博里纳日的煤、洛林的铁、里尔的工厂，以及河流、铁路和农业之利；将如何助长德国的野心，将如何迫使法国下定决心打到每寸失地都收复、每分钱都得到赔偿，从而堵塞了后来所有谋求妥协性和平或"没有胜利的和平"之路，使战争延长达四年之久。

所有这些都是事后的认识。8月24日，德国人心潮澎湃，无限自信。他们看见前面只不过是些残兵败将；施利芬的才华业已得到证实；德国人看来已稳操胜券。在法国，普恩加莱总统在日记中写道："我们必须下定决心，既要后撤也要进袭。过去两星期的梦幻结束了。现在，法国的未来取决于它的抵抗能力。"

光有冲动是不够的。

第14章
"哥萨克来啦!"

8月5日,在圣彼得堡,法国大使帕莱奥洛格驱车在路上遇到一团哥萨克骑兵开往前线。统领部队的将军看到大使车上的法国国旗,便勒马侧身与大使拥抱并恳请大使惠允检阅他的部队。在帕莱奥洛格从汽车上庄重地检阅他的部队时,这位将军在发号施令之间,还慷慨陈词,振臂高呼:"我们要消灭那些卑鄙的普鲁士人!……普鲁士必亡,德国必亡!……把德皇威廉流放到圣赫勒拿岛(St. Helena)去!"检阅结束后,将军跃马在队伍后面疾驰而去,挥动着马刀,呐喊着战斗口号:"把德皇威廉流放到圣赫勒拿岛去!"

俄国人同奥地利的争执加速了战争的爆发。俄国人感激法国人信守协约,并很想通过支持法国的计划来表示他们对协约的同样忠诚不贰。沙皇为了克尽厥责,只好言过其实,俨然很有信心和勇气地宣称:"我们原来的目标,就是要歼灭德国军队";他向法国保证,他认为对奥作战是"次要的",他且已命令大公"不惜任何代价,尽快打开通往柏林的道路"。

总司令一职,尽管向往此职的苏霍姆利诺夫曾为自己进行过一番激烈的争夺,但在危机最后几天,终于任命大公担任。俄国政权,虽说已经到了罗曼诺夫王朝末期,可还没有愚蠢到这种地步——在他们两人当中竟会选择倾向德国的苏霍姆利诺夫来领导对德战争。不过，他仍留任陆军大臣。

大战一爆发，法国人由于不能肯定俄国是否确实愿意和能否履行其诺言，便开始规劝这个盟国赶紧行动。8月5日，帕莱奥洛格大使在谒见沙皇时恳求说："请求陛下命令麾下军队立即采取攻势，否则法军有遭覆没之虞。"帕莱奥洛格不以谒见沙皇为足，还拜访了大公。大公向大使保证，为了遵守动员第十五天行动的诺言，他拟不待部队全部集结完毕，于8月14日就开始大力进攻。大公的出言吐语，向以不妥协著称，有时甚至唐突得不堪入耳，可是，他却立即拟了一份富有中世纪骑士精神的文稿，致电霞飞："坚信必胜"，他还将高高并举他自己的旗帜和1912年演习时霞飞赠送给他的那面法兰西共和国国旗，向敌人进军。

可是，向法国许下的诺言跟履行这些诺言的准备工作之间，差距委实非常明显，这也许就是大公流泪的原因。据说，大公被任命为总司令时曾泪落如珠。根据他的一位袍泽所述，他"对这项任务，看来毫无准备，用他自己的话说，接到上谕之后哭了很久，因为不知道如何着手是好"。俄国的一位著名的军事史家认为他是"非常胜任"此职的，大公的哭泣，也许不是为了本人，而是为了俄国，为了整个世界。1914年笼罩着一种气氛，使感受到的人都为人类前途不寒而栗，即使最有胆识、最为果敢的人，也会为之泪下。8月5日，梅西米在内阁会议上的开场演说，充满勇气和自信，但讲到一半，突然中断，掩面而泣，难以为继。温斯顿·丘吉尔在送别亨利·威尔逊，祝上帝保佑英国远征军一路平安和胜利时，曾"控制不住，泣不成声，不能终句"。在圣彼得堡也多少可以感受到大致相同的情绪。

大公的袍泽并不是一些最得力的台柱。他1914年的参谋长是亚努什克维奇（Yanushkevich），是个四十四岁的年轻人，唇上一撮黑髭须，头上一把黑鬈发，而他最引人注意的是颔下没有胡子，因此，陆军大臣说他"仍旧是个娃娃"。他与其说是个军人，不如说是个朝臣。他没有参加过对日战争，但他跟尼古拉二世同在禁卫军的一个团服过役。这就是他迅速高升的原因。他是参谋学院的毕业生，后来成为该院的院长，担任过陆军部的参谋，战争爆发时任参谋长才三个月。他同德国王储相似，完全是在副参谋长指引之下工作的；严肃、寡言的副参谋长丹尼洛夫（Danilov）将军是位工作勤奋、纪律严明的人，是参谋部的智囊。参谋长亚努什克维奇的前任日林斯基将军是宁愿免去本职、说服苏霍姆利诺夫任命他为华沙军区司令的。如今他在大公手下，在前方全面负责指挥西北集团军对德作战。在日俄战争中，他任总司令库罗帕特金（Kuropatkin）将军的参谋长，没有什么功绩，也无大错；在幸免那场身败名裂的厄运之后，这位既无个人声望也无军事才干的将军仍旧在军队的上层应付着。

俄国答应法国提前进攻，但未作任何准备，直到最后时刻才不得不临渴掘井。有关"提前动员"计划的命令下达了。为了赢得几天的时间，计划中略去了一定的预备阶段。巴黎的电报源源而来，加上帕莱奥洛格大使转递时的口若悬河，压力持续不断。8月6日，俄国总参谋部的命令说，必须准备"尽快对德发动一场有力的进攻以缓和法国面临的局势。当然，这只有具备足够力量时才能进行"。可是，到8月10日，"具备足够力量"的这条但书，则避而不谈。那天的命令写道："鉴于德国准备对法国突然给一猛击，支持法国自属我们的义务所在。而这一支持，又必须以尽快的方式进攻德国，攻打其留在东普鲁士的部队。"第一、第二集团军已奉命"整装待发"，于动员第十四日（8月13日）出发，不过他们势必在没有后勤部队的情况下开拔，后勤部队要到动员第二十日（8月19日）才能完全集中起来。

组织工作困难很大：正如大公一次向普恩加莱所承认的，问题的实质在于俄国这样一个幅员辽阔的帝国，命令发出了，但是谁也

第 14 章　"哥萨克来啦！"

不能肯定是否送达了。缺乏电话线，缺乏电报设备，缺乏受过训练的通讯兵，在在都使得通讯无法做到迅速可靠。机动运输工具的缺乏也使俄国人迈不快脚步。1914 年，陆军只拥有 418 辆机动运输车，259 辆客车，两辆救护车（不过，却有 320 架飞机）。因此，补给品在离开铁路末站以后就得依靠马匹输送。

补给充其量也得碰运气。对日战争后，据审讯证词透露，陆军暗地里的贪污贿赂，像是密如蛛网的鼹鼠穴道，比比皆是。甚至莫斯科总督赖因博特（Reinbot）将军也曾因办理陆军承包工程受贿，被判刑入狱，不过他终究长袖善舞，不仅获得赦免，而且重又得到一个新的职位。大公身为总司令后第一次接见其军粮部门人员时，就对他们说："先生们，不许盗窃。"

战争的另一个传统伴侣，即伏特加酒，被禁止了。在上次（1904 年）动员的日子里，士兵们来的时候个个都是摇摇晃晃的，团队的兵站里乱糟糟地尽是些醉汉和破酒瓶，整顿这种混乱状态，曾多花了一周时间。现在，由于法国人把每延迟一天都说成事关生死存亡，俄国颁布了这道作为动员期间临时措施的禁令。这除了体现罗曼诺夫王朝末期典型的轻率作风以外，没有什么比这更能确切说明俄国人是在真心诚意地满足法国人要他们赶速行动的恳求了。俄国政府又于 8 月 22 日下令将禁令延长到整个战争期间。出售伏特加是政府的一项专卖事业，这道禁令就此一刀砍掉了政府收入的三分之一。一位惶惑不解的杜马议员议论说：众所周知，从事战争的各国政府无不想方设法课征各种捐税以增加收入，"而一个国家在战争期间竟放弃岁入的主要来源，则是有史以来前所未有的"。

一个迷人的夏夜，大公在第十五天的最后时刻晚上 11 时离开首都，前往设在巴拉诺维奇（Baranovichi）的战地司令部。巴拉诺维奇是莫斯科—华沙铁路线的枢纽，地处德国与奥地利战线的中点。他和幕僚以及他们的家属，一群一群拘谨地聚集在圣彼得堡车站的月台上，恭候沙皇驾临为总司令送行。可是，皇后猜忌，无视礼仪，尼古拉没有露面。人们低声告别、祝福；大公及其幕僚默不作声地上了火车，启程了。

在后方，调集军队的工作还在努力进行。而俄国的骑兵侦察部队从战争的第一天起，就一直在深入德国国境进行刺探。他们的这种侵袭，功不在于侵入了德国的警戒线，这算不了什么，倒是为德国报纸上惊人的大标题以及关于哥萨克暴行的种种荒诞故事的出笼，提供了口实。早在8月4日，德国西部边境城市法兰克福（Frankfurt）的一位官员就听到谣传，说城里将要收容来自东普鲁士的三万名难民。不过，保全东普鲁士，不让它受到斯拉夫游牧民族入侵的要求，则开始分散了德国总参谋部的注意力，使其不能专心致志于集中全部军力对付法国的工作。

8月12日拂晓，莱宁坎普（Rennenkampf）将军的第一集团军的一支先遣部队，由戈尔科（Gourko）将军率领的一个骑兵师和一个起支援作用的步兵师组成，在主力推进之前，拉开了入侵东普鲁士的战幕，占领了德境内五英里的马格拉博瓦镇（Marggrabowa）。俄国人跃马鸣枪，穿过郊区和进入空旷的集市广场时，发现该镇没有设防，德军已经撤走。商店关门闭户，只是些居民在窗内张望。在农村，居民们在先遣骑兵队到达和战斗打响之前，仿佛经过事先安排似的，都已仓促逃走一空。在向前推进的第一个早晨，俄国人看到沿着他们前进路线升起了柱柱黑烟，走到临近一看，并不是逃走的物主在焚毁庄园和房舍，而是一堆堆的草料在燃烧，作为信号，标明入侵者前进方向。德国人曾作过系统准备的迹象在在可见。山顶上有木料搭建的瞭望塔；当地农村十二岁到十四岁担任通讯员的男孩子都发有自行车；派作密探的德国兵都伪装成农民，有的甚至打扮成农村妇女。后者大概是在非军事行动中因他们所穿的政府发给的内裤被发现的；但是，很可能有许多这样的人始终没有被逮住。戈尔科将军遗憾地承认说，要在东普鲁士撩起每个妇女的裙子来看看是不可能的。

第14章 "哥萨克来啦！"

莱宁坎普将军在接到戈尔科将军关于市镇撤空、居民逃走以及据他推断德国人在维斯瓦河基地以东地区不打算进行认真抵抗的报告后，更是热衷于勇往直前，更少关心他不完善的补给勤务。他是一位年已六十一岁的军官，整洁、挺拔，目光射人，留着两撇挺劲的翘髭须。他在镇压义和团期间，在日俄战争中身为骑兵师师长期间，以及后来作为讨伐军首领，远征赤塔，残酷歼灭1905年革命余部期间，都以勇敢果断、胸怀韬略而享有盛誉。但他这位杰出的将才，却蒙有一层薄薄的阴影，一是因为他是德国人的后裔，再是事出某种未经说明的纠葛，而这些纠葛，据戈尔科将军所说，"使他的道德名誉遭受到相当大的损害"。在以后几周中，他的不可思议的行动，令人又想起这些因素，可是，他的袍泽们还是深信他是忠于俄国的。

莱宁坎普不顾西北集团军群司令日林斯基将军——这位司令从一开始就是悲观的——的告诫，赶紧集中了三个军和五个半骑兵师，于8月17日展开攻势。他的20万人的第一集团军沿着35英里长、间有罗明滕森林的战线，越过了边界。它的目标是距边界37英里的因斯特堡峡口，按照俄军行军速度约计三天行程。峡口是一片约30英里宽的开阔地，北至柯尼斯堡要塞区，南至马祖里湖区。这是一个分布着小村庄和田地未作圈栏的大农场的地区，从间或隆起的高地眺望，视野广阔。在这里，第一集团军将可以如愿与德军主力作战，直至萨姆索诺夫（Samsonov）的第二集团军由南边绕过湖的障碍，从翼侧和后方给德军以决定性的打击。俄国这两支集团军预期将在阿伦施泰因（Allenstein）地区会师后并肩作战。

萨姆索诺夫将军要到达的战线跟阿伦施泰因平行，距边界43英里，如果一切顺利，约三天半到四天时间可达。可是，在他的出发地点和目的地之间，有很多机会会碰上料想不到的战争风险——即克劳塞维茨所说的"摩擦"。由于俄属波兰和东普鲁士之间没有横贯东西的铁路，萨姆索诺夫要比莱宁坎普军晚两天才能越过边界，而且在到达边界以前，得行军一周，路线是沿着沙砾路，穿过一片未开发的荒原。荒原上，森林、沼泽遍布，居民寥寥，只有零星贫苦的波兰农民，而且一进入敌人地区，粮秣来源就很少了。

萨姆索诺夫将军跟莱宁坎普将军不同，对这个地区较为生疏，对他的部队和幕僚也不熟悉。1877年，他十八岁时，同土耳其人打过仗；四十三岁时，当上了将军；在日俄战争中，他也是一位骑兵师长；1909年以后，任土耳其斯坦（Turkestan）总督，从事半军事性的工作。战争爆发时，他五十五岁，在高加索休病假，直到8月12日，才到达华沙第二集团军司令部。他的部队和莱宁坎普部队之间，以及与设在后方协调他们两支部队行动的日林斯基司令部之间，通讯联系都很不稳定。讲究时间的精确性，完全不是俄国人的长处。战争爆发前，在4月份曾举行一次军事演习，其司令和参谋人员大部分就是这次战争披挂上阵的那些司令和参谋，总参谋部在这次演习之后曾忧郁悲观地感到问题不少。由苏霍姆利诺夫担任总司令的这次军事演习，已经表明第一集团军出动过早，可是战争发生时，这张时间表却未变更，仍遵行不误。莱宁坎普先出发两天，而萨姆索诺夫所部还有四天的路程要走，这样，德军就会有六天时间只消对付一支俄国军队。

8月17日，警卫莱宁坎普左右两翼的两个骑兵军，奉命不仅要掩护部队前进，而且要切断铁路两侧的支线，阻止德国火车撤退。俄国既已蓄意使用了不同于德国的铁路轨距作为防止入侵的一项措施，现在也就无法将自己的车辆调集过来，也不能利用这些宝贵的东普鲁士铁路网，除非缴获了德国的列车，而德国人当然不会留下许多车辆拱手送给俄国人的。俄军从基地向敌国推进，越走越远，几乎立即就超出了依靠马匹拖拉而又没有完全组织好的补给车队所及了。至于通讯，由于缺乏电线架设自己的线路，俄国人只好依靠德国的电报线路和电报局，当发现这些设施已被破坏时，就使用无线电明码发送电讯，因为他们各部门的参谋部、处都没有密码和密码员。

第 14 章　"哥萨克来啦！"

他们很少进行空中侦察，也很少使用飞机指点大炮射击。大多数空军已派往奥地利前线。俄国兵一见到飞机——在他们是生平第一次看到——不问国籍，就用步枪连续射击；他们深信像飞行机器这种聪明的发明，只有德国人才可能有。士兵吃喝着大量的黑面包和茶，据说这会使他们身上发出一种特有的味道，至于道理何在就不得而知了。这种味道很有点像马的臭味。他们备有四棱刺刀，装在步枪上，整个武器就和人一样高，在白刃战中，使他们比德国兵有利。可是，就火力和战斗力而言，德军在大炮方面的优势，可使两个德国师抵得上三个俄国师。身为陆军大臣的苏霍姆利诺夫和身为总司令的大公之间的相互怀恨，当然无助于改善这种不利条件，前后方联系糟糕透顶的情况和还要糟糕的补给问题，则更是帮了倒忙。作战还不满一个月，弹药短缺的情况已非常严重，而陆军部则漠不关心，也可说是怠惰懒政。这种态度益发使人灰心失望，因此，大公于 9 月 8 日被迫径向沙皇呼吁。他报称，在奥地利前线，如炮弹储存达不到每门炮 100 发，将势必被迫停止作战。"目前，我们每门炮只有 25 发炮弹，我感到有必要请求陛下催促速运弹药。"

"哥萨克来啦！"响遍东普鲁士的惊叫声，动摇了德国只准备给这个省留下最低限度防御的决心。驻东普鲁士的第八集团军，计有四个半军、一个骑兵师、柯尼斯堡的卫戍部队以及一些地方部队，人数相当于俄军两个集团军中的任何一个集团军。毛奇给第八集团军的命令是保卫东、西普鲁士，不得让自己为优势兵力所压服或被赶进柯尼斯堡要塞区。如果发觉受到非常强大的部队的威胁，就撤到维斯瓦河西面，将东普鲁士放弃给敌人。按照当时任第八集团军作战处副处长的马克斯·霍夫曼上校的看法，这些命令会"对意志薄弱者的心理形成危险"。

在霍夫曼心目中，这位意志薄弱的人就是第八集团军司令冯·普里特维茨·加夫龙（von Prittwitz und Gaffron）中将。作为朝廷的宠臣，普里特维茨的戎马生涯是飞黄腾达的。据一位和他同事的军官说：他"懂得在餐桌上如何以滑稽可笑的故事和淫秽的闲话来博得德皇好感"。他现年六十六岁，向以大腹便便著称，是一个德国式的福斯泰夫[*]，"仪表堂堂，妄自尊大，冷酷无情，甚至粗鄙下流，恣意放纵"。他的诨名叫"胖子"，没有动脑筋或搞军事的兴趣，是能不动就不动的人。毛奇认为他力不胜任，多年来一直力图撤掉他第八集团军司令的职务，但都枉费心机；普里特维茨的一些人事关系使毛奇的种种努力水泼不进，针插不入。毛奇所能做的，最多不过是委派了他自己的副手冯·瓦德西伯爵担任普里特维茨的参谋长。时至8月，身患手术后遗症的瓦德西，按霍夫曼的意见"是不能胜任的"，而普里特维茨也从未胜任过，霍夫曼因此便乐滋滋地确信指挥第八集团军的实权将操在最合适的人手中，而此人就是他自己。

　　8月15日，日本宣布参加协约国，使大量俄国部队得以脱身出来；德国人因而对东普鲁士的安危更为焦虑。结交和保持友谊一向是德国外交深感困难的一项任务，而今又告失败。在一场欧洲战争中，自身的最高利益何在，日本有它自己的打算，受日本蓄意侵害的国家是洞察其奸的。袁世凯总统就说过：日本将从这场战争中渔利，主宰中国。事实证明，确如所述，日本趁战时欧洲列强无暇他顾而制止它不得的时机，将"二十一条"强加于中国，侵犯中国的主权和领土，搅动了20世纪的历史。但日本参加协约国立竿见影的效果，首先是使俄军从远东脱身出来。想象到斯拉夫大军增加后的情景，德国人对于把东普鲁士交由第八集团军单独守卫的问题，现在又有了新的理由感到紧张不安。

　　从一开始，冯·普里特维茨将军就感到难以驾驭其第一军军长冯·弗朗索瓦（von François）将军，那是一位五十八岁的军官，

---

[*] 福斯泰夫（Falstaff），莎士比亚戏剧中一个肥胖、快活、滑稽的角色。——译注

胡格诺派教徒的后裔,晶莹的眼睛给人一种坦率、天真、入世未深的印象,看来很像是个德国的福煦。第一军的士兵都是从东普鲁士招募来的,它的司令是决意不让一个斯拉夫人践踏普鲁士领土的人,他向前推进很远,大有打乱第八集团军战略之势。

第八集团军根据霍夫曼的分析,认为莱宁坎普所部会先进军,预料8月19日或20日,可于该部到达因斯特堡峡口以前,在距俄国边境25英里的贡宾嫩*地区迎击该军。因此,派三个半军与一个骑兵师,其中包括弗朗索瓦的第一军,去迎战莱宁坎普,派第四军去东南与正在逼近的萨姆索诺夫所部接触。8月16日,第八集团军司令部向前移到接近因斯特堡前线的巴滕施泰因(Bartenstein),发现弗朗索瓦业已到达贡宾嫩并在继续前进。弗朗索瓦认为应立即采取攻势,而霍夫曼的战略则是让莱宁坎普所部在头两天尽可能向西推进,他的理论是,莱宁坎普推进得离基地愈远就愈易被击溃。霍夫曼并不要莱宁坎普的前进受到阻挡,恰恰相反,他要让莱宁坎普尽快到达贡宾嫩地区,以便德军在必须转而对付萨姆索诺夫以前,好有时间同莱宁坎普单独作战。

弗朗索瓦于8月16日在贡宾嫩设下司令部,并继续前进。这个架势,是要把第八集团军其余的部队拖在他后面支援他的翼侧,这样就要把第八集团军展开到原非它力所能及之处。16日,普里特维茨断然命令他停止前进。弗朗索瓦在电话中愤然不服,坚决主张在愈近俄国的地方作战,德国领土损失的风险愈少。普里特维茨回答说,牺牲东普鲁士的部分领土是不可避免的,并且发了一道书面命令,提醒弗朗索瓦,他是"唯一的司令",并再次禁止继续前进。弗朗索瓦置之不理;8月17日下午1时,普里特维茨收到弗朗索瓦的一封电报,"大为惊愕",电报说,他已在贡宾嫩前面20英里、距俄国边境仅5英里的施塔卢珀楠(Stalluponen)投入战斗。

---

* 贡宾嫩(Gumbinnen),现名古谢夫(Gusev),属俄罗斯。——译注

17日这天上午，当莱宁坎普所部大举越境时，由于协调不够而不是出于有意安排，居中的第三军比其他两个军早出发了几小时。俄军侦察队探明弗朗索瓦的部队在施塔卢珀楠后，遂下令进攻，在镇东数英里处投入战斗。冯·弗朗索瓦将军及其参谋在施塔卢珀楠教堂尖顶上观察战况，"就在这使人心烦的紧张气氛中"，教堂里忽然响起了吓人的钟声，声震耳鼓，尖顶为之摇晃，望远镜也在三脚架上颠动。原来是镇议会负责人以为预先通知人们俄军已经逼近是他的职责所在；可是，却激怒了军官们，他们信口对这位倒霉的镇议会负责人进行了一通条顿式的咒骂。

第八集团军司令部收到弗朗索瓦的电报时，同样怒不可遏。用电话、电报命令他立即停止战斗，并派了一个少将赶往当面落实这一命令。他登上钟楼，那里已是怒气冲天，而他也毫不逊色地吼道："主帅命你立即停止战斗，向贡宾嫩撤退！"弗朗索瓦对他这种语气和神态不禁火冒三丈，便放肆反唇回敬说："告诉冯·普里特维茨将军，冯·弗朗索瓦将军击败俄国人后会停止战斗的！"

在这期间，德军已自右翼派了一个带着五个炮兵连的旅，从后方攻打俄军。由于俄第三军，特别是俄军目前正在施塔卢珀楠作战的第二十七师开拔过早，因此在该军和其左翼友邻军之间敞开了一个缺口，以致对德军的攻击毫无防御。遭受德军攻击的一个团被打得溃不成军，四散逃窜，不仅连累了第二十七师全师退却，而且为德军留下了三千俘虏。虽然莱宁坎普所部其余的部队到达了规定当天应到的战线，但由于第二十七师不得不退回边境重组，原定第二天进军的时间表也就不能执行了。弗朗索瓦满怀胜利的喜悦撤出施塔卢珀楠，并于当夜退回贡宾嫩。他深信不疑，拒不从命是有好处的。

莱宁坎普的部队不顾挫折，重新前进。不过，到8月19日，才这么几天时间，就开始感到原不完善的后勤补给已捉襟见肘。距国境才15英里，各军军长就报称补给供应不上以及各军之间、军与集团军司令部之间的电讯不通。前面的道路，被逃难的人群和他

第14章 "哥萨克来啦！"

们赶着的大批乱窜的牛、羊阻塞住了。不过居民的逃跑和弗朗索瓦军的后退，使莱宁坎普及其上级西北战线司令日林斯基将军，都认为德国在撤出东普鲁士。但这并不符合俄军的意图，如果德军退得过快，就会逃脱俄军的钳形夹击。莱宁坎普遂此下令20日停止前进，这主要倒不是因为他本身的困难，而是要诱敌前来作战，并留出更多时间好让萨姆索诺夫的第二集团军赶来，从德军后方给它以决定性的打击。

冯·弗朗索瓦将军正是求之不得。19日，他再次嗅到战斗将临，便打电话给第八集团军司令部普里特维茨将军，吵吵嚷嚷地要求准予反攻而不再继续后撤。他断言，这是一个绝好机会，因为俄国人的推进松松垮垮、零零落落。他深有情感地描绘居民们离乡背井的情况，慷慨激昂地力陈拱手让普鲁士国土遭斯拉夫人践踏的可耻。普里特维茨被弄得心神不定。由于打算在贡宾嫩后面打一仗，第八集团军已在安格拉普河沿岸据有准备停当的阵地。但是，冯·弗朗索瓦过早挺进，打乱了这个方案。他现时在贡宾嫩以东约十英里的地方。要是让他在那里进攻，那就是说要在远离安格拉普防线的地方应战；另外两个半军就得跟着他走，就会和派往监视南下的萨姆索诺夫部队的第二十军分开得更远，而该军又是可能随时需要支援的。

另一方面，德军没有经过认真作战就自行退却的情景，即使仅退20英里，也令人反感，特别是在丧魂落魄的居民面前退却，就尤其令人反感了。德军截获了莱宁坎普停止前进的命令之后，更难以作出决定。莱宁坎普的命令是以简单的密码用无线电发给俄军各军的，密码被一位派来第八集团军任密码员的德国数学教授轻松破译。

现在的问题是莱宁坎普会停多久？德军可以放手打一支俄军而不受另一支俄军牵制的时间已为时不多；到那天晚上，六天就只剩下三天。要是德国人在安格拉普等莱宁坎普来犯，他们就会立即陷在两支俄军的夹击之中。也就在这时,第二十军发来消息:萨姆索诺夫所部已在那天上午越过国境。钳子的另一翼在前进中。德军必须要么抛开它在安格拉普准备好的阵地,立即攻打莱宁坎普,要么脱出身来对付萨姆索诺夫。普里特维茨及其参谋选定前一方案,命令弗朗索瓦于次日(8月20日)晨发动进攻。唯一的困难是,在安格拉普河谨候命令的另两个半军,不能及时赶来同弗朗索瓦并肩作战。

黎明以前,冯·弗朗索瓦的重炮开火了,给了俄国人一个突然袭击;炮击继续了半个小时。凌晨4时,他的步兵在莫辨东西的黑暗中,越过收割后的田野向前推进,直抵俄军步枪射程以内。拂晓,战斗遍及全线,势如烈火燎原。俄军野战炮也炮弹如雨,向前进中的那些灰色的队伍倾注而来,前面白色的大路眼看突然变成了灰色,尽是德军的尸体。接着第二个灰色浪潮又冲了过来,而且越来越近。俄国人已经可以看出尖顶钢盔。炮兵连再次开火。这一浪退了,另一浪又涌上来了。俄军大炮的炮弹是以每天244发的发射率供应的,而现时的发射率则为440发。一架具有黑十字标志的飞机掠过上空,轰炸了俄军炮兵阵地。灰色浪潮滚滚而来。就在浪头到达450米内的时候,俄军大炮结结巴巴地终于沉静下来,弹药已经用尽。弗朗索瓦的两个师重创了俄军第二十八师,使它伤亡60%,基本上把它歼灭了。弗朗索瓦的骑兵同三连骑炮兵横扫了俄军毫无掩护的末端阵地,没有大炮的俄国骑兵不事抵抗就撤走了,听由德军进攻俄军后方的运输队。这是莱宁坎普最右翼几个军的遭遇;至于其中路和左翼情况则迥然不同。

这些地方的俄军在弗朗索瓦黎明前的炮声警告下,已作好迎战准备。这时候,35英里宽的战线上,德军只是在零星地进攻。在中路,德军第十七军直至上午8时才到达前线,比弗朗索瓦晚四小时;在德军的右翼,第一后备军也直到中午才抵达。第十七军的军长是奥古斯特·冯·马肯森(August von Mackensen)将军,他也是参加过1870年战争的那批六十五岁及以上的宿将之一。第一后备军是由奥托·冯·贝洛（Otto von Below）将军统率的。19日晚，接到次日晨参加弗朗索瓦在贡宾嫩以东进攻的意外命令时，他们都一直驻扎在安格拉普河西岸。马肯森赶紧集中部队，星夜过河，但在河对岸的路上，队伍就困陷在难民、车辆和牲口群里，前进不得。等到他清理好队伍，推进到可与敌军接触的时候，已失去奇袭的有利时机，俄国人首先开火了。不管谁受到炮击，重炮的杀伤力都是很大的；在这次炮击中挨揍的却是德军，这是1914年罕有的情况之一。步兵俯伏在地，不敢抬起头来，弹药车爆炸了；无人驾驭的战马在乱奔。到下午，马肯森的第三十五师在炮击下溃散了。一连人扔下武器逃之夭夭，另一连人陷于惊慌失措；然后是整个团，再后是它两侧的部队。很快，成营成营的人，铺天盖地从路上、从田野里向后方涌退。参谋人员、师部将领以及马肯森本人，乘车冲到前面，企图制止溃散；可是在他们止住以前，部队已陆续后撤了15英里。

马肯森右面的冯·贝洛的第一后备军，也无法给他以任何帮助，因为他们出发得更晚，而且在他们到达罗明滕森林边缘的戈乌达普（Goldap）这个指定地区时，就立即被俄军咬住，鏖战一场。中路马肯森军的溃败，使冯·贝洛的左翼失却掩护，迫得他也不得不后撤，既借以掩护马肯森的退却，也保护他自己。冯·贝洛的右面，由冯·莫根（von Morgen）将军统率的第三后备师是最后一个从安格拉普河出发，直到晚上一切都已结束时才到达的，因此没有经历战斗。尽管德军退却成功，尽管俄军在同弗朗索瓦的战斗中也遭到重创，但是，总的来说，贡宾嫩战役是俄国人胜利了。

普里特维茨认为整个战役失败。倘俄国人穿过崩溃的德军中路，进行强有力的追击，就有可能冲过因斯特堡峡口，把第八集团军割裂开来，逼迫北面的弗朗索瓦军藏身于柯尼斯堡要塞区，而这是德军最高统帅部所明白告诫绝不容许发生的。要挽救第八集团军并使它保持衔接一气，普里特维茨认为唯一的办法是退到维斯瓦河。毛奇最后给他的有关命令是："保全部队。不要被赶出维斯瓦河地区，但在绝对必要时，可放弃维斯瓦河以东地区。"普里特维茨认为现在是绝对必要的时候，特别是在和马肯森通过电话，听马肯森生动地描绘了所部惊恐的状况之后，更感到事属绝对必要。

8月20日当天傍晚6时，普里特维茨打电话给弗朗索瓦，告诉他尽管他的战区获胜，但是部队还必须退到维斯瓦河。弗朗索瓦感到是个晴天霹雳，激烈反对，申述了各种理由，力劝普里特维茨重新考虑。他坚决认为，俄军由于本身的损失，不可能再发动一场有力的追击，他恳求普里特维茨改变主张。他挂断电话时的印象是，普里特维茨并不完全固执己见，已同意考虑他的意见。

在指挥部，人们来往频繁，情绪激动，报告互不一致，经过这一阵混乱之后，一种令人心惊胆寒的情况开始明朗了：并无追兵在后。在俄军指挥部，莱宁坎普原已下令在那天下午3点至4点之间进行追击，嗣因据报德军掩护马肯森退却的炮火猛烈，遂于4时30分撤销该令。由于弄不清德军中路溃败到什么地步，莱宁坎普选择等待。一个精疲力尽的参谋请求让他去睡一会，莱宁坎普对他说：可以躺下，但不要脱掉衣服。他睡了一个小时，被莱宁坎普叫醒。莱宁坎普站在他床边，笑着对他说："现在可以脱去衣服了，德国人正在退却。"

对于莱宁坎普的这句话，那些在一场战役过后总是趋之若鹜的军事史家，作了大肆渲染，尤其是霍夫曼，更是心怀叵测而乐滋滋地作了可说是歪曲事实的详述。他们指出敌人退却之际正是追击时机，而不是就寝的时候，这当然无可厚非。可是，由于贡宾嫩战役是更重大的坦嫩贝格战役的序幕，莱宁坎普停步不前的这段情节便引起了团团疑云，对此不乏胡乱的解释和指责，而且忘不了提及他的德国家世并明确地指控他是一个卖国贼。其实，克劳塞维茨远在这事发生之前一百年的一番话也许倒是比较可行的解释。他在论述追击问题时写道："在一支部队里，感受到的整个压力是迫切需要

第 14 章 "哥萨克来啦！"

休息和恢复精力。在这种情况下，就得要求指挥官有非凡的魄力，要高瞻远瞩而不要只看当前，要立即采取行动，夺取那些在当时看来仅不过是胜利的锦上添花——胜利的豪华点缀——的成果。"

无论莱宁坎普有没有看到那些最后的结局，事实是，他不可能一鼓作气，追击逃窜的敌人，夺取最后的胜利，也许他自己也认为是不可能的。他的补给线运转得很差，要是向前推进得超过铁路终点更远一些，那就会把补给线整个儿抛在后面；而且当他的补给线在敌国境内越拉越长的时候，德军的补给线，随着他们向基地撤退，将是越缩越短。没有掳获到德国的车辆，因此不能利用德国的铁路，而他手头又没有铁路工人来改变轨距。何况在遭到德军骑兵的攻击后，他的运输工作已陷于混乱状态；而他右翼的骑兵表现糟糕，他又损失了几乎一整个师。于是他就地停下来了。

傍晚天气炎热。霍夫曼上校站在司令部室外，在和顶头上司格吕纳特（Grünert）少将讨论作战情况和明天的形势，他期望少将能和他一起左右懦弱的普里特维茨以及瓦德西。就在这时，给他们送来了一份电报。这是第二十军朔尔茨（Scholtz）将军发来的，报告南线俄军有四五个军正在越过边境，在五六十英里宽的战线上全面挺进。霍夫曼以他特有的那种谁也不知道他是否当真的捣蛋方式，建议把报告"压下来"，不让普里特维茨和瓦德西知道，据他判断，"现时他们的神经已经失却控制"。在关于这场战争的回忆录里，描述一位袍泽所常用的措辞中，再没有像"他的神经已经失却控制"一语用得这样广泛的了。这次无疑用得是对的。可是，霍夫曼的这个短命的密谋落空了，就在那时，普里特维茨和瓦德西走出屋来，从神情中可以看出他们也收到了这份报告。普里特维茨请他们都到室内去，然后对他们说："先生们，假如我们继续对维尔纽斯军作战，华沙军将会向我们背后挺进，切断我们通向维斯瓦河的去路。我们必须停止对维尔纽斯军的作战，撤过维斯瓦河。"他已经不再谈撤"到"而是说撤"过"维斯瓦河了。

霍夫曼和格吕纳特对这样做的必要性立即表示怀疑，而且断言他们能在两三天内"结束"与维尔纽斯军的战斗，并且还可以赶得上对付来自南方的威胁，而朔尔茨军，在他们赶到之前，是可以"自行设法对付的"。

普里特维茨粗暴地打断了他们的话。这该由他和瓦德西来作决定。他坚决认为南路俄军的威胁太大，霍夫曼必须为撤过维斯瓦河进行必要的部署。霍夫曼指出，南路俄军的左翼已比德军更靠近维斯瓦河，他用圆规作了一个测比，表明撤退已不可能。他要求"指示"如何进行部署。普里特维茨粗鲁地打发他和室内的人走开后，打电话给科布伦茨的德军最高统帅部汇报了他的打算：即使不撤过维斯瓦河也要撤到维斯瓦河。他还说，炎夏的维斯瓦河水位不高，要是没有增援，他甚至疑虑能否守住这条河。

毛奇吓呆了。这就是让这个胖子白痴指挥第八集团军的结果，也是他本人给这个白痴的最后一道命令考虑欠周的结果。放弃东普鲁士会严重挫折士气，也会损失最宝贵的粮食和乳制品产区。更糟的是，倘若俄国人越过维斯瓦河，他们不仅会威胁柏林，而且会威胁奥地利的翼侧，乃至维也纳。增援！除了从西线以外他能从哪里抽调增援？而在西线，连最后一个营都投入了战斗。现在从西线抽调部队会意味着对法作战的失败。毛奇由于吃惊过度，或许由于距离现场太远，以致没有考虑下达一道否定的命令，而是暂且满足于责成其参谋跟弗朗索瓦、马肯森以及别的军长直接通话，查明事实。

而在这时，在第八集团军司令部里，霍夫曼和格吕纳特正在努力说服瓦德西，退却不是唯一的途径——实际是个行不通的途径。霍夫曼献计，利用内部线路和铁路的有利条件，第八集团军可以部署得足以对付两路俄军的威胁，要是情况的发展又不出他所料，那他们还可以把全部力量用来对付两路俄军之一。

霍夫曼建议，如果莱宁坎普所部翌日还不追击——他相信莱宁坎普是不会追击的——就让弗朗索瓦的第一军脱离接触，乘火车长途绕道增援南线朔尔茨的第二十军。弗朗索瓦将在朔尔茨的右翼建立阵地，面对萨姆索诺夫军的左翼，因它距维斯瓦河最近，对德军的威胁最大。在贡宾嫩没有参加战斗的冯·莫根将军统率的那个师，也可经由不同的铁路线前往援助朔尔茨。部队及其补给、装备、马匹、枪炮弹药的调动，车辆的集中，在挤满难民的车站上的登车，车辆从这一线到另一线的调度，所有这些虽都是复杂的问题，但是霍夫曼深信德国的铁路系统是能胜任的，因为在铁路上已经费了不知多少心血。

当进行这些调动时，马肯森和冯·贝洛两军的撤退将向南行军两天，这样在成功地脱离接触的时候，他们离南线的距离可缩短30英里左右。如果一切进行得顺利，他们将从这里穿过内线捷径去朔尔茨左翼建立阵地，但他们应在弗朗索瓦开到朔尔茨右翼后不久到达。这样，整个四个半军就可以在恰当的位置跟南线敌军作战。骑兵和柯尼斯堡的后备部队将留在莱宁坎普部队的正面作为掩护。

这个策略的成败将完全取决于一个条件，即莱宁坎普按兵不动。霍夫曼认为，莱宁坎普为了休整并修补其补给线，会再按兵不动一两天。霍夫曼的坚信不疑，不是根据任何神秘的启示，也不是出于其他什么超自然的才智或歪才，而只是根据他的信念，他认为莱宁坎普由于种种惯常的原因势需停顿下来。不管怎样，这两三天，马肯森和冯·贝洛两军的战线不会发生任何变化。到那时，在进一步截获密电码的帮助下，莱宁坎普的意图是会有某些迹象可寻的。

这就是霍夫曼的论点，他说服了冯·瓦德西。不知怎么地，在当晚，瓦德西也竟说服了普里特维茨，让霍夫曼去准备必要的命令，也可能是他未经普里特维茨同意而擅自做主，有关这方面的档案记载得不清楚。由于参谋部不知道普里特维茨当时已向最高统帅部报告了他拟撤到维斯瓦河的意图，谁也没有操心去向最高统帅部报告已经打消了这个主意。

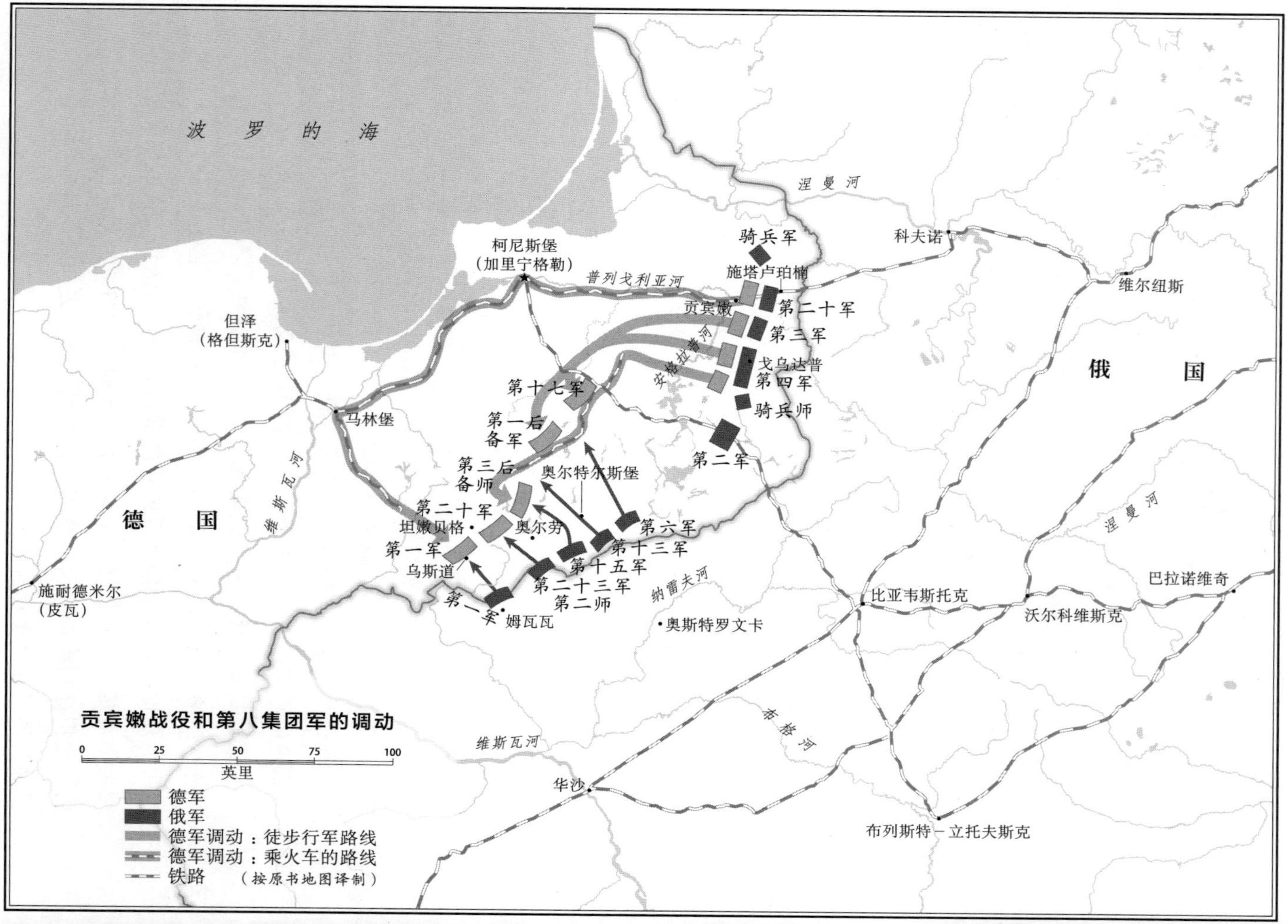
贡宾嫩战役和第八集团军的调动
0
25
50
75
100
英里
德军
俄军
德军调动：徒步行军路线
德军调动：乘火车的路线
铁路
（按原书地图译制）
波 罗 的 海
德 国
俄 国
柯尼斯堡
（加里宁格勒）
普列戈利亚河
但泽
（格但斯克）
马林堡
维斯瓦河
施耐德米尔
（皮瓦）
华沙
涅曼河
科夫诺
维尔纽斯
骑兵军
施塔卢珀楠
贡宾嫩
第二十军
第三军
戈乌达普
第四军
骑兵师
安格拉普河
第二军
第十七军
第一后备军
第三后备师
第二十军
坦嫩贝格
第一军
乌斯道
奥尔特尔斯堡
奥尔劳
第六军
第十三军
第十五军
第二十三军
第二师
第一军
姆瓦瓦
纳雷夫河
奥斯特罗文卡
比亚韦斯托克
沃尔科维斯克
巴拉诺维奇
布列斯特－立托夫斯克
布格河

第 14 章　"哥萨克来啦！"

　　第二天早晨，毛奇的两个参谋，由于战地电话屡打不通，经过几个小时才分别同东线各军长通了话。从他们的谈话中，这两位参谋得到的印象是，情况是严重的，但是退却是过于轻率的办法。既然普里特维茨看来决意要退却，因此毛奇决定撤换他。也就在毛奇和他的副手冯·施泰因商量的时候，霍夫曼正怡然自得，感到至少到目前还是他正确。侦察结果表明，莱宁坎普所部并无动静；"他们根本不在追击我们"。于是立即下令调弗朗索瓦的第一军去南线。据弗朗索瓦本人的说法，那天下午他离开贡宾嫩时，曾激动得流下泪来。普里特维茨显然已同意霍夫曼的论点，但立刻又后悔起来。那天傍晚，他再次打电话给最高统帅部，向冯·施泰因和毛奇报告说，他的参谋进攻华沙军的建议是"行不通的，太冒失了"。在回答一个问题时，他说，以他"这么少的人马"，他甚至不能保证能否守住维斯瓦河，他必须得到增援。这就决定了他的解职。

　　东线既有崩溃之虞，也就急需一位勇敢、坚强并且果断的人来接替指挥职务。在实战中，一个指挥官面对危机是否能指挥得当总是没有把握的。可是，德军统帅部却有幸了解到一位参谋官，他仅是在一周以前刚在作战中大显身手的——他就是鲁登道夫，列日的英雄。他堪任第八集团军的参谋长。按照德军共同负责的指挥体制，参谋长跟司令同样重要，有时，凭其能力和气质还显得更为重要些。鲁登道夫那时正随比洛的第二集团军在那慕尔郊外，继他在列日大奏肤功之后，在猛攻比利时的第二大要塞。这正是他接近法国国门的关键时刻——但是东线需要急切。毛奇和冯·施泰因一致认为必须召他来。于是，立即派了一个上尉参谋，乘车于第二天（8月22日）上午9时将信送达鲁登道夫将军。

　　"你也许能挽救东线的局势，"冯·施泰因写道，"我可以这样绝对信赖的别无他人了。"他为把鲁登道夫在决战前夕调走表示歉意，"这场决战，请上帝保佑，将是最后一仗"，不过，牺牲是"必不可免的"。"当然，你无须对东线已经发生的情况负责，而且以你的能力，你足可防止最糟的情况发生。"

鲁登道夫在十五分钟之内乘坐上尉参谋的车子走了。他的车子曾经过距那慕尔十英里的瓦弗（Wavre），这地方"就在我前天路过时，还是一座平静的城镇，现在则是一片火海。这里的老百姓也在向我军开火"。

傍晚6时，鲁登道夫到达科布伦茨。三小时内，听了有关东线局势的战报，受到了"显得疲劳"的毛奇和"非常镇静"的德皇的接见，不过德皇在情绪上深受敌军侵犯东普鲁士的影响。鲁登道夫给第八集团军发了一些命令，晚上9时乘专车前往东线。他的命令，除嘱咐霍夫曼和格吕纳特在马林堡（Marienburg）见他以外，是调弗朗索瓦的第一军乘火车去南线支援朔尔茨的第二十军。马肯森和冯·贝洛两个军到8月23日这天要完全脱离接触并休整好。这些命令和霍夫曼的命令相同，体现了德国军事学院要求所有学员对一个命题作出同样答案的要求。不过也有可能鲁登道夫已看过霍夫曼命令的电报副本。

在鲁登道夫乘汽车穿过比利时的时候，上尉参谋曾告诉他，最高统帅部已选中一位退休的将军担任第八集团军的司令，但是还不知道他是否接受这项任命，他的名字是保罗·冯·贝内肯多夫·兴登堡（Paul von Beneckendorff und Hindenburg）。鲁登道夫不认识他。在当天夜晚离开科布伦茨以前，他获悉已找到冯·兴登堡将军，兴登堡也已接受了任命，并将于次晨4时在汉诺威（Hanover）登车前往履新。

德军最高统帅部原来在选定参谋长之后，便着手解决物色一位司令官的问题。大家都认为鲁登道夫无疑是一位具有真才的人，但要配成一对，最好还得选一位名副其实的"冯"。许多退休的军长都被考虑了。冯·施泰因忽然想起战争爆发时收到的一位老同事的来信，信上说："如果情况的发展需要一个指挥官的话，不论哪里，请不要忘掉我。"信上并且保证说写信人"还很健壮"。恰好的人

第14章 "哥萨克来啦！"

选！他出生于一个在普鲁士定居了几个世纪的容克世家。1911年，六十五岁时退休，曾在施利芬的总参谋部工作过，他是经过逐级提升而成为一个军的参谋长并于后来担任军长的。再过两个月他就年满六十八岁了，但他并不比右翼的克卢克、比洛和豪森这三位将军年老。东线所需要的，特别是在普里特维茨表现得惊慌失措之后，是一个无所畏惧的人，而兴登堡以往行事，一向稳如磐石，可资信托，以沉着镇定闻名。毛奇批准了；德皇也首肯了。于是，给这位退休的将军发了一份电报。

下午3时，兴登堡在汉诺威家中收到电报，问他是否愿意接受"紧急任命"。他复称："乐于接受。"第二封电报命令他立即前往东线就任第八集团军司令。最高统帅部没有费神请他来科布伦茨谈话，而是命令他在汉诺威上车，并通知他，他的参谋长将是鲁登道夫将军，将在去东线的火车上和他会面。因时间紧迫，几套土灰色新军装兴登堡只来得及试穿了一套，他不得不窘迫地穿了一套普鲁士将军的旧蓝军装就出发了。

几天后普里特维茨撤职的消息发表时，那位难能可贵的日记作者布吕歇尔公主记道："一个叫作兴登堡的将军，一个上了年纪的人，接替了他的职位。"报纸编辑们赶忙搜集有关新司令的材料，但很不容易找，因为他在军人名册中列在"贝内肯多夫"这个姓氏下。不过编辑们很高兴，终于查到他曾在色当作战，并荣获过二级铁十字勋章，而且他也是1866年对奥地利战争中的一位宿将。他的贝内肯多夫祖先是定居在东普鲁士的条顿骑士团的成员；"兴登堡"这个姓是在18世纪因婚姻关系而来的。他是西普鲁士波森[*]人，在他早期的经历中，在任驻柯尼斯堡第一军参谋时，曾研究过马祖里湖区的军事问题。这件事不久就成了描绘兴登堡如何早在三十年前就规划了坦嫩贝格战役的传说的由来。他是在他祖父位于西普鲁

---

[*] 波森 (Posen)，即波兹南。——译注

士诺伊德克（Neudeck）的庄园中长大的，他还记得童年时曾和一个替腓特烈大帝干过两星期活儿的老花匠交谈过。

兴登堡在汉诺威车站上等着，火车于清晨4时进站。他从未见过的鲁登道夫将军，以"轻捷的步伐"走上月台，向他报到。在东去途中，鲁登道夫对当前的局势和他已发布的命令作了说明，兴登堡听了表示赞同。他们就这样在前往日后使他们驰名于世的疆场途中结合起来了。以具有神秘气息的花押"H"* 表示的这一"结合"行将统治德意志帝国直到帝国的末日。后来兴登堡成了陆军元帅，但同时也博得了一个"'你说呢'元帅"的诨名，因为每当有人征询他的意见的时候，他总是转问鲁登道夫："你说呢？"

关于第八集团军司令的人事更迭，德军最高统帅部考虑通知的第一个人是东线的铁道总监克斯滕（Kersten）少将。8月22日下午，还在专车首途以前，这位少将就来到霍夫曼的办公室，带着"一副非常吃惊的表情"，给霍夫曼看了一封电报。电报通知说，一位新司令和一位新参谋长的专车将于明天到达马林堡。这就是普里特维茨和瓦德西怎样知道自己被免职的经过。一小时后，普里特维茨收到一封给他本人的电报，把他和瓦德西列入"待分配的名单"中了。霍夫曼说："他向我们告别时，对于这样的处理毫无怨言。"

鲁登道夫的做法也并不委婉。尽管他很了解霍夫曼，和他在总参谋部工作期间，曾在柏林和他同住一屋达四年之久；可是，他还是分别发电报给各军长下达命令而未通过第八集团军参谋部。这并不是故意要得罪人；总参谋部的军官得罪人是常情。霍夫曼和格吕纳特都立刻认为受了侮辱。在马林堡与新任指挥官们的会面，按鲁登道夫的说法，"并不愉快"。

现在必须面对这场战役命运所系的关键问题了。马肯森和冯·贝洛两个军究竟是应该停在原地以防莱宁坎普的进一步前进呢，还是

---

* 兴登堡和鲁登道夫姓氏的第一字母分别为H和L。——译注

第14章 "哥萨克来啦！"

按照霍夫曼的计划，把他们调往南线抵抗萨姆索诺夫的右翼？除非用上第八集团军的全部力量，否则没有希望打败萨姆索诺夫所部。8月23日那天，弗朗索瓦军在因斯特堡和柯尼斯堡之间五个车站分别登车的复杂过程刚刚完成，正在前往南线途中；还要有两天时间的换线转轨和进行同样复杂的下车工作，才能进入阵地作战。冯·莫根的师也在从另一条铁路向南线进军途中。马肯森和冯·贝洛两个军这天未动。骑兵侦察队报告莱宁坎普所部仍"无动静"。他与马肯森和贝洛两个军相隔大约只有三四十英里，如果他们两军向南移动攻打另一支俄军，他仍可——要是他推进的话——追击他们，从后面猛攻。而霍夫曼要马肯森和冯·贝洛立即启程。鲁登道夫离开那慕尔只三十六个小时，是新来到这里，而在当前形势下，无论作出哪种决定都是命运攸关的，而且要对局势负责，所以把握不定。兴登堡从解除退休复出仅二十四小时，全依仗鲁登道夫。

在俄军方面，高级指挥部伤透脑筋的是怎样选择时机，使钳形攻势的两翼一起夹击敌军。障碍如此之多，如此五花八门，如此难以处理，又如此明显，弄得军事长官们一开始就充满悲观情绪。西北战线司令日林斯基的职责是协调莱宁坎普和萨姆索诺夫两支部队的行动，可是如何完成这一职责，他可想不出更好的办法，只是一味地下令催促赶紧行动。莱宁坎普已首先出动而且已首先投入战斗，于是日林斯基要求尽快行动的命令全都发给萨姆索诺夫。与此同时，法国人一连串的空前紧急的请求又都冲向日林斯基本人而来。法国人为了减轻他们在西线的压力，指示他们的大使"坚持"要求"俄军必须对柏林开展殊死进攻"。这些要求，从霞飞送到巴黎，从巴黎送到圣彼得堡，从圣彼得堡送到"斯塔夫卡"[Stavka，设在巴拉诺维奇的俄军总司令部]，从"斯塔夫卡"送到日林斯基，日林斯基又把这些要求全部转送给了萨姆索诺夫将军，而萨姆索诺夫将军这时正在沙砾路上一步一步地奋力前进着。

自从在日俄战争中指挥一个骑兵师以来，这位正如英国驻第二集团军联络官所称的"朴实厚道的人"还从未有过指挥拥有十三个师的一支集团军的经验。他通过并不为他所熟悉的参谋们和师长们进行工作。俄军不是按地区编制的，报到的后备役军人——有时占到一个团的人数的三分之二——对他们的军官和士官来说，都是陌生的。军官短缺，士兵文化水平甚低，乃至往往目不识丁，这些情形，使命令不易逐级下达到前线。管理电讯的通信部队几乎是混乱的。在华沙电报局，一个参谋大吃一惊，发现一大堆给第二集团军的电报搁着未拆也未递送，因为和战地司令部之间没有建立起通讯联系。这位军官于是把电报收集起来用汽车去分送。军部只是同师部联系的线路是够用的，而同集团军司令部或友邻军联系的线路就不足了，因此只得借助于无线电报。

由于硬要赶紧行动，把集结时间缩短了四天，以致后勤的组织工作未能臻于完善。一个军由于另一个军的补给车辆没有开到，就得分一些炮弹给它，这样也就搅乱了自身的打算。面包运输车也不见影踪，要从敌境征集给养，就需派遣征集队在骑兵护卫下先行出发，而在这方面又未作什么安排。仅靠一匹马在沙砾路上拖动货车和炮架，事实证明是不够有力的。在有些地方，不得不把一半货车的马匹卸下来，加套到另一半的车辆上，用两匹马来拉一辆车子。向前走一段以后，再把马都卸下来，套到后面的车子上，然后再如此往返一段一段地前进。

"第二集团军要赶紧推进，你们要尽量加速行动，"日林斯基8月19日来电说，"第二集团军的推进迟缓正在使第一集团军处于困境。"事情并非如此。19日，萨姆索诺夫正在按原定日程越过边境，不过，日林斯基深信情况将会如此，所以言之在先。

萨姆索诺夫回答说："正在按时间表前进，每日行军12英里以上的沙砾路，不事休息。已无法再快。"他报告说，他的士兵每天要脚不停步地走十到十二小时。三天后，日林斯基电告："我坚持要立即投入决战。"萨姆索诺夫回答，士兵们"疲惫不堪"，要以更

第14章 "哥萨克来啦！"

快的速度前进是不可能的。"乡村毁坏,马已久无草料,人也无粮食。"

就在那天,萨姆索诺夫所部由马尔托斯（Martos）将军指挥的第十五军碰上了德国朔尔茨将军的第二十军。战斗打响了。德军还未得到增援,于是后撤。马尔托斯将军占领了德国境内约十英里的佐尔道（Soldau）和几小时前还是朔尔茨的司令部所在地的奈登堡（Neidenburg）。开进奈登堡的哥萨克侦察队报告说,德国居民从窗口向他们开火,马尔托斯将军下令炮击,摧毁了该城主要市区的大部分房屋。马尔托斯,一位"矮小的老年人",当晚感到很不自在。他发现他住的那座房子的德国主人已经走了,留下的全家合影在从壁炉架上凝视着他。这是市长的住宅,他吃的是为市长准备的晚饭,侍候他的是市长的女仆。

8月23日,也就是鲁登道夫和兴登堡到达东线的那天,在马尔托斯将军右侧的俄国第六和第十三军还占领了许多村庄；朔尔茨将军除得到维斯瓦河守备队从后方给他的一些支援外,仍在孤军作战,进一步后撤。日林斯基不顾莱宁坎普在北线按兵不动,对萨姆索诺夫依然令如雨注。他吩咐萨姆索诺夫,在他这一线的德军正在仓促退却,"仅仅留下一些微不足道的部队在对付你。因此你必须按计划发动一场极为有力的攻势……必须进攻并拦截在莱宁坎普前面退却之敌,断其去维斯瓦河的退路"。

当然这是原先所计划的,但当时是根据莱宁坎普牵制住北面德军的部署制订的。事实上,那天,莱宁坎普同德军已无接触。他虽于8月23日又开始前进,但方向错了。不是插向南方和萨姆索诺夫在湖滨地区前会师,而是径直向西挺进,意图阻止柯尼斯堡敌军出击,他唯恐一旦南下,弗朗索瓦会攻其翼侧。这是与原计划截然不同的行动,可是日林斯基并未纠正。日林斯基就像莱宁坎普一样,是在对德军动向如堕五里雾中的情况下行事的,他以为德军正在按俄国人的打算行动——撤至维斯瓦河。因此,他继续催促萨姆索诺夫前进。

8月23日晚，马尔托斯将军的第十五军觉察到敌军正在退却，深受鼓舞，便从奈登堡挺进到距德军前线约600米的阵地。朔尔茨军在奥尔劳（Orlau）和弗兰克瑙（Frankenau）之间筑壕固守。俄国人奉命要不惜一切代价攻下这些堑壕。他们在阵地上埋伏了一夜，黎明前又匍匐前进了近100米。进攻的信号发出后，他们通过三次冲锋拿下了最后的500米。德军机枪开火了，他们就趴倒在地，然后再蜂拥而上。他们就是这样一次又一次地起伏前进的。当白军装上衣的人群，挥舞着明晃晃的刺刀，浪潮一般冲过来时，德军从堑壕里爬了出来，丢下机枪逃了。在前线其他地方，德军则以优势的大炮惩罚了进攻的敌人。在马尔托斯右面的俄国第十三军，或由于通讯联络的错误，或由于指挥无能，或兼而有之，未能赶来支援，因此，这一仗俄军没有得到多大好处。到这天结束时,德军是撤退了，但并没有被打垮。俄国人虽然缴获了两门野战炮，俘获了一些俘虏，但是，他们自己的损失也很大，计达4000人。有一个团16个连长有9名阵亡。190人的一个连，120人和全部军官都阵亡了。

尽管德军牺牲较少，但是朔尔茨在面对绝对优势的兵力下，还是后退了10英里左右，在坦嫩贝格村庄设下司令部过夜。日林斯基仍然催赶着萨姆索诺夫，坚持要他继续推进到约定的战线，截断敌军的"退路"，因此，萨姆索诺夫对所属各军——左翼第二十三军，中路第十五和第十三两军，右翼第六军——发布命令，对他们第二天进军的路线和部署作了安排。同远于奈登堡的通讯联系，越来越困难。有一个军的电线已全部用完，在依靠传令兵骑马传送。第六军没有第十三军用的密电码。因此，萨姆索诺夫只好用无线电明码发布命令。

到这时，鲁登道夫和兴登堡虽说已到达二十四小时光景，第八集团军可还没有决定是否把马肯森和冯·贝洛的军调往抵挡萨姆索诺夫的右翼。兴登堡和他的参谋来到坦嫩贝格同朔尔茨商量，朔尔茨表现得"沉重，但颇有信心"。他们返回司令部。霍夫曼后来写道，那晚"是整个战役最困难的时候"。当参谋们正在辩论时,通信部队的一个军官送来一份截获到的电报,是萨姆索诺夫关于第二天(8月25日)的作战命令。来自敌人的这个帮助,虽没有透露莱宁坎普的意图(一个关键问题),可确实向德国人指明了他们可望在哪里迎战萨姆索诺夫所部。这就解决了问题。第八集团军决心把全部力量投入对萨姆索诺夫的战斗。司令部向马肯森和冯·贝洛发布了命令,叫他们把莱宁坎普置于脑后,立即挥戈南进。

第15章

坦嫩贝格战役

鲁登道夫知道莱宁坎普所部在他后方，惴惴不安，急于先同萨姆索诺夫决一死战。他命令第一阶段的战斗于8月25日打响。冯·弗朗索瓦将军的第一军将进攻乌斯道（Usdau），包围萨姆索诺夫的左翼。但弗朗索瓦拒不从命。他的重炮部队和一部分步兵，辗转从贡宾嫩长途运来，还在卸车之中，没有进入阵地。没有足够的大炮支持，没有充分的弹药供应，他说，发动进攻就会冒失败的危险；而萨姆索诺夫的退路如果任其畅通，他就会逃脱为他安排下的灭亡命运。霍夫曼和第二十军的朔尔茨将军私下都支持弗朗索瓦。朔尔茨将军前一天曾同俄国人交锋，但在战地电话里他还是要弗朗索瓦放心，即使不能立即得到支援，他也保证可以扼守阵地。

新任指挥第二天就遇到抗命的情形，鲁登道夫盛怒之下便带着兴登堡和霍夫曼乘车来到弗朗索瓦的司令部。他坚持前令，弗朗索瓦的回答是："如果命令下定了，我当进攻，但我军将不得不以军刀肉搏。"为了表示谁是指挥，鲁登道夫根本不听弗朗索瓦的理由，重申前令不变。他们交谈时，兴登堡未置一词，交谈结束后，他顺从鲁登道夫一齐乘车走了。霍夫曼坐在另一辆汽车上，开到蒙托福（Montovo）的火车站时停了下来，这里是跟司令部通电话电报最近的地方。一个通讯主任前来交给他两份截获俄国人的明码无线电报。一份是莱宁坎普当天清晨 5 时 30 分发出的,一份是萨姆索诺夫当天清晨 6 时发出的。莱宁坎普的命令下达了第一集团军的进军路程,表明他第二天的目的地并不远,不足以威胁德军于后方。萨姆索诺夫的命令是责成继续前一天的对朔尔茨将军的追击,表明他将朔尔茨的转辙回马误认为是全面撤退;且命令追击他视为败北之敌的具体路线和时间。

自从一个希腊叛徒为波斯人带路绕过塞莫皮莱使波斯人大胜 *以来,还没有谁给一个指挥官送上过这样好的礼物。这两份电报未免太完整了,霍夫曼的顶头上司格吕纳特少将反而给弄得疑惑不决。正如霍夫曼所说:"他焦急地一遍又一遍地问我,是不是应该相信这些电报?为什么不该相信?……原则上我本人是相信它们的每一个字的。"霍夫曼自称,他本人对莱宁坎普和萨姆索诺夫之间自日俄战争以来的个人争执有所了解,因他在日俄战争中曾任德国的观察员。他说,萨姆索诺夫的西伯利亚哥萨克骑兵,由于莱宁坎普的骑兵师不顾一再命令始终按兵不动,以致在英勇作战后不得不放弃烟台煤矿†。他说,萨姆索诺夫后来曾在奉天车站月台上同莱宁坎普发生剧烈争吵,把他打倒在地。霍夫曼得意洋洋地指出,这回莱宁坎普将显然不会急于前来支援萨姆索诺夫。但这不是支援不支援萨姆索诺夫的问题,而是事关这一战胜负的问题,不知霍夫曼究竟是真正相信还是装作相信他自己的这篇故事,不过他总是爱把这个轶事挂在嘴上。

---

* 塞莫皮莱(Thermopylae,一译温泉关)是希腊北部和中部交界处的隘口,形势险要,便于扼守。公元前 480 年希腊各城邦在此抵御波斯的侵略,波斯王多次进攻,没有得逞。因希军出了叛徒,把抄希军后路的山径告诉敌人,以致波斯军队开到塞莫皮莱守军的后方,守关的斯巴达王和 300 名战士全部战死。这就是世界古代史上希波战争中的塞莫皮莱战役。——译注

† 烟台煤矿,在我国辽宁省辽阳。——译注

霍夫曼和格吕纳特抓着这两份电报赶紧乘上汽车去追兴登堡和鲁登道夫。不几英里就赶上了。霍夫曼叫司机把车子靠拢过去，边开边把电报递给他们。两部汽车一下子都停了下来，四个将领研究了情况。看来第二天由马肯森军和贝洛军进攻萨姆索诺夫右翼的计划可以照旧进行而不致受到莱宁坎普的干扰。但按照争执双方不同的解释，情况并不足以说明弗朗索瓦是否可以把进攻推迟到他全部人马和辎重到齐之后。为了维护威信，鲁登道夫寸步不让，一回到司令部就重申了前令。

同时下达的，还有第二天即 8 月 26 日要按两面包抄的总计划行事的命令。德军左路马肯森军，将在贝洛军支持下，进攻萨姆索诺夫的右翼末端。这时，萨姆索诺夫右翼末端的部队业已到达湖泊地带前方的阵地比绍夫斯堡（Bischofsburg），而将骑兵驻扎在森斯堡（Sensburg）。如果莱宁坎普所部也及时到达湖泊前方地区，则两军阵地就可衔接一气。但莱宁坎普所部未来，德国人打算包抄的萨姆索诺夫的这一翼因此没有掩护。德军中路，将由朔尔茨的第二十军继续上一天的战斗，这时它已得到兰德韦尔师（Landwehr division）和冯·莫根将军第三后备师的支援。德军右路，将由弗朗索瓦按命令发动进攻，包抄萨姆索诺夫的左翼。

全部命令于 8 月 25 日午夜前发毕。但次日晨，即全线作战开始那天早晨，鲁登道夫却给侦察飞行员提供的关于莱宁坎普正在朝着他的方向进军的报告弄得心神不定。虽然兴登堡很有把握，认为第八集团军"用不着有丝毫的迟疑"，只需留下一支掩护部队来对付莱宁坎普即可，但是鲁登道夫的忧虑又全部回潮。他写道，莱宁坎普"千军万马，声势浩大，像一片雷雨欲来的乌云密布在东北方"，"他只要逼近我们，我们就会失败"。他开始感到那种曾经侵扰过普里特维茨的恐惧，于是举棋不定，不知是将全部兵力投入打击萨姆索诺夫为好，还是放弃进攻俄国的第二集团军而掉转头来打它的第一集团军为好。这位列日战役的英雄，"似乎有点失去勇气了"，这

第15章 坦嫩贝格战役

固然是霍夫曼幸灾乐祸的记载，是出自这位最不惜把这种弱点加在袍泽身上的军事作家的大笔。不过，连兴登堡也承认他的同伴为"严重的疑虑"所苦；兴登堡声称，在这时刻，是他使他的参谋长坚定下来的，用他的话说，"我们克服了内心的危机"。

可是一个不同的危机又冒出来了，司令部发现弗朗索瓦依然在等待他的炮兵部队而没有按令发动进攻拉开战幕。鲁登道夫责令进攻必须于正午开始。弗朗索瓦回答说，司令部认为应在上午首先拿下的阵地还没有拿下来。这可激起鲁登道夫大发雷霆，招致了霍夫曼所谓的"或许是不友好的"回话。弗朗索瓦这一天就是设法按兵不动，拖延时间，等候他的时机到来。

突然间，远道来自科布伦茨德军统帅部的一个意外的电话打断了同弗朗索瓦的争吵。即使统帅部不找什么麻烦，鲁登道夫也已够烦心的了。他拿起电话，同时命令霍夫曼也拿起另一只听筒听听"他们想干些什么"。使他惊异的是他听到统帅部作战处长塔彭上校提出要给他增援三个军和一个骑兵师。他刚从西线来，参与过动员计划的修订，对于进攻中每一英里需要的兵力密度，他清楚到最后一位小数。所以，塔彭的话使他简直无法置信。施利芬计划依靠把最后一兵一卒都用来加强右翼，而今正是右翼攻势高峰时刻，是什么原因使统帅部决定抽出三个完整的军来削弱这一线力量的呢？他感到惶惑，他对塔彭说，这些援军，东线并不"确实"需要，即使来，对目前这一战也为时过晚，因战斗已经打响。塔彭说，这些部队是可以抽出来的。

这个关系重大的决定，原来是出于统帅部的惊慌失措。俄国人在动员之后，不是如德国计划所料的六个星期，而是两个星期就发动了攻势。之所以能抽出三个完整的军，据塔彭说，是由于在法国边境上的"大捷"，"使统帅部深信西线的决战已经打响，而且已经打胜"。在这种印象下，毛奇于是"不顾向他提出的种种反对意见"，而于8月25日决定派遣援军，使东普鲁士不致落入俄国人之手。

难民的疾苦，放弃的领土上容克产业听任掠夺成性的哥萨克人的宰割，以及名门贵妇向德皇、皇后恳求拯救她们家族的园地和财产的哭诉，都有其影响。为了激起反俄情绪，德国政府曾有心将难民分散到各个城市，但结果是吓坏了自己。东普鲁士联邦政府委员会主席曾前来统帅部为家乡乞援。克虏伯的一个董事在8月25日的日记中写道："各方面的人都说：'嘿！俄国人嘛，他们的动员绝不会有完成的时候。……我们大可以在很长一段时间里保持守势。'但是今天，每个人的想法全都不同了，都在谈放弃东普鲁士了。"德皇深受影响。毛奇本人本来就一直担心东线防御薄弱，他在战前曾写道："要是俄国人开进柏林，西线的一切胜利都将付诸东流。"

毛奇这时从西线撤走的军，其中两个曾攻打地处德国第二和第三集团军连接地带的那慕尔。比利时这个要塞打下之后，比洛将军就宣布这两个军可以听便调动。这两个军于是于8月26日与第八骑兵师一并调出，开赴国内车站——因比利时的铁路已遭破坏——以便"尽速"运往东线。另一个军在远程来到蒂永维尔车站时，统帅部里主张慎重的意见终于说服毛奇撤销了前令。

东去800英里，萨姆索诺夫正准备于8月26日重启战幕。在他右翼末端，勃拉戈维斯钦斯基（Blagovestchensky）将军的第六军已如期到达湖泊地区前面的指定会合地点，但是萨姆索诺夫让这支部队成了离群孤雁，因他这时把主力朝过于偏西的方向推进了。但是萨姆索诺夫认为，主力虽然拉开了同莱宁坎普所在或是莱宁坎普应到达的地点的距离，方向还是正确的，可以使他插到维斯瓦河和他认为正在向西退却的德军之间。他的目标是阿伦施泰因至奥斯特鲁达（Osterode）一线，在那里他可以脚跨德国铁路干线两边；从那里出发，正如他8月23日报告日林斯基所说，"直捣德国心脏就容易多了"。

但情况很清楚，他这些精疲力尽、半饥不饱、跌跌撞撞勉强行至边境的部队，已不堪一战，更谈不上直捣德国心脏。军粮不济，

第 15 章 坦嫩贝格战役

士兵已吃尽预备粮,村庄空无一人,牧草和燕麦在田里都没有收割,为人为马都从地里刮不出什么东西。所有的军长都要求停止前进。总参谋部的一个军官向日林斯基司令部报告了部队供应的"悲惨"情况。他说:"我不知道这种情况士兵怎么能再忍受下去。必须组织一支正规的军需征集部队。"日林斯基远在战线东面的沃尔科维斯克(Volkovisk),直线距离有 180 英里,乘火车绕道还要远一些。隔山隔水,这些报告在他完全没有切身感觉。他坚持要萨姆索诺夫继续进攻,"迎头痛击正在莱宁坎普前面退却之敌,并截断其向维斯瓦河的退路"。

对敌人动向的这种看法,是根据莱宁坎普的报告得来的。而莱宁坎普在贡宾嫩战役以后再没有同德军接触过,他有关德军动向的报告是自己的幻想。不过,萨姆索诺夫这时已从铁路运输情况和其他片断的情报看到,他面对的并不是一支在全面退却的军队,这支军队已经重振旗鼓,正在向他挺进。同时,又不断有报告前来,说有一支新的敌军——弗朗索瓦军——正在他左翼对面集结。看到他左翼的危险,他派了一个军官向日林斯基力陈将部队由继续北上改为向西推进的必要。日林斯基抱着后方司令对前方司令的小心谨慎所惯有的那种轻蔑态度,认为这是想采取守势,因而"粗暴地"答复那个军官说:"在没有敌人的地方寻找敌人,那是懦夫。我不让萨姆索诺夫当懦夫,一定要他继续进攻。"他的战略,按他的一个袍泽的说法,像在下俄国跳棋,就是要使自己的棋子全部被吃掉才算胜。

8 月 25 日夜,也就在鲁登道夫发布命令的时候,萨姆索诺夫作了部署。中路由马尔托斯将军和克廖耶夫(Kliouev)将军的第十五和第十三两军,加上康德拉托维奇(Kondratovitch)将军第二十三军的一个师作为主力,向阿伦施泰因至奥斯特鲁达一线挺进。这路大军的左翼由阿尔托莫诺夫(Artomonov)将军的第一军扼守,由第二十三军的另一个师支援。50 英里之外,由孤军第六军扼守右翼。俄国骑兵侦察技术不太高明,萨姆索诺夫不知道最后看到的那支从贡宾嫩战场溃败的马肯森军，业已重振旗鼓，经过急行军已同贝洛军会合，到了他的前面，在向他右翼挺进。起初，他命令第六军坚守阵地，"任务是掩护全军的右翼"；接着，他改变主意，叫它"全速"前来支援中路向阿伦施泰因挺进。到了26日晨，他在最后一分钟又将命令改为留守原地不动，执行原来的任务，掩护右翼。但这时，第六军业已向中路进发。

远在后方的俄国高级指挥部，则有一片大难临头之感。早在8月24日，苏霍姆利诺夫，这位不相信火力、不屑建造军工厂的陆军大臣，就曾写信给嘴上没有胡须的参谋长亚努什克维奇将军，要求"看在上帝分上，下令收集步枪。我们已把15万支枪送给塞尔维亚，我们的储备已接近用完，而工厂的生产力又很薄弱"。尽管勇敢的军官们，像那位高喊着"把威廉流放到圣赫勒拿去！"策马上战场的将军那样热血沸腾，可是那些陆军首脑的情绪，从一开始就是灰溜溜的。他们投入战争时没有信心，在战争中也一直没有信心。司令部里窃窃私语的悲观论调不可避免地传到了圣彼得堡法国大使的长耳朵里。8月26日，萨佐诺夫对他说，日林斯基"认为在东普鲁士发动攻势注定要失败"。据说亚努什克维奇同意此见，并激烈反对这一攻势。不过，副参谋长丹尼洛夫将军则坚持俄国不能使法国失望，尽管有着"不容置疑的风险"，也势必进攻。

丹尼洛夫同大公一道驻扎在巴拉诺维奇的"斯塔夫卡"，即总司令部。这是树林深处的一个幽境，总司令部后来在这里待了一年。之所以选择这个地方，是因为它是南北铁路线同莫斯科—华沙干线的交叉点，由此可以督导德、奥两线作战。大公同他的私人随从、总参谋部的负责军官，以及盟国的武官们，食宿在火车车厢里，因为原来准备给总司令居住的房子，发现距离作战处人员和情报处人员占用的站长的房子过远。这些车厢上面都造了顶盖，以避日晒雨淋，车厢外铺设了木板走道。车站花园里搭了大帐篷，夏天就在里面用膳。谈不上富丽堂皇，物质条件的短缺也不在乎，只是门矮了些，

第 15 章 坦嫩贝格战役

使大公往往不幸头撞门楣。于是所有的出入口处不得不贴上白纸条，使他注目，提醒他进出时得低头弯腰。

丹尼洛夫深感不安，一是莱宁坎普显然失去了同敌人的接触，一是通讯联系失灵，结果是日林斯基茫茫然不知各部队所在，各部队之间也互不知所在。萨姆索诺夫已于 8 月 24 日至 25 日进攻敌军并将继续进攻的消息传到总司令部后，担心莱宁坎普未能把钳子的另一翼配合夹攻的焦急情绪就尖锐化了。8 月 26 日，大公视察了设在沃尔科维斯克的日林斯基司令部，坚持要他催促莱宁坎普前进。莱宁坎普自 8 月 23 日开始追赶敌人以来，一直从容不迫，毫不着急。途中，他曾穿过德国第八集团军向南大转移时在安格拉普河一带弃下的阵地，匆匆撤退的种种迹象证实了他对一支溃败敌军的设想。根据他的一个参谋的笔记，他认为追逼德国人过急将是一个失着，因为敌人可能因此在萨姆索诺夫截断他们的退路以前退到维斯瓦河后面。莱宁坎普从不努力设法尾追敌人到近处，以目睹的事实来证实其想象，而他的这种失职看来也没有使日林斯基有所不安，这位司令毫不怀疑地接受了他的看法。

日林斯基在大公视察后于当天给莱宁坎普下了一道命令，要他追击他仍然认为正在退却的一支敌军，并要他防范柯尼斯堡要塞德军对他侧翼可能的突然袭击。原来的设想是用六个后备师狙击柯尼斯堡的敌人，但他们都还没有到达。现在日林斯基指示莱宁坎普用两个军封锁柯尼斯堡以待后备师到达，同时用两个军追赶"未躲进柯尼斯堡而可以认定在退向维斯瓦河的那些敌人"。既"料想"敌人在退却，他就不会想到敌人是在威胁萨姆索诺夫，也不督促莱宁坎普按原计划迅速朝着跟萨姆索诺夫右翼衔接的地点靠拢。他只是告诉他，第一、第二集团军的"联合行动"，必须以迫使正在退却的德军退向海边从而远离维斯瓦河为目标。但这两支俄国军队，既互不联系，也互不靠拢，"联合"显然无从谈起。

8 月 26 日破晓，萨姆索诺夫的第六军，遵照他们还不知道业已

坦嫩贝格战役
8月25日—30日

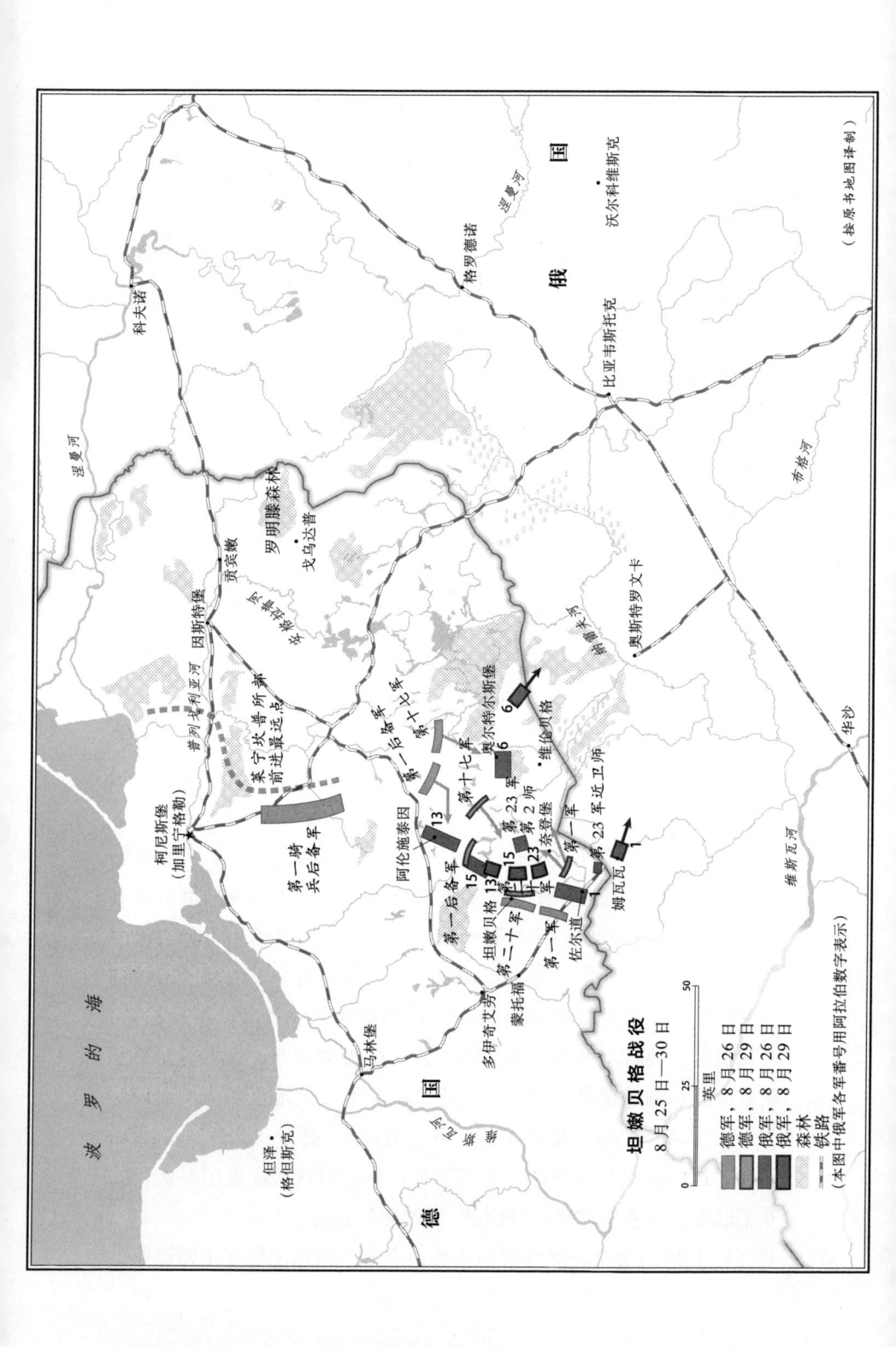

撤销的前令,开始向中路进发。一个师已经在途,另一个师得到消息,敌人已出现在它后方偏北约 6 英里的地方。该师师长认为这是从莱宁坎普那里败退下来的德军,便决定迂回过去袭击。事实上这支德军是马肯森军,是前来进攻的。它向这些俄国人猛扑过来,后者一面奋战图命,一面向这时已出发 8 英里的友师死命呼救,要它回来。友师于是再回头走,往返经过 19 英里跋涉后在日暮时分碰上了第二支敌军贝洛军。俄军这两个师之间已失却联系。军长勃拉戈维斯钦斯基将军则是"昏了头,不知所措"(这种说法在此是一个英国军事评论家用上去的);打了一整天的那个师,伤亡 5000 人,损失野战炮 16 门,师长有鉴于此,便自作主张命令撤退。夜间,反复无常的命令更增加了混乱,各个队伍在公路上混在一起;到了第二天早晨,整个第六军已溃不成军,节节后退。萨姆索诺夫的右翼给打垮了。

在这一情况发生的时候,萨姆索诺夫中路两个半军发动了攻势。马尔托斯将军居中,战斗非常激烈。他左邻第二十三军一个师被击退,使他左侧失去了掩护。他右侧的克廖耶夫将军的第十三军,攻下了阿伦施泰因,但得悉马尔托斯处境困难,便前来支援,留下阿伦施泰因由第六军前来占领,克廖耶夫认为该军正在前来途中。第六军当然是永不会前来了,在阿伦施泰因就此留下一个缺口。

距前线几英里,在奈登堡的第二集团军司令部里,萨姆索诺夫正在同参谋长波托夫斯基(Potovsky)将军和英国武官诺克斯(Knox)少校吃饭的时候,第二十三军的那个被打败的师涌到街上来了。风声鹤唳,草木皆兵,这些士兵一听到响声就疑为追兵。一辆救护马车辘辘而来,便引起了一阵呼叫"德国枪骑兵来啦!"。听到这种乱哄哄的情况,萨姆索诺夫同波托夫斯基——一位戴着夹鼻眼镜,现在已不知出自何因而有"疯子毛拉"(Mad Mullah)之称的神经质的人物——便挂上军刀,赶了出来。他们亲眼看到部队的情况。这些士兵"精疲力尽……已有三天没有面包和糖下肚"。

一个团长告诉他们："我的部下已有两天没有拿到军粮，一点供给也没有送来。"

当天晚上，萨姆索诺夫还没有得到第六军遭难的全部消息，但是他已意识到当时已不是包围敌人而是自己如何免遭包围的问题了。虽然如此，他仍然决定不退出战场，第二天继续作战，由他中路的军努力缠住德国人，直到莱宁坎普前来给他们以致命一击。他命令第一军军长阿尔托莫诺夫将军守住俄军左翼末端面对弗朗索瓦的阵地，要"……不惜任何代价，保住全军翼侧"。他深信，"即使一支颇具优势的敌军也不能突破赫赫有名的第一军的抗击"。他还说，这场战斗的胜利将有赖于它的坚守。

第二天 27 日清晨，弗朗索瓦焦急等待的进攻时刻到来了。炮兵部队已全部到达。4 时，天尚未亮，一阵威力巨大、势如飓风的炮击，在乌斯道俄国第一军阵地上炸开了。德国统帅部的领导人物走出临时设在勒包（Löbau）的司令部，兴登堡古井无波，非常沉着，鲁登道夫杀气腾腾而又紧张，霍夫曼跟在他们后面——一个亦步亦趋的影子。他们是在前往 20 英里外的一座小山，鲁登道夫想在那里找块地方，"现场监督"弗朗索瓦和朔尔茨两军的协同作战。他们还没有走到山脚，消息来了，说已拿下乌斯道。可是就在他们沉浸在欢乐之中的时候，差不多紧接着又来了一份报告，说前一份报告消息不确。猛烈的炮声隆隆不绝。俄国人的战壕里，"赫赫有名的第一军"的士兵，跟他们第二十三军的战友一样，早已饥肠辘辘，丧失了斗志，在倾注如雨的炮弹下狼狈逃走了，留下的尸体同逃脱的人一样多。不到上午 11 时，俄国第一军就放弃了整个阵地。这一战是单靠大炮赢得的。要是按照鲁登道夫过早行动的那些命令行事，这一战也许会输掉。鲁登道夫认为俄国第二集团军眼下已被"彻底打垮"。

但是，俄国第二集团军并没有被打垮。鲁登道夫发现这一仗"跟其他战役不同"，未在一天之内赢到手。弗朗索瓦仍然被阻在乌斯道东面，未能前进；中路的两个俄国军——很难对付的一支人马，

第15章 坦嫩贝格战役

仍然在进攻；莱宁坎普的威胁仍然笼罩在他后方。公路上塞满了难民和牲口；整村整村的人在逃亡。德国士兵也已精疲力尽，马蹄声、脚步声，也都疑为追兵，士兵闻声就大叫"他们来了！"。这种叫喊传到队伍后面就成了"哥萨克来了！"。统帅们回到勒包后，就听到一个叫人不寒而栗和难以置信的消息说，弗朗索瓦军正在撤退，"残部"正在退入蒙托福。一个惊慌失措的电话还证实在车站前面的确可以看到第一军退下来的三五成群、垂头丧气的士兵。弗朗索瓦这一翼要是真的垮了，这一仗就可能败北。在这可怕的一瞬间，打败仗、退到维斯瓦河后面和放弃东普鲁士这些曾经出现在普里特维茨面前的情景，又都再现了。不过当即查明，在蒙托福的只是在乌斯道外面作战退下来的那一营的士兵。

那天晚些时候，实际情况终于传到日林斯基的司令部，德国人根本不是在"向维斯瓦河退却"，而是在向萨姆索诺夫进逼。最后，他打电报给莱宁坎普说，第二集团军正遭到猛烈攻击，他应该配合行动，"把你的左翼尽可能向前推进"。但他指定的目的地过于偏西，向前推进的路程也不够远，并且没有谈到要莱宁坎普赶速前进或是作急行军。

战斗进入第三天。双方军队都已全部投入战斗。40英里的战线上，两军蜂拥而上，鏖战一场，队伍被打散了，分开了，再混战一团、各自为战。一个团前进了，而友邻军则被击退下来，于是出现了缺口，敌人插进来了，或是不知何故竟没有乘虚而入。大炮轰鸣着，骑兵、步兵、马曳重型野战炮的炮兵，过村庄，穿森林，走过湖泊相间的地带，越田野，跨公路，他们移动着，跟跄地前进着。炮弹击中了农舍，摧毁了村庄街道。一个营在大炮掩护下冲了过去，在烟雾后面消失了，不知凶吉。一队队被赶往后方的俘虏，堵塞了前进队伍的道路。几旅几旅地在进入阵地，几旅几旅地在退出阵地，互相穿过交通线，杂乱无章，归错了队伍，弄错了番号。野战指挥官们不知部下所在，参谋人员的车辆到处飞驰，德国侦察机在头顶上盘旋搜集情况，集团军司令千方百计地想弄清究竟，发布着命令。这些命令，前线也许收不到，也许不会执行，也可能在到达前已时过境迁，不符合实际情况。30万人马，互相践踏着，前进着，又疲乏不堪地退了回来，打着打着，要是走运占领了一座村庄就可酩酊大醉一番，或是夜幕降临，就和几个同伴坐在森林的空地上；第二天又继续作战，东线大战正酣。

冯·弗朗索瓦将军28日黎明再一次以猛烈炮火开路，打响了战斗。鲁登道夫令他转向左侧，以减轻朔尔茨军所受的压力，他认为该军已"疲乏不堪"。弗朗索瓦置之不理，坚持向东笔直挺进，决心整个包围萨姆索诺夫的翼侧并截断他的退路。他上一天以不服从命令而竟得到胜利，所以鲁登道夫现在几乎是恳求他服从命令，他说第一军"执行这些指示将为全军立下最大的功劳"。弗朗索瓦仍然置若罔闻，挥戈东进，并沿途布置分遣队，以防敌人突围。

朔尔茨的战地司令部设在战场外的弗勒根瑙村（Frögenau），距一个更小的村子坦嫩贝格约两英里。鲁登道夫和兴登堡对中路情况非常焦虑，便来此等待消息。从弗勒根瑙发出的命令都标明日期和地点。鲁登道夫再一次为莱宁坎普所苦，对他放心不下。既为朔尔茨军担心，又对弗朗索瓦生气，复因于和这位好犯上的司令之间"战地电话根本失灵"，加上同左翼马肯森和贝洛之间根本没有电话通讯设施，所以鲁登道夫"十分不满意"。马肯森和贝洛由于命令前后矛盾，一时要朝这个方向，一时又要朝那个方向，因而被搞得不知所措，他们派了一个参谋乘飞机来到司令部弄清究竟。这位参谋受到的则是"十分不友好的接待"，因为他们两个军都不在应处的战位上。不过，接近下午时分，这两个军都已按要求行动了，马肯森军在向溃败的俄军右翼紧逼，贝洛在向阿伦施泰因的缺口挺进，准备攻打俄军中路。这时，弗朗索瓦的进军路线便显得很有道理了。鲁登道夫于是向他发出纠正前令的命令，要他继续向他已经进军的方向推进。

第 15 章　坦嫩贝格战役

正当深信胜利在即的想法在德军司令部开始欣然成为定论的时候，消息来了，说莱宁坎普所部确实在前进。不过，按照这天迄至当时为止的进展情况来看，可以肯定他为时已晚。事实上，当夜露营时，莱宁坎普的走在最前面的军，距两天前萨姆索诺夫的第六军被打败的地方比绍夫斯堡还有 20 英里。他们在敌区牛步前进，到第二天 8 月 29 日结束时，最远也只向西前进了 10 英里左右，且没有向南一步，也没有同萨姆索诺夫取得联系，以后也再没有取得联系。

萨姆索诺夫将军的右翼第六军的瓦解，加上被寄予厚望的"赫赫有名的第一军"的崩溃，向他预示了末日的来临。他的两翼已折；他的骑兵，唯一一支在人数上超过德军的武装力量，由于向两侧拉得过远，在战斗中不能发挥有力的作用，这时且已处于孤军境地；供给和通讯已整个陷于混乱状态；只有坚韧不拔的第十五和第十三两个军仍在奋战。在奈登堡的司令部里，他可以听到弗朗索瓦部队越来越近的炮声。在他似乎只有一件事可做了。他打电报给日林斯基说，他将离开这里去前线。接着他命令将行李和无线电通讯工具送回俄国，就此割断了他同后方的通讯联系。他作此决定的理由，"被他带进了坟墓"。不过还是不难理解其原委的：交由他指挥的这支军队在他的率领下已在土崩瓦解。他重又成了一名骑兵军官和师长，做了他最熟悉的事情。带着七名参谋人员，骑着从哥萨克骑兵那里征来的马匹，他驰赴火线亲自指挥作战。在马鞍上他感到很自在。

8 月 28 日，他在奈登堡城外同诺克斯少校告别。他坐在地上，在查看地图，四周围着参谋人员。他站起身来，把诺克斯带到一边，告诉他情况"严重"。他说他的职责是和部队共存亡。既然诺克斯的任务是向本国政府汇报，萨姆索诺夫于是劝他"在还来得及的时候"就回国去，然后骑上马，回过头来怅然微笑着说："敌人有走运的一天，我们也会有走运的一天。"

嗣后，正在一座小山顶上指挥他那段战线的马尔托斯将军，刚下令将一队德国俘虏带出火线的时候，不觉大吃一惊——集团军司令竟带着七名参谋人员骑马来了。萨姆索诺夫询问了撤走的那一队人是怎么一回事，在听说是俘虏之后便策马走近马尔托斯，欠身过去拥抱了他，伤心地说道："只有你能救我们了。"但是，他心里更明白，所以当夜便命令第二集团军剩下的部队全部撤退。

以后两天，8月29日和30日，继续撤退。这是一场越来越无情的灾难。这两个奋战最久、打得最好、前进最远、撤退最迟的中路军，鲜有脱身的机会，已兜底落在德军包围圈的罗网里了。克廖耶夫将军的军，当贝洛在阿伦施泰因突破其右侧缺口从而将俄军中路整个包围起来的时候，仍然在进攻。他和马尔托斯两个军，在沼泽地区，左冲右突，无济于事，晕头转向，前进不得，重新集结队伍，站定下来进行抵抗，也不得逞；而敌人的包围圈则越缩越紧。沼泽地区的堤道上，每个路口都派有德国兵架着机枪警戒着。马尔托斯的士兵这四天都在饥饿线上；克廖耶夫军在最后的40小时中走了42英里，什么军粮都没有，马匹也没有喂料、没有饮水。

8月29日，马尔托斯将军和他的几个参谋人员，企图在五个哥萨克士兵的护送下找条穿过森林的出路。敌人在四面射击。他的参谋长马恰戈夫斯基（Machagovsky）少将，在机枪扫射下丧生，其余的人也逐个地遭到狙击，饮弹毙命，最后跟着这位将军的只剩下一个参谋和两个护送的哥萨克士兵。马尔托斯的军粮袋是由一个副官保管的，但这个副官失踪了，所以从一早到现在，他没吃没喝，也没有烟抽。一匹马力竭而死，人都下鞍牵着余下的马走着。夜幕降临，他们想靠星星辨认方向，可是偏偏满天乌云。忽听到有部队在走过来，他们以为是友军，因为马拖着他们朝那方向走。突然间，德国人的一架探照灯在树林里闪耀起来了，照来照去在找他们。马尔托斯跨上马想奔驰脱身，可是马中了弹，他跌了下来，为德国兵所俘。

后来，马尔托斯身为俘虏被禁锢在奥斯特鲁达一家"肮脏的小

第 15 章 坦嫩贝格战役

旅店"时，鲁登道夫曾到他房间里来，用一口流利的俄语，奚落他的失败，并夸口俄国国境对德国的长驱直入现已大门敞开。兴登堡跟着进来，"看到我不安的样子，抓住我的手久久不放，恳切地要我务必镇定"。他用讲得很别扭、口音很重的俄语答应把军刀还给马尔托斯，告别时还点头致意，并说"祝你过得愉快些"。

在奈登堡北面森林里的马尔托斯军的残部，或遭到杀戮，或是投降。第十五军只有一个军官逃回俄国。在奈登堡东约十英里的第十三军，军长克廖耶夫将军也被俘，最后剩下的一些人，坚守在一个圆形的战壕里。他们用从森林里的德国炮兵那里缴来的四门大炮在8月30日苦战了一整夜，抵挡着敌人，直到弹尽和大部分人殒命为止。余下的均成了阶下囚。

俄国人的最后一次进攻，是在阿尔托莫诺夫将军被革职后接任第一军军长的西列柳斯（Sirelius）将军以伟大的气概在8月30日发动的。他将散在四处没有投入作战的各步兵团和炮兵部队聚集成约计一个师，发动了一次进攻，突破了弗朗索瓦的防线，重又攻克了奈登堡。但这已为时太晚，独木难支。俄国第二集团军的这次最后一击，并不是出自萨姆索诺夫的命令，他已经死了。

8月29日夜，萨姆索诺夫同马尔托斯将军一样，陷入了罗网，不过他是在森林的另一个地方。驰过铁路两边的森林后，他和几个同伴到了维伦贝格（Willenburg），距祖国国境只七英里了，可是德国人已先到一步。这位将军和他的一队人马在森林里一直等到夜幕降临，才继续徒步前进，因为沼泽地黑夜骑马难行。火柴用尽，已无法再看清指南针。为了避免在黑暗里走散，他们手拉着手跌跌撞撞地走着。萨姆索诺夫犯了气喘病，显然越来越虚弱。他一遍又一遍地跟参谋长波托夫斯基说："沙皇信任我。但这样惨败之后，有何面目去见他？"走了六英里，他们停下来休息。那是半夜1时，萨姆索诺夫离开同伴，走进一片松树下更浓深的黑暗处。一声枪响打破了黑夜的沉寂，波托夫斯基立即意识到这是怎么一回事。前些时候，萨姆索诺夫曾向他吐露过自杀的意图，不过他认为已经说服他打消此念。这时，他肯定这位将军已告别人间。参谋人员力图在黑暗里找到他的遗体，但没有找到。他们决定等到黎明，但天刚亮就听到德国人走近了。这些俄国人只好放弃这一任务继续向国境前进，并在国境上遇到一支哥萨克巡逻队而终于脱险。萨姆索诺夫的遗体为德国人发现，并由他们埋在维伦贝格。1916年，在红十字会的协助下，他的遗孀方能取回尸体，带到俄国安葬。

第二集团军已无声无息。日林斯基司令部同它的无线电联系已断。两天来萨姆索诺夫那里已一无音讯。日林斯基令莱宁坎普的骑兵突破阿伦施泰因的德军战线，查明第二集团军的究竟，但已为时过晚。这个任务是永远完不成了，德国第八集团军在消灭了原来准备粉碎德军的钳形攻势的一翼之后，正在转而收拾另一翼了。

德国人看到自己战绩之大也几乎惊叹不已。敌尸、敌俘以及缴获的大炮，为数惊人：俘虏计92000名——不过按某些说法，这数字偏高。在这一仗结束后的一个星期，用了60列火车才把他们送到后方。第二集团军约有600门大炮，德国人缴获的数量，据不同的估计，在300到500门之间。至于掳获的马匹，则是成群成群地被赶到匆忙搭起来的畜栏。死亡和失踪人数，说法不一，但估计超过3万名。第十五军和第十三军，或被俘或阵亡，已被歼灭而不复存在；这两个军中能够逃生的一共不过50名军官和2100名士兵。两翼的两个军，即最先退却的第六军和第一军，各自的幸存者，也都不过一个师而已；至于第二十三军，则仅剩下一个旅左右。

高唱凯歌的人，也损失惨重。在困倦不堪、提心吊胆地打了六天之后，他们也已神经紧张、心惊肉跳。8月31日，再次拿下四经易手的奈登堡那天，一辆汽车疾驶开过广场时，一个神经紧张的宪兵吆喝它："停车！"里面坐着冯·莫根将军的这辆汽车，没有理睬他的命令，他便大叫："俄国佬，停下来！"并随即开了枪。一排子弹打中了汽车，司机身亡，坐在将军旁边的一个军官受伤。也就在当夜，这位在手下人枪口下死里逃生的将军，又给他的侍从叫醒。这个侍从一面嚷着"俄国佬回来啦！"，一面抓起将军的衣服就跑。他不得不穿着内衣带上左轮手枪跑上街，这令他"十分生气"。

除了少数几个军官曾身经沙场外，大多数人都是第一次经历炮火，加以这场大战的猛烈及其带来的恐惧、疲惫、痛苦所激起的想象，一种荒诞的传说产生了，说有成千上万的俄国人淹没在沼泽里，或是陷在泥塘和流沙里一直陷到脖子那么深，德国兵不得不用机枪把他们打死。一个军官对国内一群听得心惊肉跳的朋友说："他们的惨叫声，直到我死的一天都还会在我耳边响着。""那个广泛流传的关于俄国人被赶进沼泽和死在那里的传说是个神话，"鲁登道夫写道，"那附近根本没有沼泽地。"

敌人的败绩已经一清二楚，德国的司令们便开始认为他们已赢得如霍夫曼在日记中所写的"历史上的一大胜仗"。于是决定——按霍夫曼的说法是根据他的建议，而按鲁登道夫的说法，则是应"我的建议"——将这一战役命名为坦嫩贝格战役，以雪历史上条顿骑士团在那里败于波兰人和立陶宛人手下之耻。尽管这第二个胜利比列日的胜利更大，但是鲁登道夫还不能兴高采烈，"因为莱宁坎普所部动向不明，使我的神经过度紧张"。不过这时候，加上毛奇正从西线调来的两个军，他完全可以以更大的信心掉过头来攻打莱宁坎普。

他的胜利，很大程度上得归功于别人：得归功于霍夫曼，虽然他的正确判断系出自错误的理由，但毕竟是他坚持莱宁坎普不会追赶，是他设想的计划和草拟的命令将第八集团军调往迎击萨姆索诺夫的；得归功于弗朗索瓦，是他反抗了鲁登道夫的命令，从而保证了对萨姆索诺夫左翼的包围；得归功于兴登堡，是他在关键时刻使鲁登道夫沉着镇定的；最后，也是最重要的，得归功于德国计划工作中从没有想到的一个因素——俄国的无线电讯。鲁登道夫后来十分依赖截获的电讯。他手下的人员白天按时收集电讯，进行破译或翻译，每夜11时呈送给他，倘偶尔迟送，他就会不安，亲自到通信兵的房间来查明原因。霍夫曼承认，真正使坦嫩贝格战役胜利的是截获的电讯。"我们有一个盟军，"他说，"那就是敌人。我们知道敌人的全部计划。"

在公众心目中，东普鲁士的救星是名义上的司令兴登堡。这场胜仗，使这位从退休中被拖出来的年迈的、穿着旧蓝色军服的将军成了一个伟人。在东普鲁士赢得的这一胜利，在渲染过头的歌颂和传播之下，使有关兴登堡的神话在德国扎下了根，甚至连霍夫曼的恶意中伤也不能把它削减分毫。霍夫曼后来身为东线参谋长时，会带领参观访问的人走访坦嫩贝格战场，并且会这样告诉他们："这是战役开始前元帅睡觉的地方；这是战役结束后他睡觉的地方；这是战役进行中他睡觉的地方。"

在俄国，惨败的消息并没有立即震动人心，它给同一时期在加利西亚（Galicia）战线击败奥军的巨大胜利冲淡了。加利西亚战线的胜利，从数字上看，甚至超过德国人在坦嫩贝格赢得的战果，使敌人遭到同样重大的打击。在从8月26日到9月10日以伦贝格[*]一战为高峰的一系列战斗中，俄国人打死打伤敌人25万，俘虏10万，迫使敌人在18天中连续后退150英里，完全肢解了奥匈联军，特别是把它训练有素的军官打得残缺不全，使奥匈联军从此一蹶不振。那一战使奥地利折了腿，但不能弥补坦嫩贝格战役对俄国造成的损失，也不能医治坦嫩贝格的创伤。俄国第二集团军不复存在了。萨姆索诺夫已僵卧沙场，他麾下五个军长中两个成了阶下囚，三个因无能而被撤职。莱宁坎普将军在随后进行的马祖里湖一战中被撵出了东普鲁士，他"发了昏"——在此，这个习惯说法是日林斯基用上去的——弃下所部驾着一辆摩托车回到俄国，从而彻底身败名裂，被开除军籍，并给日林斯基带来了同样的下场。在给大公的一份电

---

[*] 伦贝格（Lemberg），现名利沃夫（Lviv），属乌克兰。——译注

报中，日林斯基指控莱宁坎普仓皇脱逃，这使大公很为恼火，他认为这次失败主要是日林斯基的失职。他因此呈报沙皇，说日林斯基"昏了头，不能控制战局"，结果，坦嫩贝格战役的又一个角色就此成了牺牲品。

训练不足，物资匮乏，将军不称职，组织工作不力，这一切在战争中都暴露无遗。后任陆军大臣古奇科夫（Guchkov）将军曾作证说，他在坦嫩贝格之战以后"深信战争已输"。败绩给那些亲德集团带来了新的力量，他们开始公然煽动退出战争。维特公爵深信战争将毁灭俄国；拉斯普京深信战争将摧毁沙皇政权。司法大臣和内务大臣为沙皇草拟了一份备忘录，力主尽快与德国媾和，理由是继续与民主国家为盟必将头破血流。机会送上来了，不久，德国便提出了跟俄国单独媾和的建议，以后在1915年和1916年又继续提出这样的建议。是出于对盟国和《伦敦条约》的忠诚，抑或害怕同德国人谈和，抑或对革命浪潮不察，或纯粹是出于政府的迟滞，不管怎样，俄国人始终没有接受这些建议。混乱日增，军火日竭，他们就这么对付着继续作战。

惨败之时，法国武官马尔基·德拉吉什（Marquis de Laguiche）将军曾向总司令致以慰问。大公豪迈地回答说："能为我们的盟国作出这样的牺牲，我们很高兴。"山崩于前而色不变是他的准则，而俄国人，深知他们有无穷的人力资源，多大的灾难他们都惯于泰然处之。俄国这部压路机，西方盟国均曾寄予莫大希望，在它们于西线受挫之后，对这部压路机则更是引领以待，可是它却像是用大头针钉起来的船在路上崩解了。夭折于过早出动，确如大公所说，是为盟国作出了牺牲。这个牺牲，不论它使俄国人付出了多大的代价，却成全了法国之所望：德国从西线削减兵力。那两个没有赶上坦嫩贝格战役的军，将不能参加西线的马恩河战役了。

第16章
火烧卢万

1915年，比利时当代诗杰埃米尔·凡尔哈伦（Emile Verhaeren）所写关于他的祖国被侵略一书，在他流亡中出版了。1914年以前，他曾火热地献身于社会主义和人道主义的理想，这些理想在当时认为是可以消除民族界限的。他作为序言的一段献辞写道："本书作者原是个和平主义者，而在此书中，则仇恨跃然纸上……在他，幻想的破灭莫甚于此，其突如其来亦莫过于此，给他的打击之大，使他感到和过去已判若两人。然而，尽管此恨绵绵，使他有良知消失之感，但还是激情满怀地将这些篇章献给故我。"

战争和侵略对他那时代的人的思想究竟起到怎样的影响，在所有有关的著作中，凡尔哈伦一书的陈词，最为深刻痛切。边境战役结束时，战争已进行了二十天。在这期间，交战国和作壁上观的中立国，都产生了种种激情、看法、想法和论点，也正是这一切，决定了战争的前途和此后的历史进程。过去的世界和塑造这世界的种种观念，如同凡尔哈伦故我的灵魂一样，也在8月和以后岁月的长廊里消失了。过去人们曾寄希望于社会主义四海一家的思想以及财政、贸易和其他经济因素交织成的种种遏止力量，会使战争欲爆发而不能，但事到临头它们却没有起到作用。国家观念犹如狂飙突起，

第16章 火烧卢万

把它们横扫在一边。

人们怀着不同的心情和各种各样的想法投入战争。交战国中有些人，如和平主义者和社会主义者，他们从心底里反对战争；但有一些人，像鲁伯特·布鲁克[*]，则是欢迎战争。他不感到有渎上帝，而在《1914年》的诗里写道："现在该感谢上帝，他赐我们以天时。"对于布鲁克，时代似乎——

> 转变了，好似游泳人，跃身入清澈，
> 欣然离开这已老朽、冷酷和萎靡的世界……
>
> 荣誉已归来……
> 高尚的风格又阔步在我们的大道上，
> 我们终于回到了我们的传统。

德国人有着类似的情感。托马斯·曼（Thomas Mann）写道，战争是"一种纯化，一种解放，一个巨大的希望。德国的胜利将是精神战胜数量的胜利"。他解释说："日耳曼精神是同和平主义者的文明理想对立的，难道和平不是社会腐化的一个因素吗？"这个概念，是德国军国主义的基本理论——战争使人高尚说——的写照，跟鲁伯特·布鲁克的战争狂热几乎不分轩轾，且在当时为众多的知名人士所信奉，西奥多·罗斯福就是其中之一。到1914年，除边缘地区的几次巴尔干战争外，欧洲大陆已有一代人以上的时间不以兵戎相见了。一个观察家认为，对战争持欢迎态度是由于有些"不知不觉地厌倦和平"。

布鲁克崇尚清澈和高尚风格，而曼则注目于一个更明确的目标。

---

[*] 鲁伯特·布鲁克（Rupert Brooke，1887—1915），英国诗人，所著十四行诗集《1914年》闻名于世。——译注

他说：德国人是全世界最有教养、最守法律、最爱和平的民族，理应成为最有权势的民族，理应统治世界，理应通过"这场不论怎么说都有理由称之为德国的战争"建立一个"德意志和平"。这虽写于1917年，但他所反映的则是1914年。1914年该是德国的1789年*，该在历史上确立德意志意识的地位，使德国文化登上宝座，完成德国使命的一年。8月，在亚琛的一个咖啡馆里，一个德国科学家跟美国记者欧文·科布说："我们德国人是欧洲最勤劳、最诚挚、最有教养的民族。俄国代表反动，英国代表自私和背信弃义，法国代表堕落，只有德国代表进步。德国文化将照耀全球，战后不会再有其他文化了。"

同桌的一个德国商人则有更为明确的目标：应叫俄国丧尽权势，使斯拉夫人再也不能成为威胁欧洲的危险；英国应化为齑粉，应使它丧失海军和印度、埃及；法国应缴付一笔使它永远恢复不了元气的战争赔款；应迫使比利时放弃其沿海地区，因为德国需要英吉利海峡的港口；日本也应在适当时候受到惩罚。"欧洲所有的条顿民族、斯堪的纳维亚民族，连同保加利亚人"结成的联盟，"将握有从北海到黑海的绝对统治权。欧洲将有一幅新地图，德国将处于这幅地图的中心"。

这种论调，在战前谈了多少年，没有为德国增加分毫好感。贝特曼－霍尔韦格承认，由于经常公开声言德国领导世界的权利，"我们就常常搞得天下六神不安"。这是因为，他解释说，被人说成是醉心于统治世界，其实也只不过是一种"孩子气的、不知天高地厚的感情冲动"。

然而，世界并未如此看待它。德国人的调子里有着刺耳之声，流露的是威胁而不是感情冲动。对于德国的刀光剑影，萧伯纳（George Bernard Shaw）先生在1914年写道：整个世界"又头痛

---

* 1789年，法国大革命爆发，推翻了封建王朝，从而揭开了世界历史的新时代。——译注

第16章 火烧卢万

又厌烦"。"我们给普鲁士军国主义及其对我们的蔑视,对人类幸福和常识的蔑视,折磨得忍无可忍,我们只好群起而攻之。"

有些人起来反抗德国军国主义,他们对问题具有明确的认识,至少他们自信是这样的;而有些人,对于他们之所以反对只有极其模糊的概念;还有一些人则是完全不知所以。赫伯特·乔治·威尔斯[*]先生属于第一种类型。他在8月4日的报刊上宣称:敌人是德国帝国主义和德国军国主义,是"1870年产生的可怕的虚荣、自负"。德国的"铁血政策,耀武扬威的条顿式的吉卜林[†]主义"的胜利,将意味着"战神将永远主宰着人类的一切事务"。德国的失败"也许"能——威尔斯先生没有说"必将"——"为全世界的裁军与和平开辟道路"。一个英国后备役军人对问题就不那么清楚了。在去兵站的火车上,他对一个旅伴说:"我是去打该死的比利时人的,我现在就是到那里去的。"在通往苏瓦尼的那条路上打死第一批德国人的那个骑兵中队队长、陆军少校汤姆·布里奇斯(Tom Bridges)爵士,就是第三种类型的人了,只是打仗手痒而根本不问战争目的。"对德国没有什么仇恨,"他说,"我们本来是准备打任何人的……而且本来也会同样毫不迟疑地去打法国人的。我们的格言是'我们一定要干。干什么,不管它'。"

法国既有老账要算,也就无须作自我辩解,何况德国人兵临城下已足以说明问题。不过,这里也有人抱有"巨大希望"。柏格森就认为,虽然协约国的最后胜利需要作出"可怕的牺牲",但是通过这些牺牲,随同"法国的复兴和扩大,将出现欧洲道德的新生。那时真正的和平降临了,法国和全人类就可以重新迈步前进,勇往

---

[*] 威尔斯(Herbert George Wells, 1866—1946),英国作家,早期写的科学幻想小说(如《隐身人》等)主张依靠技术力量逐步改革资本主义社会。后来发表的长篇小说(如《巴海姆先生的独裁政治》等)反映出作者对法西斯势力日益猖獗的忧虑。——译注

[†] 吉卜林(Joseph Rudyard Kipling, 1865—1936),英国作家,生于印度。他的创作描述英国殖民地生活,宣扬帝国主义的殖民政策,鼓吹种族主义思想。——译注

直前，走向真理和正义"。

这些并不是政治家们公开表示的观点，也不是群众的集体意见，而只是某些人的个人见解，而且这些个人见解也还没有像日后那样成为定见。对德国的民族仇恨还没有扎根。见于《笨拙》周刊8月12日一期关于战争的第一批而且是最令人难忘的漫画中，有一幅题为《禁止通行》的漫画，画的是英勇的小小的比利时——一个穿着木屐的男孩子，铁板着面孔，挡住德国侵略者的去路。德国被画成一个乐队指挥，一个胖胖的老头儿，口袋外挂着一串香肠。他看上去很滑稽，但不可恶。另一方面，在前些日子，漫画家们笔下的宠儿是王储，他们总爱把他画成一个浮夸的花花公子，紧身背心，又高又紧的硬领，不同一般的帽子，一副傻里傻气的蠢相。但他好景不长，战争局势严重了，他被德国最出名的人物代替了。此人是最高统帅，统帅部的每份命令都要署他的名字，所以看来他像是德国一切行动的主宰——他，就是德皇。他现在也不再被画成战前那个惹是生非的黩武主义者了，而被画成一个阴森森的、魔鬼似的暴君，散发着残酷恶毒的气息，每一线条都显示了他的残忍。这种变化始于8月，从布里奇斯的那种"对德国没有仇恨"的冷静说法以后，逐步地发展到斯蒂芬·麦克纳*的另一种说法。后者在1921年写道："对那些记忆犹新的人，德国人的名字叫人恶心。德国人的出现叫人愤恨。"麦克纳不是冒充英雄的超级爱国主义者，而是一位清醒的、有头脑的教师。他的回忆录是那时代的一部社会文献。他记载了当时的情绪变化，也就是这种变化终于堵塞了任何和谈的道路，把战争一直进行到全面胜利为止。而造成这种情绪变化的正是比利时的遭遇。

比利时事态的演变是德国恐怖论的产物，克劳塞维茨曾把恐怖规定为缩短战争的正当手段。他的整个战争理论的基础是必须快打、

---

* 斯蒂芬·麦克纳（Stephen McKenna，1888—1967），英国小说家。——译注

猛打和决战。不让平民百姓感受到战争影响是不行的，一定要使他们感到战争压力，并且要以最严厉的措施，迫使他们强迫他们的领导人媾和。战争的目的既然是解除敌人的武装，"我们就必须置敌人于继续打下去要比投降更难以忍受的境地"。这个似乎言之成理之谈，完全适合德军总参谋部的杰出的人才在整个19世纪所呕心构思的那种科学的军事理论。这在1870年法国人在色当之战以后奋起抵抗的时候，就已付诸实践。当时德国以法国人进行"自由射手"战的罪名杀害俘虏和百姓的残酷报复行为，曾使全世界在钦佩普鲁士为时六周就已取得胜利的奇迹的同时，为之震惊，为之目瞪口呆。全世界就此认识了德国人的人面兽心。虽然1870年已经证实恐怖理论及其实践所造成的后果，即加深对立、激发抵抗，最后是延长战争，但是德国人对此仍然抱住不放。正如萧伯纳所说，他们是无视常识的民族。

8月23日，列日贴出了由冯·比洛将军签署的告示，宣称：默兹河畔靠近那慕尔的昂代讷（Andenne）小镇，其居民以极其"阴险"的方式袭击他的部队，"经我同意，统率该部的将领已将该镇化为灰烬，并枪决了110人"。这就是告诉列日居民，让他们懂得如果按他们的邻居那样行事，等待他们的将是怎样的命运。

昂代讷的焚毁和大屠杀——据比利时估计被害221人——是在8月20日和21日沙勒鲁瓦战役期间发生的。比洛手下的司令们，既要遵守时间表，而又受到比利时人炸毁桥梁和铁路的骚扰，于是就对他们所到的村庄进行无情的报复。跟昂代讷镇隔河相望的塞耶（Seilles），有50名百姓被杀，许多住家遭到恣意抢劫和烧毁。塔明是在8月21日被攻陷的，当晚，战斗一结束，洗劫便开始了，抢了整整一夜和整个第二天。通常在准许抢劫任其恣意妄为的情况下，随同发生的是酗酒，约束松弛，并把士兵引导到所希望于他们的那种野性发作的地步，以遂其增加恐怖效果的意图。塔明镇沦陷第二天，约400名公民在士兵监视下被赶到教堂前的大广场，行刑队先是有计划地向这群人开枪，枪声停后，便用刺刀把那些未死的人捅死。塔明公墓中384个墓碑上刻着："1914年被德国人枪杀"的墓志。

比洛的军队拿下3.2万人口的城市那慕尔后，便张贴通告，宣布：已从每条街取得10名人质，倘有人向德国人开枪，就将枪毙这些人质。人质的取得和杀害，像征收食品那样在有计划地进行。德国人越向前推进，逮捕的人质就越多。最初，冯·克卢克的部队每到一城镇，便立即贴出布告，警告居民说，市长、首席法官和地区参议员均已被扣作人质，并照例警告说，他们的命运将如何如何。

不久，三个有名望的人作为人质不够了；每条街一个人，甚至每条街10个人也都不够了。在冯·克卢克军队任后备军官的小说家瓦尔特·布勒姆（Walter Bloem）——他写的有关进军巴黎的报道是非常有价值的——告诉我们，在他的连队住宿的那些村庄里，"冯·克莱斯特少校"每夜都要"下令按户取一人质，没有男的，就要女的"。这种办法有其特有的致命伤，所以越是恐怖，似乎就越需要恐怖。

每当镇上一有狙击的报告，这些人质就立即被处决。冯·克卢克部队的欧文·科布曾从窗口看到两个平民押在两排上了刺刀的德国兵中间，被带到火车站后面。一阵枪声后，两副担架抬着一动不动的人体出来了，上面盖着毯子，只有他们硬直的靴尖露在外面。科布还看到了两次同样的情况。

维塞是德国入侵第一天在去列日的路上打第一仗的地方。它被摧毁了，但不是被刚从火线上下来的部队摧毁的，而是在战争向前推进好多时以后被占领军摧毁的。8月23日，德军一个团从列日调到维塞来了，这是对一份狙击报告作出的反应。当夜，在荷兰境内五英里的埃斯登（Eysden）都可以听到枪声。第二天，埃斯登就被4000名难民的洪流淹没，维塞的居民，除了被枪杀的和被送到德国去为他们收割农作物的700名男人和男孩外，全部涌来了。放逐是从 8 月开始的，这在道义上，尤其在美国，激起了很大的反响。美国公使布兰德·惠特洛克后来在访问维塞时，见到的只是被烧黑了的断壁残垣，"一片废墟，可能就是当年庞贝的景象"。不见人影，不见有生命之物，不见屋顶。

8 月 23 日，在默兹河畔的迪南，冯·豪森将军的萨克森士兵正在同法军作沙勒鲁瓦战役的最后一战。冯·豪森亲眼看到了比利时居民阻碍修建桥梁的"不顾信义"的行为"是严重违犯国际法的"。他的部队于是开始行动，捉了"几百"名人质，男女老少都有。那天正好是礼拜天，有 50 人是从教堂里抓走的。这位将军看见"这些人在掷弹兵的监视下，挤作一团，有的站着，有的坐着，有的躺在地上，脸上流露着恐惧和难以言状的痛苦，并显示了强烈的愤怒和为遭受的灾难激起的复仇心情"。冯·豪森是个很敏感的人，他感到他们在发泄着一股"不共戴天的深仇大恨"。而他正是曾在比利时一个绅士家里给弄得很不愉快的那个将军，吃饭的时候，那个绅士就是两手捏着拳头插在口袋里拒不同他交谈。而今在迪南的人群中，他又看到一个负伤的法国士兵，头上在淌血，躺在那里快死了，一声不响，很是哀痛，可就是拒绝任何治疗。冯·豪森到此结束了他的叙述。他很敏感，没法谈迪南公民的下场。事实上，这些公民一直被困在大广场上，傍晚之后被排成两队，女人在一边，男人在她们对面分成两行，前一行的人跪着。两个行刑队开到广场中间，各向一方射击，直到没有一个站立的目标为止。经验明埋葬的尸体计 612 具，其中包括出生才三个星期的费利克斯·菲韦（Felix Fivet）。

接着便纵使萨克森兵大肆骚扰、抢劫、放火。曾经保卫过这个城市的中世纪城堡，像鹰巢似的耸立在河右岸的高地上，俯视着中世纪的破坏掠夺的重演。萨克森兵留下的迪南，一片焦土，瓦砾遍布，坑坑洼洼，灰烬满地，了无生意。冯·豪森将军对部下造成的这种惨无人烟的情景"深为触动"。他撤出迪南这堆废墟时则确信责任在于比利时政府，是"它同意这种违背国际法的不顾信义的街道狙击战的"。

德国人对违反国际法的关注囿于谬见。他们完全无视他们在比利时的存在的非法性，而着眼于把比利时人反抗他们的存在视为违法行为。德意志帝国国会的阿尔萨斯议员——韦特莱神父，一次曾以长期隐忍的痛苦心情感慨系之地承认说："在拉丁语学校养成的头脑，是很难理解德国人的心理的。"

德国人的囿于谬见有两个方面：一是认为比利时人的反抗是非法的；一是认为他们的反抗是由"上层"组织起来的，是由比利时政府或是市长、神父以及其他可列为"上层"的人物组织起来的。把这两个方面归结到一起，也就必然得出一个结论：德国人的报复行为，不论程度如何，都是正当的、合法的。枪杀一名人质，或是屠杀612人，或是把一个城镇夷为平地，都得一律归罪于比利时政府——这就是从迪南事件以后的豪森到卢万事件以后的德皇，每个德国人都是这么说的。豪森一贯声称：责任必须"由那些煽动居民起来反抗德国人的人承担"。他还坚持说：毫无疑问，迪南和其他地区的全体居民"是由阻止德国人前进的愿望所驱使的——那又是谁下的命令？"；没有"上层"命令的驱使，人民竟会去阻止入侵者，那是难以想象的。

德国人到处看到这些命令。冯·克卢克声称，比利时政府警告其公民不要采取敌对行为的公告，实际上是"煽动平民百姓向敌人开火"。鲁登道夫谴责比利时政府"有计划地组织平民战争"。王储对法国老百姓的抵抗也用了同样的理论。他指责隆维地区"狂热"的人民用着"巴黎特地送来的"猎枪"奸诈而不顾信义地"从门窗里向他们射击。在法国农村，星期日打野兔的猎枪，就像穿的裤子那样，是件普普通通的东西。如果这位殿下的旅行也包括了解法国农村的话，那他就会知道是用不着巴黎送枪来武装自由射手的。

德国人在谈论他们在敌人境内的经历的时候，一谈到游击战问题，就歇斯底里大发作，出言刺耳了。鲁登道夫说游击战是"可憎的"。这个时过不久其大名就成了欺诈、暴行、狡狯的别称的鲁登道夫，自称他是"带着骑士的、人道的战争观念"上阵的，可是自由射手的手法"使我本人的幻想痛遭破灭"。布勒姆上尉两周以前自己还是个平民，可是却为一种"可怕的想法"弄得终日惶惶不安，他想他可能会被一个平民一枪击中或是打死。他报道说，在一天28英里的精疲力尽的行军中，没有一个士兵掉队，因为他们"认为落到瓦隆人手中要比脚痛更糟糕"——脚痛是向巴黎进军的另一个极大的痛苦。

对自由射手的害怕和恐惧，是出自德国人认为平民百姓的反抗基本上是目无法纪的想法。歌德曾说，假如在不讲正义和目无法纪两者之间可以选择的话，德国人宁愿选择前者。一个在臣民对君主的关系以服从为唯一基础的国家训导出来的人，对一个建立在其他基础上的国家是无法理解的，所以当他来到这样一个国家的时候，他会感到很不自在。只有在权威面前才感到舒服的人，是会把平民狙击手视为祸害之尤。在西方人心目中，自由射手是英雄；而在德国人，则视为威胁国家生存的异端。在苏瓦松（Soissons），有一座纪念1870年唤起学生和平民起来反抗普鲁士人的三位教师的青铜和大理石的纪念碑。1914年，一个德国军官惊奇地凝视着这块纪念碑，对一个美国记者说："你瞧，法国人就是这样，竟为自由射手树碑立传。在德国，是不允许人民干这种事的，也不能想象他们想干这样的事。"

为了使德国士兵处于适宜的精神状态，据布勒姆上尉的记载，从第一周起，德国报纸就充满了关于比利时人"反抗的残酷行为"的种种故事，"……武装的教士带领着一帮一帮抢劫掠夺的市民，无恶不作……奸诈阴险地伏击巡逻兵，哨兵的眼睛被挖，舌头被割"。类似的"恐怖传闻"早已传到柏林，布吕歇尔公主已在8月11日写进了日记。她向一个德国军官核实情况时，那个军官对她说，当时亚琛就有30个德国军官被比利时妇女和儿童挖掉了眼睛，躺在医院里。

被这种种故事激起的情绪，是很容易使德国士兵猖狂的，只要大叫一声"狙击手！"，他们便会大肆抢劫掠夺，杀人放火，而军官们则毫不加以管束。施行暴虐，其意图就在于不派驻占领军而能起到与占领军同样的作用。最高统帅部要从进军巴黎的部队中抽调部队担任占领军是心有余而力不足的。

8月25日，火烧卢万开始。卢万坐落在列日到布鲁塞尔的公路上，以其大学和无与伦比的图书馆著称于世，是座中世纪城市，建于1426年，那时，柏林还只是一片木棚。设在14世纪织布工人大厅里的图书馆，藏书23万卷，其中有世所罕见的收藏品——750份中世纪的手稿和1000多册古版书。称为"哥特式艺术珍宝"的市政厅的门墙上的一组石刻骑士、圣人、贵妇人的图案，即使在同类的雕刻中，也堪称精彩。圣伯多禄教堂（Church of St. Pierre）祭坛镶板上的绘画系出自迪里克·布茨[*]及其他佛兰德大师之手。卢万的火烧、抢劫，连同对平民的枪杀持续了六天，其后就与开始时一样突然停止了。

卢万刚被占领时，一切都很平静。商店生意兴隆。德国士兵的举止行动堪称模范，买明信片，买纪念品，买什么都付钱，并且在理发店和普通顾客一起排队理发。第二天，情况比较紧张了，一个德国兵腿上中了一枪，据说是狙击手干的。市长赶紧再次号召市民缴出武器。他和另两名官员被捕作为人质。在火车站后面杀人成了常事。冯·克卢克的小分队沉重的脚步声日复一日地在市内不停地响着。

---

[*] 迪里克·布茨（Dierik Bouts），荷兰古代的画家，约生于1410—1420年间，1475年死于卢万。——译注

第16章 火烧卢万

8月25日，驻在安特卫普壁垒森严的防地边缘的梅赫伦比军，对冯·克卢克军的后卫部队进行了一次猛烈的突然袭击，把他们冲得溃不成军，退回了卢万。天黑以后，就在退却的混乱之中，一匹无骑士的战马，闯过几道门跑掉了。另一匹马受惊，欲脱缰而不得，带着挽具摔倒下来，拖着的车子也翻了。枪声响了，引起了"法国人来啦！英国人来啦！"的叫喊声。后来，德国人声称是比利时平民向他们开火，又说是平民在屋顶上开枪向比军发信号。但比利时人声称是德国兵在黑暗中自己打自己。在这震惊全球的事件发生之后，特种法庭对肇事的原因进行了经年累月的调查，德国的控诉遭到比利时反诉的驳斥。究竟是谁打谁的问题始终没有定案。这反正与后来发生的事件无关，因为德国人火烧卢万，不是作为对所谓比利时人的不轨行为的惩罚，而是作为对他们所有的敌人的一种威慑和警告——一种在全世界面前显示德国威力的姿态。

布鲁塞尔新市长冯·吕特维茨（von Luttwitz）将军在第二天上午就表达了这个意思。在美国和西班牙公使前来公务访问时，他对他们说："卢万发生了一件可怕的事，我们在那里的一位将军被市长的儿子开枪射中了。居民向我们的部队开了火。"他停了一停，看了看来访的人们，最后说："现在，我们当然也就不得不毁灭这座城市了。"惠特洛克先生后来经常听到这个或那个德国将军被市长的儿子——有时被市长的女儿——开枪射中的故事；所以在他看来，比利时人肯定把市长的孩子培育成一批像中世纪在叙利亚专事暗杀的秘密教派那样的特殊人物。

卢万被焚的消息早已传开。逃出来的那些吓得不知所措、哭哭啼啼的难民，向人们诉说了德军逐条街纵火和野蛮地抢劫、不断抓人杀人的暴行。8月27日，当时正在比利时的美国记者之星——理查德·哈丁·戴维斯，乘军用火车来到卢万。德国人把他锁在车厢里，但那时，大火已烧到车站对面的蒂勒蒙（Tirlemont）大街，他可以看到一排排房子上升起的"笔直的火柱"。德国兵喝得酩酊大醉，胡作非为。一个士兵从关着另一个记者阿诺·多施（Arno Dosch）的车厢里把头伸出窗口大叫着："三个城市夷为平地啦！三个！还会有更多的！"

8月28日，美国公使馆的一等秘书休·吉布森在瑞典和墨西哥的同僚们的陪同下，去卢万亲自察看了情况。墙黑木焦的房屋还在燃烧，路面发热，灰烬遍地；到处躺着死马死人。一个白胡子平民老头儿就这么脸朝天地躺在太阳里。许多尸体已经发肿，显然已死了好多天。各种毁坏了的东西以及家具、瓶子和撕破了的衣服，还有一只木屐，扔在灰烬里。德国第九后备军的士兵，有的喝醉了，有的紧张不安、愁眉苦脸、满眼血丝，在把居民从残存的屋子里赶出来，正如他们告诉吉布森的那样，这样就可以彻底毁灭这座城市。他们从一幢房子跑到另一幢房子，破门而入，抢着贵重的东西，口袋里塞满了雪茄烟，然后挥舞火把。房屋主要是砖石结构，火蔓延不开来。一个主管军官在街上看得发愁，抽着雪茄烟。他恨透比利时人，反复对吉布森说："我们一定要把它毁掉，绝不会有一块砖石还砌在另一块砖石上！——你听着，一块也不会。我们要教导他们尊重德国。人们将世世代代到这里来看看我们干了些什么！"这就是德国人让人永世不忘他们的方式。

在布鲁塞尔，由美国人设法营救出来的大学校长德贝克尔（de Becker）主教，叙述了图书馆被烧的情景。图书馆被烧得荡然无存，全部化为灰烬。当他要说"图书馆"这个词时，已不能出声。他停了一下，想再说时，刚说到前两个音就说不下去，扑在桌上哭了。

这一损失，成了比利时政府公开抗议的主题，美国公使馆也作了官方报道，当烈火还在熊熊燃烧的时候，就已引起整个世界的愤怒声讨。外国报刊以大量篇幅登载着难民亲眼目睹的种种事实和记者们所作的报道。除了大学和图书馆外，"所有宏伟壮丽的公共建筑"，包括市政厅以及圣伯多禄教堂及其所有绘画，据说也已全部被破坏无遗；只是到后来才发现，市政厅和教堂虽已损坏，但还屹立着。《纽约论坛报》(New York Tribune)在戴维斯的报道上面列了一条醒目的大标题:《德国人洗劫卢万;妇女、教士遭枪杀》,在"柏林证实在卢万的恐怖行为"的副标题下,刊登了德国驻美使馆散发的一份柏林广播声明,说是由于比利时平民"不顾信义"的袭击,"卢万才受到全城毁灭的惩罚"。这跟冯·吕特维茨将军的说法完全一样,表示柏林不希望世界各国误解他们在卢万的举动的性质。毁灭城市,蓄意并直认不讳地向平民发动战争,对于1914年的世界来说是骇人听闻的观念。在英国,一些社论宣称,这是"匈人的进军",是"对文明的背叛"。《纪事日报》(Daily Chronicle)说,火烧图书馆不仅是对平民的战争,"而且是对子孙万代"的战争。甚至连惯常保持沉默、小心保持中立的荷兰报纸也奋起仗义执言。鹿特丹《新闻报》(Courant)说,不论肇事原因为何,但"全城被毁事实俱在",而且是个"可怕的"事实,"全世界闻此消息定必毛骨悚然"。

这些报道见于8月29日外国报刊之后,卢万的焚毁于8月30日告终。8月30日这天,德国外交部还发出了一份正式公报,一口咬定,"事件的全部责任在于比利时政府",并且没有忘记那种惯常的说法:"妇女和女孩都参加了战斗,挖了我们伤兵的眼珠,使他们成为瞎子。"

为什么德国人要这样干?全世界人们都在提这个问题。罗曼·罗兰(Romain Rolland)在给他从前的朋友、德国文豪格哈特·霍普特曼(Gerhart Hauptmann)的一封公开信中责问道:"你们是歌德的后代还是匈人王阿提拉的后代?"比王阿尔贝在同法国公使的交谈中认为,德国人这样干主要是出于他们的自卑感和嫉妒心。他说:"这些人心怀妒忌,精神失常,脾气急躁。他们焚毁卢万的图书馆,只是因为它是举世无双和举世称道的。"——换句话说,这是野蛮人对文明事物泄愤的一种表示。这个解释,部分是正确的,但是忽视了德国人《作战守则》中有关蓄意使用恐怖手段的规定。该守则写道:"进行战争,不能仅针对敌国的战斗人员,还必须设法摧毁敌方的全部物质资源和精神资源。"这对全世界永远是一种野蛮人的姿态。德国人原来意图以此恐吓世界，诱使其屈服，结果却反而使很多人深信他们有一个不能与之和解、与之妥协的敌人。

比利时的遭遇使问题清晰化了，对许多人来说，比利时也成了战争中"最重要的问题"。在美国，据一位当代历史学家回顾说，比利时问题是各种观点的"沉淀剂"，而火烧卢万则又是比利时问题的顶峰。在德国不得不开始政治宣传工作之后，不久就要负责这一工作的马蒂亚斯·埃茨贝格尔，曾感到比利时"几乎唤起了整个世界来反对德国"。他的反驳论点——从军事需要和自卫出发论证德国举动的正当性，正如他勉强带着几分遗憾所承认的那样，说服力是"不够充分的"。

卢万事件后十天，德皇在致威尔逊总统的电报中声称，对于"比利时人的野蛮罪行所造成的"比利时的灾难，"我感到痛心"。他还解释说，比利时人的反抗是由他们的政府"公开煽动"和"周密组织起来的"，这就迫使他的将军们不得不采取最强硬的措施来对付这批"嗜血成性的居民"。可是德皇采取的这个攻势，并没有为他带来什么好处。

德国93名教授和其他知识界人士的《致文明世界》（To the Civilized World）的声明也帮不了什么忙。声明宣扬了德国文化对文明所起的作用，并声称："说我们违法侵犯了比利时的中立是不正确的。……说我们的军队野蛮地毁坏了卢万也是不正确的。"不管这些签名的人——哈纳克（Harnack）、苏德曼（Sudermann）、洪佩尔丁克（Humperdinck）、伦琴（Roentgen）、霍普特曼——是多么显赫，但图书馆沉默的灰烬则作了更响亮的回答。到8月底，协约国的人们已经相信，他们面临的是个必须被打垮的敌人，必须被摧毁的政权，必须要血战到底的战争。9月4日，英、法、俄三国政府签订了《伦敦条约》，三国承诺"在当前这场战争中不单独媾和"。

此后，问题就僵化了。协约国越是公开声明它们的目的是要摧

第 16 章 火烧卢万

毁德国军国主义和霍亨索伦皇族,德国便越是公然宣扬不获全胜绝不收兵的誓言。对于威尔逊总统愿意从中斡旋的提议,贝特曼-霍尔韦格复称,《伦敦条约》已迫使德国不得不战斗到它能忍受的限度,所以德国不会提出任何作为和谈基础的建议。而协约国也持同样立场。因此,在此情况下,双方只好继续鏖战到底。交战国双方陷入战争越深,它们付出的生命和财富越多,它们想在打出头的日子谋取补偿的决心也越坚定。

德国所期望的胜利果实,在战争开始后三十天中,马蒂亚斯·埃茨贝格尔拟就的于 9 月 2 日交给政府的一份备忘录里就已作了规定。马蒂亚斯·埃茨贝格尔身为天主教中央党领导人和军事委员会的起草报告人,是首相的左右手和首相在帝国国会中最亲密的朋友。他是个机灵、能干、善于投机取巧的人物,什么观点占优势,他就是什么观点的代表。他之善于把才干和智慧同政治灵活性结合运用,在欧洲是塔列朗*之后所未见的。据说他"没有定见,只有贪心",既然有朝一日会使自己成为德国请求停战的使者,并为魏玛共和国第一届内阁效劳,现在他也就可以开列一张会使最极端的泛德意志主义者得意洋洋的战争目标清单。信赖他的贝特曼一直感到惊奇,不知埃茨贝格尔的所有妙想从何而来,而贝特曼本人则似乎从来没有想出个什么门道来。

按埃茨贝格尔的妙想,德国必须利用胜利,"永远"控制欧洲大陆。和谈桌上的所有要求,必须从这个前提出发,要实现这个前提,后列三个条件——废除德国毗邻国家的中立,结束英国在世界事务中"令人难以容忍的霸权",肢解俄国巨人——是必不可少的。埃茨贝格尔设想了一个跟后来国际联盟的委任统治制度相似的欧洲联邦。一些国家将由德国"指导";其他国家,诸如波兰以及从俄国兼并过来的波罗的海诸国,将"永远"置于德国君权之下,它们在

---

* 塔列朗(Talleyrand-Périgord,1754—1838),法国外交家,以权诈多变闻名。——译注

帝国国会中可有其议员，但没有表决权。至于比利时，把它放在哪一类为宜，埃茨贝格尔还没有拿定主意，但不论怎样，德国将保持对整个比利时的军事控制，而且还将保持对敦刻尔克直到包括布洛涅和加来在内的法国沿海地区的军事控制。德国还将获取它在1870年没有得到的布里埃—隆维铁矿和上阿尔萨斯的贝尔福。它还将取得法国、比利时在非洲的殖民地。不过摩洛哥，说也奇怪，竟不在其列，可能是因为那儿将消耗德国过多的力量的缘故。关于英国的殖民地，则没有提及，这使人感到埃茨贝格尔当时可能是在考虑同英国进行谈判解决问题。在赔款方面，战败国必须至少偿付10万亿马克的直接战争费用，另加上足敷退伍军人基金、公共住房建筑、给将领和政治家们的馈赠，以及清偿德国全部国债之用的款项，从而豁免以后多年德国人民的税款。

在8月征战胜利得意忘形的日子里拟订的这些战争目标，表明德国的战争目标非常宏大，已大到以后无法降低水平去进行任何可行的妥协。协约国方面最初的战争目标，俄国外交大臣萨佐诺夫曾于8月20日在圣彼得堡与帕莱奥洛格秘密会晤时向他作了说明。他说："我的方案很简单，我们一定得摧毁德国军国主义。"他们同意这次战争是一场谋求生存的战争，而且只有取得彻底胜利才能达到这个目标。作为沙皇专制政体的一个大臣未免有嫌鲁莽的萨佐诺夫还同意，如想不使德皇主义死灰复燃，就必须对德国进行彻底的政治变革。波兰必须复国，比利时必须扩大，阿尔萨斯—洛林必须归还法国，石勒苏益格—荷尔斯泰因必须归还丹麦，汉诺威必须重建，波希米亚必须从奥匈帝国手中解放出来，德国所有的殖民地必须交给法国、比利时和英国。

这些是职业政治家们刻画的地图。而对分不清石勒苏益格—荷尔斯泰因和波希米亚的平民，则在战争进行了二十天的时候，内心深处形成了一个潜在的意识：世界给"法国革命以来最大的人间事件"缠住了。虽然这是一场巨大的灾难，但在8月里，在这场灾难

第 16 章　火烧卢万

还刚开始的时候，它似乎已蕴藏着"巨大的希望"——一个以后情况会有所好转的希望，一个战争会从此消失、世界会有机会得到改造的希望。威尔斯小说里的布里特林（Britling）先生，虽是个虚构的人物，但颇有代表性。这位先生认为，战争可能被证明是"人类生活向前大大迈进的一步。它是四十年悬而不决的罪恶局面的结束。它既是危机，也是解决问题的办法"。这位先生看到了"一个极大的机会。……我们能够修订世界地图……世界是可塑的，人们想把它搞成什么样子就成什么样子。这是一个时代的结束，也是一个时代的开端……"。

第17章

大海、封锁、强大的中立国

冒风险的念头，1914年在英国海军部里是最不得人心的。英国的舰队是英国最珍贵的财物。丘吉尔在1912年曾存心挖苦德国海军，说它是一支"奢侈品舰队"，而英国舰队，则不是如此。它是生存的必需，"生存"一词确是言之不虚的。海军打了败仗，或是甚至由于舰只的损失而失去海军优势，英国便活不下去。海军负有重任，它必须捍卫不列颠诸岛免受入侵；它必须护送英国远征军平安抵达欧洲大陆；它必须把军队从印度运回本国以充实正规军，再把本土军送去接替海外驻军；更重要的是，它必须确保海上贸易在全世界各大洋上通行无阻。

英帝国国防委员会业已宣布，入侵英国是"办不到的"，海军部也认为入侵并不是主要危险，"贸易被迫中断，航运濒于毁灭"才是主要危险。英国有三分之二的粮食是进口的。它的生计依靠由英国货船所承运的对外贸易。英国商船在世界总吨位中占到43%，而且承运了世界海运贸易总额半数以上的商品，相当于世界其他国家承运量的总和。战前，英国老是为德国的快速商船有朝一日可以改装为袭击商船的驱逐舰而寝食不安。预计德国至少可以拿出40艘这样的商船来协助它的巡洋舰，损害英国珍贵的海上贸易。英国舰队不得不四面八方铺开，保卫通向波斯、印度以及远东的苏伊士航线，保卫围绕非洲的好望角航线，保卫前往美国和加拿大的北大西洋航线，保卫通向西印度群岛的加勒比海航线以及到南美洲和澳大利亚的南大西洋和南太平洋航线。海洋上的交叉路口，海运航线汇集，最易遭受敌舰攻击，是需要控制的枢纽所在。

"海上作战的全部要旨，就是要使海军所拥有的一切大小舰艇能够不受约束地到处活动。"出自费希尔之口的这句话等于是海军中的一道教皇通谕。用一句日常通用的话来说，这就等于说，海军必须同时在一切地方都占优势，或者是在任何有可能与敌舰交战的地方都占优势。英国海军负有莫大的重任，它必须竭尽全力在本国领海内集结优势力量，千方百计避免在本国领海打一场势均力敌的战斗。人之常情都是期望用主力舰去进行一次大会战，一举而决定海上的盟主地位属于谁家，如同日俄两国的对马海峡之战那样。英国担负不起冒丧失海上优势的风险而去进行这样的一次战斗；而德国海军则不然，不惜冒险取胜。1914年的德国是张牙舞爪的德国。德皇业已公开宣布，"德国的未来是在海上"。海军同盟会的组织在全国各地纷纷成立，大张旗鼓地为购买战列舰募款，提出的口号是："英国是仇敌！""英国背信弃义！""大战即将爆发！""英国危险！""英国在1911年便计划袭击我们！"德国这时已被认为是富有侵略性的，是准备好以寡敌众诉之一战的，而这种情况将会使它进行孤注一掷的冒险行为。

敌人的意图虽尚莫明究竟，但志在必打则已令人生畏，尤其是害怕来去无踪的潜艇，它致命的潜在力量显得一年比一年更令人惊恐，英国海军因此提心吊胆，惶惶不可终日。

斯卡帕湾，几乎是大舰队能够航行抵达的最远一点，也算得上是英国领土上最荒凉冷落的天涯一角，是不列颠诸岛一处最边远的戍守之所，比主岛的最北端还要向北，它是奥克尼群岛（Orkney Islands）中一处天生的隐蔽所，它被选中作为英国舰队的战时基地，可惜的是被选定得过晚了。斯卡帕湾地处北纬59度，与挪威隔海遥遥相望，位于北海顶端，比德国舰队出航的出发地点黑尔戈兰还要朝北350英里，南距英国远征军从朴次茅斯到勒阿弗尔横渡海峡的航线550英里。所以这里和德国出击点的距离要比德国人和英国运输线的距离远得多，要是他们袭击的话。英国大舰队可以从这个阵地保卫本国通过北海的海运贸易航线，封锁德国经过北海的海运贸易航线，而且还可依仗它所处的地位把敌舰围困在港口之内，在敌舰离港出海的时候，还可以插入敌舰与其基地之间，迫使敌舰应战。然而这里还未准备就绪，不能进驻。

船体每增大一次，船坞和港口也就需要加宽一次，而建造无畏战舰的计划，因自由党政府的意见不一已受到损害。费希尔的热忱和丘吉尔的积极主张，不由得政府不被说服，从而通过了造舰计划，然而自由党人为了补偿他们的反战感情所遭受的这一损害，便在支付费用方面予以刁难。结果是时至1914年8月，斯卡帕湾的干船坞和固定的防御设施还没有造好。

正当政府还在辩论是否参战的时候，丘吉尔已机警地作了动员，舰队于8月1日安抵那里。用这位海军大臣的话来说，宣战以后的日子，是一段"心理上极度紧张"的时期。由于满载部队的船舰启程时刻即将到来，敌人每小时都有可能袭击沿海地区以牵制英国舰队，或者进行别的军事挑衅活动，因此丘吉尔认为"一场海上大战随时可能发生"。

海军上将约翰·杰利科爵士的心情和丘吉尔完全一样，他在8月4日乘火车北上前往斯卡帕湾的途中，拆开一份标有"机密"字样的电报，得悉他已被任命为大舰队的总司令。使杰利科感到心情沉重的，并不是这个他所期望已久的任命，也不是他对自己能否胜任有所顾虑。他在1872年进入海军时，年仅十二岁半，身高只有四英尺半。他早已习惯于自己的才能受到广泛的赏识。不论是在舰队的职务上还是在海军部的各种官职上，他所表现的才能都博得了

第 17 章　大海、封锁、强大的中立国

费希尔勋爵一贯的、热诚的、共鸣的赞赏。费希尔勋爵看准杰利科"……在大决战来临时，将是个纳尔逊……"这个日子已经到来了，但是费希尔所看中的这位纳尔逊的接班人，从他到达的时刻起，就一直对斯卡帕湾基地毫无防御的状况感到"焦急万分"。没有岸基大炮，没有水下栅栏网，也没有固定水雷阵地，这个基地"对于潜水艇和驱逐舰的攻击毫无防御"。

杰利科在 8 月 5 日捕获了几艘德国拖网渔船，发现船上有几只信鸽之后，深感不安，他怀疑信鸽是给潜水艇通风报信用的。德国曾声言将不受协议规定的限制进行布雷，因此对水雷的恐惧更增加了他的忧虑。8 月 9 日，英国的一艘轻型巡洋舰撞沉了德国潜水艇 U-15，他忧多于喜，赶紧命令他所有的主力舰驶出这个"已受影响的水域"。有一回，在斯卡帕湾港内，一名炮手突然开火，据说目标是一个在移动的潜望镜，一炮既鸣，顿时便众炮齐应，驱逐舰也如临大敌，四处搜索，他还命令舰队所辖的三个战斗中队全部驶往外海整夜守候。造成这场虚惊的，就连官方的海军史学家也承认"可能是一只海豹"。英国舰队曾经两次转移到较安全的基地，一次到苏格兰西岸的埃韦湾（Loch Ewe），一次到爱尔兰北岸的斯威利湾（Loch Swilly），而任德国人在北海自由活动（如果德国人知道这种情况的话），而后，又两次返回原地。在这期间，如果德国人真的发动海军攻势，他们是可以获得辉煌战果的。

像一匹马听到嗖嗖蛇爬而惊恐莫名突然脱缰一样，英国海军立即着手封锁港口，在北海上巡逻警戒，日日夜夜监视着有无敌人出没的动静。由于自己具有 24 艘无畏战舰的战斗实力，也知道德国的实力在 16 到 19 艘之间，英国大可依仗它扎实的优势，而且在次一级的战列舰中，英国人相信自己的实力"也显然超过德国的 8 艘"。但是英国人还是觉得胜败尚未分晓，心情异常沉重。

丘吉尔在 8 月 8 日警告杰利科，在运兵船只通过海峡的一周间，"德国人有着采取行动的最强烈的动力"。但海面上连一艘鱼雷艇也

看不见。敌人没有动静，反而使紧张气氛愈加紧张。分散活动的敌方战列舰依然在辽阔的海洋上自由出没，地中海上有"格本"号和"布雷斯劳"号，大西洋上有"德累斯顿"号和"卡尔斯鲁厄"号，太平洋上有属冯·施佩统率的舰队的"沙恩霍斯特"号、"格奈泽瑙"号（Gneisenau）以及"埃姆登"号（Emden），都在进行大胆的袭击，或作更大胆的逃逸。但潜伏在黑尔戈兰后面的公海舰队却是毫无动静，似乎预示着还有更为凶险的图谋。

"敌人显得出奇的安静，没有动静，这可能是重大行动的前奏……说不定在本星期就要大举登陆"，这是丘吉尔在8月12日向各舰队司令发出的警告。他建议英国大舰队向南移动，以便更加靠近"决战地区"。杰利科却是远在苏格兰北端与挪威之间一片灰暗的海洋上继续巡逻，仅有一次，就是在8月16日，在英国远征军渡海处于高潮时，他的舰艇曾冒险南下到北纬56度以南。从8月14日到18日，运输船共进行了137船次横渡海峡的航行。这时期，整个英国大舰队及其所属的中小舰队也都严阵以待地在海上巡逻，监视着鱼雷的白浪航迹，监听着报道德舰出海的无线电信号。

德国海军大元帅冯·蒂尔皮茨，是德国的费希尔，德国海军之父，海军的缔造者，也是德国海军的灵魂。"名垂史册的蒂尔皮茨"，有着像海神尼普顿（Neptune）那样钢叉似的白胡须，年纪六十五岁，从1897年以来便一直是海军大臣，自俾斯麦以后，他是在同一个职位上连任时间最长的一人，海军是他一手缔造的，可是人家偏偏不许他知道海军的作战计划。作战计划，"海军参谋部甚至对我也保密"。7月30日，给他看了作战令，他才发现秘密：根本没有计划。德国海军的存在是导致这场战争的一大因素，而当战争到来之时竟未给它安排一个用武之地。

德皇读的书，如果只限于那本放在他的游艇的床头小柜上的《黄金时代》（The Golden Age）的话，那么，世界大战可能不会发生。

第 17 章 大海、封锁、强大的中立国

这本书是肯尼思·格雷厄姆（Kenneth Grahame）所写的梦境一般的故事，讲的是处身在冷冰冰的成人世界中的英国少年。然而德皇却不拘于一家之言，他阅读了一本 1890 年问世的美国书，此书在它自己的领域中，就像《物种起源》或《资本论》在它们各自的领域中那样有着巨大影响。海军上将马汉，在他的《海权对历史的影响》(The Influence of Sea Power on History) 一书中阐明了他的论点，即谁控制海上交通，谁就掌握他自己的命运；控制海洋就等于主宰形势。一幅宏伟的远景于是立即展现在敏感的威廉面前：德国在海上必须和在陆上一样成为一个主要强国。兴建海军的计划着手进行了，德国虽然不能立刻超过英国，但是用德国人那种全力以赴的精神去干，最后是会超过的。这样德国就对英国所赖以生存的海上优势形成了挑战，明知这可能引起英国在战时与德国为敌，从而使用它的主要武器——封锁——来对抗德国。

只要拥有世界上最多商船的英国能保持中立，那么身为大陆强国的德国，就可以跟欧洲大陆上可能联合起来的任何几个强国作战，而无海上运输供应中断之虞。就这个意义上来说，一个没有海军的德国，将会比有海军的德国更为强大。俾斯麦早已反对进行海上冒险多树一个海上敌人，从而削弱陆上威力。可是威廉听不入耳，他被马汉所惑，被他内心的妒火所缠。他对独步海上的英国又倾慕又怀恨的妒火，在英国考斯港举行的一年一度的游艇竞赛周中达到了高峰。他把海军看作突破包围的一把利刃。他时而坚决认为他绝不想与英国为敌，时而又坚决认为"一支较强大的舰队会使英国人大惊失色，从而使他们清醒过来"。那时候他们就会"屈从于不可避免的命运，我们就会成为世界上最好的朋友"。他派去英国的大使们，对于这种政策的令人怀疑的逻辑性提出告诫，可是都未生效。霍尔丹的柏林之行也没有成功，丘吉尔关于舰队就是英德关系中的阿尔萨斯—洛林的一番警告，也是徒费口舌。按一定比例建造海军的建议，或由各国共商海军裁军的建议都被拒绝了。

向英国海上优势的挑战一旦形成，英国人的敌对情绪就难以避免了。建立一支强大的海军，德国得付出更大的代价，它得从陆军中抽调大批人员和大量资金——这些人员和资金足够建立两个军。如果德国建立海军不是无的放矢，那这支海军就必须起到一定的战略作用，不是阻止敌人增援部队的到来，就是阻止封锁。正如在《1900年德国海军法案》序言中所承认的那样："一场海军封锁战……即使仅仅延续一年，也将使德国的贸易遭到破坏，给德国带来灾难。"

正因为德国海军在实力和效能上，在训练有素的官兵数字上，都已有所增长，正因为德国海军的技术设计人员改善了海军的射击技术、炮弹穿甲能力、光学仪器和测距仪的装置，以及军舰装甲的抗弹性能，所以德国海军已是一笔珍贵的财富而不容轻易丧失。虽然以一对一的实力来说，德国海军已接近于英国海军，而且在大炮的威力上超过英国，但德皇举不出历史上有过像德雷克*或纳尔逊一类的海军将领，所以他始终不能真正相信德国海军能击败英国海军。他不忍想象他的"心肝宝贝"（比洛是这样称呼他的战列舰的）被炮火打得粉身碎骨，血迹斑斑，或终于受到重创，失掉舰舵，沉没海底。蒂尔皮茨虽曾一度蒙德皇封以"冯"的贵族称号，但由于他的海军学说立足于海军用于作战的理论，他开始显得是个危险人物，甚至几乎成了一个敌人，并渐渐地被摈于核心班子之外。他那种出自他这个如狼似虎的彪形大汉之口，而又尖细得像出自孩童或太监之口从而不免使人感到意外的刺耳声音，从此便再也听不到了。尽管他仍担任行政首脑，而海军决策，却已让由海军参谋长冯·波尔（von Pohl）上将和德皇的海运内阁大臣、海军上将冯·米勒（von Müller）组成的一个小组，以及海军总司令冯·英格诺尔（von Ingenohl）上将，在德皇领导下掌握决定。波尔虽支持以作战为本

---

* 德雷克（Sir Francis Drake，约1540—1596），英国海军军官，在对西班牙作战中取得胜利。——译注

的战略，但他在霍亨索伦王朝的德国却是个无足轻重的人物，其默默无闻可能已达到了无以复加的地步，甚至连集流言蜚语之大成的比洛都没有提到过他。米勒是那些作为国王顾问，而实际是朝廷装饰品的性喜男色的马屁精之流。英格诺尔是个"坚主防御战略"的军官。"我不需要总长，"德皇说，"我自己能担当这个职务。"

当包围德国的这个时刻、威胁着德皇统治的这个时刻、死了的英王爱德华赫然"比我这个活人还强"的这个时刻来到的时候，德皇谕示："我命令公海舰队现时采取守势。"德国对他手中这一锐利武器采取的战略，是通过保存实力而发挥其作用。让它待在固若金汤的筑垒阵地内，它对敌人就会成为一个经常存在的潜在危险，迫使敌人得时刻保持警戒，不使它有出击的可能，从而消耗敌人的海军资源，并使敌人的部分兵力不能从事其他活动。两支舰队，处于劣势的一方如此行事，是普遍认可的，也是马汉所赞成的。不过，马汉后来的结论是：一支"存在的舰队"的作用"被过分夸大了"，因为一支甘心雌伏、不去作战的海军，其影响力是势必日趋削弱的。

如果没有充分的理由，没有坚强的支持，那么就是德皇也不会强行实施这样一项政策的，而他两者都有。许多德国人，尤其是贝特曼和较有世界主义色彩的文官集团，一开始就不相信英国是一个真正想认真打一仗的对手。他们一直认为英国是可以被收买而单独媾和的，尤其是在法国被击败以后。埃茨贝格尔对英国殖民地采取谨慎小心避不攫取的政策，就是这种想法的部分表现。德皇的母系亲族，德国王公贵胄的英籍夫人以及古老的条顿人的血缘关系，都足以产生一种亲属感。英德两国之间有可能进行调解，因而两国之间的战争和流血伤亡，虽非不可能，据认为也是难以发生的（不知何故，在他们的思想上，对于把英国远征军和法国军队同时一举围歼的流洒鲜血，居然不当作一回事儿）。此外，德国还希望把它的舰队保持完整无损，作为迫使英国就范的讨价还价的条件。这种理论，贝特曼坚决支持，德皇也乐意接受。随着时间的推移，胜利的希望日趋暗淡，使德国舰队安然度过战争，以供和平谈判桌上讨价还价之用的愿望也就更加巩固。

8月份，德国的主要敌人似乎不是英国而是俄国，因而德国舰队的首要任务被认为是控制波罗的海——至少那些想要延迟和英国较量的人们是这样认为的。他们说，德国舰队应防范俄国干扰来自斯堪的纳维亚的海上供应，应防范俄国可能袭击德国的海岸。他们担心对英国采取行动会削弱德国舰队对波罗的海的控制，从而让俄国登陆，导致德国在陆上战败。

要把愿望变成政策，总是可以找到论据的。别的不谈，8月份，德国海军之所以被置之脑后，主要是由于相信陆军可以获得决定性的胜利，同时普遍认为战争不会打得很久，封锁不致成为需要多加操心的问题。有"先见之明"的蒂尔皮茨，早在7月29日丘吉尔动员舰队的那天，便已请求德皇把海军控制权置于一人手中。因为他觉得"我的一只小指头要比波尔的全身都强"（这种思想情绪是他私下对他夫人透露的，而不是对德皇表示的），所以他只能建议把所提的这个职位"托付给我本人"。他的建议遭到拒绝。虽然他考虑过辞职，然而考虑到德皇"不见得会接受我的辞呈"，没有提出来。他和其他几位大臣一起被拉到科布伦茨，不得不在陆军统帅部的胜利气氛中忍受痛苦，当时"陆军在各方面都得到胜利而海军却一无所获。积二十年之努力，而今我的处境如此糟糕，谁也不会理解"。

他的公海舰队计有16艘无畏战舰，12艘较老式的战列舰，3艘战列巡洋舰，17艘其他巡洋舰，140艘驱逐舰和27艘潜水艇，仍然都停泊在港内和波罗的海，同时对英国的进攻也只限于潜水艇在第一周的一次海上搜索和布置水雷。德国的商船也已撤回。7月31日，德国政府命令各轮船公司取消一切商船出航。到8月底，计有275万吨，数占德国商船总吨位一半以上的670艘德国商船，躲藏在中立国港口，其余的除了那些往返于波罗的海

第17章　大海、封锁、强大的中立国

的商船以外，都停留在国内港口。德国40艘可怕的伪装成商船的袭击舰，只出动了5艘，所以英国海军部环顾四方惊讶不已之余得以在8月14日报称："横渡大西洋的航道安全无阻。英国海运商务照常进行。"除了袭击快舰"埃姆登"号和"柯尼斯堡"号在印度洋上，以及海军上将冯·施佩所率领的舰队在太平洋上外，其余所有德国海军和德国商船在8月底前都已从各大洋的水面上引退。

另一场战役——英国和强大的中立国美国之间的战役已开始了。引起1812年战争的那些老争端，那几句老话——公海上的航行自由，国旗掩护商品——以及中立国的通商权和交战国的限制权之间不可避免的那些老冲突，又都重新出现了。1914年的所有交战国，加上美、荷、意及西班牙，曾在1908年举行会议，试图制订一套有关的规章。这次会议是第二次海牙会议的继续。东道国是世界上海运业务最大和对中立国家的贸易畅通无阻最感兴趣的英国，爱德华·格雷爵士虽不是出席会议的代表，但却是这个会议的推动者和发起人。尽管海军上将马汉作为美国的首席代表精力充沛地出席了会议，但会议产生的《伦敦宣言》中，中立国的贸易权比起交战国的封锁权来还是占了上风。甚至连马汉这位海上的克劳塞维茨和施利芬，也奈何不得英国影响所起的温和作用。与会者全都支持中立国照常进行商务，马汉的反对意见遭到他的文官同事们的否决。

货物被分为三类：绝对禁运品，这包括只供军用的物品；有条件的禁运品，即既可供军用也可供民用的物品；非禁运品，包括食品在内。只有第一类货物在交战国宣布封锁后才可以由交战国没收；第二类货物则必须证实目的地是敌对国家方可予以没收；第三类货物则根本不能没收。但当各国代表签署宣言回国后，英国的另一种利益——制海权——抬头了。海军上将马汉的旗号又在桅杆上飘扬了。他的一些英国门徒一见到保障英国生存的海上优势遭到出卖，便发出惊恐的呼号。他们问道，如果允许中立国供应敌人需要的一切，则阻塞敌人的海上通道又有何用？他们使《伦敦宣言》成为巨大的争议，在报刊上和议会中发动了一场反对它的运动。《伦敦宣言》将使英国舰队失去作用；它是德国的阴谋；贝尔福反对它。《伦敦宣言》虽在下院通过，但上院却一鼓作气根本没有让它付诸表决，这也许是他们在20世纪中最有声色的一个行动。这时政府已经另有考虑，所以欣然任其夭折。《伦敦宣言》遂此始终未获批准。

同时，海上力量的新的现实情况已使英国传统的近距离封锁敌国港口的政策过时。直到当时，英国海军部的打算是，在与大陆强国作战时，由驱逐舰队在巡洋舰乃至战列舰的支持下，实行近距离封锁。但是潜水艇、浮动水雷的发展，线膛炮的改进，形势逼人，势需改弦易辙，采取远距离封锁的政策。海军部在1919年的作战令中采用了这项政策，但又波澜四起，将整个问题重又投入了混乱的深渊。当一艘轮船企图通过近距离的封锁线时，它所驶向的目的港是明显的，因此根本不存在目的地问题。但当轮船在远离目的地几英里以外，譬如说在北海之端被拦截时，按照封锁条例的规定，必须有目的地是敌国或货物属于禁运品的证据证明确实后才可扣留。于是问题就像一个带有许多铁刺的浮动水雷似的，十分棘手。

战争爆发之际，《伦敦宣言》仍然是各国在这个问题上意见集中的一份宣言书。美国在8月6日，即战争爆发后第二天，正式要求交战国公开承诺遵循该项宣言。德奥两国积极地表示在敌对国家同样赞同的条件下，支持该项宣言。英国，作为协约国在海军政策上的发言人，作出了一个肯定的答复，同时声言保留对"有效地进行海战所必不可少的"某些权利。因此这个答复说是同意，实际上是不同意。英国对于禁运品迄无定策，只是凭经验觉得《伦敦宣言》的条款需要略加引申。英帝国国防委员会在1911—1912年的报告中曾建议应将货物的最终目的地，而不是船舶的目的地，作为衡量有关货物是否属于有条件的禁运品的标准，因此制作马鞍的皮革、制作轮胎的橡胶、铜、棉、纺织品原料、纸张等都可以转为军用物品，不得仅仅因为它是运给中立国的收货人就可以自由通行。倘这些物品可由陆路转运到德国，则封锁云云，就不值得。该委员会于是建议"连续航行"（continuous voyage）的原则应予"严格执行"。

"连续航行"是那种具有神秘力量的用语之一，它在历史上时见时隐，它的出现使历史为之改变。"连续航行"这个概念，是18世纪英法战争中英国人的一大发明。它的意思是说，决定的因素是货物的最终目的地，而不是先到的目的地。这个用语还没有完全断气就被《伦敦宣言》埋葬了，而现在却像爱伦·坡的那只已被送入墓穴的猫一样，又被挖了出来，还有着惹起麻烦的能耐。陆军部接到通知说，中立国运往荷兰的粮食是准备供应在比利时的德军的。8月20日，英内阁会议颁发了一道枢密院令，宣称有条件的禁运品，今后如系运往敌国或"敌国的代理人"或其最终目的地为敌对国家，均一体视为拿获对象。至于目的地的证明，从此将不复以提货单为凭，而将依据——用了一句其伸缩性之大无与伦比的措辞——"任何充分的证据"。

这就是"连续航行"的理论，好不张牙舞爪、气势逼人。其实际效果，英国驻华盛顿大使塞西尔·斯普林-赖斯（Cecil Spring-Rice）爵士承认，是把每样货物都视为绝对禁运品。

枢密院令的起草人当时想都没有想到"继续航行"原则复活后会导致一系列的重大后果和执行决定时的巨大困难，如命令船舶停驶和登船检查，X光查验货物，设立处理战利品的军事法庭和法律上的复杂事务，以及德国最终诉诸无限制潜艇战及其对美国的影响等等。亨利八世决心与阿拉贡的凯瑟琳离婚时，没有想到要发生宗教改革运动。大臣们于8月20日在内阁会议桌上聚首时，所关心的是在军事上有必要制止物资源源不绝地从鹿特丹运到比利时供应德军。枢密院令是根据军方意见提出、经大臣们讨论后批准的。有关这次讨论的仅有记录，是阿斯奎斯日记中的轻飘飘的一句话："长时间的内阁会议——关于煤炭和禁运品等各种各样的零碎事项。"

不只是首相对这类零碎事项漠不关心。当德国政府的某一高级官员预见到战争将转为长期消耗战，因而向毛奇提出需要建立一个经济总参谋部的备忘录时，毛奇回答说："不要用经济问题来打扰我——我正忙于指挥一场战争。"

真是无巧不成书，这一道使人想起1812年战端的枢密院令，恰恰出笼在英国人把华盛顿市付之一炬的一百周年纪念日。幸好这一奇怪的巧合，以及命令本身都没有引起美国公众的重视。他们这时都全神贯注于报章上的通栏大标题，有关布鲁塞尔的陷落、美国人在巴黎的困境、德皇和俄国沙皇、舰队、哥萨克骑兵、陆军元帅、齐柏林飞艇、西线和东线战事等等的报道。然而美国政府是感到震惊的。英国这道枢密院令尽管其序言部分措辞温和婉转，在提出微妙的保留意见之前也申明了信守《伦敦宣言》的态度，但其用心却瞒不过国务院法律顾问罗伯特·蓝辛（Robert Lansing）的律师眼光。于是他草拟了一份坚定而直截了当的抗议书。也就是这份抗议书引起了一场月复一月、年复一年的争斗，一次次的信件往来，一篇篇的诉讼摘要，一桩桩的判案实例，一轮轮的大使会谈，一本本的文件汇集。

8月27日这一天，伦敦的《每日记事报》认为"确实存在危险"，在禁运品和搜查权问题上，英国将卷入和美国的争执，该报知道搜查权是美国所"坚决反对的"。这个问题，爱德华·格雷爵士也曾认为需要小心处理的。一开始，总认为战争可望在短时期内结束，认为至要的问题是以最有力的方法迅速赢得胜利，所以，从时间上看，似乎没有可能会和美国发生一场严重的争端。在蒙斯战役和沙勒鲁瓦战役的尸横遍野后，长期战争的前景不可避免地摆在协约国面前。在长期战争中，它们就势需依靠美国获得粮食、武器和金钱（但尚无人想到在人力上也要依靠美国），势需切断德国获得这些补给的来源。加强对敌人的封锁和保持与这个强大的中立国的友谊这两者同时都成为必要——然而又互不相容。在中立国跟德国的贸易上,每加上一道限制,在公海航行自由问题上就引起美国国务院又一阵声色俱厉的咆哮。因此情况显然是令人不快的,英国最终也许不得不在两者之间权衡轻重作一选择。在眼前,出于英国人不尚极端的本性,爱德华·格雷爵士对于一桩桩事件还能审慎处理,像舵手避开暗礁一样回避了大的原则问题,小心地不让双方的讨论发展成一场针锋相对的争端,使任何一方都不致摆出一副使自己无法下台的架势。他说,他日复一日的目的就是"在不与美国决裂的情况下,保证实施最大限度的封锁"。

爱德华·格雷爵士碰到了一个难应付的对手,一个坚持原则的人。伍德罗·威尔逊(Woodrow Wilson)刻板而拘谨地恪守中立,他力求采取并保持中立国的传统权利。他与其说是为了这些权利本身,还不如说是因为中立国的权利乃是中立国的职责所在,而这个职责是威尔逊在一开始就狠狠抓住不放的。威尔逊上任伊始,就致力于罢黜那些在塔夫脱(Taft)总统巨大影响庇护下地位牢固的"利益集团"和金元外交官们,并致力于在国内和拉丁美洲事务中争取"新自由"。有鉴于战争会扼杀革新事业,他遂决心不使美国卷入一场会影响其改革计划的国外冒险。此外,他还有一个更重要和宏大的理由。在这次战争中,他看到一个在世界舞台上可以取得伟大地位的机会。8月3日他在一次记者招待会上首次发表了有关战争的谈话,他说,他想要的是这样的一种自豪感:美国"可以随时援助世界其他国家",并说他相信美国"这样做"可以"获得不朽的崇高荣誉"。所以他在很早,甚至在炮声未响之前,便已设想好了美国要扮演的角色,也就是他自己要扮演的角色;随着事态的演变,他的控制力一次次受到冲击而有所削弱,他破釜沉舟扮演这个角色的决心于是越来越大,甚至在美国终于卷进了这场战争漩涡之后,也从未死心。

对威尔逊来说，严守中立与孤立主义是对立的。他要美国置身于战争之外，目的是要美国在世界事务中更大地发挥作用，而不是少发挥作用。他要的是"不朽的崇高荣誉"，这既是为了他自己，也为了他的国家。他深知只有使美国在这场争端中置身事外，他才能充当公正的仲裁人，才能赢得这种荣誉。8月18日，他在一篇著名的讲话中责成他的同胞们要"保持中立，名副其实；公正不阿，言行一致"，并阐明中立的最终目的是使美国能"提出和平的忠言"，"起到公正调停者的作用"。正如他在以后一篇讲话中所说的那样，他希望在欧洲冲突中，行使"道义上的仲裁"职责。他想"为人类服务"，想运用新世界的道义力量把旧世界从愚昧中拯救出来，并运用"正义和仁慈的准则"，"不仅在美国而且在人类的旗帜下"，通过调停使和平得以实现。

及至8月底，英国海军已在实际上取得了大西洋上的控制权，它跟美国在禁运品方面的争执，不论是如何认真、如何旷日持久，又往往如何激烈，但还一直是幕后的争执。对威尔逊来说，公海航行自由并不是压倒一切的争端，虽然在问题的争执变得特别严重的时候，他曾一度忐忑不安，认为他可能继麦迪逊*之后，成为第二个把国家引向战争的普林斯顿大学校长，但是他绝不希望把争端推到1812年那样的结局。总之，对协约国贸易的飞跃上升，绰绰有余地抵偿了对德贸易下降的损失，从而缓和了势必执行国家原则的逼人之势。只要美国商品有人买进，美国便在8月20日枢密院令的肇始过程中逐渐地趋于沉默了。

自那时以后，由于公海被英国舰队所控制，美国的贸易便不得不越来越多地转向协约国。美国和同盟国的贸易额从1914年的1.69

---

* 麦迪逊（James Madison，1751—1836），美国第四任总统（1809—1817），在他任内对英宣战，爆发了美英战争（1812—1814）。——译注

亿美元下降到 1916 年的 100 万美元，而在同时期内美国和协约国的贸易额，则从 8.24 亿美元上升到 30 亿美元。为了满足协约国的需要，美国的厂商生产了它们所需的商品。为了使协约国能偿付美国供应的商品，还为它们安排了信贷。最后美国成为协约国的粮库、军火库和银行，并和协约国的胜利发生了直接的利害关系，使战后的经济决定论的鼓吹者们久久感到茫然。

哪里有长期建立起来的文化关系的基础，哪里就有经济关系的发展；哪里有天然的利益，哪里就有经济的利益。美国对英法两国的贸易一直大于对德奥两国的贸易，封锁的作用只是扩大了原有条件而不是制造了一个人为的条件。贸易不仅随着国旗走，还随着人心所向走。

"一个政府能恪守中立，"美国驻伦敦大使沃尔特·海因斯·佩奇（Walter Hines Page）说，"但人却不能恪守中立。"他是一个全心全意拥护协约国的人，在他看来中立的概念是可鄙的，他充满感情地向威尔逊谈了，也充满感情地向威尔逊写去了生动而富有说服力的信。佩奇完全站在协约国一边的直率讲话，使威尔逊产生反感，乃至抛弃了这位最早支持他的人，然而就在威尔逊本人的思想深处，也不能像他要求别人那样恪守中立。格雷于 8 月 6 日致函威尔逊，吊唁威尔逊夫人的逝世。威尔逊对格雷是钦佩的，并因格雷自己也已丧偶而对他尤感亲切，所以在复函中写道："希望你把我看作你的朋友。我觉得共同的原则和目的把我们联系在一起了。"而在德国政府中，威尔逊不会对任何一个人这样说的。

威尔逊的文化根源和他的政治哲学，跟美国生活中大多数有影响的人士一样，可以追溯到英国的经验和法国的革命。但他出于做世界和平缔造者的雄心壮志，总是力图抑制这些。威尔逊奋斗了三年，使用了一切他所能使用的说服手段，促使交战国通过谈判取得和平——一个"没有胜利的和平"。威尔逊的努力有赖于他的严守中立，而这种中立态度是得到强有力的爱尔兰人思潮或所谓反乔治三世的思潮的支持的，也得到上至哈佛大学的胡戈·明斯特贝格[*]教授，下至密尔沃基城的酒吧间里大叫大嚷的亲德团体的支持的。如果不是出于一个连威尔逊也为之无可奈何的因素，中立本来是可以成功的。这个因素，决定着美国人的思想感情，是协约国最大的本钱——不是英国的舰队，而是德国的愚蠢。

8月4日战争爆发时，这位美国总统在给朋友的信中，对于远隔重洋的冲突只表示了"全然谴责"，而根本不想在交战国之间区分是非。8月30日，战争在比利时进行一个月之后，豪斯上校写下这样一段记载：总统"对卢万的毁灭心情沉重……他对德国在这次战争中的所作所为的谴责甚至较我为甚，他竟允许他的反感广及全体德国人民，而不仅限于德国领导人。……他表示了他的看法，他认为如果德国获胜，那就会改变我们的文明进程，使美国成为一个军人国家"。几天以后，斯普林－赖斯报道说，威尔逊曾向他"神情非常严肃地"指出："如果德国的事业在目前的斗争中获得成功，美国就势必要放弃它现在的理想而尽其全力于防务，这将意味着美国现行政体的结束。"

威尔逊总统虽持有这些观点，然而他还是坚持到最后，直到中立政策犹如一艘在熊熊烈焰中燃烧的战舰，而他便是站在一片火海的甲板上的那个卡萨比安卡[†]。但这是在法律基础上的中立，而不是感情上的中立。他绝不会把协约国胜利的前景视为对美国立国原则的威胁，而德国胜利的前景，特别是比利时的遭遇澄清了这个问题后，就不可能有别的看法了。威尔逊比任何一个美国人都更感到中

---

[*] 胡戈·明斯特贝格（Hugo Münsterberg, 1863—1916），德国哲学家和心理学家。1892年，他应哈佛大学的邀请来到美国，从此终身任该大学实验心理学教授和心理学实验室主任。在美国，他可能是德国政策的最明显的支持者，因此遭到协约国及其朋友们的猛烈谴责；另一方面，对亲德分子来说，他几乎成了一尊偶像。——译注

[†] 卡萨比安卡(Casabianca)，其父是法舰"东方"号的舰长。在1798年的阿布吉尔对英一战中，舰只被击中起火，年仅十岁的卡萨比安卡拒绝离舰，随战舰爆炸而丧生。——译注

第 17 章　大海、封锁、强大的中立国

立政策关系至大，如果连他都对德国的行为感到反感，那普通的美国人就更不用说了。美国人因火烧卢万所激起的情绪抑制了英国海上封锁所引起的愤懑。英国对禁运品每搜查一次、没收一次，或在禁运物品表上增添一个项目，都会激起美国一阵新的愤怒，而很快德国的一次恐怖行动便会轻而易举地把注意力转移开。正当蓝辛对枢密院令的强烈指责即将酿成一场大论战的时候，德国的齐柏林飞艇于 8 月 25 日轰炸了安特卫普居民区，杀伤了平民，王宫也险遭命中，比利时王后及其子女刚迁到那里。结果蓝辛只得起草一篇对"这种为害人类的暴行"的抗议，而不是对"连续航行"的抗议了。

在一个痛感前景不妙的时刻，据威尔逊的姻亲阿克森博士回忆，约 8 月 12 日威尔逊夫人的葬礼举行后不久的一天，威尔逊曾向他吐露，"我担心在公海上会发生什么事情，会使我们无法置身于战争之外"。然而成为决定因素的并不是公海上发生的事情，而是公海上没有发生事情。福尔摩斯要警官格雷戈里注意"狗在夜间发生的怪事"，不知所以的警官答道："狗在夜间没有干什么。"

福尔摩斯说："这就是怪事。"

德国海军就是夜间的那只狗。它没有作战，被保存实力的理论和德国会在陆上迅速取得胜利的信念锁住而没有让它去冒险执行海军的职责——保持本国海上贸易航路的畅通。虽然德国的工业依靠进口原料，德国的农业依靠进口饲料，而德国海军并不企图保护这些供应的源源而来。8 月份仅有的一次海战也是出于无心，其作用也只不过使德皇更加不愿让他的"心肝宝贝"去冒险。

这是 8 月 28 日在黑尔戈兰湾的战役。英吉利海峡舰队的潜水艇和驱逐舰队，在战列巡洋舰的支持下，驶入了黑尔戈兰湾德国海军的基地，其用意是想通过突然袭击来转移德国人对英国海军陆战队在奥斯坦德登陆的注意力。德国猝不及防，只下令出动几艘轻巡洋舰应战，也没有较重型的战舰支援。这几艘轻巡洋舰，用蒂尔皮茨的话说，"以初次上阵时的全部热忱"，在一片迷雾和混乱中猛冲

猛杀。在持续了一整天难解难分、东奔西逐、各自为战的一连串的战斗中，英国舰队陷入了分不清敌我的混战，只是叨天之幸才从丘吉尔委婉称之为"难堪的困境"中摆脱出来。德国人未能下令出动整个舰队应战，所以在战舰的数量和火力上都是以寡敌众。这天是英国人占了便宜。德国三艘轻巡洋舰——"科隆"号，"美因茨"号和"阿里亚德纳"号以及一艘驱逐舰被打得粉身碎骨，沉入海底，另有三艘受到重创，一千余名人员，包括一名海军上将和一名海军准将，在炮火下丧命或落水溺毙，另有二百余人，包括海军大元帅的儿子沃尔夫·蒂尔皮茨，被从海上救起后成为俘虏。英国战舰无损失，伤亡约75人。

如此巨创，使德皇丧胆，死心塌地不敢再跟英国较量了，于是下令不得再冒险行事，"务使军舰免遭损失"，德国北海舰队司令的主动权也就此进一步受到限制，事先如无德皇陛下批准，不得进行重大调动。

此后，当英国海军在德国周围筑起封锁围墙时，德国海军只是消极地看着。竭力想摆脱束缚他手脚的锁链的不幸的蒂尔皮茨，在9月中旬写道："我们可以取胜的最好战机是在宣战后的头两三个星期。"他预料"随着时间的消逝，我们胜利的机会将是更少而不是更多"。是英国舰队"发挥了'存在的舰队'的全部作用：对中立国施加了日益增加的巨大压力，完全摧毁了德国的海运贸易，实行了最彻底的封锁。"

德国海军最后在不得不同它所听任形成的局面较量的时候，采取了水下活动的政策，在突破封锁的姗姗来迟的努力中使用了潜艇。在水面舰艇见缺的情况下大量出现的潜艇，终于在公海上造成了威尔逊在8月份战争头几天所曾瞥见的可怕情景。

第18章
撤退

边境战役之后，德军右翼和中路的五个集团军像一把挥舞着的镰刀，从比利时割到法国。这支德国侵略军，拥有百万人马，先头部队一路上杀人放火，于8月24日进入法境。至于洛林战线，并没有被突破，德军左翼由鲁普雷希特亲王率领的两个集团军在那里继续与顽强抵抗的德卡斯泰尔诺和迪巴伊的两个集团军进行着旷日持久的战斗。

德军的右翼沿着法国北部那些漫长的白色公路，左右杀开了一条75英里宽的地带，在浩浩荡荡地向巴黎进军；走在最右面的是克卢克集团军，它企图包围协约国的战线。霞飞的当务之急是使所部停止退却，同时，把力量转移到左翼，使那里具有足够的兵力可以制止敌军的包抄活动，并"能重新展开攻势"，而后者是法军总司令部惨遭失败之后的主导思想。边境战役溃败，霞飞既没有拿出时间来研究法军所受的官方所谓的这个"挫折"，也没有根据可能出现的情况重新考虑作战方略，而竟在败北后不出二十四小时于8月25日颁布了一道新通令，即这次战争中的第二号通令。通令提出要在德军右翼进军的路上新建一个第六集团军，兵员将从未被突破的洛林战线调集，用火车运往英军左方的亚眠，在那里同英国远征军和法军第四、第五两集团军组成一支日后重新展开攻势的大军；在组织第六集团军的同时，正在退却之中的三支法国集团军应尽力设法保持一条连续的战线，由后卫部队进行"短促而猛烈的反击，阻挡或者至少阻滞敌人前进"。正如第二号通令所述，霞飞希望第六集团军在9月2日——色当纪念日——之前进入阵地，并做好参加重新展开攻势的准备。

9月2日，也是正在迫近的德军所瞩目的一天。德军希望届时能完成施利芬计划的目标：在巴黎前面一举围歼法军主力。在未来的十二天里，德法双方心中都有着又一个色当战役的念头和影子。这十二天是世界历史摇摆于两种进程之间的十二天，是德军胜利在望，可以在埃纳河与马恩河之间染指胜利果实的十二天。

在这些日子里，法军各团耳际响彻的是"边退边战，边退边战"的三令五申。他们必须挡住敌人的追击，争取时间，以便重整队伍，重建一条坚强的战线。这给战斗带来了进攻战中从未见有的紧迫感。这需要后卫战，尽管这样的后卫战几乎是飞蛾扑火，而德国军队之不能让法军赢得时间重新组织力量，也有同样的紧迫感。

在撤退中，这些法军打出了水平，并采用了在危难中吃一堑长一智得来的应急技能，而这在比利时的最初几场战役中是少见的。他们不再是在外国土地上神秘的丛林中进行范围广大而目的模糊的进攻战了。他们已经回到本国国土在为保卫祖国而战；他们经过的是他们所熟悉的土地，见到的是他们本国居民，那些田野、谷仓，那些村庄小道，无一不是他们自己的。他们现在的战斗同第一集团军和第二集团军保卫摩泽尔河和大库罗讷的战斗是一样的。他们在进攻中虽告失败，但他们还没有溃不成军；他们的战线虽被突破，但还没有崩溃。左翼，在德军主力前进的路上，从沙勒鲁瓦和桑布尔河的惨败中脱逃出来的第五集团军，在撤退中还在努力将溃败的兵力重新聚集起来。在中路，第三、第四集团军背默兹河为阵，仍在色当到凡尔登一线上殊死作战，抗击德军中路的两个集团军，使

第18章 撤退

敌人的围歼不能得逞，并像王储快然承认的那样，"恢复了他们的行动自由"。尽管德军人多势众，后卫战终难阻止他们的挺进，但法军虽退犹战，虽节节败退，但能守则守，能拖则拖。

德朗格勒将军的第四集团军的一营轻步兵渡过默兹河后，奉命于黄昏时分坚守某地一座未能炸毁的桥梁。他们度过了"痛苦而又恐惧"的一夜，眼看着对岸冯·豪森集团军的萨克森士兵"就在我们眼皮底下杀人放火。到了早晨，村上火焰四起。我们可以看到人们在街上奔跑，敌兵在后面追击，还不时听到枪声……远处，可以看到川流不息的骑兵，好像在寻找我们的阵地；在平原的更远处，出现了黑压压的人群在前进"。这些人渐渐迫近了；不一会，顺着蜿蜒的大道，一营德国步兵排成五路纵队"昂首阔步地朝着我们开来。大道的那头，直到目力所及之处，只见密密麻麻的部队——有骑着马的军官作前导的步兵纵队，有炮车队，有运输队，有骑兵队——将近一个师的人马在秩序井然地前进"。

"瞄准！"狙击兵队伍在低声地向后传递命令。士兵各就各位，鸦雀无声。"齐射，先瞄准步兵，各自选定目标！"连长随即指定了射程。"开火！"一声令下，沿河一片枪声。德军队伍顿时惊惶失措，晕头转向，乱作一团；士兵四逃，战马挣扎着，带着挽具跃起前腿，车子翻倒了，路上尸横遍地，数以百计。到8时45分，法军弹药消耗殆尽。突然间，从左后方射来一阵步枪子弹。原来敌人已经包围了他们的翼侧。"对准后方，上刺刀。"就在刺刀的冲杀下，德军败退，法军夺路而出。

在法军后撤中，后卫部队打了几百次这样的战斗，目的是在各集团军之间保持一条连续的战线和退到一道可以重新展开攻势的战线。老百姓跟着士兵一起走着，汇入南下的人流中；他们中间有步行的，也有乘坐车辆的；从阖家乘坐六匹马拉的货车到老年人乘坐的手推小车乃至婴儿乘坐的童车，各式俱全。条条路上给挤得水泄不通，更增加了混乱。参谋人员的汽车无法通行，军官们不时咒骂，信息传递不了。挤在行军队伍中的商用卡车和市内公共汽车在缓慢地开着。这些车辆是征用来的，常见的那些商业标志上面已漆上了军队标号，车上载着满身血污、寂然无声的伤员。他们中弹受伤，四肢残缺，两眼充满痛楚和对死神来临的恐惧。

每后撤一步，都充满着进一步将法国国土拱手送给敌人的莫大痛苦。在有些地方，法国士兵走过自己的家门，他们明白，再过一天，德国人就要闯进去了。"我们是8月27日离开布洛姆贝（Blombay）的，"第五集团军的一个骑兵上尉写道，"十分钟后，那地方就被德国枪骑兵占领了。"那些身经苦战的部队，步伐凌乱，无心唱歌，默默地走着。士兵们形容憔悴，既渴又饿，有的心怀怨恨；他们或喃喃不已，埋怨军官，或窃窃私议，谈着卖国贼的行径。朗勒扎克的第十军在桑布尔河折损5000人之众，军中传说，法军的各个阵地都被出卖给了德军炮兵弹着观察员。"士兵们吃力地走着，神色显得疲惫不堪，"朗勒扎克部队的一个步兵上尉写道，"他们在一场猛烈的后卫战之后，已走完了两天的行程，62公里。"但他们在那天晚上睡了一觉之后，到第二天早上，又"成了新人。几小时的睡眠竟使他们的精力恢复过来，这真使人惊奇"。他们责问为什么要撤退，上尉以"冷静而信心十足的语气"作了一番严肃的讲话，告诉他们还要继续战斗，"并且要让德国人知道我们的厉害"。

那些骑兵，原来是靴子锃亮照人，军服光彩夺目，而今则是泥泞满身，血污斑斑，在马鞍上摇摇晃晃，疲倦得头昏目眩。"士兵们困乏得头也抬不起来，"第九骑兵师的一个轻骑兵军官写道，"走向何处，他们似解非解，心中无数，他们茫茫然如在梦中。每当部队停下，饥饿虚弱已极的马匹甚至不等卸鞍就奔向草堆，贪婪地吞嚼起来。我们也不再睡觉了；黑夜行军，白天杀敌。"他们知道德国人已在他们背后渡过默兹河，并在步步前进和放火焚烧沿途的村庄。"罗克鲁瓦（Rocroi）是一片火海，附近烧着的谷仓又点燃了左近的森林。"黎明时，敌人的大炮又开始轰鸣，"德国人以实弹向日

第 18 章 撤退

出鸣了礼炮"。在连续不断的隆隆炮声和炮弹爆炸声中,法国人听到他们自己的 75 毫米重炮雄壮的呼啸。他们坚守着阵地,等待炮战结束。一个通信员骑马送来司令部的命令:撤退。他们又开拔了。"我凝视着绿色的田野和在吃草的羊群,心潮澎湃,不禁沉思:'我们正在放弃的是多么巨大的财富啊!'我军士兵已振作起来。他们发现了步兵挖掘的一个壕沟系统,大家怀着极大的好奇心仔细地揣摩着,好像这些壕沟是供游客们欣赏的名胜。"

8 月 25 日,符腾堡公爵部下的德军进入色当,炮击巴泽耶(Bazeilles),1870 年著名的弹尽援绝的一仗就是在这儿打的。法军德朗格勒的第四集团军进行了反击,不让德军渡过默兹河。"一场激烈的炮战打响了,"德国第八后备军的一个军官写道,"这是一场可怕的大搏斗,打得地动山摇。所有年老的本土胡子兵都嚎叫着。"后来,他又参加了"在陡如屋脊、满是树木的斜坡上的一场可怕的战斗,还进行了四次刺刀冲锋。我们不得不跳过一堆堆我方战士的尸体。我们向色当败退了,伤亡惨重,并丢失了三面旗帜"。

那天晚上,法军炸毁了附近地区所有的铁路桥梁。要拖延敌人就必须炸毁铁路桥梁,但一想到来日自己回过头来反攻时,也许需要这些桥梁、铁路,又不免感到棘手,不能兼顾,往往要挨到最后一刻才破坏;因此有时不免失之过晚。

但当时面临的最大困难还是各个部队的调度问题,因为自各军而下直到各团都有自己的补给车队、骑兵和炮兵的辅助队,以及各自行驶的道路和交通线。一个军需官就曾埋怨说:"步兵不仅不给运输车辆让路,还停在十字路口裹足不前。"当各队败退时,他们得按自己的番号把人员重新聚集起来编组,汇报伤亡情况,并领收从后方后备役兵站派来的补充官兵。单单为吕夫的第三集团军第四军,就派了 8000 名后备役兵员,为它逐连进行了补充,这个数字等于它全部兵力的四分之一。热衷于冲动主义的军官们,自将级以下的伤亡都很严重。根据第三集团军参谋塔南(Tanant)上校的看法，溃败的原因之一就是将领们不愿在后方应有的岗位上指挥战斗，而是跑到前线带头冲锋陷阵，结果，"他们只起了班长的作用，而未尽其指挥官的职责"。

不过，现在他们从惨痛的经验中得到教训，改进了战术。他们开始挖掘战壕了。有一个团的士兵，只穿着衬衫，整天在烈日底下铲土，把壕沟挖得深深的，足可以站在里面射击。另一个团则奉命进入战壕，组织防守一块树林地带。一夜过去，平静无事，第二天清晨4时，继续行军，"没有战斗就走了，简直叫人难受……因为这时候，我们对节节后退已经满腔怒火"。

为了尽量少丢失土地，霞飞想在尽可能靠近濒临被突破的地方立足拒守。他在第二号通令中规定的战线是在索姆河畔，在蒙斯运河和桑布尔河下游约50英里的地方。普恩加莱怀疑霞飞的乐观主义中是不是隐藏着自欺欺人的想法；当然，也有一些人倾向于把战线向后再退一些，好有时间巩固防线。自从大败之日起，巴黎的人们就认为巴黎将是前线，但霞飞的思想却还没有转到首都上来，而国内也没有一个人对霞飞提出异议。

政府中一片混乱。部长们，据普恩加莱的说法是"惊恐万状"，议员们，据梅西米说法，也是"惊慌失措，吓得脸色铁青"。与前线失却直接联系，又缺乏亲眼目睹的真情实况，战略措施更一无所知，所以只有依靠总司令部"寥寥数语、高深莫测"的公报以及谣传、推测和相互矛盾的报道，他们在无权过问战时军事指挥问题的情况下，是最终需对国家和人民负责的人。不过，从霞飞精心修饰的报告的字里行间，普恩加莱还是可以琢磨出真实情况的明显轮廓，看出是"一份招认遭到入侵、失败和丢失阿尔萨斯的三重奏"。他认为当务之急是将事实真相公诸全国人民，让他们对即将面临的"严峻考验"有所准备。可是，他没有意识到更为急迫的是必须为巴黎被围做好准备。

那天一早，身为陆军部长的梅西米知道了首都处于毫无防备的

第18章 撤退

情况。早晨6时，工兵部队的伊尔斯肖埃（Hirschauer）将军前来拜访，伊尔斯肖埃将军负责防御工程并兼任巴黎军事长官米歇尔将军的参谋长。霞飞的电报虽是几小时之后才到的，但是伊尔斯肖埃将军已经私下得到在沙勒鲁瓦惨败的消息，他的注意力已经从边境一步跨到首都。他直截了当地告诉梅西米，外围的防御工事还没有做好，还不能使用。虽然经过细致的研究并注意到一切必须注意之处，可是"防御工事还是一纸具文，从未动工"。防御工事交付使用的日期原订为8月25日，但由于对攻势满怀信心，被推迟到9月15日。扫除火力障碍，挖掘战壕，得砍伐树木和拆除房屋，由于不愿损坏财产，政府对这些重要措施从未下达过明确的命令。火炮掩体和步兵哨所的构筑，铁丝网的安置，以及建筑胸墙所需木料和军火贮藏隐蔽所的建造准备工作，甚至连一半都还没有完成。至于粮食等必需品的供应工作，则几乎尚未着手进行。身为军事长官并负责防御工作的米歇尔将军，也许由于1911年他的防御计划未被采纳，心灰意懒，一蹶不振，缺乏热忱，工作毫无成效。在他掌权期间，正值大战爆发，他的工作很快就陷入了混乱和犹疑不决的状态。梅西米在1911年对米歇尔就评价不高，而今则更是如此，所以在8月13日找来伊尔斯肖埃将军，令他抓紧被耽误下来的防御工事，并责成他在三星期内完成。伊尔斯肖埃将军当场表示办不到。

"废话空话已成了家常便饭，"伊尔斯肖埃将军说，"每天上午，我得浪费三个钟头在毫无结果的汇报和讨论上。每决定一个问题都得付诸公断，我虽说是军事长官的参谋长，但简直和旅长一样，不能向负责各战区的师长发布命令。"

梅西米像往常一样，马上召见加利埃尼；两人正在商议时，霞飞的电报来了。电报的第一句就是把战事失利归咎于"我军在战场上没有表现出期望于它的进攻素质"，梅西米一看之下，顿时沮丧万分；而加利埃尼则希望能得到具体的事实、地名、和战场究竟距巴黎多远。

"一句话，"加利埃尼不动声色地说，"你可以看到，不出十二天，德军就会兵临巴黎城下，巴黎有抵抗围攻的准备吗？"

梅西米不得不承认没有；他随即请加利埃尼过一会儿再来，他想在这时间内征得政府同意任命加利埃尼取代米歇尔任军事长官。也就在这时，他从另一个来访者，即总司令部驻陆军部代表埃伯内将军那里得到原来派定保卫巴黎的第六十一和第六十二两个后备师将被调走的消息，使他"茫然不知所措"。霞飞已令这两个师北上增援三个本土师；这三个师是地处英军和海峡之间仅有的法军；而这时，克卢克的右翼正在向海边席卷而来。梅西米大发雷霆，坚决表示巴黎属于后方地区而不是作战地区；第六十一师和第六十二师属他而不属霞飞指挥，没有他本人和总理或共和国总统的同意，不能任意调离巴黎卫戍区。但埃伯内答称命令已经"执行"，接着又很尴尬地补充了一句，说他本人就将北上统率这两个师。

梅西米立即赶往爱丽舍宫去见普恩加莱。普恩加莱听了这消息也"暴跳如雷"，但同样束手无策。他问梅西米还留下些什么部队，梅西米只好回答说，有一个骑兵后备师、三个本土师，现役部队除了军区兵站的一些人员外，一支也没有。在他们两人看来，法国政府和首都已没有任何守卫手段，并且也无法调动任何兵力。只有一条路可走——去找加利埃尼。

加利埃尼现在是再次被要求出来取代米歇尔了；在1911年，取代米歇尔当时职务的原本是他，而不是霞飞。加利埃尼二十一岁那年，在他从圣西尔军官学校毕业后不久，曾以少尉军阶参加过色当战役。被俘后，在德国待了一些时候，他的德语就是在那里学的。加利埃尼继而选定到殖民地去继续从事军旅生涯，因为法国正在那里"培植军人"。尽管参谋学院派认为在殖民地服役只不过是一种"旅游"，可是，加利埃尼征服马达加斯加岛的名声，使他像在摩洛哥的利奥泰（Lyautey）一样，得到最高军阶。他用德、英和意大利文写了一本札记《我童年生活的回忆》。他好学不倦，不管是俄语，

第 18 章　撤退

是重炮发展史，或是关于殖民主义国家的施政比较，他都学习。他戴着夹鼻眼镜，留着浓浓的灰色须髭；这跟他文雅而高傲果断的形象似乎不太相称。他的举止活像一个阅兵行进中的军官。他那高瘦的个子，冷漠、不可捉摸而带有几分严肃的神态，使他跟当时的军官完全没有相似之处。普恩加莱形容加利埃尼给他的印象是："瘦长、挺拔、昂首，镜片后的两眼犀利有光；他在我们眼里是仪表堂堂的伟人典范。"

他在六十五岁那年患了前列腺炎；经过两次手术后，他在两年后去世。就在上一个月，他因老妻过世，悲恸万分，又因早在三年前就已辞去他在法军中的最高职位，个人抱负已经置之度外，自忖行将就木，所以对军中的政治活动，对政客们的钩心斗角，感到厌烦。在战前几个月，在他 4 月份退休之前，军队中各个派系的明争暗斗，在他周围形成一股漩涡。有的要提名他为陆军部长或是指派他代替霞飞担任总司令；有的则要削减他的养老金或调走他的朋友。他的日记中充满了对生活，对"卑鄙的政治行为"，对"野心勃勃的小集团"，对军中一片松懈状态的厌恶，以及对霞飞并不十分钦佩的心情。"今天我在树林里骑马经过他身旁，他像往日一样在步行……他是多么肥胖而又笨重！看来三年也难挨过。"现在是法国自 1870 年以来最艰难的时刻，要他出来接这副烂摊子，手无一个集团军的兵力去保卫巴黎。他认为为了精神上的影响，为了铁路运输、供应和工业生产能力，坚守巴黎是必要的。他很清楚，巴黎不同于要塞，不能从内部进行防御，而必须用一支军队作战于环形防线之外；但这支军队得来自霞飞属下，而霞飞则另有打算。

"他们并不想保卫巴黎，"加利埃尼在正式受邀出任军事长官的那晚对梅西米说，"在我们的战略家眼里，巴黎不过是个地理名称——同其他任何城市并无不同。你叫我拿什么来保卫法国的心脏和神经中枢所在的这个广大区域？就这么几个本土师和一师从非洲来的精锐部队。那仅不过是沧海一粟。倘要巴黎不遭受列日和那慕尔的命运，就得控制住周围100公里的地方；而要做到这一点，就需要一个集团军的兵力。给我一支有三个现役军的集团军，我就答应担任巴黎军事长官；这个条件是正式的，是毫不含糊的。具备了这样的条件，你就可以相信我能守住巴黎。"

梅西米一再向他道谢，"连连跟我握手，甚至还吻了我"，这使加利埃尼深信，"从这种热忱感激的表示可以想见，我将接手的工作肯定不是一个值得羡慕的差使。"

梅西米连怎样能从霞飞手中抽调一个现役军也心中无数，更不用说抽调三个军了。他唯一可以动用的现役部队就是加利埃尼所提及的那个非洲师。这支来自阿尔及尔的第四十五步兵师，不是按照正式动员令建成的，而是由陆军部直接建立的，它刚在南方登陆。总司令部曾一再打电话来要这个师，可是，梅西米决定不惜任何代价把这个"新到的、赫赫有名"的师抓在手里。他还需要五个师。但是，为满足加利埃尼的条件而强求霞飞调来五个师，那就意味着政府将和总司令之间在权限上发生直接冲突。梅西米感到焦虑。在那庄严而难忘的动员日，他曾暗自发誓，"绝不重蹈1870年陆军部的覆辙"。那时的陆军部奉皇后欧仁妮命令曾插手派麦克马洪（MacMahon）将军向色当进军。梅西米过去曾经和普恩加莱仔细研究过划定战时权限的1913年法令；而后他十分热情地主动告诉霞飞，他对法令的理解是战时的政治指导工作交由政府负责，军事指挥交由总司令负责，这是总司令"绝对和全面负责的范围"。而且，这一法令，在他看来，还授予总司令在整个国家享有"广泛的权力"；在军区，不论在民政还是军事方面，都享有"绝对"权力。最后他说，"你是东家，我们是为你办伙食跑腿的。"霞飞一点也没有感到惊奇，"未作任何商讨"就表示同意了。普恩加莱和维维亚尼的新内阁也二话没说地表示了同意。

而今，梅西米将从哪里找到自己已断然放弃了的权限呢？为了寻找合法根据，他重新翻遍了法令，差不多一直查到深夜，他总算

第 18 章　撤退

抓住了责成政府"对国家最大利益负责"这句话。不使首都落入敌人之手确是国家的最大利益，但是，给霞飞的命令将采取什么方式？陆军部长在痛苦万分、未曾合眼的下半夜，鼓足勇气草拟给总司令的命令。从凌晨 2 时到 6 时，他苦思冥想了四小时，得出了名为"命令"的两句话。"命令"指示霞飞，若"我军不能获胜而被迫退却，则至少要派遣三个情况良好的现役军前来巴黎筑垒营地。接到本令后请即见告"。命令用电报发出之后，于第二天，8 月 25 日上午 11 时，又派专人送去一份，并随同送去一封"以个人名义写的友好的"信件。梅西米在信中还写了一句："这份命令的重要性，你是不会不了解的。"

这时，边境战事失利和继续退却的消息已经传遍巴黎。部长们和议员们吵吵嚷嚷地要追究"责任"；他们还说公众也会提出这个要求的。在爱丽舍宫的接待室里，可以听到抱怨霞飞的窃窃私语："……一个傻瓜……无能……当场开了他。"作为陆军部长的梅西米也同样被他们看中了；他的副官低声说："一些院外活动集团要剥你的皮。"在此危急关头，成立所有政党的"神圣同盟"并加强维维亚尼新组成的软弱无力的内阁是必要的。于是，进行了多方面的接触，邀请了法国政界的头面人物参加政府。年事最高、最受人敬畏的"法国老虎"克列孟梭，尽管是普恩加莱的劲敌，显然还是首选人物。维维亚尼发觉他"大为光火"，无意参加政府，他预料这个政府不出两星期就将垮台。

"不，不，别打我的主意，"克列孟梭说，"不出两个星期，你就要垮了，我一点儿也不想插手。"这"一阵感情冲动"之后，他痛哭起来，并拥抱了维维亚尼；但还是一再拒绝加入政府。后来，由前总理白里安、战前最卓越而经验丰富的外交部长德尔卡塞（Delcassé）及前陆军部长米勒兰（Millerand）三巨头结成一体，表示愿意作为一个集团参加政府，但有一个条件，就是必须让德尔卡塞和米勒兰担任原职，解除现任外交部长杜梅格（Doumergue）和陆军部长梅西米的职务。内阁于当天上午 10 时举行会议，这时候这个令人不快的交易还只有普恩加莱知道，还悬而未决。部长们的脑海里响彻的是枪炮声，隐现的是溃退的军队，是一群群头戴尖顶帽盔的德军在挺进南下；然而，他们为了力图保持尊严和表示镇静，仍然照会议的常规程序就各部事务依次发言。在他们汇报关于银行不能兑现、基层法院的法官应征服役是对司法活动的干扰，以及关于俄国人对君士坦丁堡的目的企图等问题的时候，梅西米是越来越感到心焦。他原先是热情到极点，现在则是接近绝望的深渊。伊尔斯肖埃披露的情况，耳边不断响着的加利埃尼关于德军十二天就要迫近巴黎的警告，使他产生了"几个小时等于几个世纪，几分钟等于几年"的迫切感。当讨论转到涉及巴尔干半岛国家的外交问题和普恩加莱提出的阿尔巴尼亚问题时，他怎么也抑制不住而发作了。

"让阿尔巴尼亚见鬼去吧！"他边嚷边狠命地拍了一下桌子。他指责佯作镇静是"不体面的蠢事"。普恩加莱力劝他控制住自己，他拒不听从，并且说："我不知道你对时间的看法；在我，时间太宝贵了，浪费不得。"说着，就怒冲冲地向他的同僚们宣布了加利埃尼预料德国人在9月5日前将到达巴黎城外的说法。顿时，议论纷纷，有人要求免去霞飞的职务，有人谴责梅西米由"一贯的乐观主义一变而为危险的悲观主义"。会议所取得的唯一积极成果是一致同意委派加利埃尼取代米歇尔。

可是就在梅西米回到圣多米尼克街第二次撤销米歇尔职务的时候，他自己的职位也被米勒兰、德尔卡塞和白里安搞掉了。他们声称他应对公报中虚假的乐观主义负全部责任；而且，他"太紧张和神经质"，再说，他的位置得让给米勒兰。米勒兰体格结实，习性沉默，态度辛辣，一度曾是社会党人，确实是智勇双全，而他的"精力充沛、不知疲倦以及镇定自若、临危不乱"，普恩加莱认为正是当前所迫切需要的。普恩加莱并且认为梅西米"越来越悲观"。鉴于"预期必将惨败"的陆军部长不是最理想的共事人，总统也就同意牺牲他了。不过，要部长一级下台得搞得体面些：将请梅西米和杜梅格自行辞职，改任无实责的部长；至于米歇尔，将派他出使沙皇俄国。尽管如此，这些安慰性的安排，并没有为他们企图作为牺牲品的这些人所接受。

米歇尔在梅西米要他辞职的时候，大发雷霆、怒不可遏。他大声抗议，拒不离职。梅西米也激动得火冒三丈了；朝着米歇尔叫嚷着，如果他再固执己见，拒不从命，他就得离开这间房间，但不是回到巴黎残老军人院中他自己的办公室，而是将被押送到谢什—米迪（Cherche-Midi）的军事监狱。就在他们大叫大喊的时候，维维亚尼来了。他劝阻了争吵，并最后说服米歇尔让步。

可是在第二天委派加利埃尼为"巴黎军事长官兼巴黎部队司令"的正式命令刚签署不久，就轮到梅西米对普恩加莱和维维亚尼要他辞职而大发雷霆了。"我拒绝将职位让给米勒兰。我拒绝为讨好你们而辞职。我拒绝当无实责的部长。"如果他们要在梅西米历尽最近一个月的"繁重工作"之后，将他一脚踢开，整个政府就必须辞职；而且这样，梅西米说："在军队中，我有军衔；在口袋中，我有动员令；我将上前线去。"一切说服工作都告无效。政府被迫辞职，第二天进行了改组。米勒兰、德尔卡塞、白里安、亚历山大·里博（Alexandre Ribot）以及另两位新任部长的社会党人接替了包括梅西米在内的前政府五位成员的职务。梅西米作为陆军少校加入了迪巴伊的集团军。他在前线服役一直到1918年升为师长。

他在任内留给法国的遗产——加利埃尼，是手无一个集团军的"巴黎部队司令"。在以后十二天黯然无光、错综复杂、混乱不堪的日子里，三个现役军好似一根红线贯串其间，但它们不是从霞飞那儿唾手可得的。从梅西米的电报中，总司令立即觉察到"政府干预作战指挥的威胁"。他正忙于抓住可能挖掘出来的每个旅去索姆河畔重启战幕，因此，要他为首都抽出三个"情况良好"的现役军的意见，如同要他屈服于部长的命令一样，对他是没有什么作用的。既然不想照办，他对陆军部长的命令也就置之不理。

第二天，当加利埃尼派伊尔斯肖埃将军前来听取回音时，总司令的副手贝兰将军敲着保险箱说："对，命令在里面，政府要求派三个军去保卫巴黎是作茧自缚。这可能闯下大祸。巴黎有什么要紧？"这时，米勒兰也来了。霞飞告诉他要保住巴黎，非野战军不行，而这些部队目前连一兵一卒都是事关国家存亡的战略和战役所需。政府的忧心、巴黎所受的威胁，他完全无动于衷。他说，首都就是失守了，也并不意味着战争结束。

为了堵塞德军右翼前面的旷地，霞飞的当务之急是调新成立的第六集团军进入阵地。该集团军的核心是洛林军，是几天以前才匆忙凑集起来的，并随即在莫努里将军统率下投入了边境战役。莫努里已退休，他是应召出任指挥的。他是一位身材修长、体弱而骨骼很小的六十七岁的老将，1870年身为中尉时曾负过伤，担任过巴黎军事长官和最高军事委员会成员。霞飞对他的评价是"一位地地道道的军人"。洛林军是由第七军和第五十五、第五十六两个后备师组成的。第七军就是那支在不幸的博诺将军率领下第一个冲进阿尔萨斯的部队。第五十五和第五十六两个后备师是从吕夫军调来的；他们就像后备军所一再表现的那样发挥了可资倚重的英勇气概。法国之所以能支持下去，这种气概是因素之一。这两个后备师接到霞飞命令往西转移的那一天，还在英勇作战，力阻王储部队向凡尔登和图勒之间推进。这一战证明他们在法军撤退中立了一大功。正当他们的坚决抵抗支持着在重要的布里埃矿区进行反攻的吕夫部队的翼侧时，他们就被从战场上抽出来了，去支持左翼节节败退的阵线。

第六集团军乘火车经巴黎去亚眠转北上的铁路，那里因英国远征军的军运需要，已经拥挤不堪。法国的铁路运输，虽然没有像德国参谋部的智囊搞得那样臻于完善，但由于采取了可与德国的精确性媲美的D体制，调度上即使称不上顺当，也还非常迅速。D体制中的"D"代表"se débrouiller"，意思是"设法摆脱困境"或是"设

第18章 撤退

法应付"。莫努里的军队已于8月26日在亚眠下车,但还不够及时。前线的败退后撤,快过这支新军进入阵地;战线的那一端,冯·克卢克的追击部队已经赶上了英军。

如果那时候能有个观察员从高空气球上俯视从孚日山脉到里尔的法国整个边界,他将会看到70个法国师的红裤子构成的一道红色边缘,和在他们左端近处由四个英国师构成的一个小小的黄色楔子。8月24日,刚从英国来的第四师和第十九旅也到达这里,使英军的总数达到五个半师。这时候,德军右翼的包抄计谋已是明摆着的了。英国人发觉他们自己在这条战线上所守的阵地要比第十七号计划为他们所安排的更为险要。不过,他们所守的战线这端并不是孤立无援的。霞飞已赶派索尔代的精疲力尽的骑兵军去英军和海峡之间的空隙地带,增援这里的达马德将军率领的三个法国本土师。后来,他们又得到里尔的一师卫戍部队的增援;里尔8月24日被宣布为不设防城市并撤出驻军的。("如果他们远及里尔,"德卡斯泰尔诺将军在不久前说过,"对我方就越是有利。")霞飞的计划如想成功,英国远征军就必须守住朗勒扎克部队和新成立的第六集团军之间的空隙地带。根据第二号通令,霞飞的意图是要英国远征军服从撤退的统一部署,并在到达圣康坦的索姆河之后坚守不退。

然而,这并不是英国人目前的打算。约翰·弗伦奇爵士、默里和甚至曾一度热情支持第十七号计划的威尔逊,面对着这个没有估计到的危急处境,都非常惊恐。奔向他们而来的德国军队,不是一个、两个军,而是四个军;朗勒扎克集团军在全线退却,使他们的右翼失去掩护;法国的整个攻势已告失败。在同敌人初次交锋之后,紧接着就遇到这些使人心惊胆战的情况,约翰·弗伦奇爵士顿失信心,认定战败已成定局。那时,他的唯一念头就是保全这支远征军,它几乎是英国经过训练的士兵和军事人员的全部。他担心远征军即将受到包围,不是从它的左面,就是从它的右面,从它和朗勒扎克所部之间的那道缺口。于是他便以基钦纳不让军队作无谓牺牲的命令为由，不再考虑他之所以被派来法国的目的，一心只想使他的部队脱离险境。就在他的部队退向勒卡托时，这位总司令和他的司令部于8月25日又后撤26英里，退到索姆河畔的圣康坦。

对蒙斯一战感到自豪的英国士兵，如今痛苦万分，看到自己已经陷入不断退却的境地。他们的司令急于使他们脱离被冯·克卢克包围的危险，不让他们有片刻休息。士兵们没吃好、没睡好，在烈日下迷迷糊糊地拖着脚步走着，只要一停下来，马上就站在那里睡着了。自从蒙斯撤退开始以来，史密斯－多林军一直在打后卫战；克卢克的追击部队虽一直把它置于猛烈炮火之下，但德国人终未能阻止英军的行动。

德国士兵认为英国人"因有小型战争的经验"而特别善战，因此感到自己就像美国独立战争时期的英国兵在同伊桑·艾伦（Ethan Allen）率领的格林山兄弟会（Green Mountain Men）战斗那样，处于不利地位。他们拼命埋怨英国人"诡计多端"。第二天，他们就像在蒙斯那样，"又不见了，无影无踪"。

迫于形势，有些英国士兵不能按原定的路线撤退。军需司令"伍莱"·罗伯逊（"Wully" Robertson，即威廉·罗伯逊，William Robertson）将军——一个从士兵步步上升而非科班出身的人物——为了让他们弄到吃的，命令将物品卸在十字路口。有些东西没有被他们拣到，德军对这些食物的有关报道也就加深了统帅部关于敌人在溃退的看法。

8月25日傍晚英军到达勒卡托时，朗勒扎克紧邻英军的那个军，虽已退到同英军平行的阵地，但并不比英军退得更南一些。可是，约翰爵士认为自己被朗勒扎克"轻率"撤退所出卖，心情沉重，感到不能再和他同进退。在他看来，一切不顺利的根本原因在于朗勒扎克，而不在于敌人。所以他向基钦纳汇报部下不愿撤退的情况时说："我将对士兵们说明，我们的撤退是我们盟军的行动造成的。"

第18章 撤退

他下令第二天继续后撤,退到圣康坦和努瓦永。在圣康坦,开始标有前往巴黎的路标,距首都70英里。

8月25日下午,史密斯-多林先于所部几小时到达勒卡托。他去找约翰爵士时,这位总司令已经走了,只找到他的勤勉的参谋长阿奇博尔德·默里爵士。默里总是那么沉着、四平八稳、深思熟虑,和他的司令是完全不同的两个人。他本该是约翰爵士肆无忌惮、不顾一切时的一个最好不过的辅佐,可以补其不足,但由于他生性谨慎悲观,对约翰爵士的意气消沉反而起了催化作用。如今,他焦虑、烦恼、劳累过度,预计黑格军当夜将在勒卡托东12英里的朗德勒西(Landrecies)安营,但目前其情况不明,他也无法向史密斯-多林提供任何有关它的消息。

黑格部队在进入朗德勒西途中遇到一支穿着法国军装的队伍。查问口令时,这支队伍的军官也是口操法语回答的。可是,突然间这支刚刚来到的队伍连"一声招呼也不打,就放平刺刀,冲了过来"。原来这部分士兵是冯·克卢克第四军的,他们跟英国人一样,也定于那晚到朗德勒西安营。在接着发生的小冲突中,双方都投入了约两个团和一个炮兵连的兵力。黑格由于形势紧张,又是黑夜漫漫,情况捉摸不定,遂认为自己遭到"严重袭击",于是打电话给司令部要求"派兵增援……",并说"形势十分危急"。

黑格一向冷静沉着,因此,约翰·弗伦奇爵士和他的参谋人员从他那里听到这消息,当然不会有别的想法,便相信第一军处境极为危险。这时,也已经来到圣康坦英军司令部的默里,一惊之下,垮下来了。在副官送电报来时,他还坐在桌旁察看地图;但一会儿,另一个军官发现他已经昏厥倒下。约翰爵士也同样受到很大打击。他这个很容易受人感染的摇摆不定的性格,是深受这位统率第一军的颇能自持的模范军官的影响的,而且由来已久。1899年,要不是黑格借给他2000英镑让他还了债,他早就离开了军队。如今,一收到黑格求援的电报,他立即想到被包围了,甚至想到敌人已经深入第一军和第二军之间更糟的情况。英军司令部作了从最坏处着想的打算，下令变更黑格第二天退却的路线，不再往东南，而径直朝南。结果，黑格军便与史密斯－多林军在瓦兹河不同岸行军了。直接联系就此中断，一连七天没有接上。

黑格关于在朗德勒西受到袭击的这个一时冲动而又言过其实的估计，除使英国远征军分成两部分之外，还造成了一个全不应有的后果：使他这位老朋友和易为人左右的司令更为惊惶失措，使他怎么都得把远征军解脱出来的想法比以往任何时候都坚决，并使他对又一次灾难的来临更为敏感。因为，此刻正值恼人的8月25日之夜已告鱼白、行将破晓的时候，他又收到一个叫他心惊胆战的消息。史密斯－多林送来消息说，第二军被敌紧困，无法解脱，势必在勒卡托停下来作战。司令部人员大为吃惊，认为史密斯－多林大概完蛋了。

实际情况是，史密斯－多林翼侧的骑兵师师长艾伦比将军，晚上发现他准备占领来掩护第二天退却的高地和山脊已被敌人捷足先登，因无法跟英军总司令部取得联系，便在凌晨2时去同史密斯－多林商量。艾伦比要史密斯－多林注意敌人已摆好天一亮就进攻的架势，并说如果第二军不能"乘黑夜马上撤出"，那在白天出发之前将势必被迫作战。史密斯－多林把师长们叫来了，据他们报告，还有些士兵在陆续归队，很多人还在转来转去寻找自己的队伍，士兵都疲乏已极，天亮以前无法转移。他们还报告说，道路已为运输车辆和难民阻塞，而且有些地方被暴雨冲垮了。小屋内顿时寂静无声；马上撤走事不可能，留在原地作战又有违命令。野战司令部同总司令部没有电话联系设备，第二军军长只好自行决定了。史密斯－多林问艾伦比是否愿意服从他的命令，艾伦比答称愿意。

"很好，各位，我们就打吧！"史密斯－多林宣布之后，又说还要请新开到的第四师斯诺（Snow）将军也在他指挥下一同战斗。作战决定的报告是用摩托车送往英军总司令部的。早晨5时，司令部里为之一片惊慌。

第18章 撤退

亨利·威尔逊，像易于激动的梅西米一样，从满腔热情一下子跌到失败主义的深渊。进攻计划一失败，他这位计划的英方主要出谋者，也随之泄了气，至少在那一时刻是如此；并且对他的那位反应迟缓而在很大程度上能为他所左右的上司还产生了重大影响。尽管他乐观、机智和谈笑风生的本性是压抑不了多久的，而且是日后几天维持士气的唯一因素，但此时此刻，他已深信不疑大难即将临头，而且对于这个大难或许也已感有责任。

通信员奉命乘摩托车去请史密斯－多林到他就近的地方听电话。"如果你停在那里作战，"威尔逊对史密斯－多林说，"就会重演色当之战。"他在26英里以外的阵地上坚决认为情况还不至于危急到需要停下来作战的地步。因为"攻打黑格的军队是不可能再打你的"。史密斯－多林再次耐心解释了情况，并且告诉他，现在怎么也无法脱身，战斗已经打响，而且在他说话的时候已能听到枪炮声。"那就祝你顺利吧，"威尔逊回答说，"三天来，我还是第一次听到像你这样轻松愉快的声音。"

8月26日，第二军和斯诺将军的一个半师在勒卡托一连打了十一个小时的后卫战，法国军队这天也一样在打后卫战，他们在撤退中，每天都得打后卫战。冯·克卢克已下令要在8月26日这天继续"追击溃败之敌"。作为施利芬"袖拂海峡"箴言的最忠实的信徒，他继续向西推进；同时，为了包抄英军，他已命令他两个右翼军往西南方向强行军。结果，这两个军这天根本没有跟英军接触，倒是碰上了"强大的法敌部队"，这就是达马德的几个本土师和索尔代的骑兵军。史密斯－多林曾将他预料的情况通知他们，所以，他们在英军翼侧周围摆开架势，以佯动拦阻了德军。这一行动对德军所起的阻滞作用，史密斯－多林后来承认说，"还有那些本土军所表现的英勇气概，都极为重要，关系到我们的存亡；要不然，可以肯定在26日那天，还会另有一个军前来攻打我们"。

在冯·克卢克左方，由于情报错误，或是由于调度不当，他的另一个军未能赶上。因此，尽管他部署了一支优势兵力，而在勒卡托一战中，他实际上只是以三个步兵师对付史密斯-多林三个师的。不过，他还是调集了五个师的炮兵在黎明时进行炮击。英国士兵从法国的老百姓——妇女也参加了——匆匆忙忙挖得不够好的狭窄的战壕中用来复枪急速而准确的射击击退了德国步兵的袭击。然而，德国兵还是一浪接一浪地向他们猛扑过来，并且终于前进了。在一个地段，德国步兵围住了一连阿盖尔[*]团士兵。他们"不断向这些英国兵发出'停止射击'的警告，并且用动作示意劝士兵投降，但是均归无效"，这些人一直用步枪连续射击，"打死了一个又一个的德国兵，还数着命中的数字"，直到最后，全连被冲垮覆灭。战线上的其他地方也被打开了很多大缺口。脱离战斗——这在战场上是最困难的——一时还办不到；不过到了清晨5时，史密斯-多林认为时机已到，是机不可失、时不再来的时刻。但由于防线上的缺口、士兵的伤亡以及敌军在某些地方已经渗透进来，脱离战线进行退却的命令已无法同时送达各个队伍。有的队伍在阵地上又坚持了好几小时，继续沉着应战，直到被俘或在黑夜逃脱。戈登高地人团的一个营则始终没有接到命令。结果，这个营除少数几个人得以逃生外，不复存在了。在勒卡托作战的这三个半师，仅仅这一天就损失了8000多人和38门大炮，比在蒙斯战役的损失多一倍以上，相当于法军8月份伤亡率的20%。在失踪的人中，有些人在德国的俘虏营里度过了以后四年的岁月。

由于黑夜，由于急行军的疲劳，由于自身伤亡严重以及英国人具有在黑暗中"溜之大吉"的惯技，德国人并没有随即跟踪追击。克卢克下令停止前进，他预期右翼军的包抄行动第二天就会奏效。但到了第二天，史密斯-多林毅然决定掉转头来同优势敌人进行激战，成功地阻止了敌人所计划的包抄行动，并使英国远征军未遭覆灭之灾。

---

[*] 阿盖尔（Argyll），英国苏格兰地区的一个郡的名字。——译注

史密斯－多林到达圣康坦时，发现英军总司令部已在中午正当远征军还在进行生死存亡斗争之际撤走，后退20英里迁到努瓦永。在圣康坦市里的部队，看到首长们在北方还炮火连天的时候竟乘坐汽车向南扬长而去，不禁感到泄气。一个老百姓提出了必然会有的那种看法："26日那天，弗伦奇勋爵和他的参谋完全昏了头，事实就是如此。"道格拉斯·黑格爵士这时已经镇静下来。他问道："除了从勒卡托方向传来的枪炮声之外，关于第二军，我一无消息。第一军能够给它些什么帮助？"英军总司令部已经惊呆，无法给他任何答复。黑格得不到司令部的回音，就设法跟史密斯－多林取得直接联系。他说可以听到战场的声音，但由于两个军分开了，"我们拿不定主意应该怎样相助"。可是，他发这份电讯时，战斗已告结束。这期间，英军总司令部对第二军已不存希望，认为已经完结。仍然担任联络官的于盖上校在晚上8时发给霞飞的电报中反映了英军总司令部的这种情绪，他说："英军已败，看来它已失去凝聚力。"

半夜1时，来到法国只六天而后四天一直在作战的史密斯－多林到了努瓦永；看到英军总司令部人人都已入睡。约翰·弗伦奇被从床上唤了起来，穿着睡衣出来相见。看到史密斯－多林来了，还活着，而且说第二军并没有完结而是保全了下来，他就申斥了一番，说史密斯－多林对形势过于乐观。约翰爵士对史密斯－多林的任命，从一开始就很为不满，因他挤掉了他自己的人选；而今在饱受惊骇之后，也就自然而然地更加按捺不住，大发雷霆。他认为此人甚至还不是一个骑兵，但竟自以为是地在勒卡托无视参谋部的命令。尽管约翰爵士不得不在公文[*]中承认史密斯－多林采取这一行动的结

---

[*] 公文报称，"8月26日上午一战，倘不是一位罕见的、冷静异常的、坚韧不拔而富有毅力的指挥官亲自指挥，是不可能拯救我所率领的部队的左翼于危亡的"。这一报告显然是约翰爵士在他那反复无常的性格极不稳定的时候写的或签署的。事后，他又像过去那样厌恶他，而且不肯罢休，直到1915年把史密斯－多林召回国内，甚至在他战后出版的著作中，还公开对史密斯－多林继续进行恶意攻击。

果是"拯救了左翼",但他还是心有余悸,而没有很快地平静下来。在几千名失踪的士兵中,有的混在步履艰难的法国难民队伍里跟着撤退了,有的通过德国防线跑到安特卫普转到英国后又回到法国来了。在这些士兵最后重又归队之前,勒卡托一战的损失看来似乎要比实际情况严重得多。英国远征军在战争头五天中的伤亡,经查明总数接近 15000 名;这个数字增加了总司令的焦急不安,使他更急于把军队撤出战线,摆脱危险,离开法国。

当勒卡托之役鏖战正酣之际,霞飞在圣康坦召集了由约翰·弗伦奇爵士、朗勒扎克以及他们的参谋们参加的会议,解释第二号通令的各项指示。他一开始,彬彬有礼地询问了英国远征军的情况,不料这下子可引起了约翰爵士的长篇牢骚。他说,他一直在遭受着数量上占优势的敌人的猛烈攻击,他的左翼正面临被包抄的威胁,他的右翼由于朗勒扎克的轻率撤退已失却掩护;并说他的部队疲乏已极,不堪重展攻势。霞飞一向认为在参谋面前保持镇静是首要的,这时也不禁为这位陆军元帅的"激动声调"震惊不已。而朗勒扎克听了亨利·威尔逊语气比他的司令的谈话较为缓和的翻译之后,只是耸了耸肩。霞飞不能对英军发布命令,只好表示希望英军司令能按前天的新通令中的计划行动。

约翰爵士一听,神色惊讶,说他从没有听说有这样一道通令;默里因上一夜吓垮了,没有出席讨论会。这时,法国人感到惊奇、表示疑问的各种目光,都一齐投向威尔逊。威尔逊解释说,命令是在夜间收到的,尚未进行"研究"。霞飞随即说明了通令的各项规定,不过,他显然已失却信心。讨论进行得断断续续,冷场的时间越来越长。这种场面叫人局促不安,以至难以忍受。会议只好就此结束,在联合作战问题上没有得到英国人的同意。霞飞带着左翼力量"薄弱"的印象回到法军总司令部,但在那里等候他的又是各条战线都告薄弱的消息,以及包括参谋人员在内的各级军官的沮丧情绪;及

第 18 章 撤退

至夜间,最后还来了于盖那份说英军已经"失去凝聚力"的灰溜溜的电报。

冯·克卢克对英军也持同样看法。他下令于 27 日"切断在全面西逃的英军",并向德军统帅部汇报说他即将全部围住"所有的六个"英国师(事实上,只有五个在法国),"如果英军在 27 日停下来抵抗,那么,两面包抄也许还可以获得巨大胜利"。德国统帅部鉴于在攻克那慕尔之后第二天送来的这个光辉灿烂的前景,跟比洛声称他的对手法军第五集团军已成"溃军"的报告是吻合的,由此坚定了胜利在即的看法。8 月 27 日,德军统帅部正式公报宣布说:"德军在连告大捷之后,已从康布雷(Cambrai)到孚日山脉一带进入法国。""敌军已全线溃败,在全面撤退……对于德军的挺进已无法做任何有力的抵抗。"

在群情欢腾的气氛中,冯·克卢克也如愿以偿。正当他强烈反对冯·比洛要他围攻莫伯日的命令,认为这是比洛的职责所在,并且要求告诉他是否仍然要听命于比洛的时候,德军统帅部于 8 月 27 日恢复了他的独立自主权。统帅部将右翼三个集团军置于一人领导下的尝试,既已引起了不少摩擦,也就把它放弃了。在奔向胜利的道路上,余下的道路看来已是坦途的时刻,这个问题也就显得不重要了。

冯·比洛却非常恼火。他身居右翼中路,总是为两支友邻部队拒绝跟他步调一致所苦。比洛早已警告过统帅部,说豪森的延误已使第二集团军与第三集团军之间形成了一个"令人遗憾的缺口"。至于豪森,也同样非常恼火;此公除了顶礼膜拜官衔之外,最热衷的便是每天晚上要住得舒舒服服。8 月 27 日是他进入法国的第一天;可是这一夜,他竟没有找到一个可供他和陪同他前来的萨克森王储住宿的大别墅。他们只好睡在一个专区区长家里,屋里凌乱不堪,"甚至连床都没有铺好"。第二夜情况更糟,他得忍气吞声住在一个肖邦先生家里,一个农民的家里!那儿,饭菜既差,住房又"不宽敞",

参谋机构得设在附近教区长的住宅里，教士已经上战场去了，教士的老娘看起来活像个巫婆，转来转去"巴望我们都倒大霉"。这时候，天空中的道道红光说明他的部队刚路过的罗克鲁瓦在遭受火劫。之后的一个夜晚总算幸运，他们是在一个富有的法国实业家布置得很讲究的屋子里度过的。那晚，主人"不在家"。在这里，豪森唯一感到美中不足的是倚墙而长的梨树虽然果实累累，但"很遗憾，梨儿还没有熟透"。尽管如此，他还是很高兴，能和明斯特尔伯爵、少校基尔曼塞格（Kilmansegg）伯爵、轻骑兵部队的舍恩贝格-瓦尔登贝格（Schoenburg-Waldenburg）亲王以及充当天主教教士的萨克森公爵马克斯欢聚一堂，并向他们传达了他刚在电话中接到他的姊妹马蒂尔德（Mathilda）公主祝愿第三集团军胜利的振奋人心的消息。

　　豪森抱怨说，他的萨克森兵在敌国行军已经十天，天又热，还得不时作战。供应总是赶不上，缺少面包肉食，部队得靠当地的家畜过活，马匹的饲料又不足；然而，他还是设法做到平均每天行军23公里。事实上，这是对德军最起码的要求。在这车轮形包围圈外缘的克卢克军，每天行军30公里，甚至还多一些，而在强行军时，每天达40公里。他之能做到这一点，是因为他只让士兵沿路就宿，而不让他们散到路两边的地方去宿营。这样，一天就可多跑六七公里。但由于德军运输线拉得很长，部队的前进又远远超过了运送军用物资的铁路线终点，食物往往供应不上。马匹只好到田里去吃还未成熟的庄稼。士兵整天行军也只吃些生胡萝卜和卷心菜，别的什么也没有。他们既热又累，两脚跟他们的敌人一样疼痛难熬。他们越来越饥饿难忍，然而还是按日程表行军不误。

　　8月28日，冯·克卢克非常高兴，在布鲁塞尔去巴黎的半途上，接到德皇来电，对第一集团军的"决定性胜利""朕甚感激"，并对第一集团军已经迫近"法国心脏"表示祝贺。当夜，借着野营的火光，军乐队奏起了《万岁胜利者的桂冠》的凯旋曲。克卢克的一名军官在日记中写道："乐声被成千人的歌声淹没了。第二天早晨，我们继续行军，希望在巴黎庆祝色当战役纪念日。"

同一天，冯·克卢克脑海里出现了一个扣人心弦的新主意；这个主意不出一个星期就将在历史上留下它的痕迹。侦察到的情况说明，在比洛面前退却的法国第五集团军，现正在向西南方向移动，而且将穿过他的行军路线。克卢克认为这是一个机会，可以"抓住该军翼侧……迫使该军离开巴黎，然后对它翼侧包围"。攻击这个目标，目前在他看来比切断英军去海滨的退路更为重要。他向比洛建议，他们两军应向"内线转动"。但在还未作出任何决定之前，德国统帅部的一个军官带来了一份致所有七个集团军的新通令。

据王储的看法，德国统帅部深受"一片胜利感"的鼓舞，不过它还是注意到法军从洛林转移的情况，因而这时通令要求"迅速前进，防止敌军有生力量的集结，并尽可能多地削弱法国可用以继续战斗的一切手段"。克卢克集团军应向巴黎西南的塞纳河推进；比洛集团军应径向巴黎移动；豪森、符腾堡公爵和王储应率领他们各集团军分别南下巴黎以东的马恩河、蒂耶里堡（Château-Thierry）、埃佩尔奈（Epernay）和维特里—勒弗朗索瓦。虽然命令对鲁普雷希特亲王统率的第六集团军和第七集团军突破法国堡垒线这一方面有点含糊，但"如果敌人退却"，要他们越过图勒和埃皮纳勒之间的摩泽尔河则是肯定的。不让法国有时间重新集结力量组织抵抗，"急需"的是速度。1870年的往事记忆犹新，德军统帅部于是命令"对群众采取严厉措施，尽快粉碎自由射手的任何抵抗"，并防止法国"全民性暴动"。预料敌人将先在埃纳河进行顽抗，然后退向马恩河，德国统帅部于是在此附和了克卢克的新主意，最后提出"这可能需要将进军方向从西南转向正南"。

除了这一建议外，8月28日的这道命令是按照原来的作战计划行事的。不过执行这道命令的德军已不复是原计划的数目。它们减少了五个军，等于减少了整整一个野战集团军。克卢克留下两个后备军包围安特卫普和守卫布鲁塞尔以及比境的其他地方；比洛和豪森各少了一个军，调到俄国战线去了；还有相当于一个军的几个旅和师被留下来包围日韦和莫伯日。为了能按照原计划控制地盘和让第一集团军从巴黎西面通过，右翼军力就势必拉开得更为稀疏，要不就得让所属各部队之间出现缺口。事实上，这种情况已经发生：8月28日，豪森部队由于正在色当南面激战的符腾堡公爵呼吁"立即援助"，已被拉向左面，因此右面不能接上比洛所部，反而要比洛掩护他的右侧。本应该在这两军衔接处的那两个军，已首途去坦嫩贝格了。

德国统帅部于8月28日第一次感到放心不下的苦楚。毛奇、施泰因和塔彭焦虑地讨论了是否要从鲁普雷希特集团军中抽调援军去右翼的问题，但又不愿放弃一举突破法国堡垒线的企图。施利芬曾梦寐以求但终于放弃了的，以左翼突破洛林同时以右翼包围巴黎的道地的坎尼战役式的两面包抄，眼前看来颇有成功可能。鲁普雷希特在猛扑埃皮纳勒；他的部队已兵临南锡城下，并在猛攻图勒。自攻陷列日以后，正如塔彭上校所说，其他筑垒地带已"威风扫地"，似乎每天都有可能为鲁普雷希特所突破。比利时铁路被破坏，一下子要调动几师兵力是怎么也办不到的，所以，德军统帅部深信夺取图勒和埃皮纳勒之间的沙尔姆峡口是可取的；而且，用塔彭的话说，"可以大规模地包围敌军，若能获胜，可以就此结束战争"。结果是鲁普雷希特率领的左翼仍然全部保存了26个师的实力，而与右翼三个集团军经削弱后的实力相仿。这绝不是施利芬心目中的比例，施利芬在临终前犹喃喃叨念着"务使右翼强大"。

继比利时的剧变之后，全世界的目光都注视着布鲁塞尔和巴黎之间的战事；殊不知这些时日以来，洛林在进行着一场打得更猛、为期更长的争夺法国东边门户的持久战。沿着埃皮纳勒到南锡长达80英里的战线上，两支德军在大举进攻德卡斯泰尔诺和迪巴伊的法

第 18 章　撤退

军。战争处于难分难解、势均力敌状态。

8月24日，鲁普雷希特集结了400门大炮，还从梅斯兵工厂运来一些大炮，发动了一系列的凶猛攻势。法军这时将全部技能用在防御上了，他们挖了战壕，并准备了多种多样临时性的、巧妙的防弹掩蔽体。鲁普雷希特的进攻未能把福煦的第二十军从南锡前面的阵地逐出去；不过，在更南面却夺下了莫尔塔涅河（Mortagne）对岸的一块突出阵地。莫尔塔涅河是沙尔姆峡口前的最后一条河流。法国人立即看到翼侧攻击的机会来了。这次他们准备了大炮，野战炮连夜运来了。25日上午，在德卡斯泰尔诺"前进！全线出击！拼啊！"的命令下，部队发动了攻势。第二十军从大库罗讷城内的小山顶上猛冲而下，一举收复三个城镇和十英里的国土。在右侧，迪巴伊所部经过一天激战，取得了同样的进展。阿尔卑斯山地师师长莫迪伊将军在作战前检阅部队时让士兵们合唱了勇敢无畏的《西迪卜拉欣》[*]之歌。

前进，前进，向前进！
打击法国的敌人！

战斗一天下来，许多零零落落失却战斗力的队伍还不清楚他们是否已经攻下了既定目标克莱藏坦（Clezentaine）。莫迪伊将军在马背上看到一连面容憔悴、汗流浃背的士兵在寻找宿营地，就一面挥臂指着前面，一面向他们叫喊着："骑兵们，就在你们占领的村子里睡吧！"

争夺沙尔姆峡口和大库罗讷的战役激烈进行了三天，而于8月

---

[*] 西迪卜拉欣（Sidi Brahim），阿尔及利亚地名，法国侵略阿尔及利亚史上的一次著名的战斗在此附近发生。1845年9月23日，79名法国轻骑兵在奈穆尔（Nemours）去乌杰达（Oudjda）途中，即在易卜拉欣小清真寺附近，以寡敌众，与阿尔及利亚反法斗争领袖阿卜杜卡迪尔所部近3000名骑兵作战了三天。此后，法国轻骑兵即以这几天为传统节日。——译注

27日达到最高潮。那天，霞飞因于别处叫人忧郁和沮丧的情况，苦于没有什么可资表扬的战绩，便向第一和第二两集团军"勇敢和不屈不挠的精神"表示了敬意。洛林战役开始以来，他们已打了两个星期而未曾稍事休息，他们抱定"必胜之心"，竭尽全力坚守着国门，抵住敌人攻城锤的猛撞猛打。他们懂得，如果这里让敌人突破了，战争就完啦。他们不知道什么坎尼之战，但却深深懂得色当战役和包围是怎么一回事。

坚守堡垒线是势在必行，是存亡所系，但霞飞左翼的情况则更危如累卵，使得他不得不从东面的军队中调来他们的砥柱——"必胜意志"的象征——福煦。霞飞现在需要他来稳定节节败退的左翼。

第四、第五集团军之间危险的缺口越来越大，这时已经扩大到30英里。这是在第四集团军德朗格勒将军不愿让德军不战而越过默兹河，牢守色当南面的高岸，而于8月26日至8月28日激战三天堵住符腾堡公爵所部时造成的。德朗格勒认为，他的部队在默兹河一战中建立的功绩洗雪了在阿登山区败北之耻；但第四集团军之能坚守则是以失掉跟朗勒扎克部队的联系为代价换来的。朗勒扎克所部在继续退却，使自己靠第四集团军一边的翼侧失去了掩护。霞飞就是为了要控制住这个空白地带而召福煦来的。他命令福煦统率由他从第三、第四集团军中抽调出来的三个军组成的一支特种部队*。福煦也就在接到命令那天得到噩耗：他的独子热尔曼·福煦（Germain Foch）中尉和女婿贝古（Bécourt）上尉都已在默兹河阵亡。

在再西面朗勒扎克所部和英军所在地区，霞飞仍然希望能在索姆河畔稳下阵来，但是他们的阵地犹如沙滩上的城堡，一垮再垮。英军总司令绝不会同意在这条战线上坚持到底，他和朗勒扎克的合作已到了最低限度；至于朗勒扎克，霞飞对他已逐渐失去信心，看来也不复可以信赖。8月份霞飞虽然撤掉了一些将军，但要下手免

---

* 这支部队在9月5日成为第九集团军以前，一直被称作福煦特遣队。

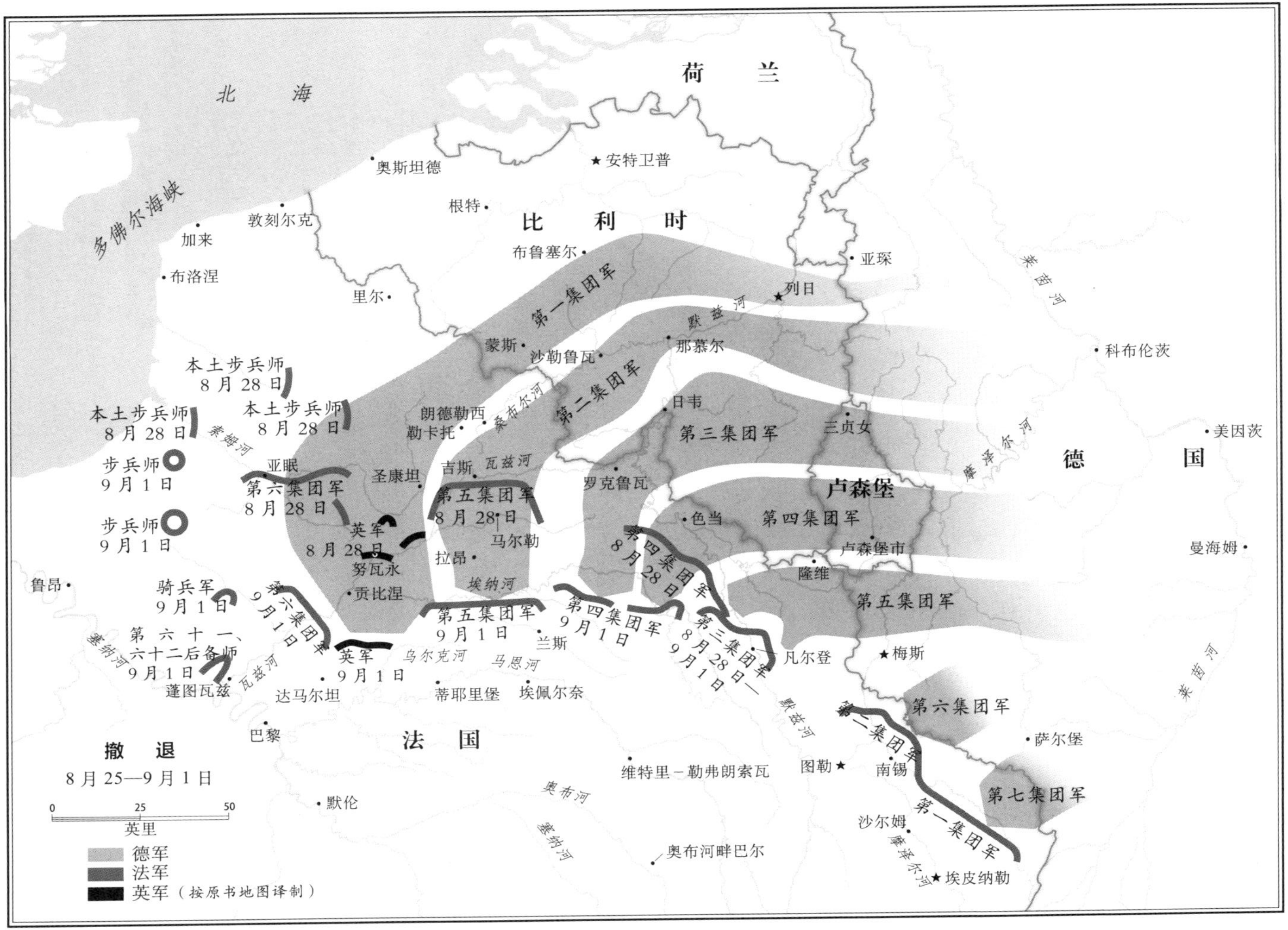
撤　退
8 月 25—9 月 1 日
0
25
50
英里
德军
法军
英军（按原书地图译制）
北　海
多佛尔海峡
荷　兰
比　利　时
德　国
法　国
奥斯坦德
安特卫普
根特
敦刻尔克
加来
布洛涅
布鲁塞尔
亚琛
列日
里尔
科布伦茨
美因茨
曼海姆
莱茵河
默兹河
蒙斯
沙勒鲁瓦
那慕尔
桑布尔河
日韦
三贞女
摩泽尔河
卢森堡
卢森堡市
隆维
色当
罗克鲁瓦
朗德勒西
勒卡托
吉斯
瓦兹河
圣康坦
亚眠
索姆河
马尔勒
拉昂
努瓦永
贡比涅
埃纳河
兰斯
马恩河
乌尔克河
埃佩尔奈
蒂耶里堡
达马尔坦
蓬图瓦兹
巴黎
鲁昂
塞纳河
默伦
奥布河
奥布河畔巴尔
维特里－勒弗朗索瓦
凡尔登
梅斯
图勒
南锡
沙尔姆
埃皮纳勒
萨尔堡
第一集团军
第二集团军
第三集团军
第四集团军
第五集团军
第六集团军
第七集团军
本土步兵师
8 月 28 日
本土步兵师
8 月 28 日
本土步兵师
8 月 28 日
步兵师
9 月 1 日
步兵师
9 月 1 日
第六集团军
8 月 28 日
英军
8 月 28 日
第五集团军
8 月 28 日
第四集团军
8 月 28 日
骑兵军
9 月 1 日
第六十一、
六十二后备师
9 月 1 日
第六集团军
9 月 1 日
英军
9 月 1 日
第五集团军
9 月 1 日
第四集团军
9 月 1 日
第三集团军
8 月 28 日—
9 月 1 日
第二集团军
第一集团军

去朗勒扎克这样有声誉的人的职务，还是有所顾虑。参谋部继续在寻找进攻失利的替罪羊。"已有三个将军的乌纱在我公事包里。"一个参谋人员从前线出差回来汇报说。不过，对朗勒扎克绝不能草率从事。霞飞认为第五集团军需要有一位更有自信心的领导，然而在撤退当中撤换司令可能会影响该军士气。他对一个副官说，这个问题已使他失眠两夜——就所知情况来看，这是战争中仅有的一次把他搞得如此心神不宁。

在这期间，从巴黎前来应该参加新成立的第六集团军的第六十一和第六十二后备师忽告失踪。司令埃伯内将军整日寻找，但谁也不知道他们的下落。霞飞担心第六集团军下车地区很快会被敌军窜犯；因此，为了争取时间让他们进入阵地，遂不顾一切，命令第五集团军掉转头来反攻。这就需要第五集团军向西在圣康坦和吉斯之间发动攻势。分工与第五集团军联系的霞飞的联络官亚历山大上校口头向朗勒扎克的司令部传达了这道命令。那时，司令部已迁至圣康坦东约 25 英里的马尔勒（Marle）。与此同时，为了尽力抚慰约翰·弗伦奇爵士的不满情绪并鼓舞他的斗志，霞飞也向他发了电报，对英国战友给法军的英勇援助表示了深挚感谢。不过电报刚发出，霞飞就得到消息说，英军已经撤出圣康坦，从而使朗勒扎克的左侧失却掩护，而这时算来正是朗勒扎克发动进攻的时刻。根据于盖的另一份"丧报"，英国远征军"已经溃败，无能为力"，五个师中有三个师不经充分休整，也就是说不"休息数天甚至数星期"，就不能重上战场。鉴于约翰·弗伦奇爵士向基钦纳的汇报不仅情况和于盖的"丧报"相同，而且措辞也几乎一样，所以，于盖的反映虽只是英国将领们的心情而不是部队的情绪或事实真相，对他也就不能有所责难了。至于他报告中最关紧要的一条消息，则是亚历山大上校说朗勒扎克在阻挠进攻命令的执行。

这道命令，朗勒扎克的很多军官是热情支持的，但朗勒扎克本人不仅认为"简直是愚蠢之极"，并且还这么说了。要第五集团军

第 18 章 撤退

转而向西进攻，无异于引敌上门前来进攻其没有掩护的右翼。他认为，必须整个脱离接触，进一步退到拉昂（Laon），才能建立一条牢固的阵线和发动可操胜算的进攻。如今倘按霞飞命令的方向进攻，他就得做一次复杂艰难的调度，须将处于半打乱状态的部队在半路上掉转头来，而这从他当时的处境和他右翼所受的威胁看来是危险之举。他的作战处长施奈德（Schneider）少校企图向亚历山大上校说明这些困难，而亚历山大则表示惊讶不解。

"什么！"亚历山大说，"哎，还有什么比这再简单的！你现在面朝北方，我们只是要你面向西从圣康坦发动进攻。"他张开五个手指作为五个军，在空中做了一个直角转弯的手势。

"别胡说啦，我的上校！"施奈德嚷着，非常气愤。

"也罢，如果你什么也不愿干……"亚历山大上校说，最后还蔑视地耸了耸肩膀，这下子可使在场的朗勒扎克忍不住发火了。他详详细细但不太策略地谈了他对总司令部战略的看法。事到如今，他对霞飞和总司令部的信心和他们对他的信心，已到了半斤八两的地步。他的一侧是一个拒绝联合行动的独立行事的外国将军，另一侧则是一无掩护（福煦特遣队是过了两天，到 8 月 29 日才开始组织的），而今却要他反攻，他确实感到压力很大。按他的性格，这是他受不了的。给他的任务，事关法国存亡，而他对霞飞的见解又毫无信心；他只好以发脾气和冷嘲热讽来消愁泄愤。大家也都了解，即使在和平时期，他也是这种脾气。他还详细解释了他对他称之为"坑道工兵"的霞飞其人所以不尊重的原委。

"我见到许多军官围着朗勒扎克，"前来看他的某军的一个参谋说，"他看来非常不高兴，粗声粗气地在发表意见；批评总司令部和我们协约国的时候，也没有琢磨字眼，而是直着喉咙说的；对总司令部和英国人，他尤其气愤。他谈的主要意见只是希望别人不要干预他，需要后撤多远，他就后撤多远，他会掌握时机的，到时候，他会把敌人一脚踢回到他们老家去的。"用朗勒扎克自己的话来说，

"我忧虑已极，甚至对参谋部，我也不想掩饰"。在下级面前显示出焦虑不安已经是够糟糕的了，当众指责总司令部和总司令，更是错上加错，因此朗勒扎克当司令的日子也就屈指可数了。

第二天，8月28日一早，霞飞亲临马尔勒。他看到朗勒扎克形容枯槁，两眼布满血丝，反对反攻计划，情态紧张。朗勒扎克再次坚决认为他全军西去必将遇到敌人攻其右侧的危险，霞飞勃然大怒，叫嚷着："你难道不想当司令啦？必须出发！没有商量余地。这一战的成败全在于你。"这个突然爆发的惊人怒吼，如雷轰鸣，响声远达巴黎，而且是越来越响，所以，第二天传到普恩加莱总统时，在他日记中就出现了这样的记载：霞飞威胁朗勒扎克，如果他再踌躇不决，或是违抗进攻命令，就把他枪毙。

朗勒扎克深信这份作战计划是错误的，表示没有一纸书面命令就拒不行动。霞飞终于冷静下来，同意了朗勒扎克的要求，向朗勒扎克的参谋长口授了命令，并签了名。在霞飞看来，一个司令官只要懂得给他的命令、任务，就不会再有什么理由烦恼不安；而且，他还可能向朗勒扎克说了后来他命令贝当（Pétain）在有史以来最猛烈的弹雨之中坚守凡尔登时所说的那句话："好，朋友，你现在很平静了。"

说平静，还差几分；朗勒扎克接受了任务，但是坚称不到第二天上午他不能准备就绪。整整一天，当第五集团军各军越过各自的阵线，进行错综复杂的转向调动时，法军总司令部接二连三地用电话催着"快点！快点！"，直到朗勒扎克盛怒之下命令部下不接电话为止。

同一天，英国的首长们也一直在催赶远征军向南转移。他们急得甚至不让士兵休息；拉开同敌人的距离固属需要，但这些士兵更需要的则是休息。8月28日整整一天，冯·克卢克的各路纵队并没有骚扰他们；可是，约翰·弗伦奇爵士和威尔逊的急于赶快撤退，竟到了下令将运输车辆上"所有军火弹药及其他凡属非必需的辎重统统丢掉"以装载士兵的地步。扔掉军火弹药就是说不想再打了。既然英国远征军不是在英国土地上作战，其司令也就准备将部队拉

第 18 章　撤退

出战线，而不顾撤走对盟军的后果。法国军队已初战失利，而今情况严重，甚至已陷入绝境。在这种情况下，为了避免失败，每个师都肩负着重任。但是，法国既没有被敌人冲垮，也没有被敌人包围，它在继续奋战。霞飞的意图也无不表示要继续战斗下去。然而约翰·弗伦奇爵士困于当前的危险是致命的危险的想法，决心保存英国远征军，使其不为法国的失败所殃及。

战地的司令们并不赞同司令部的这种悲观主义。在接到实质上是拒绝再作任何作战打算的命令时，他们都吃了一惊。黑格的参谋长高夫将军一怒之下，把命令撕了。一直认为自己的形势"极好"，敌人"仅仅是小股小股的，而且还很有礼貌地保持在一定的距离之外"的史密斯-多林，把发给他的第三师和第五师的这道命令撤销了。不过，他给第四师斯诺将军的电讯到达时，已为时太迟。斯诺在接到"亨利给斯诺鲍尔（Snowball）"的直接命令要他"把你的跛脚鸭子装起来快走"之后，已经遵办，并对士兵造成了"大泼冷水的作用"，使他们认为自己的处境已危险到极点，把替换的衣服和靴子都丢了。

英军在难以言状的尘土飞扬、酷热难当、沮丧和困乏之中继续退却。两个营疲倦不堪的残部拖着步子走过圣康坦市区，就停下来不走了。他们把武器堆在火车站上，人坐在车站广场上，拒绝再走。他们告诉布里奇斯少校（布里奇斯少校的骑兵奉命负有在部队全面撤离该城以前堵住德军之责）说，他们的指挥官们为了不让圣康坦再遭炮击，已书面答应市长投降。布里奇斯不愿触犯既是他的熟人、级别又高于他的那些营长，他竭力想搞一个乐队来鼓舞那两三百名乱躺在广场上萎靡不振的士兵。"为啥不能这样做呢？附近有一家玩具店可供应我和号手们一只蹩脚的笛子和一面鼓，于是我们就环绕着像死人一样躺在喷泉四周的士兵们齐步前进，吹奏着英国掷弹兵进行曲和提珀雷里（Tipperary）进行曲，同时死命地打着鼓。"结果，那些士兵坐了起来，开始笑了，高兴起来了；接着就一个一个站了起来，列成队伍，"最后，我们在我们临时凑成的乐队的乐声中从容开拔，进入夜幕。这时，我们的乐队又增加了两只口琴"。

约翰·弗伦奇爵士并没有因短笛战鼓而高兴起来，他只看到自己的战区；他认为德皇"在怨恨交加之中，确已不顾其他战场虚弱的危险"，集中了庞大兵力来"消灭我们"。他要求基钦纳将第六师给他派来，基钦纳告诉他，第六师要等来自印度的部队到英国接防之后，才能脱身。他认为这个拒绝"太令人失望且大为有害"。事实上，在蒙斯之惊后，基钦纳曾一度考虑过派第六师在比利时德军的翼侧登陆。费希尔和伊舍一直鼓吹的要让英国远征军在比利时独立行事而不做法国战线附属品的那个老主意，英国人是始终萦绕于怀的。这个主意如今小规模地试了一试，两个月后在安特卫普又试了一次，但都没有得逞。一支英军于8月27日和28日在奥斯坦德登陆，但不是第六师，而是三营英国海军陆战队。此来的企图是想引开克卢克部队。六千比利时士兵加入了他们的行列。这六千人是在那慕尔沦陷时随法军撤退，用英国船从海路运到奥斯坦德的；事实上，他们已经不堪再战。这时候，法军的节节败退已把战线撤得远远的了，英军登陆吸引敌人的行动已失去意义，陆战队只好于8月31日重新上船回国。

在陆战队重新上船之前，约翰·弗伦奇爵士于8月28日撤走了他在亚眠的前进基地；因为，这地方已经受到冯·克卢克向西扫荡的大军的威胁。第二天，他又下令将英军的主要基地由勒阿弗尔后移到诺曼底半岛南面的圣纳泽尔（St. Nazaire）。这一行动，跟抛弃军火的那道命令系出自同一精神，是盘踞约翰·弗伦奇爵士心头唯一的迫切愿望——离开法国——的反映。对于离开法国，亨利·威尔逊是犹抱琵琶半遮面，有些羞于承认。他的一位袍泽描述："（他）在房间里踱来踱去，满面孔是他那种惯有的滑稽怪诞的神气；一边轻轻地拍手打着拍子，一边哼着：'我们永远到不了那儿了，我们永远到不了那儿了。'当他走过我身旁时，我说：'哪儿呀，亨利？'他继续哼着：'海上，海上，海上。'"

第 19 章

巴黎是前线

大马路上空荡荡，商店门窗紧闭；公共汽车、电车、小汽车、出租马车，不见踪影，但见羊群被驱赶着通过协和广场去东站运往前线。广场和街道的景象，一扫车水马龙的纷扰，显示出当初设计的清净本色。报纸大多已告停刊，报摊上稀稀拉拉地挂着几份还在出版的单张报纸。各国旅客都已远走高飞，丽思酒店阒无一人，默里斯酒店已改为医院。在这 8 月里，巴黎有史以来第一次恢复了法兰西的风貌，而且悄无声息。阳光照耀，圆形广场*中的喷泉闪闪发光，树木葱郁，静静的塞纳河像往日一样流逝。簇簇鲜艳的协约国国旗，把这座淡灰色的、人间最美的城市装点得格外绚丽。

在巴黎残老军人退休院的宽敞的屋子里，加利埃尼跟那些妨碍议事进行、遇事犹豫不决的官员们争论不休，相持不下。他力争采取必要的果断措施，务使巴黎成为名副其实的"筑垒的兵营"。他设想的这个兵营，不是一个困守待围的特洛伊城，而是个作战基地。根据列日和那慕尔的经验，他深知巴黎顶不住敌军新型攻城重炮的轰击，不过，他的战略不是消极待围，而是主动出击——运用其尚

---

* 圆形广场（Rond Point），位于香榭丽舍大道上。——译注

未到手的部队——作战于环形防御工事之外。他研究了巴尔干战争和日俄战争，深信深而窄的壕沟——上面护以垒土圆木、两侧密布铁丝网，和洞口宽广、洞底竖有尖桩的"狼阱"这样的系列工事，由训练有素、坚韧不拔、配备机枪的军队据守，定将坚不可摧。这就是他试图在炮兵阵地之间各个地段修筑的防御工事，不过他还没有取得扼守这些工事的军队。

每天，他都给总司令部打电话，有时一天两三次，声嘶力竭地要求给他增援三个现役军。他给霞飞打报告，或派专人前往，或向陆军部长和总统大声疾呼，一再提请他们注意：巴黎一无准备。几经敦促，到 8 月 29 日，总算迎来了一旅海军。当这支身穿白色制服、高奏尖音号笛的队伍在街上整队走过时，纵然加利埃尼并不为他们的出现感到高兴，而老百姓却为之欢欣鼓舞。

加利埃尼认为，当前任务有三：军事防卫、精神准备和军需给养。要完成其中无论哪项任务，都必须对民众开诚布公。他对巴黎人民的崇敬，深如他对政客的鄙视。他认为人民是可以指望在危难时刻不致头脑发昏、手足无措的。他认为普恩加莱和维维亚尼不愿将事实真相让全国知道，怀疑他们在排演"哑剧"，愚弄人民。他竭力要求准予拆毁挡住炮台射向的建筑，但官方因不愿惊动百姓而屡加阻挠。每破坏一处建筑，都必须由区长和工兵总监联合签署一纸公文，规定给业主的赔偿金额，这是一种既引起无限麻烦又拖延时日的手续。每做一项决定，总要陷入更多的空洞无用的争论中。这些人坚决主张，作为政府所在地，巴黎不能成为军事上可保卫的"筑垒的兵营"。伊尔斯肖埃将军厌恶地说，这个问题提供了一个"争论不休的大好园地"。他担心，那些主张巴黎成为不设防城市的辩者们，不久还会振振有词地证明，即便是军事长官这个职位也是非法的。他说："拿不出明文规定，你就不能说服这些法学家。"

加利埃尼毕竟拿出了一条明文规定。8 月 28 日，军区扩大，巴黎及其两侧直到塞纳河一带的地区都被包括在内，巴黎市政府已置

第19章 巴黎是前线

于军事长官管辖之下。当天上午10时,加利埃尼召集他的军事和民政的领导班子,开了一个防务会议,这次会议是站着开的,到10点15分就告结束。加利埃尼要求与会者不必讨论巴黎应否设防的问题,而只需确认一点:大敌当前,非建立一种"防御状态"的体制不可。提供此项法律根据的文件早已拟就并摆在桌上,加利埃尼请他们各自签上名字以后便宣布休会。这是他召集的第一次会议,也是最后的一次。

他毫不留情地执行修筑防御工事的任务;对那些持有异议或动摇不定的人,软弱无能或办事不力的人,他从不在他们身上浪费时间或给以怜悯。像霞飞一样,他清除一切不称职的人员。上任第一天就撤了一名工兵部队的将军,两天以后又撤了一名将军。郊区的所有居民,"即便是最老迈无能的",都被强迫拿起镐锹参加劳动。他下令要在二十四小时内征集一万把铲镐,傍晚时分便全部送到。他同时还曾下令采购一万把长猎刀作为工具,军需官提出异议,说是难以办到,因为采购猎刀是不合法的。加利埃尼两眼通过夹鼻眼镜狠狠地盯着他答道:"那就越发有理由了。"于是,这些刀子也如数办齐不误。

8月29日,巴黎周围方圆约20英里的一个地区,南到默伦(Melun),北至达马尔坦(Dammartin)和蓬图瓦兹(Pontoise),都划归加利埃尼管辖。炸毁这地区所有桥梁的各项工作均已准备就绪。对那些列为"艺术作品"或属于"民族遗产"的桥梁,则部署了专门岗哨,确保这些桥梁不到最后关头不得炸毁。所有通往市区的入口,即便是下水道,都设置了障碍。面包师傅、屠户和菜农都已经组织起来,牲口则被赶入市区,在布洛涅森林中放牧。为了加速调集弹药贮存,加利埃尼征用了"一切可资利用的"运输工具,包括巴黎的出租汽车,这些汽车不久就立下了不朽的功勋。受命担任这块筑垒兵营的炮兵参谋的,是一位已属历史知名人物的前上尉阿尔弗雷德·德雷福斯*，他在五十五岁时重服兵役，现在是少校。

前方，洛林地区的第一集团军和第二集团军，在鲁普雷希特的炮火猛攻之下仍在殊死战斗，坚守摩泽尔河防线。他们的阵脚已乱，防线凹凸不齐，有些地方甚至已被德军楔入突破。但由于德军两侧受到法军反攻的牵制，这些楔子未能扩展成为大的缺口。战斗在继续进行，鲁普雷希特的军队在试探法军阵地的最薄弱地段；而迪巴伊和德卡斯泰尔诺，由于霞飞的要求向西抽调了部队，兵力削弱，不知自己还能坚守多久，也不知能否守住。在德军攻占的村子里，见之于比利时的事件又在重演。驻梅斯的德军总督张贴告示宣称，在南锡城外的诺梅尼村，"居民向我军开枪，因此已饬令将该村全部焚毁以示惩罚。诺梅尼村现已成为一片焦土"。

在德卡斯泰尔诺左面，法军战线折向西方，吕夫的第三集团军，由于莫努里的几个师给调走了，已失去平衡，正在退向默兹河后面凡尔登的南方。紧靠它的第四集团军，为了表示这次撤退不是溃败而是出于"战略"需要，8月28日在阵地上止步不动。使德朗格勒将军恼火的是，又接到命令，要第四集团军在8月29日继续撤退。再往左，是法军战线最吃紧的地带，朗勒扎克将军正在调动他的第五集团军转向，为反攻圣康坦做好准备，这本非他所愿，而是出自霞飞的命令。在战线左端，莫努里的第六集团军正在进入阵地。约翰·弗伦奇爵士明知第二天即将进行一场战斗，却把位于莫努里和朗勒扎克之间的英国远征军撤走。

远征军的这次撤退，差点儿为一次迫切需要的英法合作行动所阻。黑格通知朗勒扎克说，他的部队"已完全做好准备，随时可以出击。他希望与第五集团军取得直接联系，在其计划发动的圣康坦

---

* 德雷福斯（Alfred Dreyfus, 1859—1935），即法国政治史上著名的"德雷福斯案"的被告。1899年法国政府在舆论压力下将其赦免；1906年，克列孟梭内阁重新审理此案，宣布德雷福斯无罪，得以复职。——译注

战斗中配合行动"。朗勒扎克的一名参谋立即赶去与黑格会晤,只见黑格宛如画中人物,站在一座小山上,一名勤务兵为他牵着马,一支旗杆矛竖立在他身旁,上面的白十字三角旗在迎风招展。黑格说,据他的空中侦察报告,敌军正在圣康坦西南移动,"在前进中暴露了它的翼侧"。

"赶快回去将这个情况报告你们将军。……让他立即行动。我很愿意在这次进攻中与他协力合作。"这一慨然相助的诺言,使朗勒扎克"兴高采烈,心满意足",感动得"讲起赞扬道格拉斯·黑格爵士的好话来了"。为第二天早晨联合作战所做的部署已经同意,只待英军总司令的最后批准。凌晨2点,英军总司令部传下话来,说是约翰·弗伦奇爵士拒不同意,理由是远征军已"不胜疲惫,至少必须休息一天"。事实上,即使第二军确实有此需要,第一军却并非如此,其司令自称可以配合,正在待命出击。朗勒扎克不禁勃然大怒。"这是背叛!"他大声嚷道,还加上了一位在场的人后来称之为"对约翰·弗伦奇爵士和英国军队不堪入耳和不能宽恕的痛骂"。

尽管如此,到了第二天早晨,前有冯·比洛步步进逼,后有霞飞亲临督战,夹在中间的朗勒扎克再也没有别路可走,只得发动进攻。可是,冯·比洛从俘获的一名法国军官身上缴获的文件中,已得悉这次进攻,因此早已严阵以待,没有为法国人所乘。霞飞对朗勒扎克的情绪不大放心,一早来到现为朗勒扎克司令部所在地的拉昂,以他自己那种临危不惧、无限镇定的精神给予支持。拉昂修筑在一块高地上,俯瞰着广及数十英里、绵延起伏犹如碧波海洋的一片田野。北面20英里外,第五集团军朝着西北方向,以吉斯和圣康坦为目标,展开成一个巨大的半圆形阵式。在那矗立在拉昂城最高地点的教堂尖塔上,石刻的牛头——不是通常所见的怪兽状滴水嘴——以迟钝呆涩的目光凝视着下面的景色。就在这些牛头雕像之下,端坐着霞飞,以同样肃穆安详的神情观察着朗勒扎克发号施令,指挥作战。他足足待了三个小时,一言未发。对于朗勒扎克显示的"权威和方略"感到满意,于是放心离开这里前往驻地饭店好好吃了一顿午饭,然后乘上那辆由他的赛车司机驾驶的汽车办下一项任务去了。

这一任务是去找约翰·弗伦奇爵士。霞飞疑心,此公双眼盯着海峡沿岸,"也许要撤出我方战线好长一段时间"。约翰爵士防守的那段战线,地处朗勒扎克的第五集团军和正在集结的莫努里的第六集团军之间,是当前的要冲,但却非霞飞管辖所及。对待陆军元帅弗伦奇,他不能像对待朗勒扎克那样发号施令,也不能坐在他背后默默监视,强他作战。不管怎样,他如能说服英国人固守原地就好了,他希望在亚眠—兰斯(Rheims)—凡尔登一线稳住埃纳河上的一段阵地,以便由此重新发动进攻。英军总司令部在前一天又后撤一步,而今约翰爵士已在贡比涅安营驻扎,那里离巴黎40英里,对于疲惫的军队来说,约为三天路程。就在这天,正当紧靠它的法国第五集团军在吉斯奋战终日以解除敌军压力的时候,这支军队却按兵不动,安然歇息。英军是在前一天未经追击而自行撤退的。他们经过八天酷热中的行军、掘壕和大大小小的交锋,现在终于站定下来。英军的第二军在傍晚时分短途行军,越过了瓦兹河;第一军则在距朗勒扎克左翼只有五英里的圣戈班森林(Forest of St. Gobain)里享受了一整天的休息;而经过艰苦跋涉,连续战斗了十四天的朗勒扎克部队,虽然同样困乏,却还在继续奋战。

霞飞到达贡比涅后,恳切要求英军司令坚守阵地,直到有可以重新发动进攻的有利时机为止。他的说服工作看来是徒费唇舌。他"看得一清二楚,默里在暗中拉扯这位陆军元帅的衣服,像是要阻止他听从劝说。其实这种力气是多花的,因为约翰·弗伦奇爵士本来就在接二连三地对霞飞说"不行,不行"。他坚称自己的军队遭受重创,不宜作战,必须有两天休整。霞飞不能像对待法军将领那样把他当场撤职,甚至不能像他在马尔勒对待朗勒扎克那样发一通

第 19 章 巴黎是前线

脾气来达到目的。如果英国人从朗勒扎克和莫努里之间的那块地方撤走，这两支法军就无一能守住现有防线，执行第二号通令的一切希望就势必落空。霞飞离开时，用他自己的话说，"心情很不好"。

约翰·弗伦奇爵士的意图甚至比他向霞飞透露的还要极端。他毫不考虑战斗于失败边缘的盟军，命令交通监察罗布（Robb）少将部署"经由巴黎东西两侧，朝正南方向，做明确的进一步的退却"。如此部署，甚至有违基钦纳指令的精神，不能由基钦纳的指令来为它负责。基钦纳的指令，表达他对亨利·威尔逊支持第十七号计划的深为不满，其用意所在，是约束过于肆无忌惮的约翰爵士，约束过于亲法的威尔逊，以免使英军在法国人所倡导的、有可能导致全军覆灭或束手就擒的"殊死进攻"的计划中遭受风险。指令的本意绝没有要他们谨慎小心到如今那种临阵脱逃的地步。然而一害怕就会冷汗直冒，控制不了，弗伦奇爵士现在是惶惶不可终日，害怕丧失他的军队，害怕自己的声名随之付诸东流。

实际上，他的军队并不像他所借口的那样已被打得七零八落，不堪再战。根据远征军将士们自己所讲，他们毫无气馁怯战之意。第三师参谋部的弗雷德里克·莫里斯（Frederick Maurice）中校说，尽管精疲力尽，两脚酸痛，没有时间举炊进餐，但是，"一顿热饭，一宿休息，再洗上一个澡，对于恢复精力，立见神效；要使我军再次挥戈上阵……首先需要的就是这些"。第十一轻骑兵团的欧内斯特·汉密尔顿（Ernest Hamilton）上尉说，8 月 29 日休息了一天以后，远征军"现在已经精神抖擞，随时可以掉头作战"。远征军副总长麦克里迪（Macready）将军声称："他们所需要的是休息和食品，有了这些，他们就愿意并且切望"向德国人一显身手。

尽管如此，约翰·弗伦奇爵士第二天给霞飞的最后正式通知却说"再等十天"英军也无法进入它在这条战线上的阵地。如果他是在伦敦城下与敌人决一死战时要求休息十天的话，他早就当不成司令了。事实是，约翰·弗伦奇爵士还继续当了一年半的总司令。

那天下午，他急不可待地要将自己的军队从靠近敌人的地区撤走，同时也迫切希望朗勒扎克也停止战斗，随同他一并撤退。这并不是出于对朗勒扎克的关怀，要掩护他的翼侧，而更多的是为了保全自己。为了取得一道叫第五集团军停止战斗向后撤退的命令，亨利·威尔逊打电话给法军总司令部。他发现霞飞还没有回来，便向贝特洛将军汇报情况，但后者不愿承担责任，而是安排他在晚上7时30分到兰斯的金狮饭店去找霞飞，因为到了吃饭的时候霞飞的行踪总是可以知道的。威尔逊找到霞飞后，进行了一番争辩，但是徒劳无益。霞飞的回答就是这么一句话："朗勒扎克必须坚持到实现最后目标。"至于他心目中的目标究竟是什么，却未作具体说明。威尔逊把这个消息带了回来，约翰爵士决定不再等待，随即下令远征军第二天继续撤退。

与此同时，朗勒扎克向圣康坦的进军正面临着困难。第十八军的一个团奉命攻取途中的一个村子，士兵们冒着冰雹般迅猛袭来的弹片前进。一名幸存的中士写道，炮弹"把道路炸得千疮百孔，把树枝削得大片横飞"。

"卧倒是愚蠢的；还是继续前进的好。……遍地都是倒下的人，有扑在地上的，有脸朝天的，都已一命呜呼。倒在苹果树下的那一个，整个面孔已被削掉，头部血肉模糊。在右方，战鼓擂起了冲锋令，接着是号角声响。蓝色的天空映衬出寒光闪烁的刺刀，我们的队伍在前进。鼓声咚咚，愈擂愈急。'冲啊！'士兵们齐声呐喊着，'冲啊！'这是个惊心动魄的时刻。我的头皮像触了电似的，头发根根直竖。战鼓在怒吼，炽热的风传来号角声声，士兵们呼喊着——如痴似狂！……突然间，我们给止住了。要突破敌人坚固的防御，夺取800米外的一个村子，是荒唐的。命令下来了：'卧倒，隐蔽！'"

对圣康坦的进攻已被击退，不出朗勒扎克所料，敌人的强大压力开始向他的右翼扑来。冯·比洛全力出击，不让法军朝他推进，以便克卢克和豪森的军队袭击其后方。比洛认为法军这次行动只是

第 19 章　巴黎是前线

败军的垂死挣扎,因而"对战果满怀信心"。在一段战线上,法军被逐回瓦兹河对岸,桥梁和小路一时挤塞不通,引起一片恐慌。此时的朗勒扎克,用一位对他最少好感的观察者的话说,显示了"最大的机智和敏慧",他当机立断,下令放弃圣康坦的战斗,重新集结力量,挽救其右翼在吉斯的战局。

第一军军长弗朗谢·德斯佩雷奉命将第三军和第十军调集到他左右两侧。这位曾在印度支那的北部湾(Tonkin)地区和摩洛哥受过烈日烤灼的个子矮小的将军,是个热心奋发、刚毅坚强,被普恩加莱称为"不知沮丧为何物的人"。军官们纵马往返前线,军乐又一次奏起快速明朗的《桑布尔河和默兹河进行曲》,就这样,德斯佩雷到下午 5 时 30 分便重新部署了战线。经过周密准备,炮兵部队首先开火,法军再次前进,大举进攻。吉斯桥上,敌人尸体纵横,堆砌成高高的人墙。在桥的那边,抵抗已见凌乱;法国人可以觉察到,敌人的力量已在逐渐减弱。"德国人在逃跑了,"一个观察者写道,法国人"为这一新出现的、渴望已久的激动场面而精神振奋,欣喜若狂,形成一股蔚为壮观的浪涛,乘胜前进!"

这天终了时,一个曾经参加进攻圣康坦一役的中士,回到他当天早晨离开的那个村子,遇到一位消息灵通的朋友。"他说,这是了不起的一天。我们的挫折算不了什么,敌人被赶回去了,我们是胜利者。上校被一枚炮弹击中,在被人抬走时咽了气。泰隆(Theron)少校胸部受伤。吉尔贝蒂(Gilberti)上尉身负重伤,恐怕活不成了。很多士兵,不死即伤。但是他重复说,这是美好的一天,因为全团将士可以在一个地方连睡两夜了。"

比洛的精锐部队禁卫军的退却,使它的友邻部队也都跟着后撤,因而给朗勒扎克赢得了一个战术上的胜利,虽然这未在圣康坦赢得而是在吉斯赢得的。可是他现在是孤军作战,一无掩蔽,面对着北方。在他左右两侧的第四集团军和英国远征军,本来都已比他先走了整整一天的路程,现在还在继续后撤,而每后撤一步,都进一步暴露了他的两侧。第五集团军若要保全下来，就必须立即停止战斗，赶上去同伙伴们会合。但是朗勒扎克无法取得霞飞的指示，因为他给总司令部打电话时，霞飞不在。

朗勒扎克向霞飞的副职贝兰将军请示："第五集团军是否该留在吉斯—圣康坦地区，冒束手就擒的危险？"

"让你的军队束手就擒！这是什么意思？简直荒谬！"

"你不明白我的意思。我是奉总司令的明确命令来到这里的。……我不能擅自把部队撤回拉昂。得由总司令给我下退却令。"这一回，朗勒扎克可不愿像他在沙勒鲁瓦那样代人受过了。

贝兰不肯承担责任，说是等霞飞一回来就向他汇报请示。霞飞终于回来了，尽管表面上依然从容不迫，信心十足，但是他的希望又一次遭到冲击，甚至比边境战役溃败时还要沉重，因为敌人现在已经如此深入到法国腹地。他也无从得知朗勒扎克的一仗已给比洛的军队以沉重的打击，因为这一仗的战果当时还没有显示出来。他只是认识到第五集团军确实已被弃于危险的境地，英国远征军正在退出战斗，他"不再指望我们的盟军留在预期它守住的那条战线上了"。还在集结之中的第六集团军受到克卢克右翼两个军的猛攻；霞飞希望扼守的战线已经分崩离析；势必还会丢失更多的国土，也许一直要到马恩河，甚至到塞纳河。

正如后来一位负责调查工作的官员所说，这个时期是"整个法国史上最悲惨的"时期。但在这段时期，霞飞不像约翰·弗伦奇那样惊惶失措，不像毛奇那样动摇不定，不像黑格或鲁登道夫那样顿时气馁，也不像普里特维茨那样陷于悲观失望。他毫无表情，不露声色。如果说他的镇定沉着是由于缺乏想象力，那倒是法国的幸运。克劳塞维茨写过，普通人感到形势危殆和责任重大时往往意气消沉；倘若这种形势能"促使人迅速增强判断力，则此人必须具有不同寻常的伟大气魄"。当前的危急情势纵然未能使霞飞增强判断能力，可确实唤起了他的气魄或性格中的某种力量。在此四面被困、

第 19 章 巴黎是前线

岌岌可危的时刻,他依然泰然自若,不动声色,保持着福煦在 8 月 29 日见到他后所称道的"惊人的沉着",这种沉着使法军在亟须坚定信心的时刻保持了万众一心。就在这些日子里,一天,亚历山大上校从第五集团军执行任务回来,神情忧郁,他表示歉意地说,这是因为"我带来了坏消息"的缘故。

"怎么啦?"霞飞说,"难道你对法国丧失信心啦?去休息一下吧。你会看到——一切都会好起来的。"

8 月 29 日夜晚 10 时,他令朗勒扎克撤退并炸毁他后面瓦兹河上的桥梁。达马德将军则奉命在亚眠炸毁索姆河上的桥梁,然后随同莫努里所部一并撤退。右翼的第四集团军奉命向兰斯撤退,德朗格勒将军曾要求让他的部队稍事休息,得到的回答是:能否休息取决于敌人。8 月 29 日夜晚,霞飞采取的最后一项痛苦的措施是,下令做好将"希望已经粉碎、幻想已经破灭的这个司令部"撤离维特里—勒弗朗索瓦的准备。法军总司令部将后撤至塞纳河东支流上的奥布河畔巴尔(Bar-sur-Aube)。霞飞不满地注意到,这个消息在参谋部传开时,加深了"普遍的紧张与不安"。

由于参谋部的失职,霞飞给第五集团军的命令直到翌日清晨才送达朗勒扎克,害得他白白担忧了一整夜。幸而冯·比洛没有再次出击,也没有在朗勒扎克撤退时跟踪追击。这一仗结果如何,德国人和法国人都不清楚。冯·比洛的看法似乎混乱得出奇,他一面向德军统帅部汇报说打了胜仗,同时又派一名上尉参谋去对冯·克卢克说,他的军队"给吉斯一仗搞得精疲力尽,已无力追击"。可是法国人——霞飞也好,朗勒扎克也好——都不了解这一情况,他们一心只想使第五集团军脱离接触,在德国人从它左侧进行包抄之前,使它脱离险境,从而跟法军其他部队会合。

其时,德军右翼日益迫近,显然构成对巴黎的威胁。霞飞打电报给加利埃尼,要他在巴黎东西两侧的马恩河和塞纳河的各座桥梁底下放置炸药,并分别派驻工兵排,确保炸毁桥梁的命令得以切实执行。莫努里的军队退却下来可以掩护巴黎，并就此作为加利埃尼所要的三个军。不过，在霞飞和总司令部看来，巴黎仍然是个"地理概念"而已。为巴黎而保卫巴黎，以及为此而将莫努里的部队拨归加利埃尼调遣并听从他的命令，并非霞飞的本意。在他眼里，巴黎的存亡安危，将取决于他打算进行的、由他亲自指挥并出动全部野战集团军的这一仗的胜负。然而，对于巴黎市内的人们说来，首都的命运对他们更有直接的利害关系。

圣康坦和吉斯一仗的表面结果，加深了笼罩人们心头的愁云惨雾。就在这一战的上午，参议院副议长、北方的一名工业巨头图隆先生（M. Touron），"一阵旋风似的"冲进了普恩加莱的办公室，叫嚷着政府"为总司令部所蒙骗"，我们的左翼已"被击退，德国人已到了拉费尔（La Fère）"。普恩加莱把霞飞的坚决保证向他讲了一遍：左翼将坚守阵地，一俟第六集团军准备就绪，即将重新发动进攻；可是他内心深处却在担心图隆先生或许言之有理。来路不明的消息不断传来，表明激战正在进行。每小时他都接到互相矛盾的报告。傍晚时分，图隆先生又闯了进来，情绪之激动为前所未有。他刚和他的同僚、埃纳省的参议员塞利纳先生（M. Seline）通过电话，这位参议员在圣康坦附近拥有一处房产，他曾在自己宅邸的屋顶上观看这场战斗。塞利纳先生看到法军朝前挺进，空中浓烟翻滚，炮弹呼啸横飞，接着他又看到德军增援部队来了，密密麻麻像灰蚂蚁似的蜂拥而上。他眼看到法军被杀退了。进攻未成，这一仗打输了。说到这里，图隆先生恸哭而去。

战役的第二阶段——吉斯一役——没有为这位高踞屋顶的参议员所目睹。政府方面对此甚至比总司令部更是不甚了了。看来似乎只有一点是清楚的，即霞飞为阻遏德军右翼所作的努力已告失败，巴黎已面临围困的危险，也许又要像它在四十年前那样靠吃老鼠为生。首都会不会沦陷？政府要不要撤离？自边境战役以来一直隐藏在部长们心头的这些问题，现在已公开而紧张地讨论开了。总司令部和总统之间的联络官佩内隆（Penelon）上校，第二天一清早就来到巴黎。他那通常是喜笑颜开的脸色这回可显得忧虑重重。他承认形势"非常严重"。身为陆军部长的米勒兰立即提议撤离，以免政府与国内其他地区的联系被切断。加利埃尼也被匆匆召来征询意见，他建议与霞飞电话联系。霞飞也承认情势不佳；第五集团军虽然奋力作战，但未能达到他的期望；英国人"一动也不动"；无法阻滞敌军前进，因而巴黎"受到严重威胁"。他建议政府撤离，以免因为它继续留在巴黎而吸引敌军进攻首都。霞飞很清楚，德国人的目标是法国军队，而不是政府，但是由于战场已接近巴黎，政府留在军区势必造成职权界限不清。一旦政府撤离，可以排除干扰的根源，从而使总司令部具有更大的权力。加利埃尼在电话中力图使霞飞相信：巴黎在物质方面和精神方面是作战力量的中枢，保卫巴黎是必要的；同时，他再次要求给他一支军队，不待兵临城下就主动出击敌军阵地。霞飞含糊其词地答应派遣给他三个军，不过兵员不足额，而且大都是由后备师组成的。他给加利埃尼的印象是，巴黎在他心目中是可以牺牲的，因此迄今不愿为它消耗自己的兵力。

法兰西共和国的总统，虽然"冷静沉着"如常，但却显得"心事重重，甚至垂头丧气"。他问加利埃尼：巴黎能守多久？政府是否应该撤离？加利埃尼的回答是："巴黎无法坚守，你应尽快做好撤离的准备。"他想甩掉政府这个包袱的心情，并不亚于霞飞，因此对做出这样的建议毫不内疚。普恩加莱请他过些时候再来向内阁阐明看法。在此期间，内阁召集会议，就这个问题进行了激烈争辩，这在十天以前法军发动进攻时，似乎是个不可想象的问题。

普恩加莱、里博和两名社会党人盖德（Guesde）和桑巴（Sembat），都主张留在巴黎，至少也要等这场即将来临的战斗见个分晓。他们认为，如果政府撤离，在精神方面会产生绝望甚至引起革命的后果。米勒兰力主撤离，他担心会有一股德国枪骑兵窜入巴黎南面，切断南去的铁路，政府不能冒此风险，像1870年那样被围困在首都之内。这次法国是作为协约国的一员作战的，政府的职责是既要同本国各地保持联系，又要同它的盟国、同外部世界保持联系。杜梅格的话给人以深刻的印象，他说："被人看作懦夫而受众人唾骂，比之冒生命危险需要更大的勇气。"众、参两院的议长，曾多次感情激动地前来要求重新召集议会，于是，当前的紧急形势是否有必要召集议会的问题便成了进一步激烈争辩的课题。

在部长们争论不休时，加利埃尼则在门外足足等了一个小时，他忧心如焚，急于回去执行自己的任务。终于他被叫了进去，他直接告诉他们："留在首都已不能确保安全。"他那严峻的军人仪态以及直抒己见时的"明确有力"，产生了"深刻的影响"。他说明，如果没有一支军队在外围作战，他就无法防御敌人攻城炮的袭击。他警告他们：巴黎并不处于防御状态，而且"无法使它处于防御状态。……如果几天内敌人就出现在我们外围堡垒防线前，还认为这个筑垒营地能进行有效的抵抗，那是幻想"。组织一支拥有四个或至少三个军的军队，在他指挥之下转战于巴黎城外，作为法军战线最左面的一翼，乃是"势所必须"。至于在他被任命为军事长官之前造成的防务工作的延误情况，他认为应由那些主张宣布巴黎为不设防城市以免遭受摧毁的势力集团负责。他们这样做是得到总司令部的鼓励的。

"不错，"米勒兰打断了他的话说，"巴黎不设防，正是总司令部的意见。"

社会党人盖德，当了一辈子反对派之后第一次以部长身份发言，他激动地插话说："你们以为向敌人敞开大门巴黎就不会遭劫了。可是，就在德国人打从我们街上走过的这一天，工人住宅区的任何一扇窗子里都可能射出一发子弹来。那么让我奉告诸位，接着将会发生什么样的情况：巴黎将被付之一炬，化为焦土！"

经过一场七嘴八舌的辩论之后，一致同意巴黎必须设防保卫，霞飞务必遵照办理，否则不惜予以撤职处分。加利埃尼竭力反对在当前这个时期轻率撤换总司令的任何做法。至于政府究竟该迁该留，在这个问题上，内阁依然意见纷纭，争执不下。

这些部长们，"感情冲动，犹豫不决，已弄得精疲力尽"。在加利埃尼心目中，这些人"永远也做不出什么果断的决策"，于是他便径自走了。他穿过那些簇拥在巴黎残老军人院门口的人群，回到院里。这些焦虑不安的公民到这里来是为了申请离开这座城市的许可，带走他们的汽车，关闭一些必要的企业，或是为了千百条其他原因。人心惶惶，流言四起，甚于往日。那天下午，一架德国"鸽式"飞机首次轰炸巴黎。有三枚炸弹落在瓦尔米码头（Quai de Valmy），死两人，伤数人；此外，这架飞机还散发了传单，告诉巴黎人：德国人已兵临城下，像 1870 年那样，"你们已无路可走，只有投降！"

此后，每天总有一架或几架敌机于傍晚 6 时准时前来骚扰，掷下两三枚炸弹，偶或炸死个把行人，其目的也许是吓唬吓唬巴黎居民。胆怯的人逃往南方去了，至于那些在这个时期还留在巴黎的人们，谁也不知道明天一早醒来，会不会看到头戴尖顶帽盔的敌人在长驱直入。"鸽式"飞机总是在饮开胃酒的时刻飞来，为人们提供和补偿了政府禁饮艾酒所失去的刺激。它首次光临的那晚，巴黎破题儿第一遭灯火熄灭。普恩加莱在日记中写道，突破这一片黑暗的唯一的"一线微光"，来自东方。根据法国武官的电报，俄国军队正在"以柏林为目标展开攻势"。事实上，俄国人已在坦嫩贝格一仗败北，陷入重围，也就在那天晚上，萨姆索诺夫将军在森林中自杀了。

霞飞从在贝尔福截获的一份德军无线电报中获得了更为准确的情报。这份电报述及歼灭俄国三个军，俘获两个军长和七万名其他人员；电报还宣称"俄国第二集团军已不复存在"。在法国人的希望一再破灭的时刻传来这一惊人噩耗，要不是接着又传来另外一些表明俄国人并不是白白牺牲的消息，那么，即便是霞飞也不免会为之灰心丧气。情报处的报告表明，至少有两个德国军已从西线调往东线。这个消息在第二天得到证实，据报道有32列军用火车经由柏林东去。这就是霞飞的"一线微光"，也是法国对俄国施加全部压力之后所得到的支援。即令如此，仍不足以抵消失去英军可能造成的损失；英军司令拒不与敌军保持接触，为后者包围第五集团军敞开了通道，何况第五集团军还面临着敌人通过福煦特遣队驻守的兵力薄弱的地区，包抄其右翼的危险。

每当一个力量薄弱的战区需要增援，另一个战区就势必遭到严重削弱。在8月30日这天，霞飞亲自视察了第三集团军和第四集团军的阵地，想了解一下有没有军队可调去支援福煦。途中，他碰上几支在阿登山区和默兹省高地艰苦作战后撤退下来的纵队。红色的裤子已变成了土灰色，上衣被扯得破破烂烂，鞋子粘满了泥块，士兵们形容枯槁，神色疲惫，两眼深凹，胡须满腮。二十天的战斗似乎使他们一下子老了好几岁。他们拖曳着沉重的双腿，步履维艰，每行一步都可能跌倒似的。瘦得皮包骨头的马匹，给挽具磨破了的创口鲜血直流，往往挽着车辕就倒了下来。炮兵们赶忙卸下马具，把它们拖到路边以免妨碍通行。大炮看上去已陈旧不堪，创痕累累，积盖着的尘土下面只露出几块一度是簇新的灰漆。

相形之下，其他部队却依然是生气勃勃；二十天来的战斗，使他们成了信心十足的战士，为自己的能征善战而自豪，并且殷切希望停止撤退。吕夫集团军辖下的第四十二师赢得了最高的表彰。这支军队一直坚持后卫，并成功地脱离了战斗。军长萨拉伊将军表扬将士们说："你们确实勇敢。"霞飞命令将该师调拨给福煦时，吕夫将军极力反对，理由是他预期敌人即将发动一场进攻。吕夫与第四集团军的德朗格勒将军不同，霞飞刚才看到后者镇定自若，充满信心，"完全能够控制自己"，而这正是霞飞心目中一个司令所必具的素质；至于吕夫，则显得神经质，易于激动，而且"想象力过于丰富"。正如他的作战处长塔南上校所说，他非常聪明，想得出千百条主意，其中必有一条是了不起的，问题就在于不知道是哪一条。跟留在巴

第 19 章　巴黎是前线　　　　　　　　　　　　　　　　　　　　　　433

黎的那些议员一样，霞飞需要为这次进攻的失败找一替罪羊，吕夫的行为使他做出了决定；吕夫当天就被削去了第三集团军的指挥权，由萨拉伊将军接替。第二天，吕夫应邀与霞飞共进午餐，他把他在阿登一役的失败归咎于霞飞在最后关头将两个后备师抽调给了驻守洛林的军队。他说，要是那时这四万名生力军和第七骑兵师还在他手里，他本可以席卷敌军的左翼，"我们的军队就会赢得多大的胜利啊！"霞飞用他特有的那种简洁而又晦涩的语言答道："嘘，不要这样说。"他说话时的语调如何已不复能闻，因此，也永远没法知道他的原意究竟是"你错了，你不能这么说"，还是"你说得对，不过，我们不能承认这一点"。

就在 8 月 30 日这个星期天，即坦嫩贝格之战的这一天，也就是法国政府接到警告，要它撤离巴黎的这一天，英国接到一则后来称之为《亚眠通讯》的消息，大为震惊。这篇通讯出现在《泰晤士报》星期日特刊的第一版上。首先映入眼帘的是渲染逾实的标题《历史上最激烈的战斗》，这可引起了巨大反响。这一版，通常是刊登刻意安排的与新闻报道争夺读者注意力的分栏广告的。大标题下面的副标题是：英军损失惨重——蒙斯和康布雷之战——战局不利——亟须增援。最后这句是关键所在。虽然这篇通讯引起了官场风波，挑起了议会的激烈争论，还挨了首相的一顿批评，指责它是报界保持的"出于爱国心的沉默"的一个"令人遗憾的例外"。然而，发表这样一篇通讯，实际上是有其官方目的的。这篇稿子，新闻检查官 F. E. 史密斯（F. E. Smith，后被授予伯肯黑德勋爵）一看就认为它能起到宣传征兵的作用，便立即通过，并敦促《泰晤士报》予以发表。该报作为一项爱国任务发表了这篇通讯，并且加了按语，述及"我们当前任务的极端严重性"。通讯是由记者阿瑟·穆尔（Arthur Moore）执笔的，他到达前线的时刻，正逢部队从勒卡托撤退，英军总司令部陷于一片混乱绝望之中。

他描述了"可称为蒙斯之战"的几次交锋之后的"一支撤退中的败军";描述了法军在翼侧撤退,德军"紧跟不舍,穷追猛赶",而且是"势不可当";英军各团"损失惨重",但是"并无军纪松弛,惊慌失措,或气馁怯战的迹象"。尽管历尽千辛万苦,士兵们依然"坚定乐观";然而迫于形势,不得不"后退又后退"。他述及了"极其巨大的损失",各团已溃不成军,某些师的"军官几全部损折"。他显然受到英军总司令部情绪的影响,颇加渲染地描绘了德军的右翼。他写道:"据估计,他们在人数上远远超过我军,势如潮涌,无法阻遏。"他在文章结束时写道,英国必须面对这一事实:"德军的首次大举进攻业已得手",因而"已不能排除巴黎受围的可能"。

他在概括增援的必要性时,谈到英国远征军"首当其冲,顶住德军攻势",为虚构的一套荒诞说法打下了基础。在他笔下,法军只是在周围起个配角作用而已。事实上,德军拥有三十多个军之众,而在第一个月里,英国远征军与之交锋的,从未超过十分之一。然而,"首当其冲,顶住德军攻势"的说法,在以后迭次出现的英国人关于蒙斯之战以及这次"光荣撤退"的报道中,则是一脉相承。其成功地在英国人的头脑里扎下了根,使他们相信,英国远征军在其英勇奋战、喋血沙场的第一个月里,拯救了法国,拯救了欧洲,拯救了西方文明,或者像一名英国作家面无赧色地吹嘘的那样:"蒙斯,这个名词可以概括为全世界的解放。"

在交战国中,英国的参战,既没有举国努力的事先规划,又没有做到人人口袋里都有一份动员令。除了正规军外,一切都是临时凑合的。而且在头几个星期中,在《亚眠通讯》发表之前,举国上下几乎都沉浸在一片安度假日的气氛之中。在那以前,德军进犯的真相,用阿斯奎斯先生微妙的措辞来说,给一片"出于爱国心的沉默"掩盖了。对于英国公众——对于法国人也是如此——战斗一直被描绘成德军的不断败北。然而,无法解释的是,敌人在败退中却从比利时向法国推进,而且,从地图上看,一天一天地在前进。在整个英国,在 8 月 30 日这个星期天,人们在早餐桌上读到《泰晤士报》时,全都不胜惊讶,为之目瞪口呆。布里特林先生认为:"这就像大卫向歌利亚甩出了石子——却没有打中!"

敌人正在节节胜利的消息来得如此突兀,人们在惊骇之余,在寻求希望之中,抓住了最近几天偶然出现的一个传说,而且绘影绘声,使它变成了一个全国性的幻觉。8 月 27 日,利物浦至伦敦一线的火车晚点十七小时,从而引起了谣传,说什么这次晚点是由于输送俄国军队所致。据说这些军队在苏格兰上岸,路过这里前往增援西线。这些俄国人被说成是从阿尔汉格尔斯克出发,横渡北冰洋到挪威,然后乘普通轮船来到阿伯丁(Aberdeen)的,现在正用军用火车把他们从那儿送往海峡港口。此后,谁乘坐的火车中途受阻晚点,谁就会自作聪明地说成是"俄国人"造成的。自从《亚眠通讯》大谈德军人数众多,"势如潮涌",并大声疾呼"士兵,士兵,更多的士兵"以来,人们陷于一片悲观绝望之中,不知不觉地都把希望寄托在俄国拥有的无穷无尽的人力上去了。谣言越传越开,而且有声有色,言之凿凿,见之于苏格兰的俄军幽灵逐渐形成了一支血肉之躯的部队。

他们在月台上跺着脚,抖掉靴子上的积雪——时在 8 月啊!一个爱丁堡的铁路清洁工因清扫过这些残雪而出了名。有人从开过的军用列车里瞥见过"异国的军服"。有的说他们将取道哈里奇(Harwich)去救援安特卫普,有的说他们将经由多佛尔去救援巴黎,众说纷纭,莫衷一是。还有人深更半夜在伦敦看到一万名俄国人在沿着泰晤士河的堤岸前往维多利亚车站。黑尔戈兰这场海战也被聪明人说成是牵制敌人,给运往比利时去的俄国人打掩护的。连最可信的人士也看到了这些俄国人——或者听说有朋友看到过他们。一位牛津大学的教授就知道一位同事曾被召去给他们当翻译。一位苏格兰军官在爱丁堡就曾看到他们"身穿色彩鲜艳的长大衣,头戴大皮帽",手里拿的是弓箭而不是步枪。他们自备的马匹,"跟苏格兰的矮种马一个样，就是骨骼稍大些"——这种描绘，活像一百年前维多利亚时代早期的金属版印刷品中所出现的那种哥萨克骑兵的模样。居住在阿伯丁的斯图尔特·科茨（Stuart Coats）爵士给他在美国的一位姻兄写信说，有12.5万名哥萨克在行军途中曾穿过他在珀斯郡（Perthshire）的庄园。一位英国军官对他的朋友言之凿凿地说，有7万名俄国人已"极端秘密地"取道英格兰前往西线。关于人数，起初说有50万之众，后来说是25万，再后来又说是12.5万，经逐次递减，最后确定在7万与8万之间——正好与已开拔的英国远征军的人数相等。这种传说完全是口头辗转相告的；由于新闻发布要经过官方检查，报纸上并无只字提及。然而在美国就不是这样了。那些回国的美国人，大多是在利物浦上船的，那里正沉浸于一片俄国热之中，他们的报道，把这种狂热的现象给子孙后代保留了下来。

其他一些中立国家也捡起了这些传说。阿姆斯特丹的通讯报道说，一支庞大的俄国军队正在开往巴黎，加强防御。在巴黎，人们簇拥在火车站附近，盼望看到哥萨克的到来。这些俄国人的幽灵来到欧洲大陆后，成了一种军事因素，因为德国人也风闻了这种谣传。他们担心7万名俄国人可能在他们背后出现；这种担心，在随后的马恩河战役中，就像他们把7万名士兵调往东线而未能临阵一样，对军事造成了实际影响。直到9月15日马恩河战役之后，官方才在英国报上辟谣。

就在《亚眠通讯》把公众吓得丧魂落魄的这个星期天，约翰·弗伦奇爵士撰写的一份报告，使基钦纳勋爵更为震惊。当时的英军总司令部设在巴黎以北40英里的贡比涅，英军在前一天就摆脱了追击，在法军与敌人周旋的时刻得以安然休息。那天给远征军下达的作战命令也是由约翰·弗伦奇爵士签署的，命令说，敌军压力"已因法军在我右翼大举进攻而获解除，法军的进攻在吉斯附近已告大捷，德国禁卫军和第十军已被击退至瓦兹河一线"。这份直截了当地承认事实的命令，跟约翰爵士给基钦纳的那份报告的内容，互相矛盾，大有出入。我们只能设想，他是未加审阅就签署命令的。

他在报告中告诉基钦纳说，霞飞要求他坚守贡比涅以北地区，与敌人保持接触；但是他声称自己"绝对不能留在前线"，打算撤退到"塞纳河后面"，保持"与敌军相当距离"。这次撤退约需八天行军，"但不致使部队疲劳"，撤退时将取道巴黎以西地区，以便接近自己的基地。"我不喜欢霞飞将军的计划，"约翰爵士继续写道，"我宁愿采取一种凌厉的攻势。"——他所宁愿采取的，恰恰是前不久他在圣康坦所拒绝执行的，那时他不准黑格与朗勒扎克配合作战。

接着，笔锋一转，约翰爵士在下一句话中立即推翻了自己的说法。他明确表示，经过十天战斗，他认为法国人已一蹶不振，他准备弃之不管，径自回国。他对法国人的信心，对他们是否有能力"将这场战役进行到圆满结束的信心，正在迅速消逝"。他接着又写道："我把英军后撤到那么远，其真实原因即在于此。"尽管他们"竭力要求我军即便是在遭受重创的情况下亦须固守前线"，但他根据基钦纳指令的"文字和精神"已"断然拒绝"，并且坚决要求保留必要时"退守我军基地"的独立行动。

这份报告于8月31日到达，基钦纳阅后不胜震惊，为之愕然。约翰·弗伦奇爵士拟撤离协约国的战线，使英国人与法国人分离的这种意图，看来就是要在紧急关头抛弃法国人，基钦纳认为，这无论在政治上或军事上看来都是"灾难性的"。这样做会破坏协约国的精神，成为一个政策问题。于是，基钦纳要求首相立即召开内阁会议。开会之前，他给约翰爵士发了一封措辞委婉的电报，对他退至塞纳河后面的决定表示"意外"，并且巧妙地以提问的方式表示了自己的惊恐不安："这样做，对于你和法军的关系，对于整个军事形势将会产生怎样的影响？你军主动退却，会不会在法军战线上造成缺口？会不会挫伤他们的士气，从而使德军有机可乘？"最后，他提示说，经过柏林开出的32列军用火车，表明德国人正在从西线撤走军队。

基钦纳向内阁宣读了约翰爵士的信件，并做了说明。他说，向塞纳河后面撤退可能意味着战争的失败。顿时，整个内阁，就像阿斯奎斯先生惯有的含糊其词的说法那样，"为之惶惶不安"。基钦纳受命通知约翰爵士，政府对他的撤退计划感到不安，政府希望"你将尽力配合霞飞将军的作战计划"。他还补充说，政府考虑到法国人的自尊心，"对你的军队和你本人抱有一切应有的信心"。

当初，德军统帅部得知冯·普里特维茨将军企图退至维斯瓦河后面以后，立即解除了他的职务；而今约翰·弗伦奇爵士所拟放弃的不是一个省而是一个盟国，他却没有受到同样的处理。追溯其原因，可能是政府和军方在北爱尔兰问题上的争吵留下了创伤，对由谁接替总司令的问题无法取得一致意见。政府方面可能认为，在当时情况下撤换总司令，会在公众中引起过分巨大的震动。不管怎样，慑于约翰爵士那种碰不得的神气，任何人——无论是法国人还是英国人——与他周旋时总跟往常一样非常注意策略，而实际上对他已几乎不复有丝毫的信任。"霞飞跟他从来不是心连心的，"一年以后英国陆军军需司令威廉·罗伯逊爵士在给英王秘书的信中写道，"他从来没有真心诚意、老老实实地跟法国人协力合作过。他们认为他绝不是一个有才能的人，也不是一个忠实的朋友，因此对他并不信任。"这种情况对协约国的共同作战是不利的。至于基钦纳本人，自布尔战争以来，与约翰爵士的关系也从不是特别友好的，8月31日以后，也不再信任他了。可是，直到1915年12月，在约翰爵士本人图谋反对基钦纳，而其方式又正如伯肯黑德勋爵后来所说"不正派，不谨慎，不忠诚"的情况下，英国政府才终于下决心把他黜免。

就在基钦纳在伦敦焦急等待约翰爵士的回音时，霞飞在巴黎正致力于动员政府给予支持，设法叫英军留在前线。霞飞此时已知道朗勒扎克至少有半仗——在吉斯的半仗——是打胜了。据报告，德国禁卫军和第十军已被"狠狠地揍了一顿",比洛的军队也不追击。再加上德军撤向东线的消息,使他感到大为鼓舞。他对普恩加莱说,或许政府可以不必迁移了;他现在感到,在第五集团军和第六集团军重振旗鼓、奋起作战的情况下,可望阻遏德军前进。他写信给英军司令说,他已令第五集团军和第六集团军非在重大压力之下不得放弃阵地。但是,如果两军之间出现缺口,那就无法指望它们继续扼守,因此,他"恳切"要求陆军元帅弗伦奇不要撤退,"至少留下若干后卫部队,以免敌人清楚地看出是在撤退以及在第五集团军和第六集团军之间有着缺口"。

为了争取一个有利的答复,霞飞要求普恩加莱以法国总统的身份施加影响。普恩加莱给英国大使打了电话,大使又给英军总司令部打了电话,但是,所有这些电话联系以及联络官员的登门求见,都无结果。事后,约翰爵士把他当时的回答简括为一句话:"我拒绝了。"于是,霞飞那个短暂的、纵然是虚幻的希望,一下子全告破灭。

约翰爵士给本国政府的回音,是基钦纳所迫切等待的。那天深夜,复电一到,他便立即叫译电员每收到一个字即逐字念给他听。电报说,他的主动退却,"无疑地"会使法军战线出现一个缺口,但是,"法国人目前的战略,实际上是在我左右两侧撤退,而且通常并不通知我方,同时又放弃采取进攻战的一切想法……如果他们继续这样做,一切后果自应由他们自己负责。……我不了解为什么要我为了再次救援他们而不顾明摆着的灾难去冒险"。这种肆无忌惮地歪曲事实的报告,正是在霞飞把与此相反的真实情况告诉他之后作出的,这就无怪乎在他的《1914年》一书问世后,他的同胞们除了用"谎言"这个词外竟然找不到一个体面的词儿来代替它,甚至连阿斯奎斯先生也有所感触地用了"对事实的嘲弄"这样的词句。即使考虑到约翰爵士性格上的种种局限性,但是,这位英军总司令,有着亨利·威尔逊这样精通法语而又熟悉包括霞飞本人在内的法国高级将领的人才作为参谋，竟然会把法国人描绘成失败主义者，真是使人百思不得其解。

基钦纳在深夜1时看完电报之后，立即决定，眼前只有一件事可做，而且必须在破晓前行动。他必须亲自前往法国。作为资历最高的陆军元帅，他是陆军之首；既然如此，他认为自己有权给约翰·弗伦奇爵士就军事问题发布命令；同时，以陆军大臣的身份，他也有权就政策问题做出指示。他急忙赶到唐宁街，同阿斯奎斯以及大臣们交换意见，海军大臣丘吉尔立即下令派一艘快速巡洋舰供他乘用，两小时内在多佛尔待命出发。基钦纳先发了一份电报，通知约翰爵士他即将前来。为了怕自己突然出现在司令部时会使这位总司令神经过敏，感到窘迫，所以还请他选择会晤地点。半夜2时，爱德华·格雷爵士从睡梦中被基钦纳的突然来临所惊醒，基钦纳走进他的卧室告诉他即将前往法国。2时30分，他从查令十字火车站乘专车出发，9月1日上午到达巴黎。

陆军元帅弗伦奇显得"情绪激动，气势汹汹，面红耳赤，怒形于色"，在阿奇博尔德·默里爵士陪同下，来到了他选定的会晤地点——英国大使馆。他选择这个地方，意在表示这次会谈并非军事性质，他坚决认为基钦纳只是军队的政治领导，其身份无非是一名文职的陆军大臣而已。见到基钦纳身穿军服，他不禁怒火难遏，认为这是故意用军阶压他。事实上，基钦纳自从在陆军部上任那天穿戴文官礼服礼帽以后，便已脱掉文官服装，改穿起陆军元帅的蓝色军便服了。约翰爵士却一心以为这是有意使他难堪。对他说来，衣着是首要的，他一向喜欢用服饰来增添威仪；这种作风，他的袍泽们都觉得乖谬反常。他那"卡其军装上佩戴着星章"以及"浑身挂满外国小玩意儿"的习惯，曾使英王乔治产生反感。亨利·威尔逊也常常这样议论他："在澡盆子里他还是个不错的小伙子，一穿上衣服，你就不放心他了；你永远也不知道他会穿戴些什么。"

英国大使馆里的这场会谈有弗朗西斯·伯蒂爵士、维维亚尼、

第19章 巴黎是前线

米勒兰以及代表霞飞的几位法国官员在场。当会谈发展到唇枪舌剑相持不下的时候，基钦纳只好请约翰爵士同他退入另室密谈。至于在那里究竟谈了些什么，约翰爵士在基钦纳死后发表的记述是不可信的，只有会谈的结果才是公认属实的。它体现在基钦纳给政府的一份电报之中。电报说，"弗伦奇的部队现在已部署在作战线上，英军将留在那里与法军配合行动"，这就是说，应该向巴黎东面，而不是向巴黎西面退却。基钦纳在他给约翰爵士的电文副本上写道，他确信这是他们两人达成的协议，但无论如何，"请把它视为一项指令"。至于所谓"在作战线上"，他说他的意思是指英军的部署应跟法军衔接一气。接着，他又重回策略性语言，模棱两可地加了一句："当然，你将根据情况，对他们所处的位置做出判断。"于是，这位总司令，丝毫没有得到抚慰，离去时比早先更加怏怏不平。

也就在这一天和前一天，克卢克所部，为了要赶在法军站稳脚跟之前予以围歼，兼程进军，越过了贡比涅，渡过了瓦兹河，迫使协约国军队节节后退。9月1日，该部在离巴黎30英里的地方，与法国第六集团军的后卫部队以及英国远征军进行了交锋。为了给条顿人历史上最伟大的时刻做准备，德国人已经以他们令人敬佩的效率制作了铜制奖章，并分发给参谋部军官，预备最终分发给各部士兵。奖章上自信地刻着"德国军队进入巴黎"的铭文，其下是埃菲尔铁塔和凯旋门的图案，以及集合了骄傲的回忆和期盼的日期：1871—1914。

第20章

冯·克卢克的转向

"一辆汽车开了过来。"阿尔贝·法布尔（Albert Fabre）先生这样写道。他那幢坐落在贡比涅北面12英里的拉西尼（Lassigny）的别墅在8月30日被德国人征用了。"车上走下一个趾高气扬、神态威严的军官。他独自傲然阔步地向前走去，伫立在别墅前面三五成群的军官们为他让路。此人身材魁梧，威风凛凛，脸上带有伤疤，胡须剃得精光，容貌严峻，目光可畏，右手拿着一支士兵用的步枪，左手按在一把左轮手枪的枪柄上。他频频环顾左右，用步枪的枪托敲击着地面，然后，以舞台上亮相的姿态站停下来。看样子谁也不敢走近他，他确实有一种令人辣然的气派。"法布尔先生敬畏地注视着这个出现在他面前的全副武装的人物，不禁想起了入侵罗马的匈人王阿提拉，他打听到这位来客不是别人，正是"早已赫赫有名的冯·克卢克"。

冯·克卢克将军是施利芬计划中部署在"右翼末梢的人"，当时他正在考虑一个成败攸关的决策。他感到自己在8月30日已接近关键时刻。他右翼边缘的部队已击退莫努里的几支分队；这次胜利，他认为是决定性的。在中路，部队的追击虽未赶上英军，但是沿途发现英军仓皇撤退中丢弃的一堆堆军装、靴子和弹药，使他更

第20章 冯·克卢克的转向

加深信对手确实已被击败。在他左方,是他在吉斯战役中为了支援比洛借调给他的一个师,据该师报告,法国人已被打得抱头鼠窜。克卢克于是狠下决心,不让他们有丝毫的喘息机会。

从有关朗勒扎克撤退方向的那些报告看来,法军战线向西延伸得并不像预料的那么远。克卢克认为,在巴黎北面就能席卷法军,毋须向巴黎西面和南面延伸。这一改变,势需变更他的进军方向,必须从正南转向东南,这样做也有利于填补他与比洛之间的缺口。像别人一样,他在开始这场战役时,认为增援会从左翼源源而来。他此刻亟须增援部队前来接替他必须留在安特卫普前面的一军,接替他驻在布鲁塞尔的那个旅,以及留守那条越拉越长的交通线的各支部队,至于需要他们来补充他在战斗中的伤亡损失,就更不用说了。可是,增援部队并未到来。毛奇至今没有从左翼派出一兵一卒。

毛奇顾虑重重。这位"忧郁的恺撒",不以胜利之师的前进为喜,而以征途上的困难为忧,这是完全符合他的性格的。按计划,要求在第三十六天至第四十天之间战胜法国,而今已是第三十天了。尽管他的右翼各集团军司令不断报称法军和英军"已被打得一蹶不振",并且对他们的退却用上了"溃败"、"逃窜"等字眼,毛奇仍感到忐忑不安。他注意到一种可疑的情况,那就是没有出现通常所见的溃逃或无组织撤退的迹象:俘虏为何如此之少?他的老上司施利芬经常说:"如果战场上的胜利未能取得突贯或合围敌军的战果,那么这一胜利也就算不了什么。敌人虽然被打退,他们仍会在别处出现,重新开始他们暂时放弃的抗击。战斗将继续下去……"

尽管忧心忡忡,毛奇却没有去亲自调查研究,而是一直待在统帅部里发愁,依靠派遣人员的汇报。"令人痛心的是,"他在8月29日给他妻子的信中写道,"形势如此严重,德皇却毫不担心。他已陶醉于一种胜利的欢呼声中!这种情绪是我所深恶痛绝的。"

8月30日,当德军接近战役的高峰时,统帅部从科布伦茨向前移到距法国国境十英里的卢森堡市。他们现在已进入了抱有敌意的国土，这种敌意纵然不是出于官方的态度，也是发自老百姓的真实感情。由于地理和感情上接近法国，这里成了协约国各种谣言的中心。人们窃窃私语，纷纷传说有8万名俄国人正在前来支援法国人和英国人。统帅部忙于综合有关在海峡沿岸某处登陆的种种迹象。确实曾有3000名英国海军陆战队在奥斯坦德登陆，这个消息传到卢森堡时已被渲染成一支具有威慑力量的俄国大军，使德国人的忧惧更其显得有凭有据。

毛奇深感不安，除了可能出现在他背后的俄国人的幽灵外，还担心德军战线上的几处缺口，特别是右翼各集团军之间的缺口。克卢克与比洛之间有一道宽达20英里的缺口，比洛与豪森之间又另有一道20英里宽的缺口，第三处缺口在豪森与符腾堡公爵之间，也有那么宽。毛奇不安地意识到，这些越来越薄弱的地区原应从左翼抽调力量予以填补，可是他已将左翼兵力全部投入摩泽尔河的战斗。一想到施利芬的主张，他不免感到内疚。施利芬坚决主张，正确的方针该是以最少的兵力在左翼保持守势，而将可供抽调的各个师全部派去支援第一集团军和第二集团军。可是，突破法军堡垒战线的幻影仍然吸引着统帅部。毛奇举棋不定，便在8月30日派炮兵专家鲍尔少校亲自去鲁普雷希特的阵地视察。

在鲁普雷希特的司令部里，鲍尔发现"根本没有一致行动的计划"。他驱车来到各条前线时，司令们和军官们又都各执一词，看法互异。一些人认为敌军各师撤离阵地已是无可置疑的事实，对胜利在即满怀信心。其余的人则抱怨图勒以南摩泽尔河沿岸一带"丛山密林，障碍重重"，而在那里展开的进攻又正陷于困境。他们认为，即使进攻获胜，也将受到来自图勒的翼侧攻击，供应线也将难以为继，因为所有公路和铁路都必须经过这个设防城市。因此，必须首先拿下图勒。在后方的第六集团军司令部里，鲁普雷希特亲王一度高涨的好战热情已冷却下来，他意识到自己正在从事一项"艰巨而又不愉快的任务"。

在代表统帅部的鲍尔看来，法军从这条战线上撤走的消息是个不祥之兆，因为它意味着敌人正在把部队撤出去增援他们面对德军右翼的阵地。他回到统帅部后向毛奇汇报他所得出的结论时说：进攻南锡至图勒一线以及摩泽尔防线"不是没有获胜希望"，但是这样做需要持久的努力，就现时来看，这是"没有理由的"。毛奇同意这个看法，但没有采取任何措施。他没有勇气取消这个已经付出偌大代价的进攻，何况德皇陛下一心想以胜利者的姿态策马通过南锡。第六集团军没有得到任何改变战略的命令，仍然全力以赴，以求突破摩泽尔防线。

在此关键时刻，正在向前推进的翼侧竟没有得到增援，克卢克很为不满。但是，促使他采取内圈包抄行动的原因，与其说是出于缩短战线的需要，还不如说是因为他确信法军已被打败，可以一举歼灭。他不想袖拂海峡从外线包围，而拟从内侧掠过巴黎，直追朗勒扎克。在追击时，他的翼侧可能暴露而受到巴黎卫戍部队的袭击，也可能受到正在他前面朝巴黎退却的莫努里部队的袭击；这种危险，他不是没有想到，只是没有予以足够的重视。他认为莫努里目前所集结的部队无足轻重，他们获得增援的可能也微乎其微，因为法国人惨遭失败，踉跄逃跑，必然溃不成军，无法调遣增援。而且，他料想法国人所有可供调遣的有生力量，或被王储的集团军围困在凡尔登周围，或为鲁普雷希特的各集团军牵制在摩泽尔河一带，在此巨大压力之下，俱已动弹不得。当他的大军在巴黎前面向东进军时，只消在这个首都前面部署他自己的一个军——那个掉在后面的第四后备军——就足以掩护他的翼侧。何况，德军的历次军事演习都已证明，防御阵地内的卫戍部队，不到遭受攻打时是不会冒险出击的；所以他确信第四后备军能够牵制莫努里凑合起来的残余部队。在他从一封缴获的信件中得知约翰·弗伦奇爵士打算撤出战线退到塞纳河后面之后，他便再也不把迄今为止一直是他直接对手的英国远征军放在心上了。

按照德国的军事体制——它与法国的不同——作为战地司令的克卢克，有权在最大的可能范围内自行决策。一个德国将军，他所接受的思想理论教育、图上战术作业以及军事演习方面的训练，都是为了使他能对任何特定的军事问题得出正确的解决办法；因此，在情况需要时，就要求他能够自行拿出一个正确的办法来。当前的情况，在克卢克看来，既然有可能在战场上歼灭法军而无须包围巴黎，那么，撇开巴黎、紧追逃敌的计划，虽然背离原定战略，却是一个"正确的"办法。按照德国人的军事理论，只有打垮敌人的机动部队，才能攻其筑垒的兵营。机动部队一经歼灭，其他胜利果实便唾手可得。巴黎的吸引力虽大，但克卢克决计不为它所惑，而放弃恰当的军事行动的途径。

8月30日晚6时30分，冯·比洛的来电更使他定下决心。电报要求他采取内圈包抄行动，助以一臂之力，打击法国第五集团军，"战而胜之，夺取最大战果"。至于比洛究竟是要求帮助他扩大圣康坦一役的战果，还是挽回他在吉斯一仗的失败，从他的措辞看来，并不明确。但不论是何情况，他的要求跟克卢克的意图是合拍的。于是，克卢克毅然做出决定。第二天的进军不复以正南方向为目标，而是径趋东南，直指努瓦永和贡比涅，切断法国第五集团军的退路。他的这支部队从列日出发以来，连续行军十六天，从未歇息，士兵们艰苦跋涉，啧有烦言，而他在8月31日下达的命令是："我们必须再一次号召部队兼程行军。"

德军统帅部得知第一集团军将于翌日早晨开始采取内圈包抄行动后，立即表示同意。毛奇本来就为战线上的几处缺口感到不安，他担心发动决定性进攻时，右翼的三个集团军不能相互呼应支援。而且，兵员已减少到低于进攻所需要的密度。如果克卢克真要按席卷巴黎的原定计划行事，战线势必还要再拉长50英里，甚至更长一些。因此，毛奇抓住克卢克的建议，认为是一个可取的办法，当夜就电复批准。

第20章 冯·克卢克的转向

目标在望,将在第三十九天按计划如期击败法国,转而抗击俄国;德军的训练、计划和组织工作将得到全面的检验;赢得胜利和主宰欧洲的目标将功成其半。余下的任务就是乘胜围歼败退的法军,不让他们重新集结力量,再事抵抗。任何情况,无论是战线上的缺口、比洛大军在吉斯的挫折、士兵的极度疲乏,或是临阵的畏缩或差错,绝不容许发生,以免妨碍夺取胜利的最后冲刺。克卢克急如星火地驱使着他的部队前进。军官们一路纵马挥鞭来回逡巡,军曹们粗声粗气地发号施令,那些饱经战争创伤的部队,在8月31日早晨困乏不堪地组成纵队,拖着沉重的脚步,开始了又一天没有尽头的艰难跋涉。由于对地图或地名一无所知,士兵们没有觉察到进军的方向已经改变。巴黎这个具有魔力的名词吸引着他们继续前进,没有人告诉他们:巴黎已不再是他们的目的地了。

饥饿使他们的处境更为悲惨。他们已超越了供应线所能及的范围,由于比利时境内的桥梁和铁路隧道遭到破坏,那些供应线已不能充分发挥作用。而修复工程又未能使供应军需的铁路线跟上军队的前进。举例来说,那慕尔的中心桥梁直到9月30日才告修复。经过一天漫长的艰苦行军而疲惫不堪的步兵,往往发现他们预期宿营的一些村子已为自己的骑兵部队占据。骑兵按理应该驻在村外,可是他们总是非常关心自己的军需列车和马匹的饲料,为了获得这些,据这位早先也是骑兵的王储说,他们"经常把自己驻扎在"原来准备安顿步兵的地方。他还说:"每当前面开始出现险恶的情况时,他们总是止步不前,成为步兵的障碍。"王储的这些话构成了一份意想不到的证词。

9月1日,克卢克的军队在穷追猛赶英国人时,遭到一次难对付的突然袭击。克卢克曾在他的公报中声称,英国人撤退时"旗靡辙乱,溃不成军",而今他们居然能够掉头反扑,给德国人以迎头痛击,诚属不可思议。在贡比涅和维莱科特雷(Villers-Cotterets)的森林里及森林四周,经过一天殊死战斗,英国远征军的后卫部队顶住了敌军，使主力部队得以再次远遁，因此克卢克大为恼火。他推迟了部队"迫切需要的"休整，下令第二天继续进军，并把进军方向重又略为西移，企图包围英军。但是，英军又一次成功地"及时"摆脱了他的追击，并在9月3日渡过马恩河。克卢克消灭他们的时机已失之交臂；既丧失了时间，增加了伤亡，又拉长了行军路线，克卢克在绝非愉快的心情下重新开始他的内圈包抄行动，继续跟踪追击法军。

"我们的士兵已经精疲力尽，"克卢克的一名军官在9月2日的日记中这样写道，"他们跟跟跄跄，满面尘土，衣衫褴褛，瘦骨嶙峋，活像一具具会行走的稻草人。"在那弹坑累累，遍地都给炸倒的树干阻塞得难以通行的道路上，以平均一天24英里的速度连续行军了四天之后，"他们索性闭上眼睛，边走边唱着歌，这样才可以不至于睡着。……使他们继续前进的唯一动力是早日胜利和进入巴黎的信心。要是没有这个，他们就会瘫倒下来，就地入睡"。这篇日记还证实了德军在行军途中出现的一个越来越严重的问题；在更东面，在比洛和豪森的部队行经香槟（Champagne）的途中，这个问题尤为突出。"他们纵酒无度，但酩酊的状态使他们得以继续前进。今天，将军在视察之后，大发雷霆。他要制止这一普遍酗酒的现象，不过我们设法劝阻他不要发布严厉的命令。如果我们执法过严，军队就不能行军了。必须有异乎寻常的兴奋剂才能克服异乎寻常的疲劳。"这位军官最后满怀希望地写道："到了巴黎，这一切就会好了。"显然，他也不知道这次行军已变换方向。

德国人经过法国时，就像经过比利时一样，沿途留下一片焦土废墟。村子被焚毁，平民遭枪杀，住宅被洗劫糟蹋，战马闯过内室，炮车曳过庭园，普恩加莱在尼贝库尔（Nubécourt）的家族墓地也被挖成厕所。9月2日，克卢克的第二军经过距巴黎25英里的桑利斯（Senlis）时，枪杀了市长和六名平民人质。就在这个市镇的郊外，在埋葬这些人的墓地边上，一块石碑上刻着他们的姓名：

第20章 冯·克卢克的转向

欧仁·奥代纳（Eugène Odène）	市长
埃米尔·奥贝尔（Emile Aubert）	硝皮匠
让·巴比埃（Jean Barbier）	马车夫
吕西安·科特罗（Lucien Cottreau）	餐馆侍者
皮埃尔·德韦尔特（Pierre Dewerdt）	司机
J-B.埃利泽·波米埃（J-B. Elysée Pommier）	面包师傅的助手
阿尔蒂尔·雷冈（Arthur Régant）	石匠

对冯·豪森将军来说，9月2日是个幸运的日子，他发现自己在埃纳河畔的蒂尼（Thugny）宿营的地方原来是夏布里隆（Chabrillon）伯爵的一幢别墅。这位将军占用着伯爵夫人的闺阁，他查看了她的名片，发现她本人是莱维-米尔普瓦（Lévy-Mirepois）女伯爵，满心喜悦，睡在她的床上也感到格外心荡神驰。他在晚餐时吃了一顿野鸡，那是他的军需官在别墅花园里打猎弄来的。饭后，豪森清点了伯爵夫人的银餐具，并且开列了一份清单，交由村里的一个老人保管。

也就在这天晚上，毛奇经再次考虑，对于克卢克的内圈包抄行动使其翼侧暴露于巴黎之前的情况，越来越感到不安，于是下了一道新的通令。如同他在处理左翼问题时一样，这道通令显示了他的举棋不定。通令叫第一集团军和第二集团军"偏离巴黎朝东南方向追逐法军"，就此批准了克卢克的转向。与此同时，为了防止可能遭受袭击的危险，通令又要求克卢克的军队"列成梯队，尾随第二集团军之后"，并"负责掩护两军的翼侧"。

好一个列成梯队！这对克卢克说来，是个莫大凌辱，比之统帅部早先要他听命于比洛，更使他受不了。这位一手挎着步枪、一手握着左轮手枪，面容严峻的阿提拉王，德军右翼的带步人，是不会甘居人后的。他自己给第一集团军发出了一道命令："第二天（9月2日）继续前进，跨过马恩河，以便向东南方向追赶法军。"至于掩护暴露于巴黎面前的翼侧的任务，他认为只消留下他两支最弱的部队就足够应付。这两支部队是第四后备师和第四骑兵师；前者实力不足，有一个旅留驻布鲁塞尔，后者在9月1日与英国人的一仗中曾受重创。

8月31日，即克卢克转变方向后的第一天，索尔代骑兵军的一名军官勒皮克（Lepic）上尉上午在贡比涅西北侦察时，发现不远处有一支德军骑兵纵队，计有九个中队；十五分钟以后，跟着又来了一支步兵纵队，其中有炮兵连、弹药车队和一个自行车连。他注意到他们不是朝南直趋巴黎，而是在沿着去贡比涅的道路前进。勒皮克上尉没有意识到自己正是目击这一具有历史意义的突然转向的第一个见证人。他津津有味地报告了德国枪骑兵如何丢掉他们与众不同的钢盔，换上布军帽，以及"他们如何用拙劣的法语向当地居民问路，用德语连声说着'英国人、英国人'"。他的这份有关德国人进军路线的情报，当时并没有引起法军总司令部的任何重视。人们认为，可能是贡比涅这个城市和城堡吸引着这些德国人，而且他们仍然可以取道贡比涅前往巴黎。况且，勒皮克上尉所看到的两个纵队，也不一定表明克卢克全军的动向。

8月31日，法国人也注意到战役正在进入高峰。他们的第二个计划——拟将重心移至左翼以阻遏德军右翼前进的8月25日的计划——已告失败。第六集团军原应同英军和第五集团军一起在索姆河畔稳住阵脚，组织反击，但这一使命也未能完成。霞飞承认，第六集团军眼下的任务该是"掩护巴黎"。至于英军，正如他私下所说那样，"不愿前进"，而第五集团军则由于克卢克正在从其侧面进行追击，仍然没有摆脱被包围的危险。果然，令人惊骇的消息传来了，克卢克骑兵的先头突击部队已突破第五集团军与巴黎之间英军撤退后留下的那道缺口。现在已很清楚，正如霞飞的作战处长蓬（Pont）上校对他所说那样，"要以足够的兵力挡住德军右翼，遏制它的包围，

第20章 冯·克卢克的转向

看来已不复可能"。

势必制订一项新的计划。保存实力是当务之急。在法军总司令部里，霞飞和他的两位副职——贝兰和贝特洛，以及作战处的高级军官一起讨论了对策。战局急转直下，迫使进攻派学说的"门徒"采取一个新的主张——"坚持抵抗"，直至法军能够稳住一条战线，然后从那里重新发动攻势。当时，大家都认识到，德军由于前进将沿着一条从凡尔登到巴黎的巨大弧线疏开。这次计划，不是阻击德军正在进犯的一翼，而是通过袭击德军的中路，切断这一翼，也就是仍旧按照第十七号计划的战略行事。只不过这一回战场是在法国的心脏。法军一旦败北，将不像当初在边境那样只是一时的挫折，而是定局了。

问题在于应在什么时候重新开始"前进行动"。最早的时机是不是在与巴黎成一直线的时候，从马恩河流域开始？还是应该继续后退40英里，一直退到塞纳河后面的防线？继续后退意味着把更多的国土拱手送给德国人；但是塞纳河的天然屏障可给法军提供一个喘息时机，使他们在没有敌军直接压力的情况下得以重新集结力量。德国人的主要目标既然是摧毁法国的军队，因此我们的"主要目标"，按贝兰的主张，就必须是"保存我们的有生力量"。采取"谨慎的"态度，在塞纳河后面整编队伍，这在当前既是国家的职责所在，也是挫败敌人目标的上策。贝兰力主此议，贝特洛则铿锵有力地予以支持，霞飞听从了他们的建议，第二天就发出了第四号通令。

9月1日，色当战役纪念日的前夕，法国的前景看来像当年一样暗淡悲惨。来自法国武官的消息，正式证实了俄国人在坦嫩贝格的败绩。第四号通令与边境溃败后那号语气坚定的通令显然不同，它反映了总司令部在敌骑纵横一周后乐观心情的动摇。它饬令第三、第四、第五各集团军"在今后一段时间内"继续撤退，以撤至塞纳河和奥布河为限，"但并不是说必须撤退到这个限度"。"一旦第五集团军摆脱被围的威胁"，各集团军"当即重新发动攻势"；但不像前令,它没有指定具体时间或地点。虽然如此,在这号通令里,人们可以看到未来战役的发轫,因为它谈到要从南锡和埃皮纳勒抽调增援部队前来参与这次攻势,并称"巴黎筑垒兵营的机动部队也可参加这次全面行动"。

支持霞飞的一派和支持加利埃尼的一派,后来在他们就马恩河战役的发端问题所展开的痛苦而长期的论战中,对第四号通令,以及对该令下达后四天中的每一行动、每项命令,都有大量争议。毫无疑问,霞飞虽然对交锋的具体时间和地点并不确定,但对总的战役有个大体轮廓。他预见到这个战役将发生在德军五支追兵来到"巴黎与凡尔登两犄角之间",法军在法国中部形成一个浅弧形或网状阵线的时候。霞飞认为他有一周时间可以用来部署,所以当梅西米9月1日前来向他告别时,他说,他预期在9月8日重新发动攻势,并预言这一战将被称为"布列讷堡之战"(the battle of Brienne-le-Château)。布列讷堡是马恩河后面25英里的一个市镇,到马恩河和到塞纳河的距离相仿。它曾是拿破仑战胜普鲁士的布吕歇尔元帅的战场。这对霞飞说来,或许是个吉兆。在继续强制退却的一片愁云之中,在敌军日益逼近的阴影笼罩之下,霞飞临危不惧、泰然自若和满怀信心的神态,再一次给梅西米留下不可磨灭的印象。

巴黎眼看塞纳河各军后撤,使自己失却掩护,感到不是滋味。霞飞打电话给米勒兰,毫无保留地告诉他当前战局概况。他谈了英军"使劲的"撤退已使朗勒扎克的左翼暴露,以致各军必须继续撤退,直到朗勒扎克脱离战斗为止。他已令莫努里朝巴黎方向撤退并与加利埃尼"保持联系",但他没有提到将第六集团军置于加利埃尼指挥之下。他说,敌军各纵队正在朝稍微偏离巴黎的方向前进,这可能提供一段"稍事喘息"的时间;尽管如此,他仍然认为政府应该"立即"离开巴黎,不在当晚,就在明天,事属"至要,刻不容缓"。

加利埃尼得到惊惶失措的政府关于情况发展的通知之后,立即打电话给霞飞。霞飞避不与他说话,加利埃尼请人转告:"我们无法抵抗。……霞飞将军必须知道，如果莫努里不能坚守阵地，巴黎就无法抵御敌人。必须给这个筑垒的兵营增拨三个现役军。"当天下午较晚时分，霞飞给加利埃尼回了电话，通知他说，正在把莫努里的军队调归他指挥。这支军队将成为巴黎这个筑垒兵营的机动部队。按照惯例，机动部队不受野战集团军指挥，并且可由卫戍司令做主不参加一般的战役。事实上，霞飞并无意放弃这支部队。就在这一天，他以巧妙的手法要求陆军部长将巴黎这个筑垒兵营及其所有军队全部归他这位总司令统辖，"以便在情况需要时我能动用这支机动卫戍部队作战"。米勒兰像梅西米一样对霞飞衷心折服，9月2日便照此下了命令。

此时，加利埃尼终于有了一支集团军。现在可由他调遣的莫努里的这支部队，是由第七军的一个现役师、一个摩洛哥旅，以及四个后备师组成。这四个后备师即：埃伯内将军率领的，原来从巴黎抽调出去的第六十一师和第六十二师，以及曾在洛林英勇奋战的第五十五师和第五十六师。霞飞还同意再增派精锐的阿尔及利亚轻步兵第四十五师；这支部队反正不在他管辖之下，当时正在巴黎下火车。此外，他还同意增派野战集团军中的一个现役军。像克卢克一样，他挑了一个残缺不全的军，即曾在阿登山区遭受惨重损失的第三集团军的第四军。不过，这个军正在得到补充，而且，把它从第三集团军防守的凡尔登前线调来增援巴黎，在克卢克看来，这是法国人所做不到的。加利埃尼接到通知，第四军将在9月3日和4日乘火车到达巴黎。

加利埃尼一接到霞飞将第六集团军调拨给他的口头通知之后，立即驱车北上跟他的新部队联系。沿途尽是从四面八方朝巴黎涌来的难民。他们竞相逃离步步紧逼的德国人，满脸"惊恐绝望之色"，看到这幅景象就可以清楚地知道为时已晚。在巴黎西北不远，第六十一师和第六十二师正在开进蓬图瓦兹；那里是一片惊惶混乱。部队在撤退途中曾被迫苦战，人困马乏，血污斑斑。当地居民听到轰鸣的炮声和德国枪骑兵已在左近的消息，惊恐万状，手足无措。加利埃尼同埃伯内将军交谈之后，又赶到巴黎以北30英里瓦兹河畔的克雷伊（Creil）去找莫努里。他命令莫努里在退向巴黎时炸毁瓦兹河上的所有桥梁并设法阻滞敌军前进，无论如何在他与首都之间不能让德军揳入。

在匆忙赶回巴黎途中，加利埃尼看到威武雄壮的阿尔及利亚轻步兵第四十五师列队经过大街，前往他们的驻防地区。这一景象比他看到难民的情景时要宽慰得多。士兵们身穿鲜艳的上衣和肥大的灯笼裤，动人心弦，多少使巴黎人再次精神振奋起来。

然而，政府各部情绪低落。米勒兰已把"令人痛心的"情况向总统做了汇报，他说："我们的一切希望都已破灭，我军在前线全面撤退；莫努里的军队正在退向巴黎。……"作为陆军部长，米勒兰拒绝承担让政府于第二天（9月2日）傍晚以后在巴黎多逗留一个小时的责任。普恩加莱面临着"我一生中最沉痛的事变"。于是经决定，全部政府机构必须作为一个整体迁往波尔多，一个也不留在巴黎，以免公众对部长们作出容易引起恶感的比较。

那天傍晚，加利埃尼一回到城里便从米勒兰那里得到消息，欧洲这个最重要的城市，在它受围期间的一切军政大权全都由他一手掌管。如果没有塞纳省的省长和巴黎警察总监，"我将是光杆一个"。他发现他不得不倚为股肱的这位警察总监上任还只刚刚一小时。原来的警察总监埃尼翁先生（M. Hennion），一听到政府将要迁移，便断然拒绝留下。当接到命令要他留守岗位时，就以"健康为由"辞职不干了。对加利埃尼说来，政府迁离至少有一个好处，就此可以使主张巴黎成为不设防城市的人哑口无言；他们的法律根据已不复存在，加利埃尼从此可以放手把巴黎作为一个筑垒的兵营来保卫了。尽管他"宁愿没有部长们在场"，不过他认为，"要是有一两个留下来装点一下门面也是好的"。这种看法，对于那些本来愿意留下来的部长们来说，是不太公平的，可是加利埃尼对政客的蔑视，一无例外。

第20章 冯·克卢克的转向

加利埃尼预料两天之内德军可能兵临城下，他和他的参谋彻夜不眠，进行"我的整个部署，准备在巴黎以北即蓬图瓦兹至乌尔克河（Ourcg）一带出击"，也就是说，将在宽约45英里的一个地区作战。乌尔克河是一条小河，在巴黎东面注入马恩河。

那天深夜，总司令部得到一份大可以叫政府不必逃跑的情报。白天，一只手提包送到了第五集团军的情报官法加尔德（Fagalde）上尉手中。这只手提包是在一名隶属克卢克的骑兵军官的尸体上发现的，这位军官在乘坐汽车外出时被法国巡逻兵击毙。包里的文件中有一张沾满血迹的地图，上面标明了克卢克各个军进军的路线以及这天各应到达的地点。全军的进军路线都标向东南，从瓦兹河出发直指乌尔克河。

总司令部对法加尔德上尉的发现做出了正确的判断，认为克卢克意图悄悄地穿过第六集团军和第五集团军之间地带，绕过巴黎，席卷法军主力阵地的左翼。即使他们也认识到这意味着克卢克将放弃进攻巴黎，他们却没有尽其最大努力使政府相信这种看法。当总司令部与总统之间的联络官佩内隆上校翌日上午前来向普恩加莱报告克卢克改变进军方向的消息时，并没有从霞飞那儿带来政府可以不必迁移的任何建议。相反，霞飞却要联络官告诉总统：政府必须迁离，克卢克的意图无法捉摸，他的纵队现已到达20英里外的桑利斯和尚蒂伊（Chantilly），巴黎可能很快就要遭到炮轰。至于普恩加莱和米勒兰对于克卢克转向的重大意义究竟有多少认识，那就很难说了，因为在战争时期和紧急关头，任何事情都不能像事后那样看得清楚或确有把握。当时是一片紧张气氛，甚至是恐慌气氛。既然经历了一番痛苦做出了决定，政府觉得很难再贸然改变。不论情况如何，米勒兰仍然坚持撤离，毫不动摇。

9月2日，色当纪念日那天，"令人痛恨的时刻终于来到"。当普恩加莱知道安排政府在半夜三更，而不是在白天众所得见的情况下撤离时，更加感到"悲痛和羞愧"。内阁坚持，按照法律，总统

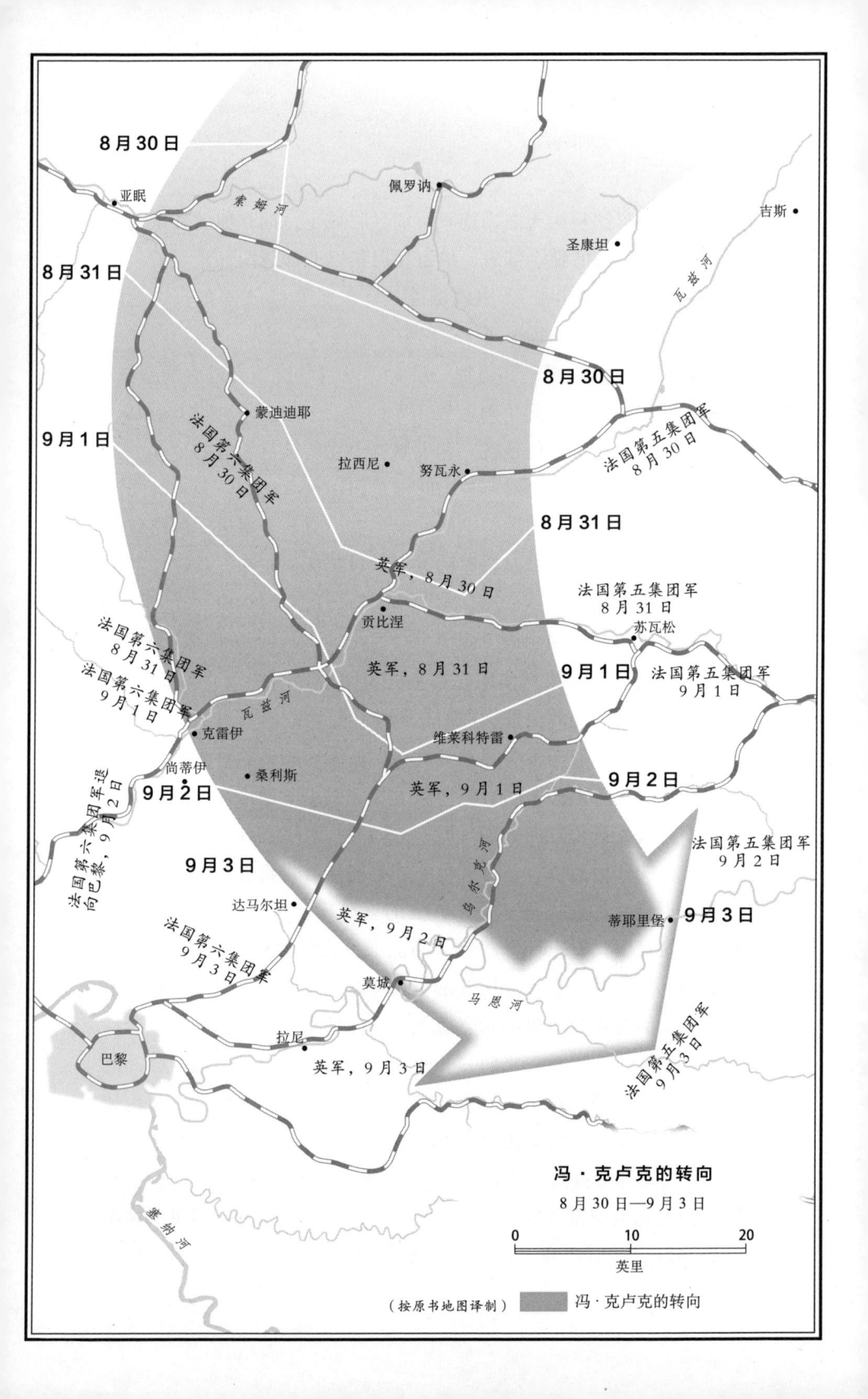

冯·克卢克的转向
8月30日—9月3日

第20章 冯·克卢克的转向

必须坐镇政府所在地。即便是普恩加莱夫人要求让她留在巴黎继续她的医院工作，以安定人心，也未获准。美国大使迈伦·赫里克前来送别时，则是"愁容"满面，热泪盈眶。

对于局势，赫里克跟当时留在法国首都的人都持有同样看法。他在给他儿子的信中写道："德国人攻势凶猛，看来是抵抗不住的了。"他曾从德国人那儿接到警告，劝他离开首都避往外省，因为巴黎的"整个市区"可能被彻底摧毁。然而，他决心留下，并且答允普恩加莱，他将"代表全人类执行保管任务"，把巴黎的博物馆和纪念碑置于美国国旗保护之下。他已胸有成竹，打算采取与此时此地所需的奋不顾身、仗义执言的崇高境界相称的做法："如果德国人来到城外并勒令巴黎投降，就挺身而出，找他们军队司令谈判，如有可能，就找德皇本人。"赫里克既已应德方请求代为照管德国大使馆，也就可以凭此要求他们会见。后来，每当那些曾在巴黎度过9月份头几个星期的朋友们夸耀自己是屈指可数的几个了不起的人物时，加利埃尼总是提醒他们："别忘了，还有赫里克呢！"

7时，加利埃尼前来给米勒兰送行。圣多米尼克街的陆军部里是"一片悲伤、阴郁、凄寂"，院子里停满了巨大的搬运篷车，正在装载准备运往波尔多的卷宗档案。留下的部分全都焚毁了。收拾包装的过程产生了一股"阴郁"的气氛。加利埃尼沿着没有灯光的楼梯攀登而上，发现陆军部长独自一人在一间空荡荡的房间里。既然政府正在撤离，米勒兰也就毫不迟疑地容许巴黎以及这里的每一个人进入炮火之下了。他给加利埃尼的命令是："殊死"保卫巴黎。对加利埃尼来说，这根本是无须别人关照的。

"部长先生，你懂得'殊死'这个词的意义吗？"加利埃尼问道，"这意味着破坏、毁灭、炸掉市中心的所有桥梁。"

"殊死，"米勒兰重复了一遍。告别时，他注视着加利埃尼，似乎此后再也见不到他了。加利埃尼感到"自己也几乎相信留下来是等死"。

几小时后，部长们和国会议员们，在黑夜间，在使他们很多人感到羞愧的鬼鬼祟祟的气氛中乘上了开往波尔多的火车，而以翌晨向公众发表的一篇冠冕堂皇的声明来掩饰这个不光彩的时刻。声明说，当前的任务必须是"坚持到底，决一死战"。法国将坚持到底，决一死战；英国将在海上切断敌人与世界其他地区的联系；俄国人将"继续前进，直捣德意志帝国的心脏"！（这个时刻，透露俄国人战败的消息看来是不合时宜的。）为了使法国的抵抗具有最大的"冲劲和力量"，政府应军方要求，已"暂时"迁移到一个它能与全国经常不断保持联系的地方。"同胞们，让我们在当前这样悲惨的情况下不愧为法国人。我们必将取得最后的胜利，我们有坚定的意志、持久的耐力、顽强的精神，总之，我们有不甘灭亡的决心。"

加利埃尼搞了一份言简意赅的公告，颇为踌躇满志。措辞是经过一番精心推敲的，意在消除关于巴黎已被宣布为不设防城市的谣言，让人民对事态发展有所准备。他的公告第二天早晨出现在巴黎各处墙上：

巴黎守军、巴黎市民：

    为进一步推动全国防务，共和国政府人员已撤离巴黎。本长官兼司令业经受命负责抗击入侵之敌，保卫巴黎。此项命令本长官兼司令将贯彻执行不渝。

1914年9月3日，巴黎
巴黎军事长官、巴黎守军司令
加利埃尼

这份公告在公众中引起的震惊之大是前所未有的，这是因为总司令部发布的公报在此以前都是采取措辞极其含糊的方针，不使老百姓了解军事情况的严重性。政府看来是毫无理由地逃亡了。它的宵遁留下了一个令人痛心的印象，尽管法国人民对波尔多抱有历久弥坚的感情，但他们还是耿耿于怀。人们用双关谐语来嘲弄政府，

第20章　冯·克卢克的转向

把政府官员们称为"tournedos à la bordelaise"*，那些跟着他们逃难涌向火车站的人群即兴作了一首模仿《马赛曲》的打油诗：

> 到火车站去，公民们！
> 登上车厢！

这对巴黎军政府来说，是"极其痛苦的日子"。随着各军不断向巴黎北面和东面撤退，巴黎要坚守多久以及何时炸毁巴黎大区内80座桥梁的问题，引起了越来越强烈的紧张和不安。各支军队的司令，在确保自己的队伍安全通过后，都迫不及待地要炸毁他们后面的桥梁以切断敌人的追击。总司令部的命令是"不让任何一座桥梁完好无损地落入敌人手中"，但这些桥梁却又是反攻时所需要的。同时，在这个地区内，又有三个各自为政的司令部在发号施令：加利埃尼的、霞飞的，以及地点上处于他们两者之间的约翰·弗伦奇爵士的，而这位爵士在基钦纳前来视察以后主要关心的是显示他不依附于任何人的独立性。于是，巴黎阵地上守卫桥梁的工兵部队给一连串相互矛盾的命令搞得晕头转向，无所适从。一名工兵军官向伊尔斯肖埃将军报告说："大难即将临头。"

英国人在9月2日夜幕降临前到达马恩河，第二天就过了河。走到贡比涅南面之后，士兵们发现行军方向偏离了他们的地图，才恍然醒悟这根本不是军官们所说的一次"战略撤退"。他们在布洛涅和勒阿弗尔的基地业已疏散一空，所有物资和人员都已迁往卢瓦尔河（Loire）河口的圣纳泽尔。

第五集团军落在英国人后面约一天的行军路程，还没有脱离被包围的危险。在持续酷热的天气里，撤退与追击继续进行着，逃跑

---

* 意即"波尔多式的牛排"。但牛排一词（tournedos）与逃跑（tourner le dos）发音近似，因此亦可作"逃往波尔多的家伙"的意思。——译注

的和追逐的同样疲惫不堪。自吉斯战役以来，第五集团军每天行军18至20英里。撤退途中，三五成群的逃兵打家劫舍，使关于德军暴行的种种故事在居民中传播，制造了恐慌，于是枪决了一些逃兵。朗勒扎克认为，从来没有一支军队经历过像他的军队正在经历的这种严峻考验。这时，一名英国军官在谈到英国远征军时说道："我绝难相信，士兵们在如此疲乏而又如此饥饿的情况下，居然能够活下去。"在这些艰难的日子里，亨利·威尔逊想方设法找一些话来激励人心，他向于盖上校说："德国人操之过急。他们这次追击进行得太快了。一切都做过了头。他们必然会铸成大错，到那时，你们的时机就来到了。"

直到这时，在法军总司令部里，霞飞和他的顾问们对克卢克采取的内圈包抄行动虽然已有所觉察，但是并未从中看出这是攻其翼侧的一个重要而又及早的机会。克卢克在9月2日转向追击英军后，霞飞和他的顾问们吃不准他是否会掉转头来进攻巴黎。不论怎样，他们所关心的不是巴黎，而是在他们重新建立起一条巩固的防线之后准备在塞纳河沿岸发动的一场会战。在总司令部里经过进一步的紧张磋商之后，霞飞最后决定继续撤退，退至各军当时驻地后面"数天行程的地方"，以便争取时间从他的右翼调集增援部队。尽管存在着可能削弱原来已是勉强守住的摩泽尔防线的危险，他还是毅然决定从第一集团军和第二集团军分别抽调一个军前来支援。

9月2日下达给各集团军司令的机密指令，体现了霞飞的这一决定，指令中明确规定塞纳河到奥布河一线是各集团军撤退的极限。这样部署的目的，霞飞解释道，是要"把各集团军从敌人的压力下解脱出来，并使它们能够重行编组"。在完成此项任务并将援军从东面调来之后，"便是转入攻势的时刻"。英国军队将"被要求参加这次战略行动"，巴黎卫戍部队"将向莫城（Meaux）方向采取行动"，也就是说，攻打克卢克的翼侧。不过霞飞还是没有定出一个具体的日子，只是说他将"在数天之内"发出信号。司令们奉命对逃兵采取"最严厉的措施",以确保有秩序的撤退。霞飞要求每个人都要了解当前的形势并尽其最大的努力,他明确指出,这将是"国家安危所系的"一场战役。

加利埃尼在巴黎接到命令后,对霞飞的战略大为不满,因为它抛弃了巴黎,而且"脱离实际"。他认为德军追击的速度不可能容许法军有时间到达塞纳河或在那里重行编组。他也接到关于克卢克朝东南方向进军的一些片断报道,但是没有人告诉他法加尔德上尉发现的极其重要的证据。9月2日晚,他估计第二天就会遭到进攻,于是睡在司令部里。这时候他的司令部设在巴黎残老军人院马路对面的维克托—迪律伊女子中学(the Lycée Victor-Duruy)里。这是一幢巨大的建筑,隐蔽在树木的后面,与外界隔绝,出入口都较那座军人院少一些,因此也比较容易守卫。各道门口都布置了岗哨,有军用电话同这个筑垒兵营内所有师部保持联系,为作战参谋和情报参谋留出了办公室,还安排了食堂和宿舍。于是,加利埃尼大为欣慰,他终于能够搬进"一个正规的战地司令部,就像在前线一样"。

第二天,9月3日上午,他得到关于克卢克在绕过巴黎朝马恩河方向移动的确切消息。巴黎卫戍部队的飞行员瓦托(Watteau)中尉,在飞行侦察中发现敌军纵队在"从西向东"朝着乌尔克河流域移动。接着,从巴黎营地起飞的第二架飞机证实了这个报告。

在加利埃尼的第二处的参谋室中,激动紧张的心情在军官们中间默默无语地交流着。前线负伤下来的吉罗东(Girodon)上校"认为自己还能做些参谋工作",他躺在一架有轮子的躺椅上,两眼盯着墙上的地图,彩色大头针在上面标出了德军前进的方向。加利埃尼的参谋长克莱热里(Clergerie)将军走进来的时候,正好又送来一份英国飞行员的空中侦察报告。这些大头针经再次移动之后,克卢克转向的路线赫然无误地在地图上显示出来,克莱热里和吉罗东不约而同地叫了起来:"他们把翼侧送上门来了!他们把翼侧送上门来了!"

第21章
"先生们，让我们在马恩河战斗吧"

加利埃尼当即看出巴黎守军的机会来了。他毫不踌躇，便决定尽速对德军右翼进行侧击，并说服霞飞停止向塞纳河后撤，立即在全线恢复攻势，支持他这一战略行动。虽然以莫努里的第六集团军为核心的巴黎守军是由加利埃尼指挥的，但从前一天起，整个巴黎营地及其所有部队均已划归霞飞统一指挥。因此，要第六集团军发动进攻，必须有两个先决条件，即霞飞的同意和第六集团军的近邻英国远征军的支持。这两支军队当时都驻在巴黎和克卢克的翼侧之间：莫努里在马恩河北岸，英国远征军在马恩河南岸。

加利埃尼召来参谋长克莱热里将军，举行了一次克莱热里称之为"他为重大问题而召开的长时间会议之一——这些会议一般约开两分钟到五分钟之久"。这时是9月3日下午8时30分。他们一致同意，如果次晨克卢克的前进路线不变，他们就使用一切压力，促使霞飞立即发动一次联合进攻。他们命令巴黎营地的飞行员一早就起飞侦察，并于上午10时前汇报情况，以便"据以做出重大决策"。

但侧翼攻击的成败，正如伊尔斯肖埃将军所告诫的那样，"取决于先头突击部队的突破能力"，而第六集团军却并不是加利埃尼所希望的那种强有力的精锐部队。它在开到指定阵地时，已全都

第21章 "先生们,让我们在马恩河战斗吧"

疲惫不堪,有的分队在9月2日一昼夜就兼程行军37英里。疲惫影响了士气。加利埃尼和他的袍泽们一样,认为后备师"作用平平",而莫努里第六集团军的大部分恰恰又是由后备师组成的。其第六十二后备师在节节退却中,既无一日休整,也无一日停止过战斗,军官丧失了三分之二,现在只有中尉级后备军官可资补充。第四军则尚未到达。唯一差强人意的是巴黎居民——那些尚未南逃的居民——的"沉着和决心"。

9月3日傍晚,冯·克卢克抵达马恩河,而他所追赶的朗勒扎克第五集团军和在他外侧的英国远征军已在当天早些时候渡过马恩河。这两支在仓促退却、陷入疲惫和混乱之中的军队,虽曾一再接到炸毁桥梁的电令,或许正因为电令纷至沓来,但都未炸毁,或只是炸毁了桥的部分结构。克卢克占领了这些桥头堡以后,不顾最高统帅部要他与比洛将军保持齐头并进的命令,准备立即于次晨渡河,继续他追逐第五集团军的内圈行动。他曾三次向最高统帅部电告他即将横渡马恩河的意图,但与卢森堡的无线电通讯比与科布伦茨的通讯还要困难,这三份电报直到次日方才到达。德军最高统帅部由于两天来失去了与第一集团军的联系,对克卢克拒不执行9月2日命令一无所知,待至他们发觉时,克卢克的先头部队已经渡过马恩河。

9月3日那天,德军行军25到28英里。据一位法国目击者说,士兵们到达宿营地时,"倒在地上,疲惫不堪,只是迷迷糊糊地嘀咕着:'40公里!40公里!'别的什么也说不出来了"。在随后的战斗中,不少德军就由于累得寸步难行,在睡梦中被俘。当时酷暑可畏,这些德国兵,只凭"明天或后天"可到达巴黎的希望勉力前进。而军官们也不敢拆穿对他们的蒙骗。在企图一举消灭法军的狂热中,克卢克既累垮了他的士兵,也远远地超越了他的给养车队和重炮队。在东普鲁士作战的他的同胞冯·弗朗索瓦将军,作风就迥然不同了。弗朗索瓦将军在全部大炮和弹药车队到达以前,绝不轻举妄动。不过弗朗索瓦是在面对战斗,而他只认为是在追击、扫荡残敌,就此疏忽大意了。在他看来,法军在十天节节败退以后,绝无在一声军号之下,便可掉转头来进行反击的士气和能力。他也从不担心他的翼侧。"将军对巴黎方面毫无顾虑,"一位军官在9月4日写道,"在我们摧毁法英联军残部以后,他就可回师巴黎,让第四后备军享受领队开进法国首都的荣誉。"

9月4日,克卢克一面向前挺进,一面直言不讳地告诉最高统帅部,他无法执行要他留在后面作为德军先遣部队的侧卫的命令。要让比洛赶上来,势必停止进军两天,他认为这将削弱德军的整个攻势,给敌人以重振旗鼓、自由行动的时间。事实上,确实是由于他的部队采取了"大胆的行动",马恩河才为其他德军开放了渡口,所以,"现在所期望的是要尽量利用这一胜利带来的有利条件"。克卢克越说越气,要求了解究竟为何"其他"部队——指比洛而言——在得到"决定性胜利"以后,总是要"吁求支援"。

比洛获悉友邻军变"统帅部指定作为第二集团军的后方梯队为其前方梯队"时,怒不可遏。像大多数德军到达马恩河时一样,比洛所部也已疲惫不堪。第十后备军的一个军官写道:"我们毫无办法。士兵摔倒在沟渠里,躺在那儿喘息不止。……上马命令来了,我就伏在马背上,头靠在马颈上。我们又饥又渴。一种听天由命的感觉支配着我们,这样活着并没有什么意思,死了也算不了什么。"豪森的部队抱怨他们已经"连续五天没有吃到过煮熟的东西"。在邻近的第四集团军里,一个军官写道:"我们整天在火辣辣的酷暑中行军。士兵满脸胡子,浑身尘土,活像是一群行走的面粉袋。"但是这种不惜士兵极端疲劳,不顾他们情绪低落的进军情形,未能引起野战指挥官们的警觉。他们都和克卢克一样,深信法军已无恢复战斗的能力。9月3日,比洛报称法国第五集团军已被"决定性地击败"——这样的报告在他已是第三次或第四次了——并且已经"溃不成军,逃往马恩河南岸去了"。

法国第五集团军,尽管并未"溃不成军",但情况显然不妙。朗勒扎克毫不掩饰他对霞飞已经失去信心,并和总司令部派来的联络官争吵不休,对发来的命令挑剔不已,所有这一切都影响了他的参谋人员,而这些人员又是一半对一半地在相互闹意见。上上下下都感到心烦意乱,忧心忡忡,加上在法军节节退却中长期作为殿后,更是积愤已久,神经紧张。离敌最近的第十八军军长马斯·德拉特里(Mas de Latrie)将军对所部的情况显得"焦虑不安"。但是不管如何焦头烂额,第五集团军还是渡过了马恩河,和敌人拉开了相当的距离,足可以说得上已和敌人脱离接触,从而实现了霞飞重新发动攻势的条件。

霞飞虽然想在"数日之内"发动反攻,并已向政府做了汇报,但是究竟如何反攻他说得并不具体,而法军总司令部则更是沮丧,情绪沉重。每天从各军返回的联络官,都是意气消沉,有一个说,军中在"吹着一股失败主义之风"。总司令部又要后撤了,经安排再撤30英里,迁往塞纳河畔沙蒂永(Châtillon-sur-Sèine),并于两天以后即9月5日搬了家。十天以来,法国丧失了里尔、瓦朗谢讷、康布雷、阿拉斯(Arras)、亚眠、莫伯日、梅济耶尔(Mézières)、圣康坦、拉昂、苏瓦松等十个城市,丧失了一些煤矿、铁矿、麦区和甜菜区,还丧失了六分之一的人口。9月3日,从克洛维(Clovis)到路易十六每个法国国王都在那里的大教堂举行加冕典礼的兰斯,作为不设防城市放弃给比洛的军队了,整个法国笼罩着一片乌云。两星期后,德军在从马恩河败退的余怒中,炮轰了这个不设防城市,终于使这里的大教堂,同遭到浩劫的卢万图书馆一样,对全世界来说,都成了德国人所作所为的象征。

霞飞仍是镇定自若,稳如泰山,他一日三餐,照进不误,夜晚10时就寝,从不破例。但在9月3日,他面临着必须执行这个时期以来一直使他显然不安的那个任务。他下定决心,朗勒扎克必须离开。他提出来的理由是朗勒扎克"体力衰退且精神不振",以及现已众所周知的与约翰·弗伦奇爵士"不愉快的个人关系"。由于即将反攻，而在这次反攻中，第五集团军将起关键作用，英军的参加也是必不可少的条件，因此，朗勒扎克必须撤换。尽管朗勒扎克坚定地指挥了吉斯战役，但霞飞坚信在那次战役以后，他"在精神上垮下来了"。此外，朗勒扎克对命令从没有停止过批评和挑剔。这虽不足以证明精神状态的低落，却触怒了这位总司令。

霞飞极少个人主见，善于听取别人的建议，因此，他或多或少自觉地听从了作战处一伙教条主义权威们的意见。一位法国军事评论家曾把这一伙描绘为"一所教堂，在它之外，人们是得不到拯救的，谁敢揭露它教义上的谬误，谁就永世得不到它的宽恕"。朗勒扎克的罪孽就在于他是正确的，而且还大声嚷嚷。战争一开始，朗勒扎克曾正确地指出，低估德军右翼力量将是一个致命伤，结果正是由于犯了这个错误，大片法国领土沦于德军铁蹄之下。在沙勒鲁瓦战役中，当受到比洛和豪森两军两面包抄的威胁时，朗勒扎克撤出战斗的决定，拯救了法军左翼，使它免于覆灭。正如冯·豪森将军在战后承认的那样，朗勒扎克此举打乱了以包抄法军左翼为出发点的德军全部作战计划，最后迫使克卢克不得不采取内圈行动，以图席卷第五集团军。至于朗勒扎克的决定撤离，是出于恐惧抑是出于明智，无关紧要，因为恐惧有时就是明智，而且这次的撤离实为今天霞飞所准备的反攻创造了条件。但所有这一切只是在时隔很久，法国政府作出为时已晚的抱歉姿态，授予朗勒扎克荣誉勋位勋章以后，才被人们所认识的。但在战争爆发一个月的惨败中，朗勒扎克大不敬的行径使自己成了法军总司令部难以容忍的人物。因此，他率军南渡马恩河之日，就成为他被送往泰皮恩悬崖*之时。

朗勒扎克的情绪，在那次撤退以后，也确实并不十分稳定可靠。

---

* 泰皮恩悬崖（Tarpeian Rock），古罗马抛掷死刑犯人之处，这里指朗勒扎克将被撤职。——译注

毫无疑问，他跟总司令部之间的互不信任（不管这是哪一方面的过错），以及他跟约翰·弗伦奇爵士之间的互不信任，都使人感到让他在紧急关头担任集团军司令，是个风险。霞飞认为采取一切可行措施，以防即将到来的进攻失败于万一，是必要的。因此，他在后两天中又撤换了一些人，使他在战争开始后的五周内共撤掉了两个集团军司令、10个军长和38个即占半数的师长。接替他们的是一批新的、大部分也是更优秀的人物，内中包括三位未来的元帅：福煦、贝当和弗朗谢·德斯佩雷。即使说在撤换中不乏有失公允之处，整个军队却得到了改善。

霞飞乘车前往第五集团军司令部那一天的所在地塞扎讷（Sézanne）。在约定地点，他会晤了第一军军长弗朗谢·德斯佩雷。天气酷热，这位军长见霞飞时，头上裹着浴巾。

"你觉得自己能统率一个集团军吗？"霞飞问道。

"不比谁差。"弗朗谢·德斯佩雷回答说。霞飞只是两眼盯着他，他耸耸肩解释说："越是往上，越是容易干。幕僚多了，帮手也多了。"问题就这样解决了，霞飞继续前进。

到了塞扎讷，霞飞单独同朗勒扎克退入一间房间，对他说："我的朋友，你已精疲力尽，而又下不了决心，你得放弃第五集团军的司令职务了。我不愿意告诉你这个，但我不得不这样做。"当时的情况，照霞飞的说法，朗勒扎克思考了一下回答说："将军，你说得对。"然后他就像如释重负一般。但照朗勒扎克自己的说法，他提出了强烈的抗议，并要求霞飞提供证据，而霞飞只是一再重复"犹疑不决，下不了决心"，并抱怨他经常对他的命令提"意见"。朗勒扎克反驳说，这不能用来作为反对他的理由，因为事实证明，他提的意见都是正确的，当然正因为它们是正确的，所以才招致了麻烦。但是显而易见，霞飞听也不听，"面部露出对我极不耐烦的样子，两眼回避我的目光"。朗勒扎克终于放弃了抗争。霞飞走出来的时候，据他的副官说，面露"极度紧张之色"，这在霞飞是罕见的。

这时，弗朗谢·德斯佩雷接到调令。他正在吃饭，刚喝上一大口汤，就站起身来，又喝了一杯酒，披上上衣，赶往塞扎讷。在一个十字路口，一批军用物资正在不慌不忙地进行交接，他无法通过，于是跳下车来。他那壮健结实的体格、榴弹炮弹般的脑袋、平顶式的头发、炯炯有光的黑眼珠和偏高而富有权威的嗓音，在部队中是尽人皆知的，所以他一出现，所有的人马车辆就像着了魔似的给他让路。在以后的日子里，随着形势和他个人情绪的日趋紧张，他在各军之间来回奔波，碰到道路阻塞时，他的办法就是掏出左轮手枪从汽车里向窗外开枪。在英国部队中，他后来以"拼命的弗朗谢"闻名。在他的袍泽们看来，他已从他们所熟知的一位兴高采烈、友好却也严格的司令变成了一个暴君。他变得凶残、专横、冷酷，对幕僚如同对士兵一样，进行恐怖统治。当朗勒扎克在塞扎讷刚把机密卷宗移交给他从而交卸了集团军司令职务的时候，电话铃响了，只听见接电话的埃利·杜瓦塞尔在反复地说着"是,将军;不,将军,"并且越说越激动。

"是谁啊？"弗朗谢·德斯佩雷厉声问道。回答说是第十八军的马斯·德拉特里将军，他坚持他无法执行次日的任务，因为士兵太疲劳了。

"让我来接。"这位新上任的司令说，"喂，我是德斯佩雷将军。我已接任第五集团军的司令。你得进军；要么进军，要么就倒下去死掉；这没有什么可以多讨论的。"说完，就把电话挂断了。

9月4日来临了，各地尽管相隔遥远，但都有着高潮即将来到的感觉，这种感觉，是大事临头的前夕有时会出现的一种超感官的预兆。在巴黎，加利埃尼感到这将是"决定性"的一天。在柏林，布吕歇尔公主在日记中写道："人们议论的尽是有关预料中的进占巴黎问题。"在布鲁塞尔，已是叶黄枯落的时候，阵阵疾风把落叶吹满街头。人们感到秋意萧索、寒气袭人，如果战火持续一冬，真

第 21 章　"先生们，让我们在马恩河战斗吧"

不知如何是好。在美国公使馆里，休·吉布森发觉德军司令部里"气氛越来越紧张"，已有四天没有捷报了。"我肯定今天一定会发生大事。"

在卢森堡的德军最高统帅部里，人们的紧张情绪，随着德国历史性的胜利时刻即将来到而达到了顶点。疲惫得不堪忍受的德军将在马恩河完成在萨多瓦*和色当开始的事业。德皇以胜利者的口吻向一位从柏林来的大臣说："今天是战争的第 35 天，我们包围了兰斯，离巴黎只有 30 英里了……"

在前线，各路德军并不把这场决战看作一场战斗，认为只不过是围歼而已。"重要消息，"第五集团军的一位军官在日记中写道，"法国人已向我们提出停战要求，并愿偿付 170 亿的赔款。"不过，他还是冷冷地加上了一句："我们拒绝了停战。"

他们认为敌人已被击败，任何与此相反的迹象都是不受欢迎的。当克卢克的参谋长冯·库尔将军接到报告说，在蒂耶里堡附近有一支法军队伍在边撤退边引吭高歌时，他顿时产生了一种可怕的疑虑，但他却忍住不言，"因为一切有关新行动的命令已经下达了"。除了极少数类此的事例外，德方从未警惕过敌人在准备反攻，或者说在其指挥决策中丝毫感知不到对此有何戒心。不过，事实上是有迹象可寻的，只是活动在敌区的德国情报机关未能搜集上报而已。9 月 4 日，德军最高统帅部的一个情报员来到王储司令部说，整个前沿阵地形势很好，并且说："我军各路在乘胜前进。"

但有一个人不以为然。毛奇和霞飞不同，他对自己的命运毫无信心，因此他也不会被自信蒙住眼睛，所以他看事物是看实质而不是看假象。在这点上，他跟朗勒扎克相似。9 月 4 日那天，他显得"严肃持重，闷闷不乐"。他对那位刚才与德皇谈话的大臣黑尔费里希（Helfferich）说："我们军队里的马几乎没有一匹能再向前迈进

---

* 萨多瓦（Sadowa），村庄名，现属捷克赫拉德茨—克拉洛韦州。1866 年普奥战争期间，普军在此击溃奥军主力。——译注

一步了。"他沉思片刻后接着说："我们不能欺骗自己。我们获得了成功，但不是胜利。胜利意味着消灭敌人的抵抗力量。当成百万军队在战场上厮杀，胜利者必然有掳获，但我们的俘虏在哪儿呢？在洛林有两万，其他地方合计起来，或许也只不过一两万人而已，再从缴获的大炮数量较少的情况看来，我认为法军正在做有计划、有步骤的撤退。"毛奇道出了一般人所讳言的看法。

是日，德军最高统帅部终于接到克卢克要横渡马恩河的电报，可是为时过晚，已无法制止。克卢克就这样把侧翼暴露在巴黎袭击之下，使毛奇焦虑不安。报告相继而来，说开往巴黎方向的火车络绎不绝，这"显然是军队的调动"。同一天，鲁普雷希特又报称，法军从他的战线上撤走了两个军。至此，敌人抵抗力量尚存的事实是再也不能回避的了。

正如塔彭上校指出的那样，法军的调动可能意味着要"从巴黎向我们右翼发动进攻，而我们的右翼却无后备力量可资补充"。这个问题的严重性令毛奇和野战指挥官们头疼不已。德军在法军后撤期间与其后卫部队连续作战所受的损失，不能像法军那样得到后备力量的补充。德军的战线始终存在着缺口，令大家惋惜那两个军要是不调往东普鲁士就好了。毛奇现在打算从左翼调军增援，尽管在那里的鲁普雷希特刚于9月3日向摩泽尔河再次发动了进攻。但事有凑巧，就在毛奇这一建议送达鲁普雷希特总部时，德皇刚好亲临该部视察。他深信最后这一击定可摧毁南锡防线，因此对鲁普雷希特和冯·克拉夫特的反对调走一兵一卒极力支持。其他将领或许会力争不让，但毛奇并没有。自从8月1日那晚在精神上受到打击以后，战局的变幻莫测和艰难困苦不是增强而是减弱了他的意志。既然不能增援右翼，毛奇决定暂停右翼的前进。

他当晚草拟了命令，并于次日一早发给各集团军。这道新令实际上公开承认了右翼的失败，承认德国为取得胜利而不惜牺牲比利时中立地位的计划宣告失败。这道日期为9月4日，也即入侵比利时一月整的命令，对形势做了正确的估计。它指出："敌军已摆脱我第一、第二两集团军的包抄进攻，一部分已与巴黎守军会合。"敌军正从摩泽尔河战线撤走，朝西移动，"很可能是要在巴黎战区集中优势兵力，威胁我军右翼"。因此，"第一、第二两集团军必须继续面对巴黎东线……抗击巴黎敌军的一切行动"。第三集团军应继续朝南向塞纳河挺进，其余各军则按照9月2日前令行事。

在胜利唾手可得之际忽然停止右翼的进攻，这在不出两周就将继毛奇担任德军总司令的陆军大臣冯·法尔肯海因将军看来，简直是神经错乱。他在9月5日的日记中写道："只有一点是清楚的，那就是我们的总参谋部已完全昏了头。施利芬的指示再也不管用了，毛奇智穷才尽了。"这倒不是毛奇的智穷才尽，而是德国人的时机不多了。毛奇从法军的行动中，已正确地看到它们对德军侧翼构成的威胁，并采取了恰当和明智的对策。他的命令的唯一缺陷是为时太晚。虽然如此，如果不是加利埃尼加紧行动，他的命令可能还可以及时挽回危局。

9月4日拂晓，巴黎飞行员的侦察报告使加利埃尼看到"必须立即行动"的时机。克卢克向东南方向的迂回进军，已使他的殿后部队成了莫努里所部和英军进攻的明显目标，只需两军及时发动进攻。上午9时，在还未取得霞飞同意的情况下，加利埃尼就向莫努里发布预令："我的意图是派你军会同英军进攻德军侧翼。你必须立刻做好部署，准备今天下午出发，作为巴黎守军向东全面运动的先驱。"莫努里本人则必须尽速亲自来巴黎会商。

随后，加利埃尼竭力设法从霞飞那里取得一项"迅速而果断"的决定。他们两人之间昔日曾是司令与部下的关系，其影响依然存在。两人也都清楚，如果霞飞发生不测,加利埃尼将接任总司令之职。由于加利埃尼深知霞飞对他的影响力心怀不满和抵制，因此对说服霞飞并不寄予期望，而是想迫他就范。为了达到这个目的，他先与转移至波尔多的普恩加莱通了电话，说他认为现在有一个立即重新发动攻势的"好机会"。

9时45分，加利埃尼与法军总司令部接通了电话，这是一系列电话交锋的开端，所以他后来说："真正的马恩河战役是在电话里打的。"这次是由克莱热里将军跟作战处处长蓬上校通话的，因为加利埃尼不愿跟职位低于霞飞的官员通话，而霞飞又是一向不愿接电话的，他对电话素有反感，他总是推托说，他"不会使用电话"。其实，他的真正理由，像其他身居高位的人一样是着眼于历史记载，唯恐在电话中说的话给别人记下来，而他本人又无法控制这种记录。

克莱热里把发动第六集团军和巴黎营地所有可投入作战的部队进攻克卢克翼侧的计划做了一番解释；他说，最好是在马恩河北岸发动进攻，这样，9月6日就能交锋；不然就在南岸进攻，但这需要推迟一天时间，好让莫努里渡过马恩河。但不论在哪边进攻，克莱热里要求总司令部都得发布一项命令，着第六集团军当夜进军。他强调了加利埃尼的信心，他说，加利埃尼认为全军停止后撤，结合巴黎方面的行动转入全面反攻的时刻已经到来。总司令部必须做出决定了。

总司令部是宁愿放弃首都的，加利埃尼则截然不同，他一开始就是从巴黎必须设防固守这一信念出发的。他是从巴黎的立场来观察全线的，他并不直接了解野战军的情况。他决心要抓住克卢克迂回行军给他提供的机会，他深信他的行动必然会促使发动全面反攻。这是一个大胆甚至是鲁莽的计划，因为在对其他部队缺乏全面了解的情况下，他不可能正确判断究有多大的胜利机会。加利埃尼认为他已无选择余地。这也许是他具有一种伟大司令官对于时机到来的直觉，更大的可能是他感到法国除此之外，别无其他道路可走。

上午11时，莫努里赶到巴黎听取指示，但霞飞那里仍无回话。中午，克莱热里再次打电话请示。

在这期间，设在巴尔一所学校里的法军总司令部里，作战处的

第 21 章 "先生们，让我们在马恩河战斗吧"

军官们正聚集在作战挂图前面，热烈议论着加利埃尼的联合进攻计划。一个月来，法国军事方面的种种希望的惨遭破灭，虽使一些人产生了谨慎从事的心理，但另一些人，则始终是主张进攻的狂热信徒，他们回击了主张小心谨慎的每一意见。霞飞在旁倾听了他们的争论，并由他的副官米勒（Muller）上尉记录。"部队已经到了精疲力尽的地步吗？这不成问题，他们是法兰西人，对节节退却已经受够了，只要听到一声进军号，他们就会忘掉疲劳的。福煦和德朗格勒两集团军之间有缺口吗？这可由迪巴伊集团军的第二十一军前来填补。各集团军还未做好进攻的准备吗？这可以问一问各野战指挥官，看他们怎么回答。至于英军的配合嘛……啊，这倒是个更加棘手的问题。谁也不能给它的司令下命令，只能同他协商，而且时间又不多了。但是，现在重要的问题是必须抓住这个时机，否则稍纵即逝。克卢克如今还能补救他的错误，第六集团军的行动势必会引起他的注意，使他看到他所面临的危险。"

霞飞没有提供任何意见就走了，他跑到贝特洛将军的办公室去同他计议。贝特洛反对这个计划，他的论点是，各集团军不能贸然掉过头来，它们必须按原定计划撤到强有力的防线，并让德军更深入地投进罗网。而尤其重要的是，只有在来自洛林阵地的两个军进入阵地以后，才能取得必要的数量上的优势。

霞飞一言不发地两脚分开跨坐在有草垫子的椅子上，面对着贝特洛的作战挂图，考虑着问题。他的最后的反攻计划，本来就包括使用第六集团军进攻敌人右翼这个打算在内的。可是，加利埃尼现时却逼他立即行事。霞飞希望再有一天时间，好让增援部队赶到，让第五集团军做好部署，让他有较充裕的时间争取英军的配合作战。所以克莱热里第二次打电话来时，给他的答复是：总司令择定在马恩河南岸进攻；克莱热里对拖延表示异议，给他的答复是："推迟一天意味着可投入更多的兵力。"

此时此刻，霞飞必须做出一个更为重大的决策：是执行原定计划向塞纳河后撤，抑或现在就抓住时机冒险与敌决一胜败。酷暑逼人，霞飞走出门外，坐在学校运动场上一棵垂柳的树荫里。他生就是个裁决者，他首先汇集各人的意见，加以分析整理，然后权衡这些人的个人权重，酌予调整，最后宣布他的决定。这些决定始终是他的决定，成功了，荣誉是他的；失败了，责任也由他承担。眼下摆在他面前的问题是法兰西生死存亡的问题。在过去三十天中，法军为此做了三十年的准备，却在过去三十天中接连失败。现在是拯救法兰西，再次考验它不愧为1792年的法兰西的最后时机。入侵者距霞飞仅40英里，而离最近的法军还不到20英里。桑利斯和克雷伊这两个城市在克卢克部队过后一片火海，桑利斯的市长且已丧生。此刻，要是法兰西在各集团军尚未准备就绪就转入反攻而失败了的话，又将怎样呢？

因此，必须立即查明各集团军能否及时准备就绪。由于第五集团军处于关键地位，霞飞发了一封电报给弗朗谢·德斯佩雷："明日或后日由第五集团军全军会同英军和巴黎的机动部队攻打德国第一、第二两集团军，似属有利。请告知你集团军能否照此执行并有把握取胜，速复。"同样的电报发给了福煦；福煦此时正与弗朗谢·德斯佩雷相邻，面对着比洛所部。

霞飞依然坐在树下思考着。大半个下午，这位身体臃肿的人物，穿着黑色的军上装、宽松下垂的红裤子，和一双不装马刺、不摆架势、副官为之遗憾的军靴，就这样默默无言，岿然不动。

也就在这天下午，加利埃尼同莫努里于1时驱车离开巴黎前往英军司令部，该部当时设在南面25英里位于塞纳河畔的默伦。关于他请英军给予支援的要求，于盖上校已给了他否定的答复。于盖说：约翰·弗伦奇爵士已"采纳参谋长"阿奇博尔德·默里"慎重从事的意见"，将不参加进攻，除非法国人保证守住从英军阵地到海边这段塞纳河下游的防线。这两位法国将军的车子从逃离巴黎南下的车队旁开过，于3时到达英军司令部。穿着苏格兰短裙的岗哨挺拔地行了举枪礼；屋子里面的一些军人正在忙于打字；而他们的元帅和他的要员却连影子也找不到，看起来参谋部已被局势"搞得晕头转向了"。找了很久，总算找到了默里。他说，约翰·弗伦奇爵士出去视察部队了，何时可望回来，他说不上来。

加利埃尼力图向这位参谋长说明他的进攻计划，并说明为什么英军的参加是"必不可少的"，可是他始终感到这位英国人"极不愿赞同我们的看法"。默里反复解释说，英国远征军现时正在按照总司令的正式命令进行休整和等候援军的到来，在总司令未回来之前，他无法采取任何行动。在约翰·弗伦奇爵士依然未见出现的两个多小时内，经过一番口舌，加利埃尼好容易说服了默里将进攻计划和要求英军参加的建议扼要地记录下来；但所有这一切，"看起来他并不甚了了"。告别时，他得到了默里的许诺，元帅一回来便通知他。

与此同时，在塞纳河上游35英里的布赖（Bray）举行了另一个英、法两军会议，约翰·弗伦奇爵士也未出席。弗朗谢·德斯佩雷力求修好朗勒扎克留下的紧张关系，跟这位元帅约定3时在布赖举行会谈。为此，他还佩戴了维多利亚高级爵士勋章的绶带。他的汽车到达布赖时，给一名法国哨兵拦住。哨兵向他报告说，电报局里有一份紧急电报在等他启阅。这就是霞飞询问他关于发动进攻意见的电报。弗朗谢·德斯佩雷一面盘算着这份电报，一面在街上大踏步地走来走去，越来越焦急地盼望那位英国人的到来。一刻钟后，一部劳斯莱斯汽车疾驶而来，坐在司机旁的是一个"体格魁伟的苏格兰高地军人"，而从车子后座走出来的并不是那位面色红润、身材短小的元帅，却是一个"其貌不扬，但有一副机智相的个子高大的家伙"。此人就是威尔逊，陪同他来的是英军情报处长麦克多诺（Macdonogh）上校。他们在路上被耽误了，因为遇见一位巴黎妇女在路旁遇到困难，威尔逊不惜花费时间，殷勤相助，给她的汽车加了油，并给她的司机送了几张路线图。

他们一伙走进市政厅三楼一个房间，那个苏格兰高地军人留在室外警戒。麦克多诺揭开厚厚的台布看看台底下，打开通向隔壁卧室的一扇门，张望床底下，拍拍被褥子，又打开壁橱，并用拳头敲了敲墙壁。随后，他在回答弗朗谢·德斯佩雷有关英军部署的问题时，摊开一幅作战图，图上用蓝色箭头标明他那条战线上的敌人的确切位置。他还精辟地分析了德国第一、第二两集团军的动向，给弗朗谢·德斯佩雷留下深刻的印象。

　　"你们是我们的盟军，我不对你们保密。"弗朗谢·德斯佩雷说道，随即大声宣读了霞飞的计划。对此计划，"我将立即电复我部已做好进攻准备"，他用钢铁般的目光凝视着客人说道："我希望你们是绝不会迫使我们单独作战的，你们将填补第五、第六两集团军之间的空隙，这是十分重要的。"接着，他把接到霞飞来电后短短一刻钟内脑海里酝酿的确切作战计划，提纲挈领地说了一遍。这个作战计划，是根据他个人的设想，从莫努里部队将于9月6日在马恩河北岸发动进攻出发的。威尔逊就像他那次对待福煦一样，又一次和一位精力充沛的法国将军商议，满口表示同意。两军的部署，两军各自于9月6日黎明必须到达的阵地，以及两军攻击的方向，就此决定下来了。但威尔逊警告此事要得到约翰·弗伦奇爵士的赞同，特别是默里的赞同，是不容易的；不过他答应尽力争取。他动身前往默伦去了，弗朗谢·德斯佩雷则把双方商定的一致意见上报给霞飞。

　　在巴尔，霞飞从树荫下站了起来。他没有等弗朗谢·德斯佩雷和福煦的回电，便打定了主意。他走进作战处，要求立即草拟一道命令，"将巴黎守军设想的局部行动扩大到协约国军左翼的全面反攻"。战斗决定于9月7日开始。激烈的讨论停止了，作战处顿时寂静无声。退却终于结束，掉转身来的时刻到来了。人人投入了草拟详细作战命令的工作。为了避免泄露风声给敌人的危险，决定非到最后时刻，不发布命令。

第 21 章 "先生们，让我们在马恩河战斗吧"

其时正6时。6时30分，霞飞进入餐室，宴请两位日本军官。席间，有人轻声低语对霞飞说：弗朗谢·德斯佩雷已说服英军参与进攻；第五集团军有重要文件送来。一日三餐，神圣不可侵犯，国际交往方面的礼节同样神圣不可侵犯，何况现时协约国正在满怀希望地进行磋商，争取日本在欧洲方面提供军事援助。霞飞不能中途离席，只好失礼地"匆匆用完"这顿饭。霞飞在看弗朗谢·德斯佩雷干脆的回电时，就像被推入水中非游不可似的。弗朗谢·德斯佩雷以并不比"要么进军，要么就倒下死掉"婉转多少的口吻定下了第五、第六两集团军和英军三方面确切的作战时间、地点和条件。战斗可于9月6日开始；英军愿"改变它的作战方向"，但要以第六集团军支援它的左翼为条件，所以第六集团军必须于某时某刻开到乌尔克河的某线，"否则英军将拒绝进军"；第五集团军将于次日继续后撤到大莫兰河（Grand Morin）南岸，并于后天进入阵地，从正面袭击克卢克部队，与此同时，英军和莫努里则进攻其翼侧。福煦部队"大力参加"对德国第二集团军的攻势，是个必要条件。

弗朗谢·德斯佩雷最后说："我部能于9月6日作战，不过，部队的情况并不十分良好。"这是一句不加掩饰的真话。随后，当弗朗谢·德斯佩雷告诉第三军阿什（Hache）将军已决定于次晨开始进攻时，阿什"宛如挨了当头一棒"。

"这太疯狂啦！"阿什竭力反对，"全军已经精疲力尽，睡不上，吃不上——已连续行军和战斗两星期啦！我们缺少武器、弹药和装备。情况很糟。士气低落。有两名师长我不得不换掉。参谋处一文不值，毫无作用。要是我们有时间在塞纳河后方休整一下……"

同加利埃尼一样，德斯佩雷认为法国除此以外别无其他选择；也同加利埃尼一样，德斯佩雷直接而大胆的反应后来证明是个决定性因素，而这是他的前任未必能做到的。其他不可靠的司令也一概被清除掉了。那天，马斯·德拉特里被撤职，由德卡斯泰尔诺部队的冲劲十足的莫迪伊将军接替。至此，第五集团军已经完成了撤换司令的工作，五个军长撤换了三个，十三个师长撤换了七个，并撤换了相当一部分的旅长。

在德斯佩雷"机智大胆"的答复的鼓舞下，霞飞通知作战处改按德斯佩雷部署的地点草拟作战命令，但9月7日的进攻日期保持不变。他从福煦那里接到了同样肯定的答复。不过福煦只是简练地说了一句他"准备出击"。

可是，亨利·威尔逊回到英军总司令部后，得到的则是一个令人沮丧的消息。默里甚至没有等约翰·弗伦奇爵士回来，就发命令要英军于当晚开始再向西南方向后撤10到15英里——"这简直叫人痛心"。威尔逊也看到默里记录的加利埃尼的作战计划，于是他立即致电巴黎，说明"元帅尚未回来"，同时也谈了英军的后撤计划。不过，威尔逊当时似乎并没有把后撤计划通知德斯佩雷，这也许是他存有说服约翰·弗伦奇爵士撤销这一计划的希望的缘故。

约翰·弗伦奇一回来，就陷入了各种混乱的计划和建议之中：有霞飞写于那天所有事情发生以前建议英军在塞纳河作战的来信，有加利埃尼向默里提出的计划，有威尔逊与弗朗谢·德斯佩雷达成的协议，而默里本人又在他身旁窃语不休，竭力主张后撤。在这众说纷纭之中，约翰·弗伦奇爵士茫然不知所措，孰是孰非，决断不了，因此索性避不采取任何行动。对默里已经发出的后撤命令，他听之任之；关于法国人提出的种种要求，他通知于盖说："鉴于情况不断变化"，他要"对局势再做一番研究，才能决定行动"。

大约也就在这个时刻，加利埃尼从默伦回到巴黎。他看到威尔逊的电报，也看到霞飞下午12时20分发来的电报。霞飞的电报重申了中午电话中所表示的意图，即莫努里应于9月7日在马恩河南岸发动进攻。这本不是什么新消息，但联系到威尔逊的电报，看来它对加利埃尼起了决定性的作用。时间在消逝，克卢克在前进，加利埃尼眼看他的时机正在消失，于是下定决心，采取强制手段。这次，他亲自挂电话给法军总司令部。霞飞起初还想回避，想让贝兰接听，但加利埃尼坚持非亲自与总司令通话不可。根据霞飞的副官当时的电话记录，加利埃尼说："第六集团军已做好准备在马恩河北岸进攻，现在要改变既定的进军方向，在他看来已不可能，他坚持应照原定时间和地点发动进攻，不做任何改变。"

霞飞在同他的老上司的通话中，也许是又一次受到加利埃尼这样富有权威性格的人带来的精神压力，也许如他后来所说，由于担心加利埃尼仓促促成的莫努里的行动会把法军的整个策略暴露在敌人面前，他不得不"违背他的心愿"，把总攻的日期提前一天。这时候，他已从福煦和德斯佩雷得到保证，他们两军已经做好战斗准备，并认为后者以其魔力已从英军那里获得了同样的保证，当然他不知道这个保证已经变卦。不管怎样，他"已如加利埃尼所愿"，批准或默认了让第六集团军从马恩河北岸发动进攻，并且同意9月6日开始全面进攻。加利埃尼立即于傍晚8时30分向已在行动的莫努里重申了他早先给他的进军令。在法军总司令部里，参谋们根据提前作战的需要，调整了进攻阵地。晚上10时，也就在毛奇签署了要德军右翼停止前进的命令后两小时，霞飞签署了第六号通令。

通令充分意识到这是一个历史性的时机，它开宗明义第一句就指出："利用德国第一集团军的冒进，集中协约国左翼的全部兵力进攻该军的时刻已经来到。"接着，通令按照弗朗谢·德斯佩雷答复的内容，规定了第五集团军、第六集团军和英军的行动计划。参加总攻的命令也分别发给了第三、第四两集团军。

夜尚未阑。霞飞刚签署通令，于盖送来了消息，说约翰·弗伦奇爵士拒绝批准任何联合作战计划并表示要对局势"再作一番研究"。霞飞大吃一惊。重大决策业已定下，命令已在途中，拯救法兰西的战斗在三十六小时内就将打响。而这支盟军的参战计划正如福煦所曾说过的，原来是以英军的配合为基础的，而它据守的阵地诚是命运作祟，正是整个战线命运攸关的要冲，可如今它又要再次临阵撤退了。由于电文译成密码和拍发都需要一定时间，各项命令按原来的打算要于次晨才能到达各集团军。霞飞于是将第六号通令特制了一份副本，派专使送往英军司令部，这是他所能想到的说服英军的唯一办法。可是当专使于凌晨3时抵达默伦时，英国远征军的三个军业已遵照默里当天下午的命令，开始星夜撤军了。

在敌人方面，也过早地于9月5日破晓就进军了。克卢克在竭尽全力向前推进，企图席卷法军翼侧。待到上午7时，他接到毛奇的无线电令，要他掉转头来对付其翼侧将遭袭击的危险时，他的部队早已在途。队伍展开长达三十多英里的四个军，正在向大莫兰河挺进。克卢克并未让他们停止前进。对法军在其翼侧集结的警告，他并不置信，或者是并不重视。他不相信当各路德军"正在整个前线全面乘胜前进"之际——德国人向有完全信任自己公报的习惯——敌人能有余力威胁其翼侧。他也已开始注意到法军的后撤也许并不是完全溃败的种种迹象，但正因为如此，他认为就更不该放松压力，给敌人以喘息机会，让他们能够"重整旗鼓，进行反扑"。因此，克卢克对毛奇的命令不屑一顾，率领全军继续前进，并把他的司令部前移25英里，驻在大、小莫兰河之间的勒贝（Rebais）。傍晚，德国第一集团军的各路部队开到距英国远征军和弗朗谢·德斯佩雷部队10英里到15英里的一条战线，前哨相距不到5英里。这将是他们向前挺进的最后一天。

那天夜晚，德军最高统帅部委派的一个全权代表来到克卢克的司令部。鉴于电讯联系困难，加上克卢克生性暴躁，毛奇特地派了他的情报处长亨奇（Hentsch）上校从卢森堡驱车175英里，亲自前来说明发布新命令的原委，并督促贯彻执行。克卢克及其参谋人员得悉鲁普雷希特所部在法军堡垒阵线前，就像王储所部在凡尔登外围一样，已陷于僵局，"不禁大吃一惊"。亨奇上校叙述了法军调动的种种迹象，以及最高统帅部根据这些迹象做出的"敌人的强大部队"正在往西移动，威胁德军翼侧的推测。最高统帅部正是在这种情况下，才决定做绝非得已的后撤。因此第一集团军务须折回到马恩河北岸。为了聊表慰藉，亨奇上校说："后撤可以从容从事，没有仓促的必要。"

同时，留在马恩河北岸作为德军翼侧后卫的第四后备军发来了令人不安的证实法军行动的消息。消息说，它与一支配有重炮的至少有两个半师的敌军发生了遭遇战。这里所说的敌军当然就是正在向乌尔克河前进的莫努里部队的一部分。尽管法军的进攻已被"顺利地击退"，但第四后备军军长已下令一俟夜幕降临就后撤。

克卢克屈服了。他在越过马恩河之后两天来驱军前进的路程是多余的，现在不得不原路折返。他当即草拟了命令，规定于次日，即9月6日晨，首批撤回两个军，其余各军将随后撤退。在他从列日出发已经前进到巴黎一线以后，再要他后撤，在他确是个痛苦的时刻。如果他遵照统帅部的命令，始终作为比洛后方的梯队，或者甚至在那天上午7时就停止前进，他现在是可以率领整个集团军对付敌人对他翼侧的威胁的。按照他的参谋长库尔将军的说法："德军最高统帅部和第一集团军参谋部丝毫没有料到法国全军的一场大举进攻已迫在眉睫……没有一点儿迹象，没有从俘虏口中供出一言一语，报纸上也没有哪段消息提供过任何警告。"如果说克卢克在当时对前途还茫然无知，但有一点他是不可能不明白的，那就是在德国时间表上只剩下四天的时间，中止追击，立即撤回，绝不是胜利的预兆。

9月5日，对协约国来说，看来是更为暗淡的一天。那天上午，它们的代表在节节败退、迄未取胜的情况下在伦敦开会，签订一项相互约束的条约，"在这场战争过程中，不得单独媾和"。

在巴黎，莫努里问加利埃尼："万一挫败，我们的撤退路线是……？"加利埃尼两眼不禁黯然，答道："无路可撤。"作为万一大难临头的打算，加利埃尼给巴黎守军各区司令发布了一道密令，饬令他们上报本地区宁予破坏而不使落入敌手的一切资财，甚至像位于市中心的新桥（Pont Neuf）和亚历山大桥（Pont Alexandre）

马恩河战役前夕
9月5日

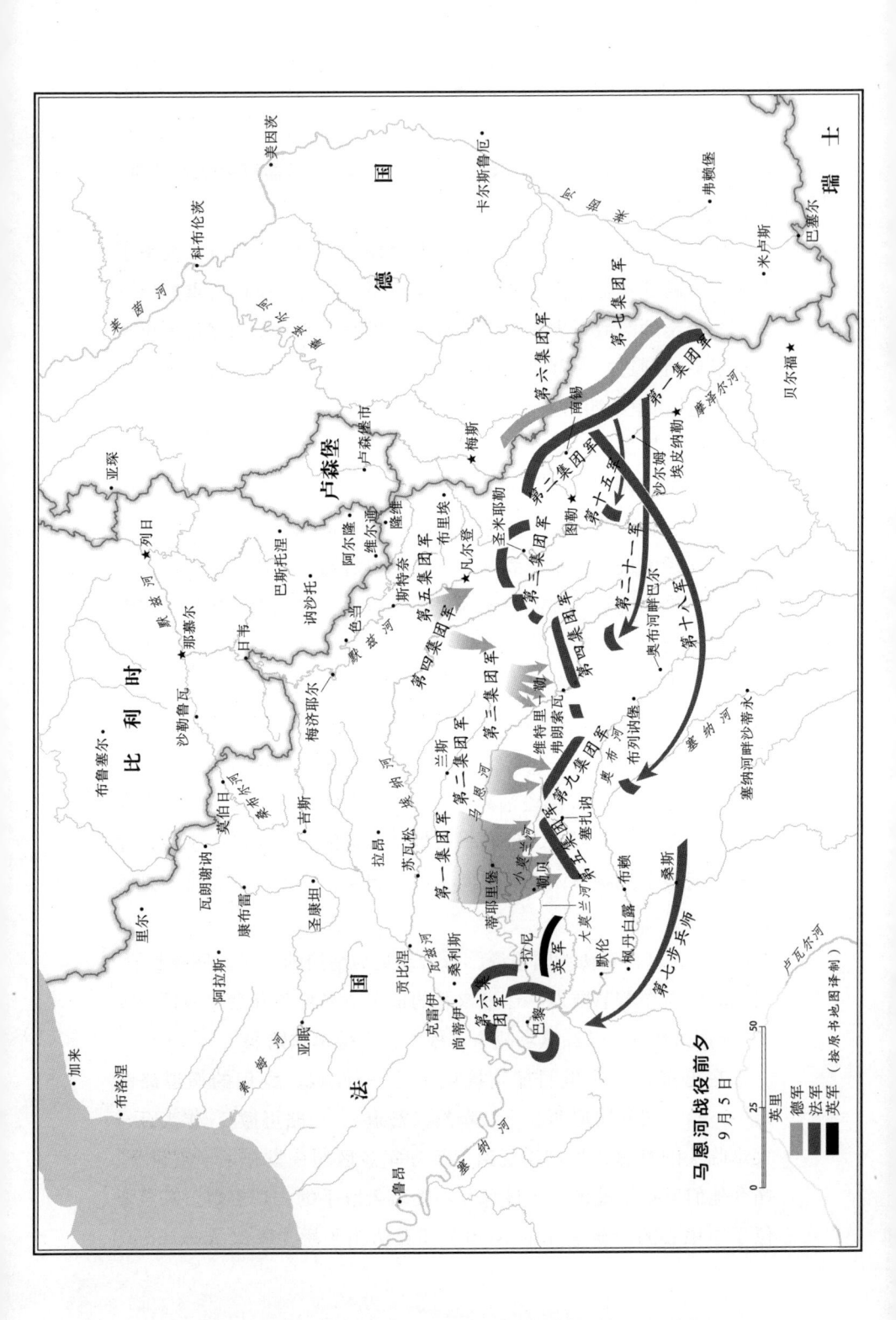

第 21 章 "先生们，让我们在马恩河战斗吧"

也需炸毁。他对伊尔斯肖埃将军说，万一敌人突破，留给他们的只能是"一座空城"。

在法军总司令部里，德卡斯泰尔诺发来的一份报告，似乎使人感到甚至在发动总攻以前就有遭到极大不幸的危险。德卡斯泰尔诺报告说，他感到压力很大，也许要被迫撤离南锡。霞飞命令他再坚守二十四小时，以待做出决定；如果届时情况不可避免，他同意撤退到德卡斯泰尔诺信中提出的第二道防线。

为了在这次进攻中取得前所未有的数量上的优势，霞飞冒着极大的风险从第三集团军调出一个军，从摩泽尔河前线调出两个军，但这些增援部队尚未到达前线。因此，在必须将发动进攻的决定上报政府时，霞飞小心地为自己安上了万一失败时的遁词。他电告总统和总理说："由于加利埃尼过早地发动了进攻，我已下令停止退却，接着我也转入了进攻。"后来，在霞飞有计划地企图贬低加利埃尼在马恩河一战中的作用，甚至想把某些事实从记录中抹掉时，这份电报被白里安发现了，并出示给加利埃尼看。他说："这'过早'二字值千金。"

9月5日上午，霞飞对英军意图仍捉摸不定，"极度焦虑"。他电恳米勒兰以政府名义施加影响。他说迫在眉睫的战斗，"会带来决定性成果，如失败，也会为国家带来极严重的后果……我特请你提请元帅注意这次进攻的决定性的重要意义，不要再另有盘算。倘我对那里的英军能像对法军那样发布命令，我就可立即转入进攻"。

是日凌晨3时，亨利·威尔逊接到于盖交来的霞飞第六号通令，但于盖不准携带该令前来的德加尔贝（de Galbert）上尉会见任何英军高级将领。在此期间，每发生一桩争执，于盖总是心怀恶意得出奇，一贯以中心人物出现。德加尔贝上尉眼看此事非由较高级的将领出面解决不可，于是立刻赶回法军总司令部。上午7时，威尔逊将第六号通令交给了约翰·弗伦奇爵士，并在整个上午劝他与法军合作。再说，德加尔贝上午9时30分回到法军总司令部，什么确实消息也没有带来，只是说英国人对待进攻的态度"冷淡"。默伦市长告诉他，约翰·弗伦奇爵士的行李正在运回枫丹白露。

霞飞感到必须"不惜任何代价"要让英军参加战斗，就是驱车115英里前往默伦也在所不计。他先用电话通知对方说他就来，随即带领一名副官和两名参谋出发了。尽管途中遇到不少路障，还要为进餐而不可避免地停车，他的赛车司机终于在下午2时把他送到约翰·弗伦奇爵士驻节的城堡。

元帅站在桌旁等候霞飞到来，在他的两边是默里、威尔逊、于盖以及参谋部的其他一些官员，于盖"和往常一样，看起来仿佛失去了最后一个朋友似的"。霞飞走上前去，这一次他与往常不同，首先发言，说话时也不像平常那样简练扼要，而是感情激动，滔滔不绝，且不时地助以手势，"好像要把他的心掏出来，放到桌上似的"。他说，"决定性的时刻"已经到来，他的命令已经发出，不管发生什么情况，为了拯救法国，就是剩下最后一连法军也要投入战斗。"法国全体人民的生命，法国的国土，欧洲的未来"，全靠这次进攻了。"我不能相信英军在此紧急关头会推卸它的责任……对你们的不参加战斗，历史将做出严厉的审判。"

霞飞用拳猛击了一下桌子："元帅先生，英国的荣誉处在危急存亡之中！"

约翰·弗伦奇爵士一直在"心情激动地专心聆听"，待听到最后一句时，顿时面红耳赤。在场的人陷入一片沉寂。这位英国元帅的泪水渐渐地涌上两眼，流下双颊。他竭力想用法语说些什么，但怎么也说不出来："该死！我讲不清楚。告诉他，我们愿意竭尽全力。"

霞飞以询问的眼光看着威尔逊，后者翻译说："元帅说，'同意'。"其实这是用不着说的，约翰·弗伦奇爵士的眼泪和语气已说明问题。默里急忙插嘴说，英军此刻已撤到通令指定阵地后面十英里的地方，因此要到上午9时才能发动进攻，而不能如霞飞的要求于上午6时出动。这话反映出来的小心谨慎，在尔后的日子里是能时时感到的。

第 21 章 "先生们，让我们在马恩河战斗吧"

霞飞耸了耸肩说："那也没有办法。不过我得到了元帅的诺言已足够了。"接着，一齐吃了茶点。

就在霞飞离开期间，法军总司令部按计划在进攻前迁到塞纳河畔沙蒂永。是日傍晚，约在亨奇上校警告冯·克卢克的同时，霞飞回到了司令部。他走进作战室重申了早先的决定之后，对聚集在那里的军官们说："先生们，让我们在马恩河战斗吧。"

他签署了准备翌晨军号一响就向部队宣读的命令。在通常情况下使用法语，尤其是在公告上的时候，需要花上一定的气力，才能使人听起来不那么华丽。但是这一次的措辞则很平淡，而且近乎陈腐，然而传达的信息却严肃坚定，毫不妥协："现在，战斗已经打响，国家安危在此一举，人人必须牢记，不能再后退了。必须全力进攻，击退敌人。部队如感到不能前进，则必须不惜代价坚守阵地，宁死不退。在当前形势下，绝不容许失败。"

仅此而已，华丽辞藻的日子已成过去。它没有叫喊"前进！"或号召战士们为荣耀而战。1914年头三十天的战斗预示，前程绝少荣耀可言。

后 记

全世界都知道,马恩河战役以德军撤退而告终。在乌尔克河和大莫兰河之间,德国人在他们的时间表剩下的四天时间里,失去了获得"决定性胜利"的机会,从而也失去了赢得这场战争的机会。对法国,对协约国,以及最终对于整个世界,马恩河的悲剧在于没有获得本来可以获得的最大胜利。

莫努里对德军翼侧的进攻和冯·克卢克的转身迎战,使德国第一集团军和第二集团军之间敞开了一个缺口。因此这一战役的关键,在于德军能否在弗朗谢·德斯佩雷和英军利用这一缺口突破德军中路之前,击溃法军两翼——莫努里和福煦。莫努里在行将被克卢克击败的时候,得到第四军的增援,6000名士兵在巴黎一下火车,就由加利埃尼征用的市内出租汽车急速送到前线,从而守住了阵地。福煦在圣贡(St. Gond)的沼泽地区,在豪森的集团军和比洛集团军一部的强大压力下,右翼节节败退,左翼步步后撤。就在此千钧一发之际,他发出了著名的命令:"勇往直前,进攻!德军已成强弩之末……能坚持到底者胜!"弗朗谢·德斯佩雷击退了比洛的右翼;英军开进了缺口,但行动过于迟缓,过于踌躇;亨奇上校再度做了具有历史意义的出场,建议后撤,因而德军能及时撤退,避免了被突破的厄运。

当德国人的胜利唾手可得,法国人的灾难迫在眉睫之际,全世界这些天来眼看德军步步进逼,气势汹汹,协约国军节节败退,溃向巴黎,人人为之惶恐不安,不可终日。这一战力挽狂澜,转败为胜,因而被称为"马恩河的奇迹"。曾为法国提出"意志"的奥秘的亨利·柏格森,从中看到曾经拯救过法国的奇迹重又出现于眼前,他断言"是圣女贞德赢得了马恩河战役"。仿佛突然被一堵一夜之间冒出来的石墙阻挡住,敌人也抱有同感。战斗正酣的时候,毛奇曾伤心地写信给妻子说:"法国的'冲动'眼看行将消失,但顿又熊熊燃烧起来。"克卢克事后追述德国在马恩河失败的根本原因时也说道:"压倒一切的原因在于法国士兵具有神速恢复元气的非凡特质。士兵宁死不屈的精神是人所熟知的,是每一作战计划所依赖的;但已连续后撤十天、风餐露宿、疲惫不堪、徒具形骸的士兵竟能在一声军号下拿起武器,冲锋陷阵,则是我们从未估计到的,这在我们的军事学上也可能是从未研究过的。"

不管柏格森是怎么说的,决定马恩河战果的绝不是什么奇迹,而是最初一个月中固有的各种设想、错误和行动。也不管克卢克是怎么说的,德军司令部在作战中所犯的错误对于最终结局则和法国士兵的气势磅礴起了同样的作用。如果德军不抽调两个军东去抵御俄军,那么其中一个就可部署在比洛右翼,填补他与克卢克之间的缺口;另一个就可与豪森共同作战,可为他额外提供一支力量,挫败福煦。俄国人忠于诺言发动的一场准备不周的进攻,将这两支部队拖走了。法国情报处长杜邦(Dupont)上校曾对此赞扬备至。他说:"让我们向盟军致敬,他们是受之无愧的,他们的失败是我们得以取胜的一个因素。"

凡此种种"如果",不胜枚举。如果德军未对它的左翼投入过多兵力,企图进行两面包抄,如果它的右翼未超越补给线过远,也未使士兵过于疲乏,如果克卢克能跟比洛保持齐头并进,甚至在最后一天，能挥师回到马恩河北岸，而不是向大莫兰河继续挺进，那么，马恩河一战的结局也许会迥然不同，六个星期战胜法国的时间表也许会如期完成。但是要有这样的可能，必须具备一个首要的、决定性的条件，那就是六个星期的时间表绝不可建立在借道比利时的基础上。把比利时增列为敌人，姑且不谈引起英国参战后对整个战局的影响，不谈对世界舆论的最终影响，就马恩河一战而言，这不仅减少了德军到达马恩河的兵力，同时却又为协约国方面增加了英军五个师的力量。

在马恩河，协约国军获得了他们在边境战役中任何一处所未能获得的数量上的优势。这种优势，部分是由于德军调走了几个师的兵力所致，但主要是由于法军从第三集团军和坚守阵地、毫不畏缩的德卡斯泰尔诺和迪巴伊两集团军中调来了几个师的缘故。在整个后撤期间，当其他各集团军弃阵而退的时候，这两个集团军始终坚守着法国的东大门。他们几乎连续不停地作战十八天，直到9月8日毛奇最后迟迟承认失败，下令停止进攻法国堡垒防线时为止。如果法国的第一、第二两集团军在任何时候稍有退却，如果他们在鲁普雷希特9月3日最后一次大举进攻时有所示弱，德国人就会赢得他们的坎尼之战，法国人就不会有在马恩河、塞纳河或其他地区反攻的机会。如果说马恩河之战是个奇迹，那是由摩泽尔河之战促成的。

要是没有霞飞的挂帅，就不会有阻挡德军进攻的协约国军阵线。在十二天灾难性的后撤期间，是霞飞坚定不移的信念挽救了法军惨遭土崩瓦解的危险。一位比霞飞更具有卓见、英明果断的司令，也许会避免战争初期所犯的根本性错误，但在节节败退以后，法国所需要的正是霞飞所具有的那种气质。很难想象有其他任何人能够把法军从一系列的后撤中挽救出来，并保持它的战斗力。不过在反攻时机到来的时刻，仅霞飞一人是不够的，他原来拟订在塞纳河停止撤退转为反攻的计划也许为时太晚。是加利埃尼看准时机，并在弗朗谢·德斯佩雷强有力的配合下，促成了提前反攻。是那个未被允许参加马恩河战役的朗勒扎克，把法国从那份愚蠢的第十七号计划中拯救出来，从而使尔后的恢复成为可能。具有讽刺意味的是，他在沙勒鲁瓦做出的撤出战斗的决定，和后来由弗朗谢·德斯佩雷接替他的职位，对反攻来说都是必要的。虽然如此，提供一支反攻的军队的，还是那位临危不惧的霞飞。"1914年，如果我们没有他，"霞飞的继任者福煦说道，"我不知道我们的情况将会是什么样子。"

全世界将永远不会忘记出租车在这次战役中的业绩。当时，已有百把辆出租汽车在巴黎军政府服役。克莱热里将军估计，如果再有500辆，每辆载5名士兵，到乌尔克河行程60公里，往返行驶两次，就可运6000人到情况危急的前线。下午1时发布了征用命令，定于下午6时出发。警察通知了街上的出租车。司机们情绪激昂，立刻卸下乘客，并自豪地向乘客们做了解释，说他们要去"打仗了"。他们把车子开回车站加好油，便按照命令开往指定地点；到规定时间，600辆汽车已整整齐齐地排成队伍，集合好了。加利埃尼应邀到场检阅。他平时是极少流露感情的，但此时此刻，则非常激动。他大声说："这是件多么不平凡的事啊！"夜幕降临，这些出租汽车满载着士兵，会同卡车、公共汽车和其他各种类型的机动车辆，浩浩荡荡地出发了——这是1914年的最后一次英勇进军，旧世界的最后一次圣战。

在马恩河战役未能取得全胜之后，接踵而来的是德军向埃纳河后撤，双方为争夺海峡港口向海岸的急进，安特卫普的陷落和伊普尔（Ypres）战役。在伊普尔战役中，英国远征军的全体官兵名副其实地发挥了一息尚存战斗到底的精神，坚守了阵地，在佛兰德地区击败德军。英国人英勇战斗的丰碑，不是建立在蒙斯或马恩河，而是在伊普尔，最初一批英国远征军中有五分之四的官兵在这里牺牲。此后，随着寒冬的来临，战争逐步陷入残酷的堑壕战的对峙阶段。这些战壕，像一道满生坏疽的伤口，从瑞士边境横贯法兰西和比利时，一直延伸到英吉利海峡，使战争演变为阵地战和消耗战，成为残酷的、泥泞的、疯狂的大屠杀。这就是人所共知的历时四年之久的西线战事。

施利芬计划失败了，但它却成功地使德国人占领了整个比利时和法兰西北部直到埃纳河为止的整片土地，正如克列孟梭执政时期的报刊月复一月、年复一年，不知疲倦地提醒读者所说的那样："德国人仍然在努瓦永"。他们得以深入到法兰西腹地，是第十七号计划的过错造成的。它让敌人过于深入了，以致法军后来在马恩河重振旗鼓进行反攻时，欲赶走他们而不能。它使敌人得以突破，以致后来不得不付出惨重的生命代价，才把他们堵住和牵制住，而这种牺牲恰恰使1914—1918年的战争种下了1940年西线战事的祸根。*这是一个永远弥补不了的错误。第十七号计划的失败与施利芬计划的破产同样是致命的，两者合在一起导致了西线的僵持局面。西线的战事，每天吞噬着5000人，有时甚至多达5万人的生命，消耗着大量的军火、能源、金钱、脑力以及许多训练有素的人才，从而吸尽了协约国的战争资源，并使在敌后开辟新战场，如进攻达达尼尔海峡这类本来可以缩短战争的努力，都以失败而告终。这种由于

---

* 在被第二次世界大战毁坏以前的圣西尔军官学校教堂里，有一块为一战中阵亡将士建立的纪念碑，上面只铭刻着一句话"1914届学员"。内阁成员马塞尔·桑巴（Marcel Sembat）的外甥安德列·瓦拉尼亚克（André Varagnac），以他的亲身经历对死亡率做了进一步的印证。他于1914年到达服役年龄，8月大战爆发时因病免征入伍，到同年圣诞节时，他发现和他在公立中学同班的27个男同学中，他是唯一的幸存者。根据《法国军队》的记载，仅仅8月份一个月，160万名在战场上作战的士兵中，包括死亡、受伤和失踪在内的总伤亡，共达206515人。这一数字不包括军官、卫戍部队和本土军的伤亡在内，因此伤亡总数估计接近30万人。其中大部分是在边境战役的四天里伤亡的。马恩河战役的伤亡数字没有单独发表过，但如把迄至9月11日的估计数字和8月份的数字加在一起，则战争头30天全部伤亡人数，相当于30个苏瓦松或贡比涅规模的城市的全部人口。确切数字无从获悉，按照法军最高司令部严格规定的政策，不得发表任何可能对敌有用的消息，因而伤亡名单也未发表。和其他参战国的比较也付阙如，因为各参战国的伤亡数字的统计，所包括的时期和统计口径都不相同。但在大战结束以后，我们知道各国伤亡数字占其人口的比例是：法国1:28，德国1:32，英国1:57，俄国1:107。

第一个月的错误而造成的相持战局,决定了以后战争的进程,因此也决定了和约的条款和两次大战间歇时期的世界形势以及第二次世界大战的情况。

人们如果不怀有某种希望,就不能忍受这样一场规模巨大而痛苦的战争——他们希望这场战争的浩劫将保证这样的战争今后永不再发生,他们希望在战争无论以何种方式结束的时候,它将为未来更美好的世界奠定基础。犹如进入巴黎的诱人幻想,能使克卢克的士兵继续前进一样,在曾经郁郁葱葱的田野和随风飘舞的白杨变为的弹痕累累的荒原和断枝残干之上,隐现着人们憧憬的美好世界的幻影。如果没有这个美好的幻影,那么付出成千上万的生命来夺取十米阵地或夺回一个潮湿的战壕将显得毫无意义。每当秋天来临,人们总是说战争不会再打过冬天,到了春天仍看不到战争的结束。这时使士兵和各个国家继续战斗下去的,只是通过这场战争人类社会能得到某种改善的希望。

当战争终于结束时,它带来了各种各样的结果,其中最为突出的是幻想的破灭。D. H. 劳伦斯[*]为他的同代人写了个言简意赅的总结:"对这一代人说来,以前的一切豪言壮语都一笔勾销了。"如果他们当中有人像埃米尔·凡尔哈伦那样,怀着痛惜的心情回忆着"我过去是个怎么样的人",那是因为他知道1914年以前的豪言壮语和伟大信念,都一去不复返了。

马恩河战役之后,战争不断扩大和发展,直到把东西半球的国家都卷了进去,并使各国陷入任何一种和约都无法解决的世界冲突之中。马恩河战役之成为影响全世界的决定性战役之一,并不是因为它决定了德国的最终失败或协约国的最后胜利,而是因为它决定了战争还需继续。霞飞在战役打响前夕对战士们说过,不能后退。

---

[*] 劳伦斯(David Herbert Lawrence, 1885—1930),英国小说家,颓废派文学的重要代表。——译注

后来，也确实没有后退。各国被困在一个陷阱里，这是一个因战争头三十天没能决出胜负而形成的陷阱，这个陷阱过去没有出路，现在仍然没有出路。

资料来源

法、德、英、美政府官方出版物

Carnegie Endowment for International Peace, *Diplomatic Documents Relating to the Outbreak of the European War*, 2 vols., ed. James Brown Scott, New York, Oxford, 1916.

France, Assemblée Nationale, Cambre des Deputés, Session de 1919 *Procès-Verbaux de la Commission d'Enquète sur le rôle et la situation de la metallurgie en France: defense du Bassin de Briey*, 1re et 2me parties.

——, *Rapport de la Commission d'Enquète* par M. Fernand Engerand, deputé. 1re partie: "Concentration de la metallurgie française sur la frontière de l'Est," 2me partie: "La perte de Briey."

France, Ministère de la Guerre; Etat-major de 1'Armée, Service Historique, *Les Armées Françaises dans la grande guerre*, Tome I, Vols, 1 and 2 and *Annexes*, Paris, Imprimerie Nationale 1922-1925.

Germany, Foreign Office, *Outbreak of the World War*; German documents collected by Karl Kautsky and edited by Max Montgelas and Walther Schucking, translated by Carnegie Endowment, New York, Oxford, 1924.

Germany, Generalstaab, *Kriegsbrauch im Landkriege* (Usages of War on Land), translated as *The German War Book* by J. H. Morgan, London, Murray, 1915.

German, Marine-Archiv, *Der Krieg zur See, 1914-18*, No. 5, Band 1, *Der Krieg in dem Turkische Gewassen; die Mittelmeer Division*, Berlin, Mittler, 1928.

German, Reichsarchiv, *Der Weltkrieg 1914-18*, Band 1, *Die Militärische Operationen zu Lande; Die Grenzschlachten im Westen*, Band 3, *Von der Sambre bis zur Marne*, Berlin, Mittler, 1924.

Great Britain, Committee of Imperial Defence, Historical Section, Corbett, Sir Julian, *Naval Operations: History of the Great War Based on Official Documents*, Vol. I. New York, Longmans, 1920.

——, Edmonds, Brigadier-General James E., *Military Operations: France and Belgium*, 1914, Vol. I and volume of maps, 3rd ed., London, Macmillan, 1933.

——, Fayle, C. Ernest, *Seaborne Trade*, Vol. I, London, Murray, 1920.

Great Britain, Foreign Office, *British Documents on the Origins of the War, 1898-1914*, 11 vols., eds. G. P. Gooch and H. W. V. Temperley, London, 1927-38.

United States, Department of State, *Papers Relating to the Foreign Relations of the U. S. Supplements*, World War, 1914, Washington, G. P. O., 1928.

非官方资料

有关比利时的资料

Bassompierre, Baron Alfred de, *The Night of August 2-3, 1914, at the Belgian Foreign Office*, tr., London, Hodder & Stoughton, 1916.

Beyens, Baron, *Deux Années à Berlin, 1912-14*, 2 vols., Paris, Plon, 1931.

Cammaerts, Emile, *Albert of Belgium*, tr., New York, Macmillan, 1935.

Carton de Wiart, Henry (Belgian Minister of Justice in 1914), *Souvenirs politiques*, Brussels, Brouwer, 1948.

Cobb, Irvin S., Paths of Glory—*Impressions of War Written at and near the Front*, New York, Dutton, 1914.

Davis, Richard Harding, *With the Allies*, New York, Scribner's, 1914.

Demblon, Celestin (deputy of Liège), *La Guerre à Liège: Pages d'un témoin*, Paris, Lib. Anglo-Française, 1915.

D'Ydewalle, Charles, *Albert and the Belgians*, tr., New York, Morrow, 1935.

Essen, Léon van der, *The Invasion and the War in Belgium from Liège to the Yser*, tr., London, Unwin, 1917.

Galet, General Emile Joseph, *Albert, King of the Belgians, in the Great War*, tr., Boston, Houghton Mifflin, 1931.

Gibson, Hugh (First Secretary of the American Legation), *A Journal from*

Our Legation in Belgium, New York, Doubleday, 1917.
Klobukowski, A. (French Minister in Brussels), "Souvenirs de Belgique," *Revue de Paris*, Sept.-Oct., 1927.
——, "La Résistance belge à l'invasion allemande," *Revue d'Histoire de la Guerre*, July 1932.
Malcolm, Ian, ed., *Scraps of Paper: German Proclamations in Belgium and France*, New York, Doran, 1916.
Millard, Oscar E., *Burgomaster Max*, London, Hutchinson, 1936.
Powell, E. Alexander (correspondent of the *New York World* attached to the Belgian forces in 1914), *Fighting in Flanders*, New York, Scribner's, 1914.
Schryver, Col. A. de, *La Bataille de Liège*, Liège, Vaillant-Carmanne, 1922.
Sutherland, Millicent, Duchess of (leader of a volunteer ambulance corps of nurses to Belgium in August, 1914), *Six Weeks at the War*, Chicago, McCluny, 1915.
Verhaeren, Emile, *La Belgique sanglante*, Paris, Nouvelle Revue Française, 1915.
Whitlock, Brand, *Belgium: A Personal Narrative*, Vol. I, New York, Appleton, 1910.

有关英国和英国远征军的资料

Addison, Christopher (Parliamentary Secretary to Board of Education), *Four and a Half Years: A Personal Diary from June 1914 to January 1919*, London, Hutchinson, 1934.
Angell, Norman, *The Great Illusion: A Study of the Relation of Military Power to National Advantage*, 4th ed., New York, Putnam's, 1913.
Army Quarterly, London.
Arthur, Sir George, *Life of Lord Kitchener*, Vol. III, New York, Macmillan, 1920.
——, *George V*, New York, Cape, 1930.
Asquith, Earl of Oxford and, *Memories and Reflections*, 2 vols., London, Cassell, 1928.
Aston, Major-General Sir George, *Biography of the Late Marshal Foch*, London, Hutchinson, 1930.
Bacon, Admiral Sir Reginald, *Life of Lord Fisher*, London, Hodder & Stoughton, 1929.
Beaverbrook, Lord, *Politicians and the War, 1914-16*, New York, Doubleday,

Doran, 1928.

Bertie, Lord, *Diary of Lord Bertie of Thame*, Vol I, London, Hodder & Stoughton, 1924.

Birkenhead, Viscount, *Points of View*, Vol, I, London, Hodder & Stoughton, 1922.

Blake, Robert, ed., *Haig: Private Papers, 1914-18*, London, Eyre & Spottiswoode, 1952.

Bridges, Lieut.-General Sir Tom (Officer in the 2nd Cavalry Brigade of the BEF and formerly military attaché in Brussels), *Alarms and Excursions*, London, Longmans, 1938.

Callwell, Major-General Sir Charles E. (Became Director of Operations and Intelligence at the War Office in August, 1914, when Wilson and Macdonogh went to France), *Experiences of a Dug-Out, 1914-18*, London, Constable, 1920.

——, *Field Marshal Sir Henry Wilson: His Life and Diaries*, Vol. I, New York, Scribner's, 1927.

Chamberlain, Sir Austen, *Down the Years*, London, Cassell, 1935.

Charteris, Brigadier-General John, *At GHQ*, London, Cassell, 1931.

Childs, Major-General Sir Wyndham, *Episodes and Reflections*, London, Cassell, 1930.

Churchill, Sir Winston, *The World Crisis*, Vol. I, *1911-1914*, New York, Scribner's, 1928.

——, *The Aftermath*, Vol. 4 of *The World Crisis*, New York, Scribner's 1929.

——, *Great Contemporaries*, New York, Putnam's, 1937.

Corbett-Smith, Major A. (artillery officer in Smith–Dorrien's Corps), *The Retreat from Mons*, London, Cassell, 1917.

Cust, Sir Lionel, *King Edward and His Court: Some Reminiscences*, London, Murray, 1930.

Custance, Admiral Sir Reginald, *A Study of War*, London, Constable, 1924.

Dugdale, Blanche E. C., *Arthur James Balfour*, 2 vols., New York, Putnam, 1937.

Esher, Reginald, Viscount, *The Influence of King Edward and Other Essays*, London, Murray, 1915.

——, *The Tragedy of Lord Kitchener*, New York, Dutton, 1921.

——, *Journals and Letters*, Vol. 3, *1910-15*, London, Nicolson & Watson, 1938.

Fisher, Admiral of the Fleet, Lord, *Memories*, London, Hodder and

资料来源

Stoughton, 1919.

———, *Fear God and Dread Nought: Correspondence of Admiral of the Fleet Lord Fisher of Kilverstone*, 3 vols., ed. Arthur J. Marder, London, Cape, 1952-56-59.

French, Field Marshal Viscount, of Ypres, *1914*, Boston, Houghton Mifflin, 1919.

Gardiner, A. G., *The War Lords*, London, Dent, 1915.

Grey, Viscount, of Fallodon, *Twenty-Five Years*, 2 vols., London, Hodder & Stoughton, 1925.

Haldane, Richard Burdon, Viscount, *An Autobiography*, New York, Doubleday, Doran, 1929.

———, *Before the War*, New York, Funk & Wagnalls, 1920.

Hamilton, Captain Ernest W. (Captain of 11th Hussars in Allenby's Cavalry Division), *The First Seven Divisions*, New York, Dutton, 1916.

Hurd, Sir Archibald, *The German Fleet*, London, Hodder & Stoughton, 1915.

———, *The British Fleet in the Great War*, London, Constable, 1919.

Jellicoe, Admiral Viscount, *The Grand Fleet, 1914-16*, New York, Doran, 1919.

Kenworthy, J. M. (Lord Strabolgi), *Soldiers, Statesmen and Others*, London, Rich & Cowen, 1933.

Lee, Sir Sidney, *King Edward VII*, 2 vols., New York, Macmillan, 1925-27.

Lloyd George, David, *War Memoirs*, Vol. I, Boston, Little, Brown, 1933.

Macdonagh, Michael, In London During the Great War: Diary of a Journalist, London, Eyre & Spottiswoode, 1935.

Macready, General Sir Nevil (Adjutant-General in the BEF), *Annals of an Active Life*, Vol. I., London, Hutchinson, n.d.

Magnus, Sir Philip, *Kitchener*, New York, Dutton, 1959.

Maurice, Major-General Sir Frederick (staff officer of BEF, 3rd Division in August, 1914) *Forty Days in 1914*, New York, Doran, 1919.

Mckenna, Stephen, *While I Remember*, New York, Doran, 1921.

Milne, Admiral Sir Archibald Berkeley. *The Flight of the Geoben and the Breslau*, London, Eveleigh Nash, 1921.

Morley, John, Viscount, *Memorandum on Resignation*, New York, Macmillan, 1928.

Newton, Thomas, Lord, *Lord Lansdowne*, London, Macmillan, 1929.

Nicolson, Harold, *King George the Fifth*, London, Constable, 1952.

———, *Portrait of a Diplomatist: Being the Life of Sir Arthur Nicolson, First

Lord Carnock, Boston, Houghton Miffiln, 1930.

Peel, Mrs C. S., *How We Lived Then, 1914-18*, London, John Lane, 1929.

Repington, Lt. Col. Charles à Court, *The First World War, 1914-18*, Vol. I, Boston, Houghton Mifflin, 1920.

Robertson, Field Marshal Sir William, *From Private to Field Marshal*, Boston, Houghton Mifflin, 1921.

——, *Soldiers and Statesmen, 1914-18*, Vol. I, New York, Scribner's, 1926.

Shaw, George Bernard, *What I Really Wrote About the War*, New York, Brentano's, 1932.

Smith-Dorrien, General Sir Horace, *Memories of 48 Years' Service*, London, Murray, 1925.

Spears, Brig.-Gen. Edward L., Liaison, *1914: A Narrative of the Great Retreat*, New York, Dubleday, Doran, 1931.

Steed, Wickham H. (Foreign Editor of *The Times*), *Through Thirty Years*, New York, Doubleday, Doran, 1929.

Trevelyan, George Macaulay, *Grey of Fallodon*, Boston, Houghton Mifflin, 1937.

Wilson, General Sir Henry, see Callwell.

有关法国的资料

Adam, H. Pearl, *Paris Sees It Through: A Diary, 1914-19*, London, Hodder & Stoughton, 1919.

Allard, Paul, *Les Généraux Limogés Pendant la guerre*, Paris, Editions de France, 1933.

Bienaimé, Admiral Amadée, *La Guerre navale: fautes et responsabilités*, Paris, Taillander, 1920.

Bruun, Geoffrey, *Clemenceau*, Cambridge, Harvard, 1943.

Charbonneau, Col. Jean, *La Bataille des frontières*, Paris, Lavanzelle, 1932.

Chevalier, Jacques, *Entretiens avec Bergson*, Paris, Plon, 1959.

Clergerie, Général (Chief of Staff of GMP), *Le Rôle du Gouvernement Militaire de Paris, du 1er au 12 Septembre, 1914*, Paris, Berger-Levrault, 1920.

Corday, Michel, *The Paris Front*, tr., New York, Dutton, 1934.

Demazes, Général, *Joffre, la victoire du caractère*, Paris, Nouvelles Editions Latines, 1955.

Dubail, Général Augustin, *Quatres années de commandement, 1914-18: Journal de Campagne*, Tome I, 1ère Armée, Paris, Fournier, 1920.

Dupont, Général Charles (Chief of Deuxième Bureau in 1914), *Le Haut Commandement allemand en 1914: du point de vue allemand*, Paris, Chapelot, 1922.

Engerand, Fernand (deputy from Calvados and rapporteur of the Briey Commission of Inquiry), *La Bataille de la frontière, Aôut, 1914: Briey*, Paris Brossard, 1920.

——, *Le Secret de la frontière, 1815-1871-1914*; Charleroi, Paris Brossard, 1918.

——, *Lanrezac*, Paris, Brossard, 1926.

Foch, Marshal Ferdinand, *Memoirs*, tr. Col. T. Bentley Mott, New York, Doubleday, Doran, 1931.

Gallieni, Général, *Mémoires, défense du Paris, 25 Aôut-11 Septembre, 1914*, Paris, Payot, 1920.

——, *Les Carnetes de Gallieni*, eds. Gaetan Gallieni & P.-B. Gheusi, Paris, Michel, 1932.

——, *Gallieni Parle*, eds. Marius-Ary et Leblond, Paris, Michel, 1920.

Gaulle, Général Charles de, *La France et son armée*, Paris, Plon, 1938.

Gibbons, Herbert Adams, *Paris Reborn*, New York, Century, 1915.

Giraud, Victor, *Le Général de Castelnau*, Paris, Cres, 1921.

Grasset, Colonel A., *La Bataille des deux Morins: Franchet d'Esperey à la Marne, 6-9 Septembre, 1914*, Paris, Payot, 1934.

Grouard, Lt.-Col. Auguste, *La Guerre éventuelle: France et Allemagne*, Paris, Chapelot, 1913.

——, *La Conduite de la guerre jusqu' à la bataille de la Marne*, Paris, Chapelot, 1922.

Guard, William J., *The Soul of Paris—Two Months in 1914 by an American Newspaperman*, New York, Sun Publishing Co., 1914.

Hanotaux, Gabriel, *Histoire illustrée de la guerre de 1914*, 17 vols., Paris, 1916.

Hirschauer, Général, and Kléin, Général (Chief and Deputy Chief of Engineers of Military Government of Paris in 1914), *Paris en état de défense*, Paris, Payot, 1927.

Huddleston, Sisley, *Poincaré, A Biographical Portrait*, Boston, Little, Brown, 1924.

Huguet, General A., *Britain and the war: a French Indictment*, London, Cassell, 1928.

Isaac, Jules, *Joffre et Lanrezac*, Paris, Chiron, 1922.

——, "L'Utilisation des reserves en 1914," *Revue d. Histoire de la Guerre*, 1924, pp. 316-337.

Joffre, Marshal Joseph J.-C., *Memoirs*, Vol. I, tr. Col. T. Bentley Mott, New York, Harper's, 1932.

Langle de Cary, Général de, *Souvenirs de commandement 1914-16*, Paris, Payot, 1935.

Lanrezac, Général Charles, *Le Plan de campagne français et le premier mois de la guerre*, Paris, Pavot, 1920.

Libermann, Henri. *Ce qu' à vu en officier de chasseurs à pied. Ardennes belges-Marne-St. Gond, 2 Août-28 Septembre, 1914*, Paris, Plon, 1916.

Marcellin, Leopold, *Politique et politiciens pendant la guerre*, Vol. I, Paris, Renaissance, 1923.

Mayer, Lt.-Col. Emile, *Nos chefs de 1941*, Paris, Stock, 1930.

Messimy, Général Adolphe, *Mes Souvenirs*, Paris, Plon, 1937.

Mott, Col. T. Bentley, *Myron T. Herrick, Friend of France*, New York, Doubleday, Doran, 1929.

Muller, Commandant Virgile (aide-de-camp to Joffre), *Joffre et la Marne*, Paris, Cres, 1931.

Palat, Général Barthélmy, *La Grande Guerre sur le front occidental*, Vols. I-IV, Paris, Chapelot, 1920-27.

Paléologue Maurice, *Un Grand Tournant de la politique mondiale, 1904-06*, Paris, Plon, 1934.

——, "Un Prélude a l'invasion de Belgique, " *Revue des Deux Mondes*, October, 1932.

Percin, Général Alexandre (Member of Supreme War Council in 1911 and Governor of Lille in 1914), 1914, *Les erreurs du haut commandement*, Paris, Michel, 1920.

Pierrefeu, Jean de (a journalist by profession who, as an officer, was attached to GQG to prepare the communiqués for publication), *GQG. Secteur I*, Paris, Edition française Illustrée, 1920.

——, *Plutarque a menti*, Paris, Grasset, 1923.

Poincaré, Raymond, *Memoirs*, 4 vol., tr. Sir George Arthur, New York, Doubleday, 1926-29.

Tanant, Général (Chief of Operations in the French Third Army), *La Troisième Armée dans la bataille*, Paris, Renaissance, 1923.

Viviani, René, *As We See It*, tr., New York, Harper's, 1923.

Wharton, Edith (who was living in Paris in August, 1914), *Fighting France*,

New York, Scribner's 1915.

有关德国的资料

Bauer, Colonel M. (Chief of Artillery section at OHL), *Der Grosse Krieg in Feld und Heimat*, Tübingen, Osiander, 1921.

Bernhardi, General Friedrich von, *Germany and the Next War*, tr. Allen H. Powles, London, E. Arnold, 1914.

Bethmann-Hollweg, Theodor von, *Reflections on the World War*, tr., London, Butterworth, 1920.

Bloem, Walter (Reserve Captain of Brandenburg Grenadiers in IIIrd Corps of von Kluck's Army), *The Advance from Mons, 1914*, tr. G. C. Wynne, London, Davies, 1930.

Blücher, Evelyn, Princess, *An English Wife in Berlin*, London, Constable, 1920.

Bülow, Bernhard, Prince von, *Memoirs*, 4 vols, tr., Boston, Little, Brown, 1931-32.

Bülow, General Karl von, *Mon Rapport sur la Bataille de la Marne*, tr. J. Netter, Paris, Payot, 1920.

Clausewitz, General Carl von, *On War*, tr. Col. J. J. Graham, 3 vols., London, Kegan Paul, 1911.

Conrad von Hötzendorff, Feldmarschall Franz, *Aus Meiner Dienstzeit, 1906-18*, 5 vols., Vienna, 1921-25.

Eckhardstein, Baron H. von, *Ten Years at the Court of St. James, 1895-1905*, tr., London, Butterworth, 1921.

Erzberger, Matthias, *Souvenirs de guerre*, tr., Paris, Payot, 1921.

Foerster, Wolfgang, *Le Comte Schlieffen et la Grande Guerre Mondiale*, tr., Paris, Payot, 1929.

François, General Hermann von, *Marneschlacht und Tannenberg*, Berlin, Scherl, 1920.

Freytag-Loringhoven, Freiherr von, *Menschen und Dinge wie ich sie in meinem Leben sah*, Berlin, Mittler, 1923.

Gerard, James W., *My Four Years in Germany*, New York, Doran, 1917.

Greiling, Richard, *J'Accuse*, tr. A. Grey, New York, Doran, 1915.

Hailays, André, *L'Opinion allemande pendant la guerre, 1914-18*, Paris, Perrin, 1919.

Hanssen, Hans Peter (deputy of Schleswig-Holstein in the Reichstag), *Diary of a Dying Empire*, tr. O. O. Winter, Indiana University Press, 1955.

Hausen, General Freiherr Max von, *Souvenirs de campagne de la Marne en 1914*, tr., Paris, Payot, 1922.

Haussman, Conrad, *Journal d'un deputé au Reichstag*, tr., Paris, Payot, 1928.

Hindenbrug, Field Marshal Paul von, *Out of My Life*, Vol, I, tr., New York, Harper's 1921.

Hoffmann, General Max, *The War of Lost Opportunities*, tr., New York, International, 1925.

———, *The Truth About Tannenberg*, iucluded in Vol. II of his *War Diaries and Other Papers*, tr. Eric Sutton; Intro. by K. F. Nowak, London, Secker, 1929.

Kluck, General Alexander von, *The March on Paris and Battle of the Marne, 1914*, tr., New York, Longmans, 1920.

Kopp, Georg (a member of the crew of the *Goeben*), *Das Teufelschiff und seine kleine Schwester*, tr. as *Two Lone Ships, Goeben and Breslau*, by Arthur Chambers, London, Hutchinson, 1931.

Krafft von Dellmensingen, General (Chief of staff of Rupprecht's Army), *Die Führung des Kronprinzen Rupprecht von Bayern auf dem linken Deutschen Heeresflügel bis zur Schlact im Lothringen im August, 1914*, Wissen und Wehr, Sonderheft, Berlin, Mittler, 1925.

Kuhl, General Hermann von (Chief of Staff of Kluck's Army), *Le grand état-major allemand avant et pendant la guerre mondiale*, tr. & ed. by General Douchy, Paris, Payot, 1922.

Kurenberg, Joachim von, *The Kaiser*, tr. Russell and Hagen, New York, Simon & Schuster, 1955.

Lichnowsky, Prince Karl, *Memorandum* (published in English under the title *The Guilt of Germany*) with Introduction by Viscount Bryce, New York, Putnam's, 1918.

Ludendorff, General Erich, *Ludendorff's Own Story, August 1914-November 1918*, Vol. I, tr., New York, Harper's, 1919.

Ludwig, Emil, *Wilhelm Hohenzollern*, New York, Putnam's, 1926.

Moltke, Generaloberst Helmuth von, *Erinnerungen-Briefe-Dokumente, 1877-1916*, Stuttgart, Der Kommendetag, 1922.

Mühlon, Wilhelm (a director of Krupp's), *L'Europe devastée: notes prises dans le premiers mois de la guerre*, tr., Paris, Payot, 1918.

Ritter, Gerard, *The Schlieffen Plan, Critique of a Myth*, tr. (contains first published text of many of Schlieffen's papers), London, Oswald Wolff, 1958.

Rupprecht, Crown Prince of Bavaria, *Mein Kriegstagebuch*, Vol. I, Munich, Deutscher National Verlag, 1929.

Santayana, George, *Egotism in German Philosophy*, 2nd ed., New York, Scribner's 1940.

Schindler, Oberleutnant D., *Eine 42 cm. Mörser-Batterie im Weltkrieg*, Breslau, Hoffmann, 1934.

Schlieffen, Alfred, Feldmarshall Graf von, *Cannae*, tr., Fort Leavenworth, Command and General Staff School Press, 1936.

Schoen, Freiherr Wilhelm von, *Memoirs of an Ambassador*, tr., New York, Brentano's, 1923.

Souchon, Admiral Wilhelm, *La Percée de SMS Goeben et Breslau de Messine aux Dardanelles in Les marins allemands au combat*, ed. Vice-Admiral Eberhard von Mantey, Reichs Marine-Archiv, tr. Capitain R. Jouan, Paris, Payot, 1930.

Stürgkh, General Graf Josef (Austrian representative at OHL), *Im Deutschen Grossen Hauptquartier*, Leipzig, List, 1921.

Tappen, General Gerhard (Chief of Operations at OHL), *Jusqu'à la Marne en 1914 in Documents allemands sur la bataille de la Marne*, tr. and ed. by Lt.-Col. L. Koeltz of the French General Staff, Paris, Payot, 1930.

Tirpitz, Grand Admiral Alfred von, *My Memoirs*, 2 vols., tr., New York, Dodd, Mead, 1919.

Topham, Anne (Governess to the Kaiser's daughter), *Memories of the Kaiser's Court*, New York, Dodd, Mead. 1914.

Wetterlé, Abbé E. (deputy in the Reichstag from Alsace-Lorraine), *Behind the Scenes in the Reichstag*, tr., New York, Doran, 1918.

Wile, Frederic William, *Men Around the Kaiser*, Philadelphia, Lippincott, 1913.

——, *The Assault: Germany Before—and England After—the Outbreak*, Indianapolis, Bobbs-Merrill, 1916.

Wilhelm, Grown Prince of Germany, *My War Experiences*, tr., London, Hurst, 1922.

——, *Memoirs*, tr., New York, Scribner's, 1922.

Wilhelm II, *The Kaiser's Memoirs*, tr., New York, Harper's, 1922.

——, *Letters from the Kaiser to the Czar*, ed. Isaac Don Levine, New York, Doubleday, 1920.

Wolff, Theodor (editor of the *Berliner Tageblatt*), *Eve of 1914*, tr. E. W. Dickes, New York, Knopf, 1936.

Zedlitz-Trutzschler, Robert, Graf von, *Twelve Years at the Imperial German Court*, tr., New York, Doran, 1924.

有关俄国的资料

Agourtine, Léon, *Le Général Soukhomlinov*, Clichy, l'Auteur, 1951.

Alexandra, Empress of Russia, *Letters of the Tsaritsa to the Tsar, 1914-16*, ed. and intro. by Sir Bernard Pares, London, Duckworth, 1923.

Botkin, Gleb (son of the Czar's physician), *The Real Romanovs*, New York, Revell, 1931.

Brusilov, General A. A., *A Soldier's Notebook*, tr., London, Macmillan, 1930.

Buchanan, Sir George, My Mission to Russia, Boston, Little, Brown, 1923.

Danilov, General Youri, *La Russie dans la guerre mondiale*, tr., Col. A. Kaznakov, Paris, Payot, 1927.

——, *Le Premier Généralissime des armées russes: le grand-duc Nicolas*, tr., Paris, Berger-Levrault, 1932.

Dobrorolsky, General Serge (Chief of Mobilization Service in the Ministry of War in 1914), "La Mobilisation de l'armée russe en 1914," *Revue d'Histoire de la Guerre*, 1923, pp. 53-69 and 144-165.

Gilliard, Pierre (tutor to the Czar's children), *Thirteen Years at the Russian Court*, tr., New York, Doran, 1922.

Golovin, Lieut.-General Nicholas N., *The Russian Army in the World War*, tr., New Haven, Yale, 1931.

——, *The Russian Campaign of 1914*, tr. Captain Muntz, A.G.S. Command and General Staff School Press, Fort Leavenworth, Kansas, 1933.

Gourko, General Vasilii (Basil) (Commander of a Cavalry Division in Rennenkampf's Army), *War and Revolution in Russia, 1914-17*, tr., New York, Macmillan, 1919.

Gourko, Vladimir, *Features and Figures of the Past: Government and Opinion in the Reign of Nicholas II*, tr., Stanford University Press, 1939.

Ironside, Major-General Sir Edmund, *Tannenberg: The First Thirty Days in East Prussia*, Edinburgh, Blackwood, 1925.

Knox, Major-General Sir Alfred, *With the Russian Army*, London, Hutchinson, 1921.

Kokovtsov, Count V. N. (Premier, 1911-14), *Out of My Past*, tr., Stanford Univ. Press, 1935.

Nikolaieff, Col. A. M., "Russian Plan of Campaign in the World War, 1914,"

资料来源 505

tr., *Infantry Journal*, September-October, 1932.
Paléologue, Maurice, *An Ambassador's Memoirs*, tr., F. A. Holt, Vol. I, London, Hutchinson, 1923.
Radziwill, Princess Catherine, *Nicholas II, Last of the Czars*, London, Cassell, 1931.
——, *Sovereigns and Statesmen of Europe*, New York, Funk & Wagnalls, 1916.
Rodzianko, M. V. (President of the Duma), *Memoirs: Reign of Rasputin*, tr., London, Philpot, 1927.
Sazonov, Sergei, *Fateful Years, 1909-16*, tr., Stokes, 1928.
Sukhomlinov, Vladimir, *Erinnerungen*, Berlin, Hobbing, 1924.
Witte, Count Sergius, *Memoirs*, tr., New York, Doubleday, Page, 1921.
Wrangel, Baron Nicholas, *Memoirs, 1847-1920*, tr., Philadelphia, Lippincott, 1927.

有关土耳其的资料

Djemal Pasha, *Memoirs of a Turkish Statesman, 1913-1919*, tr., New York, Doran, 1922.
Emin, Ahmed, *Turkey in the World War*, New Haven, Yale, 1930.
Kannengiesser, General Hans (a member of the German military mission to Turkey in 1914), The Campaign in Gallipili, tr., London, Hutchinson, 1928.
Kannengiesser, General Hans (a member of the German military mission to Turkey in 1914), *The Campaign in Gallipoli*, tr., London, Hutchinson, 1928.
Morgenthau, Henry, *Ambassador Morgenthau's Story*, New York, Doubleday, Page, 1918.
Nogales, General Rafael de, *Four Years Beneath the Crescent*, New York, Scribner's 1926.

二手资料

Benson, E. F., *The Kaiser and English Relations*, London, Longmans, 1936.
Buchan, John, *A History of the Great War*, Vol. I, London, Nelson, 1922.
Craig, Gordon, A., *The Politics of the Prussian Army, 1640-1945*, New York, Oxford, 1956.
Cruttwell, C. R. M., *A History of the Great War, 1914-1918*, Oxford Univ. Press, 1936.
De Weerd, H. A., *Great Soldiers of Two World Wars*, New York, Norton, 1941.

Earle, Edward Meade, ed., et al., *Makers of Modern Strategy*, Princeton Univ. Press, 1943.

——, *Modern France*, Princeton Univ. Press, 1951.

Florinsky, Michael T., *The End of the Russian Empire*, New Haven, Yale, 1931.

Frothingham, Capt. Thomas G., *The Naval History of the World War*, Vol. I, *Offensive Operations, 1914-1915*, Cambridge, Harvard, 1925.

Goerlitz, Walter, *History of the German General Staff*, tr. Brian Battershaw, New York, Praeger, 1955.

Halévy, Elie, *A History of the English People, Epilogue*, Vol. II, *1905-1915*, London, Benn, 1934.

Maurois, André, *Edwardian Era*, tr., New York, Appleton-Century, 1933.

McEntee, Col. Girard L., *Military History of the World War*, New York, Scribner's, 1937.

Monteil, Vincent, *Les Officiers*, Paris, Editions du Seuil, 1958.

Neame, Lt.-Col. Philip, *German Strategy in the Great War* (Lectures at Staff College, Camberley), London, Arnold, 1923.

Ponsonby, Arthur, *Falsehood in Wartime*, New York, Dutton, 1928.

Renouvin, Pierre, *The Forms of War Government in France*, New Haven, Yale, 1927.

Rosinski, Herbert, *The German Army*, London, Hogarth, 1939.

注 释

引子 葬礼

Accounts of the funeral, besides those in the daily press and in memoirs of the period, appear in *The Queen, The Sphere*, and *The Graphic* for May 21, 1910; "The Meeting of Nine Kings" by William Bayard Hale in *World's Work* for July 1910; "An Impression of the King's Funeral" by Mary King Waddington in *Scribner's* for October 1910; Theodore Roosevelt to David Grey, October 5, 1911, *Letters*, ed. E. E. Morison (Harvard U.P., 1951–54), VII, 409–13.

页码

2	"严肃甚至严酷"：*The Times*, May 21, 1910.
2	"这个地方，称它为家"：to Bülow, qtd. Ludwig, 427.
2	"他是个魔王"：Zedlitz-Trützschler, 177–8. The German press also represented Edward's tour as "having the sole object of forming an alliance against Germany." Lascelles to Grey, April 19, 1907, BD, VI, No. 15.
2	"一个听话的小伙子"：Roosevelt to Trevelyan, October 1, 1911, *Letters*, VII, 397.
3	"吾守吾时"：Lee, I, 477–8.
3	保加利亚国王费迪南德引起其他君主耿耿于怀：Roosevelt to Grey, *op. cit.*, 409–10. His Byzantine regalia: Sazonov, 230.
4	达尼洛亲王和他的女伴：Cust, 111, 249.
5	"您有一个美丽的国家"：qtd. Maurois, 44.

5—6	英王爱德华的巴黎之行及比利时和德国外交官的报告：Lee, II, 241-2.
6	"一只耗子也不能乱动一下"：Lee, II, 11.
7	泥鳅比起比洛来还不过是条水蛭：qtd. Maurois, 177.
7	荷尔斯泰因将警告斥为"幼稚"：Eckhardstein, 249.
7	埃克哈德斯泰因偶然听到的对话：*ibid.*, 230.
7	德皇渴望受邀访问巴黎：Paléologue, *Un Prélude*, 494-5.
8	德皇向西奥多·罗斯福埋怨英国的达官显贵：Roosevelt to Trevelyan, *Letters*, VII, 396.
8	对意大利国王：Bülow, II, 355; Benson, 248.
8	伯恩哈迪："我们必须……"：Bernhardi, 81.
8	阿提拉率领的匈人：Bülow, I, 418.
9	"合理诉求"：Hans Delbruck, professor of history at University of Berlin and Germany's leading military historian, qtd. Wile, *Men Around the Kaiser*, 119–22.
9	"全德国被包围啦"：*Neue Freie Presse*, April 15, 1907, qtd. Lee, II, 542.
9	克列孟梭称"德国贪求权力"：qtd. Bruun, 116.
9	克列孟梭与爱德华的交谈：Goschen to Grey, August 29, 1908, BD, VI, No. 100; Steed, I, 287.
9	沙皇是个"杀人犯"：Lee, II, 587.
9—10	"英国人是犹太人"：Witte, 189.
10	爱德华与俄国皇后跳华尔兹：Fisher, *Memories*, 234.
10	沙皇"只配住在乡下草房子里种种萝卜"：The Kaiser expressed this opinion to the British Foreign Secretary, Lord Lansdowne, at Queen Victoria's funeral, qtd. Newton, 199.
10	"没有教养的家伙"：Benson, 45.
11	"尼基，请您相信我"：October 25, 1895, *Willy-Nicky Letters*, 23.
11	"多多演说，多多阅兵"：Botkin, 103.
11	这个细节"逃过了陛下的注意"：qtd. Ludwig, 263.
12	"这是谎言，他要的是战争"：qtd. Maurois, 256.
12	德皇卧床不起：Crown Prince, 98–100.
12	伊舍子爵讲授《大幻想》："Modern War and Peace" and "La guerre et la paix" in Esher, *Essays*, 211–28 and 229–61.
13	德国"同样接受"《大幻想》的学说：bid., 224. Esher gave copies to the Kaiser, *ibid.*, 55.
13	伯恩哈迪第一个突入凯旋门：Hindenburg, 59. Quotations for Bernhardi's book are from Chapters I, II, IV, V, IX, and X.
14	爱德华国王逝世：quotations from Isvolsky and *Le Figaro* and details

	of mourning in Paris, Tokyo, and Berlin are from *The Times*, May 8, 1910.	
15	德皇到达维多利亚车站：*The Times*, May 20, 1910.	
15—16	德皇对爱德华的殡殓礼仪印象深刻：Kaiser's *Memoirs*, 129.	
16	德皇向毕盛提出法国应支持德国：Arthur, *George V*, 125.	
16	"别的君主们要安静得多"：Trevelyan, 172.	
16	德皇否认与毕盛的谈话：Kaiser's *Memoirs*, 131.	
16	"友善的、温和的"：*The Times*, May 21, 1910.	
16	柯南·道尔的记述：*ibid*.	
16	亚历山德拉王后嫌恶德皇：Arthur, *George V*, 126. Her letter to George: Nicolson, *George V*, 40.	
18	"如此烟消云散，前所未有"：Esher, *Journals*, III, 4.	

第1章　"让右翼末梢袖拂海峡"

21	"法国的心窝"：qtd. Buchan, I, 118.	
21	"一个不足道的障碍"：Goerlitz, 129.	
23	"整个德国必须扑在一个敌人身上"：Schlieffen's Memorandum of 1912, Ritter, 172.	
23	施利芬计划：Schlieffen's Memoranda for 1892 and 1912 in Ritter; Schlieffen's *Cannae*, Kuhl's *Generalstab*, Förster.	
23	"宁失一省之地"：qtd. by Schlieffen, Ritter, 172.	
24	"战略原则不变"：Schlieffen, *Cannae*, 4.	
25	戈尔茨："我们是以刀剑的锐利"：qtd. Wile, *Men Around the Kaiser*, 222.	
26	"绝对意志的极端幻觉"：Santayana, 69.	
26	老毛奇预见到长期战争：Foerster, 21.	
26	小毛奇："这将是一场全国性的战争"：*Erinnerungen*.	
27	"比利时的中立必将为这方或那方所破坏"：General von Hahnke's notes on Schlieffen's Memorandum of 1912, Ritter, 186.	
27	"取得巨大胜利"：Clausewitz, III, 209–10.	
27	"谁更决心要战争"：General Percin in article in *Ere Nouvelle*, January 1925, qtd. Ponsonby, 55–6.	
28	比洛同施利芬的讨论：Bülow, II, 88.	
28	利奥波德二世是个"彻头彻尾的坏蛋"：Roosevelt to Trevelyan, October 1, 1911, *Letters*, VII, 369.	
28	德皇向利奥波德二世提出的方案及利奥波德的反应：Bülow, II,	

29	82–85; Cammaerts, 108–9.
29	200万英镑：J. V. Bredt, *Die Belgische Neutralität und der Schlieffensche Feldzugsplan*, qtd. AQ, July, 1929, 289.
29	"这笔钱原本是要法国人付的"：Dupont, 23.
29	"将它的军队在德军借道之处沿途列队"：the diplomat was Richard von Kuhlmann, then counselor of the German Embassy in London, later, in 1917, Foreign Secretary, qtd. Cammaerts, 134.
29	"所有要塞、铁路和部队"：Memorandum of 1912, Ritter, 175.
29	"里尔是可供炮击的一个极好目标"：*ibid.*
29	"让右翼末梢袖拂海峡"：qtd. Rosinsky, 137.
29	施利芬估计到英国参战：Ritter, 161–4.
30	在前线使用后备军：Isaac, *Reserves*, 335; Foerster, 71.
30	"务使右翼强大"：Foerster, 70.
30	"在敌人国土上打敌人"：*Erinnerungen*.
30	"完全合理的，完全必要的"：Tappen, 92.
30	"我们必须撇开关于侵略者责任问题的一切庸人之见"：Cambon (French ambassador in Berlin) to Foreign Minister Pichon, May 6, 1913, *French Yellow Book No.* 3.
32	德国间谍关于俄国的情报：Tirpitz, I, 343.
33	毛奇对奥国总参谋长康拉德说的话：Conrad, III, 670.
33	"我们已准备就绪，在我们是越快越好"：Eckhardstein, *Lebenserinnerungen*, Vol. III, *Die Isolierung Deutschlands*, Leipzig, 1921, 184.

第2章 色当的阴影

  Official sources for Plan 17 and its predecessors are *AF*, Tome I, Vol. I, Chaps. 1 and 2 and Joffre, 45–112. Text of the general directive and of the deployment orders to the several armies is No. 8 in Annexes to *AF*, I, I. The leading critics of the Plan are Engerand, General Grouard, and General Percin; the last, being blamed for the evacuation of Lille in August 1914, had a personal ax to grind.

34	勒巴将军与德卡斯泰尔诺的会面：Briey, session of May 23, evidence of M. Vendame, deputy of Lille, who accompanied Lebas; session of July 4, evidence of General Lebas.
34	发动有效攻势的标准兵员密度：Col. Grandmaison had worked it out at 6 to 8 km. per army corps. Engerand, 431.
35	"我们宣告，阿尔萨斯人和洛林人，千秋万代都要保留作为法兰

注释

	西民族一分子的权利": Alexandre Zevaes, *Histoire de la Troisième République*, Paris, 1926, 41.
35	甘必大："你们不要放在嘴边，而要铭记心间。": Huddleston, 36.
36	雨果："法兰西将万众一心": Zevaes, *op. cit.*, 41.
36	秘密巡逻队遥望科尔马尔：Monteil, 38.
37	"四十三年中任命过四十二任陆军部长": qtd. Craig, in Earle's *Modern Strategy*, 276.
38	"啊，多勇敢的人们！": Pierre de la Gorce, *Histoire du Second Empire*, VII, 343.
39—40	福煦的进攻战略：the quotations and episode of Clemenceau and Foch are from "Du Picq and Foch" by Stefan T. Possony and Etienne Manteux, Chap. 9 in Earle's *Modern Strategy*.
40	格朗迈松的讲演：Lanrezac, 138, n. 1; Messimy, 72; John Bowditch, "The Concept of Elan Vital," in Earle's *Modern France*, 39–43.
41	法利埃："唯有进攻才与法国将士的气质相称": Joffre, 30.
41	1913年颁布的新《野战条例》: Drafted by a committee of which General Pau was chairman and which included Hély d'Oissel, later Chief of Staff of the Fifth Army, and Berthelot, later deputy chief of staff under Joffre at GQG. Published as a decree signed by Poincaré on October 28, 1913. Text in Engerand, 445–7.
41	威廉一世对欧仁妮皇后的回应：Engerand, 592.
42	米歇尔将军在1911年提出的计划：*AF*, I, I, 13–14; text of his report is in Annexes to this volume, No. 3, 7–11. Discussion of use of reserves in the front line from Proceedings of the Supreme War Council, July 19, 1911, is Annexe No. 4, 12–17.
42	"后备役不顶用！": Spears, 218.
43	"有家室的男子不上前线"被认为是德皇上谕：Joffre, 61.
44	"有如痴人说梦": Percin, 206.
44	"使陆军和国民消除嫌隙，言归于好": Messimy, 15. "Incapable of leading their troops": *ibid.*, 93. "Hesitant, indecisive": *ibid.*, 75.
44	米歇尔的计划和最高军事委员会的回应：Briey, May 13, 23, and 30, evidence of Michel, Percin, and Messimy; Messimy, *Souvenirs*, 76–8; *AF*, I, I, 13–14.
45	第二帝国时代的"俊俏"模样：In 1870 the Turco regiments under the command of General Charles Bourbaki inspired a marching song with these words: Le chic exquis

> Dont les cœurs sont conquis
> Ils le doivent à qui?
> A Charles Bourbaki.
>
> qtd. De Gaulle, 162.

45	"米歇尔将军神志不清"：Briey, May 13, evidence of General Michel.
45	对更换鲜艳军装的反对言论：qtd. Messimy, 118–20.
46	"有个徽章问题"：Percin, 208.
46	"处事冷静，有条不紊"：Messimy, 77.
48	"听我的话，亲爱的朋友"：Briey, May 23, evidence of Percin.
48	霞飞本想选任福煦：Joffre, 12.
48	"你会掀起左翼各党的一场风暴"：Messimy, 78.
48	"把我撵走！"：Briey, May 23, evidence of Percin.
48	霞飞与副官亚历山大少校的对话：Demazes, 65.
49	"宛如划在我国胸膛上的一道刀疤"：Foch, *Memoirs*, lxii.
49	"我们必须通过美因茨到达柏林"：qtd. Grouard, 5, n. 2.
50	"后发制人，相机行事"：Joffre, 69.
50	"愚不可及"：Joffre, 17.
51	1904年施利芬计划的泄露：Paléologue, *Un Prélude*, 486–88.
51	庞德扎克将军：*ibid.*, 514.
51	"完全不可能"：Joffre, 63.
51	霞飞和德卡斯泰尔诺对德军进军路线的猜测：Giraud, 25–29.
51	德卡斯泰尔诺断定是"不可能的"，霞飞表示赞同：Joffre, 64.
52	法军总参谋部知晓德方将使用后备役兵员充当作战部队："It was known that the German plan of mobilization predicated that 'troops of the reserve will be used as active troops,'" *AF*, I, I, 39. The critique by Moltke is from Isaac, *Reserves*, 335, who also states that a French analysis made in May 1914 of the German mobilization plan for that year showed the role of reserves as identical with that of the active units. This is confirmed by Joffre in his discussion of the problem, 145–7. Major Melotte's report is from Galet, 22. Joffre (61) is the authority for the belief that the Germans would use reserves only as second-line troops.
53	"我的袖子上是两颗星"：Briey, May 23, evidence of Vendame.

第3章　"只需英国大兵一人……"

54	贝玑："我跟大家一样"：from his *Cahiers de la quinzaine*, October

注释

	22, 1905, reprinted in his *Notre Patrie*, Paris, 1915, 117–18.
55	英国总参谋部1905年的模拟战争：Robertson, *Private to Field Marshal*, 140; *Soldiers and Statesmen*, I, 24.
55	于盖—雷平顿备忘录：Repington, 6–10.
56	"一支黑格尔式的军队"：Haldane, 198.
56	格雷、霍尔丹与1906年危机：Grey, I, 72–88; Haldane, 203–04; *Before the War*, 186; BD, III, 212.
57	坎贝尔—班纳曼爵士去加来吃午饭：Maurois, 129.
57	"一项需要尊重的谅解"：Grey, I, 85.
57	霍尔丹批准会谈：Grey, I, 76.
57	"部内事务"：Campbell-Bannerman's phrase, qtd. Repington, 10.
57	格里尔森和罗伯逊的方案：Tyler, John E., *The British Army and the Continent, 1904–14*, London, 1938, 46.
57	伊舍勋爵主张在比利时采取独立行动：Esher, *Journals*, I, 375–6.
57	费希尔爵士，在东普鲁士海岸登陆：*Letters*, III, 47; opinions of army strategy: Bacon, II, 182–3.
58	威尔逊去海德公园跑步：Wilson, 51; spoke French: *ibid.*, 2.
58	"很有意思"：qtd. AQ, July 1929, 287.
58	威尔逊拜访福煦：Wilson, 78.
59	"我请来了一位法国将军"：*ibid.*, 79–80.
59	"耸人听闻"的闲话：Aston, *Foch*, 129.
59	威尔逊式的"'干'的行动"：Wilson, 79.
60	"只需英国大兵一人"：*ibid.*, 78.
60	"重大问题！"：Huguet, 21.
60	福煦"跟我的看法一模一样"：Liddell Hart, *Foch*, 51: in a letter to the British military attaché, Colonel Fairholme, Foch stated his belief that the principal front would be Epinal to Namur, BD, VI, No. 460.
61	威尔逊在日记中的评论：Wilson, 97–8.
61	威尔逊和迪巴伊的备忘录：AF, I, I, 17–18; BD, VII, No. 640.
61	"次要战场"，"主要战场"：Huguet, 8.
62	威尔逊与格雷、霍尔丹的会谈：Wilson, 99.
63	帝国国防委员会的秘密会议：Wilson, 99–102; Churchill, 55–9; Haldane, 226.
63	"英国海军，所向无敌"：letter of April 28, 1912, *Letters*, II, 456.
63	"都要我的脑袋"：Wilson, 106.
63	"自然而非正式的结果"：Haldane, *Before the War*, 183.
64	"显然已使我们承担了参战责任"：Esher, *Journals*, III, 61.

64	霍尔丹代表团访问柏林：254–262, 292; *Before the War*, 72–86.
64	和法国订立海军协定：Churchill, 115–16.
64—65	格雷爵士给康邦的信：Grey, I, 97–8.
65	"内阁解散"：Wilson, 113.
65	威尔逊对霞飞和德卡斯泰尔诺的评价：*ibid.*, 105; Wilson laid a piece of map: *ibid*.
65	霞飞指望英国人派来六个步兵师和一个骑兵师：Joffre, 50. Haldane put the total number at 160,000: *Before the War*, 189.
66	英国军方与比利时的会谈：BD, III, No. 217ff; Bridges (then military attaché in Brussels), 62–63.
66	伊舍勋爵告诫于盖少校：Huguet, 18; Joffre, 54. Cambon's condition: Dupont, 25.
66	"W 计划"秘密进行：Wilson, 149.

第4章　俄国压路机

68	德国人害怕斯拉夫人：When a German regiment in 1914 learned it was going to the western not the eastern front, there was "general rejoicing. For some indefinable reason the very thought of Russia gave one a shudder." Bloem, 20. The same thought moved a German army doctor to complain to the Duchess of Sutherland (49) how wicked it was of England to join the alliance against Germany "and leave us to those devilish Russians."
68—69	俄军人数：these and other figures about men and matériel in this chapter are from Golovin's *Army* unless otherwise noted.
69	格雷评论俄国实力：Grey to Sir F. Bertie, May 1, 1914, BD, X, Part 2, No. 541.
69	俄法参谋部的会谈及俄军的动员：Messimy, 179–81; Kokovtsov, 370–72; Joffre, 55–60; Golovin, *Campaign*, Chapter III, 45–73.
70	"我们应该对准德国的心脏打击"：Joffre, 23.
70	格朗迈松在俄国备受欢迎：Golovin, *Campaign*, 61.
70	1912—1913 年日林斯基将军的承诺：Agourtine, 25.
70	伊恩·汉密尔顿的报告：Hamilton, General Sir Ian, *A Staff Officer's Scrap Book*, London, 1907, II, 381.
71	"一个网球场也没有"：Knox, xxvii.
71	"这是个愚不可及的政体"：Witte, 270, 247.
72	尼古拉二世未受到执政培训：A few days before his 22nd birthday,

		on April 28, 1890, Nicholas wrote in his diary, "Today I finished definitely and forever my education." qtd. Radziwill, *Nicholas II*, 210.
72		科科夫佐夫向沙皇报告德国的备战情况：Kokovtsov, 456.
72		斯托雷平被秘密警察刺杀：Wrangel, 208.
72		"在这年头，人人都体弱多病"：Witte, 319.
73		"我希望活到能听见英国临终时的咽气声"：Paléologue, *Intimate Journal of the Dreyfus Case*, New York, 1957, 180.
74		"我最讨厌这个词！"：Witte, 190.
74		英国外交官：Sir Arthur Nicolson, British ambassador to Russia, 1906–10. Nicolson, *Diplomatist*, 180.
74		"要他干工作固然很不容易"：Sazonov, 286.
75		"邪门歪道的新花样"：Golovin, *Campaign*, 31, 34.
75		苏霍姆利诺夫"使人一见便会产生不可信任的感觉"：Paléologue, 83; Poincaré (III, 163) had the same reaction.
75		苏霍姆利诺夫的妻子、花销和朋党：Agourtine, 18–22; Vladimir Gurko, 552–3; Knox, 222; Sir Bernard Pares, *A History of Russia*, New York, 1953, 472–77.
76		苏霍姆利诺夫被定罪：Agourtine, 56–9.
76		"后果极为严重"：qtd. Agourtine, 59.
77		德皇给苏霍姆利诺夫的题献：a facsimile of the autograph of the Kaiser is reproduced in Ludwig, 508.
77		苏霍姆利诺夫应为俄国缺少炮弹承担的责任：Knox, obituary of Sukhomlinov in *Slavonic Review*, 1926, Vol. 5, 148; also Golovin, *Army*, 12, 32, 43.
78		苏霍姆利诺夫厌恶尼古拉大公：Danilov, 150; Golovin, *Campaign*, 35.
78		尼古拉大公被看作皇族宗室里唯一的"男子汉"：Introduction to *Letters of Tsaritsa*, xxi.
78		"我对他绝不信任"：*Letters to Tsar*, June 16, 1915, 97.
79		大公深受福煦的影响：Esher, *Tragedy*, 19.
79		科茨布伯爵的一番议论：Danilov, 43.
79		"黑山的夜莺"：Paléologue, 22–23.
79		俄国的两份作战计划：Ironside, 31–6.
80		向柏林进军：according to Danilov, Deputy Chief of Staff (130), this was the fundamental idea and goal of the Russian High Command throughout the "first period" of the war.
80		容克贵族胡乱射杀狐狸：Ellen M. Pain. *My Impressions of East Prussia*, London, 1915.

80	德皇射杀俄国麋鹿：Topham, 254. Her Chapter XIII, "Rominten," is brilliant reporting of the Imperial habits.	
82	德国希望日本保持中立：Hoffmann, *War of Lost Opportunities*, 5.	
82	霍夫曼的性格和习惯：K. F. Nowak, Introduction to Hoffmann's *War Diaries*, I, 10, 18.	
83	"你这个黄皮家伙"：recorded by the American correspondent Frederick Palmer, qtd. De Weerd, 71.	
83	俄国上校出售本国作战计划：Hoffmann, *War of Lost Opportunities*, 4.	
83	"投入全部兵力"：qtd. Hoffmann, *Diaries*, II, 241.	

第二部分 爆发

86	"巴尔干地区的蠢事儿"：recalled by Albert Ballin, who quoted it to Churchill (207) in July 1914 when Ballin was sent to London by the Kaiser to persuade the British to stay neutral.
86	德皇身穿"闪闪发光的甲胄"所做的演说：in the Vienna Town Hall, September 21, 1910, qtd. Stanley Shaw, *William of Germany*, New York, Macmillan, 1913, 329.
86	德国的"忠实支持"：Bethmann-Hollweg to von Tschirschky (German ambassador in Vienna), Kautsky, No. 15; Kaiser to Emperor Franz Joseph, Kautsky, No. 26.
86	"把发动战争的每一条理由都消除"：Kaiser's marginal note on copy of Austria's ultimatum to Serbia, Kautsky, No. 271.
86	"向我们明白宣布业已照办"：Bethmann-Hollweg to Pourtales, Kautsky, No. 490.

第5章 8月1日：柏林

The central episode in this chapter, General Moltke's traumatic experience with the Kaiser on the night of August 1, is based on Moltke's memoirs, 19–23. All quotations from the Kaiser and Moltke himself during the course of this incident are from this source. An English version was published by *Living Age*, January 20, 1923, 131–34.

87	德驻俄大使得到命令向俄宣战：Kautsky, No. 542.
87	5时30分，首相贝特曼一霍尔韦格和外交大臣雅戈：The American correspondent, Frederic William Wile, on his way to the Foreign

	Office, saw the two ministers as they came out: *Assault*, 82.
87	"我憎恨斯拉夫人": Sturgkh, 232.
88	普塔莱斯和埃格林的报告: Kautsky, Nos. 474 and 521. Eggeling's insistence up to the last moment that Russia could not fight because of artillery and transport deficiencies is reported by Kuhl, 31.
88	"患病的雄猫": Kautsky, No. 474.
88	人群中的新闻记者: Wile, *Assault*, 81–2; the Belgian ambassador also describes the scene: Beyens, II, 266.
88	"如果铁骰子滚动了": Kautsky, No. 553.
88	军官挥舞手帕: Wolff, 504.
88	有俄国间谍嫌疑的人被打: Hanssen, 22–23.
89	运送一个军所需的火车数量: Reichsarchiv, *Das Deutsche Feldeisenbahnwesen*, Band I, *Die Eisenbahnen zu Kriegsbeginn*, qtd. *AQ*, April 1928, 96–101.
89	老毛奇躺在沙发上: Fisher, *Memories*, 230.
89	德皇在电文上的批语愈来愈激动: Kautsky, Nos. 368 and 596.
90	"爱德华已死": Written on margin of Pourtales's dispatch, received July 30 at 7:00 A.M. reporting that Russian mobilization could not be canceled, Kautsky, No. 401, English version, Ludwig, 448.
90	阿尔萨斯自治: The alleged proposal by an anonymous "close associate" of Bethmann's is reported by Radziwill, *Sovereigns*, 70, a not too reliable source.
91	德国给法国的最后通牒: Schoen, 192, 197; Messimy, 149.
91	法国破译德国政府与德驻法大使的电报: Poincaré, III, 251.
91	"毛奇想知道": Wolff, 504.
91	利希诺夫斯基的电报: Kautsky, No. 562.
91—92	1911年在柏林举行的宴会: Given by Sir E. Goschen, the British ambassador, in honor of Major-General Wilson, Wilson, 94.
92	格雷对利希诺夫斯基的提议: Lichnowsky, 73–74; Grey to Goschen, *British Blue Book*, No. 123; Grey, II, Appendix F, "The Suggestions of August 1, 1914."
93	"忧郁的恺撒": Sturgkh, 24.
93	毛奇的性格和习惯: Freytag-Loringhoven, 135–7; Bauer, 33; Goerlitz, 143; General Sir Edmund Ironside, "Two Chiefs of General Staff," *Nineteenth Century and After*, February 1926; Wile, *NYT*, October 6, 1914, 2:6.
93	"我对自己很不满意": *Erinnerungen*, 307; "Place ourselves under

	Japan"：qtd. Ironside, *op. cit.*, 229; "Quite brutally" about Peking: *Eninnerungen*, 308; "Win the big prize twice"：*ibid.*
95	"要多铺设铁路"：Neame, 2. Elder Moltke's use of railroads, Rosinski, 129.
95	脑子最灵的人都在疯人院归天：*AQ*, April 1928, 96.
95	冯·施塔布将军：His book, *Aufmarsch nach zwei Fronten*, is analyzed by Commandant Koeltz, "La Concentration allemande et l'incident du premier Août, 1914," *Revue d'Histoire de la Guerre*, 1926, 117–130.
95	埃茨贝格尔的证明：*Erzberger's Erlebnisse*, qtd. *AQ*, April, 1922, 80.
95	发给英国的电报：Kautsky, Nos. 578 and 579; to Paris: No. 587; to King George: No. 575.
96	利希诺夫斯基的第二份电报：Kautsky, No. 603. King George's reply to the Kaiser saying "There must be some mistake," No. 612.
97	入侵"三贞女"：Luxembourg Minister of State Eyschen to Jagow, Kautsky, No. 602; Buch, German minister to Luxembourg, to Foreign Office, No. 619; Bethmann-Hollweg to Government of Luxembourg, No. 640.
98	普塔莱斯与萨佐诺夫的会面：Sazonov, 213; Paléologue, 48; Pourtalès's report, Kautsky, No. 588.
98	蒂尔皮茨关于宣战的看法：Tirpitz, I, 363–5. The scene is also described by Bülow (III, 187) as told him by Albert Ballin, who was present. Bethmann was pacing up and down while *Geheimrat* Kriege, a conscientious jurist of the Foreign Office, was searching through all the lawbooks for a model. "From time to time the agitated Bethmann would ask him, 'Is that declaration of war on Russia ready yet? I must have my declaration at once!' Ballin asked, 'Why such haste to declare war on Russia, Your Excellency?' and Bethmann answered, 'If I don't, we shan't get the Socialists to fight.'"
99	把发动战争的罪责加在俄国人身上：Bethmann to Tschirschky, marked "Urgent," Kautsky, No. 441.

第6章　8月1日：巴黎和伦敦

100	让德国承担发动侵略的恶名：Joffre, 133.
100	边境部队后撤十公里：Orders of the War Ministry for the withdrawal are Nos. 22, 25, 26, and 27 in *Annexes* to *AF*, I, I.
101	维维亚尼"惊魂未定"：Viviani, 194–5.

注 释

101	"保证取得英国邻邦的合作": Annexe No. 25.	
101	霞飞将军催政府下令动员: Joffre, 123–5; Messimy, 139–50.	
101	"惶恐不安": Viviani, 195.	
102	"在整个8月份一直如此": Messimy, 183. The premier's nerves were also remarked on by Bertie, 5.	
102	戈捷博士"忘了": Messimy, 156.	
102	普恩加莱还记得他在十岁那年: Poincaré, III, 1.	
103	反复地呼喊着"法兰西万岁！": Messimy, 138.	
103	"不费一弹进入法国": *ibid.*, 140.	
103	"变相的动员令": Messimy, 144.	
103	康邦报称英国的态度"半冷不热": Poincaré, II, 242. "No interest to Great Britain": *ibid.*, 264.	
104	"另册": Messimy, 147–8; de Gaulle, 237; Renouvin, 13, 27–8.	
104	伊兹沃利斯基"非常伤心": Poincaré, II, 272.	
104	俄法军事同盟的条款: text in *Livre Jaune, l'Alliance Franco-Russe*, Ministère des Affaires Etrangères, Paris, 1918, 92; also in Joffre, 102. Over the years from 1892 to 1914 the Alliance was the subject of continuing discussion between the contracting parties, especially as to the exact interpretation of its *casus foederis*, and it became gradually encrusted with layers of *aides-mémoires*. According to various English translations, France was obligated to "attack," to "oppose," or to "fight" Germany. In the French text the word is "*attaquer.*" For Poincaré's interpretation, see II, 289.	
105	"镇定，镇定，再镇定！": Messimy, 183–4.	
105	霞飞乞援"言辞哀婉动人": *ibid.*, 149.	
106	冯·舍恩与维维亚尼的会谈: Poincaré, II, 265; Schoen's report of Viviani's reply, Kautsky, No. 571.	
106	重申撤兵十公里的命令原文: *AF*, Annexe No. 26.	
106	枪骑兵中队处于"剑拔弩张"状态: Joffre, 129, n. 3.	
106	埃伯内将军领取动员令: Joffre, 128; Messimy, 150.	
106—107	动员令颁布后巴黎街头的景象: Adam, 20; Gibbons, 73; Guard, 9; Wharton, 14.	
107	"演奏这些曲子的全是匈牙利人": Wharton, 10.	
107	"恶心而且可耻": Bertie, I, 6–7.	
107	康邦与格雷的会谈: Poincaré, II, 264.	
107	格雷准备辞职: "Throughout the whole of this week I had in view the probable contingency that we should not decide at the critical moment	

		to support France. In that event I should have to resign." Grey, II, 312.
107	格雷"冷酷无情"	Lichnowsky to Jagow, April 13, 1913, qtd. Halévy, 627.
108	"德国主宰欧洲大陆"	Grey, I, 299.
109	莫利勋爵对内阁分歧的看法	Morley, 4, 5, 10.
109	自由党议员	Addison, 32.
109	《笨拙》周刊中的诗	by Owen Seaman, *Punch*, August 5, 122.
110	劳合·乔治谈到这是"斯图亚特王朝以来我们国家发生的最严重的事件"	qtd. Halévy, 547.
110	德国军火公司把军火运进北爱尔兰	*ibid.*, 548.
110	丘吉尔和海军	Corbett, 25–30; Churchill, 230ff. Subsequent material on Churchill's role in the crisis and mobilization of the Fleet is from his Chapter IX, "The Crisis," and Chapter X, "Mobilization of the Navy."
111	"天才的发明"	L. J. Maxse, "Retrospect and Reminiscence," *National Review*, Vol. LXXI, 746.
112	"杰出的雇佣兵队长"和"打和平牌"	Morley, 24.
112	"我们要投身其中还是袖手旁观"	Asquith, II, 7.
112	7月31日内阁会议上的格雷	Morley, 2.
112	"内阁好像发出了一声浩叹"	*ibid.*, 3.
112	银行家和商人"大惊失色",整个伦敦城"全都反对我国插手"战争	Morley, 5; Lloyd George, 61.
112	保守党领袖	Chamberlain, 94–101; Wilson, 154.
113	康邦责问:"那么荣誉呢?英国知道什么是荣誉吗?"	Chamberlain, 101.
113	格雷关于比利时中立的电报和法国的回电	*British Blue Book*, Nos. 114, 124, 125.
114	"小小的破坏"	Beaverbrook, 15–16.
114	劳合·乔治告诉康邦"法国必须独自作出决定"	Nicolson, *Diplomatist*, 304.
114	"他们要抛下我们不管了"	*ibid.*, 304–5.
115	丘吉尔参加晚宴	Beaverbrook, 22–3.

第7章　布鲁塞尔:德国的最后通牒

116	贝洛—扎莱斯克得到的命令	Jagow to Below, July 29 and August 2, marked "Urgent and Secret," Kautsky, Nos. 375 and 648.

116	"我是一只不祥之鸟": Whitlock, 3.
117	巴松皮埃尔与贝洛的会面: Bassompierre, 15–16.
117	"你邻居的屋顶可能失火": *ibid.*
118	伊丽莎白王后为比利时国王翻译向德皇的最后一次呼吁: Cammaerts, 405; text of the letter: Galet, 31.
119	递交宣战书: Bassompierre, 17; remainder of paragraph and further account of government discussions of ultimatum are from Bassompierre unless otherwise noted.
119	贝洛驱车返回: Gibson, 9–10.
119	达维尼翁和范德埃尔斯特对德国人的尊崇: Klobukowski, 34–5.
120	毛奇起草最后通牒: Kautsky, No. 376, n. 1.
120	最后通牒文本: *Belgian Grey Book*, No. 20.
122	"封了口的信封": Cammaerts, 39.
122	"国王每次开口,都好像要有所建树": *ibid.*, 67.
123	加莱的教诲、职业生涯和性格: D'Ydewalle, 94.
123	德皇向范德埃尔斯特做出的保证: Cammaerts, 108–9, 115.
124	"要使我们不受忽视": Galet, 8.
125	阿尔贝国王1913年访问柏林: Beyens, II, 38–43; Jules Cambon to Pichon, November 22, 1913, *French Yellow Book*, No. 6; Poincaré, II, 86; Galet, 23.
126	毛奇对梅洛特说的话: Beyens, II, 47–53.
127	加莱上尉草拟的备忘录: Galet, 23.
127	8月2日阿尔贝国王主持国务会议: Carton de Wiart, 207–9: Galet, 46–50.
128	"德国一旦战胜……比利时……将被并入德意志帝国": qtd. Poincaré, II, 281.
128	德国担心比利时抵抗: see notes on Moltke and Jagow for Chapter 8, p. 145.
129	贝洛与范德埃尔斯特说的话: *Belgian Grey Book*, No. 21; Cammaerts, 13.
129	国王凝望窗外: Carton de Wiart, 210.
129	在贝特曼-霍尔韦格官邸的会谈: Tirpitz, I, 366–70.
130	柏林居民惶惶不安地抬头望天: Hanssen, 14. More sophisticated Germans were skeptical of the reports. Conrad Haussmann (16), noting the lack of precise details, found them "not very convincing."
130	德盖菲耶递交复照: Bassompierre, 31, 37; text of the reply, *Belgian Grey Book*, No. 22.

130		德皇给比利时国王的复电：Galet, 58–9.
130		"他把我当作什么啦？"：Cammaerts, 19.

第8章　"叶落之前凯旋"

132		8月2日格雷要求英国内阁授权：Grey, II, 12.
132		法国人民"民族忠义"勃发：Report by British Consul in Dunkirk, BD, XI, 508.
132		"兵书"：Corbett, 20–21.
133		格雷向康邦递交书面保证：Grey, II, Appendix D, 301.
133		格雷与康邦的谈话：Grey to Bertie, BD, XI, 487.
133		康邦的"绝密"电报：oincaré, II, 278.
133		国家不会"半半拉拉"地打仗：article by Cambon, *Revue de France*, July 1, 1921.
133		内阁的瓦解：Morley, 4, 17; Asquith, II, 8.
133		丘吉尔赶忙去见贝尔福：Dugdale, II, 78.
134		霍尔丹和格雷收到比利时的电报，并要求阿斯奎斯批准动员：Haldane, 294–5.
135		保守党领袖要求对法、俄施援：Dugdale, II, 79–80; Chamberlain, 99–100.
135		自由党大臣不愿接受俄国成为盟国：Morley, 6.
136		利希诺夫斯基与格雷的最后一次会面：Grey, II, 13.
137		下院听取格雷的演说：MacDonagh, 3; *Punch*, August 12, 153.
137		"垂头丧气，不吱一声，默然认可"：Grenfell, Field Marshall Lord, *Memoirs*, London, 1925, 204.
137		格雷的演说：full text, Grey, II, Appendix D.
137		德比勋爵的议论：Grenfell, *op. cit.*, 204.
138		拉姆齐·麦克唐纳、基尔·哈迪和不同意宣战的自由党议员：*NYT*, August 4.
139		"现在怎么办？"：Churchill, 235.
139		"如果他们拒绝，那就是战争"：Poincaré, IV, 519 (French ed.).
139		"叶落之前凯旋"：Blücher, 137.
139		德国记事人员的记录：*ibid.*, 12, 16.
139		色当日在巴黎享用早餐：Count Häseler, qtd. Grelling, 30.
140		英国军官被问及对战争可能打多久的看法：Bridges, 74.
140		俄国预期可以取得速胜：Vladimir Gurko, 542; Botkin, 112.
140		"瓦西里·费多罗维奇"：Vladimir Gurko, 542.

注 释

140	德国储存硝酸盐的总量：Erzberger, 15.	
140	霞飞预言"漫长的疲劳战"：Joffre, 53.	
140	基钦纳的预测：Birkenhead, 22.	
141	"怎么就没人事先告诉我英国将会出兵反对我们！"：qtd. Bernhard Huldermann, *Albert Ballin*, London, 1922, 212.	
141	普鲁士亨利亲王与英王乔治：King George to Grey, December 8, 1912, BD, X, part 2, No. 452. On July 26, 1914, Prince Henry, who was again in England, was told by King George, "I hope we shall remain neutral.… But if Germany declares war on Russia and France joins Russia, then I am afraid we shall be dragged into it." Nicolson, *George V*, 245–6.	
141	德皇"深信"英国将保持中立：Freytag-Loringhoven, qtd. *AQ*, April 1924, 153.	
141	德皇的同会兄弟：Wile, 212.	
142	"英国人来得越多越好"：Kuhl, 34.	
142	毛奇1913年的备忘录：Ritter, 68–9. Even in 1906 Schlieffen envisaged Britain as an enemy with an expeditionary force of 100,000 in Belgium, *ibid.*, 161–4.	
142	"我们就毫不怀疑英国远征军是会迅速开到法国沿岸"：Kuhl, qtd. *AQ*, April 1922, 166.	
142	"英国可能为敌"：qtd. Frothingham, 60. The German Navy, like the Army, expected Britain to be an enemy: "There was scarcely any possible doubt that England would never countenance a military weakening of France by us," Tirpitz, I, 334.	
142	德国王储谈"军事解决办法"：*My War Experiences*, 5.	
143	《枪炮的福祉》：*Alldeutscher Blätter*, August 3, qtd. Hallays, 27.	
143	左派议员都很"沮丧"：Hanssen, 13, 19.	
143	赫里克给维维亚尼打电话：Poincaré, II, 284.	
143	冯·舍恩递交宣战书：*ibid.*, 285–8.	
144	"整个欧洲的灯光正在熄灭"：Grey, II, 20.	
144	贝洛："于必要时以兵戎相见"：Bassompierre, 37.	
144	惠特洛克见贝洛：Whitlock, 64; Gibson, 22.	
144	"我们招致最大灾难的一天"：Czernin, *In the World War*, New York, 1920, 16.	
144	"我们德国人在全世界人心目中输掉第一个大回合的一天"：Crown Prince, *Memoirs*, 180.	
145	很多人怀疑德国的最后通牒是个花招：Galet, 51; Joffre, 135.	

145	梅西米的命令：Messimy, 289.	
145	阿尔贝国王向保证比利时中立的国家发出呼吁：Galet, 63.	
145	毛奇希望与比利时"达成谅解"：Moltke to Jagow, Kautsky, No. 788.	
145	拜恩斯与雅戈的对话：Beyens, II, 269–72.	
146	"共同的爱和共同的恨的纽带"：Millard, 35.	
146	奥地利大使揩拭眼泪：Bassompierre, 41.	
146	阿尔贝国王在议会：Galet, 62; Gibson, 13–19; Whitlock, 60.	
146	议员们难以抑制自己：Bassompierre, 40; Millard, 35–7.	
147	巴黎的外国志愿兵：Gibbons, 27.	
148	维维亚尼和普恩加莱的演说：*French Yellow Book*, Nos. 158 and 159; Poincaré, II, 296–7.	
148	霞飞将军"镇定自若"：Poincaré, *ibid*.	
148	柏林的情况：Hanssen, 25.	
148	色当一幅绘有德皇威廉一世的绘画：Wetterlé, 29.	
149	贝特曼和埃茨贝格尔会见议员：Haussmann, 16–20.	
149	德皇在皇宫中的讲话：*ibid.*, 21; Hanssen, 25; text of speech is in Ralph H. Lutz, *Fall of the German Empire, Documents, 1914–18*, Stanford, 1932, Vol. I.	
149	社会民主党商讨是否要向德皇"致敬"：Haussmann, 23.	
149	雅戈和冯·黑林根的保证：Erzberger, 231.	
150	贝特曼的讲话：*NYT*, August 5, 2:6; full text in Lutz, *op. cit.*	
151	英国的最后通牒：*British Blue Book*, Nos. 153 and 159.	
151	戈申与贝特曼的会谈：Bethmann, 159, note; Goschen to Grey, *British Blue Book*, No. 160.	
152	英国驻德国使馆的窗户被德国民众用石头全部砸碎：Gerard, 137; Beyens, I, 273.	
152	"想不到乔治和尼基竟会背叛我！"：qtd. Blücher, 14.	
152	"像对待葡萄牙人那样来对待我们"：Tirpitz, I, 307.	
152	"我们的国家在哪儿都不受人爱戴"：Crown Prince, *Memoirs*, 81–2.	
152	垂头丧气的左派议员的哀叹：Haussmann, 25, 27; Hanssen, 32.	
153	涉及日本的谣言：Hanssen, 14.	
153	"据说暹罗是友好的"：Blücher, 6.	
154	康邦会见格雷：Poincaré, II, 293.	
154	威尔逊对动员令的拖延大为震怒：Wilson, 147, 156; Chamberlain, 103–4.	
154	贝尔福给霍尔丹的信：Dugdale, II, 81.	
155	阿斯奎斯在议会宣读对德最后通牒：*Punch*, August 12, 154;

MacDonagh, 78. *Punch's* correspondent, who was present, says Asquith's statement was received with "a deep-throated cheer ⋯ fierce in its intensity." *The Times* correspondent (MacDonagh), who was also present, says it was received in "complete silence." This illustrates one of the perils of writing history.

155　内阁等待午夜：Lloyd George, 69–71.
155　毛奇："一场将要决定今后百年历史进程的战斗"：Conrad, IV, 194.

第9章 "当时在逃的敌舰'格本'号"

Sources for all action by, and events aboard, the *Goeben* and *Breslau*, unless otherwise noted, are Souchon, Kopp, and *Krieg zur See*, the official German naval history. Likewise, for action of the British ships, the sources are the official history, Corbett, 56–73 (with two magnificent maps, unfortunately too large to reproduce in these less expansive days), Milne, and Churchill 236–43 and 265–75. Corbett's account was published first; Milne's was written to dispute Corbett who, he felt, had done him injustice, Churchill's to compose a narrative that, while not too obviously blaming the naval commanders, would show the Admiralty to have been blameless and still claim to be history, not special pleading. This delicate feat of balancing was accomplished by placing the blame for failure to arrest the *Goeben* on accidents of fate; on "the terrible Ifs," in his words. The account is one to be read with caution not incompatible with admiration.

159　德国海军部给苏雄将军的电报：*Krieg zur See*, 2. Tirpitz's idea was that Souchon should be placed at the disposal of the Turkish Government "to command the Turkish fleet." Tirpitz to Jagow, Kautsky, No. 775.
160　恩维尔贝伊主张与德国结盟：Emin, 68–69; Nogales, 26, Morgenthau, 30–34.
160　塔拉特贝伊的饮食和观点：Steed, I, 377; Morgenthau, 20–24; Nogales, 26–28.
161　丘吉尔对土耳其的看法：*Aftermath*, 374.
161　丘吉尔拒绝土耳其结盟的信件：Churchill, 524.
162　德皇的指示：These took the form of marginal notes on telegrams from Wangenheim, German ambassador in Constantinople, Kautsky, Nos. 141 and 149. The Kaiser was on his yacht at this time, mid-July, and his marginalia were telegraphed to the Foreign Office as instructions.

162	德国与土耳其的谈判：Emin, 66–8; Djemal, 107–14; correspondence between Wangenheim and Jagow; Kautsky Nos. 45, 71, 117, 141, 144, 183, 285. Draft of the Treaty, signed Bethmann-Hollweg, is No. 320; final text is No. 733; further discussion of terms and implementation, Nos. 398, 411, 508, 517, 726, 836.
162	英国"征用了"土耳其的军舰：Churchill, *Aftermath*, 377–8; Djemal, 96, 104, 116; Grey, II, 165–66; Grey's "regrets"：*British Blue Book*, II, Nos. 1, 2, 3, and 4.
162	军舰耗费3000万美元：Allen, Whitehead and Chadwick, *The Great War*, Philadelphia, 1916, II, 374.
163	土耳其举棋不定：On August 3 Wangenheim reported that Enver would like "to declare war immediately" but the other ministers were against it; Kautsky, No. 795.
165	"向汤里吐唾沫"：Souchon, 33.
166	"有多少锅炉漏气？"：Souchon gives the conversation verbatim, 37.
166	英国领事的电报：BD, XI, 480.
166	丘吉尔7月31日给米尔恩的命令：Churchill, 237–8.
167	并不是禁令：*ibid.*, 272.
167	"出卖海军的行为"：Fisher, *Letters*, II, 451, April 22, 1912.
167	费希尔勋爵的易怒：*ibid.;* "succumbing to court influence," 458; "Utterly useless," *ibid.;* "unfitted," 451; "backstairs cad," 360; "serpent," 418; "Sir B. Mean," 447.
168	丘吉尔8月2日的命令：Churchill, 239; third order to Milne, *ibid*.
170	戈捷要跟梅西米决斗：Poincaré, II, 279–80.
170	德拉佩雷尔收到的命令及他的行动：Capt. Voitoux, "l'Evasion du Goeben et Breslau," *Revue Politique et Parlementaire*, March and May, 1919. The French role in the failure to arrest the *Goeben*, like the British, became a cause of extreme embarrassment to the government and was investigated in 1916 by a Parliamentary Committee of Inquiry under Admiral Amadée Bienaimé. Its report, implying blame of Admiral Lapeyrère, which he refused to answer, was never published but was analyzed in Admiral Bienaimé's book, which gives the impression of making Admiral Lapeyrère the scapegoat for a general dissatisfaction with the navy. Materials collected by the Committee of Inquiry were deposited in 1919 with the Ministry of Marine.
170	"交火时刻"和"散播死亡和恐怖"：Souchon, 40.
170	"格本"号升起俄国旗号及"我们的诈术取得了辉煌的成功"：Kopp,

		23–4.
173	米尔恩报告船位：Churchill, 239.	
173	"好极，不要让它逃跑"：*ibid.*	
173	丘吉尔给阿斯奎斯的紧急电报：*ibid.*, 240.	
173	"温斯顿已经披挂好准备上阵"：Asquith, II, 21.	
173	司炉员的死亡：Kopp, 28–31, 53; Souchon, 42.	
174	"受着坦塔罗斯那样的折磨"：Churchill, 242.	
174	指示米尔恩严守意大利中立和避免"无关紧要的小事"的命令：*ibid.*, 241.	
175	蒂尔皮茨的两份电报：*Krieg zur See*, 13; Souchon, 47. Turkish hesitations which caused the cancellation are reported by Wangenheim, Kautsky, Nos. 852 and 854.	
175	"迫使土耳其人"：Souchon, 47.	
176	西西里报章的头条：Souchon, 45.	
177	"防止奥地利人出来"：Corbett, 62.	
177	特鲁布里奇是"最最优秀的军官"、"对航海技术的信仰"：Kenworthy, 32.	
178	命令"格洛斯特"号"免遭俘获"：Milne, 104.	
179	文书错发奥地利对英宣战的电报：Churchill, 275.	
180	"无法规避的军事需要"：*Krieg zur See*, 20.	
181	"进去！勒令要塞投降，逮捕引水员"：*ibid.*	
181	旺根海姆表现出"焦虑不安的关注心情"：Morgenthau, 70–71.	
182	恩维尔与冯·克雷斯的交涉：Kannengiesser, 25–26.	
182	"屠杀、痛苦和毁灭"：Churchill, 271.	
183	海军部命令封锁达达尼尔海峡：Corbett, 73.	
183	阿斯奎斯在日记中写道"我们将坚持"：Asquith, II, 26.	
183	将"格本"号"卖给"土耳其：Djemal, 119–20; Morgenthau, 76–78. The "sale" and the diplomatic furor aroused by the arrival of the German warships is documented in the reports of the various ambassadors in Constantinople to their governments, especially Giers to the Russian Foreign Office and Sir Louis Mallet to the British, contained in the *Russian Orange Book, II*, and the *British Blue Book, II*, respectively.	
184	萨佐诺夫："即使我们胜利了"：Paléologue, 84–85.	
184	"非常好斗"，"强烈引土"：Asquith, II, 26, 28.	
184	加利埃尼的话：*Gallieni parle*, 78.	
184	基钦纳说应该让土耳其"先出手打第一拳"：*ibid.*, 26.	
184	苏雄驶进黑海攻击俄国：Emin, 75–76; Giers to Foreign Office,

Russian Orange Book, II, No. 98; Roberts to Grey, *British Blue Book, II*, No. 178; Memorandum by Sir Louis Mallet, November 20, *ibid*.

185 "他放过当时在逃的敌舰'格本'号而不加追击": article on Troubridge, *DNB*. On the ground that the House of Commons had the constitutional right to review courts-martial, Commander Bellairs, an M.P., made several attempts to force the Admiralty to release the report of the Court, without success. As the finding was acquittal, the Commander said he could see no reason for the Admiralty to keep the report secret, "except to prevent the public from knowing the bad arrangements they made at the outset of the war." April 15, 1919, *Parliamentary Debates*, 5th series, Vol. 114, 2863–71.

185 "各位大臣对于他所采取的步骤的任何方面,都表示赞同": article on Milne, *DNB*.

第10章 列日和阿尔萨斯

Unless otherwise noted, the operations of the Belgian Army in this chapter are based chiefly on Galet, van der Essen, and Cammaerts; of the German Army on Ludendorff's chapter "Liège," 28–46, and on Reichsarchiv, *Weltkrieg*, Vol. I, 108–20, which, rather disproportionately, gives twelve pages to the infantry assault and only one to the work of the siege guns. The assembly, transport, and operations of the guns are taken chiefly from Schindler. Operations of the Army of Alsace are from Dubail and *AF*, I, I, Chapters 4 and 5, 90–154.

186 鼓动阿尔萨斯居民反抗德国: Joffre, 136; Engerand, *Bataille*, 193.
187 "我将这样通过比利时!": qtd. J. M. Kennedy, *The Campaign Round Liège*, London, 1915.
187 "绵羊的梦呓": a remark applied by Baron von Stein to the Tugenbund, qtd. Buchan, 129.
189 毛奇预期到动员第39天西线便已决定胜负: In correspondence with Conrad in 1909 Moltke at first said he expected to be able to transfer troops to help Austria, after defeating France, "between the 36th and 40th day of mobilization." Conrad, I, 369. Later he thought he could defeat France by the 21st day if she took the offensive and by the 28th day if she fought behind her frontiers. *Ibid.*, 374. Five years later, on May 12, 1914, when Conrad visited Moltke at Karlsbad, Moltke said, "We hope to be finished with France in six weeks from the start of

	operations or at least to be so far forward that we can turn our main forces to the East." *Ibid.*, III, 669. On this occasion, he specified achieving a decision in the west "on the 39th or 40th day after mobilization." Karl Friedrich Nowak, *Les Dessous de la défaite*, Paris, Payot, 1925, 53.
189	重型大炮: In addition to Schindler, whose account is largely concerned with the transport and actual operation of the guns, the technical facts are taken from Army War College, *Study on Development of Large Calibre Mobile Artillery in the European War*, Washington, GPO, 1916, p. 8; *U.S. Field Artillery Journal*, October 1914, p. 591 and January 1915, p. 35; "Austria's Famous 'Skoda' Mortars," *Scientific American*, July 3, 1915.
190	埃默森称之为兽印记的横肉: qtd. Whitlock, 126.
191	"古往今来最伟大的军人之一": Ludendorff, 28.
191	"没有人相信比利时的中立": *ibid.*, 29.
192	"死战到底": Galet, 56.
194	瓦萨格市长弗莱歇先生: Hanotaux, III, 84.
194	德国的宣言书: van der Essen, 52.
195	"巧克力士兵": Schryver, qtd. *AQ*, October 1922, 157.
196	比利时政府的布告: Gibson, 31; Cobb, 90.
196	"前一天对一些比利时教士的处决": Bülow, III, 160. General von Bülow was killed the same day. According to rumor at the time, he committed suicide; according to an investigation conducted by Prince Bülow, he was shot by a *franc-tireur*.
196	德国枪决六名在瓦萨格抓的人质: Hanotaux, III, 125.
196	焚毁巴蒂斯村: Bloem, 27, 29.
197	"我们在比利时的进军肯定是残酷的": Conrad, IV, 193.
197	比利时军官的记录: qtd. *Times History of the War*, I, 336.
200	"恫吓要塞司令和当地居民": Ludendorff, 41.
200	齐柏林飞艇将毁掉列日: *Weltkrieg*, I, 115.
200	给勒芒的最后通牒: Schryver, 103.
200	德军试图绑架或杀害勒芒: van der Essen, 62.
200	"没有饶恕敌人,把他们全都杀了": Martin H. Donohue in *NYT*, August 10.
201	"提出各种异想天开的计划": Cammaerts, 147.
202	比利时妇女错向德国士兵献花: Bloem, 48.
202	霞飞拒绝向比利时增兵: Poincaré, III, 7.

202	霞飞给比利时国王阿尔贝的信及国王的回复：Galet, 83–4.
203	比利时正在"保卫欧洲的独立"：M. Deschanel, qtd. *Times*, August 7. So great was the moral effect of Belgium's resistance that even the Irish Nationalist leader, John Redmond, said there was no sacrifice he would not make on behalf of Belgium, *Times History of the War*, I, 357.
204	"好哇！已进入列日！"：Bülow, 22.
204	德皇痛责和亲吻毛奇：Moltke, *Erinnerungen*, 24.
204	德皇"神情沮丧"：Gerard, 198, 206.
205	德国8月9日递交比利时的备忘录：Gibson, 44.
206	"我们那时走投无路"：Cammaerts, 20.
206	贝特洛与比利时国王的会面：Galet, 93–5.
207	迪巴伊将军：Engerand, 456–7.
207	"真正的雄狮"朗勒扎克：Spears, 345. One of Joffre's choices: Joffre, 12, 236.
208	朗勒扎克批评作战计划的信函：*AF*, I, I, Annexe 19, 59–60; Lanrezac, 54–56; Engerand, 412–15.
208	霞飞没有作复：Joffre, 130–31.
208	霞飞对吕夫的回答：Briey, April 15, 1919, evidence of Ruffey.
209	"那可能是你的计划，而不是我的"：*ibid.*, also Dubail, 12, and Lanrezac, 60–61.
209	司机乔治·布约：*NYT*, September 20, I V, 3.
210	霞飞的习惯和性格：Mayer, 40; Pierrefeu, *GQG*, 96–99.
211	"他总是惹我生气"：*Gallieni parle*, 69.
211	博诺的担心：Dubail, 14–20.
212	法军攻入阿尔特基什及在米卢斯的阅兵式：Hanotaux, III, 179, 185–92.
213	"有失职守"：qtd. Mayer, 35; Joffre, 152, 156.
214	白鹳离开阿尔萨斯：Poincaré III, 51.
214	"不声不响，隐姓埋名"及霞飞禁止将领与总统讨论战略问题：Gallieni, *Mémoires*, 172; Corday, 138; Poincaré, III, 92. Messimy, 243–52, gives a heart-rending account of the Government's "anguish" at being kept uninformed by GQG of events at the front and of its persistent efforts to force Joffre out of his "obstinate mutism." Although his exasperation nerved Messimy at one point to inform his liaison officer with GQG that "this intolerable and even ridiculous situation" could not continue, and to appoint André Tardieu as his own representative at GQG, Joffre calmly continued in his "systematic

214	defiance" of the Government and managed to "seduce" Tardieu to his views.
214	霞飞禁止将领与总统讨论战略问题：Gallieni, *Mémoires*, 172; Corday, 138.
215	"历史就是这样写成的"：Gallieni, *Carnets*, 33, n. 1.
215	加利埃尼的苦恼：*ibid.*, 32, n. 2.
215	法国骑兵的行进：Maurice, 30; Spears, 100. The French cavalry's habits were severely disapproved by British cavalrymen. "They never got off," says Major Bridges, 81.
216	汉密尔顿、霍夫曼和毛奇"疯狂的作战方法"：qtd. De Weerd, 72.
216	富尼耶的报告和被免职：Poincaré, III, 19; Engerand, 422.
217	朗勒扎克将军的顾虑"不成熟"：Joffre, 159.
217	总司令部认为"德军不会在比利时采取重大行动"：Joffre, 141, 147-8, 150.
217	阿德尔贝上校的使命：Galet, 96.
218	比利时和法国参谋部恍若已置身柏林，认为"德国骑兵的退却是决定性的"：*ibid.*, 100.
218	攻城巨炮运抵阵地：Schindler, 119; Mühlon, 92; Essen, 77–79; Sutherland, 34, 83, who was in Namur when the same guns shelled those forts ten days later.
219	当布隆目睹大炮被拖过市区：Demblon, 110–11.
219	勒芒将军被俘：Hanotaux, III, 254.
220	"死神不要我"：Cammaerts, 151.

第11章 英国远征军开往大陆

Unless otherwise noted, facts about the BEF are from Edmonds, and all quotations from Sir Henry Wilson and Haig are from their diaries, edited by Callwell and Blake, respectively.

222	"既无头脑，又要故作姿态"：Philip Gibbs, *Now It Can Be Told*.
222	"大礼服"、"笨蛋"：Childs, 134.
222	基钦纳蔑视把英国军队"钉在"法国战略尾巴上的计划：qtd. F. Maurice, *Life of General Rawlinson*, 95.
223	"我们必须准备好"：qtd. Magnus, 284. On Kitchener's views, see also Esher, *Tragedy*, 31, 38–9.
223	威灵顿公爵：qtd. Hurd, *British Fleet*, 29.

224	"像鹧鸪一样"：qtd. Magnus, 279.
224	"他们自己先见鬼去吧"：Esher, *Journals*, III, 58.
224	"安定民心"：Arthur, 13.
225	"他不是凭推理，而是凭直觉中一闪而过的灵机"：Grey, II, 69.
226	对德作战"势所必然"：Wilson, 112.
226	"切实掌握中小局面的战术"：article on French, *DNB*.
227	"弗伦奇是一个勇敢的人"：qtd. Trevelyan, 198.
227	"我并不认为他特别聪明"：to the Duke of Connaught, May 23, 1915, qtd. Nicolson, *George V*, 266.
227	"反复无常的气质"：qtd. Cruttwell, 23.
227	"一颗爱作奇想的稚子之心"：Esher, *Tragedy*, 43.
228	8月5日的作战委员会会议：Churchill, 248–55; Haldane, 296; Wilson, 158–9; Blake, 68–9; Esher, *Tragedy*, 24.
230	"对英国的危害不亚于毛奇"：td. Magnus, 302.
230	军官们的指挥刀都是刚磨过的：*Memoirs of Field Marshal Montgomery of Alamein*, New York, 1958, 30.
230	"历来踏上征途的英军中训练、组织和装配得最好的"：Edmonds, 11.
230	在一位军官看来，远在列日城外的冯·克卢克将军都能听到英国的欢呼声：Childs, 115.
230	鲁昂的目击者：qtd. Poincaré, III, 31.
230	隆隆的雷声和如血的残阳：Childs, 117.
231	黑格告诉另一位军官：Charteris, 11.
231	弗伦奇爵士和卡尔韦尔将军拜访情报处：Callwell, *Dug-Out*, 17.
232	8月12日的作战委员会会议：Huguet, 41–2; Wilson, 162–3; Arthur, *Kitchener*, 22.
232	基钦纳的指令：Edmonds, Appendix 8.
234	"美酒和女色的诱惑"：text in Spears, Appendix XIII.
234	沿途的法国民众招待英军：Corbett-Smith, 32.
234	"一路春风得意"：Bridges, 75.

第12章　桑布尔河和默兹河

Spears' narrative, Chapters IV through VIII, is the most vivid and valuable in English for the Sambre and Meuse front if its strong anti-Lanrezac bias and other prejudices are skirted and Lanrezac, Engerand, and other French accounts are read to balance it. All French orders cited are in the *Annexes* to *AF*, I, I.

注释

236	"感谢上帝,幸好我们一尊也没有!":qtd. Monteil, 34; also on the artillery, Dubail, 44; Messimy, 86–87.	
236	鲁普雷希特集团军的"口袋"战术:Rupprecht, 12, 15.	
237	巴伐利亚王宫在英王查理被处决的纪念日披白玫瑰素装:*NYT*, Obituary of Rupprecht, August 9, 1955.	
237	"野蛮人":Dubail, 39.	
238	朗勒扎克将军对左翼的担心及其请求将第五集团军向左移动的努力:Lanrezac, 67–77.	
238	"甚至上200万人":Percin, 105.	
238	"怎么,又来了!":Lanrezac, 73.	
239	"阻挡包围战的事儿,责不在你":Pierrefeu, *Plutarque*, 69.	
239	"我们认为德国人在那里并没有什么部署":Lanrezac, 78.	
239	"我的灵魂死了!":ibid.	
240	朗勒扎克就情报处报告写给霞飞的信:*ibid.*, 79; Annexe No. 283; Joffre, 159.	
240	加利埃尼来到维特里:Joffre, 158; Messimy, "Comment j'ai nommé Gallieni," *Revue de Paris*, September 15, 1921, 247–61.	
240	霞飞准许作调动的"初步部署":Annexe No. 270.	
241	第十号特别指令:Annexe No. 307.	
241	错综复杂的调动:Joffre, 164; Engerand, 523–4.	
242	朗勒扎克怀疑英国人背信弃义:Spears, 89.	
243	"现代的亚历山大":Schlieffen's *Cannae*, qtd. Earle, *Modern Strategy*, 194.	
244	德军电话、电报线路拥塞,电波信号受到干扰:Bauer, 47; Kuhl, qtd. *AQ*, January 1921, 346.	
244	冯·施泰因粗鲁暴躁、不够圆通、好争不让,有"柏林卫士的风气":Sturgkh, 24.	
244	塔彭上校对部下的"恶劣态度":Bauer, 34.	
244	毛奇不许吃饭的时候喝香槟酒,及德皇供给的伙食差:*ibid.*, 46.	
245	德军统帅部权衡是否把部队调往左翼:Tappen, 103–4.	
246	鲁普雷希特和克拉夫特主张进攻的理由:Rupprecht, 13–21; these and the following account of events at Sixth Army Hq., visits of Zollner and Dommes, conversations with them and OHL are from Krafft, 12–22.	
248	弗伦奇到达法国时得到民众的欢迎及普恩加莱的反应:Guard, 23; Poincaré, III, 51.	
249	"等一等的态度":French, 39.	

249	"爱什么时候打就什么时候打"：Poincaré, III, 225.
249	克劳塞维茨："最有胆识气魄的人"：qtd. Poincaré, III, 169.
249	弗伦奇拜访霞飞：Joffre, 161; French, 34–5.
249	"归根结蒂，他们是一批微贱的家伙"：qtd. Magnus, 302.
250	法军参谋部给弗伦奇留下了"深刻的印象"：to Kitchener, August 17, French, 39–40.
250	"你们终于来了"：Huguet, 51.
250	朗勒扎克与弗伦奇的会面以及关于于伊的讨论：Besides the accounts of the two principals, which are of little interest, there are four eyewitness reports of this encounter: Wilson's in Callwell, 164; Spears, 72–82; Huguet, 51; and a postwar speech by Captain Fagalde, Intelligence officer of Lanrezac's staff, to the Forum Club, London, qtd. *AQ*, April 1925, 35.
251	在骑兵使用和英军参战日期等问题上的误解，以及朗勒扎克向霞飞的汇报：Spears, 80–81; Annexe No. 430.
252	"此事务望如余所请"：French, 40.
252	史密斯－多林与弗伦奇从未融洽相处过：Bridges, 80.
252	"历来最使人遗憾的著作之一"：J. W. Fortescue, *Quarterly Review*, October 1919, 363.
252	比利时首相德布罗克维尔与国王阿尔贝的会谈：Galet, 103, 116–19.
253	德军在默兹河西侧的部队只是一支"掩护部队"：Galet, 106.
253	"难以置信的沮丧情绪"：Galet, 122.
253	阿德尔贝勃然大怒：Klobukowski, *Résistance belge;* D'Ydyewalle, 109; Galet, 122.
254	第十三号命令：Annexe No. 430.
254	"把他们撵回去，叫他们葬身桑布尔河"：Spears, 92.
255	贝特洛将军安慰梅西米："如果德国人胆敢轻举妄动从比利时北部策划包抄，那就太好了！"：Briey, March 28, evidence of Messimy.
255	迪律伊少校：Spears, 87–8, 94.
256	"他们老是有办法逃脱我们的手掌"：Kluck, 32.
256	冯·克卢克的骑兵侦察队在奥斯坦德发现英军：Kluck, 18.
256	克卢克怒不可遏：Kluck, 22; Bülow, 37.
257	德军兵士密度：Edmonds, 44.
257	冯·克卢克对冯·比洛的每日行军进程的命令百般刁难：Kluck, 29–30.
257	"严厉而无情的报复"：*ibid.*, 25–6.
258	在阿尔斯霍特，被枪决的平民有 150 人：Whitlock, 209; Dinant: Gibson, 326–29. Method of procedure: Gibson, 151; Whitlock, Cobb,

注释

	et al, see Notes to Chap. 16.
258	豪森语：Hausen, 25, 135, 141, 152–3.
259	德军在占领区内的通告：Whitlock, 70–71; 162.
259	"去邪除恶，总迟迟不见成效"：Kluck, 26.
260	地上破旧的布娃娃在一个美国记者心中似乎象征着比利时在这场战争中的厄运：Cobb, 79.
260	德军进入布鲁塞尔：Gibson, 115; Whitlock, 113, 124–6, 138.
261	柏林的"狂欢"景象：Blücher, 20.
262	波将军撤出前给民众的公告：*La France héroïque et ses alliés*, Paris, Larousse, 1916, I, 44. Joffre's speech at Thann: Hinzelen, Emile, *Notre Joffre*, Paris, Delagrave, 1919, 39.
262	贝特洛将军："没有什么理由可以大惊小怪的"：Annexe No. 587.
263	"我晓得你已按捺不住了"：Annexe No. 589.
263	"现在有理由信心百倍地期待战局的发展"：Annexe No. 585.

第13章 在洛林、阿登、沙勒鲁瓦、蒙斯等地的溃退

264	"真叫人感到既光荣又可怕"：Wilson, 165.
264	法军野战条例及"在演习时那样苦苦操练的科目"：qtd. Lt.-Col. Fliecx, *Les Quatre Batailles de la France*, Paris, 1958, 12–13.
265	第十七号计划最激昂慷慨的批评家们：Engerand, 473.
265	迪巴伊非常"反感"：Dubail, 57. Battles of Morhange-Sarrebourg: *AF*, I, I, 176–265, *passim*.
266	莫朗日尸横遍野，"上帝用以训示帝王们律法"的教训：Engerand, 473.
266	"一经准备就绪就发动进攻"：qtd. Edmonds, 507.
266	"先生们，我们要继续下去"：Giraud, 535.
266	"我21日去南锡"：Aston, *Foch*, 115.
267	德军统帅部被引向左翼：Tappen, 15 (German ed.).
267	三号方案及克拉夫特与塔彭的通话：Rupprecht, 37, n.; Krafft, 47.
268	霞飞发出在阿登山区进攻的号令：Annexes Nos. 592 and 593. Battle of Ardennes: *AF*, I, I, *351–432, passim*.
268	"等待炮兵的支援火力"：Annexe No. 352.
269	阿登山区的地形对"重炮处下风而野战炮占优势的一方有利"：Joffre, 66.
269	霞飞的回忆录：Messimy (88) says they were written by "a group of faithful and devoted officers."

269	"智力平庸": Wile, *Men Around the Kaiser*, 69.	
271	"只有依靠剑,才能得到阳光底下的地盘": Grelling, 46.	
271	"为我统率大部队打下了理论基础": Crown Prince, *War Experiences*, 3.	
271	"疯狂地猎取最高荣誉": qtd. Goerlitz, 158.	
271	"严肃、阴郁"的面孔: Crown Prince, *War Experiences*, 12.	
271	"加农诗人"、"太富于想象": Engerand, 483, 488–9.	
271	"这些尽是些玩意儿!": qtd. Monteil, 34.	
272	第四集团军侦查后的报告被认为是"悲观的": Engerand, 491.	
272	"正是我们自己遭到了突然袭击": Langle, 137.	
272	法国总司令部对吕夫将军的报告未加注意: Briey, April 15, evidence of Ruffey.	
273	"等于蒙住了眼睛": Commandant A. Grasset, *Un Combat de rencontre, Neufchâteau, 22 Août, 1914*, qtd. *AQ*, January 1924, 390.	
273	"过后的战场是一片难以置信的景象": qtd. Engerand, 499, 504.	
273	法国士官的日记: qtd. W. E. Grey, *With the French Eastern Army*, London, 1915, 49.	
274	德国军官的日记: Charbonneau, 54.	
274	"勇于牺牲的奇迹"及本段余下部分: Crown Prince, *War Experiences*, 26, 29–37.	
274	吕夫的三个后备师被抽走: Joffre, 166; Briey, April 15, evidence of Ruffey.	
275	"你们总司令部的人……像敌人袋子里的牡蛎一样愚昧无知": Briey, ibid.	
275	德朗格勒将军"如坐针毡": Langle, 137. "Serious check at Tintigny": Annexe No. 1098.	
275	"有兵力优势之利": Annexe No. 1044.	
276	德国没有布里埃的铁矿无法长期打下去: A memorandum addressed to the German Supreme Command by Dr. Reichert of the Iron and Steel Association in December 1917 supported a plea for annexation of Briey with the argument that without the ores of this region "the continuation of the war would have been impossible. If we had not possessed Briey we would have been defeated long ago." *Wirtschaftzeitung der Zentralmaechte*, December 17, 1917, qtd. Engerand, 486. The subject is fully discussed in Engerand's *Rapport* on Briey, *première partie*.	
276	"我将尽一切努力再一次发动进攻": qtd. Isaac, *Joffre at Lanrezac*, 87.	
276	"按他的吩咐行事": qtd. *AQ*, April 1923, 37.	
276	"威廉爸爸"的电报: Crown Prince, *War Experiences*, 37.	

276	"炫目的紧身白外衣": Sven Hedin, qtd. Gardiner, 223.	
276	只有自杀才能避而不受二级铁十字勋章: Sturgkh.	
277	霞飞命令朗勒扎克进攻,要求约翰·弗伦奇爵士"配合这次行动": Annexe No. 695. Battle of Charleroi: *AF*, I, I, 433–480, *passim*.	
278	基钦纳的8月19日电报: Arthur, 29.	
279	"会陷于孤军作战境地": Spears, 127. "I leave you absolute judge": Annexe, No. 705.	
279	法军既没有挖掘战壕,也没架设铁丝网或构筑别的防御工事: Spears, 105; Engerand, 530–31.	
279	"军号嘹亮,战鼓隆隆,旗帜飘扬": Spears, 132.	
279	"带着经久不息的刺耳啸声": Sutherland, 36–9.	
280	"必须有个军乐队": Spears, 128.	
280	"我想我对战局了如指掌": Arthur, 30.	
280	"你们得到的并转给总司令的那个情报,看来有点夸大": Spears, 137, n.	
281	英、德骑兵在苏瓦尼的遭遇战: Bridges, 77.	
282	史密斯—多林将军得到的命令: Edmonds, preface to Bloem, viii.	
282	克卢克将军打算在跟法军交锋之前将英国军队和比利时军队一并"击溃": Kluck, 33.	
282	克卢克反对,比洛坚持: Kluck, 37–8, 41–2.	
283	"并没有发生意义重大的登陆行动": Bülow, 50.	
283	比洛与豪森的抱怨: Bülow, 58; Hausen, 165–6, 191–3.	
283	博埃将军: Spears, 144.	
283	第三军报告损失"惨重": Annexe No. 894.	
284	每分钟打2.25发: Lanrezac, 135.	
284	第十军"损失惨重","被迫退却"等: Annexe No. 876.	
284	朗勒扎克请弗伦奇协助,及弗伦奇的回答: Spears, 149–50; Edmonds, 92, n. 2.	
285	"煲汤锅": Engerand, 537.	
285	"为极度忧虑所困",及其他引言: Lanrezac, 181, 183–4, 196. General Spears has stated (173) that the retreat of the Fourth Army "was not the reason" for Lanrezac's decision because, according to Spears, Lanrezac did not know of it until next morning, a direct contradiction of Lanrezac's own statement that he had "received confirmation" of it before he made his decision. Writing after Lanrezac was dead, Spears states (173 n.), "There is not the least trace of such a communication." In view of the fact that, as Messimy testified at the Briey hearings, the	

	archives contained 45,000 to 50,000 files of 500 to 1,000 documents each, a probable total of 25 to 30 million pieces, Spears' negative is hardly proof. His verdict was conditioned less by the evidence than by his feeling that Lanrezac's retreat "left the British in the lurch" (176).
287	"自认为他右翼受到威胁便命令撤退而没有反攻"：Lanrezac, 185; Pierrefeu, *Plutarque*, 74.
289	"由于法国第五集团军的撤退"：Edmonds, 68, 72. For the battle of Mons, see also Maurice, 58–76.
289	史密斯一多林关于破坏桥梁的命令：Edmonds, 72, n. 1.
289	"再好不过的目标"：Smith-Dorrien, 386.
289	"顽强抵抗"：Edmonds, 77.
290	炸毁桥梁的努力：Hamilton, 28; Edmonds, 86.
291	"你是我唯一的支持人了"等语：Bloem, 72–73.
291	威尔逊作了"仔细核计"，并要弗伦奇和默里"相信"情况就是这样：Wilson, 165.
291	霞飞的电报：French, 64; Wilson, 167.
292	萨尔拉布律耶尔难找：Smith-Dorrien, 388; and experience of the author in 1959.
292	威尔逊将不利战局归咎于基钦纳和内阁没有派六个师而只派了四个师来法国：Wilson, 167.
293	"勒阿弗尔的防御方面"：Arthur, 36.
294	"到处臭气冲天"：qtd. Mark Sullivan, *Our Times*, V, 26.
294	霞飞把过失推卸到计划执行人身上，及随后四段的引言：Joffre, 178, 181, 183–5, 187.
296	法军第二处发现德军后备军的情况：Joffre, 187.
296	霞飞在战后的证词：Briey, July 4, evidence of Joffre.
296	不愿透露姓名的英军发言人：editor of *Army Quarterly*, April, 1925, 35.
296	那慕尔的失陷"普遍认为是个明显的不利"：*NYT* from London, August 26, 1:3.
297	"我们必须下定决心"：Poincaré, III, 88.

第14章 "哥萨克来啦！"

Chief sources for military operations in this chapter are Golovin (all references are to his *Campaign of 1914*), Gourko who was with Rennenkampf's Army, Knox who was with Samsonov's Army, Hoffmann and François who were with the

注 释

Eighth Army, Danilov and Bauer who were at Russian and German Headquarters, respectively, and finally, Ironside who assembled material from both sides. (Hoffmann's two books are referred to in the Notes as *WLO* and *TaT*.)

298	"把德皇威廉流放到圣赫勒拿岛去！"：Paléologue, 65.
298	沙皇："我们原来的目标"：Golovin, 89.
299	"请求陛下"：Paléologue, 61.
299	大公给霞飞的电报：Joffre, 140.
299	大公被任命为总司令时曾泪落如珠：The colleague who reported them was General Polivanov, War Minister in 1915–16, qtd. Florinsky, *Russia*, New York, 1958, II, 1320.
299	梅西米和丘吉尔的流泪：Poincaré, III, 3 and Wilson, 163.
300	俄国动员令：Ironside, 39–50.
301	赖因博特将军：Gardiner, 132.
301	"先生们，不许盗窃"：*ibid.*, 133.
301	"而一个国家在战争期间竟放弃岁入的主要来源"：qtd. Florinsky, *End of the Empire*, 38.
302	法兰克福官员听到有三万名难民的谣言：Bloem, 13.
304	俄军在军事演习中被证明有问题的时间表在战争中被沿用：Golovin, 38–9.
304	俄军用无线电明码发送电讯：Danilov, 203; Hoffmann, *TaT*, 265.
305	马的臭味：Julius West, *Soldiers of the Tsar*, London, 1915, 8.
305	两个德国师抵得上三个俄国师：McEntee, 90.
305	"每门炮只有25发炮弹"：Golovin, *Army*, 144.
305	"哥萨克来啦！"：Gourko, 33.
305	"对意志薄弱者的心理形成危险"：Hoffmann, WLO, 17.
306	"懂得在餐桌上如何……博得德皇好感"：Lt.-Gen. *Kabisch, Streitfragen des Weltkrieges*, qtd. *AQ*, July 1925, 414.
306	日本将从这场战争中渔利：qtd. Stephen King-Hall, *Western Civilization and the Far East*, London, 1924, 160.
307	普里特维茨的命令及弗朗索瓦的反对：François, 156; Hoffmann, WLO, 17.
308	弗朗索瓦将军及其参谋在教堂尖顶上观察战况的情况：François, 170–76.
309	莱宁坎普部队停止前进的原因：Danilov, 192–3; Golovin, 155.
309	德国数学教授：François, 276.
311	毛奇给普里特维茨的最后命令：François, *Tannenberg, Das Cannae*

	des Weltkrieges, qtd. *AQ*, January 1927, 411–13.
312	普里特维茨命弗朗索瓦退回维斯瓦河：François, 190.
312	"现在可以脱去衣服了"：Knox, 88.
312	"感受到的整个压力"：Clausewitz, I, 224.
313	"他的神经已经失却控制"：Hoffmann, *WLO*, 20–22.
314	霍夫曼与普里特维茨关于撤至维斯瓦河的分歧：Hoffman, *TaT*, 248.
314	普里特维茨打给最高统帅部的电话：from Prittwitz's papers, found after his death and published in *Militär Wochenblatt*, April 22 and May 7, 1921, qtd. *AQ*, October 1921, 88–92.
314	毛奇吓呆了，及他的命令：Bauer, 45.
315	霍夫曼建议将军队调往萨姆索诺夫方向：Hoffmann, *WLO*, 23.
317	"他们根本不在追击我们"：Hoffmann, *TaT*, 250.
317	"行不通的，太冒失了"：Lt.-Gen. Kabisch, qtd. *AQ*, July 1925, 416.
317	关于鲁登道夫的任命：Ludendorff, 49–55.
318	关于兴登堡的任命：Hindenburg, 100–03; John Wheeler-Bennett, *Wooden Titan*, New York, 1936, 14–16; Ludwig, *Hindenburg*, Philadelphia, 1935, 83.
320	替腓特烈大帝干过两星期活儿的老花匠：Hindenburg, 8.
320	兴登堡和鲁登道夫的会面：Ludendorff, 55; Hindenburg, 103.
320	"'你说呢'元帅"：Capt. Henri Carré, *The Real Master of Germany*, qtd. *NYT*, May 19, 1918.
320	"一副非常吃惊的表情"：Hoffmann, *TaT*, 253.
321	法国"坚持"要求"俄军必须对柏林开展殊死进攻"：Paléologue, 102.
322	"朴实厚道的人"：Knox, 60.
322	用两匹马来拉一辆车子：Golovin, 183.
322	日林斯基的命令及萨姆索诺夫的抗议：Ironside, 126–9.
323	"矮小的老年人"：Knox, 62.
323	马尔托斯吃了为市长准备的晚饭：Martos Ms. qtd. Golovin, 188.
323	日林斯基对萨姆索诺夫下达的后续命令：Ironside, 134–5.
324	第六军和第十三军使用了不同的密电码：Golovin, 171.
324	朔尔茨表现得"沉重，但颇有信心"：Hoffmann, *TaT*, 261.
325	萨姆索诺夫关于第二天的作战命令的电报被截获：*ibid.*, 265; Ludendorff, 59.

第15章 坦嫩贝格战役

326	弗朗索瓦拒绝在重炮到达之前投入战斗：Hoffmann, 273-5; all references in this chapter to Hoffmann are to his *Truth About Tannenberg*.
326	"如果命令下定了"：François, 228.
327	截获两份俄军明码无线电报：Ludendorff, 59; Hoffmann, 265-68. "He kept asking me anxiously": qtd. Nowak, Introduction to Hoffmann's *Diaries*, I, 18. Hoffmann's account of Rennenkampf-Samsonov quarrel, 314; his handing over the messages while cars in motion, 268.
328	鲁登道夫寸步不让：Ludendorff, 58; Hindenburg, 115, 118; Hoffmann, 282.
329	塔彭的电话：Hoffmann, 315-16. OHL's reasons: Tappen, 16-19, 110-111. President of the Prussian Bundesrat: Ludwig, 456. Director of Krupp: Mühlon, 113. Kaiser deeply affected: François, 51. Moltke quoted: Memorandum of 1913, Ritter, 68-9.
329	德军从比利时抽出三个军支援东线：Bülow, 64-5; Hansen, 179.
330	"直捣德国心脏"：Ironside, 133.
331	"我不知道这种情况士兵怎么能再忍受下去"：ibid., 130.
331	日林斯基命令"迎头痛击正在莱宁坎普前面退却之敌"：ibid., 134.
331	"在没有敌人的地方寻找敌人"：Golovin, 205; *Poddavki*: ibid., 217.
331	萨姆索诺夫给第六军的命令：Ironside, 155-7.
332	"看在上帝份上"：Agourtine, 34.
332	萨佐诺夫转述的俄军司令部的悲观论调：Paléologue, 104.
332	"斯塔夫卡"的情况：Danilov, 44-46.
333	莱宁坎普的一个参谋的笔记：Ironside, 198.
333	"未躲进柯尼斯堡而可以认定在退向维斯瓦河的那些敌人"：ibid., 200.
335	勃拉戈维斯钦斯基将军"昏了头，不知所措"：ibid., 157.
335	萨姆索诺夫和波托夫斯基亲眼看到败军撤退的情况：Knox, 68-9; "Terribly exhausted": Ironside, 176.
336	萨姆索诺夫给阿尔托莫诺夫下达的命令：ibid., 164.
336	乌斯道战役：Ludendorff, 62-3; Hoffmann, 285-89.
337	弗朗索瓦军败退的传言：Ludendorff, 62.
337	日林斯基命令莱宁坎普"把你的左翼尽可能向前推进"：Ironside, 207.
338	鲁登道夫恳求弗朗索瓦"执行这些指示将为全军立下最大的功劳"：Hoffmann, 305.
338	鲁登道夫"十分不满意"：Ludendorff, 64.
338	马肯森的参谋受到"十分不友好的接待"：Hoffmann, 310.

339	"被他带进了坟墓"：Golovin, 254.	
339	萨姆索诺夫同诺克斯少校告别：Knox, 73–4.	
340	"只有你能救我们了"：Martos Ms., qtd. Golovin, 263.	
340	马尔托斯和克廖耶夫的部队缺粮：Kliouev, 245; Knox, 80.	
340	马尔托斯被俘及他与鲁登道夫和兴登堡的会面：Martos Ms., qtd. Golovin, 294, 327.	
341	"沙皇信任我"和萨姆索诺夫的自杀：Potovsky Ms., qtd. Golovin, 301; Knox, 82, 88.	
342	德军的战绩：François, 243–45.	
342	莫根将军在奈登堡遇险：François, 240.	
343	"他们的惨叫声，直到我死的一天都还会在我耳边响着"：Blücher, 37.	
343	俄国人被赶进沼泽的传说是个神话：Ludendorff, 68; François (245) also calls it a "legend."	
343	"历史上的一大胜仗"：Hoffmann, *Diaries*, I, 41. Naming the battle Tannenberg: Hoffman, 312; Ludendorff, 68. "Strain on my nerves"：*ibid*.	
344	鲁登道夫亲自到通信兵的房间询问截获的电报：Dupont, 9.	
344	"我们有一个盟军"：Hoffmann, *Diaries*, I, 41. Tappen (108) also acknowledges that the detailed knowledge of Russian movements obtained from the intercepts "greatly facilitated" German command decisions in East Prussia.	
344	"这是战役开始前元帅睡觉的地方"：qtd. De Weerd, 80. Hoffmann remained on the Eastern Front throughout the war, eventually succeeding Ludendorff as Chief of Staff on that front and conducting the German side of the negotiations at Brest-Litovsk. He appears as General Wilhelm Clauss, the central character of Arnold Zweig's novel *The Crowning of a King*, N.Y., 1938.	
344	日林斯基和莱宁坎普身败名裂：Gurko, 83; Golovin, 386.	
345	"深信战争已输"：Golovin, *Army*, 24.	
345	俄司法大臣和内务大臣草拟的求和备忘录：Richard Charques, *The Twilight of Imperial Russia*, New York, 1959, 216.	
345	"能为我们的盟国作出这样的牺牲，我们很高兴"：Knox, 90; Paléologue, 106.	

注　释

第16章　火烧卢万

The quotations on these pages, with three exceptions, are taken from the books by the persons quoted, listed under SOURCES, as follows: Verhaeren, *Dédicace*, unpaged; Cobb, 176–7; Bethmann-Hollweg, 95; Shaw, 37; Bridges, 73; Bergson (Chevalier), 24; McKenna, 158; Clausewitz, I, 5. The statement by Thomas Mann is from his "Reflections of a Nonpolitical Man," 1917, qtd. Hans Kohn, *The Mind of Germany*, New York, 1960, 253–5. H. G. Wells is quoted from *NYT*, August 5, 3:1. "I'm a'goin' to fight the bloody Belgiums" is from Peel, 21.

351	比洛将军签署的告示：facsimile in Gibson, 324.
351	昂代讷、塞耶和塔明的大屠杀：Apart from Belgian sources, the most complete firsthand record of these events is that of the American Minister, Mr. Whitlock, in his chapters xxx, "Dinant"; xxxi, "Namur, Andenne and Elsewhere"; xxxii, "Tamines"; and xxxiii, "*Man Hat Geschossen.*" For estimated total of civilians shot in August, see *Encyc. Brit.*, 14th ed., article "Belgium."
352	在那慕尔从每条街取得10名人质：Sutherland, 45.
352	布勒姆关于人质的记述：34.
352	科布从窗口看到的情况：104.
352	维塞：*NYT* from Maestricht, August 25, 2:2; Whitlock, 198.
353	豪森对迪南情况的记述：167–70. 612 dead: Gibson, 329. For description of Dinant after the destruction, Cobb, 409–10.
353—354	本页所引用的话来自以下资料：Wetterlé, 231; Kluck, 29; Ludendorff, 37; Crown Prince, *War Experiences*, 41–2, 50; Bloem, 28, 32, 20, Blücher, 16, 26.
355	歌德：qtd. Arnold Zweig, *Crowning of a King*, N.Y, 1938, 306.
355	"你瞧，法国人就是这样"：Cobb, 269.
357	一匹无骑士的战马引起恐慌：Whitlock, 152.
357	吕特维茨："卢万发生了一件可怕的事"：*ibid.*
357	理查德·哈丁·戴维斯：qtd. Mark Sullivan, *Our Times*, V, 29; Arno Dosch in *World's Work*, Oct. and Nov., 1914.
358	美国公使馆的一等秘书休·吉布森去卢万察看情况：154–172.
358	德贝克尔主教：Whitlock, 160.
359	鹿特丹《新闻报》及其他报章的报道：*NYT*, August 30.
359	德国外交部的正式公报：*ibid.*, August 31.
359	比王阿尔贝语：Poincaré, III, 166.

359	德国《作战守则》: 52.
360	比利时成为战争中"最重要的问题": Wile, *Assault*, 115. "Precipitant": Mark Sullivan, *loc. cit.*
360	埃茨贝格尔语: 23.
360	德皇的电报: *NYT*, Sept. 11.
360	德国93名教授和其他知识界人士的《致文明世界》的声明: text in *Literary Digest*, Oct. 24, 1914.
361	贝特曼－霍尔韦格给威尔逊总统的回复: *NYT*, September 18, 1:4.
361	"没有定见，只有贪心": Wetterlé, 144.
361	贝特曼－霍尔韦格对埃茨贝格尔一番妙想的反应: Bülow, III, 235.
361	埃茨贝格尔的备忘录: Among others to whom Erzberger sent it was Grand Admiral von Tirpitz, who published it after the war in his *Politische Dokumente*, Hamburg, 1926, III, 68–73. See also Karl Epstein, *Matthias Erzberger*, Princeton, 1959, chap. v.
362	"法国革命以来最大的人间事件": Frank H. Simonds in "1914—the End of an Era," *New Republic*, Jan. 2, 1915.

第17章　大海、封锁、强大的中立国

仅本章使用的文献:

Baker, Ray Stannard, *Woodrow Wilson, Life and Letters*, Vol. V, N.Y, Doubleday, Doran, 1935.

Consett, Rear-Admiral Montagu, *The Triumph of the Unarmed Forces, 1914–18*, London, Williams and Norgate, 1923.

Guichard, Lieut. Louis, *The Naval Blockade, 1914–18*, tr. N.Y, Appleton, 1930.

House, Edward M., *The Intimate Papers*, ed. Charles Seymour, Vol. I, Boston, Houghton Mifflin, 1926.

Page, Walter Hines, *Life and Letters*, Vol. I, ed. Burton J. Hendrick, London, Heinemann, 1923.

Parmelee, Maurice, *Blockade and Sea Power*, N.Y., Crowell, 1924.

Puleston, Captain William (USN), *High Command in the World War*, N.Y., Scribner's, 1934.

Salter, J. A. *Allied Shipping Control*, Oxford U.P., 1921.

Siney, Marion C., *The Allied Blockade of Germany, 1914–16*, Univ. of Michigan Press, 1957.

Spring-Rice, Sir Cecil, *Letters and Friendships*, ed. Stephen Gwynn, Boston, Houghton Mifflin, 1929.

364	"奢侈品舰队": Churchill, 103.	
364	入侵英国是"办不到的": Fisher, *Letters*, II, 504. Report of the "Invasion Committee" of the CID in 1912: Churchill, 158.	
364	"贸易被迫中断": qtd. Custance, 104. Trade and tonnage figures: Fayle, 6, 15.	
365	"海上作战的全部要旨": Fisher, *Memories*, 197.	
365	"德国的未来是在海上": Kurenberg, 129.	
365	海军同盟会的口号: Wile, *Men Around the Kaiser*, 145–6.	
366	"心理上极度紧张"等引文: Churchill, 276.	
366	杰利科拆开标有"机密"字样的电报: *DNB*, Jellicoe.	
367	杰利科"将是个纳尔逊": Fisher, *Letters*, II, 416; III, 33.	
367	"焦急万分": Jellicoe, 92. His chaps. IV and V; "Declaration of War" and "Submarine and Mine Menace in the North Sea" describe this anxiety feelingly on every page.	
367	"已受影响的水域": Corbett, 79.	
367	"可能是一只海豹": *ibid.*, 67.	
367	"也显然超过德国的 8 艘": Churchill, 261.	
367	"德国人有着采取行动的最强烈的动力": *ibid.*, 276.	
368	"敌人显得出奇的安静": *ibid.*, 278.	
368	"海军参谋部甚至对我也保密": Tirpitz, II, 87.	
368	德皇游艇的床头小柜上放有《黄金时代》: Peter Green, *Kenneth Grahame*, N.Y., 1959, 291.	
369	德皇阅读马汉的《海权对历史的影响》: Kurenberg, 126.	
369	"一支较强大的舰队会使英国人大惊失色,从而使他们清醒过来"等语: Ludwig, 423.	
370	《1900 年德国海军法案》序言中的话: Hurd, *German Fleet*, 183–4.	
370	德皇的"心肝宝贝": Bülow, I, 198.	
370	蒂尔皮茨尖细的嗓音: Wetterlé, 218. Müller's characteristics: Ludwig, 465.	
371	英格诺尔"坚主防御战略": Tirpitz, II, 91.	
371	"我不需要总长": Ludwig, 466.	
371	"我命令公海舰队现时采取守势": Ludwig, 465.	
372	蒂尔皮茨请德皇将海军控制权置于他一人手中、未提出辞职的理由、"我的处境如此糟糕": Tirpitz, II, 118–20, 219–20, 223.	
373	"横渡大西洋的航道安全无阻": Corbett, 54.	
373	伦敦会议、马汉和《伦敦宣言》: Halévy, 223; Puleston, 130; Siney, 11; Salter, 98–99.	

374	美国要求各方遵守《伦敦宣言》及英方的答复：Secretary Bryan to Ambassador Page, *U.S. For. Rel*, 1914, 215–16, 218–20.
375	英帝国国防委员会建议"连续航行"原则应予"严格执行"：Siney, 12.
375	8月20日英内阁会议颁发的枢密院令：*ibid.*, ff; Parmelee, 37; Guichard, 17.
375	斯普林－赖斯语：*U.S. For Rel*, 1914, 234.
376	"各种各样的零碎事项"：Asquith, II, 33.
376	"不要用经济问题来打扰我"：qtd. L. Farago, ed. *Axis Grand Strategy*, N.Y., 1942, 499.
377	"保证实施最大限度的封锁"：Grey, II, 103.
377	美国"可以随时援助世界其他国家"，"获得不朽的崇高荣誉"：Baker, 2–3.
378	"保持中立，名副其实"及本段中的其他引语：*ibid.*, 18, 24–5, 73.
378—379	美国贸易数据：Arthur S. Link, *American Epoch*, N.Y., 1955, 177. Footnote on hidden trade: Consett, *passim*, and figures in *Encyc. Brit.*, 14th ed., article "Blockade."
379	"一个政府能恪守中立"：Page, 361.
379	威尔逊给格雷的复函：Baker, 55–6.
380	"全然谴责"：*ibid.*, 62; "Felt deeply the destruction of Louvain": House, 293; "In the most solemn way": Spring-Rice, 223.
381	"这种为害人类的暴行"：*Lansing Papers*, I, 29–30.
381	"我担心在公海上会发生什么事情"：Baker, 74.
381	"以初次上阵时的全部热忱"：Tirpitz, II, 91.
382	"难堪的困境"：Churchill, 331–35.
382	黑尔戈兰湾战役后德皇的命令：Tirpitz, II, 93.
382	蒂尔皮茨事后的记述：to Admiral von Pohl, Sept. 16 and Oct. 1, Tirpitz, II, 95–7.

第18章 撤退

383	第二号通令：*AF*, I, II, 21; Joffre, 189–90.
385	"痛苦而又恐惧"的一夜：Libermann, 37–50.
386	"我们是8月27日离开布洛姆贝的"及法军后撤中其他士兵的日记：Hanotaux, V, 221–22; VII, 212, 268; VIII, 76–8.
388	"他们只起了班长的作用"：Tanant.
388	"没有战斗就走了，简直叫人难受"：Hanotaux, VIII, 76.

388	部长们"惊恐万状": Poincaré, III, 92; Messimy, 364. Events and discussions in Paris during August 25–27 and all direct quotations, unless otherwise noted, are from the following sources: Poincaré, III, 89–99 and 118; Gallieni's *Mémoires*, 20–21, supplemented by his *Carnets*, 17–22, 39–46; Hirschauer, 59–63; and above all from Messimy's helpfully outspoken if confusingly arranged *Souvenirs*, Part Three, Chap. IV, "Nomination de Gallieni comme Gouverneur Militaire de Paris," 206–228; Chap. V, "Le Gouvernement et le G.Q.G.," 229–265 and the last part of Chap. VII, "Le Ministère de la Guerre en Août 1914," the paragraphs entitled, "La panique parlementaire," "la journée du 25 Août" and "la journée du 26 Août," pp. 364–375.	
390	"培植军人": Hanotaux, IX, 41. "Le tourisme": Monteil, 37.	
392	"你是东家,我们是为你办伙食跑腿的": qtd. Renouvin, 83.	
395	霞飞感到"政府干预作战指挥的威胁": Joffre, 193.	
398	"诡计多端"等语: qtd. Edmonds, 115.	
398	罗伯逊将军将食品卸在十字路口,及德军就此得出英军溃退的判断: Spears, 221.	
398	朗勒扎克的"轻率"撤退及弗伦奇向基钦纳的汇报: French, 84; Arthur, 38.	
399	在朗德勒西发生的交火: Maurice, 101–02; Hamilton, 52–3.	
399	"一声招呼也不打": Edmonds, 134.	
399	"派兵增援……形势十分危急": Edmonds, 135.	
399	默里昏厥倒下: Childs, 124; Macready, 206; Wilson, 169.	
399	黑格借给弗伦奇2000英镑: Blake, 37.	
400	艾伦比的警告及在勒卡托作战的决定: Smith-Dorrien, 400–01.	
401	威尔逊与史密斯—多林的通话: *ibid.*, 405; Wilson, 168–9.	
401	克卢克下令"追击溃败之敌": qtd. Edmonds, 169–70.	
401	"强大的法敌部队": *ibid.*, 211.	
401	"那些本土军所表现的英勇气概": Smith-Dorrien, 409.	
401—402	勒卡托之战: Edmonds' account, which occupies three chapters and sixty pages, 152–211, has all the relevant information but is too detailed to give a very clear impression. Smith-Dorrien, 400–410, Hamilton, 59–79, and Maurice, 113–14, are more readable.	
402	勒卡托之战的伤亡数据: Edmonds, 238.	
403	"弗伦奇勋爵和他的参谋完全昏了头": J. W. Fortescue, *Quarterly Review*, October 1919, 356.	
403	黑格试图驰援第一军: Edmonds, 291, n. 2.	

403	于盖的电报：Joffre, 197.	
403	约翰·弗伦奇穿着睡衣出来相见：Smith-Dorrien, 411.	
404	"拯救了左翼"：*ibid.*, 412.	
404	圣康坦的会议：Joffre, 195–97; Lanrezac, 209; Huguet, 67; Spears, 233–37.	
405	克卢克和比洛报告敌人被击溃：Bülow, 64.	
405	德军统帅部正式公报：qtd. Edmonds, 204.	
405	德军统帅间的摩擦：Bülow, 68–9, 78; Kluck, 51, 63.	
405	豪森的住宿情况和他的抱怨：182, 197–99, 204–5, 215.	
406	克卢克军沿路就宿：Briey, evidence of Messimy, March 28.	
406	德皇的来电：Kluck, 75.	
407	"希望在巴黎庆祝色当战役纪念日"：qtd. Maurice, 126–7.	
407	克卢克建议"内线转动"：Kluck, 76.	
407	"一片胜利感"：Crown Prince, *War Experiences*, 59. OHL General Order of August 28: qtd. Edmonds, 235.	
408	德国统帅部的商议，及"结束战争"：Tappen, 105.	
409	莫尔塔涅河战役：Giraud, 538; *AF*, I, II, 305ff.	
409	莫迪伊将军：Hanotaux, VI, 274.	
410	"勇敢和不屈不挠的精神"：Joffre, 203.	
410	德朗格勒的默兹河一战：De Langle, 20–21, 139; *AF*, I, II, 184–201.	
410	福煦的特种部队：Foch, 41–47.	
412	"已有三个将军的乌纱在我公事包里"：Percin, 131.	
412	霞飞对一个副官说他已失眠两夜：Mayer, 194.	
412	第六十一和第六十二后备师忽告失踪：Joffre, 209, 212; Spears, 270, n.	
412	于盖报告英国远征军"已经溃败，无能为力"：Joffre, 203–4.	
412	"简直是愚蠢之极"：Spears, 256.	
413	施奈德少校和亚历山大上校：Lanrezac, 218–19; Spears, 256–7.	
413	朗勒扎克称霞飞为"坑道工兵"：Mayer, 176.	
414	"我忧虑已极"：Lanrezac, 282.	
414	霞飞在马尔勒大怒：Lanrezac, 225–6; Joffre, 207.	
414	霞飞命令贝当坚守凡尔登：qtd. Pierrefeu, *GQG*, 132.	
414	下令将运输车辆上"所有军火弹药及其他凡属非必需的辎重统统丢掉"：text, Edmonds, Appendix 17; Wilson's version: Spears, 254; Gough tore it up: Charteris, 21; Smith-Dorrien countermanded it: Smith-Dorrien, 416–17; "Very damping effect"：*ibid.*	
415	玩具笛子和鼓：Bridges, 87–8.	
416	约翰·弗伦奇关于德皇的言论：Arthur, 37, 43. On Kitchener's	

注释

	refusal: *ibid.*, 39.
416	在奥斯坦德的行动：Corbett, 99–100, Churchill, 334–35. Asquith in his diary for August 26 (II, 28–9) records a discussion with Kitchener, Churchill, and Grey about "an idea of Hankey's" (Sir Maurice Hankey, Secretary of the CID) to send 3,000 marines to Ostend which would "please the Belgians and annoy and harass the Germans who would certainly take it to be the pioneer of a larger force." Winston was "full of ardour" about the plan. It was conceived in response to the shock of the news from Mons and the Allied debacle which Churchill received at 7:00 A.M. on August 24 when Kitchener appeared in his bedroom looking "distorted and discolored" as if his face "had been punched with a fist." Saying "Bad news" in a hoarse voice, he handed Churchill Sir John French's telegram reporting the debacle and ending with the ominous proposal to defend Havre. It was hoped by the Ostend operation to draw back some of Kluck's forces to the coast, a move in which it only partially succeeded; but German nervousness about this threat, combined with rumors of Russian landings, contributed to the German decision to retreat at the Marne.
416	"海上，海上，海上"：MacReady, 206.

第19章 巴黎是前线

417	羊群被驱赶着通过协和广场：Guard, 17.
417—418	加利埃尼保卫巴黎的计划：*Carnets*, 46; *Gallieni parle*, 36–42; Hirschauer, 59–63, 93–4, 101, 129. "Byzantine" arguments: *ibid.*, 176.
418—419	巴黎市政府被置于军事长官管辖之下：*AF*, I, II, 585.
419	加利埃尼的15分钟防务会议：Hirschauer, 98–99.
419	防御工事、桥梁、路障，征用出租车：Gallieni, *Mémoires*, 33–36 and *Gallieni parle*, 52; Hirschauer, *passim*.
419—420	德雷福斯重新任职：Paléologue, *Intimate Journal of the Dreyfus Case*, 309.
420	"诺梅尼村现已成为一片焦土"：qtd. Poincaré, III, 108.
420—421	黑格通知朗勒扎克愿意配合，弗伦奇拒绝：Lanrezac, 229–31; Spears, 264–67. "Terrible, unpardonable" things: *ibid.*, 266. "C'est une félonie!": qtd. Lyon, Laurence, *The Pomp of Power*, N.Y., 1922, 37, n. 22.
421	霞飞在拉昂观察朗勒扎克发号施令：Joffre, 212; Lanrezac, 239.

	Battle of St. Quentin-Guise: *AG*, I, II, 67–81.
422	"也许要撤出我方战线好长一段时间": Joffre, 213. Conference at Compiègne: *ibid.*, 214; Edmonds, 241.
423	"做明确的进一步的退却": Edmonds, 241. Maurice quoted, 129; Hamilton quoted, 82–3; Macready quoted, 105. "Another ten days": Edmonds, 245; Joffre, 217.
424	威尔逊在兰斯与霞飞会面: Huguet, 75; Wilson, 172.
424	圣康坦战役，法国中士的记叙: Sergeant André Vienot, qtd. Hanotaux, VIII, 111–12; Bülow "felt confident": Bülow, 85; captured French orders: McEntee, 65. Lanrezac showed "greatest quickness and comprehension": Spears, 276; Germans were "running away": *ibid.*, 279; Lanrezac-Belin conversation: Lanrezac, 241; Spears, 281–2.
426	"不再指望我们的盟军留在预期它守住的那条战线上了": Joffre, 217.
426	"整个法国史上最悲惨的"时期: Engerand, Briey, *Rapport*. Clausewitz quoted: III, 89. "Wonderful calm": Foch, 42. What Joffre said to Alexandre: Demazes, 65.
427	准备撤离维特里: Joffre, 217. "Broken hopes": Muller, 27.
427	比洛的混乱报告: qtd. Edmonds, 251, n. 4; Kühl, qtd. *AQ*, April 1927, 157.
428	霞飞不想为巴黎而保卫巴黎: According to a lecture given at the Sorbonne in 1927 by Commandant Demazes, a member of Joffre's staff and his biographer, qtd. Messimy, 264.
428	图隆先生: Poincaré, III, 111–12.
428—430	内阁讨论撤离巴黎，佩内隆来到巴黎，霞飞的建议，霞飞与加利埃尼、加利埃尼与普恩加莱在电话中的讨论，米勒兰、杜梅格和加利埃尼给内阁的建议: Poincaré, III, 115–122; Joffre, 122; Gallieni, *Mémoires*, 37–39; *Carnets*, 48–49.
430	盖德激动地插话: interview with Briand, *Revue de Paris*, Oct. 1, 1930, qtd. *Carnets*, 128, n. 1.
430	霞飞务必遵照办理，否则不惜予以撤职处分: *ibid*. The phrase used by Briand was, "*de lui fendre l'oreille.*"
431	这些部长们"永远也做不出什么果断的决策": Gallieni, *Carnets*, 49.
431	"鸽式"飞机的袭扰: Poincaré, III, 120; Gallieni, *Mémoires*, 40, and *Carnets*, 50; Gibbons, 159. Text of the German proclamation: *AF*, I, II, Annexe No. 1634.
431—432	法国截获德军关于坦嫩贝格战况的电报，及32列军用火车的情报:

注释

Joffre, 222.

432　"你们确实勇敢"：Hanotaux, VII, 250.

432　霞飞看到德朗格勒将军镇定自若，而吕夫显得神经质：Joffre, 216, 221. Col. Tanant quoted: 22; Ruffey's conversation with Joffre: Engerand, *Bataille*, xv.

433　《亚眠通讯》：*The History of the Times*, New York, Macmillan, 1952, IV, Part 1, 222–27. "Patriotic reticence": in Parliament, August 31, qtd. *Times*, Sept. 1, p. 10. "Liberation of the world": Corbett-Smith, 237.

435　俄军幽灵：D. C. Somervell, *Reign of George V*, London, 1935, 106, 117–18, and R. H. Gretton, *A Modern History of the English People, 1880–1922*, New York, 1930, 924–25, contain many of the stories current at the time. Other references in MacDonagh, 24, Gardiner, 99, Carton de Wiart, 226. Stories told by returning Americans: *NYT*, Sept. 4 (front page), 5 and 6. Sir Stuart Coats' letter: *NYT*, Sept. 20, II, 6:3.

436　给远征军下达的作战命令：Edmonds, Appendix 20.

437　弗伦奇给基钦纳的报告：Arthur, 46-7.

437　基钦纳阅后不胜震惊，及其复电：*ibid.*, 50; Edmonds, 249.

438　内阁"为之惶惶不安"：Asquith, II, 30. "You will conform": Arthur, 51–52. Robertson's letter: to Lord Stamfordham, June 23, 1915, Nicolson, *George V*, 266. This was at a time when Sir John French was supplying Northcliffe with information for a campaign to blame Kitchener for the munitions shortage. King George went to France to talk to army commanders whom he found, as he wrote to Stamfordham, Oct. 25, 1915, to have "entirely lost confidence" in Sir John French and who assured him the feeling "was universal that he must go." *Ibid.*, 267.

438　基钦纳不再信任弗伦奇：Magnus, 292. Birkenhead quoted: 29.

439　霞飞"恳切"要求弗伦奇不要撤退，要求普恩加莱以法国总统的身份施加影响，弗伦奇："我拒绝了"：Joffre, 223; Poincaré, III, 121–22; Edmonds, 249; French, 97.

439　弗伦奇给基钦纳的复电：Arthur, 52-4. "A travesty of the facts": Asquith qtd. in *Living Age*, July 12, 1919, 67.

440　基钦纳认为自己有权给弗伦奇发布命令：Blake, 34.

440　基钦纳同阿斯奎斯以及大臣们交换意见，惊醒格雷：Arthur, 54; Asquith, II, 30.

440　"情绪激动，气势汹汹"：Huguet, 84.

440	弗伦奇见到基钦纳身穿军服，不禁怒火难遏：French, 101. Kitchener wore it customarily: Esher, *Tragedy, 66;* Magnus, 281–2.
440	"卡其军装上佩戴着星章"、"在澡盆子里他还是个不错的小伙子"：Sir Frederick Ponsonby, *Recollections of Three Reigns*, New York, 1952, 443–4.
440	英国大使馆里的会谈：Huguet, 84; French, 101–02.
441	基钦纳给政府的电报及给弗伦奇的电文副本：Edmonds, 264. One of these medals, found by a French infantry officer in the captured luggage of a German staff officer at the Marne, is now in the possession of the author through the courtesy of the nephew of the finder.

第20章　冯·克卢克的转向

442	法布尔先生对克卢克的描述：Hanotaux, VIII, 158.
442—443	克卢克转向东南的理由：Kluck, 77, 82–84.
443	毛奇的顾虑：Bauer, 52.
443	施利芬："如果战场上的胜利……"：qtd. Hanotaux, VII, 197.
443	"他已陶醉于一种胜利的欢呼声中"：Moltke, *Erinnerungen*, 382.
444	在卢森堡流传的俄军在奥斯坦德登陆的谣言：Tappen, 115.
444	毛奇担心右翼各集团军之间的缺口：Tappen, 106.
444	鲍尔少校亲自去鲁普雷希特的阵地视察：Bauer, 53ff.; Rupprecht, 77–79.
445	克卢克估计的敌军力量：Kluck, 91; captured British letter: Edmonds, 244.
446	比洛来电要求克卢克采取内圈包抄行动：Kluck, 83; Kluck's order of August 31 for forced march: Bloem, 112; Moltke's approval of inward wheel: Kluck, 83–4; Hausen, 195.
447	骑兵"总是止步不前"：Crown Prince, *War Experiences*, 64.
448	"迫切需要的"休整及英军"及时"摆脱追击：Kluck, 90.
448	"我们的士兵已经精疲力尽"：qtd. Maurice, 150–51. General Maurice adds (152) that after the Battle of the Marne when the Germans were in retreat to the Aisne, "Whole parties of officers were captured because they were too intoxicated to move."
448	普恩加莱的家族墓地被挖成厕所：Poincaré, III, 204.
448	克卢克的第二军经过桑利斯时，枪杀了市长和六名平民人质：*ibid.;* Gallieni, *Mémoires*, 120. Names on the memorial stone were copied by

	the author on the site.
449	豪森将军愉快的一晚：Hausen, 208–10.
449	毛奇9月2日下达的新通令：Kluck, 94.
449	克卢克下令跨过马恩河：Kluck, 100.
450	勒皮克上尉关于德军进军路线的报告：AF, I, II, Annexe No. 1772.
450	第六集团军"掩护巴黎"：ibid., Annexe No. 1783; Joffre, 225.
450	英军"不愿前进"：Gallieni, *Mémoires*, 52.
450—451	蓬上校："看来已不复可能"：Joffre, 218–19.
451	霞飞与贝兰和贝特洛等高级军官讨论对策：ibid., 230–33.
451	第四号通令：AF, I, II, Annexe No. 1792.
452	"布列讷堡之战"：Messimy, 379.
452	霞飞打电话给米勒兰，"至要，刻不容缓"：Poincaré, III, 126; Joffre, 232.
452—453	加利埃尼给霞飞打电话：Gallieni, *Carnets*, 53.
453	莫努里的军队被调归加利埃尼指挥，巴黎被划归霞飞管辖：Because these events were taking place at a time of great tension and also because of later efforts during the quarrel over credit for the Marne, to obscure the question of who was under whose orders, this issue is still not entirely clear. The relevant sources are Joffre, 226, 234–5, 239–42; Gallieni, *Mémoires*, 43, and *Carnets*, 53; Joffre's request to have Paris put under his command is Annexe No. 1785; the order putting Maunoury under Gallieni is Annexe No. 1806; Millerand's order complying with Joffre's request is Annexe No. 1958.
453	巴黎守军的构成：AF, I, II, 772–4. The 55th and 56th Reserve Divisions who were now to fight for the capital had been withdrawn from Lorraine on August 25, causing General Ruffey, whose flank they were supporting in a counteroffensive in the Briey basin, to break off action. Briey, as Ruffey said in his postwar testimony, was thus "the ransom of Paris." Fighting as a reserve officer with one of these divisions, the 55th, Charles Péguy was killed on September 7.
454	加利埃尼拜访埃伯内和莫努里：*Mémoires*, 42, 48–9.
454	米勒兰向总统汇报"令人痛心的"情况，政府决定撤出巴黎：Poincaré, III, 125–27.
454	加利埃尼和巴黎警察总监：*Mémoires*, 51–52; "preferred to be without ministers": *Parle*, 38; "Made all my dispositions": *Mémoires*, 57.
455	法加尔德上尉发现的德军军官的手提包：Spears, 331–32; his report:

	AF, I, II, Annexe No. 1848.
455	霞飞仍建议政府迁出巴黎：Poincaré, III, 131.
455	"令人痛恨的时刻终于来到"：*ibid.*, 134.
457	美国大使赫里克的计划：*ibid.*, 131; Mott, 155–7, 160–63; *Carnets*, 61.
457	加利埃尼给米勒兰送行：*Mémoires*, 59–64; *Parle*, 49.
458	加利埃尼的公告：Hanotaux, IX, 39; *Carnets*, 55.
459	模仿《马赛曲》的打油诗：Marcellin, 41.
459	"极其痛苦的日子"：Hirschauer, 142.
460	第五集团军处决逃兵：Lanrezac, 254–56.
460	"我绝难相信"：qtd. Edmonds, 283; Germans are "over-hasty"：Huguet, 70.
460	霞飞9月2日下达给各集团军司令的机密指令：*AF*, I, II, 829 and Annexes Nos. 1967 and 1993. Order for reinforcements to be taken from Ist and IInd Armies is Annexe No. 1975.
461	加利埃尼认为这项密令"脱离实际"：*Mémoires*, 79; *Parle*, 50.
461	加利埃尼将司令部迁往维克托－迪律伊女子中学：*Mémoires*, 60–61.
461	瓦托中尉的报告：Pierrefeu, *Plutarque*, 102–3.
461	"他们把翼侧送上门来了！"：Hirschauer, 180.

第21章 "先生们，让我们在马恩河战斗吧"

462	加利埃尼毫不踌躇，决定尽速出击：*Mémoires*, 95–96; Clergerie, 6–7.
462	"他为重大问题而召开的长时间会议之一"：Clergerie, 127.
463	第六集团军"作用平平"，巴黎居民的"沉着和决心"：*Mémoires*, 75, 76.
463	"40公里！"：qtd. Hanotaux, VIII, 222; German prisoners taken asleep: Briey, March 28, evidence of Messimy; "tomorrow or the day after"：qtd. Maurice, 152.
464	"将军对巴黎方面毫无顾虑"：*ibid.*, 153.
464	克卢克对统帅部直言不讳他无法执行命令：Kluck, 102.
464	比洛获悉友邻军变"统帅部指定作为第二集团军的后方梯队为其前方梯队"时，怒不可遏：Bülow, 103.
464	"我们毫无办法"：qtd. Hanotaux, VIII, 223; "No cooked food"：*ibid.*, 276; "Broiling heat"：*ibid.*, 279.
464	"决定性地击败"、"溃不成军"：Kuhl, 29; Kluck, 102.
465	霞飞想在"数日之内"发动反攻：Annexe No. 2152.

注 释

465	"吹着一股失败主义之风": Muller, 80.
465—466	霞飞认为朗勒扎克"体力衰退且精神不振",及其他评价: Joffre, 236–7.
466	"一所教堂……": Grouard, 114. As Hausen acknowledged: in *Revue Militaire Suisse*, Nov. 11, 1919, qtd. Engerand, *Bataille*, xxi.
467	霞飞在战争开始后的五周内撤换的高级将领: Allard, 15.
467	霞飞会晤弗朗谢·德斯佩雷: Grasset, 41; Joffre, 237.
467	霞飞在塞扎讷会见朗勒扎克: Lanrezac, 276–7; Joffre, 237–8; Muller, 104–5; Spears, 377–78. In his lively account Spears says the conversation between the two generals took place outdoors as they walked "up and down the courtyard whilst I watched with fascinated interest." Although this obliging arrangement allowed Spears to write as an eyewitness, it does not fit with the probabilities, for Joffre would hardly have chosen to conduct what was to him the most distressing operation of the war so far, in full view of spectators. In fact he did not. "Lanrezac was in his office. I went in there and remained alone with him," he says specifically.
467	弗朗谢·德斯佩雷: Grasset, *passim;* Spears, 398.
468	"要么进军,要么就倒下去死掉": Grasset, 45. The phrase he used was "*Marcher ou crever.*"
468	9月4日各地都有着高潮即将来到的感觉: *Gallieni Parle*, 53; Blücher, 23; in Brussels people felt a chill: Gibson, 191.
469	德皇:"今天是战争的第35天": Helfferich, *Der Weltkrieg*, Berlin, 1919, Vol. II. 279.
469	"法国人已向我们提出停战要求": qtd. Hanotaux, VIII, 279.
469	库尔将军的疑虑: Kuhl, 19.
469	"我军各路在乘胜前进": Crown Prince, *War Experiences*, 69.
469—470	毛奇与黑尔费里希的对话: Helfferich, *op. cit.*, 17–18.
470	德军最高统帅部接到法军调动的情报: Tappen, 115.
470	"从巴黎向我们右翼发动进攻": *ibid.*
470—471	毛奇9月4日的命令: full text, Edmonds, 290–91.
471	法尔肯海因的日记: from Zwehl's life of Falkenhayn, qtd. *AQ*, April 1926, 148.
471	加利埃尼9月4日向莫努里发布的预令: *Mémoires*, 112.
471	"迅速而果断"的决定: *ibid.*, 107.
471—472	加利埃尼告诉普恩加莱现在有一个发动攻势的"好机会": The fact of this call was disclosed by Poincaré after the war in an interview

	with *Le Matin*, Sept. 6, 1920.
472	"真正的马恩河战役是在电话里打的"：*Gallieni Parle*, 53.
472	霞飞一向不愿接电话：Muller. "I have always disliked using the telephone myself," Joffre, 250.
472	克莱热里将军与作战处处长蓬上校的通话：*Mémoires*, 119; Joffre, 245.
473	法军总司令部的讨论：Muller, 85–6; Joffre, 243–4; Mayer, 41.
474	霞飞坐在一棵垂柳的树荫里：Muller, 87.
474	霞飞给福煦和弗朗谢·德斯佩雷的电报：*ibid.*, 91–2; *AF*, I, II, Annexe No. 2327.
474—475	加利埃尼拜访英军司令部：*Mémoires*, 121–4; *Parle*, 55; Clergerie, 16.
475	德斯佩雷与威尔逊的会面：Grasset, 51–53; Spears, 400–01; Wilson, 174.
477	霞飞宴请两位日本军官：Joffre, 249.
477	德斯佩雷的回复：full text in Edmonds, 279.
477	阿什竭力反对：Grasset, 74.
478	"机智大胆"，福煦的回复：Joffre, 250.
478	默里的命令"简直叫人痛心"：Wilson, 174.
478	"元帅尚未回来"：Gallieni, *Mémoires*, 128.
478	弗伦奇决定"对局势再做一番研究"：Joffre, 252.
479	加利埃尼与霞飞的通话：*Mémoires*, 130; Joffre agreed "unwillingly" and "as Gallieni desired": Joffre, 251.
479	第六号通令：*AF*, I, II, Annexe No. 2332.
479	霞飞收到于盖送来的消息：Joffre, 252.
480	克卢克认为德军"正在整个前线全面乘胜前进"：Kluck, 106. "Regain freedom of maneuver": *ibid*.
480	亨奇上校拜访克卢克司令部：Kluck, 107; report of Commander of IVth Reserve: *ibid.*, 108; Kuhl, "Neither OHL nor the First Army": qtd. Edmonds, 292, n. 2.
481	加利埃尼："无路可撤"：*Gallieni Parle*, 57, n 1. His orders for destruction: *AF*, I, II, Annexe No. 2494; "A void": Hirschauer, 228.
483	"加利埃尼过早地发动了进攻"：*Gallieni Parle*, 64; "That is worth gold": *Carnets*, 78, n. 3. (To the present author it seems unnecessary to ascribe all credit for the Marne either to Gallieni as, for example, Captain Liddell-Hart does in *Reputations Ten Years After*, at the cost of making Joffre out a fool, or to Joffre as General Spears does at the

	cost of making Gallieni out a liar. As Poincaré said long ago, there was credit enough for both.)
483	霞飞对英军意图仍捉摸不定，"极度焦虑"：Joffre, 252; his telegram to Millerand: *AF*, I, II, Annexe No. 2468.
483	威尔逊接到霞飞的第六号通令：Wilson, 174. Huguet, de Galbert and British "lukewarm"：Joffre, 253; Mayor of Melun: Hirschauer, 179.
484	"不惜任何代价"：Joffre, 252.
484	英法两军将领在默伦的会谈：Joffre, 254; Muller, 106; Wilson, 174; Spears, 415–18. The phrase "Threw his heart on the table" is Muller's, as is the description of Huguet which reads in the original, *"qui semble, à son habitude, porter le diable en terre."* (Unfamiliar to most French friends queried, this phrase was variously translated for me as meaning that Huguet looked satanic, bored, or gloomy. I have adopted the last as proposed by the only person who seemed certain.) Spears, in his vivid and dramatic account of the meeting, performs another historical sleight of hand. Unwilling to give the reader an impression of British reluctance to fight, he claims that Joffre made the trip to Melun—a six-to-seven-hour round trip by car just before the crucial battle—in order to "thank" Sir John French for his cooperation. Inexplicably, Spears then quotes Joffre as saying, "with an appeal so intense as to be irresistible, *'Monsieur le Maréchal, c'est la France qui vous supplie.'* " This does not sound compatible with thanks.
485	"先生们，让我们在马恩河战斗吧。"：Poincaré, III, 136.
485	霞飞9月6日发出的命令：*AF*, I, II, Annexe No. 2641.

后记

486	福煦的著名命令：Aston, *Foch*, 124.
487	"是圣女贞德赢得了马恩河战役"：Bergson said this on several occasions; Chevalier, 25, 135, 191, 249.
487	毛奇写给妻子的信：*Erinnerungen*, 385–6.
487	克卢克事后追述德国在马恩河失败的原因：Interview given to a Swedish journalist in 1918, qtd. Hanotaux, IX, 103.
487	杜邦赞扬俄军：Danilov, *Grand Duke*, 57; Dupont, 2.
488	数量上的优势：In five armies present at the Marne, the Germans had about 900,000 men in 44 infantry and 7 cavalry divisions. In six armies the Allies had about 1,082,000 men in 56 infantry and 9 cavalry

divisions. *AF*, I, III, 17–19.

489　"1914 年，如果我们没有他"：Aston, *Foch*, 125.

489　巴黎的出租车：Clergerie, 134–45; *Gallieni parle*, 56.

490　脚 注：experience of André Varagnac from private information; casualty figures from *AF*, I, II, 825; *AQ*, October 1927, 58–63; Samuel Dumas and K. D. Vedel-Petersen, *Losses of Life Caused by War*, Oxford, 1923, Chap. 1.

491　"以前的一切豪言壮语都一笔勾销了"：in *Lady Chatterley*.

译名对照表

A

阿伯丁 Aberdeen
阿德尔贝 Adelbert
阿登山区 Ardennes
阿尔贝·法布尔 Albert Fabre
阿尔贝国王 Albert
阿尔蒂尔·雷冈 Arthur Régant
阿尔汉格尔斯克 Archangel
阿尔玛 Alma
阿尔萨斯 Alsace
阿尔斯霍特小镇 Aerschot
阿尔特基什 Altkirch
阿尔特席勒 Altschiller
阿尔托莫诺夫 Artomonov
阿尔文斯勒本 d'Alvensleben
阿耳赫西拉斯 Algeciras
阿方索，西班牙国王 Alfonso of Spain
阿盖尔郡 Argyll
阿格尼丝·F. 彼得森 Agnes F. Peterson
阿加迪尔港 Agadir

阿拉斯 Arras
阿伦施泰因 Allenstein
阿纳斯塔西娅 Anastasia
阿诺·多施 Arno Dosch
阿奇博尔德·默里 Archibald Murray
阿让库尔 Agincourt
阿瑟·穆尔 Arthur Moore
阿瑟·尼科尔森 Arthur Nicolson
阿瑟·齐默尔曼 Arthur Zimmermann
阿瑟·威尔逊 Arthur Wilson
阿什 Hache
阿斯奎斯 Asquith
阿提拉 Attila
阿图瓦 Artois
埃伯内 Ebener
埃弗涅堡垒 d'Evegenée
埃克哈德斯泰因 Eckhardstein
埃里克·鲁登道夫 Erich Ludendorff
埃利·杜瓦塞尔 Hély d'Oissel
埃米尔·奥贝尔 Emile Aubert

埃米尔·凡尔哈伦 Emile Verhaeren
埃米尔·加莱 Emile Galet
"埃姆登"号 Emden
埃纳河 Aisne
埃尼翁先生 M. Hennion
埃佩尔奈 Epernay
埃皮纳勒 Epinal
埃森 Essen
埃施 Esch
埃斯登 Eysden
埃韦湾 Loch Ewe
艾蒂安 Etienne
艾克斯拉沙佩勒 Aix-la-Chapelle
艾伦比 Allenby
艾申 Eyschen
爱德华·戈申 Edward Goschen
爱德华·格雷 Edward Grey
爱德华七世 Edward VII
安德列·瓦拉尼亚克 André Varagnac
安格拉普河 Angerapp River
昂代讷小镇 Andenne
敖德萨 Odessa
奥布河畔巴尔 Bar-sur-Aube
奥尔劳 Orlau
奥古斯特·冯·马肯森 August von Mackensen
奥克尼群岛 Orkney Islands
奥兰 Oran
奥兰治王朝 House of Orange
奥佩尔斯多夫 Oppersdorf
奥斯塔公爵 Aosta
奥斯坦德 Ostend
奥斯特鲁达 Osterode
奥托·冯·贝洛 Otto von Below

B

巴巴拉·史翠珊 Barbra Streisand
巴登 Baden
巴蒂斯村 Battice
巴尔雄堡垒 Fort Barchon
巴伐利亚 Bavaria
巴枯宁 Bakunin
巴拉诺维奇 Baranovichi
巴勒迪克 Bar-le-Duc
巴斯托涅 Bastogne
巴松皮埃尔 de Bassompierre
巴滕施泰因 Bartenstein
巴泽耶 Bazeilles
白里安 Briand
柏格森 Bergson
拜恩斯 Beyens
保罗·康邦 Paul Cambon
鲍尔 Bauer
北部湾地区 Tonkin
贝当 Pétain
贝尔福 Belfort
贝尔福宣言 Balfour Declaration
贝古 Bécourt
贝兰 Belin
贝特洛 Berthelot
贝特曼—霍尔韦格 Bethmann-Hollweg
本土师 Territorials
比彻姆 Beauchamp
比尔·"穆斯"·斯考伦 Bill "Moose" Skowren
比尔盖人 Belgae
比弗布鲁克 Beaverbrook
比利牛斯山区 Pyrénées
比洛 Karl Ulrich von Bülow, 卡尔·乌尔里希·冯·比洛

译名对照表

比塞大　Bizerte
比绍夫斯堡　Bischofsburg
比亚里茨　Biarritz
比约克岛　Björkö
俾斯麦　Bismarck
毕盛　Pichon
边境战役　Battle of the Frontiers
波　Pau
波尔多　Bordeaux
波尼港　Bône
波森　Posen，即波兹南
波特兰港　Portland
波托夫斯基　Potovsky
伯克　Burke
伯克利·米尔恩　Berkeley Milne
伯肯黑德　Birkenhead
勃艮第勇士查尔斯　Charles the Bold of Burgundy
勃拉戈维斯钦斯基　Blagovestchensky
博埃　Boë
博杜安　Baudouin
"博加迪尔"号　Bogadir
博里纳日　Borinage
博诺　Bonneau
"不倦"号　Indefatigable
"不屈"号　Inflexible
布尔战争　Boer War
布莱里奥　Louis Blériot
"布雷斯劳"号　Breslau
布兰德·惠特洛克　Brand Whitlock
布朗热　Georges Ernest Boulanger
布赖　Bray
布雷卡尔　Brécard
布里埃　Briey
布列讷堡　Brienne-le-Château

布里特林　Britling
布林迪西　Brindisi
布洛姆贝　Blombay
布洛涅　Boulogne
布吕歇尔　Blücher
布韦·德拉佩雷尔　Boué de Lapeyrère

C

参孙倾覆神室　Samson's temple
查尔斯·道格拉斯　Charles Douglas
查纳克要塞　Chanak
"查塔姆"号　Chatham
措尔纳　Zollner

D

达达尼尔海峡　Dardanelles
达马德　d'Amade
达马尔坦　Dammartin
达尼洛亲王　Danilo
达维尼翁　Davignon
大贝尔塔大炮　Big Berthas
大库罗讷　Grand Couronné
大莫兰河　Grand Morin
丹吉尔　Tangier
丹尼洛夫　Danilov
丹宁·米勒　Denning Miller
道格拉斯·黑格　Douglas Haig
德贝克尔　de Becker
德比　Derby
德尔卡塞　Delcassé
德盖菲耶　de Gaiffier
德格雷蒙　D'Eggremont
德加尔贝　de Galbert
德卡斯泰尔诺　de Castelnau
德朗格勒·德卡里　de Langle de Cary

德雷福斯 Alfred Dreyfus
德雷克 Sir Francis Drake
德里纳 Drina
德维特 de Witte
迪巴伊 Dubail
迪登霍芬 Diedenhofen，即蒂永维尔
　　（Thionville）
迪里克·布茨 Dierik Bouts
迪律伊 Duruy
迪南 Dinant
迪斯累里 Disraeli
"帝国领土" Reichsland
蒂尔加滕 Tiergarten
蒂尔皮茨 Tirpitz
蒂勒蒙大街 Tirlemont
蒂尼 Thugny
蒂耶里堡 Château-Thierry
杜邦 Dupont
杜梅格 Doumergue
对马海峡 Tsushima
敦刻尔克 Dunkirk
多佛尔 Dover
多梅斯 Dommes

E
恩维尔贝伊 Enver Bey

F
F. E. 史密斯 F. E. Smith
法尔肯海因 Falkenhayn
法加尔德 Fagalde
法兰克福 Frankfurt
法利埃 Fallières
法绍达 Fashoda，现名科多克（Kodok）
凡尔登 Verdun

菲利普维尔港 Philippeville
斐迪南大公 Archduke Franz Ferdinand
费奥多西亚 Feodosia
费迪南·福煦 Ferdinand Foch
费迪南德，保加利亚国王 King Ferdinand
　　of Bulgaria
费尔德曼 Feldmann
费利克斯·菲韦 Felix Fivet
费希特 Fichte
冯·埃米希 von Emmich
冯·波尔 von Pohl
冯·弗朗索瓦 von François
冯·汉纳佩尔 von Hannapel
冯·豪森 von Hausen
冯·黑林根 von Heeringen
冯·克雷斯 von Kress
冯·克卢克 von Kluck
冯·库尔 von Kuhl
冯·吕特维茨 von Luttwitz
冯·马维茨 von Marwitz
冯·米勒 von Müller
冯·莫根 von Morgen
冯·普里特维茨·加夫龙 von Prittwitz und
　　Gaffron
冯·舍恩 von Schoen
冯·施佩 von Spee
冯·施塔布 von Staab
冯·施泰因 von Stein
冯·武索 von Wussow
冯·英格诺尔 von Ingenohl
"疯子毛拉" Mad Mullah
佛兰德平原 Flanders
佛兰芒人 Flemings
弗拉基米尔·亚历山德罗维奇 Vladimir
　　Alexandrovich

译名对照表

弗莱歇先生 M. Flechet
弗兰克瑙 Frankenau
弗朗茨·约瑟夫 Franz Josef
弗朗西斯·伯蒂 Francis Bertie
弗朗谢·德斯佩雷 Franchet d'Esperey
弗勒根瑙村 Frögenau
弗勒龙堡垒 Fleron
弗雷德里克·莫里斯 Frederick Maurice
弗雷德里克,丹麦国王 King Frederic of Denmark
弗里德里希·冯·伯恩哈迪 Friedrich von Bernhardi
伏见亲王 Fushimi
孚日高地 Vosges
符拉迪沃斯托克 Vladivostok,海参崴
符腾堡 Württemberg
福斯泰夫 Falstaff
富兰克林·罗斯福 Franklin Roosevelt
富尼耶 Fournier

G

盖德 Guesde
盖默尼希 Gemmenich
甘必大 Gambetta
高夫 Gough
高乃依 Corneille
戈尔茨 von der Goltz
戈尔科 Gourko
戈捷 Gauthier
戈乌达普 Goldap
"格本"号 Goeben
格哈特·霍普特曼 Gerhart Hauptmann
格莱斯顿 Gladstone
格朗迈松 Grandmaison
格里尔森 Grierson

格林山兄弟会 Green Mountain Men
格鲁阿尔 Grouard
"格洛斯特"号 Gloucester
格吕纳特 Grünert
"格奈泽瑙"号 Gneisenau
根特 Ghent
贡比涅 Compiegne
贡宾嫩 Gumbinnen,现名古谢夫(Gusev)
古奇科夫 Guchkov
国民后备役 National Reserve

H

哈康,挪威国王 King Haakon of Norway
哈里·汉森 Harry Hansen
哈里奇 Harwich
哈伦 Haelen
哈纳克 Harnack
海法 Haifa
海神尼普顿 Neptune
汉诺威 Hanover
汉斯·德尔布吕克 Hans Delbrück
荷尔斯泰因 Holstein
赫尔·冯·贝洛—扎莱斯克 Herr von Below-Saleske
赫尔穆特 Helmuth
赫里沃德·韦克 Hereward Wake
黑尔贝斯塔尔 Herbesthal
黑尔费里希 Helfferich
黑尔戈兰岛 Heligoland
黑森 Hesse
黑斯廷斯 Hastings
亨丽埃塔 Henrietta
亨利·布里阿尔蒙 Henri Brialmont
亨利·坎贝尔—班纳曼 Henry Campbell-Bannerman

亨利·摩根索 Henry Morgenthau
亨利·萨克斯 Henry Sachs
亨利·威尔逊 Henry Wilson
亨利亲王 Henry
亨奇 Hentsch
洪佩尔丁克 Humperdinck
胡戈·明斯特贝格 Hugo Münsterberg
怀德纳图书馆 Widener Library
霍恩比 Hornby
霍赫贝格 Hochberg
霍亨索伦 Hohenzollern
霍华德·凯利 Howard Kelly
霍勒斯·史密斯—多林 Horace Smith-Dorrien
霍雷修斯 Horatius

J
J-B. 埃利泽·波米埃 J-B. Elysée Pommier
基尔·哈迪 Keir Hardie
基尔曼塞格 Kilmansegg
基尔运河 Kiel Canal
基钦纳 Kitchener
吉卜林 Joseph Rudyard Kipling
吉尔贝蒂 Gilberti
吉罗东 Girodon
吉斯 Guise
加来 Calais
加利埃尼 Gallieni
加利波利 Gallipoli
加利西亚 Galicia
加斯东·卡尔梅特 Gaston Calmette
加斯东—卡兰 Gaston-Carlin
加斯科涅 Gascony
简·方达 Jane Fonda
降神会 séances

杰勒德 Gerard
杰利科 Jellicoe
杰马勒帕夏 Djemal Pasha
杰西卡 Jessica
金伯利城 Kimberley
金角湾 Golden Horn

K
卡尔亲王 Carl
卡尔斯巴德 Carlsbad
卡尔斯鲁厄 Karlsruhe
卡尔韦尔 Callwell
卡利古拉 Caligula
卡萨比安卡 Casabianca
卡约 Caillaux
坎宁 Canning
康布雷 Cambrai
康德拉托维奇 Kondratovitch
康拉德·冯·赫岑多夫 Conrad von Hötzendorf
康拉德·豪斯曼 Conrad Haussmann
康诺特公爵 Duke of Connaught
柯尼斯堡 Königsberg, 今加里宁格勒
科布伦茨 Coblenz
科茨布 Kotzebue
科尔马尔 Colmar
科科夫佐夫 Kokovtsov
克拉兵变 Curragh Mutiny
克拉夫特·冯·德尔门辛根 Krafft von Dellmensingen
克莱藏坦 Clezentaine
克莱热里 Clergerie
克劳塞维茨 Clausewitz
克雷伊 Creil
克里奥尔人 Creole

译名对照表

克利夫顿·法迪曼 Clifton Fadiman
克列孟梭 Clemenceau
克虏伯公司 Krupp
克鲁 Crewe
克鲁泡特金 Kropotkin
克罗默 Cromer
克洛维 Clovis
克斯滕 Kersten
肯尼迪总统 Kennedy
肯尼思·格雷厄姆 Kenneth Grahame
孔代运河 Condé Canal
骷髅头轻骑兵 the Death's Head Hussars
库罗帕特金 Kuropatkin
库默斯道夫 Kummersdorf

L

拉昂 Laon
拉费尔 La Fère
拉费纳尔 Raffenel
拉姆齐·麦克唐纳 Ramsay MacDonald
拉斯普京 Rasputin
拉西尼 Lassigny
拉辛 Racine
莱昂·布卢姆 Léon Blum
莱宁坎普 Rennenkampf
莱斯特·塔奇曼 Lester Tuchman
莱维—米尔普瓦 Lévy-Mirepois
赖特 Wright
赖因博特 Reinbot
兰德韦尔师 Landwehr division
兰斯 Rheims
朗德勒西 Landrecies
朗勒扎克 Lanrezac
劳合·乔治 Lloyd George
劳伦斯 David Herbert Lawrence

勒阿弗尔 Le Havre
勒巴 Lebas
勒包 Löbau
勒贝 Rebais
勒卡托 Le Cateau
勒芒 Leman
勒内·维维亚尼总理 René Viviani
勒泰勒 Rethel
雷平顿 Repington
雷维尔 Reval，现名塔林
里尔 Lille
里克尔 Ryckel
里夏德·瓦格纳 Richard Wagner
理查德·哈丁·戴维斯 Richard Harding Davis
理查德·霍尔丹 Richard Haldane
利奥波德二世 Leopold II
利奥泰 Lyautey
利摩日 Limoges
利希诺夫斯基亲王 Lichnowsky
列日 Liège
列文 Levin
"列沙吉耶"号 Reshadieh
刘易斯·哈考特 Lewis Harcourt
龙多内 Rondoney
隆森堡垒 Fort Loncin
隆维 Longwy
卢瓦尔河 Loire
卢万 Louvain，又译鲁汶
鲁昂 Rouen
鲁伯特·布鲁克 Rupert Brooke
鲁普雷希特王储 Rupprecht
路易斯·奈泽 Louis Nizer
路易斯亲王 Prince Louis of Battenberg
伦贝格 Lemberg，现名利沃夫（Lviv）

伦琴 Roentgen
罗伯茨 Roberts
罗伯特·蓝辛 Robert Lansing
罗伯特·马西 Robert K. Massie
罗伯逊 Robertson
罗布 Robb
罗克鲁瓦 Rocroi
罗曼·罗兰 Romain Rolland
罗明滕森林 Rominten
罗斯唐 Edmond Rostand
罗西尼奥尔 Rossignol
洛拉·蒙特兹 Lola Montez
洛林 Lorraine
吕夫 Ruffey
吕西安·科特罗 Lucien Cottreau
绿台毯程序 green baize routine

M

马蒂尔德公主 Mathilda
马蒂亚斯·埃茨贝格尔 Matthias Erzberger
马恩河 Marne
马尔基·德拉吉什 Marquis de Laguiche
马尔勒 Marle
马尔普拉凯 Malplaquet
马尔尚 Marchand
马尔斯 Mars，战神
马尔托斯 Martos
马尔维 Malvy
马格拉博瓦镇 Marggrabowa
马格里特 Margueritte
马汉 Mahan
马基雅维里 Machiavelli
马克斯·霍夫曼 Max Hoffmann
马莱阿角 Cape Malea
马里埃特 Mariette

马林巴德 Marienbad
马林堡 Marienburg
马略卡岛 Majorca
马恰戈夫斯基 Machagovsky
马塞尔·桑巴 Marcel Sembat
马斯·德拉特里 Mas de Latrie
马斯拉图尔 Mars-la-Tour
马塔潘角 Cape Matapan
马祖里湖泊地带 Masurian Lakes
迈伦·赫里克 Myron Herrick
麦迪逊总统 James Madison
麦克多诺 Macdonogh
麦克里迪 Macready
麦克马洪 MacMahon
麦克米伦 Macmillan
麦克纳 Mckenna
曼努埃尔 Manuel of Portugal
芒让 Mangin
梅赫伦 Malines
梅济耶尔 Mézières
梅克伦堡—什未林 Mecklenburg-Schwerin
梅克伦堡—施特雷利茨 Mecklenburg-Strelitz
梅洛特 Melotte
梅斯 Metz
梅泰 Mettet
梅特林克 Maurice Maeterlinck
梅特涅 Metternich
梅西米 Messimy
美因茨 Mainz
蒙克 Monk
蒙梅迪 Montmédy
蒙斯 Mons
蒙托福 Montovo
"米迪利"号 Midilli

译名对照表

米哈伊尔大公 Michael
米勒 Muller
米勒兰 Millerand
米莉姹 Militza
米卢斯 Mulhouse
米歇尔 Michel
米亚索耶捷夫 Myasoedev
明斯特尔亲王 Münster
摩根 Morgan
摩泽尔河 Moselle
莫伯日 Maubeuge
莫城 Meaux
莫尔伯勒 Marlborough
莫尔塔涅河 Mortagne
莫朗日 Morhange
莫努里 Maunoury
墨西拿 Messina
默伦 Melun
默兹河 Meuse

N
那慕尔 Namur
纳尔逊 Nelson
奈登堡 Neidenburg
奈穆尔 Nemours
南锡 Nancy
讷沙托 Neufchâteau
尼贝库尔 Nubécourt
尼基塔 Nikita
尼禄 Nero
尼米桥 bridge at Nimy
努瓦永 Noyon
诺克斯 Knox
诺曼·安吉尔 Norman Angell
诺曼底 Normandy

诺梅尼镇 Nomeny
诺思克利夫 Northcliffe
诺伊德克 Neudeck

O
欧内斯特·汉密尔顿 Ernest Hamilton
欧内斯特·特鲁布里奇 Ernest Troubridge
欧仁·奥代纳 Eugène Odène
欧仁妮皇后 Eugénie
欧文·科布 Irwin Cobb

P
帕莱奥洛格 Paléologue
帕默斯顿 Palmerston
庞德扎克 Pendezac
佩内隆 Penelon
蓬 Pont
蓬蒂斯堡垒 Fort Pontisse
蓬图瓦兹 Pontoise
皮埃尔·德韦尔特 Pierre Dewerdt
皮尔斯 Spears
皮克 Lepic
皮特 Pitt
珀斯郡 Perthshire
普恩加莱总统 Poincaré
普拉 Pola
普莱斯亲王 Prince of Pless
普列文防御战 Siege of Plevna
普塔莱斯 Pourtalès

Q
齐柏林飞艇 Zeppelins
枪骑兵 Uhlans
乔治 George
乔治·布约 Georges Bouillot

乔治·克拉克 George Clarke
乔治国王 King George of the Hellenes
切尔宁 Czernin

R
R. E. B. 库姆 R. E. B. Coombe
让·巴比埃 Jean Barbier
让·饶勒斯 Jean Jaurès
热尔曼·福煦 Germain Foch
热马普 Jemappes
热特河 Gette
日林斯基 Jilinsky
日韦 Givet
容克 Junker

S
萨多瓦村 Sadowa
萨尔堡 Sarrebourg
萨尔拉布律耶尔 Sars-la-Bruyère
萨克森 Saxony
萨拉伊 Sarrail
萨兰堡 Château Salins
萨洛尼卡 Salonika
萨姆索诺夫 Samsonov
萨佐诺夫 Sazonov
塞尔奈 Cernay
塞勒斯坦·当布隆 Célestin Demblon
塞利纳先生 M. Seline
塞利耶·德莫朗维尔 de Selliers de Moranville
塞莫皮莱 Thermopylae, 一译温泉关
塞纳河畔沙蒂永 Châtillon-sur-Seine
塞瓦斯托波尔 Sevastopol
塞西·斯科特 Cecil Scott
塞西尔·斯普林—赖斯 Cecil Spring-Rice

塞耶 Seilles
塞扎讷 Sézanne
三贞女 Trois Vierges
桑巴 Sembat
桑利斯 Senlis
色当 Sedan
森斯堡 Sensburg
"沙恩霍斯特"号战舰 Scharnhorst
沙尔姆峡口 Trouée de Charmes
沙勒鲁瓦 Charleroi
尚蒂伊 Chantilly
舍恩贝格—瓦尔登贝格亲王 Schoenburg-Waldenburg
"生命的冲动" élan vital
圣阿沃尔德 Saint-Avold
圣伯多禄教堂 Church of St. Pierre
圣福瓦路 Rue Sainte-Foi
圣戈班森林 Forest of St. Gobain
圣贡 St. Gond
圣赫勒拿岛 St. Helena
圣康坦 St. Quentin
圣纳泽尔 St. Nazaire
圣热纳维埃夫 Ste. Geneviève
狮心王理查 Richard the Lionhearted
施利芬 von Schlieffen
施奈德 Schneider
施塔卢珀楠 Stalluponen
施图姆 Stumm
石勒苏益格—荷尔斯泰因 Schleswig-Holstein
士麦那 Smyrna
"殊死进攻" offensive à outrance
朔尔茨 Scholtz
斯蒂芬·麦克纳 Stephen McKenna
斯海尔德河 Scheldt

译名对照表

斯卡帕湾 Scapa Flow
斯拉夫魅力 le charme slav
斯诺 Snow
斯诺鲍尔 Snowball
斯泰巴尔克 Stebark
斯特拉斯堡 Strasbourg
斯特林图书馆 Sterling Library
斯特奈 Stenay
斯图尔特·科茨 Stuart Coats
斯托雷平 Stolypin
斯威利湾 Loch Swilly
苏德曼 Sudermann
苏霍姆利诺夫 Sukhomlinov
苏瓦尼 Soignies
苏瓦松 Soissons
索尔代 Sordet
索尔兹伯里 Salisbury
索姆河 Somme

T

塔夫脱总统 Taft
塔拉特贝伊 Talaat Bey
塔兰托 Taranto
塔列朗 Talleyrand-Périgord
塔明 Tamines
塔南 Tanant
塔彭 Tappen
泰恩河 Tyne
泰隆 Theron
泰皮恩悬崖 Tarpeian Rock
坦蒂尼 Tintigny
坦恩 Thann
坦嫩贝格 Tannenberg
坦塔罗斯 Tantalus
汤姆·布里奇斯 Tom Bridges

特别后备役 Special Reserve
特拉法尔加角 Trafalgar
特拉克嫩 Trakehnen
特赖奇克 Heinrich Gotthard von Treitschke
特里尔 Trier
特内多斯 Tenedos
提诺斯岛 Denusa
提珀雷里 Tipperary
廷巴克图 Timbuktu
统一与进步委员会 Committee of Union and Progress
图勒 Toul
图隆先生 M. Touron
图瓦松多尔大街 Toison d'Or
颓废气氛 fin de siècle
托马斯·曼 Thomas Mann

W

瓦德西 Waldersee
瓦尔代克—皮尔蒙特 Waldeck-Pyrmont
瓦尔米码头 Quai de Valmy
瓦尔特·布勒姆 Walter Bloem
瓦弗 Wavre
瓦朗谢讷 Valenciennes
瓦隆人 Walloons
瓦萨格 Warsage
瓦托 Watteau
瓦西里·费多罗维奇 Vasilii Fedorovitch, 即德皇
瓦兹河 Oise
万尼亚舅舅 Uncle Vanya
旺根海姆 Wangenheim
"韦茅斯"号 Weymouth
威尔·欧文 Will Irwin
威尔斯 Herbert George Wells

威廉·L. 夏伊勒 William L. Shirer
威廉·罗伯逊 William Robertson，即"伍莱"·罗伯逊（"Wully" Robertson）
威廉·苏雄 Wilhelm Souchon
威廉二世 William Ⅱ
威灵顿 Arthur Wellesley Wellington
维尔纽斯 Vilna
维尔通 Virton
维克托—迪律伊女子中学 the Lycée Victor-Duruy
维莱科特雷 Villers-Cotterets
维伦贝格 Willenburg
维塞 Visé
维斯瓦河 Vistula River
维特 Witte
维特尔斯巴赫 Wittelsbach
维特里 Vitry
维特里—勒弗朗索瓦 Vitry-le-François
温斯顿·丘吉尔 Winston Churchill
温特费尔德 Winterfeld
翁埃耶 Onhaye
沃尔科维斯克 Volkovisk
沃尔特·海因斯·佩奇 Walter Hines Page
沃特海姆 Maurice Wertheim
"无敌"号 Indomitable
乌尔弗林根小镇 Ulflingen
乌尔克河 Ourcg
乌杰达 Oudjda
乌斯道 Usdau
伍德罗·威尔逊 Woodrow Wilson

X

西奥多·罗斯福 Theodore Roosevelt
西迪卜拉欣 Sidi Brahim
西拉诺 Cyrano de Bergerac
西列柳斯 Sirelius
希迈 Chimay
希耶河 Chiers
锡格马林根 Sigmaringen
霞飞 Joseph-Jacques-Césaire Joffre，约瑟夫—雅克—塞泽尔·霞飞
夏布里隆 Chabrillon
夏尔·贝玑 Charles Péguy
夏尔·戴高乐 Charles de Gaulle
香槟 Champagne
萧伯纳 George Bernard Shaw
小亨利·摩根索 Henry Morgenthau Jr.
谢什—米迪 Cherche-Midi
新桥 Pont Neuf
兴登堡 Paul von Beneckendorff und Hindenburg，保罗·冯·贝内肯多夫·兴登堡
匈人 Huns
休·吉布森 Hugh Gibson

Y

"雅武斯"号 Jawus
雅戈 Jagow
亚琛 Aachen
亚历山大·里博 Alexandre Ribot
亚历山大桥 Pont Alexandre
亚历山大三世沙皇 Alexander Ⅲ
亚历山德拉王后 Queen Alexandra
亚眠 Amiens
亚努什克维奇 Yanushkevich
伊恩·汉密尔顿 Ian Hamilton
伊尔斯肖埃 Hirschauer
伊尔松 Hirson
伊夫林·伍德 Evelyn Wood
伊普尔 Ypres

伊桑·艾伦 Ethan Allen
伊舍 Esher
伊兹沃利斯基 Isvolsky
因斯特堡峡口 Insterburg Gap
优素福王子 Yussuf
忧郁的恺撒 der traurige Julius
于盖 Huguet
于伊 Huy
圆形广场 Rond Point
约翰·T. 麦卡琴 John T. McCutcheon
约翰·伯恩斯 John Burns
约翰·费希尔 John Fisher
约翰·弗伦奇 John French
约翰·格伦 John Glenn

约翰·凯利 John Kelly
约翰·西利 John Seely
约翰·西蒙 John Simon
约瑟夫·张伯伦 Joseph Chamberlain
约维努斯 Jovinus

Z

扎本 Zabern
扎金索斯岛 Zante
詹姆斯·M. 加文 James M. Gavin
正规军 Regular Army
知识阶层 intelligentsia
朱尔·康邦 Jules Cambon
佐尔道 Soldau

译者说明

本书作者巴巴拉·W. 塔奇曼，美国人，1933年毕业于拉德克利夫学院，以后在耶鲁、哥伦比亚等大学学习，得文学博士学位，系美国有名的作家之一。她的著述颇多，其中本书（1962年）和《史迪威与美国在中国的经验，1911—1945》（1971年）两书，曾分别于1963年和1972年获"普利策奖"。

《八月炮火》是一部有关第一次世界大战史的著作。第一次世界大战是在1914年8月开战的，本书就是叙述大战危机的形成、爆发以及大战初期的战役。它以1910年英王爱德华的葬礼为引子，叙述了德皇威廉的野心，以及和英法等国的矛盾。接着分"计划"、"爆发"和"激战"三部分，生动地展开了对这场大战的描画。由于作者有高度的文学修养，对英、法、俄、比等国的历史、民族性和当时的社会情况又有较深刻的了解，在写作时又参考了大量有关第一次世界大战史的文献和著作，并实地访问了一些第一次世界大战的战场，因而文笔生动，所述事件、人物栩栩如生，对事实的分析、人物的刻画和评价也较客观。据作者自述，"书中有关气候状况、思想感情，以及公众舆情、个人见解，都有所本"。作者运用了夹叙夹议的笔法，在叙述分析初期战役交战双方在战略和战术上的错误，协约国之间的矛盾，以及德军的残暴、人心的向背等等时，必然引申出这些情况对战争的进程所起的深远影响，预示了大战的结局。因而本书虽非一部完整的第一次世界大战史，但它通过这段历史时期中的一个重要阶段以及一些事件之间的内在联系、互为因果，反映了这个历史时期的概貌，使人读后并无片断、孤立的感觉。

原书于 1962 年出版后，在美国引起了学术界和政界的重视。《第三帝国的兴亡》（*The Rise and Fall of the Third Reich*）一书的作者威廉·L. 夏伊勒（William L. Shirer），誉之为"当代最佳书籍之一……全书从头到尾都吸引着我"。美国总统肯尼迪，曾以此书赠给来美访问的英国首相麦克米伦和回国述职的美国驻法大使詹姆斯·M. 加文（James M. Gavin），并曾向多人推荐。

由于本书史料丰富、文笔生动，并反映了美国对第一次世界大战史的研究情况，特译出供我国学术界参考。

本书原书在书末有各章注释 1050 多条，均为书中所写某事或所引某文的出处，考虑到它们对中文读者的参考作用不大，故未译出。